밀턴의
산문선집 1
종교개혁론 / 교회 정부의 이유 / 이혼의 교리와 계율

서양편·790

밀턴의
산문선집 1

종교개혁론 / 교회 정부의 이유 / 이혼의 교리와 계율

존 밀턴(John Milton) 지음
송 홍한 옮김

한국문화사

한국연구재단 학술명저번역총서 서양편·790

밀턴의 산문선집 1
종교개혁론 / 교회 정부의 이유 / 이혼의 교리와 계율

1판 1쇄 2021년 1월 20일

원   제 | Prose Works of John Milton
지 은 이 | 존 밀턴(John Milton)
옮 긴 이 | 송홍한
펴 낸 이 | 김진수
펴 낸 곳 | 한국문화사
등   록 | 제1994-9호
주   소 | 서울시 성동구 아차산로49, 404호(성수동1가, 서울숲코오롱디지털타워3차)
전   화 | 02-464-7708
팩   스 | 02-499-0846
이 메 일 | hkm7708@hanmail.net
홈페이지 | http://hph.co.kr

ISBN 978-89-6817-942-6 94840
     978-89-6817-941-9 (세트)

· 이 책의 내용은 저작권법에 따라 보호받고 있습니다.
· 잘못된 책은 구매처에서 바꾸어 드립니다.
· 책값은 뒤표지에 있습니다.

· 이 저서는 2016년 대한민국 교육부와 한국연구재단의 지원을 받아 수행된 연구임.
  (NRF-2016S1A5A7021029)
· '한국연구재단 학술명저번역총서'는 우리 시대 기초학문의 부흥을 위해
  한국연구재단과 한국문화사가 공동으로 펼치는 서양고전 번역간행사업입니다.

밀턴이여!
당신이 이 시대에 살아계셔야 합니다.
영국은 당신을 필요로 합니다.
영국은 썩은 물의 늪지와 같습니다.
제단, 칼, 펜, 난롯가, 회관과 정자의 영웅적인 풍요가
내면의 행복이라는 영국의 옛 유산을 앗아가 버렸습니다.
우리는 이기적인 사람이 되었습니다.
오! 우리를 일으켜 세워주시길 바랍니다.
다시금 우리에게 돌아와 주십시오.
그리고 우리에게 예절, 덕성, 자유, 힘을 주십시오.
당신의 영혼은 별과 같이 고결하였으며,
당신은 바다 같은 소리를 지니셨습니다.
청명한 하늘처럼 순결하고, 장엄하고, 자유롭게,
당신은 삶의 공적인 길을 유쾌하고 경건하게
여행하셨습니다. 그렇지만 당신의 가슴은
가장 미천한 의무마저 자청하셨습니다.

윌리엄 워즈워스,
「런던, 1802」 ("London, 1802")

역자 서문

영국혁명과 관련된 역사적 관점에서 존 밀턴(John Milton)의 산문 작품은 그의 시작품 못지않게 중요성을 지닌다. 17세기 중엽에 일어났던 영국혁명은 영국사뿐만 아니라 세계사 전체의 흐름을 놓고 보더라도 인류 역사의 발전에 지대한 영향을 끼친 사건이었음을 부인할 수 없다. 셰익스피어가 절대군주제의 안정과 질서를 추구한 문예적 휴머니스트였다면, 밀턴은 이를 뛰어넘어 문예적 휴머니즘을 공민적 휴머니즘(civic humanism)으로까지 확장했던 정치적 휴머니스트라고 할 수 있을 것이다. 밀턴은 자신의 시적 소질에 대해 "목숨을 걸고서도 숨길 수 없는 재능"이라고 생각하면서도, 찰스 1세(Charles I)의 폭정과 영국 국교회의 횡포에 대항하는 혁명의 절박성을 느끼자, 시작(詩作) 활동을 뒤로 미루고 20여 년 동안 영국혁명을 위한 산문 논쟁에 전념하였다. 산문 논쟁에서 표출되었던 그의 정치적 관심은, 왕정복고(1660)로 그의 꿈이 좌절된 후에도 『실낙원』(*Paradise Lost*) 같은 후기 대작들 속에 깊숙이 스며들어 있다.

밀턴의 산문은, 그의 대표 서사시 『실낙원』(*Paradise Lost*)과 『복낙원』(*Paradise Regained*)을 비롯하여, 시극(poetic drama) 『투사 삼손』(*Samson Agonistes*)과 같은 대표적인 문학작품의 역사적 맥락과 사상적 배경을 좀 더 깊게 이해하기 위해 필수적인 연구 자료이다. 그의 산문은 밀턴 학자들에 의하여 주도적으로 연구되어왔는데, 이는 그가 셰익스피어 다음가는 영국의 최고 시인으로 흔히 인정되기 때문이기도 하지만, 그의 산문 작품이 문학적 비유와 수사적 논쟁이 포함된 문학적 작품의 성격을 지니고 있기 때문이다. 르네상스 시대는 전인교육의 시대여서 직업적인 시인은 거의 없었고, 다른 직업을 가지고 부수적으로 시를 쓰는 경우가 대부분이었다. 특히 밀턴은 문학, 정치, 신학 등 다양한 학문에 대해 광범위한 지식을 가진 시인 겸 문필가였고 영국혁명의 상징적인 존재였다. 밀턴의 생애는 영국혁명과 궤도를 같이 하였으며, 그의 문학은 정치적 투쟁의 한 방편이거나 그 결과물이었다고 할 수 있기 때문이다.

영국혁명의 배경을 이해하여야 밀턴의 문학을 이해할 수 있다는 주장은, 반대로 그의 문학(시와 산문)을 이해하면 영국혁명을 이해할 수도 있다는 말이 된다. 시인의 꿈을 접으면서까지 그가 20여 년 동안이나 전념한 산문 논쟁은 당대의 대표적인 지성이 실행한 고도의 정치 행위였다고 볼 수 있다. 따라서 그의 산문 작품들은 영국혁명의 전개 과정을 가장 적나라하게 보여주는 역사적, 정치적, 종교적 기록물이라 해도 과언이 아닐 것이다. 그의 자유사상이나 공화주의 사상을 제대로 평가한다면, 그가 오늘날의 민주사회를 발전시킨 토대를 마련한 위대한 사상가임을 알 수 있을 것이다.

다만 그의 산문은 4~5백 년 전에 쓰인 데다 논쟁적인 성격의 글이어서 문체가 평범하지 않고 난해하며 길게 이어져 일반인이 쉽게 접근하기에는 어려움이 있다. 이런 점이 역자로 하여금 밀턴의 산문을 번역하게 한 동기이자 필요성이 되었다.

밀턴의 산문은 간단한 산문과 공문서의 성격을 지닌 산문을 제외하더라도 총 30편이 넘으며, 본 번역의 원본으로 삼은 예일대 출판사(Yale UP)의 밀턴 산문전집은 해설을 포함하여 총 8권, 6,600쪽이 넘는 방대한 분량이다. 이 모든 그의 산문 작품을 번역하기가 현실적으로 불가능하여 본 번역서는 그의 대표적인 산문으로 여겨지는 주요 작품 7편을 번역하였다. 『종교개혁론』(Of Reformation), 『교회정치의 이유』(Reason of Church-Government),

『이혼의 교리와 계율』(*Doctrine and Discipline of Divorce*), 『교육론』(*Of Education*), 『아레오파기티카』(*Areopagitica*), 『왕과 관료의 재직 조건』(*Tenure of Kings and Magistrates*), 그리고 『국가권력론』(*Treatise of Civil Power*)이다.

  이들은 종교적 자유, 가정적 자유, 언론출판의 자유, 정치적 자유 등 인간과 사회의 자유 문제를 다양하게 접근하는 밀턴의 대표 산문 작품이다. 이 가운데 언론출판의 자유를 주장한 『아레오파기티카』는 이미 국내에 단행본으로 번역된 바 있으나, 나머지 6편은 국내 초역이므로, 독자들이 영국혁명을 이해하는 데 이바지할 수 있는 소중한 자료가 되리라고 생각한다. 이미 번역된 바 있는 『아레오파기티카』는 언론출판의 자유를 옹호한 산문으로서 밀턴의 산문 논쟁에서 매우 중요한 위치를 차지하기도 하거니와, 기존 번역본들의 오역을 수정·보완할 필요도 있어 『밀턴의 산문선집』에 포함하기로 하였다.

  밀턴의 산문은 한동안 국내 밀턴 전공학자들이 독해모임의 형태로 모여 토의하고 연구하였을 정도로 역사적 배경의 이해가 필요하고 영어 구문도 난해하여 쉽게 접근하기 힘든 게 사실이다. 밀턴의 산문은 마치 그의 서사시의 문체가 복잡하게 얽힌 장문으로 이어지듯이, 여러 개념들이 꼬리에 꼬리를 물고 얽히는 문체이다. 밀턴의 산문이 깊이 있는 논쟁이나 학술적 담론의 성격을 띠기에, 그에 따라 문체 또한 복잡해지는 것은 당연한 일일지도 모른다. 그래서 밀턴의 산문은 고전 영문학 전공자가 아닌 다른 분야 연구자나 일반 독자가 원문으로 접근하기는 쉽지 않다.

  밀턴 전공자인 역자에게도 그의 복잡한 산문을 원문에 충실하면서도 가독성 있게 번역하는 것은 난제였지만, 원문의 의미나 문체를 훼손하지 않는 범위 내에서 최대한 가독성을 높이고자 노력하였다. 원문의 내용과 복잡한 문체까지 최대한 그대로 전달하고자 하다 보니, 번역본 구문의 이해가 어려워지는 경우가 생기기도 하였고, 원문 자체의 난해성에서 오는 이해하기 힘든 대목도 있었다. 이런 경우엔, 각주를 통해 저자의 의도를 부연 설명하여 원문의 모호성을 해결하고자 하였다. 또한 문화적, 시대적 거리감으로 인해 해독하기 어려운 구절도 있어 정확한 의미를 파악하기 위해 영어권 대학의 밀턴 학자로부터 도움을 받기도 하였다. 이런 번역 과정을 거치면서 4년이라는 긴 세월이 흘렀다.

본 번역의 원본으로 사용한 예일대 출판사(Yale UP)의 『존 밀턴의 산문전집』(*Complete Prose Works of John Milton*)은 일반 독자를 위해 기획된 책이 아니라, 학문적 연구서이자 역사적 기록물로서의 가치를 지닌 책이다. 1953년부터 1958년까지 6년에 걸쳐 예일대 출판부가 기획하고 출판한 것으로서, 영미의 밀턴 학자들이 동원되어 본문에 상세한 각주를 첨부하고 별도의 작품해설을 넣어 밀턴의 산문 텍스트와 학술적 연구를 합친 주석본인 셈이다.

본 역서는 한국연구재단 명저번역 사업의 지원을 받아 학술적, 문화적인 가치가 있는 동서양의 명저를 국내에 소개하고자 하는 목적에서 기획되었다. 따라서 전문 연구자들뿐만 아니라 일반 독자들도 동서의 고전 명저에 쉽게 접근할 수 있도록 문화적 저변확대를 지향하고자 하였다. 그러므로 사업의 취지에 맞게 본 역서의 각주는 예일판 밀턴의 산문전집에 있는 각주를 그대로 옮기지 않고, 본문의 이해에 도움이 되고 가독성을 높이도록 선별적으로 번역하였다. 또한 예일판 전집의 각주 외에 역자가 필요하다고 생각하는 추가적인 정보를 첨가하기도 하였다.

밀턴의 산문 작품에는 그리스와 로마 시대의 고전에 대한 언급도 많고, 특히 성경에 대한 언급이나 인용이 많다. 인용된 성경 구절의 번역은 국내에서 공인된 번역본 성경을 사용하여야 하는바, 어떤 한글 성경 번역본을 사용할 것이냐의 문제가 제기된다. 밀턴이 그의 산문에서 사용한 성경은 제임스 1세(James I) 때 번역된 킹제임스 성경(*King James* Bible)이며, 이 판의 한글 번역본은 『한글킹제임스 성경』과 『킹흠정역 성경』이 있다. 그러나 이 두 번역본은 지나치게 영어의 자구적 번역에 치우쳐 한글 표현이 어색한 경우가 있다. 예를 들면, "waters"를 "물들"이라고 번역하고, "heavens"를 "하늘들"이라고 번역한 것이다. 또한, 현재 이 두 번역본은 특정 군소 교파에서만 사용되기 때문에, 본 역서에서는 독자들의 편의를 위하여 국내 개신교에서 가장 널리 사용하는 한글 개역개정판 『성경전서』를 따랐다. 다만, 인용구의 어구가 문제시될 경우, 『한글킹제임스 성경』과 『공동번역성서』를 참고하였다.

번역문 표기에 있어서 원본의 글자체에 관한 문제도 제기된다. 오늘날의 표기법과 달리 인용구에 인용부호(" ")를 사용하지 않고 이탤릭체로 사용한다거나, 저서명 외에도 강조를 나타내기 위해서 특정 단어나 어구를 이탤릭체로 표기하기도 하고, 더러는 단어 전체를 대문자로만 표기하여 강조한 경우도 있다. 예일(Yale)판에서 내용상 인용구인데도 인용부호 대신 이탤릭체로 표기하거나 아예 평서체로 사용한 경우도 있는데, 다른 판에서는 이런 경우에 인용부호를 사용했다는 것을 발견하였다. 이런 경우, 독자들의 편의와 가독성을 높이기 위하여, 번역 시 인용부호를 삽입하기도 하였다.

번역의 대상이 된 산문들은 공통적으로, 불특정 개별 독자를 대상으로 밀턴 자신의 의견을 개진한 글이 아니라, 어떤 개인이나 단체를 염두에 두고 이야기하거나 연설하듯이 쓴 글이며 전반적으로 독자에 대한 존대가 드러나므로 존대어를 사용하여 번역하였다. 예를 들면, 『종교개혁론』은 어느 친구에게 쓰는 글임을 표지에서 밝히고 있으며, 글 중간에 이따금 "Sir"라는 경칭이 등장한다. 친구라고는 했지만 우리나라 개념으로 친근하게 반말을 하는 대상은 아니기 때문이다. 그리고 『아레오파기티카』의 경우는, 의회를 상대로 연설하듯 쓴 글이며 상하원 의원을 청중으로 호칭하기도 한다. 그러므로 번역 어투에 있어서 독자나 청중에 대한 저자의 존대가 반영되도록 반말보다 존대어 어미를 사용하였다.

번역서의 문단 나누기도 문제가 되었다. 원본으로 사용한 예일판은 문단 나누기가 제대로 되어 있지 않다. 물론 밀턴의 원본 자체가 문단 나누기가 잘 되어 있지 않았겠지만, 지나치게 문단이 긴 경우가 많다. 예를 들자면, 예일판 『교회 정부의 이유』의 제6장은 전체가 한 문단으로 구성되어 있는데 무려 10쪽 이상이다. 당연히 독자의 입장에서는 가독성이 매우 저하될 수밖에 없다. 예일판 원문과 달리, 19세기 말, 헨리 몰리(Henry Morley)가 편집한 『존 밀턴의 영어 산문작품』(*English Prose Writings of John Milton* [London: George Routledge and Sons, 1889])은 예일판보다 160년 정도 이전에 출판된 책인데, 문단 나누기가 예일판보다 훨씬 잘 되어 있다. 따라서 가독성을 높이기 위하여 문단 나누기는 몰리의 산문집을 따랐다. 몰리의 판에도 어떤 문단은 5쪽 이상 이어지기도 하여, 원본의 의미를 훼손하지 않는 선에서 역자 임의로 문단을 가능한 한, 5쪽 이하가 되도록 나누었다.

역자로서 아쉬움이 남는다면, 역자 나름으로 밀턴의 난해한 산문을 좀 더 쉽게 풀어쓰고자 노력하였으나 원본에 대한 충실성을 저버릴 수 없었기에 다소간의 난해성이 남아있으리라는 점이다. 고전 학문과 성서에 너무나 해박한 밀턴이 개인의 생각을 펼치는 것에 머무르지 않고 수많은 고전 문헌에 의존하여 그의 복잡한 사상을 전개한 작품이기에 이를 이해하는 데 어려움이 따를 수밖에 없을 것이다. 그러나 전체적으로 밀턴의 자유사상이 전달되는 데에는 큰 장벽이 되지 않으리라고 생각한다.

정치, 종교, 사회, 가정 등 각 분야에서의 자유를 향한 밀턴의 외침은 오늘날도 그리고 미래에도, 국가나 사회나 가정 어디에서든지, 자유가 요구되는 곳에서라면 시대를 초월하여 그 반향이 계속 울려 퍼질 것이라고 확신한다. 밀턴의 핵심사상인 자유의 개념은 인간 존엄성의 척도로서 시공을 초월하여 존엄한 가치로 인정받을 것이기 때문이다.

끝으로, 이 번역서가 나오기까지 여러모로 도움을 주신 분들께 감사의 말씀을 전하고자 한다. 먼저, 역자의 밀턴 연구와 번역에 도움을 주신 해외 밀턴 학자들께 이 자리를 빌려 감사를 드린다. 역자가 미국과 캐나다를 연구차 방문했을 때, 친절하게 연구에 도움을 주시고 번역 과정에서 조언을 해주신, 미국 하버드 대학에 재직하셨던 고(故) 바바라 르월스키(Barbara Lewalski) 교수, 켄터키 대학의 명예교수이신 존 쇼크로스(John T. Shawcross) 교수 그리고 캐나다 브리티시 컬럼비아 대학의 명예교수이신 데니스 대니엘슨(Dennis Danielson) 교수께 이 자리를 빌려 심심한 감사를 드린다. 또한, 역자의 박사학위 논문(Milton's Vision of History in *Paradise Lost, Paradise Regained,* and *Samson Agonistes*)을 지도하신 서강대학교의 앤소니 티크(Anthony Teague, 한국명 안선재) 교수와, 역자의 밀턴 연구에 많은 도움을 주셨던 한국밀턴학회(한국중세근세영문학회로 통합) 초대 회장 조신권 교수(연세대학교 명예교수)께 감사의 말씀을 드린다. 그리고 이 번역서가 세상에서 빛을 볼 수 있도록 지원해주신 한국연구재단에 감사를 표하며, 편집 및 출판 과정에서 많은 도움을 주신 한국문화사 관계자 여러분께 심심한 사의를 표하는 바이다.

아무쪼록, 이 번역서를 통하여 밀턴이 설파했던 자유의 가치가 독자들의 마음속에 큰 메아리로 전달될 수 있다면, 역자로서 그 이상의 보람이 없겠다.

역자 송 홍 한

차례

- 역자 서문 _ vii
- 일러두기 _ xvi

1권

1. 종교개혁론 ·· 1
2. 교회 정부의 이유 ··· 117
3. 이혼의 교리와 계율 ··· 257

- 역자 해제 ··· 457
- 참고문헌 ··· 482
- 찾아보기 ··· 501

2권

4. 교육론 ·· 1
5. 아레오파기티카 ··· 33
6. 왕과 관료의 재직조건 ·· 129
7. 국가권력론 ··· 211

- 역자 해제 ··· 271
- 참고문헌 ··· 296
- 찾아보기 ··· 315

• 일러두기 •

1. 본 역서는, Don M. Wolfe, gen. ed., *Complete Prose Works of John Milton*, 8 vols. (New Haven: Yale UP, 1953-82)를 원본으로 사용하였으며, 각주는 이 전집에 수록된 각주를 자유롭게 선별 정리하여 소개하면서, 동시에 관련된 다른 자료와 역자의 주석을 추가하였다.
2. 밀턴의 산문은 문장이 지나치게 길게 이어지거나 복잡하게 얽혀있는 경우가 많고, 한 문단이 10쪽 이상 되기도 한다. 텍스트 영문의 문체를 존중하지만, 지나치게 문단이 긴 경우, 가독성을 높이기 위하여 문단의 길이를 최대 5쪽 이하가 되도록 재구성하였다. 문단 나누기는, Henry Morley, *English Prose Writings of John Milton* (London: George Routledge and Sons, 1889) 판을 참고하되 역자의 판단에 따라 적당히 조절하였다.
3. 밀턴의 복잡한 구문 특성상 세미콜론(;)이 자주 사용되는데, 원문의 문체상 특성을 유지하되, 가독성을 높이기 위해서 우리말 표현에 어울리게 쉼표(,)로 대체하거나 새로운 문장으로 분리하였다.
4. 원문에서 이탤릭체가 빈번히 사용되는데, 이탤릭체의 용도에 따라 번역문에서 달리 표기하였다. 저서명을 뜻하는 이탤릭체는 『 』안에 번역된 저서명을 표기하고, 괄호 안에 이탤릭체 원어를 병기하고, 인용문을 의미하는 이탤릭체 구절은 인용부호(" ")를 사용하며, 강조를 의미하는 경우는 전체 본문과 다른 글자체를 사용하여 돋보이도록 표기하고, 영문 표기를 첨가할 필요가 있는 경우는 괄호 안에 보통글자체로 표기하였다.
5. 원문에서 특별히 강조하기 위하여 단어 전체를 대문자로 표기한 경우, 우리말 표기에서 글자체를 특별히 돋보이도록 표기하되, 원문의 영어표기를 괄호 안에 그대로 표기하였다.
6. 고유명사 표기는 외래어로 굳혀진 경우는 외래어 표기법을 따르고, 가급적 원어의 발음을 존중하여 표기하였다.
7. 밀턴이 인용한 성경 구절이나 고유명사 표기 등은 국내 개신교 교회가 가장 많이 사용하는 개역개정『성경전서』(대한성서공회, 2006)를 따르며, 비교나 참고가 필요하다고 여겨지는 경우,『한글킹제임스성경』(KJV 한글대역; 말씀보존학회, 2016)이나『공동번역성서』(대한성서공회, 1977) 등의 해당 구절을 각주에 제시하여 참조하도록 하였다.
8. 인용구의 경우, 원문에 사용되지 않은 보충어나 짧은 대체어를 역자가 임의로 추가할 필요가 있다고 생각되면, [ ] 안에 넣어 표기하였다. 인용구가 아닌 본문의 경우, 보충적으로 다른 표현을 첨가하는 경우는 ( )를 사용하였다. 단, 역자의 추가적인 상세한 설명이 필요한 경우는 각주에서 별도로 보충하였다.
9. 일반 어휘나 어구에 영어를 병기할 필요가 있는 경우, 괄호 안에 원문의 철자 그대로 표기하는 것을 원칙으로 하였다.

1

영국의 교회 계율에 대한
종교개혁론

그리고 이제까지 그것을 방해해온 원인들

어떤 친구를 상대로 두 권으로 작성됨

토마스 언더힐 인쇄, 1641

OF
REFORMATION
Touching
CHVRCH-DISCIPLINE
IN
ENGLAND:
And the CAVSES that hitherto have hindred it.

Two Bookes,
Written to a FREIND.

Printed, for *Thomas Underhill* 1641.

종교개혁론[1]

그리고 이제까지 그것을 방해해온 원인들

---

[1] 이 산문의 전체 제목은 『잉글랜드의 교회 계율과 지금까지 이를 방해한 요인들에 관한 종교개혁론』(*Of Reformation touching Church-Discipline in England and the Causes that hitherto have hindred it*)이지만, 본 번역서에서는 간단히 『종교개혁론』이라고 표기한다.

제1권[2]

경 이여,
기독교 교육을 받은 모든 사람이 가장 익숙해져야 마땅한 깊숙이 내재된 사상들,[3] —하나님(God)에 대한, 사람들 사이에서 행해지는 그의 기적적인 **방식**과 **역사하심**에 대한, 그리고 그에게 행해지는 우리의 **종교**(Religion)와 **예배**(Worship)행위에 대한, 그 이야기 다음으로, **육신**(Flesh)에 있어서 가장 연약한 부분까지 고통을 당하고, 곧바로 **영혼**(Spirit) 안에서 가장 높은 **영광**의 자리에 이르도록 승리하여, 그 영혼이 그의 육신까지 끌어 올려서, 비로소 그의 왕국의 계시 가운데 우리가 영육 간에 그와 합쳐지게 될, 우리의 구세주 **그리스도**(Christ)[4]에 대한—이런 사상 중에서, 더럽고 갑작스런 타락을 먼저 생각해보고, 그 다음으로, 많은 지루한 시대가 지난 후, 이러한 말세에, 오래 지연되긴 했으나 훨씬 더 놀랍고 **교회**(Church)의 행복한 개혁을 생각해보는 것보다—한편으론 전적으로 애석

---

[2] 원서에 제1권이란 표기가 없으나 뒤에 제2권(The Second Book)이 나오므로, 역자가 제2권과 구분하기 위해 편의상 앞부분을 제1권이라 보충하여 표기함.

[3] 이 풍성한 문장에 나타나는, 예수 그리스도의 고난, 죽음 및 부활이 그의 교회의 고난, 죽음 및 부활에 비유되는 상승적인 병행 은유를 주목할 것. 또한 이 팸플릿의 지배적인 이미지, 즉 그리스도의 신비로운 지체로서의 진정한 성도의 이미지를 주목할 것. 이런 이미지에 따라, 감독제를 다룰 때 사용되는 은유는 구토, 질병 및 기형 등 다양하다. 그리고 그런 이미지에 따라 이 팸플릿은 죽은 자들의 부활 및 최후의 심판 이후 상충하는 쌍방의 운명에 대한 환상으로 끝난다.

[4] 본 번역에서 성경에 나오는 지명이나 인명의 우리말 표기 및 성경 구절의 인용은 한글 개정개역 판을 사용한다. 밀턴이 King James Bible을 사용한 것을 감안하여, 한글 개정개역 판 성경이 한글 킹제임스 판 성경과 현저히 차이가 나는 경우엔 후자를 비교자료로 제시한다.

하지만, 다른 한편으로는 즐거운 마음으로 받아들일 만한—더 가치 있는 일은 없을 것입니다. 생각만 해도 슬퍼지는바, **복음**(Gospel)[5]의 교리를 신성한 영감을 받은 스승들이 심고, 그들에 의하여 구시대적인 의례(Ceremonies)의 쭉정이에서 선별되고 걸러지고, 영적 절정과 순결한 성질과 창조자에 대한 지식에 이르도록 정화되어, 육신이 시공(時空)의 모든 환경과 더불어 거듭난 영혼의 성질에 의해 순화되어, 원죄를 제외하면 불순한 것이라곤 남지 않게 되었고, **믿음**(Faith)은, 우리 주님 자신이 그의 성례전(Sacraments)[6]에서 명한 경우 외에는, 천상의 신비를 안내하고 해석하는 데 연약하고 속기 쉬운 감각[7] 기능이 필요하지 않다는 것, 이러한 교리가 이를 가르치는 스승들의 잘못과 무지함과 속기 쉬운 전통의 기만 때문에, 한편으론, 오래전에 만들어진 기반[8]에 근거한 유대의 거지 신세로 퇴보하게 되었으며, 다른 한편으론, 감각적인 우상숭배가 새롭게 토해낸 이교도 신앙(Paganisme)[9]으로 치달아 무너지며, 상관없는 대상물에게 순

---

[5] 보통 대문자로 시작하는 "the Gospel"은 복음서(Matthew, Mark, Luke, John의 네 권)를 뜻하지만, 밀턴의 산문에서는 강조하기 위해 "복음"이라는 의미의 경우도 대문자로 표기되므로 문맥에 따라 "복음" 혹은 "복음서"로 번역한다.
[6] 세례(baptism)와 성찬(the Eucharist)의 두 가지 예배 의식을 말함.
[7] 바울의 정의에 따르면(「히브리서」 11: 1), 믿음은 "바라는 것의 실상이며, 보지 못하는 것의 증거"이다. 밀턴은, 첫 두 문단에서, 루터 이전의 로마가톨릭교회에 대해 말하고 있다. 그러나 그는 다른 데서는 그 명칭을 언급하지 않기 때문에, 분명히 로드(Laud) 주교 시대의 영국 국교회(성공회라고도 함)에도 적용해 하는 말이다. 밀턴의 견해로는, 로마가톨릭교회나 영국 국교회는 둘 다 믿음과 행위의 근본으로서 기독교 신앙의 본질인 성서의 탐구가 아니라, 그 신앙의 감각적인 상징들을 보존해온 것이다.
[8] 밀턴은 감독제의 기초 원리를, 그 예배 의례에 기초하여, 고대 히브리 제사장들의 정교한 규범을 모방한 것이라고 비난하고 있다. 밀턴이 보기엔, 영적 율법의 기초는 그것을 완성한 그리스도의 성육신으로 철폐되었다는 것이다.
[9] 밀턴의 이런 불쾌한 비유는 영국 국교회가 처한 현 단계를 나타내는 것으로서, 국교회의 교리를 주장하면서도, 로마가톨릭교회의 쓴 맛 나는 교의를 토했다가

결성이나 불순성의 원인을 돌리며, **영혼**의 내적 행위를 육신의 외적인, 습관적인 시각적 숭배(eye-Service)로 돌리게 되어, 그들이 자신을 **신성하고**(heavenly) **영적인**(Spirituall) 존재로 만들 수 없다는 이유로 하나님을 세속적 차원의 육적인 존재로 만들 수 있는 것처럼 행동한다는 것입니다. 그들은 **하나님**과, 하나님 자신의 형상 자체인, 인간의 영혼 사이의 모든 관계를 외적 유형의 형상으로 끌어내리기 시작했고, 규정된 형식적인 경의[10]와 예배에 육신을 참여시킬 필요성과 의무감을 절박하게 내세우며, 이를 신성시하고, 향을 피우며, 성수를 뿌리고, 치장하며, 순수한 순결의 옷이 아니라 아마포의 옷을 입고, 다른 기이하고 이상한 옷과 더불어 휘장을 두르고 주교관을 쓰고, 아론(Aaron)의 옛 의상[11]이나 고대 제사장(Flamins)[12]의 제의실(vestry)에서 유래한 황금이나 장신구로 치장을 했던 것입니다.

그다음으로, **사제**(Priest)는 자신의 **동작**(motions)[13]과 자세, 그의 **전례**(典禮, Liturgies)[14]나 **반복 학습**(Lurries)[15]을 지휘하는데, 영혼은 자체를 과도

되찾고 있기 때문에, 「잠언」에 나오는 이상한 개처럼 그 토한 것을 찾아 이제 되돌아오고 있는 것이다.

[10] 예배에서 모든 예식, 특히 성찬식에서 무릎을 꿇는 것은 청교도에게 아주 증오스러운 것이었다. 밀턴은 나중에 기도에 대하여 "어떤 특별한 자세"도 요구하지 않는다고 선언했다(*Christine Doctrine*, I, iv). 아담과 이브는 매일 아침 "다양한 자세로"(in various style) 기도했다(*Paradise Lost*, V, 146).

[11] 「출애굽기」 28: 2~43 참조. 청교도는 아론의 예를 들어 영국 국교가 사제들의 정교한 의상과 성직자 계급제도를 정당화한 것을 반대했다. 이에 대한 밀턴의 상세한 논평은 『교회 정부』 제3장~5장을 참조할 것.

[12] *Cf.* Harry T. Peck, *Harper's Dictionary of Classical Literature and Antiquities* (New York, 1923). 고대 로마에는 15명의 제사장이 있었는데, 3명은 귀족계급으로서 조브(Jove, 주피터라고도 함), 마르스(Mars), 로물루스(Romulus)를 섬기고, 평민계급의 12명은 불카누스(Vulcan), 플로라(Flora) 같은 낮은 계급의 신들을 섬겼다. 여기서 밀턴은 이들이 예배 의무를 수행할 때 계급에 따른 정교한 성복을 착용했음을 언급하고 있다.

[13] 일상적인 미사 전례서(典禮書)에 나타난 미사 통상문(通常文, ordinary)을 참조.

하게 형상화하는 방편을 통해 육체적인 즐거움으로 당연히 넘어가며, 그 날개를 급히 아래로 떨어뜨리게 되지요. 이리하여 그 영혼은 **종교적** 의무를 행함에 있어서, 그의 동료격인, 가시적이고 감각적인 육신[16]에서 오는 평안을 찾게 되며, 이제 그 깃은 망가지고 힘을 잃어서 더이상 높게 날지 못하고, 그 천상의 비상을 잊어버리고, 우둔하고 힘겹게 작동하는 시체 같은 몸뚱이로 하여금 옛 노정을 터벅터벅 걸으며, 외부적 순응이라는 힘겨운 일을 하도록 한 것입니다. 그리고 여기에, 의심의 여지 없이, **하나님과 거룩한 것들에 대한 비뚤어진 생각** 때문에, 그 영혼은 타락하여 하나님을 전혀 믿지 않게 되었을 것입니다. 관습과 양심의 벌레가 영혼의 불신감을 갉아먹지 않았다면 말입니다.[17] 이리하여, 복음주의적 은총의 모든 의무에 있어서, **하나님**과 우리의 새로운 친화적인 관계가 요구하는 양자 관계의 유쾌한 대담성 대신에, 예속적이고 노예 같은 두려움이 따랐던 것입니다. 행위 자체에서, 그의 선량한 의지에 따라 미신적인 사람은 무신론자이기 때문입니다. 그러나 애타는 양심의 고통과 괴로움 때문에 무신론자가 되는 것이 두려워서, 심한 혼란 속에서 이런 하나의 **하나님**(a

---

[14] "Liturgy"는 그리스 원어로는 "레이투르기아"이며, 거룩한 장소에서 규정에 따라 공적(公的)으로 수행되는 모든 일을 말한다. 초대교회 당시에는 성직자들의 신성한 직무를 가리켰으나 4세기에 들어오면서 주로 예배(미사) 의식이나 성만찬, 교회 절기의 의식 등을 가리켰다. 로마가톨릭이나 동방정교회, 영국 국교회, 루터 파 교회, 개혁파 교회 등 교파마다 많은 차이가 있는데, 이 가운데서도 의식(형식)을 중시하는 가톨릭이나 정교회의 전례는 개혁파 교회나 루터 파 교회에 비해 매우 복잡하고 까다롭다. 밀턴은 영국 국교회의 예배 의식이 가톨릭의 미사 전례서를 많이 답습하고 있다고 비판한다.

[15] 기계적이고 반복적인 암기에 의한 교리 학습을 의미한다.

[16] 시인으로서 밀턴은 감각적으로 호소하는 기술을 사용하지만, 그의 동료 청교도 대부분처럼, 감각기관을 믿음과 예배의 보조도구로 사용하는 것에 반대했다.

[17] 여기서 "양심의 벌레"는 좋은 의미로 사용되고 있다. 즉, 양심이 영혼의 불신감을 없애주지 않았다면 신앙을 잃어버렸을 것이라는 뜻이다.

God)과 자신의 두려움을 치료하는 데 가장 마음에 드는 이 같은 **숭배**를 자신에게 슬그머니 끌어들이게 됩니다. 그의 희망이기도 한 이런 두려움이 육신에로만 고정되어 그의 전체 이해력을 육적인 것으로 만들어버리지요. 또한 모든 내적인 **숭배** 행위는 영혼 본연의 힘에서 생겨나는 것이지만, 지나치게 외피로 흘러나가서 형식의 껍질로 굳어집니다. 이리하여, 인간은 **성경**을 피상적인 글자로만[18] 이해하게 되고, 우리를 위한 구원의 언약에서, **영혼**의 살아있는 힘보다도 외적 징표들을 더 늘렸습니다. 그러나 그들 자신의 쇠책감 때문에 예속적인 두려움을 지닌 채, 그런 것들을 보게 되면, 그만큼 적은 위안을 받거나 도리어 다시 두려움을 발견하게 되기에, 그들은 이해도 못 하고 값지게 받아들이지도 못하는 **하나님**의 명령에 대해 예속적인 접근을 하고 있음을 감출 방법을 알지 못했던 것입니다. 단지, 그들은 때로는 율법적이고, 때로는 우상숭배적인, 모든 **종교적인 표상**을 향한 예속적인 굴종을, 겸손(Humility)[19]이라는 미명 아래 종교의식의 얼룩덜룩하고 번지르르한 의상과 겉치장을 품위(decency)[20]라고 표현함으로써 감출 수 있을 뿐입니다.

그리하여 세례식(Baptism)은 일종의 액막이[21]로 변모했고, 그리스도의

---

[18] 이것은 사도 바울의 주장을 따르지 않는 것임. 「로마서」 7: 6 참조.
[19] 라틴어 'humus'(땅바닥)에서 온 말로서, 겸손, 겸덕(謙德)을 뜻함. 토마스 아퀴나스에 따르면, 겸손은 과분한 행동이나 욕망을 범하지 않고 자기 분수를 지키는 윤리적인 덕행을 말한다. 반대되는 악습은 교만, 과대망상 등이다. 겸손은 자기를 낮추는 데 미덕이 있지 않고, 있는 그대로, 즉 진실 그대로 나타나는 데 있다. 겸손의 덕은 무절제한 자기 과시욕, 욕망을 제어하는 데 있으므로 가톨릭 윤리신학에서는 사추덕의 하나인 절제 덕목에 속한다. 과분(過分)이 겸손의 반대되는 악습이지만, 가장된 위선적인 자기 비하도 이 덕목에 반하는 악습이 된다.
[20] '품위'라는 표현은 영국 국교회의 예배에서 통제와 통일성을 묘사하는 말이다.
[21] 가톨릭교회 세례식에서 세례받는 자는 성례식에서 실제로 물을 붓고 성례를 완성하기 전에 퇴마식이 있음을 언급함.

가르침으로 신성시된 성수는 사제의 가운뎃손가락으로써 긁거나 성호를 새기지 않고는 원죄를 씻어내기에도 부족하다고 여겨졌습니다. 그리고 **그리스도**가 그의 제자들을 행복한 성약의 형제로서 그리고 공동상속자로서[22] 초대하여 앉히고 잔치 자리에서 성약을 베푸는 것인데, 이렇게 값없이 주는 은총과 양자결연의 성찬식(Feast), 즉 하나님 아버지의 은총의 계약인 사랑과 성스럽게 용인된 친교의 성찬식조차도, 무서운 우상처럼 행렬을 펼치는 공포의 대상이 되었고 눈살 찌푸리는 경배의 대상이 되었습니다. 이것이 때로는 선의의 사람들을 속이고, 자발적인 겸손에 의하여 그들이 받게 될 보상에 대해 그들을 기만하는 것이며, 사도 **바울**(St. Paul)이 **골로새인들**(Colossians)에게 설명하듯이, 그들의 겸손은 사실상 육적인 교만이며, **그리스도**의 예를 따라 흔쾌히 순종하는 것보다 어리석은 제물과 세상적인 기본을 선호하는 것입니다. **베드로**(Peter)의 완숙하지 못한 겸손은, **그리스도**가 그의 발을 씻기게 되었던 당시 그의 지식이 보잘것없었던 것과 같았던 것입니다. 베드로는 적절치 않은 때(impertinent time)[23]에, 자기 스승에게 억지로 예절을 지킬 필요가 있었을 것이며, **그리스도**의 겸손하고 온전히 지혜롭고 알 수 없는 의도에 부딪혀, 그가 꼭 하려고 결심하고 찾아갔던 일에서 곤란에 처하게 되었던 것입니다. 베드로는 그의 개입으로 온유한 **주님**(Lord)을 자극하게 되었는바, 그가 겸손한 태도를 지니고, 덜 교만하고, 목에 힘을 덜 주는 것으로 만족하지 못한다면, 하늘의 분깃에서 그를 배제하겠다고 주님이 위협했던 것입니다.

그러나 **교회**의 **타락상**(Depravities)을 규정짓고, 그것들이 어떻게 생겨

---

[22] 「마태복음」 26: 26~29, 「요한복음」 6: 51~58 참조.
[23] 'Impertinent'는 "무례한, 버릇없는" 등의 뜻도 된다. 아직 겸손의 참 의미를 깨닫지 못한 베드로의 심성을 뜻하는 단어로서 "제때가 되지 않은"의 뜻도 될 수 있어 두 가지 의미가 다 통한다.

낳으며, 어떻게 증가했는지를 밝혀내는 것에 더이상 안주하지 않고자, 암울한 일련의 엄청난 **실수들**이[24] 교회의 창공에서 모든 별을 휩쓸어버린 그토록 수많은 어두운 시대가 지난 후,[25] 밝고 복된 **종교개혁**(Reformation)이 신의 권능으로 말미암아, **무지**(Ignorance)와 반기독교적인 **폭정**(Antichristian Tyranny)의 어두운 밤을 돌파하게 되었으니, 최고의 소생하는 기쁨이 읽고 듣는 자의 가슴 속에 파고들 필요가 있고, 되돌아온 **복음**의 달콤한 향기가 그의 영혼을 천국의 향기로 적실 필요가 있다는 생각이 듭니다. 그때, 불경스러운 거짓과 무관심으로 방치해 두었던 거룩한 **성경**(BIBLE)을 먼지투성이 모퉁이에서 찾게 되었고,[26] **학교**들이 열리게 되었고, 신성한 인간적인 배움을 잊어버린 언어의 잿더미 속에서 긁어모으게 되었으며, 군주들과 도시들이 새로이 세운 **구원**(Salvation)의 깃발로 속히 모여들고, 순교자들은 **연약**하지만 불가항력적인 **힘**(might)으로 **어둠의 권세를**[27] 뒤흔들고 옛 붉은 **용**(Dragon)[28]의 타오르는 분노를 멸

---

[24] 존 폭스(John Foxe)는 위클리프(Wycliffe) 시대에, "그리스도의 이름만이 그리스도인들 사이에 남았다. 그러나 그의 이름이 모든 사람에게 알려진 것과 달리, 그의 진실하고 살아있는 교리는 대부분의 사람에게 알려지지 않았다"고 한다. *Acts and Monuments* (3 vols., 1631~1632; NYPL), I. 555 참조.

[25] 「요한계시록」 12: 4 참조.

[26] 폭스는 1380년 위클리프가 신약성서를 번역한 것을 이상하게 생략한 채, 성경의 영어 번역본을 공급하려는 초기의 시도들을 추적하고 있다. 밀턴은 폭스의 이름을 거명하지 않지만, 『종교개혁론』의 여러 군데서 그에게 의존하고 있다. 인쇄술의 발명, 특히 성경의 인쇄는 폭스에게 무식과 미신을 추방할 수 있는 기적이었다. 그에게 인쇄술은 로마에 대적하는 강력한 무기였다(1631~1632판, I, 927): "하나님은 인쇄술을 열어 설교하게 했으며, 그 음성은 교황이 그의 세 꼭지 왕관의 모든 권세로도 막을 수 없는 것이다." John Foxe, *Acts and Monuments*, ed. George Townsend (8 vols., London, 1843~1849), I, 410~414 참조.

[27] 「골로새서」 1: 13 참조.

[28] 「요한계시록」 12: 3, 6 참조.

시하게 됩니다.

이런 사상들을 즐겁게 추구하다 보니, 종종 저는, 잉글랜드가 (잃어버린 진리의 회복을 위한 기준을 세우고 열방(Nations)에게 복음의 나팔을 불며,[29] 모든 기독교 국가에게, 산 위에서 하는 것처럼,[30] 구원의 빛(saving light)을 발하는 새로운 등불을 치켜세우는 첫 번째 국가가 되는, 이런 은총과 영예를 하나님에게서 받았거늘) 어찌하여 지금은 그런 평화를 즐김에 있어서 맨 꼴찌의 가장 불안한 나라가 되어야 하는지, 저 자신과의 진지한 질문과 논의에 빠지게 되더군요. 비록 우리의 위클리프(Wicklef)[31]의 설교는, 뒤따르는 모든 종교개혁가들(Reformers)이 그의 불에서 그들의 촛불(Tapers)을 더 효과적으로 이어받았지만, 사실상 그의 동포들에게는 예닐곱 왕들의 치세에 교황과 고위 성직자들(Prelates)이 곧 꺾고 질식시키는 일순간의 불꽃일 뿐이었습니다. 그러나 제가 생각하기엔, 하나님이 파묻힌 진리를 처음 복구할 나라(the first Restorer of buried Truth)로 이 나라를 세우시고 우선권을 부여하신 것이니, 더 행복한 성공과 완성이 뒤따라야 한다는 것입니다. 비록 교리(Doctrine)의 순수성에 있어서 우리는 우리 형제들에게 동의하지만, 교리를 실행하고 철저히 적용하는 것인 계율[32]에 있어서, 상처 자리 자체에 연고(salve)를 바르고 중심부까지 거즈

---

[29] 이 메타포는 종말론적이다. 「이사야서」 24: 13, 「요한계시록」 8: 7~13.
[30] 「마태복음」 5: 14: "너희는 세상의 빛이니 산 위에 세운 도시가 숨겨지지 못하리라."
[31] 폭스는 영국의 종교개혁의 시작을 존 위클리프의 시대로부터 추정했다. 옥스퍼드 대학 강사로서, 그는 성체화, 교황 무오설(無誤說), 그리고 공개적인 고백의 필요성에 반대했다. 1378년, 교회의 대분열(Great Schism)이 있은 후, 위클리프는 교황을 적그리스도로 지명했다. 1380년경 그는 신약성경 영어 번역본을 출판했으며, 각자 성경을 스스로 해석할 권리를 주장했다.
[32] "에드워드 왕의 시대에 첫 종교개혁은 계율이라기보다 오히려 교리의 문제였다"고 한다. *Vox Populi, Expressed in XXXV. Motions* (1641), p. 1 참조.

를 채워 넣고 찾아 들어가지 않고는, **설교단의 설교**는 무턱대고 쏘는 행위일 뿐이며, 이런 점에 있어서 우리는 모든 **종교개혁**에서 파생된 하나의 **분파**(Schisme)일 뿐이며, 이는 심각한 추문거리가 될 뿐입니다. 우리의 고위 성직자들[33]이 주장하듯이, 우리도 **성직 수임**(Ordination)은 오직 주교들(Bishops)에게만 속한 것이라고 주장한다면, 마땅히 그들 아래 **성직자들**(Ministers)은 성직자가 아니라고 주장해야 하며,[34] 즉시 그들의 **교회도 교회가 아니라고** 주장해야 하기 때문입니다. **로마**(Rome)로의 후퇴라는 위험한 조짐으로서, 그리고 진정한 **은총**(grace)이 사라진 알몸을 덮는 안개로서, 혹은 **감독제도**(Prelatism)[35]의 허세를 시작할 간주곡으로서, 보존될 뿐인 무의미한 교회 의식[36]은 말할 나위도 없는 것입니다. 그러므로 확실히, 국가가 그렇게 하고자 하는 의향이 상당히 있는 때에 (특히 이런 시기에[37]), 해외의 다른 **교회들**에 대한 우리의 **일치된 의견**을 여전히 방해해온 주된 원인들[38]이 무엇이며, 그 원인이 얼마나 많은지는 특별히 알아

---

[33] 고위 성직자는 "주교(bishop), 대주교(archbishop), 대감독(metropolitan), 총대주교(patriarch)와 같은, 교회의 지위와 권위가 높은 고위 성직자"이다. 밀턴이 '고위 성직자'라는 표현을 쓸 때는, 영국의 스물여섯 주교 중 하나, 혹은 두 명의 대주교(요크나 캔터베리) 중 하나를 언급한 것이다. 영국에는 스물여섯 감독 교구 관구가 있었고, 각 관구는 지역 주임사제(dean, 수도원이 아닌 성당의 주임사제), 대성당 음악감독(precentor) 및 회계담당자(treasurer)의 도움을 받는 주교나 대주교의 감독 아래 관리되었다.

[34] 고위 성직자가 아닌 하위 성직자는 하나님에게서 직접 성직 수임을 받은 것이 아니므로 하나님의 일을 수행하는 성직자도 아니라는 의미이다.

[35] "Prelacy"와 같이 교회의 감독제도(정치)를 말하며, "prelatism", "prelacy"는 "episcopacy"와 같은 뜻이지만 경멸적인 어감이 있음.

[36] 교회 의례에 대한 청교도들의 대표적인 반대는 1640년 12월 11일의 런던 청원에서 찾아볼 수 있다. William Wickins, *Arguments against Bowing at the Name of Jesus* (1641), pp. 2~5, Henry Burton, *Jesu-Worship Confuted* (1640) 참조.

[37] 즉, 왕국이 개혁을 요구하고, 의회가 청원에 호응하던 때를 말함.

[38] 대륙에서 계율 상의 개혁에 대한 암시적인 설명은 *An Appeal to the Parliament*

볼 가치가 있고, 수고할 만한 것입니다. 이에 대해 **왕국**이 상당히 **관심**을 보이고 있고, 모든 사람이 찬성이든 반대든 기도하고 있거나 희망을 품거나 논쟁에 빠져있는 이러한 때이므로, 특별히 그렇습니다.

그렇지만, 저는, 그 원인이 하나님의 입장에서 우리의 죄악에 대한 그분의 심판이든, 그 자신의 시험이든 혹은 위선자들의 폭로든, 그 원인이 무엇이라고 여겨지는지는 주장하지 않겠습니다. 또한 **종교개혁**의 진행을 멈추게 하려는 **교황**이나 **교황주의자들**[39]의 계속된 열성과 극단적인 열심을 말하고자 하는 것도 아니랍니다. 그들은 **주교**들의 **정부**(government)가 그들을 뒷받침해주고, 그에 따라 그들을 떠받치고자 그들이 할 수 있는 모든 것을 모색하는 것 이상으로, 그들의 잃어버린 소중한 국가인 잉글랜드를 장악하지도 않고, 기대하지도 않고 있음을 압니다. 이는 **주교**들을 옹호하는, 교황주의 **성직자**인 **산타 클라라**(Santa Clara)[40]의 책에서 알 수 있는데, 우리 자신의 **고위 성직자** 중 한 사람[41]이, 불길한 공포심에서, 동

(1628), pp. 221 이하 참조할 것. 스코틀랜드에서 있었던 계율의 개혁은 1641년 잉글랜드의 내란을 예고했다. John Knox, *The History of the Reformation in the Church of Scotland* (1644)는 고귀한 자료이다.

[39] 가톨릭 측은 벨기에에서 영국에 파견할 신교사들을 훈련하는 학교를 세웠다. 가톨릭에 대한 청교도의 일반적인 반대 주장에도 불구하고, 가톨릭의 영향은 아주 빈약했다. 1634년 가톨릭 교인의 숫자는 300만 인구에서 15만 명으로 추산될 정도였다.

[40] *Apologia Episcoporum seu Sacri Magistratus* (1640)의 저자인 산타 클라라(Santa Clara)를 가리키는 듯하며, 1598년 코번트리(Coventry)에서 태어난 산타 클라라는 옥스퍼드에서 가톨릭으로 개종하여, 1617년 벨기에로 가서 프란체스코 수도회(Franciscan order)에 가입했고, 그 후 찰스 1세의 궁전에 헨리에타 마리아(Henrietta Maria) 왕비의 고해신부로 들어왔으며, 그녀를 받들면서 로드(Laud) 대주교와 다른 영국의 성직자들을 만났다.

[41] 홀(Hall) 주교를 가리키며, 그는 『신이 내려준 권한에 의한 감독제』(*Episcopacie by Divine Right*, 1640)라는 저서에서, "선하신 하나님이여, 제가 살아서 이런 말을 듣나이까?"라는 말을 토로함으로 시작했다.

일한 논쟁에 대한 글을 쓴 때와 비슷한 시기에 열변을 토해낸 것입니다. 마치 그들이 좋은 동맹자인 것처럼, 하나의 무너지는 바벨탑(Babel)[42]을 지탱하기 위해 힘을 합친 것처럼 말입니다.

그러나 저는 우리 자신 가운데 있는, 진정한 계율(Discipline)의 수행을 방해하는 그런 원인들을 밝히는 데 주력할 겁니다. 우리 선조의 시대와 우리의 시대로 나누어 순차적으로 알아볼 것입니다. 헨리 8세(HENRY VIII)는 이 왕국을 교황 치하의 종속에서 완전히 떼어낸 첫 번째 왕이었지요. 그러나 그의 주장은 그가 주목한 종교 내의 다른 잘못 때문이라기보다 왕의 주권(Supremacy)[43]에 대한 것이었으므로, 그가 처음 처한 곳에 꼼짝 못 하고 박혀있는 것은 놀랍지 않습니다. 그 다음 태만은 주교들에게 있었는데, 비록 그들이 교황을 부정하긴 했지만, 그들은 여전히 교황정치(Popedome)를 포용하고, 서로 그들의 여섯 가지 피비린내 나는 조항[44]에 따라 권위를 나누며, 교황이 했을 법한 것 이상으로 프로테스탄트(Protestants)를 박해했지요. 그리고 의심의 여지 없이, 교황이 무너지는 경우가 어떻게든 생기면, 그의 폐망이 탑의 갑작스런 붕괴와 같지 않다면, 주교들은 그가 뒤뚱거리는 걸 보게 될 때, 그를 떠나서, 난장판이 되어 서로 다투며, 그 다음 누구든 교황이 될 자를 붙잡을 것이고, 그 다음은 다음 선수로 등장하는 자를 붙잡을 겁니다. 최근의 프랑스 추기경[45]과

---

[42] 구약성경 「창세기」에 등장하는 바벨탑이며, 바벨에 사는 노아의 후손들이 대홍수 후 하늘에 닿는 탑을 쌓기 시작하였으나 여호와가 노하여 그 사람들 사이에 방언을 쓰게 하니, 서로 말이 통하지 아니하여 실패했다는 이야기이다.
[43] 밀턴은 헨리가 계율이나 교리의 개혁을 무시하고 스스로 잉글랜드 교회의 수장이 되려고 결심한 것을 지적하고 있다.
[44] 분파주의를 두려워한 헨리 8세는 1539년 의회를 통해 「6개 조항 법안」(The Six Articles Act)을 강요함으로써 신앙의 통일성을 강제하려고 시도했다.
[45] 아르망장 뒤 플레시 리슐리외(Richelieu, Armand-Jean du Plessis, 1585~1642)를

캔터베리 관구(the See of Canterbury)가 분명히 그런 행세를 한 것처럼 말입니다.

에드워드 6세(Edward VI)[46] 시절에는, 왜 완전한 **종교개혁**이 이루어지지 않았는지, 신중한 사람이라면 누구나 알 수 있을 겁니다. 첫째, 그가 왕국을 통치하기 시작하자마자 **스코틀랜드**(Scotland)와 전쟁[47]을 벌였지요. 거기서 성공을 하고 돌아온 섭정(the Protector)[48]은 여섯 **조항**(Articles)을 폐지하고, 우상들을 **교회** 밖으로 끌어내려고 새로이 손을 댔

가리킴. 당대의 여론이 리슐리외를 피에르 드푸이(Pierre Depuy)의 「영국 갈리아주의의 자유」(*Libertés de l'Église Gallicane*, 1639)의 배후자로 주장했는데, 이 논문은 가톨릭교회가 한동안 프랑스에서 보여주었던 민족주의적인 반로마적 경향을 옹호한 논문이었다.

[46] 에드워드 6세(Edward VI)는 9세에 영국 국왕의 왕좌에 오른(1547~1553) 첫 번째 신교도 국왕이었다. 비록 에드워드가 6년간 통치하고 15세에 사망했지만, 그의 통치는 영국 종교개혁과 영국 국교회의 구조에 지속적인 기여를 했다. 헨리 8세의 통치 말기엔 보수적인 가치관으로 되돌아가면서 종교개혁이 부분적으로 중지되었지만, 에드워드 통치기에 종교개혁에 급진적인 진전을 보였다. 그의 치세 6년 동안, 교회는 본질적으로 로마가톨릭적인 전례(liturgy)와 구조에서 신교적인 것으로 바뀌었다. 특히 공동기도서(the Book of Common Prayer), 1550년의 성직 수임 식순(the Ordinal of 1550), 크랜머의 42개 신조(Cranmer's Forty-two Articles)는 오늘날까지 이어지는 영국 국교회 예법의 기초가 되었다. 에드워드는 그의 생애와 사후에 바알(Baal)의 우상을 파괴한 성서적인 왕으로 묘사되었다.

[47] 스코틀랜드가 메리 스튜어트(Mary Stuart)와 에드워드 6세의 결혼을 인가하기를 거절했기에, 에드워드 시모어(Edward Seymour)에 의하여 수행된 전쟁임. 1547년 영국군이 핑크 클러프(Pinke Clough)에서 스코틀랜드군을 물리쳤으나, 이듬해 프랑스군이 개입하여 영국군은 스코틀랜드에서 후퇴했고 수치스런 화친을 맺었다.

[48] 보통 the (Lord) Protector라고 하면 영국 공화정 때의 올리버 크롬웰(Oliver Cromwell) 및 그 아들 리처드 크롬웰(Richard Cromwell)의 호민관 칭호를 가리키지만, 여기서는 헨리 8세(Henry VIII)의 아들 에드워드 6세(1537~1553) 시기에 섭정을 했던 서머싯 공(Duke of Somerset)을 가리킨다. 섭정기에 대외적으로는 스코틀랜드와 전쟁에서 승리했지만 잉글랜드 내부의 종교분열은 더욱 심해졌다. 헨리 8세가 종교개혁으로 이루어놓은 교리는 섭정기에 전면 부정되었고 로마가톨릭은 경멸의 대상이 되었으며, 이는 당시 잉글랜드 민심과는 이탈된 것으로 지지를 받지 못했다.

을 뿐입니다. 그러나, 완강한 교황주의자들이 선동한 곳곳의 반란들과,[49] 왕의 두 장군[50]과 맞서 싸운 노퍽(Norfolk)의 평지 전투[51]를 위시한 다른 소요들이 그들에게 이미 이룩한 것으로 만족하게 했지요. 여기에 귀족들(Peers)끼리 야망을 품은 경쟁이 뒤따랐고, 이는 섭정이 죽을 때까지 멈추지 않았으며, 섭정 자신이 이런 점에서 가장 열성적이었습니다. 그런데, 노섬벌랜드(Northumberland)[52]는 잉글랜드에서 가장 많은 것을 할 수 있었던 자였으나, 그의 임종 때 그의 배교행위가 잘 보여주었듯이, 종교에 대해 별로 흥미도 없고, 왕권(the Right of the Crowne)을 그 자신의 혈통으로 끌어들이는 방법에 그의 모든 재주를 기울인 자였습니다. 주교들에 관해 말하자면, 그들은 이런 값진 시도들과는 거리가 멀어서, 그들은 돈에 팔린 근엄함을 보이며, 당시에 작동한 모든 정치적 계략(Politick Fetch)[53]을 묵인하고자 흔한 우마의 소변이 되는 걸 참아냈던 것입니다.

---

[49] 1549년, 윌트셔(Wiltshire), 옥스퍼드(Oxford), 글로스터(Gloucester), 햄프셔(Hampshire), 서식스(Sussex), 켄트(Kent), 데번셔(Devonshire), 노퍽(Norfolk)에서, 평민들이 인클로저(enclosure)에 반대하여 봉기했다. 세속적인 고충을 시정하는 것 외에, 반역자 대부분은 헨리 8세 치하에서나 그 이전에 있었던 대로 구교의 재확립을 요구했다.

[50] 노샘프턴(Northampton) 후작은 그 봉기를 진압하지 못했으며, 워릭(Warwick) 백작은 분발하여 진압에 성공했다.

[51] 노퍽의 반란자들은 1만 6천 명의 강군이었다고 한다. 로버트 켓(Robert Ket)의 지도 아래, 그들은 인클로저를 부수고, 그들 자신의 재판소를 세우고, 가톨릭 성례식과 다른 종교적 개혁을 요구했다.

[52] 노섬벌랜드 공(Duke)이자 워릭(Warick) 백작인 존 더들리(John Dudley, 1502~1553)를 가리키며, 백작으로서 그는 노퍽 반란(Norfolk Rebellion)을 진압했고, 1549년에는 서머싯(Somerset)을 몰아내고 최고의 권력을 쟁취했다. 1553년 7월에 에드워드 6세가 죽자, 메리와 엘리자베스를 서출(庶出)이라며 배척하고 제인을 여왕으로 선포했으나, 9일 만에 도리어 자신이 처형되고 말았다.

[53] 밀턴은, 노섬벌랜드가 메리와 엘리자베스를 배척하고 니콜라스 리들리(Nicholas Ridley)의 지지를 받은 것을 언급한다.

강력한 **국가 통제주의자들**(Statists)이 그들을 고용하고 싶었을 정도로 자주 그랬습니다. 그들이 시끄러운 귀족 신분으로 **기독교적인 평화**에 이바지하거나, 그들의 불충한 계획을 물리치는 데 그들의 권위와 높은 지위를 사용했다는 기록이 없습니다. 그러나 만일 **카를** 5세(CHARLES V)[54]가 화내지 않도록, **미사**(Masses)를 드릴 관용[55]을 그의 누이 **메리**(MARY)[56]를 위해 왕에게 청원하려면, 어린 왕에게 그 관용을 강요하기 위해 보내야 할 자는 **크랜머**(Cranmer)[57]와 **리들리**(Ridley)[58]를 제외하면 누가 있을까요? 그러나 왕위에 오른 그 경건한 **아이**(Childe)의 입을 통해,[59] 그리스도 자신이 그렇게 머뭇거리고 시간만 보내는 고위 성직자들에게 끔찍한 거

---

[54] 신성로마제국 황제 카를 5세(the Holy Roman Emperor, Charles V)를 말한다.

[55] 메리 튜더(Mary Tudor)는 새 기도서를 받아들이기를 거부했다. 1549년 카를 5세는 메리가 미사를 드리게 하는 허가를 받아냈다. 1550년에 메리가 옛날 예배 의식을 포기하게 압력을 받자, 카를은 군사적 위협을 했고, 이 최후통첩을 거절하려던 어린 에드워드 6세를 토마스 크랜머(Thomas Cranmer)와 리들리가 만류했다.

[56] 메리는 에드워드 6세의 이복누이로 가톨릭 성향이었으며, 후일 그녀가 왕이 되자 피의 숙청이 있었다.

[57] 에드워드 왕이 가장 신임한 켄터베리 대주교, 토마스 크랜머(Thomas Cranmer, 1489~1556)는 헨리 8세의 이혼과 영국 국교회의 수장이 되는 것을 모두 지지하였다. 에드워드 6세 치하에서 1549년에는, 첫 기도서(prayer book)의 작성을 감독하였고 1552년 개정안을 준비하였다. 그는 일련의 종교적 개혁안을 내놓았는데, 교황의 패권을 거부하면서도 본질적으로 가톨릭 성향을 지닌 영국 국교회를 제도적으로 신교적인 교회로 개혁하는 것이었다. 헨리 8세 치하에서 시작된 교회 재산의 몰수가 봉헌제단의 해체와 더불어 재개되었다. 그러므로, 에드워드 치하의 교회개혁은 종교성 못지않게 정치성을 띠었으며, 그의 말년에 교회는 재정적으로 파괴되었고 주교들의 재산 상당 부분이 일반인의 손으로 넘어갔다. 메리 여왕이 왕위에 오른 후, 그는 교황의 주권을 인정하는 6개의 문서에 서명했다가 취소하면서, 결국 이단으로 몰려 화형을 당하는 비운을 겪어야만 했다.

[58] Nicholas Ridley(1500~1555): 런던 주교로서 1539년 「6개 조항 법안」에 동의했고 독신으로 살았다. 크랜머의 조수로서 1549년 최초의 영국 기도서를 작성하는 데 도움을 주었다. 나중에 메리에 의하여 라티머와 함께 화형을 당했다.

[59] 에드워드 6세(Edward VI).

절을 들려준 것이니, 아주 대담한 간청을 하고 난 후, 그들은 수치와 눈물을 머금고 돌아가야 했던 것입니다. 이것 역시 그들이 세속을 따르는 자들임을 밝혀준 첫 사례가 아니었지요. 섭정의 형이자 해군 대장인 **서들리 경**(Lord Sudley)[60]이 개인적인 원한과 고장 난 장기(mal-engine) 때문에 그의 생명을 잃을 위기에 처했을 때, 그에게 책임을 돌리려고 **라티머 주교**(Bishop Latimer)[61]가 날조된 비난을 만들어 자신의 설교를 통해 폭로했고, 그렇게 함으로써 국민들에게 그의 명예를 실추시켰으니, 이런 폭로를 함에 있어서 라티머 주교보다 (또 다른 **쇼 박사** [Dr. Shaw]처럼 여겨지니),[62] 더 적합한 인물은 찾아볼 수 없었겠지요. **라티머 주교**가 그렇게 폭로하지 않았다면, 또한 존경받는 **주교**가 거짓된 조작은 없다고 사람들에게 장담하지 않았다면, 사람들은 그 무죄한 사람의 죽음을 애석하게 여겼을 것이기 때문입니다. 왕의 자녀에게 왕관을 쓸 권한을 금하는 것보다 더 불경한 일이 무엇일까요? 한 반역자의 야망에 부푼 찬탈에 부응하여, 헨리 8세의 마지막 유언[63]을 관철하기로 맹세해놓고 이를 철회한 것이니 말입니다. 그러나 왕의 유언 집행자 중 한 사람이었던 **크랜머**(Cranmer) **주교**와 다른 **주교**들은 이 유언을 철회하는 것을 아무도 거절

---

[60] 토마스 서들리 경(Thomas Lord Sudley, 1508~1549): 섭정인 형에 의하여 귀족이 되고 해군 원수가 되었으나, 에드워드 6세를 유괴하고 자신의 형을 섭정의 자리에서 몰아내려다가 반란죄로 처형당했다.
[61] 라티머 주교는 크랜머와 리들리와 함께 에드워드 6세 치하의 종교개혁에 지대한 공헌을 한 개혁주의자이다.
[62] 랄프 쇼(Ralph Shaw) 박사는 1483년에 행한 어느 설교에서, 에드워드 6세의 적법성을 비난하면서 리처드(Richard)의 왕위 계승권 주장을 지지했다. Holinshed, *Chronicles* (1587) 참조.
[63] 헨리 8세가 사망한 후, 그의 유일한 적자인 에드워드 6세가 왕위를 계승했는데, 그때 9세에 불과하여 헨리의 유언에 따라 16명으로 구성된 섭정위원회가 섭정을 했다. 유언집행위원들은 에드워드 시모어(Edward Seymour, 1st Earl of Hertford)를 호민관(Lord Protector)으로 지명했다.

하지 않았고(그들이 노섬벌랜드 공을 대적하지 않으려고), 자신들의 양심에서 **교황주의자인 메리 공주**(the Princess Mary)뿐만 아니라 프로테스탄트인 **엘리자베스**(Elizabeth), 그리고 (**주교**들의 판단에 따라) 헨리 왕의 합법적인 자녀까지 무력화시키고 물리치는 일에 착수할 수 있었던 것입니다.

그렇다면, (비록 이 **고위 성직자**들이 그 이상의 **종교개혁**을 추구했다고 한들) 어떤 **정치가**가 얼굴을 살짝만 찌푸려도 그들이 조용해졌으리라는 것을 누가 부정할 수 있을까요? 그러나 이 고위 성직자들이 **순교자**였다고 주장한다면, 어떤 면에서 그럴까요? 비록 모든 진정한 기독교인은 그가 그런 소명을 받으면 **순교자**가 되겠지만, 종교적으로 고통받는 자가 모두 예외 없이 바로 순교한다는 것은 아니지요. 사도 **바울**(St. Paul)이 기록한바, "내 몸을 불사르게 내어줄지라도 (종교를 위하여 그렇다는 뜻임), 사랑이 없으면,"[64]이라고 하는데, 이는 진리의 어떤 측면을 위해 불에 몸을 던지는 사람이라 해도 그가 잘못을 할 가능성이 없는 것은 아니라는 뜻입니다. 그리스도를 위하여 이교도에게 살해된 **아리우스파**(Arians)[65]와 **펠라기우스파**(Pelagians)[66]를 보더라도, 우리는 이 두 족속을

---

[64] 「고린도전서」 13: 3.

[65] 콘스탄티누스(Constantine) 시대의 교회 지도자 아리우스(Arius)의 추종자들을 가리킴. 아리우스는 325년 니케아 회의(Council of Nicaea)에서 확정된 삼위일체론(theory of Trinity)을 거부하여, 파문당하고 일리리아(Illyria)로 추방되었으나 그의 이단설은 계속 남았다. 밀턴은 여기서 아리우스의 주장에 반대하는 것처럼 보이지만, 나중에 "성자론"에서 보듯이, 본질적으로 이를 수용하고 있다(*Christian Doctrine*, I, v).

[66] 펠라기우스(Pellagius, 360~420년경)의 추종자들을 가리킨다. 펠라기우스는 아일랜드나 스코틀랜드 출신으로 로마와 팔레스타인을 여행하던 수도사였으며, 성(聖) 아우구스티누스(St. Augustine)의 완전타락(total depravity)을 부정하고 의지의 자유를 내세우며, 하나님은 인간에게 죄 없이 살 수 있는 능력을 부여한다고 주장했다. 아우구스티누스는 하나님의 은총으로만 구원을 받을 수 있다고 했던 반면, 펠

그리스도의 진정한 친구로 받아들이지 않습니다. 키프로스(Cyprian)가 그의 30번째 서한에서 말했듯이, 만일 **순교자들**이[67] 어떤 것을 선포하는데, **복음**은 그와 다른 것을 선언한다면, 그들은 자신들이 **순교자**가 됨으로써 지킨 **복음**을 따르지 않음으로써 그들의 면류관을 잃어버리게 될 것이고, **복음**의 위대성이 어떤 다른 **교령**(敎令, decree)의 신선함에 압도될 수 있다면, 그 **복음**은 파괴되어 평범한 것으로 전락하게 마련입니다.

그리고 이에 더하여, 저는 비밀의 **계시자**(Reveler)시며 **심판자**(judge)이신 불멸의 **신성**(Immortall DEITIE)에게 기원하는바, 제가 이 책에서 분명하고 노골적으로, 그러나 가치 있고 진실되게, **신부들**(Fathers)과 순교자들 혹은 **기독교 황제들**의 오류와 결점을 밝히거나, 실수와 미신을 맹렬한 표현으로 비난할 때마다, 악의로 그렇게 하지도 않았고, 악담하기를 좋아하지도 않았고, 어떤 허영심에서 한 것도 아니었기를 바랍니다. 그게 아니라 흠 없는 **진리**를 치욕적인 굴레로부터 옹호할 필요성 자체에서 그렇게 한 것이며, 진리의 고유 가치가 지금 너무 낮게 평가되어, **크랜머, 라티머와 리들리**에게 인증받지 못하거나, **콘스탄티누스**(Constantine)의 종복임을 입증하여[68] 그의 **휘장**(badge)을 달지 못하면, 진리는 그것이 말한 것에 대해 하찮은 점수나 받을 거 같습니다. 인간의 어리석은 의견이 이 모든 이름을 이처럼 우상시하고, 천상의 **진리**가 이처럼 포획되어버리는 것보다는, 그 이름들이 **놋뱀**(Brazen Serpent)처럼[69] 완전히 철폐되는 것이 하나님의 교회를 위해 더 견딜 만할 것입니다.

라기우스는 자기를 구원하는 인간의 능력을 강조했다.
[67] *The Epistles of S. Cyprian*, tr. Henry Carey (Oxford, 1844), pp. xxix-xxx 참조.
[68] 즉, 로마가톨릭 신자라는 뜻임.
[69] 히스기야(Hezekiah)는 모세가 광야에서 길렀던 놋뱀을 유대인들이 우상화했기 때문에 파괴했다. 「민수기」 21: 9, 「열왕기하」 18: 4 참조.

이제 더 나아가서, 그 **주교**들이 어떤 자들이든, 그들 자신은 **종교** 문제에 불만족했던 것 같습니다. 그때 그들이 **주교** 여덟 명과 다른 **성직자** 여덟 명과 **시민** 여덟 명 및 **일반 법률가** 여덟 명으로 구성된 위원회를 통해 **교회법**(Ecclesiasticall Constitutions)[70]을 고안해야 하는 입장이었기 때문이지요. 헤이워드(Hayward)[71]가 언급하듯이, 그들의 직분과 목적이 달랐기에, 그 위원회가 아무 결론도 내지 못했더라도 놀랄 일은 아닙니다. 마지막으로, 우리가 예를 통해 알 수 있는바, 확실한 **종교개혁**은 첫 시도에서 완성되는 것이 아니며, **에드워드 6세**(Edward VI)의 힘겨운 시대에는 이런 구실로 어떤 변명의 여지가 있을 수도 있는 것입니다. 이제 분별력 있는 사람이라면 누구든 왕의 통치가 **교회 계율**(Church Discipline)의 구조를 정리하기에 적절한 시기인지를 판단하게 하고,[72] 하물며 그것이 결함을 지속적으로 조장하고 굳히며, **독실한 성도들과 순교자들의** 찬성과 동의에 힘입어 총체적인 **부패**에 영광스런 **이름**을 붙여주고, 그렇게 약속하는 기회를 제공해야 한다고 판단하면 안 됩니다. 그들에게 순교의 거룩한 용맹을 만드는 것이 **감독제**(Episcopacie)가 아닌 것은, 순교가 훌륭한 **감독제**를 만들 수 없음과 같은 이치입니다.[73] 그러나 **감독제**야말로 선하고

---

[70] 「교회개혁법안」(*Reformatio Legum Ecclesiasticarum*)은 1544년에 토마스 크랜머가 32명으로 구성된 위원회의 도움을 받아 작성해 의회에 회부했으나 통과되지 않았다.

[71] 엘리자베스 1세 시기의 역사가, 존 헤이워드 경(Sir John Hayward, 1564?~1627)을 말함. 한때 에식스(Essex)를 칭송하여 투옥되기도 했으나, 베이컨(Bacon)의 도움으로 석방되어, 1619년 기사 작위를 받고, 왕권신수설을 옹호하는 논문을 쓰기도 했다.

[72] 에드워드 6세 치하에선 아직 완전한 교회법을 만들 수 있다고 생각할 수 없다는 뜻임.

[73] 감독제가 사람들을 순교자로 만든 것이 아니라는 밀턴의 주장은 논박하기 어려웠다. 반면에, 밀턴은 모든 주교를 무차별적으로 치욕의 집단으로 묶어버리는 경향은 있었다. 당시 홀(Hal) 대주교는 주교들이 신앙의 순교자라고 빈번히 지적했던

거룩한 사람들을 **원수**의 유혹과 이 세상의 덫을 통해 비난받을 만하고 무례한 많은 **행위**로 유도합니다. 그리고 또한 **감독제**는 우리 모두의 목전에서 우리 **성직자** 가운데 가장 학식 있고 박식하고 종교적으로 보이는 자들을 악화시키고 타격을 가하여, 거기에 진출하자마자 식도록 내놓은 끓는 그릇처럼, 안락과 나태의 얄팍한 응고의 꼭대기에 안주하며, 이전에 자신에게 있던 그 열성의 대부분과 재능을 내뱉어서 발산해버립니다. 그리고 만일 그들이 그들의 학식을 본성의 강렬한 통제로 유지하더라도, 그럴 확률은 드뭅니다. 그러나 그들의 헌신(devotion)은 가장 흔하게는 미적지근한 역겨운 기질과 같은 것이고, 하나님 자신에게 역겨운 일이 될 것입니다.

그러나 꼴사납고 거대한 **고위 성직자 제도**(Prelatisme)[74]가, 전에 순교(Martyrdome)에 대해 그랬듯, 지금은 **감독제**에 대해, 그 기형적 모습을 아름다운 색깔로 이처럼 희게 하고 윤기를 내는 것을 우리가 지금처럼 어떻게 견뎌낼까요? 그들이 **주교**가 아님을 **하나님**과 모든 **선한 사람**은 다 알고 있는바, 그들은 우리 땅을 근래의 혼란과 폭력으로 채워버렸고, 주교라는 이름으로 그토록 오랫동안 세상을 눈 멀게 하고 유린하며 전횡해온 사기꾼들의 무리이자 연합체입니다. 하나님에게서 받은 은사와 더불어 적당한 숫자로 모인 **교회**의 합법적인 초기 선택으로 능력이 생겨서,

---

것이다.

[74] 밀턴은 이 구절을 쓰면서 청교도의 논의 대상이었을 뿐 아니라, 그가 『종교개혁론』을 내놓기 전에 반란으로 파문되었던 캔터베리의 대주교, 윌리엄 로드를 염두에 두었을 것이다. 로드는 "관구 주교가 없는 진정한 교회는 있을 수 없다"고 주장했으며, 예수의 이름으로 강제적으로 절하고, 백의를 입고, 성찬대의 성가대 동쪽 끝으로 이동하는 것을 주장했다. 1641년 평민원에 의해 반란으로 파문되고, 1645년 귀족원이 동조하여 처형되었다. "Prelatism"이나 "Episcopacy"는 둘 다 같은 의미로 감독제를 뜻하지만, 전자는 다소 경멸적인 표현이다.

그때로부터 충성스럽게 자기 교구의 양 무리를 먹이는 자는, 대등한 (coequal) **성직자로서의**(compresbyteriall)[75] 권한을 가지고 자신이 수임 받은 것과 같은 방식으로, **그리스도의 회중의 공적인 기도와 투표에 의하여**, 사제와 **부제**(deacon)를 임명할 수 있고, 진정한 **사도로서의 주교**가 되는 것입니다. 그러나 그가 **주교로서의** 교만한 자리에 올라서 온건하고 모범적인 회당을 악정을 펼치는 거만한 **대궐**로 바꾸고, 영적인 존엄을 육신적인 우월성으로 바꾸고, 세속적인 **고위직**과 **임무**를 거룩한 **소명** (Embassage)의 높은 **협상**과 바꾼다면, 그는 자신의 **품격을 낮추고 스스로 주교의 자격을 벗어버리게** 되는 겁니다. 스스로 주교가 되는 자는 주교가 되지 못합니다. 그러므로 성 **마르티노**(St. Martin)[76]가 술피티우스 세베루스(Sulpitius Severus)[77]에게 자신이 주교였으므로, 이전에 하나님이 자신

---

[75] 장로교의 명칭의 기본이 된 "장로"는 영어로 "elder"라고 하지만, "presbyter"라고도 한다. "Presbyter"는 장로와 성직자의 뜻을 동시에 지니므로 장로는 목사와 함께 성직자에 속한다. 초기에 회중의 선택을 받은 자가 성직자가 되고, 진정한 주교도 될 수 있었다는 것이다. 밀턴은 여기서 "compresbyter"라는 단어를 만들어 사용하고 있는데, 일반 성직자와 주교가 대등하다는 것을 강조하는 표현이다. 회중의 투표로 선택을 받아 성직자가 되고 주교가 될 수 있다고 주장은 성직자와 일반 신도가 근본적으로 차이가 없다는 "만인제사장설"(Priestertum aller Glaubigen)과도 통한다. 만인제사장이란, 신자는 누구나 그리스도를 믿고 고백하면, 하나님과 인간 사이에 사제와 같은 인간 중보자 없이 거룩한 성도가 되며 하나님의 동일한 자녀가 된다는 주장이며, 종교 개혁가 마르틴 루터가 주창한 종교개혁 신학의 중심이기도 하다.

[76] 투르의 성 마르티노(St. Martin of Tours, 335~?)는 수도원적인 이상을 일반화하는 데 가장 뛰어난 모범을 제공했다. 술피티우스 세베루스가 저술한 『성 마르티노의 생애』(*Life of Saint Martin*)는 수 세기에 걸쳐 서유럽에서 가장 널리 읽힌 책이었으며, 서방 교회 수도원의 모습을 결정짓는 데 지대한 영향력을 끼쳤다. 마르티노는 현재의 헝가리인 판노니아(Pannonia) 지방에서 태어났으며, 수도사의 생활에 전념하여 성인으로 널리 알려지게 되었다. 누추한 의복에 초라한 생활을 했고 후일 수도원장이 된 후에도 그런 생활 태도를 바꾸지 않아, 많은 사람들에게 진정한 수도사의 본보기로 여겨졌다고 한다.

[77] 세베루스는 아퀸타티아(Aquintatia) 태생으로, 저명한 법률가이자 수사가였다. 성

에게 엄청나게 부여한 **덕성**과 **은총**이 현저하게 부패했음을 내면적으로 느꼈다고 불평했던 바, 이는 놀랄 바가 아닙니다. 비록 바로 그 술피티우스가 그는 아무런 타락도 없었고, 그의 **습관**과 **식생활** 혹은 개인적인 **행동**에 있어서는 그가 처음에 채택했던 단순한 소박성에서 아무런 변화도 없었다고 썼지만 말입니다. 그러므로, **하나님**이 그 당시의 **주교들**에게서 불쾌하게 여겼던 것만이 아니라, 전체적인 **기능**에서 전반적인 부패와 타락이 있었던 겁니다.[78]

그럼 여기서 다음 **프로테스탄트** 군주인 **엘리자베스**(ELIZABETH) 여왕으로 넘어가서, 왜 그녀가 통치하던 초기에 **종교** 권력이 완벽하게 감소하지 못했는지 살펴보고자 하는데, 방해 요인들은 **에드워드** 6세에 대해 주장되었던 몇몇 요인과 공통성이 있을 것입니다. 그런 요인으로는 당대의 미숙함, **메리** 여왕이 그 왕국을 연약한 상태로 남겨두었다는 것, **교황주의자들**이 지위와 직분을 수여하고 집행했기에 대부분 **교황지지자**인 **법관**, **변호사**, **치안판사**, 로마에 충성하는 주교들이 남아있었다는 것, 이런 요인들에서 파문 선고의 맹렬한 섬광이라든가, 귀의(歸依)한 국민을 면죄하는 것이 예상되었던 거죠. 다음으로, 엘리자베스의 개인적인 **고문들**은, 그들이 누구든지, **캠던**(Camden)이 적고 있듯이,[79] 그녀에게 **교회** 정책의 변경은 난동을 일으킬 것이라고 설득했지요. 그래서 **전례**(Liturgie)가 수많은

마르티노의 영향을 받아 그의 재산을 가난한 사람들에게 나누어주고 신앙 증진에 몰두했으며, 투르 교회에서 성직자가 되었다.

[78] 주교로서의 성 마르티노의 삶은 이런 주장과 아주 상반된 것이다.

[79] 윌리엄 캠던(William Camden)은 고대 풍습에 관심을 두고 옥스퍼드의 동료 학생이던 필립 시드니(Philip Sidney)의 격려를 받으며 자료를 수집해 1586년 『브리타니아』(*Britania*)를 출판했고, 1615년에는 1589년까지의 엘리자베스 1세 통치기를 다룬 『연대기』(*Annales*)를 내놓았다. 밀턴은 『종교개혁론』에서 이 두 자료를 사용했다.

온건한 **성직자**에게 넘어갔고, 정치가였던 **토마스 스미스** 경(Sir Thomas Smith)[80]은 정화되고 치료되었답니다. 분명히 그들은 온건한 성직자들이었고 뜨겁지도 차갑지도 않았지요. 그리고 그들 중의 최고인 **그린달**(Grindal)[81]은 나중에 캔터베리 **대주교**(Arch-Bishop)가 되었으며, 궁궐에서는 호감을 잃었는데, 비록 **캠던**(Camden)은 다른 이유를 찾으려는 듯하지만, 제가 생각하기엔, 그가 일반 **성직자**들에게 호의적이었다는 이유로 자기 **교구**를 다스릴 권한을 박탈당한 듯합니다. 그러므로, **엘리자베스** 즉위 2년경, 일반 사람들과 지성인들을 회의에 모았지만, 과거 교황제의 빈약한 조잡성에 대해 그 근거를 잘 모르는 사람도 있고 성토하는 사람도 있어서, 당신이 전에 들어본 바와 같이, 그 법률을 만든 자들조차 만족시키지 못한 **에드워드** 6세의 교회법을 이제 가장 좋은 법안으로 수정해 확립할 기미도 없단 말입니다. 그때로부터 그 성직자 회의(Convocation)[82]의 **교령**(敎令)의 결함을 지적하는 모든 이에게 감금과 고충 및 수치가 따랐고, 그들은 곧바로 **청교도**(Puritans)의 이름으로 낙인이 찍혀버렸다는 겁니다.[83] 여왕 자신에 대해 말하자면, 그녀는 **주교**들을 억압하면 자신의 대권이 침해될 것이라고 믿게 되었으며, 이에 관해서는 논의과정에서 필

---

[80] 토마스 스미스는 다양한 공직에 종사한 후 1562년 프랑스의 대사가 되어 거기에서 『영국 공화국』(*Republica Anglorum*)을 영어로 출판했고, 1589년 이후 *The Commonwealth of England*라는 영어 서명으로 알려져서 1641년까지 9판이나 출간되었다.

[81] Edmund Grindal(1519~1583)은 런던 주교와 요크 및 캔터베리 대주교를 지냈으며, 청교도 혁명에 일부 공감했고, 백의를 입는 걸 강요하지 않았고, 예언을 자제하지 않고, 엘리자베스의 노여움을 사서 대주교직을 6개월간 정지당하기도 했다.

[82] 영국 국교회에서 캔터베리(Canterbury)나 요크(York)에서 열리는 성직자 회의나 대주교구 회의를 의미한다.

[83] 풀러(Fuller)에 따르면, "청교도"라는 말은 "교회의 기도서와 의례 및 계율에 동참하기를 거부하는" 자들에 대한 별칭으로 1564년에 처음으로 사용되기 시작했다고 한다. *Church History*, IX, I, 66~67 (1837, II, 474) 참조.

요하다면 다시 논의하겠습니다. 그리고 왜 고위 성직자들이 그걸 만들어 냈는지 의문을 제기하는 측면에서 생각해야 하며, 그들에게 묻지 말고 그들의 배에 물어보십시오. 그들은 좋은 성막을 발견한 것이며, 그들은 널리 퍼지는 포도 넝쿨 아래 앉았고, 그들의 운명은 상당한 유산 가운데 처하게 되었습니다. 그리고 이런 것들이 아마도 그 여왕 시대에 **교회**를 더 올바르게 바로잡는 것을 방해한 주요 원인입니다.

이 시기로부터 우리의 시대를 다루려고 하는데, 우리 시대는 우리에게 더 가깝게 연관되어 있으며, 우리 자신의 눈과 귀로 판단할 더 충분한 여지가 있기에, 더 정확한 조사가 요구될 겁니다. 그리고 이를 더 신속하게 효과적으로 다루기 위해, **종교개혁**의 방해자라고 여겨지는 자들을 세 부류로 나누면 이렇습니다. 1. **종교전통 전문가**(Antiquitarians)—유용하고 칭송할 만한 일을 수행하는 **고고학자**(Antiquaries)로 부르기보다 차라리 이렇게 부르고 싶습니다—, 2. **난봉꾼**(Livertines), 3. **정객**(Polititians)으로 분류해봅니다. 만일 제가 종교전통[84]에서 다음을 증명한다면, 종교전통의 신봉자들에게는 충분한 대답이 될 겁니다. 첫째, 만일 종교개혁을 반대하는 자들이 우리 주교들을 더 순수한 시대에 순응하게 한다면, 그들은 주교들의 깃털과 발톱을 갈아야 하며, 주교들은 특권을 박탈당하게 될 수밖에 없을 것입니다. 그리고 우리는 주교들이 당장 진압되는 것만큼이나 잘리고 깎이기를 싫어한다는 사실을 알고 있습니다. 둘째, 더 순수했던 시대는 부패했고, 그 때의 책들은 그 후 곧 오염되었다는 겁니다. 셋째, 그때 글을 쓴 자들 가운데 가장 훌륭한 작가들조차 그 누구도 그들

---

[84] 원문의 "Antiquity"는 고대, 오래된 것, 혹은 고대의 문화유산이나 유적 등을 말하는데, 이 산문에서는 성경의 권위가 아니라, 거기에 부합하거나 반대되는 일체의 종교적인 전통이나 교부들의 전통적인 신학적 견해 등을 지칭하는 단어이므로 포괄적인 의미의 "종교전통"으로 번역한다.

자신에게 의존하는 걸 부인하고 모두 성경으로 인도했다는 사실입니다.

그러므로, 첫째, 만일 종교전통을 지나치게 좋아하는 자들이 그 기본을 따르겠다면, 그들의 주교들은 전체 **교회** 신도의 손에 의해 선출되어야 합니다. 현존하는(extant) 교부들 가운데 가장 오래된 자인 **이냐시오**(Ignatius)는 필라델피아인들(Philadelphians)에게 쓴 서한에서, "주교를 선택하는 것은 하나님의 교회에 속한 만큼 그들에게 속한 것"이라고 말했습니다.[85] 하나님의 교회는, 모든 계급과 구성원 전체를 의미한다는 것을, 사도 **바울**의 서신이 표현하고 있고 이런 내용이 마찬가지로 반복되므로, 이를 아무도 흠잡지 말고 받아들이기를 바랍니다. 이 밖에도, 필라델피아인들에게 **안디오키아**(Antioch)[86]의 한 주교를 선택하라고 권면하고 있음에 주목해야 합니다. 그리하여 그 당시에는 주교관구의 그런 신중한 제한이 없었던 것처럼 보이며, 이는, 옛 화폐만큼이나[87] 주교들을 사랑하고, 종교전통이라는 이유로 그가 아주 유감스럽게 여기는 수도원도 사랑할 수밖에 없었던, 감독제의 철저한 지지자인 **캠던**에 의해서도 확증된 것입니다. 그는 **스코틀랜드**에 대한 묘사에서, "268년경 교황 디오니시우스(Dionysius)가 그들의 관구를 재정할 때까지 전 세계적으로 주교들은 일정한 주교관구가 없었으며, 1070년경 왕 **말컴** 3세(King Malcolm III)에 이르기까지 스코틀랜드의 주교들은 그들이 부임한 장소와 상관없이 구

---

[85] St. Ignatius, *Epistle to the Philadelphians*, X. 밀턴이 "현존하는" 교부들이라고 표기한 것은 그들의 저서가 남아있다는 뜻으로 해석된다. Ignatius는 Ignatios로 표기되기도 하며, 스페인어로는 '이냐시오'로 발음된다.

[86] 한글 성경의 표기는 "안디옥"이라고 표기되어 있지만, 다른 텍스트에 나오는 지명이므로 라티어식 표기로 안디오키아로 표기한다.

[87] 밀턴의 양면 발언은 캠던의 고대 유물에 대한 관심을 언급하거나, 캠던의 입장에서 물질만능주의를 암시하는 것으로 이해될 수도 있다. 캠던은 평생 주교들의 친구로 지냈다.

별 없이 그들의 임무를 수행했다"[88]는 것입니다. 이를 근거로 그들이 어떤 기능을 수행했는지를 추측할 수 있을 것입니다. 그 기능이, 독수리 같은 검찰관들(Promooters)[89]과 소환담당관들의 육적인 욕구에 의해 채워질, 그런 소환장과 집행 영장으로 가득 찬 서류 가방을 든 관리들에 의해 둘러싸여 돌아다녔다는 말인가요?[90] 돌팔이 의사가 전국의 모든 돈을 유인하기 위해 자신의 제방을 허물듯이, 그가 자신의 할당 구역을 허물려고 돌아다녔을까요? 분명히 그럴 리가 없습니다. 그가 어디서 왔든 상관없이, 그에게는 이런 어떤 역할조자 허용되지 않았을 것입니다. 그리고 확실히 그것은 비대한 주교관구의 결핍 같은 문제였으며, 초창기의 우리 영국 주교들을 그토록 가난하게 만들었던 이유입니다. 395년에 아리미눔 회의(Councell of Ariminum)[91]에 소환되자 그들은 그들의 여행 경비를 치를 자금이 없어 황제가 그들의 숙식 비용을 해결했지요. 이는 그들에게 있어서 반드시 우연적인 것이 아니라 일반적인 가난이어야 합니다. 저자 **술피티우스 세베루스**(Sulp. Severus)는 그의 교회사(Church History)[92] 제2권에서 그들을 칭송하면서, 주교가 그 자신의 것이 없을 만큼 가난한 것은 칭찬받을 만하다고 단언하기 때문입니다. 그러나 고대의 주교선거로 돌아가서, 국민의 동의 없이는 합법적일 수 없다는 것은

---

[88] 밀턴의 인용구 영어는 필레몬 홀란드(Philemon Holland)가 번역한, 캠던의 『브리타니아』(1586) 첫 번째 번역판(1610)의 구절을 가깝게 따르고 있다.
[89] 교회 법정의 검사를 뜻함.
[90] 밀턴이 여기서 언급하고 있는 구절은 다음과 같다: "주교들에게서 칭송할 점은 그들이 너무나 가난하여 그들 자신의 것이 아무 것도 없었으나 다른 사람들의 비용이 아니라 차라리 국가 재원으로 생활했다는 것입니다."(Migne, *Latina*, XX, 152; *History*, 1635, p. 157).
[91] 아리미눔(Ariminum)은 아드리아 해안의 포를리(Forli) 지방에 있는 현재의 리미니(Rimini)를 말한다.
[92] *History* (1635), p. 157 참조.

키프로스(Cyprian)에게서 너무나 분명하고 자주 접하는 것이므로 각각의 출처를 상세히 밝히면 그 책의 상당 부분을 옮기는 것이 될 것입니다. 그러므로 주요한 구절만 언급하며, 나머지는 저자 자신의 글을 정독하기를 원하는 사람에게 맡기렵니다. 24번째 서한에서 그는 말하기를, "만일 한 주교가 그의 동료나 국민들의 증언과 판단에 따라 한번 세워지고 허용되면, 다른 주교는 세울 수 없다."[93]고 했습니다. 55번째 서한에서는, "한 주교가 모든 국민의 선거에 따라 평화롭게 세워지면"[94]이라는 표현도 있습니다. 그의 68번째 서한에서 주목해야 할 점은, "본질적으로 국민은 가치 있는 자들을 선택하거나 무가치한 자들을 거절할 권한이 있다"[95]는 것입니다. 그는 이 점을 신구약 성경에 나오는 권위자들을 인용해서, 그리고 확실한 이유를 가지고 입증하는데, 그에게는 이들이야말로 종교전통인 것입니다.

국민의 이런 음성은 감독제 선거에서 항상 들어야만 했으며, **키프로스**의 시대 이전에, 그것도 교회가 없는 자들에게까지 너무 잘 알려졌으므로, **람프리디우스**(Lampridius)[96]가 증언할 수 있듯이, **알렉산데르 세베루스**(Alexander Severus)[97] 황제가 이와 똑같은 방식으로 지방 통치자들을 선출하기를 원할 정도였습니다. 그는 그런 선택이 군주제에 모욕적이라고 별로 생각하지 않았답니다. 그리고 만일 독자적인 권위자들로 설득이

---

[93] Cyprian, *Opera* (Paris, 1593), p. 97.
[94] Cyprian, *Opera*, p. 139.
[95] Cyprian, *Opera*, p. 201.
[96] 아일리우스 람프리디우스(Aelius Lampridius)는 4세기의 작가였으며, *Historia Augustae Scriptores Sex*, ed. Isaax Casaubon(Paris, 1603)의 여섯 작가 중 한 사람이다.
[97] 세베루스(기원후 208~235년경)는 13세에 로마의 황제가 되어 그 후 13년 동안 군림했다.

되지 않는다면, 그런 회의 가운데 가장 처음이자 가장 유명한 **니케아 공의회**(General Council of Nicæa)[98]가, 아프리카 교회들에 아리우스주의(Arianism)를 경고하고자 공의회의 **서한**(Synodal *Epist.*)[99]을 작성하면서 결정한 것에 주목하십시오. 그 회의는 죽은 자들 대신 정통적인 주교들을 선택하라고 권유하는데, 그만큼 주교들이 자격이 있어야 하고, 국민이 그들을 선택해야 한다는 겁니다. 그렇게 하여 그들은 국민의 동의가 그만큼 필요하도록 만들었으며, 국민의 자유로운 선택이 없는 그들의 장점으로는 주교가 되기에 충분치 않았던 것입니다. 엄정한 교부들이여, 이제 당신들은 뭐라고 말하겠소? 만일 당신들이 눈을 뜨고 어울리지 않는 주교들을 보게 된다면, 아니 주교가 아니라, 이집트인 의전담당관이 **하나님**의 백성을 괴롭히고 애태우려고, 신음하는 교회를 의도적으로 밀치며 공격하는 것을 본다면 말입니다. 주교들의 음모가 국민의 권리를 좌절시키고 외면해버리는 것은 옛날 일이 아닙니다. 어떻게 하여 성 **마르티노**가, **콘스탄티누스**(Constantine) 직후, 주교들이 할 수 있는 모든 반대에도 불구하고, 그 주변 모든 사람의 동의를 얻어 **프랑스 투르**(Turon)의 주교가 되었는지 우리는 읽어볼 수 있습니다. 교회의 문제는 **그리스도** 이후 거의 400년간 이렇게 진행되었으며, 분명히 훨씬 쇠퇴해 갔을 것입니다. 그리스 황제였던 **니케포루스 포카스**(Nicephorus Phocas)[100]는 주후 1천 년경

---

[98] 니케아 공의회는 325년 콘스탄티누스 황제가 소집해, 주교 318명과 교회의 다른 대표자들이 참석한 모임으로서, 아리우스파의 교리를 부정하고, 그리스도와 하나님의 본질적인 일체성을 주장했다. 그러나 반대 세력이 남아있어 아르미니우스파 교리는 계속 번성했다.

[99] 이 공의회의 서한의 사본은 Theodoret, *Church History*, I, viii에 실려 있다.

[100] 콘스탄티노플의 황제(963~969)였던 니케포루스(Nicephorus) 2세는 전제적인 통치로 아주 인기가 없었으나 탁월한 군인이었다. 그와 그의 후계자 통치 시대에 비잔틴 제국의 군대는 시리아 유프라테스강까지 점령했다.

에 통치했는데, 많은 일을 폭정으로 처리했고, 케드레누스(Cedrenus)[101]에 따르면, 어떤 주교도 그의 의지 없이 선택되어서는 안 된다고 제정한 것이 국민들에게 무엇보다 더 슬프고 불쾌한 것이었다고 합니다. 다른 구체적인 부패가 있었던 가운데서도, 그토록 오랫동안 그런 선택권이 국민들에게 남아있었던 것입니다. 이제 감독제의 품격에 대해서, 그것이 어떠했는지 **이그나티오스**(Ignatius)를 통해 살펴보겠습니다. 그는 **트랄리스**(Trallis) 사람들에게 보낸 그의 서한에서, "성직자들은 그의 동료 교육자이며 동료 의원이다"라고 인정했습니다.[102] 6번째, 41번째, 52번째 서한에서 그렇듯이, 수많은 곳에서 키프로스는 성직자들에 대해 말하면서, 그들을 그의 동료 성직자들이라고 부릅니다.[103] 마치 동일한 지위선상의 같은 주교로 여겨지는 까닭에, 그가 그 자신을 다른 이로 여기지 않은 듯합니다. 그는 그들을 형제라고 부르지만, 그것은 그의 겸손으로 여겨질 것입니다. 그렇습니다. 그러나 그에게 서한을 보내는 **성직자들**과 집사들은 26번째 서한에서 그를 **키프로스** 형제,[104] 친애하는 **키프로스** 사람 이상으로 표현하지 않으면서, 이것이 그를 충분히 영예롭게 부르는 것이라고 생각합니다. 그들의 권위에 대해 말하자면, 이그나티오스로부

---

[101] 케드레누스(Georgis Cedrenus)는 1057년경에 살았던 수도승으로서, 세계의 시작부터 비잔틴 황제 이삭 코메니우스(Isaac Comenius)의 통치기까지 역사 개요를 저술했다. Grosses *Vollständiges Universal Lexicon* (Halle and Leipzig, 1737) 참조.

[102] 밀턴이 언급하는 출처는 1623년 제네바에서 베델리우스가 편집하여 출판된 이그나티우스의 「트랄리스 사람들에게 보낸 서한」(*Epistle to the Trallians*)이지만, 이 구절은 더이상 이그나티우스에 의한 것으로 여겨지지 않는다고 한다.

[103] 이 점에 있어 밀턴이 옳다. 일반적으로 키프로스는 초대교회의 민주적인 강조를 주장한 밀턴의 취지에 부합한다. "동료 성직자"(fellow-presbyter), "형제 성직자"(brother-presbyter), "동료 주교"(fellow-Bishop) 등의 표현이 많이 등장한다.

[104] "키프로스의 형제"(brother Cyprian)란 표현은 서한 31(*Opera*, Paris, 1593, p. 59), 서한 30(Oxford ed, p. 69)에 등장한다.

터 주장된 바와 같이, 그것이 독자적이지 않았으며, 성직자들의 의견에 의존해온 것이 분명합니다. 그리고 바로 그 **키프로스**는 6번째 서한에서 이를 인정했으며, 이에 더해, 그가 주교직에 들어설 때부터 자기 국민의 동의 없이는 아무것도 하지 않기로 결심했다고 했습니다. 31번째 서한에서도 그렇게 주장했지만, 배교의 자궁이자 중심부인 **로마** 자체에서도 이런 진리가 아직 어렴풋이 보이고 있는 만큼, 똑같은 주장들로 가득 찬 그의 모든 글을 살펴보는 것은 지겨울 겁니다. 어느 박식한 영국 작가가 잘 지적하듯이,[105] 교황 자신이 추기경 회의에서처럼 모든 교회의 재판권을 행사하기 때문입니다. 추기경들도 원래는 **로마**의 교구 성직자일 뿐이었던 것이죠. 그러므로 그때는 화합과 겸손의 정신이 신비로운 몸체의 모든 마디와 힘줄을 고무시키고 생기를 불어넣었습니다.

그러나 이제 자기 양 무리의 진정한 주교인 가장 엄숙하고 자격 있는 성직자는, 마치 어떤 대수롭잖고 하찮은 대상인 양, 단지 교회 규범이나 따르는 고위 성직자에게 모욕을 당하고 괴롭힘을 당하게 됩니다. 그리고 **그리스도**의 보혈로 구원받고 죄 사함을 받았으며, 복음서에서 그토록 많은 성인과 아들의 영광스런 칭호로 존귀하게 불리는 하나님의 백성이, 불순한 윤리와 평신도보다 못한 평판을 받습니다. 돌멩이와 기둥과 십자가는 그리스도의 살아있는 성도들에게 합당한 영예요 적선이 되었죠. 이제 분리(separation)의 탁자가 되어버린 성찬대(Table of Communion)[106]는 성가대의 이마 위로 높이 세운 강단처럼 서 있고, 평신도의 불경한

---

[105] 밀턴은 아마 수 세기에 걸친 교황 선출 방법의 변화를 추적한 폭스(Foxe)를 언급하는 것 같다.
[106] 밀턴은 옛 제단의 자리, 벽을 향한 성단소(聖壇所) 끝에 성찬대를 두는 것에 반대했다. 밀턴 시대에, 대부분의 저교회파는 옛 제단을 없앴으나, 청교도적 관점에서 로드 주교는 성찬대를 다시 제단 자리에 만들려고 했던 것이다.

접촉을 막기 위한 요새와 방호벽으로 요새화되어 있습니다. 반면에, 음란하고 배부른 사제는 주저하지 않고 성찬식 빵을 술집 비스킷 다루듯 익숙하게 낚아채고 쪼개버립니다. 이리하여 그들에게 욕먹고 거절당한 사람들은,[107] 덕성과 경건을 그들에게 필요한 그 이상의 위대한 것으로 여기고, 또한 신성한 지식은 그들이 탐구하기에 너무 높은 신비로 여겨서, 교역자들이나 염려할 일로 여기고 진지하게 연구하기를 포기해버립니다. 그것이 고위 성직자들이 원하는 것이며, 그들이 우리를 가톨릭적인 맹목으로 되돌려 놓게 되었을 때, 우리는 우리 구원 전체를 조정하는 일을 그들의 의도에 내맡기게 될 것입니다. 가톨릭 시대부터 자신들에게 결코 공정한 세상이 아니었다고 생각하기 때문이죠. 그러나 현대의 주교를 옛 감독제 신자(primitive)[108]로 만들려는 자는, 자신이 대중의 음성에 의해 선택받고, 교구 관구에서 탈퇴하고, 고정수입을 포기하고, 주인 노릇을 하지 않아야 하고, 형제적인 평등만 남기고, 비길 수 없는 절제를 보이고, 빈번하게 금식하며, 끊임없이 기도와 설교를 하고, 목회에서 계속적인 보살핌과 사역을 해야 할 것입니다. 이것이 많은 성직록(聖職祿, benefice)으로 헐떡이는 고위 성직자의 입에 얼마나 풍요로운 기부가 될 것인지, 카나리아를 빨고 백조를 먹는 미각에 어떤 맛을 낼 것인지는 옛 **마운틴(Mountain) 주교**[109]께서 저를 대신하여 판단해줄 것입니다.

---

[107] 밀턴은 평범한 교구민의 능력을 주장하는데, 나중에 『아레오파기티카』에서 그들의 세속적인 권리에 대한 믿음으로 확대된다.

[108] "Primitive"는 감독제 신자뿐 아니라, 그 후 18세기 초 영국에서 창시된 감리교의 수구파 신자를 지칭하기도 한다.

[109] George Mountain(1569~1628)을 가리키며, 그는 소박한 요크셔 부모에게서 태어나서, 1621년에 런던의 관구의 주교로 진출하였으며, 1623년에 더럼(Durham)의 주교가 되었고, 결국 요크(York)의 대주교(archibishiop)가 되었다. 밀턴은 여기서 몬테인의 아르미니우스 신조보다 그의 세속성에 반대하는 것이다.

그러므로 옛 시대는 현대의 주교들을 위해 대비한 것이 별로 없었음이 명백히 논의되었습니다. 그러나 주교들은 그들이 할 수 있는 만큼 자신들을 위해 준비하면 되겠지만, 왜 우리가 그들의 결정을 따라서는 안 되는지 그 이유는 그들에게서 발견되는 세 가지 부패에 의하여 이제 밝혀질 것입니다. 첫째, 가장 좋은 시대가 점차 폭넓게 오염되었다. 둘째, 그 당시의 가장 훌륭한 자들도 더럽혀졌다. 셋째, 그 사람들의 최대 저술이 위험하게 질이 오염되었다. 이런 가정은 스스로를 입증하는 당대 시대상에서 찾아볼 수 있을 것입니다. 첫째, **이그나티오스**가 그의 젊은 시절에 **아시아** 교회에 증언하기를, 그 당시에도 이교 신앙이 일어났고 곳곳에 유행했다는 겁니다.[110] 이는 **에우세비우스**(Eusebius)가 그리스 호(the Greek number) 이후 그의 책 제3권 35장에서 기술하고 있기도 하죠. 초기 종교전통의 교회사 저술가, **헤게시푸스**(Hegesipus)[111]는 에우세비우스의 같은 책, 32장에서, "사도들이 세상에 있을 때는 교리를 비난하는 자들이 숨어있을 뿐이었지만, 사도들이 일단 떠나고 나니, 그들은 감히 얼굴을 드러내서 진리를 거짓으로 깎아내리려 했다"[112]고 적고 있습니다. 그렇습니다. 정통으로 여겨지는 자들이 교회에서 사소한 축일 행사에 대해서, 부활절을 언제 지킬 것인지 동의하지 않은 채, 교회에서 애처롭고도 수치스런 수익을 올리려 하기 시작한 거죠. 그런 논쟁이 너무 뜨거워져서 **로마의 주교 빅토**

---

[110] 여기서 밀턴이 언급하는 구절은, Eusebius, III, 36, in *Fathers, N. and P. N. 2* (I. 167)에 나타난다: "이그나티우스는 그들에게 무엇보다, 그 당시에 득세하기 시작하고 있던 이단에 대해 특별히 주의하라고 경고하였다."
[111] 헤게시푸스는 2세기 후반에 살았던 것으로 추정되는 교회 역사가였으며, 그의 저술은 현재 남아있지 않다.
[112] 해당 구절은 이렇다: "사도들이 아무도 이제 살아있지 않으므로, 거짓으로 진리라고 불리는 지식을, 진리의 가르침에 반하여, 대담하게 선포하려 했던 이단적인 스승들의 어리석음 때문에, 불경한 집단이 생겨났다"(McGiffert, tran. *Fathers, 2*, I, 164).

르(Victor)[113]는 다른 이유도 없이 **아시아**의 모든 교회를 파문했고, 이는 **이레나에우스**(Irenaeus)[114]에게 당연히 비난을 받았죠. 건실한 신학자라면, 이렇게 지위가 높은 교부들이 무엇이 복음이고 무엇이 파문인지를 이해나 했다고 생각할까요? 선한 사람들을 거짓과 실수로 이끈 것은, 분명히 사도들이 글로 써서 남긴 것에 그들이 주목하기보다, 사도들이 때때로 한 적이 있다고 듣던 것과 가까운 과거 전통에 더 주목했기 때문입니다. 그들이 행한 많은 일은 사도 자신들이 당면한 현실만을 위해 행한 것이고, 할례를 할 면밀한 구실들에 대한 관대함은 인정했지만, 그들이 쓴 글은 미래의 모든 시대에 주는 확고한 교령이라는 것마저 고려하지 않은 것입니다. **에우세비우스**의 8번째 책 첫 번째 장에 나타나는 한 세기 뒤만 보더라도, 얼마나 놀라운 일반적인 불순의 피부병이 교회의 모든 부서, 질서 및 계급에 독을 주입했는지요! 별로 주목도 못 받는 평신도 무리는 생략하고, "우리의 성직자로 여겨지는 자들도 하나님의 예배법을 뒤집고, 연이어 경쟁심에 불타서, 증오와 슬픔이 늘어나고, 지배권을 주장하며, 그것이 마치 폭정인 양 지휘하려 했다."고 그는 말했습니다. 관대한 주교들이여, 잠시만 멈추시고 당신들의 야망을 억누르십시오. **콘스탄티누스**가 통치하는 것 외엔 부족한 것도 없으며, 또한 폭정 자체가 그 모든 요새를 당신들 손에 맡길 것이고, 이제부터 당신들을 자신의 대리인으로 여길 것이기 때문이죠. **그리스도**와 **콘스탄티누스** 사이에 가장 오래되고 가장 순결한 시대라고 불려야 하는 이 시대가 이와 같았던 거요. 또한 이런 전반적인 부패는 그들의 행동이나 저술에 있지 않았습니다. 가장 옛 시대의 **순교자 유스티누**

---

[113] 밀턴이 뒤에 언급하는 엘루테리우스(Eleutherius)를 승계한 로마의 주교(기원후 190~202)이다. 그는 동방교회들을 파문한 것으로 알려져 있다.

[114] 성 이레나에우스(130~202)는 초대교회의 아주 중요한 옹호자로서 주교였으며 순교자였다.

스(Justin Martyr),[115] 클레멘스(Clement),[116] 오리게네스(Origen),[117] 테르툴리아누스(Tertullian)[118] 및 다른 이들의 책들을 통해 깊게 뿌려진 부정한 실수들, 성경에 대한 엉뚱한 왜곡, 이설들, 헛된 주장들을 누가 모르겠습니까? 선한 순교자 유스티누스가 그의 변명에서 말했듯이,[119] 「창세기」에서 하나님의 아들로 불리는 자들을 뜻해야 한다고 주장하며, 여자들과 몸을 섞은 천사들에게서[120] 악마가 어떻게 태어났는지, 이를 로마 원로원에 말해준 자가 기독교 신앙 변론을 쓰기에 적합하다고 누가 생각하겠습니까? 그러나 이런 주장이 더 큰 분노를 일으키는바, 안티오키아의 베드로(St. Peter)를 질책했다는 이유로, 바울(St. Paul)을 비난받아야 마땅한, 은

---

[115] 이그나티우스 다음으로 가장 초기의 교부였던 유스티누스는 100년경 사마리아에서 이교도 부모에게서 태어났으나, 그리스철학에 실망하여 기독교로 개종했다. 전통에 의하여, 그는 루스티쿠스(Rusticus) 치하에서 순교 당했다고 한다.

[116] 알렉산드리아(Alexandria)의 클레멘스(193~217년경)를 가리키는 것으로 보이며, 당시 알렉산드리아에서 유행하던 수사학적 훈련을 바탕으로 기독교 신학에 접근하여, 밀턴에게 오명을 받는 것으로 보인다.

[117] 오리게네스(185~186년) 알렉산드리아에서 기독교인 부모에게서 태어났으며, 그리스 로마 학문과 모든 학문 분야에 흥미를 가졌다. 그의 학문적 노력은 엄청나서 히에로니무스(Jerome)가 감탄할 정도였다. 그의 주된 노력은 도전받지 않을 성경 원문을 확립하는 것이었다.

[118] 영어 발음에 따라 "터툴리안"으로 많이 알려져 있지만, 여기선 라틴어 발음에 따라 "테르툴리아누스"라고 표기한다. 150년에 군인 집안에서 태어난 테르툴리아누스는 라틴어와 그리스어 교육을 잘 받아서 플라톤과 그리스 역사에 박식했고, 로마 법학자가 된 후 기독교로 개종했다. 몇몇 다른 교부처럼, 테르툴리아누스는 당시로는 위대한 이단 교리였던 기독교를 위해 이교 신앙을 버린 셈이다. 그래서 그 울타리 안에서 일어나는 많은 이단 교리에 반대하여 그의 권위를 사용했다.

[119] Justin Martyr, *Second Apology*, V, in *Ante-Nicene Christian Library*, ed. Alexander Roberts and James Donaldson (24 vols., Edinburgh, 1867~1872): "천사들이 신의 계명을 어기고 여인들의 사랑에 사로잡혀 자녀들을 얻으니 악마라고 불리는 자들이었다."

[120] 「창세기」 6: 1~4 참고.

혜가 깊지 않은 초보자라고 부르는 테르툴리아누스(Tertullian)의 글을 읽게 되면, 어떤 기독교인도 더 큰 분노가 치밀어 오를 것입니다. 우리가 **갈라디아 사람들**(Galatians)에게 보낸 서한을 믿는다면 말입니다. 아마 이런 암시로부터 불경스런 예수회 회원들(Jesuits)[121]은 이탈리아에서 바울에 대해 성급한 사람이라는 판단을 감히 내렸던 것입니다. **샌디스**(Sandys)가 그의 글에서 우리에게 말해주듯이 말입니다.[122]

이제 이 모든 것 외에, 많은 미신적인 저작이 교부들의 정통성 있는[123] 저술에 어떻게 접목되어 있는지 누가 모르겠습니까? 그리고, 믿을 만한 권위 있는 책들 가운데, 거기에 어떤 손질이 되었고, 무엇이 지워지고, 무엇이 끼여 들어갔는지 누가 알겠습니까? 교황주의자들의 최근 속임수 외에, 술피티우스가 오리게네스의 저서들(Origens Books)[124]에 관해 쓴 것에 따르면, 옛것의 포장이 있었다고 우리가 맹렬히 의심할 이유가 있습니

---

[121] 「예수회」는 1540년 성 이냐시오 데 로욜라(Ignatius de Loyola)가 프란시스코 사비에르(Francisco Xavier) 등과 함께 파리에서 창설한 가톨릭의 남자 수도회이며, 그 정식 명칭은 영어로, "The Society of Jesus" (Latin: Societas Iesu, S. J., SJ or SI)이며, 그 회원을 "Jesuists", 즉 예수회원이라고 부른다. 예수회는 6개 주 112개 나라에서 교육, 연구, 문화적 추구 등의 분야에서 활동한다. 1547년 첫 예수회 대학을 설립한 이래, 세계 100여 개 국가에 진출하여 226개 대학을 설립했으며, 4,000여 개의 중·고교와 기타 교육기관 등을 세워 운영하고 있다. 그리고 이 수도회가 한국에 들어온 것은 1954년이며, 1960년에 서강대학교, 1962년에는 광주가톨릭대학교, 1974년 수원에 '말씀의 집' 등을 설립하여 운영하고 있다.

[122] 샌디스는 로마가톨릭교도들이 사도 바울의 서간경을 시기하고 위험하다고 여기며, 예수회 회원들 중에는 사도 바울을 다혈질 인간으로 비난하기도 했다는 것이다. Sir Edwin Sandys, *Europae Speculum* (1638, NYPL), pp. 165~166 참조.

[123] 영어원문에 "legitimate"라는 단어를 사용하고 있는데, 교부들이 자신들의 전통 안에서 합법성을 부여하는 내용의 저술이라는 의미이다.

[124] 오리게네스의 저서들에 대하여 주교나 수도승들 사이에서 논란이 많았고, 누구나 그의 글을 읽어서는 안 된다고 주장이 거셌다는 것이다. Origen, *Dialogue I*, vi 참조.

다. 그의 첫 번째 대화(Dialogue)에서 주교들과 수도사들이 **오리게네스**가 읽은 것과 읽지 않은 것에 대해 어떤 논쟁을 했는지 우리가 읽어볼 수 있습니다. 어떤 이들은 그가 이단자들에 의해 오염됐다는 것에 반대했고, 다른 이들은 이런 모든 책이 그렇게 취급되어왔다고 응수했지요. 그러면 그들 자신을 이끄는 데도 좋지 않은 이런 시대가 나를 인도하리라고 어찌 믿겠어요? 확실히 그들의 결점에 관해서는 그들 자신을 증거로 가장 잘 받아들일 수 있겠지만, 그들의 삶과 교리의 정직성과 충실성에 관해 올바르게 판단하려면, 우리는 그들의 원칙이 되었을 기준에 따라 판단해야 합니다.

그러나 이것이 거짓된 형제들의 방종과 여전히 새로운 견해의 범람을 제재할 세속적 관료가 부족했던 교회의 불안정한 상태였고, **콘스탄티누스** 치하에서처럼, 세속적 권력과 영적 권력이 하나의 믿음으로 결속하지 않은 시대, 즉 교회 정부를 위해 본받을 수 없는 시대였다는 주장에 대해서는 저는 반대하고자 합니다. 그들이 받아들이듯이, 교회는 세속적인 힘과 행복이라는 느릅나무를 붙들지 않고는 존속할 수 없다는 이유로, 마치 천상의 도시가 세속적인 권위의 찬성과 지지가 없으면 지탱할 수 없다는 듯이, 저는 교회를 **포도 넝쿨**로 생각할 마음은 없습니다. 그들은 **콘스탄티누스**가 자신들을 칭송하니까 그를 칭송하였는바, 이는 우리 영국 출신 수도승들이 그들의 역사에서 왕들을 그들의 은인으로 세탁하고,[125] 그들을 비판하는 자들에게는 낙인을 찍는 것과 같습니다. 만일 **콘**

---

[125] 스피드(Speed)는, 그의 저서 『역사』(Historie)에서(1627, p. 361), 왕의 명성을 그의 공적과 무관하게 "사실상 표백하는"(doth blanch out) 어느 수도승에 대하여 말하고 있다. 이런 주장을 뒷받침하는 당대의 많은 자료가 있으며, 이처럼 국가와 교회가 결탁하면서, 3세기 동안 실천되었던 초대교회의 평화주의는 사라지고, 이탈자들은 파문의 위협을 당했으며, 로마 병사가 쓴 투구의 십자가는 군대의 승전 행진을 화려하게 장식했다. 밀턴은 후기 역사가들의 칭송을 받는 콘스탄티누스의 초기

스탄티누스가 성직자(Clergy)의 커져가는 교만, 탐욕 및 사치를 제어했다면, 그에 대한 이야기의 모든 쪽마다 그의 결함으로 넘쳐났을 것이며, 이교도 조시무스(Zosimus)[126]가 그에 대해 기록하는 것은 덤으로 삽입되었을 것입니다. 그러면 우리는 그가 자신의 수많은 친구 외에도 값진 사람인 그의 조카 코모두스(Commodus),[127] 그의 훌륭한 장남 크리스푸스(Crispus), 그의 아내 파우스타(Fausta)를 어떻게 살해했는지 모든 연설에서 들을 수 있었을 것입니다. 그러면, 그의 잔인한 강제징수, 종교적인 불충, 자신이 이를테면 의장이었던 위원회에서 정죄되었던 아리우스파(Arians)를 두둔한 것, 충직하고 강인한 아타나시우스(Athanasius)[128]에 대한 엄정한 판단과 추방, 죽는 날까지 세례를 받지 않은 삶, 이런 흠들이 그의 삶에서 너무나 명백한 것입니다. 그러나 어떤 자들이 떠들어대듯이, 그가 종교개혁의 북극성이어야 한다면, 그의 종교 지식이 어떤 것인지 살펴보는 것은 유익할 것이고, 그리고 그렇게 함으로써, 이단이 아닌 자들에게서 그 당시의 진실성을 똑같이 판가름할 수 있을 것입니다. 배우기 위해 찾아야 할 가장 유명한 **고위 성직자들과**(그가 그들을 그렇게 만들었

치적과 그의 잔인한 후기 모습을 구분하지 않고 그의 성격을 폭압적으로 왜곡하는 점도 있으나, 교회 정부에 있어서 그의 의의에 관해서는 확고하다.

[126] 조시무스는 콘스탄티누스가 그의 아들 크리스푸스(Crispus)가 황후 파우스타(Fausta)와 간통했다는 혐의로 그를 살해하고, 이어서 황후도 죽였으며, 습관적으로 약속을 파기하고, 색욕이 강하고, 사치스럽고, 백성을 탄압했다고 적고 있다. 또한 조시무스의 견해로는, 콘스탄티누스의 기독교 개종은 자기 죄를 사면받기 위한 욕망의 결과라는 것이다. Zosimus, *The History of Count Zosimus* (London, 1814), Book II 참조.

[127] 콘스탄티누스가 자신의 매제를 사냥하여, 조카를 죽인 것을 언급하는데, 밀턴은 그의 매력적이라는 의미의 라틴어 "commodae"를 조카의 이름 대신 사용하여 "Commodus"라고 했다. 조카의 실제 이름은 "Licinius"였다.

[128] 성(聖) 아타나시우스(295?~373)는 알렉산드리아(Alexandria)의 대주교로서 아르미니우스주의의 반대자였다.

으니까) 그가 소통하곤 했을 가능성이 있기 때문입니다.

그의 아리우스주의(Arianism)에 대해서는 우리가 들은 바이며, 나머지에 대해서는 그의 지식의 상당한 예를 들 수 있는데, 그렇게 수년간 세례를 받지 않은 것은 흔치 않은 일이며 성경의 취지에 모순된 것입니다. 빌립(Philip)은 내시(Eunuch)가 자기의 신앙을 고백한 후 전혀 방해받지 않고 세례를 받았다는 것을 알았으니까요.[129] 다음 예로는, 미신이라고 하지 않을 수도 있지만, 그와 그의 어머니 헬레나(Helena)가 옛 폐허의 쓰레기 더미 아래 오래 방치되었던, 그리스도가 고통받은, 십자가를 찾으려고 했던 성물애착을 들 수 있습니다. 우리 구세주의 사도들이나 친척이 그것이 경건한 의무라고 생각했다면, 훨씬 더 쉽게 찾았을 겁니다. 전장에서의 타격을 막아내고자 십자가의 못 가운데 몇 개를 그는 그의 투구에 박았고, 또 몇 개는, 그의 생각대로인지 그의 궁중 주교들이 설득한 대로인지, 말굴레의 징들 사이에 부착하여 "굴레 안에 있는 것이 주님께 거룩하게 되리라"는 스가랴(Zachariah)의 예언을 성취하려고 했지요. 십자가 일부는 그것이 어디에 남아있더라도, 그 도시를 구하는 일종의 수호신(Palladium)과 같은 효험이 있다고 그가 생각하여, 자기 조상 옆의 반암(斑岩) 기둥에 저장되도록 했답니다. 그나 그의 스승이 어찌 눈을 반밖에 뜨지 않고 바울의 원칙들을 이처럼 소홀히 다루었는지 상상이 되지 않습니다.[130]

그렇다면 이런 황제 시대의 희미한 촛불이, 심지를 잘라내 불을 돋울 필요가 있는데도, 어떻게 그 빛을 우리 시대에까지 확장하여, 하나님이

---

[129] 빌립은 이디오피아 여왕의 내시에게 전도를 하여 아무런 방해도 받지 않고 형편대로 즉석에서 그에게 세례를 베풀었다. 「사도행전」 8: 26~38 참조.

[130] 눈을 반쯤 뜨고 소홀히 다룬 것이 이해가 가지 않는다는 뜻임. 「고린도전서」 6: 9, 10: 14, 32 참조.

우리에게 훨씬 가까이에서 비추도록 세우신 발광체들보다 더 밝게 우리를 인도하기를 희망할 수 있겠습니까? 그리고 그 황제가 자기 자신의 시대를 위해 어떤 **종교개혁**을 이루었는지 고려해보는 것이 잘못은 아닐 것입니다. 그는 금식하거나 축제를 시행할 시간을 정했고, 장엄한 교회들을 세웠고, 성직자들에게 대단한 면책(immunities)을 제공하고, **주교들에**게 대단한 부와 장려책을 제공하였으며, 엄청난 의례를 끌어들일 기회를 제공하고 관리했으며, 이교도들을 그들의 신앙 의식을 모방하여 끌어들이거나, 아니면 기독교의 단순성과 명확성에 주석을 붙였던 겁니다. 기독교의 이런 단순성과 명확성은, **이교 신앙**의 화려한 제전과 세속적인 사람들의 감각에 비추어 보면, 중류층에 어울리는 수수한 **종교**(a homely and Yeomanly Religion)로 여겨졌는데, 그들의 내면적 성결함의 아름다움을 기대할 수 없는 상황이었기 때문입니다.

그리하여, 이런 식으로 **고위 성직자들**이, 그때나 그 후나, 비천하고 평범한 **삶**에서 갑자기 위엄 있는 궁궐, 고급 가구, 맛있는 요리와 **왕자처럼** 시중을 받는 주인이 되자, **그리스도**의 복음의 손으로 짠 소박한 진실성은, 가난하고 누더기를 입은 부인이 더 좋은 옷으로 갈아입지 않는 한, 더이상 그들의 주인다운 친분을 유지하는 데 적합하지 않다고 그들은 생각했습니다. 천상의 빛으로 둘러싸인 그녀의 순결하고 수수한 베일을, 그들은 자유분방한 **머리타래**로 덮어버리고, 번지르르한 머리쓰개를 하고 매춘부의 모든 화려한 유혹적인 장식으로 그녀를 치장했던 것입니다.

이리하여 교회는 **콘스탄티누스**의 풍요와 함께 번성했으며,[131] 그 후 수

---

[131] 밀턴은 교회에 대한 국가적 지원에 대해 반대 입장을 처음으로 확대하는데, 십일조에 대한 증오, 직업적인 목회에 대한 반감, 그리고 교회와 국가의 분리로까지 확장한다. 밀턴은 17세기 어느 개혁자보다 더 충분히 미국에서의 정교분리를 예상했다.

반되는 결과가 있었으니, 그의 아들 콘스탄티우스(Constantius)는 평범한 아리우스파임이 드러났고,¹³² 그의 조카 율리아누스(Julian)는 배교자였으며, 그리고 거기서 그의 경주는 끝나버렸습니다. 이전에는 느껴지지 않을 정도로 시들고 손상되었던 교회가, 이제 내리막길로 큰 걸음을 내디디며 쇠퇴해 갔지요. 이때, 적그리스도(Antichrist)가 처음으로 뿔을 드러내기 시작하였으니, 이전 시대는 목제 성배와 황금 사제의 시대였다는 말이 통용되었으나, 사실 황금 성배와 목제 사제(Priests)였습니다. 술피티우스(Sulpitius)¹³³의 말에 따르면, 전에는 영광스런 죽음에 의한 순교를 더욱 간절하게 추구하였으나, 지금은 악한 야망이 주교직을 사냥하며(이 시대에 대해 말함), 그리고 다른 분야에서도 그렇습니다. 주교들은 소유물을 찾아 입을 벌리고,¹³⁴ 토지와 재산을 관리하고, 그들의 황금에 굽실대며, 사고 파는 거래를 합니다. 그리고 소유하지도 거래하지도 않는 자가 있다

---

¹³² 다른 문제에서처럼, 밀턴은 여기서 하나의 지적 입장(아리우스의 이설)을 비난하지만, 나중에는 그 입장을 그 자신이 수용하게 된다.

¹³³ 밀턴이 본문에 술피티우스(Sulpitius)라고 표기하여 6세기의 부르쥬Bourges)의 주교였던 술피티우스 세베루스(Sulpitius Severus)와 혼동되기 쉬우나, 뒤에 이어지는 내용으로 보아 밀턴이 언급한 술피티우스는 기독교 역사 저술가였던 술피키우스 세베루스(Sulpicius Severus, c. 363~c. 425)를 가리킨다. 그는 로마시대 갈리아(현재의 프랑스)의 남서부 지방인 아키타니아(Aquitania) 출신으로서 기독교 역사서를 저술하였고, 뚜르의 성 마르티노(Saint Martin of Tours)의 전기로도 유명하다. 밀턴은 이어지는 본문에서 세베루스의 주장을 언급하며 탐욕스런 주교에 대한 공격을 하고 있다.

¹³⁴ 밀턴이 언급하는 이 구절은 세베루스의 『역사』(History, I, xxiii)에 나온다(tr. from Migne, Latina, XX, 109; Severus, History, Leyden, 1635, pp. 41~42): "그들(주교들)은 재산에 대해 감탄하며, 그들의 토지를 숭배하고, 그들의 황금을 시기하며 경계하며, 사고 팔며, 누군가 더 잘 준비된 듯하면, 소유도 거래도 하지 않고, (더욱 한심한 것은) 앉아서 선물이나 기다린다는 것이다. 그리고 그들은 모든 삶의 영예는 돈으로 노릴 수 있다고 생각한다. 그들 자신이 모든 거룩한 것은 마치 판매용인 것처럼 자랑하기 때문이다." 이렇게 세베루스는 그 당시의 사제직과, 모세 사후 레위인들의 사제직 사이의 유사성을 묘사하고 있는 것이다.

면, 더 나쁜 것은, 그들이 가만 앉아서 선물을 기대하고, 은총으로 받은 모든 것, 모든 거룩한 것을 팔아버린다는 것입니다. 그리고 **세베루스**가 쓴 『역사』의 마지막에서 결론짓기를, 만사가 주교들의 파당, 의도성과 탐욕에 의해 파괴되어 갔고, 이런 수단으로 하나님의 백성과 모든 선한 사람은 조롱과 비웃음거리가 되어버렸다는 것입니다.[135] 성 마르티노는 이 말이 그의 친구 **술피티우스**가 실제로 한 말임을 알게 되었죠. 모든 사람의 존경을 받았으므로 **술피티우스**는 주교들만 그의 원수로 두었으나, 그가 주교가 된 후엔, 그 전보다 하나님이 자기를 덜 좋아한다는 걸 알게 되었고, 그리고 그의 마지막 16년간은 주교 모임에 나타나지 않았던 것입니다. 이리하여, 교회 안에서 **콘스탄티누스**의 행적이 그 자신과 그의 통치나 그의 아들이 통치하는 동안 무엇을 내놓았는지를 아실 겁니다.

이제, 다른 어떤 것이 이 저자[136]를 괴롭혀서 그 때문에 당대의 주교들을 방해하게 되었다고 생각하지 않도록, 그 당시에 이탈리아가 자랑하는 재치와 학식으로 가장 유명한 세 사람의 의견을 제시하고자 합니다. 그렇게 함으로써 가톨릭 신앙을 고백하는 사람들 사이에서조차 **콘스탄티누스**가 교회의 모든 것을 망쳤음이 널리 받아들여진 의견이라는 결론에 이를 수 있을 것입니다. **단테**(Dante)의 『지옥편』(*Inferno*), 제19칸토에는, 무운시로 번역하면, 이런 구절이 나옵니다.

> 아 **콘스탄티누스**여! 얼마나 큰 죄악의 원인이었는가.
> 그대의 개종이 아니라 그 풍요로운 영역 때문인바,
> 부유한 초대 **교황**이 그대에게서 이를 얻었음이로다!

---

[135] Severus, *History*, II, li 참조: "모든 것이 주교들의 분쟁에 의하여 와해되고, 혼란스러워졌으며, 모든 것이 그들의 두려운 의심, 그들의 불일치, 그들의 당쟁, 그들의 고집, 그들의 억측, 그들의 영적 방심, 그들의 태만에 의하여... 즉시 왜곡되었다."
[136] 『역사』의 저술가 세베루스를 가리킴.

그래서, 『천국편』 제20칸토에도 똑같은 불평이 나오며, 페트라르카(Petrarch)도 그의 108번째 소네트에서 똑같은 의견으로 단테를 지지하는데, 이것을 어떤 판에서는 종교재판관이 삭제했다고 하며, 로마의 **적그리스도**에 관해서는 단지 콘스탄티누스에 의해 키워졌다는 것만 남아있습니다.

> 순결과 소박한 가난에 기초를 두고,
> 그대를 키운 자들을 상대로 그대는 그대의 뿔을 쳐들었도다.
> 건방진 매춘부여, 그대는 그대의 희망을 어디에 두었는가?
> 그대의 간부(姦夫)들인가 부정하게 취득한 그대의 재물인가?
> 다른 콘스탄티누스가 서둘러 오지는 않는구려!

페라라의 **아리오스토**(Ariosto of Ferrara)[137]는, 시기상 이 두 시인 이후에 왔으나 명성은 대등한데, 그의 최고 영웅인 **오를란도**(Orlando)를 어떻게 회복시켜 그의 잃어버린 감각을 찾게 할 것인지를 다루는 어려운 대목에서, 자기 시의 의도를 따라가며, 영국인 기사인 **아스톨포**(Astolfo)를 달나라 속으로 데려가는데, 그가 지어내듯이, 그곳은 성 **요한**(St. John)이 그를 만났던 곳이랍니다. 제34칸토에 이런 구절이 나옵니다.

> 그리고, 요컨대, 드디어 그의 인도자는 그를 이끌고
> 멋진 골짜기로 갔으며, 거기서 그가 본 것은

---

[137] 이탈리아의 르네상스 시대 시인(1474~1533)으로서 대표작으로 로망스 서사시 『광란의 오를란도』(*Orlando Furioso*)가 있다. 1516년 초판이 40개 칸토로 페라라(Ferrara)에서 출판되었고, 46칸토로 구성된 2판은 1532년에 출판되었다. 아리오스토는 휴머니즘(humanism, 이탈리아어로 umanesimo)이란 말을 만들어냈는데, 신의 종속자로서의 인간의 역할보다 인간성의 힘과 잠재력을 강조한 단어이다. 이것이 르네상스 휴머니즘으로 이어졌다.

이상하게 혼합된 막강한 사물 덩어리였고,
지상에서 잃어버리거나 남용되던 것들이었다네.

그리고 그토록 남용된 이런 사물 가운데, 게다가 **전도자**의 안내를 받으며 그가 무엇을 만났는지를 보십시오.

그때 그는 꽃으로 뒤덮인 푸른 산을 지나갔고,
한때 달콤한 향기가 났는데, 지금은 악취가 풍기도다.
이것은 선물이었는데 (당신이 진실을 알게 된다면)
콘스탄티누스가 선한 실베스트로에게 줬던 것이라네.

그리고 이것은, 우리의 **초서**(Chaucer)의 농부(Ploughman)[138]가 때가 되면 다른 기회에 말해주겠거니와, 이 **시인**(오를란도)이 태어나기 전에 잉글랜드에서 잘 알려진 진실입니다. 이 모든 상황을 함께 고려해보면, **콘스탄티누스** 황제가 교회에 무슨 유익을 끼쳤는지, 도리어 여태 어느 누가 기독교 국가에서 그보다 더 많은 해악의 문을 열어놓았는지 어떻게 논해야 할지 모르겠습니다. 그러므로, **콘스탄티누스**에 따라 교회가 개혁되게 하라고 **고위 성직자들**이 외칠 때, 분별력 있는 귀에는, 그들이 우리를 부

---

[138] 밀턴에 따르면, 이 시는 초서(Chaucer)의 『캔터베리 이야기』(*The Canterbury Tales*)에 나오는 「농부의 이야기」(*The Ploughman's Tale*)를 가리킨다. 그러나 사실은, 오늘날 이 시는 흔히 윌리엄 랭글란드(William Langland)의 시로 인정되며, 원래 「농부 피어스」(*Piers Plowman*, 1360~1387년 저작 추정)로 출판되었으나, 뒤따라 「농부의 이야기」라는 제목으로도 출판되어, 후자가 16세기의 여러 학자에 의하여 초서나 존 위클리프(John Wycliffe) 등 다른 작가의 작품으로 간주되기도 했다. 16세기 이전까지 한동안 "Piers Plowman"이라는 제목보다 "The Plowman's Tale"로서 더 많이 출판되기도 했으니, 밀턴이 초서의 작품으로 소개할 만도 하다. 현재는 초서 전집에 이 시는 거의 실리지 않는다. 이 작품의 내용은 반가톨릭적인 풍자이자 논쟁으로서, 신학적인 알레고리인 동시에 사회 풍자라고 할 수 있다.

자로 만들어라, 고고하게 만들어라, 우리를 무법적으로 살도록 만들어라 하는 경우와 다르지 않게 들릴 것이라는 상당한 이유가 있습니다. 만일 그의 아래 종사하는 누군가가 그렇지 않다면, 그것은 아직 완전히 소진되지 않은 성실의 오랜 잔재 덕분이지 그의 정부 덕분은 아닐 겁니다.

    결국 더 순수했던 그 시대도 칭찬받을 만한 시대가 아니었고, 혐의, 의심 및 위험이 없이 추종할 만한 시대가 아니었음이 드러납니다. **골동품** 상을 그 자신의 무기로 상대할 수 없다는 점이 분명하게 밝히는바,[139] 교부들 가운데 가장 오래되고 훌륭한 자들조차 자신들 내부에 사람들이 의존할 만한 충분함이 없어서, 그들에게 찾아온 모든 사람을 온전히 충분한 성경으로 돌려보내 왔다는 점입니다. 이것이 사실이라는 점은 부당한 방법으로 알아낸 것이 아니며, 이는 종교전통 자체에 관해 그들이 어떤 평가를 했는지, 또한 그 속에 교리와 계율을 입증할 어떤 타당성이 있다고 생각했는지를 보여줌으로써 드러낼 수 있을 것입니다. 당연히 2류 교부들로부터 시작해야 한다고 생각하며, 그 이유는 그때까지는 종교전통이 아무런 변명거리가 되지 않았기 때문입니다. **키프로스**는 그의 63번째 **서간**(Epistle)에서 주님의 만찬을 지적하며 말하기를, "만일 우리 조상 가운데 누가, 무지에서든 단순성에서든, 주님이 그의 예를 통해서 우리에게 가르쳐준 것을 준수하지 않았다면, **하나님**이 그의 단순함을 그분의 자비로 용서할 수 있겠지만, 우리가 주님의 가르침을 받고서도 이런 사람을 따른다면 이는 용서받지 못할 것이다."라고 했습니다. 그러면 우리도 똑같은 가르침을 받는 것이 아닌가요? 그리고 우리가 우리의 실수와 그들의 권위에 대한 의견을 내놓으려 할 때, 이 성직자가, 예로부터 살았던

---

[139] 종교전통을 따르는 자들이 자기 자신의 문제를 스스로 해결할 수 없다는 점을 비유적으로 표현한 것임.

성자들과 순교자들 전체와 합세하여, 우리가 판단하려는 입을 막지 않을까요? 73번째 서간에서 그는 덧붙여 말하기를, "만일 그들이 이성에 의해 지배된다면, 그들이 우리에게 관습으로 맞서도 헛일이다. 마치 관습이 진리보다 더 위대한 것처럼, 혹은 우리가 따르진 못해도, 성령에 의해 더 좋은 자들을 위해 계시되는, 영적인 사안에서는" 그러하다는 것입니다. 74번째 서간에선, "진리가 우세하지 않도록 관습이 방해해서도 안 될 것이다. 진리 없는 관습은 실수의 노화일 뿐이다."라고 했습니다.

다음으로 락탄티우스(Lactantius)는 콘스탄티누스의 자녀를 양육해 호감을 산 자인데, 그의 『체계』(Institutions)[140] 제2권, 제7~8장에서 종교전통에 대한 무조건적 믿음이 기독교인을 상대로 이교도의 주된 논쟁을 부른다며 반론을 제기합니다. 그는 말하기를, "그들은 종교가 무엇인지는 생각하지 않으나, 옛날 사람들이 그렇게 전했으니 그것이 사실이라고 확신한다. 그들은 그걸 검토하는 것을 죄악이라고 여긴다."라고 했습니다. 그리고 제8장에서, "그들이 시간상 우리 앞에 온 것이 지혜도 앞서기 때문은 아니다. 지혜는 모든 시대에 똑같이 제공되므로 옛날 사람들에게 먼저 소유될 수 없으며, 따라서 진리를 추구하는 것은 모두에게 타고난 것이기에, 판단 없이 옛사람을 따르고 야수처럼 다른 사람들에게 이끌리

---

[140] 루키우스 카이킬리우스(또는 카일리우스) 피르미아누스 락탄티우스(Lucius Caecilius Firmianus Lactantius, 240~320)는 초기 기독교의 신학자이자 저술가였다. 그는 북아프리카 출신으로 주로 로마 제국 동방의 여러 도시를 다니면서 수사학을 가르쳤다. 주로 그리스 이교 철학자들의 논리에 대항하여 교육받은 이교도들을 대상으로 기독교의 교리를 묵시론적으로 설명하는 글을 저술했다. 그의 저술 『신학 체계』(Divinae Institutiones)는 초기 기독교 사상의 체계화된 저작의 대표적인 사례로 꼽힌다. 그는 사후에 이단성이 있다고 여겨졌으나, 르네상스 인문주의자들에 의해 재발견되어 그의 신학보다는 현학적인 스타일의 수사학적인 라틴문학으로 더 각광을 받았다. Lactantius, *Divine Institutes*, II, viii, in *Christian Library*, A. N., ed. Roberts and Donaldson, XXI, 96~97 참조.

는 자들은 하나님의 선물인 지혜를 상실하게 된다."라고 했습니다. 성 아우구스티누스(St. Austin)¹⁴¹는 포르투나티아누스(Fortunatian)에게 쓰기를, "누구의 책에서든 진리와 다르게 드러나는 것을 거절하는 것은 정당하다고 생각하며, 자신을 따라 다른 자들도 그렇게 처리하길 바란다"고 했습니다. 그는 그보다 앞선 교부들이나 그 자신이나 혹은 그와 같은 계급의 다른 사람들을 보통 이상의 영혼을 지닌 자로 여기지 않은 것 같은데, 모두 똑같이 속이고 속을 수 있을 것이기 때문이지요. 그리고 종종 우리의 노예근성 기질을 제쳐놓으면, 하나님이 그렇게 지시하는바, 우리는 어떤 회의에서 그렇듯이, 한 사람에게서 진리를 발견할 수도 있습니다. 키프로스는 71번째 서한에서 이에 동의하듯이, "많은 것이 개인에게 더 잘 계시된다."라고 합니다. 니케아(Nicæa)에서 있었던, 전 세계에서 최초이자 가장 평판이 좋았던 회의에서, 한 노인 파프누티우스(Paphnutius)가 일어나 그것에 반대하는 이유를 제기하지 않았다면, 기혼 사제들을 이혼시키는 법이 성사되었을 것입니다.¹⁴²

이제 교부들이 성경과 관련지어 모든 논쟁의 결정을 한다는 점을 명백하게 보여줄 일이 남아있군요. 안내하고 해결하고 결정하기에 온전히 충

---

[141] 아우렐리우스 아우구스티누스(Aurelius Augustinus, 354~430)를 가리키며. 로마의 아프리카 속주였던 누미디아(Numidia)의 히포 레기우스(Hippo Regius)의 주교였고, 교부 시대에 초기 교부 철학자이자 신학자로서, 그의 저서들은 기독교와 서양 철학의 발전에 지대한 영향을 끼쳤다. 대표적인 저서로는 『신국론』(*City of God*)과 『고백록』(*Confessions*)이 있다.

[142] 여기서 밀턴은 소조메노스(Sozomen)의 글에 근거하고 있는데, 당대 관습에 따르면, 임직할 때 이미 결혼한 상태인 주교, 장로, 집사는 그들이 임직하더라도 아내와 이혼할 필요가 없었지만, 결혼을 하지 않은 사람은 독신으로 남아있어야 했다. 니케아 공의회는 기혼 성직자의 신분을 바꾸지 않도록 파프누티우스와 합의했던 것이다. *Cf.* Sozomen, *Church History*, I, xxiii (*Fathers, N. and P. N. 2*, II, 256; Sozomen, in *EHA*, Paris, 1544, f. 19v., f. 20).

분한 근거로서 말이죠. 이그나티우스는 순교하러 가는 길에 아시아 교회들을 마지막으로 작별하고 떠나면서, 그들에게 사도들이 쓴, 당연히 후손을 위해 쓴, 교리에 충실하라고 권고했는데, 그만큼 비문의 전통과는 거리가 멀다는 것이며,[143] 이는 에우세비우스 제3권, 제36장에서도 확인할 수 있는 바입니다. 키프로스는, 그에게 전통을 강요하는 로마의 주교, 스테파누스(Stefan)를 상대로 한, 그의 74번째 서간에서, "이런 전통은 어디에서 오는가? 복음서의 그리스도나 사도서간(使徒書簡, Epistles)의 사도들의 권위에서 끌어온 것인가? 하나님은 기록된 것들이 실현되어야 한다고 증언하고 있는데 말이다."[144]라고 적고 있습니다. 그리고 또 말하기를, "신의 법령보다 인간의 전통을 선호하는 것이 무슨 고집, 무슨 뻔뻔스러움인가?"라고 합니다. 그리고 동일한 서간에서, "만일 우리가 신성한 전통의 시발점으로 돌아간다면(우리 모두는 그가 성경을 의미한다는 것을 아는바), 인간의 잘못은 멈추고, 천국 신비의 이유가 펼쳐지며, 애매한 어떤 것도 분명해진다."라고 합니다. 그리고 같은 서간의 14번째 구절에서, 아직 가시적인 교회에 대한 우리의 현대적인 환상에 대해 직접적으로 반대하여, 그가 가르치기를, "진리의 그런 계승은 실패할 수 있고, 그걸 새롭게 하려면, 우리는 원천에 의존해야 한다."라고 합니다. 그는 이런 탁월한 비유를 사용하여 가르치기도 하는데, "만약 전에 물을 충분히 끌어들였던 운하(Channel)[145]나 수도관이 갑자기 작동하지 않는다면, 그 이

---

[143] 밀턴이 이그나티우스의 의도를 정확히 따르고 있지는 않다. 에우세비우스(Eusebius)에 따르면, 이그나티우스는 사도들이 물려준 것을 철저히 준수하라고 권유하며, 그 진리를 보존하기 위하여 확실히 문서로 남겨야 한다고 주장했다. Eusebius, *Church History* (III, xxxvi), tr. from Migne, *Graeca* (XX, 288) 참조.

[144] 로마가톨릭 교회의 전통이나 관습보다 성경에 기록된 말씀에 더 큰 권위를 부여해야 한다는 것이 하나님의 선언이라는 것이다.

[145] 밀턴이 종교 문제에서 인습과 전통의 해독제로 성서를 강조하는 것에 주목해야

유를 알고자 우리는 그 원천을 찾아가지 않는가? 그 샘이 더는 물을 공급하지 않는지, 그 수맥이 막혔는지, 혹은 중간에 물길을 돌렸는지 알기 위해서 말이다. 우리는 이렇게 하여 하나님의 가르침을 지키면서, 만일 뭔가 진리가 변화될 거라면, 복음서와 사도서간에 의지할 수 있을 것이며, 거기서 우리의 행동의 이유를 알아낼 수 있고, 거기서 우리의 질서와 시작이 일어날 것이다."라고요. 75번째 서한에서 그는 **스테파누스** 교황에게 독설을 퍼붓는데, "그는 베드로에게서 내려온 계승을 자랑할 수 있으나, 사도의 것이 아닌 전통을 몰래 집어넣을 수도 있기 때문이다."[146]라고 합니다. 그리고 교회의 통일성(the Unity of the Church)이란 그의 책에서, 그는 하나님의 말씀을 무시하고 인간의 교리를 따르는 자들을 **고라**(Corah), **다단**(Dathan), 그리고 **아비람**(Abiram)에 비유하고 있지요.[147] 이 방인에 맞서는 아타나시우스(Athanasius)의 바로 첫 쪽에서[148] 성경이 그 자체로서 진리를 선포하기에 충분하다고 주장합니다.[149] 그리고 그가 주

한다. 밀턴은 『아레오파기티카』(1644)에서, "성경에서 진리는 흐르는 샘물에 비유됩니다. 만일 진리의 물이 그 영원한 전진 과정에서 흐르지 않는다면, 그것은 순응과 전통이라는 진흙탕에 빠진 채 병들어버릴 것입니다"라고 한다.

[146] 밀턴이 여기서 「마태복음」 16장 18절에 대한 논쟁적인 동음이의적인 익살이 되는 "petros"를 바위로 번역하는 대신 사도들의 가르침이 아닌 전통을 의미하는 것으로 변경한다(Oxford ed., p. 280).

[147] 「민수기」 16: 1~34 참조. 하나님의 뜻을 거역하고 모세에게 대적하다가 14,400명이 땅에 묻혀 죽은 재앙을 기록하고 있다.

[148] 아타나시우스(298~372)는 알렉산드리아의 주교였던 알렉산더의 집안에 사동으로 들어가서, 그리스 문학, 화각, 논리 및 성경을 배웠으며, 20세에 『이방인에 대하여』(Against the Gentiles), 『말씀의 성육신』(Incarnation of the Word)을 써서 주목을 받았다. 알렉산더가 사망한 후, 멜레티아누스파(Meletians)와 아리우스파(the Arians)의 반대에도 불구하고 주교가 되었으며, 아리우스파가 권력을 탈환하자, 이집트의 동굴과 사막으로 피신했고, 반아리우스파적인 작품을 쏟아냈다.

[149] *Against the Gentiles*, I, i (tr. from Migne, *Graeca*, XXV, 4) 참조.

장하기를, 만일 그의 친구 **마카리우스**(Macarius)가 다른 종교적 저자들의 글을 읽는다면, 품위를 애호하는 사람으로서, 그런 행위는,[150] (이탈리아인들이 표현하듯이) "덕행과 같을" 따름이며, 그의 방대한 두 번째 저서, 30쪽에서는, 정경을 요약한 후, "여기에서만 경건의 교리가 교육되며, 누구도 여기에서 보태지 말고 빼지도 말라"고 했습니다.[151] 그리고 그의 『개관』(*Synopsis*)[152]에서 신구약 모든 저자들을 다시 열거하고 나서, "이들이야말로 우리 신앙의 닻이며 버팀대"라고 칭송했습니다. 이것들 외에도, 수백만 권의 다른 책들이 위대하고 현명한 자들에 의하여, 원칙에 따라 이 책들과 부합하게 쓰였는바, 이에 관해서는 책들이 무수히 많은 데다 정경에 의존할 뿐이므로, 지금 말하지 않으렵니다. 바실리우스(Basil)는, 진정한 믿음에 관해 쓴, 그의 두 번째 방대한 저서에서,[153] 그의 독자들에게 자신이 성경에서 배운 것을 그들에게 가르쳐야겠다고 말합니다. 그리고 같은 논문에서[154] 그는 말하기를, "주님의 계명이 영원히 충실하고 확실하다는 점을 보건대, 그 안에 있는 어떤 것을 무효로 한다거나, 혹은 그 안에서 찾을 수 없는 것을 소개하는 것은, 믿음에서 명백히

---

[150] 종교적인 글을 읽는 것은 그 저자들에 대한 예의 차원의 덕행일 뿐, 진리의 선포는 성경 자체로서 충분하다는 주장이다.

[151] St. Athanasius, *Epistles*, in Migne, *Graeca* (XXVI, 1437) 참조.

[152] *Synopsis*, IV (tr. from Migne, Graeca, XXVIII, 293)에 나오는, "신약성서와 정경으로 인정된 말씀은 우리의 신앙의 첫 과실이거나 닻과 지지대와 같다"라는 구절을 밀턴이 언급하고 있다.

[153] St. Basil, *De Fide*, I (tr. from Migne, Graeca, XXXI, 677): "하나님의 영감으로 쓰인 성경에서 내가 배운 바로 그것들을, 나 역시, 우리 모두의 유익을 고려하여, 하나님에게 흡족한 방식으로 여러분에게 설명을 해야 한다."

[154] St. Basil, *De Fide* I (678) 참조. 밀턴이 언급하는 바실리우스의 구절은, 기독교 신앙의 기반이 그리스도의 말씀에 있으므로, 성경 말씀을 부정하거나 거기에 다른 것들을 보태는 것은 신앙에서의 이탈이자 신앙을 경멸하는 것이라고 주장한다.

이탈하는 것이고 극단적인 교만이다."라고 했습니다. 그리고 그는 그 이유가, "그리스도가 말씀하시기를, 내 양은 내 음성을 듣나니 다른 이의 음성은 알지 못하니 그를 따르지 않고 그에게서 떠남이라."라고 합니다.

   그러나 이 같은 인용을 끝없이 제시하지 않도록,[155] 성경에 근거를 두지 않은 교부들의 의견도 많다는 반대가 가능할 것입니다. 제 주장은, 그만큼 우리가 그들을 덜 따라도 된다는 것이며, 그들 자신의 말이 그들을 정죄할 수 있을 터이고, 그들에게 의존하지 않은 우리는 면책되리라는 것입니다. 그렇지 않다면, 그들의 이런 말이 그들을 면책하고 우리를 정죄할 겁니다. 그러나 성경은 이해하기 어렵고, 따라서 교부들의 설명이 필요하다는 항변이 있겠지요. 사실상, 성경 가운데 몇 권은, 특히 그중 몇 곳은 여전히 애매하죠. 그렇지만, 언제나 가장 알려질 필요가 있는 것은 가장 쉬우며, 가장 어려운 것은 언제나 자체적으로 설명이 되어, 우리를 구원하는 지식(saving knowledge)을 얼마나 적게 개입시키는지를[156] 말해줄 정도입니다. 그런고로, 모든 원문에 전체적인 모호성이 있으리라고 추정하는 것은 인간이 그걸 읽지 않게끔 설득하려는 악마의 제안일 뿐이며, **하나님의 자비, 진리 및 지혜,** 이 모든 것에 불명예의 비방을 퍼붓는 것이 됩니다. 우리는 우리 가운데 권력자가 엄격하고 정확한 순종을 요구하면서 모든 명령을 모호하고 애매하게 내놓는 것을 친절함이나 공정한 태도로 여기지는 않습니다. 우리는 그가 우리에게 어떤 계략이 있을 거라고 생각할 것이며, 분명히 이런 명령은 명령이 아니라 덫이

---

[155] 이상에서 살펴본 바와 같은, 성경의 권위를 인정하는 저자들의 인용과 달리 그렇지 않은 저자들도 있다는 주장이 제기될 수 있지만, 권위를 인정하는 교부들의 글이 많다는 것은 그만큼 우리가 반대 주장을 따를 필요가 적다는 뜻이다.

[156] 성경은 중요한 메시지일수록 쉽게 씌어 있어서 성경의 이해에 도움이 되는 다른 지식이 별로 개입될 필요가 없다는 뜻이다.

겠죠. 진리의 본질 자체는 명확성과 선명성이며, 어두움과 비뚤어짐은 우리 인간의 것이겠죠. 마치 눈을 보는 것에 맞게 창조했듯이, **하나님의 지혜**는 진리, 즉 **이해력**의 목적과 결과에 적절하고 어울리는 이해력을 창조한 겁니다. 만일 우리의 **이해력**이 그 위에 **무지**의 피막이 있거나, 다른 거짓된 번쩍이는 사물을 응시하여 흐려진다면, 그것이 진리에 무슨 소용이겠습니까? 만일 우리가 **하나님**이 우리에게 심어놓은 지적 광선인 최고의 안약으로 정화할 수만 있다면, 우리가 믿거니와, 성경은 그 자체의 명백성과 명료성을 주장하며, **현명하고 학식 있는 자**들뿐 아니라 **단순한 자, 가난한 자, 철부지**들까지 모두에게 가르침을 받으라고 부를 것이며, 모든 나이와 성을 불문하고 하나님의 영이 특별히 충만할 것을 예고하며, 모든 사람에게 모든 것을 찾고, 시도하며, 검토하고,[157] 그리고 그 영에 의하여 선한 것을 분별하는 능력을 그들에게 부여하고 요구할 것입니다. 또한 성경 자체가 그 자체의 명백성을 선언하므로, 교부들도 이를 증언합니다.

나는 이런 점에서 다시금 발작적인 인용들에 빠져들지는 않겠지만, 위에서 언급한 **아타나시우스**의 첫 쪽을 예로 들자면, 그는 "진리의 지식은 그 자체로 분명하기에 인간의 전승된 학식이 필요하지 않으며, 그리스도의 설교에 의하여 지금 태양보다 더 밝게 열린다."고 말했습니다. 만일 이런 박사들이 우리가 즐기는 빛의 거의 절반도 갖지 못하고, 히브리어를 아는 사람도 그중 두세 사람뿐이며, 그들 중 다수가 그리스어는 모르면서, 배교자 **아퀼라**(Aquila),[158] 이교도 **테오도티온**(Theodotion),[159] 유대화

---

[157] *Areopagitica*(1644), p. 31: 국민은 "숙고하고, 조사하고, 새로운 생각을 궁리하고 … 읽고, 모든 것을 시도해보고, 이성과 확신의 힘에 동의한다."
[158] 2세기에 구약성경을 번역하기도 했으나, 132년경 로마에 의해 순교 당했다. 그의 번역은 지나치게 자구적이어서 기독교인들이 의심으로 대했고, 결국 사용하지 않

된 심마쿠스(Symmachus),¹⁶⁰ 과오가 많은 오리게네스(Origen)¹⁶¹ 등의 위험하고 의심스런 번역본들을 우연히 발견하게 되었는데, 만일 이들이, 인간이 현세에서 찾을 수 있는 학식과 충실한 근면성의 모든 도움과, 언제나처럼 지금 우리에게 가까이 있는 하나님의 도우심을 갖고서, 이제 성경이 너무 쉽다는 걸 발견한다면, 왜 우리가 이들을 의심하겠습니까? 그러나 성경이 아무리 어렵다 한들, 교부들보다 더 어렵고 더 까다롭고, 더 난해할까요? 성경의 과장되지 않고 명백하고 가식 없는 문체를 이해할 수 없는 자라면, 교부들의 해독이 어려운 아프리카식 표현이나 걷잡을 수 없는 비유, 복잡하고 뒤얽힌 문장, 그리고 종소리나 방울의 소음보다 더 나쁘고 집중을 방해하며 빗나가기만 하는 두서없는 감탄조의 은어, 어긋난 종결문 등을 포함하는 이런 표현들에 열 배 이상 더 혼란스러워할 것입니다.

이제, 보십시오. 거룩한 **종교개혁**을 사랑하려면, 종교전통의 끈질긴 손님들과 맞서, 그들의 후견인이기도 한 그녀 자신¹⁶²이 말한 것 이상의 무

게 되어버렸다. 밀턴이 그를 배교자라고 부르는 이유는 기독교에서 개종해 나갔기 때문이다.

[159] 테오도티온에 관해서는 별로 알려진 바가 없으며, 밀턴이 그를 이교도로 간주한 것은, 성 히에로니무스가 그를 초기의 유대인 그리스도교의 한 분파였던 에비온파(Ebionites)의 한 사람으로 간주했다는 점과, 에비온파는 그리스도가 요셉에 의해 잉태되었다고 주장했고 마리아의 수태 전에 하나님과 공존하지 않았다고 믿었다는 점 때문이었다.

[160] 심마쿠스는 에비온파였으므로 유대화된 사람, 즉 종교적으로 준-유대인으로 불린다. 그의 번역은 아퀼라의 번역보다 어휘가 더 우아하고 철자 이상의 히브리 느낌을 주며 때로 문장 바꿔 쓰기가 너무 심하다고 한다. *Cf.* Eusebius, *Church History*, IV, xvii.

[161] 오리게네스의 잘못으로 돌리는 것 가운데, 하나님이 삼위일체 중에 첫 번째 자리를 갖는다는 것과 최후의 심판에서 아무도 정죄되지 않을 것이라는 믿음이 있다. 폭스(Foxe)는 오리게네스의 과오를 주목하며, "최고의 권위는 오직 하나님의 말씀에 속하며, 인간의 펜에 있지 않다"고 했다. *Cf. Acts*, I, 204.

슨 말을 할 수 있을까요? 생각해보세요. 종교전통이 측정 불가이고, 셀 수 없으며, 그런고로 엄청난 양의 불필요한 책들에 정신이 빠져있고, 교부의 번지르르한 이름과 더불어 도리어 잘못이나 저지르는 것을 그녀가 더 인정할까요, 아니면, 종교전통을 칭송하는 자들이 그들의 **설교단**(Ambones),¹⁶³ **기록판**(Diptychs),¹⁶⁴ **성례교범**(Meniaia's)¹⁶⁵ 옆에서 머리를 싸매고 고민하는 동안, 한평생 성경을 부지런히 읽어왔고, 게다가 하나님의 은총을 간구해온, 소박하고 정직한 한 사람의 손에서 깊은 진리를 취하는 것을 더 인정할까요? 이제, 그는 지정교회(Station)¹⁶⁶나 15년기(Indictions)¹⁶⁷에 대해 말할 수 없는 자이며, 또한 서로를 뒤엎어버리는

---

¹⁶² 원문에 종교개혁을 의인화하여 "she"로 표현하고 있다.

¹⁶³ "Ambo"는 초기 기독교 교회의 양측에 계단이 있는 설교단으로서, 그 위에서 사도 서간이나 복음을 읽고 설교를 행했다.

¹⁶⁴ 상아나 나무로 뒤를 댄, 두 쪽으로 된 제단 장식용 밀랍 기록판(板)으로서, 그 위에 초대교회의 교인들의 이름을 적어놓고, 설교단에서 예배 중에 그들의 이름을 불렀다고 한다. 명단에서 제외되는 것이 아주 엄중한 처벌이기도 했으나, 점차 중요한 교인의 이름만 포함하게 되었다고 한다.

¹⁶⁵ 성례교범은 12권으로, 한 달에 한 권씩 배정되어 비잔틴 의례에 따른 정해진 축제에 맞는 성무(聖務)를 담고 있다. 할당된 성무는 그날의 정경화된 시간에 따라 배정된 기도와 독서 등으로 나누어졌다.

¹⁶⁶ "Station"은 특정한 날에 초대교회 신도들이 오후 어느 시점까지 금식한 후에 찾아가는 지정된 교회였다. 또한 그 당시의 기독교인들은 이런 정해진 시간에 줄곧 발을 딛고 예배를 드렸기 때문에 그런 명칭을 사용했다고 주장하기도 한다. 지정교회를 찾는 기간에 금식을 했으므로, 그 단어가 금식을 뜻하게 되었다. 가톨릭에서는 신자가 순례하는 십자가의 길에 14처의 예배(禮拜) 장소를 뜻하기도 한다.

¹⁶⁷ "15년기"는 3세기의 물가폭등 시기에 로마 정부가 식량과 의복의 징발 또는 강제매수(Indiction, 혹은 라틴어 indictio의 본뜻) 명령을 내려 궁정과 군대의 고용인들에 대한 보급품을 해결한 데서 유래했다. 이러한 조치는 불규칙하고 종종 억압적이었으며 공평하지 않았다. 디오클레티아누스(284~305년 재위) 치하에서 개혁이 이루어져서, 연례적인 징수를 토지와 인구조사에 근거하여 시행하도록 했으며, 이에 따라 회계연도가 설정되었다. 인딕티오 회계연도에서는 15년을 한 주기로 재정 정책을 수립했으며, 1월 1일에 시작하는 행정연도와 달리 9월 1일을 기점으로 계

회의나 비밀회의를 끝없이 개최하는 데 그의 소중한 시간을 소모해버리지 않은 자입니다. 비록 내가 알기로는, 이런 연구에서 위대한 랍비(rabbi)[168]인 척하는 자들은 책을 열어서[169] 그리고 속표지에서 시작하여 그 내용을 맞이한 것이 아니라, 아니 그들을 더 인정하더라도, 목차의 족제비와 쥐 사냥 격이었을 뿐입니다. 그렇지만, 어느 목사나 성직자도,[170] 아무리 학식이 있고 종교적이며 신중하다 해도, 이제 그의 두 뺨을 기독교 전체(Oecumenical)와 공의회(Synodical)라는 것으로 가득 채우고 나타나지 않는다면, 빈약하고, 얄팍하며, 불충분한 사람, 즉 바보이고 교회 교리의 개혁에 대해 말할 자격이 없는 자로 여겨질 것입니다.[171] 그러나 **하나님**이 이 교회를 개혁하는 영예를 주시고자 예비하신 자들은, 그들의 적대자들이 종교전통을 주장하는 취지를 쉽게 인지할 것이라고 저는 믿습니다. 그들의 대항자들은 성경의 평원을 두려워합니다. 추격이 너무 뜨겁고, 그들은 어둡고 무성한 우거진 숲을 찾고 있으며, 거기 숨고자 합니다. 그들은 자신들이 신성한 진리의 투명한 물속에 빠져있다고 느끼며,[172] 깊이를 알 수 없는 더러운 잡초와 진흙탕 물에 뛰어들어 엎드려 숨고자 하지요. 그러나 그들이 고래처럼 자신을 두들기고, 자신의 기름을

산했다. 이것이 15년기이다.
[168] 유대의 율법 박사, 랍비, 선생(존칭), 유대 교회의 성직자.
[169] 원문에 "책을 열어서"를 "from the strings"으로 표현했는데, 이는 제본 끈으로부터 책을 열어서 읽기 시작한다는 뜻이다.
[170] 원문에 pastor or minister라고 나오는데, 영국에서 pastor는 국교파의 목사(clergyman)에 대비하여 비국교파의 목사를 지칭하는 말이고, minister는 비국교파와 장로파의 성직자를 지칭하는데 신의 청지기 직을 하는 종, 심부름꾼, 사신의 의미가 있다. 그러나 오늘날 두 단어 모두 목사로 번역될 수 있다.
[171] 이런 오해를 받는 것이 감독제의 폐단이라는 뜻임.
[172] 성경적 진리를 두려워하는 자들은 투명한 물속에 빠져서 자신들의 정체가 드러나는 것을 두려워한다는 것이다.

소모하며, 해변으로 끌려 나오도록 내버려 둬야 합니다. 성직자들이 무엇 때문에 그들에게 변화와 연기(延期)를 위한 그 많은 낚싯줄을 제공해야 하는가요? 무엇 때문에, 성직자들이 복음만을 권유하고, 복음을 다이아몬드 거울처럼 항상 그들의 얼굴에 대고서, 그것이 그들의 희미한 눈을 부시게 하여 침투할 때까지, 복음의 절대적인 충분성과 우월성의 영예를 보존하면 안 되는가요? 만일 성경이 **종교개혁**을 지지하며, 더구나 종교전통을 위한 것이라면, 이는 수많은 유익들 가운데 하나일 뿐이며, 결정적인 승부수는 아니기 때문입니다. 그리고 성경이 종교개혁을 지지하는데도, 종교전통은 종교개혁에 반대한다면, 그 원인은, 종교전통이 재판관 역할을 하고 있기에, 그럴 수밖에 없는 것입니다.[173]

그러나 결론을 짓자면, **종교개혁**의 방해자 가운데 당당히 거론될 만한 자들의 두 번째 부류는 종교적 자유사상가들입니다. 이들은 추구하는 계율이 견딜 수 없을 것이라고 주장하는데, 주교관구마다 한 주교가 있으므로 모든 교구는 하나의 교황을 갖게 되리라는 것입니다.[174] 이런 자들에게 대답할 필요는 없겠지만, 단지 그들을 찾아낼 필요는 있을 겁니다. 그들은 탐욕과 방종만이 있으므로 해답이 있을 수 없지요. 그들이 예속되어 살 수 있는 것은 어떤 계율도 아니며, 그들이 추구하는 것은 계율의 변조와 무시입니다. 적절히 집행되는 감독제는, 실로, 매춘과 음주에 대한 터키나 유대의 엄격함, 아버지의 자애롭고 부드러운 훈계, 형제의 친화적이고 상냥한 질책, 친구의 친근한 충고이며, 이 모든 것이 그들에게 하나의

---

[173] 종교전통을 최고권위로 삼는 고위 성직자들의 관점에서 보면, 비록 교회 전통이 종교개혁을 반대하는 것은 성경과 어긋나지만, 그 판단의 권위가 그들에게 있기 때문이라는 뜻이다.

[174] 장로교 신도들이 교구마다 하나의 교황을 원했다는 주장은 그들에 대한 오래된 비난이다. 1611년에 이미 "모든 교구에 절대적인 작은 교황 하나씩"이란 말이 있었다(George Downame, *Defence of the Sermon*, I, 39).

장로회(Prebytery)나 감독 법원(Consistory)이 됩니다. 초서(Chaucer)의 유쾌한 탁발승만이 그들을 훈계할 수 있습니다.

아주 다정하게 그는 고백을 들어주었고
그가 시행하는 죄의 사면은 즐거웠으며,
그는 속죄를 쉽게 해주는 사람이었다.

그래서 이제 그들에 대한 논의는 그만하고, 제2권에서 감독제의 정치적 담론을 다루고자 합니다.

종교개혁론[175]
제2권

경이여,

　한 사람을 이끌 수 있다는 것은 선하고 신중한 일이며, 한 집안을 잘 통솔하는 것은 더 크고 넓은 덕성이지만, 한 국가를 경건하고 정의롭게 다스리는 것, 즉 행복하게 다스리는 것은 가장 큰 규모와 가장 신성한 성품의 영혼을 지닌 자에게 합당한 것입니다. 그리고 이러한 과학(Science)은 인간의 삶에 가장 중요한 것이므로, 글을 씀으로써 이 과학의 견고하고 진실한 기초를 놓은 자들은 국가를 경영하는 자에 못잖은 정신의 소유자이며, 또 다른 방식으로 이에 버금가는 탁월함을 지닌 자들입니다. 그렇지만, 그 원칙에 있어서, 정치학(the art of policie)[176]보다 더 폐해가 많고, 경구적인 현학으로 더럽혀진 학문은 없습니다. 누구나 가장 그렇지 않으리라고 생각하는 곳, 즉 기독교 공화국들(Christian Commonwealths)[177]에서 가장 그렇습니다. 이 나라들은, 잘 통치하는 것이[178] 곧

---

[175] 밀턴의 원문 제목은 여기서 반복해서 등장하고 있고, 권수(제2권) 표기는 처음 나타난다.

[176] "Policy"는 고어에서 정치나 정치형태를 뜻한다. "Art of policy"는 과학의 한 분야로 거론하고 있지만, 현실 정치를 위한 기술을 뜻하므로 "정치술"이라고 번역해도 좋을 것이다.

[177] "Commonwealth"는 연방, 국가, 공화국 등으로 번역될 수 있지만, 밀턴이 이 글을 집필할 당시의 잉글랜드는 영연방이나 공화국이 아닌 왕국이었지만, 그가 여기서 "Commonwealth"라는 표현을 사용한 것은 당시에 공화정을 추구하는 의회의 움직임과 관련이 있어 보이므로, "공화국"이라고 번역한다.

[178] Aristotle, *Ethics*, I, xiii (tr. H. Rackham, London and New York: Loeb Classical

한 국가를 진정한 지혜와 덕성, 그리고 거기서 생겨나는 관대함(그 점에 주목하시길)으로 훈련하는 것이고, 또 우리의 시작이자, 재생이며, 가장 행복한 목적인 **하나님**과 같아지는 것이며, 한마디로 **경건**(Godlyness)으로 훈련하는 것이라는 점과, 이것이 한 국가의 진정한 번성이며, 다른 것들은 그림자가 본체를 따라오듯 따라오게 마련이라는 점을 가르치지 않습니다. 이렇게 가르치는 것은 그들에겐 설교에 불과했을 것입니다.[179] 이것은 어느 현대 정치가의 걸작인바,[180] 어떻게 국민의 목을 짓밟게 될 발의 길이에 그들의 고통과 복종을 적합하게 만들어갈 것인지, 어떻게 하면 강탈이 공공의 이익이라는 아름답고 영예스런 구실로 포장될 수 있는지, 어떻게 하면 미약한 법이 욕망과 의도의 관리와 통제 아래로 끌려들 수 있는지, 그런 시도에서 그들이 실패하면, 직간접의 모든 수단을 동원하여 명예의 보기 흉한 상처를 씻어내도록 허울 좋은 색깔의 평판을 어떻게 얻느냐 하는 것을 다룹니다. 이런 식으로 사람들을 통치할 수 있게 만들고자, 그들의 교훈은 주로 공개적인 방탕, 사치와 무지를 지지함으로써 국민정신과 용기를 파괴하는 경향이 있습니다. 이렇게 사람들을 추하게 만들고, 사람들을 사람들 아래 놓이게 하여, 마치 **이오**(Iö)의 우화에서 **주노**(Juno)가 질투하듯,[181] 공화국의 불쌍한 변신 송아지에게 수많은 질투의 시선을

Library, 1926, p. 61): "그러나 행복이 완전한 덕행과 일치하는 영혼의 어떤 행위인 까닭에, 덕행의 성격을 검토해야 한다. 이것이 행복의 성격을 검토하는 데 도움을 줄 것이기 때문이다. 또한 진정한 정치가는 그의 목적이 시민들을 선하고 준법적인 사람으로 만드는 것이므로, 덕행에 관한 특별한 연구를 한 사람일 것이다."

[179] 즉, 이런 진정한 덕성을 가르치려 하지 않고, 국민을 어떻게 하면 지배할 수 있을지 피상적인 통치술만 가르치려 한다는 것이다.

[180] 밀턴은 마키아벨리(Machiavelli)의 『군주론』(*Prince*)을 염두에 두고 글을 쓰는 듯하다.

[181] 주노(Juno)는 주피터가 흰 소로 변신시킨 여자, 이오를 쇠파리(gadfly)로 괴롭혀 온 세상 방방곡곡으로 내몰리도록 저주한다. Ovid, *Metamorphosis*, I, 568~750

받게 하며, 어떤 **아르고스**(Argus)의 속박 아래 억압의 상처와 자극으로 찔리고 괴롭힘을 당하도록 넘겨줍니다.[182] 경이여, 좀 더 명백하게 하자면, 어떤 누수구를 어떻게 땜질하고, 어떻게 막고, 미치고 병든 군주제[183]나, 혹은 국가의 떠오른 시체를, 어떻게 바람과 물 사이에서, 그 자체의 찌꺼기 위에서 여전히 떠 있게 하느냐, 이것이 현대식 정객의 깊은 계략입니다. 경이여, 슬픈 일입니다! 공화국은 단지 하나의 거대한 기독교 인물과 같아야 하고, 한 정직한 사람만큼 막강한 성숙의 수준에 올라야 하며, 신체만큼 덕성에 있어서 크고 탄탄해야 합니다. 한 사람에게 단순한 행복의 기반과 이유가 무엇인지를 보면, 바로 그것이 전체 국가에 해당된다는 걸 발견할 겁니다. **아리스토텔레스**(Aristotle)가 그의 『윤리학』[184]과 『정치학』[185] 둘 다에서 이성의 원칙들에 근거하여 주장한 바와 같은 것이지요. 그러므로, 결과적으로, 군주제에 유익하고 맞는 것은 모든 기독교인의 진정한 복지에 유익하고 합당한 것으로 곧장 드러날 것입니다. 그리고 모든 진정한 기독교인에게 해롭고 불쾌한 것으로 정당하게 드러나는 것은 군주제에도 똑같이 해로운 것임이 분명해질 것입니다. **하나님**은 우리가 한 군주의 목적과 이익을 군주제의 목적과 이익에서 분리하여 구별하

(Leipzig, 1568, pp. 64~74) 참조.

[182] *Cf.* Ovid, *Meta.*, I, 625 (Leipzig, 1568, p. 67).

[183] 밀턴에게, 건강한 군주제는 법에 의해 제한되는 것, 즉 의회를 통하여 표현되는 국민의 희망에 종속되는 군주제이다.

[184] *Cf.* Aristotle, *Ethics*, I, ix (tr. Rackham, Loeb Classical Library, 1926, p. 47): "최고의 선이 정치학의 목적이지만, 그 주요한 관심은 시민 가운데서 이를테면, 그들을 덕스럽게 만들고, 고귀한 행위를 할 수 있게 하도록 이끌 어떤 인물을 만들어내는 것이다."

[185] *Cf.* Aristotle, *Politics*, I, ix (tr. Rackham, Loeb Classical Library, 1926, p. 539): "반면에, 국가의 행복이 개인의 행복과 같다고 선포할지 다르다고 할지가 남아있다. 여기서 역시 해답은 명백한데, 모두 그 둘이 같다는 데 동의할 것이다."

거나, 혹은 그것을 기독교에서 분리하고 구별하는 것을 금지합니다.

그러면, 종교개혁을 방해하는 이런 세 번째이자 마지막인 부류의 사람들이, 그것이 국가의 존재 이유(reason of state)와 일치하지 않는다는 점을 어떻게 정당화할지 생각해보겠습니다. 성경이 그들에게 닫혀 있음을 저는 확신하는바, 플라톤(Plato)이나 아리스토텔레스(Aristotle)가 그들의 목적에 부합하지 않은 것과 같습니다.[186] 그들이 로욜라(Loyola)[187]의 예수회원들과 더불어 그의 학파에게서, 혹은 그들의 타키투스(Tacitus)를 조각내고 쪼갤 수 있는 그들의 말베치(Malvezzi)[188]에게서, 우리에게 무엇을 가져다줄지를 지금 들어봐야겠습니다. 그들은 주장하기를, 첫째, 교회의 정부는 민간 정체에 부합할 수 있어야 한다는 것입니다. 다음으로, 교회 정부의 어떤 형태도 주교들의 것이 아니라면 군주제에 합치한다는 것입니다. 복음서에 지정되고 영혼과 최고의 관련이 있는 교회 정부가, 임의적이고, 인간의 가시적이고 외적인 부분과 주로 관계되는, 그런 공민의 정부에 부합하고 순응해야 할까요? 이것이 베델(Bethel)과 단(Dan)의 송아지를 주조한 처세술 자체입니다. 이것이 여로보암(Jeroboam)[189]의 정책의 본질이었으며, 그는 종교를 그의 정치적 이익에 부합하게 만들었고, 이것이 이스라엘 사람들의 마지막 유수까지 그들을 지켜본 죄악이었습니다. 고위

---

[186] 여기서 밀턴이 뜻하는 바는, 플라톤이나 아리스토텔레스에 있어서, 순종을 시민들의 안녕에 반대되는 것으로서 정당화할 근거는 아무것도 없다는 것이다.

[187] 예수회(Society of Jesus)의 창시자, 성 이냐시오 데 로욜라(St. Ignatius Loyola, 1491~1556).

[188] Virgilio Marquese Malvezzi(?~1654): 볼로냐(Bologna) 출신으로서, 신학, 법학, 의학, 미술, 음악 등 다방면에 박식하고 다재다능한 인물이었으며, 여기서 밀턴은 그의 저서, 『코넬리우스 타키투스에 관한 담론』(*Discourses upon Cornelius Tacitus*, tr. Sir Richard Baker, 1642)을 언급하고 있다.

[189] 『성서』에 나오는 이스라엘 최초의 왕임. 「열왕기상」 11: 26 참조.

성직자들이 국가 통제주의자로 간주되길 바라듯이, 만일 이런 국가 원칙이, 그들로부터 온 것이라면, 로마의 주교 **엘루테리우스**(Eleutherius)[190]를 되돌아보고, 그가 **잉글랜드**의 정치에 관해 어떤 생각을 했는지를 보여주고 싶습니다. 이 섬나라의 첫 기독교인 왕인 **루키우스**(Lucius)가 종교법의 기초에 관한 교훈을 달라고 요청했을 때, 엘루테리우스는 이런 슬기로운 주의를 거의 생각하지 않았지만, 신구약 성경에 의지하여, 교회와 국가를 어떻게 다스릴지 거기에서 지시를 받으라고 말합니다. 그는 **하나님**의 대리자이며, 그러므로 **하나님**의 법에 따라 다스려야 하며, **카이사르**(Caesar)의 명령은 우리가 어느 때든 부인할 수 있으나, 하나님의 법령은 어떤 이유로도 거절할 수 없다는 것입니다. 이제 분명히, 만일 교회 정부를 복음이 가르친다면, 주교들도 감히 부인하지 못하듯이, 주교의 지위 향상을 위해, 그리고 그들의 먹거리를 위해, 새로이 계산된 이런 입장이 어떻게 최근에 정해진 것인지, 당연히 결론 내릴 수 있을 겁니다. 그러나 그들이 교회 계율의 형태가 세속적인 주장에 맞추어 주조되고, 모형을 갖추어야 하는지를 어떤 예를 들어 보여줄까요? 만일 우리가 율법을 받은 시점에서 **헤롯 왕가**(the Herods)에 이르기까지 역사를 살펴본다면, 유대인의 옛 국가[191]는 국가 지위의 모든 변화를 겪어온 것이 분명합니다. 그러나

---

[190] 오래된 사료인 『교황 실록』(*Liber Pontificalis*)에 나타난, 애매하지만 끊어지지 않는 전통에 따르면, 브리튼의 왕, 루키우스는 엘루테리우스 주교에게 서한을 보내서 자신이 그리스도인이 되게 허용해달라고 간청했고 그 요구가 허용되어 영국인들이 기독교 신앙을 받아들이게 되었다는 것이다. Cf. Bede, *Church History*, I, iv (tr. from Migne, Latina, XCV, 30); Geoffrey of Monmouth, *Historia Regum Britanniae*, IV, xix, in Commelin, *Rerum Brittanicarum* (Heidelberg, 1587), 30.

[191] 밀턴이 유대 공화국에 대하여, "국가 상황의 모든 변화를 겪어온 것이 분명하다"고 할 때, 모세가 그것은 "압축된 표현을 쓰면, 신정국(Theocracy)이라고 규정할 수 있는 것"이라고 했다는 요세푸스의 진술과 모순된 것이 아니다(Josephus, *Against Apion*, tr. Whiston, II, xvii). Cf. Sigonius, De republica Hebraeorum (Frankfurt,

제사장 정부의 한 방식은 이 모든 일시적인 변화에 불편을 주지 않고 기여해왔습니다. 선택된 공작들과 그들과 결탁한 부족의 수장들의 온건한 귀족정치, 사사들의 온건하거나 강압적인 독재, 국내외의 폭정, 마지막으로, 외부의 로마 원로원, 국내의 유대 원로원, 갈릴리 지역을 담당하는 분봉왕(Tetrarch)의 영주[192]에게 제사장 정부는 이바지했습니다. 레위족(the Levites)[193]만은 민간 문제에 관여할 약간의 권한이 있었지요. 그러나 종교적 계율이 성직자가 세속적인 일에 관여하는 걸 금지하고 있음을 볼 때, 성직자와 관료를 그들의 몇 가지 역할에서 어떤 명확한 교류에 유의하도록 엮을, 어떤 상호 얽힘과 작용들이 있을까요? 성직자의 임무가 단지 사람들에게 기독교 신앙을 가르치고, 모든 이를 훈계하고, 선한 자들을 격려하고, 악한 자들에게 주의를 주고, 죄가 경미한 자들에게는 개인적으로, 추문을 일으키고 완고한 자들에게는 공개적으로, 경고하며, 전염성이 있고 교정할 수 없는 자들을 견책하고, **그리스도**의 양 떼의 교제에서 격리하며, 참회하는 자들을 기쁨과 부성애적인 동정심으로 받아들이는 것, 이 모든 것을 행해야 하고, 이것 이상은 교회 권위를 벗어나는 것입니다. 이 모든 것이, 여기든 저기든, 공화국(Wealpublik) 국민의 세속적인

1585; HCL I, v: "히브리인들 사이에, 사실상, 최고통수권이 최고 귀족들의 권력에 있었고, 그 이후 왕의 권력에 있었다. 이 두 가지 통치 형태 가운데, 그리스 사람들은 전자를 귀족정치, 후자를 왕국이라 불렀다. 모세의 통치 아래 장로(Elders)와 사사(Judges)의 귀족정치가 있었고, 왕의 통치 하에 왕국(왕정)이 있었다."

[192] 고대 로마제국의 4분의 1을 다스리던 영주, 즉 사두정치의 통치자들 중 한 사람을 가리킴. 사두정치(Tetrarchy): 로마 제국의 정치체제로서, 4두 정치, 테트라키아라고도 한다. 디오클레티아누스 황제의 치세인 284~305년 중 293~305년까지 12년간 계속된 제1차 사두정치, 305~307년 이어진 제2차 4두 정치, 308~311년까지 이어진 제3차 사두정치로 나뉜다.

[193] 유대인 가운데 레위 지파는 제사장의 신분을 지니고 유대 성전에서 제사를 집행하는 역할을 했다.

통치에, 그것이 대중적이든, 왕후(王侯)의 것이든, 군주제든, 무슨 상관이란 말인가요? 어디에서 그것이 세속적인 통치자를 침해할까요? 어디에서 그의 노정에 끼어들까요? 어디에서 그것이 그의 지배를 침범할까요? 사실 성직자의 역할이 정당하게 면제되면,[194] 통치자에게 더 양심적이고 조용하고 다스리기 쉬운 백성이 있게 되며, 만일 그렇지 않더라도, 그 삶과 신조가 그 자신을 나타내줄 것입니다. 그러므로, 만일 교회법이, 모든 입장이 인정하는바, 성스러운 법령으로 이미 규정되어 있다면, 그것이 시민의 일용품이나 관심에 시중드는 하녀일 수는 없습니다. 그리고 만일 교회 계율의 성격과 한계가 모든 정치계급에 차별 없이 도움이 되거나, 어떤 특정 계급과 특별한 관계가 없는 것이라면, 특별한 구조 속에서 전자를 후자에 연결할 필요가 없으며, 사실 그럴 가능성도 없습니다.

이제 그들의 두 번째 결론, 즉 "교회 정부의 어떤 형태도 주교의 것을 제외하면 군주제와 일치할 수 없다"[195]는 주장에 대해 말하자면, 그것이 이미 논의된 것에 의해 산산조각이 나지만, 앞뒤로 그것의 작용을 살펴보자면, 감독제는 잉글랜드에서 그것이 감히 요구하는 권위와 함께, 군주제에 일치하지 않을 뿐 아니라, 군주제의 파괴에 이바지하고 있음을 입증하는 것이 저의 임무일 것입니다. 하나님 교회의 초대 목자들이 그들의 목회에 충성스럽게 일하며, 오직 그들이 양들만 돌보며, 모든 세속적인 문제를 추구하는 것이 아니라, 그것들이 자신들의 숭고한 소명에 장애물이자 훼손이며 실추라고 여겨서 피했던 반면, 지상의 군주나 권력자들은, 어떤 방식으로 복음이 전파되더라도, 교회의 정체와 자신들의 정체 사이의 통일성을 어떻게 이룰 것인지, 이를 연구할 필요가 별로 없

---

[194] 국가권력에서 면제되면 그렇다는 뜻임.
[195] Cf. Rushworth, *Petition for the Prelates* (1641), IV, 16, 174.

었던 것입니다. 그러므로, 빌라도(Pilate)가, 우리의 구세주 **그리스도**가 "그의 나라는 이 세상에 속한 것이 아니라"고 공언하는 걸 들었을 때, 그는 그 사람이 **카이사르**의 빛을 가릴 수 없고, 로마 제국에 별로 위험이 될 수 없다고 생각했습니다. 왜냐하면, 만일 그리스도의 삶이 이 세상 사람들에게 숨겨진다면, 그의 왕권은 영적인 문제들을 제외하면 훨씬 더 무력해지기 때문입니다. 이런 식으로 서너 세대 동안, 사도들의 후계자들이 살았습니다. 그러나 **콘스탄티누스**의 분별없는 미신 때문에, 그들이 그들의 **첫사랑**을 버리고, 그 대신, **맘몬**(Mammon)[196]과 그들의 배라는 두 신을 세우고, 그들이 사람들의 의식에 미치는 영적 권위를 이용하며, 육체는 물론 육적인 것들을 그들의 지배권 안으로 끌어들이고자 추파를 던지기 시작했습니다. 그러자 그들의 육욕은, 영혼이 그들 속에서 매일 꺼지고 죽어가기에, 허무로 빠져들지 않도록 지탱할 방도를 찾지 못했으니, 그들의 내면적인 부패를 육체적인 외면의 힘에 의해 떠받들고 지탱하는 수밖에 없었습니다. 잠시, 그들은 성급하게 그들의 계획을 드러내기보다 차라리 은밀하게 기회를 찾았지요. 그러나 **콘스탄티누스**와 서너 명의 황제가 사망하자, 그들의 동향은 전 세계에 악명이 높고 불쾌한 것이었습니다. **테오도시우스**(Theodosius) 2세가 퇴임하자, 역사가였던 **소크라테스**(Socrates)는 그의 7번째 저서 제11장에서 쓰기를, "자신들의 사제 영역을 넘어서 이제 오래전 지배 권력으로 발을 들여놓았던 로마와 알렉산드리아의 주교들에게 모든 나쁜 이름이 붙기 시작했다."[197]고 했는바, 이는 그들이 가장 비천한 세상적인 조건에서 일어선 후 80년도 채되지 않아서 일어난 것입니다. 이제 누군가가 호의적인 용납(courtesie)

---

[196] 「마태복음」 6: 24 참조.
[197] Socrates, *Church History*, VII, xi (London, 1874, p. 344) 참조.

에 대해 말하길, 만일 그들이 **세속적인 힘**과 **권력**을 **카이사르**의 영토에서 취한다고 한들, 카이사르의 제국이 그 때문에 축소되겠느냐고 물어도 좋습니다. 그러나 이것은 훔친 조각이었고, 이제까지 군주국을 은밀하게 갉아먹은 쐐기벌레일 뿐이었는데, 다음에는, **페트라르카**(Petrarch)가 표현했듯이, 그가 자기 사육사에게 발톱을 쳐드는 한 마리의 늑대, 한 마리의 사자이며, 결국 그리스 제국의 공개적인 원수이며 전복자라는 것을 알게 될 것입니다. **필리피쿠스**(Philippicus)와 **레오**(Leo)는,[198] 그들 뒤에 온 여러 다른 황제들과 함께, 그들 조상의 충고가 없지 않은 데다가, 결국 **주교 338명**으로 구성된 동방교회 회의(Easterne Counsell)[199] 전체의 충고를 듣고, 성상을 우상숭배로 포고되었기 때문에 **교회** 밖으로 던져버렸지요.

이런 멋진 기회에, **로마의 주교**는 당시까지 그리스 관료가 통치했던 그 도시와 주변 모든 영역을 장악하여 자기 수중에 넣고, 그리고 자신을 그곳의 군주로 만들 뿐만 아니라, 황제에 대한 **이탈리아**의 조공과 복종을 모두 면해주는데, 그 이유는 황제가 우상을 철폐함으로써 하나님의 명령

---

[198] 콘스탄티노플의 황제(711~713)였던 필리피쿠스는, 그리스도 안에 유일한 의지, 즉 신의 의지만 있다는 이단적인 신념을 가지고 있었다. 그가 황제가 되자, 일신론(Monotheism)을 부정했던 제6차 콘스탄티노플 회의의 교회법을 철폐했다. 그 회의는 그리스도의 인간적 의지를 강조하고, 그럼에도 그의 인간적인 모습을 묘사하도록 했던 것이다. 이런 규정을 필리피쿠스가 철폐했으므로, 밀턴은 그를 우상파괴자 레오의 선구자로 여겼던 것이다.
레오 3세(Leo III) 역시 콘스탄티노플의 황제(718~741)로서, 726년부터 730년에 걸쳐 모든 건축물과 기념물 등에서 성상을 파괴하고, 이를 십자가로 대체하도록 했다. 또한 730년에 칙령을 내려 건축물뿐만 아니라 모든 미술품과 공예품에서 성상 대신 십자가를 사용하도록 했던 우상파괴자였다.

[199] 레오 3세의 아들이며, 741년부터 775년까지 동로마의 황제였던 콘스탄티누스 5세 치하에서, 754년 콘스탄티노플에서 이 회의가 열려, 모든 성화상을 동방교회에서 금지하는 법을 만들었다.

에 순종했기 때문이라는 겁니다.

경이여, 교황이 스스로 모른 척하며, 어떻게 성 베드로의 세습재산(St. Peter's patrimony)²⁰⁰을 손에 넣게 되었는지 주목해 보십시오. 콘스탄티누스의 증여가 아니라 우상숭배²⁰¹와 반역이 그에게 얻어준 것입니다. 그 자신의 교파에 속한 사람인 **시고니우스**(Sigonius)²⁰²를 읽어보기만 해도 그 이야기를 대체로 알게 될 겁니다. 그리고 이제 그리스 대륙에서 불어오는 태풍에서 그 자신을 지키고자, 그리고 이런 관례에서 그를 빼내 줄 옹호자를 만들고자, 교황의 선고에 따라 프랑스의 합법적인 왕인 **칠페리쿠스**(Chilpericus)²⁰³를 폐하고 그 왕국을 **페팽**(Pepin)²⁰⁴에게 넘겼는데, 그 이유는 그가 좀 더 적극적인 인물로 여겨졌다는 것뿐이었습니다. 그가 이런 면에서 군주국에 우호적이었는지 나도 모릅니다만, 그 군주에게 그가 어떤 사람이었는지 물어볼 필요는 없습니다.

이리하여 교황은 페팽을 그의 절친한 친구로 만들고, **롬바르드족 아이스툴푸스**(Aistulphus the Lombard)²⁰⁵를 대적하여 그를 이탈리아로 불러 들이는데, 아이스툴푸스는 자기가 새로이 얻은 **라벤나**(Ravenna)²⁰⁶에 로

---

²⁰⁰ 성 베드로의 세습재산이란 고대 이탈리아의 교황령을 가리킨다.
²⁰¹ Sigonius, *De Regno Italiae*, III (Frankfurt, 1591), p. 76.
²⁰² Carlo Sigonius(1523~1584): 르네상스 학자이자 역사가였다.
²⁰³ Sigonius, *De Regno Italiae*, III (Frankfurt, 1591), p. 74.
²⁰⁴ 이탈리아어 표기는 피피노(Pipino), 프랑스어 표기는 페팽(Pepin)이다. *Cf.* Sigonius, *De Regno Italiae*, III; (Frankfurt, 1591), p. 76: "그(Zachary)는 그레고리의 전례(前例)를 따라 프랑스로부터 도움을 청해야 한다고 신성한 충고를 받은 것 같다. 그래서 그는 즉각 신뢰할 수 있는 사람을 불러서 그에게 순례자의 복장을 하고 롬바르드족에 의하여 방해받지 않도록 은밀하게 페팽 왕에게 가서 도움을 청하게 하였다."
²⁰⁵ Sigonius, *De Regno Italiae*, III (Frankfurt, 1591), p. 76
²⁰⁶ Sigonius, *De Regno Italiae*, III (Frankfurt, 1591), pp. 63~68.

마가 속해 있다며 로마를 정복하려고 교황과 전쟁을 벌였던 것입니다. 교황의 요청을 거절하지 않은 페팽은 이탈리아로 들어와 그를 위험에서 구해내고, 그에게 라벤나의 총주교직을 확보해줍니다. 비록 그것이 그에게 주요 성직 수여권자이자 후견자였던 **군주국**의 세습적인 소유자가 되기 바로 전의 일이었지만, 그는 그 권한을 자신에게 주는 합법적인 전리품으로 취득하여, 성 베드로에게 넘겨주었습니다. 영적인 지도자가 세속적인 지위나 영토를 교회가 사용하려고 그것을 받는다는 구실로 탈취하다니, 이것이 얼마나 위험한 오류인가요? 이런 식으로 그는 **나폴리**(Naples), **시칠리아**(Sicily), **잉글랜드**(England) 등을 요구합니다. 요컨대, 그리스 교회의 오류에 맞선 그의 **열성을 보여준다는 구실로**, 그는 **자신의 최고 주인**인 콘스탄티누스의 후계자들을 끊임없이 유혹하고 괴롭혔는데, 어쩌면 짖어대는 저주와 파문으로, 어쩌면 사라센인들(the Saracens)이나 터키인들(Turks)과 맞서 서양의 군주들이 그들을 돕지 못하도록 방해함으로써 그러했지요. 그들이 그의 기분을 맞춰주는 경우가 아니면 말입니다. 이리하여 그가 그를 높여준 **군주제**의 전복과 몰락을 초래했음은 사실로 확인할 수 있을 겁니다. 내가 인용해 온 **페트라르카** 외에도, 우리의 **초서**(Chaucer)도 이 점을 지적한 바가 있으며,[207] 여기서 **주교들**을 늦잖게 조심하라는 하나의 경고를 **잉글랜드**에 주고 있는데, 그들의 목적과 목표가 **군주제**에 우호적이지 않은 것은 교회의 목적과 목표가 그렇지 않은 것과 같기 때문입니다.

초서는 「농부의 이야기」(*The Plowman's Tale*) 제2부 28연에서 다음처

---

[207] 「농부의 이야기」(*The Plowman's Tale*)는 초서의 작품이 아니다. 초서의 전통을 논하면서, 보우(Baugh)는 이 작품에 대해, "익명의 작가가 쓴 「농부의 이야기」를 넣으면, 『캔터베리 이야기』(*Canterbury Tales*)에 멋대로 포함된 아주 초서답지 않은 작품이 들어가게 된다."고 주장했다.

럼 시작합니다.

> 황제는 언젠가 교황에게 주었다네
> 그의 신변에 그토록 높은 주권을,
> 그래서 드디어 그 어리석은 자를
> 그 교만한 교황이 몰아냈다네.
> 그래서 의심의 여지 없이 이 나라는
> 귀족들이 경계하여 자신들을 방어한다네.
> 이제 이 백성들이 매우 놀라니
> 왕과 귀족들은 이제 이를 바로 잡네.

그리고 같은 이야기 제3부를 시작하는 그다음 연(Stanza)에서, 그는 그들은 지배자가 되어서는 안 된다고 주장합니다.

> 그렇지만 모세의 율법이 금지했으니
> 성직자는 주권을 휘둘러선 안 된다고,
> 그리스도의 복음도 명하노니
> 그들이 주권을 갖는 것은 안 된다고
> 그리스도의 제자들도 결코 이런 주권을
> 자기들이 갖겠다고 뻔뻔스레 굴지 않았다네,
> 그들의 양을 돌보고 양 떼를 지킬 뿐이었다네.

그리고 그런 식으로 진행됩니다. 잉글랜드의 주교들이 우리의 **초서**가 평가받는 만큼 현명한 사람들에 의하여 이처럼 두려움의 대상이 될 가치가 있는지, 그리고 그들의 행동이 우리의 **군주제**나 **군주**들의 마음에 들었는지, 우리의 **연대기**를 미흡하나마 읽어본 사람에게는 가르쳐줄 필요도 없습니다. 그들이 이 왕국에서 **가나안 사람들**(Canaanites)과 **블레셋 사람**

들(Philistines) 같지 않았을까요? 교황에게 어떤 배반과 어떤 반란, 어떤 반역이 있었나요? 그런 것들에 가장 지위가 낮고 가장 꾸밈없는 자들이 주모자가 아니었나요? **베케트(Becket)**[208]가 **로체스터 성(Rochester-Castle)** 과 런던 타워를 그의 영지에 속한 것으로 관리하고자 감히 **도전했을 때**, 군주국이 어떻게 생각했을까요? 기름 부어진 왕의 옥체에 가한 채찍질이, 주교들과 대수도원장들과 수사들의 더럽혀진 손에 의해 자아낸 그의 **피** 로써, 그 거룩한 **성유(Unction)**를 씻어낼 때까지, 왕의 존엄에 대한 그의 다른 무례함과 모욕은 생략하더라도 말입니다.

존 왕(King John)에 대한 **주교들**의 반역적인 반대 때문에 **노르망디 (Normandy)**를 빼앗기고, 왕 자신이 폐위되고, 이 왕국이 **교황**에게 넘어 갔을 때, 주교들이 왕권의 어떤 옹호자였단 말인가요? **윈체스터**의 **주교**가 나라의 기둥이라고 할 수 있는 귀족들에게 감히 말하기를, **프랑스**에서처 럼 **잉글랜드**에 귀족은 없다며, 왕은 자기가 하고 싶은 대로 할 수 있다고 했을 때, 폭정이 그 이상 무슨 말을 할 수 있을까요? 만일 **울지(Wolsey)**의 반역, 전국에 내려진 파문, 저주, 금지 등에 의하여 **투르네(Tournay)**[209]를 넘겨주게 되었다고 제가 주장한다면, 지금은 시시한 얘기겠지요. 아마 저의 말을 금방 차단해버릴 대답이 나올 것인바, 이런 것들은 사람들의 잘못이며, 그들의 천주교식 실수일 뿐이며, 이제 교황을 거부하게 된, 현

---

[208] 캔터베리의 성 토마스(St. Thomas of Canterbury)였던 토마스 어 베케트(Thomas a Becket, 1118~1170)는 캔터베리의 대주교였던 시어볼드(Theobald) 가문에 들어 가서 캔터베리의 부주교(archdeacon)를 거쳐 그 관구를 맡는 대주교가 되었고, 36 세에 잉글랜드의 수상으로 임명되었다. 그러나 그는 로체스터(Rochester) 성과 다 른 요새의 권한을 차지하려고 왕권에 도전하는 등, 왕과 권력에 관한 불화 때문에, 결국 네 명의 기사에게 죽임을 당했다.
[209] 밀턴은 울지(Wolsey)가 투르네를 프랑스에 넘겨주도록 헨리 8세에게 영향력을 행 세한 데 대해 홀린셰드(Holinshed)가 울지를 비난한 것을 언급하고 있다. Holinshed, *Chronicles* (1587), III, 848 참조.

재 프로테스탄트 제도인 **감독제**의 잘못은 아니라고 할 것입니다. 그렇습니다. 분명하죠. 교황의 감독제를 두려워해 온 자들만큼이나 현명하고 유명한 사람들이 **잉글랜드**의 프로테스탄트 **감독제**를 의심하고 두려워해 온 것입니다.

경이여, 당신은 **교황**의 주적인 베네치아 사람 **파드레 파올로**(Padre Paolo)[210]의 판단이 어떤 것인지 아실 겁니다. 그의 판단이 많은 사람에 의하여 좌지우지되기 때문에, 그가 자신의 두려움을 선포하는 것이며, **잉글랜드**의 성직자 계급제도가 바쁘고 대담한 사람들의 수중에 떨어지거나, 감독제에 대해 온건한 군주들과 만나게 되면, 그때 많은 해악이 생겨나리라는 것입니다. 주교들이 공개적으로, "**주교가 없으면 왕도 없다**"(No Bishop no King)[211]는 깔끔한 역설을 주장하게 되기 전에 그는 그 두려움을 먼저 말함으로써 선수를 친 것일까요? 그들이 어디서 그런 주장을 구걸하게 되었는지를 알 수 있도록, 그것의 쌍둥이 중 하나를 예수회의 작은 수도원에서 당신에게 끌어내겠습니다. 주교들은 교황제의 속 빈 고목 둥치를 잘라내는 하나님의 종교개혁이라는 도끼를 느끼고, 그들의 확실한 친구이자 가장 안전한 피난처인 스페인 왕이 제5왕국을 꿈꾸는 가운데 마음을 달래며, 게다가 노쇠한 교황제가, 혹자가 표현하듯이, "**하나의 교황과 하나의 왕**"(One pope and one king)[212]이라는 고도의

---

[210] 그의 조국 베네치아가 교황 파울루스 5세와 싸울 때 베네치아의 편에서 애국적인 활동을 했다. 신학자이기도 했던 그는 1610~18년 교황 절대주의를 비난하는 중요한 저서인 『트리엔트 공의회의 역사』(History of the Council of Trent)를 썼으며 이 탈리아인으로서 일찍이 교회와 국가의 분리를 옹호했다. Cf. Louis de Moulin, *Irenaei Philadelphi Epistola* (1641), p. 2,

[211] 이 구절은 제임스 1세가 1604년 「햄프턴 궁 회의」(Hampton Court Conference)에서 사용한 표현이다. 브루크 경(Lord Brooke)은 이 구절의 의미는, "왕의 존재가 아니라 왕의 힘이 주교에게 전적으로 의존한다"는 의미라고 주장했다. *A Discourse* (1641), p. 43 참조.

정치적인 경구를 창안한 것을 지지하는 모습을 알게 됩니다.

확실히, 이런 희귀한 궤변을 듣고 웃지 않을 그 어떤 **기독교 국가의 군주**도 없습니다. 그리고 만일 우리가 마음 편히 눈먼 상태가 아닌 한, 우리는 역시 "**주교 없이 왕도 없다**"는 이런 대단한 모토는 똑같은 하나의 부류에서 온 것이고, 그들이 가지고 있는 어떤 열병에서 응고된 오한 덩이일 뿐인, 똑같은 두려움에서 생겨난 것임을 그만큼 잘 인식할 수 있을 것입니다. 그리고 이제, 물속에 가라앉는 자들처럼, 그들을 지탱해줄 가능성이 가장 있을 법한 종류의 것을 잡으며, 만일 자신들이 가라앉으면, 왕도 뒤따라야 한다고 왕권을 설득하려 할 것입니다. 그러나 치솟는 안정된 높이가 정의와 영웅적인 덕성의 견고한 기초에 의존하게 되어 있는 왕의 존엄에 있어서, 존속이냐 패망이냐의 의존성 가운데서, 고위 성직 숭배의 그려진 흉벽과 화려한 부패에 그것을 묶어두는 것보다 더 큰 타락이 있겠습니까? 이는 마치 **그림 카드**(court-card)[213]로 지은 판잣집처럼 왕의 한번 부는 입김만으로도 날려 보낼 수 있습니다. 경이여, 제가 이런 재미있는 궤변을 들추어내며 알게 된 조그만 소동을 더 논의하기 전에, 한 가지 이야기를 하고 싶은 기분이 듭니다. 그리고 **메네니우스 아그리파**(Menenius Agrippa)[214]가 우리를 서두르게 합니다.

---

[212] Tommaso Campanella, *The Spanish Monarchy* (1654, p. 22): "그러므로 내 견해로는, 기독교 국가의 운명에 따라, 만일 스페인의 왕(the King of Spain)이 만국(Universal Monarchy)을 다스리게 된다면, 그(He)는 자신이 교황에 의존한다는 것을 반드시 공개적으로 선언해야 한다는 것입니다."

[213] King, queen, jack 들의 그림이 그려져 있는 그림 카드를 말한다. 왕의 그림이 등장하지만, 정치적 바람에 날리는 존재에 불과한 신세라는 뜻이다.

[214] 기원전 494년 사비니(Sabine)의 승전 후 로마군이 로마로 귀환하여, 집정관이 국민과의 정치적 약속을 지키지 않은 걸 알고, 불만에 차서 반란 위기에 이르자, 메네니우스 아그리파가 대사로 파견되어, 사람 몸의 음식섭취 우화를 들려주었다. 배만 영양을 섭취한다는 불만으로 몸의 지체들이 반역하여 손과 입이 음식섭취를 않자,

한때 몸이 모든 구성원을 공동의 이익을 위해 모이라고 소환을 했지요(이솝의 이야기는 더 이상한 사건들도 많이 있으니까요). 머리가 당연한 권리로 첫 번째 자리를 차지하고, 그 옆에 머리 자체보다 별로 작지 않은 거대한 괴상한 혹(wen)이 따랐는데, 그것이 더 비좁게 이상 생성물로 머리 크기까지 자라고 있었답니다. 구성원들은 놀라서 그들의 두목 옆에 자리 잡은 자가 어떤 자인지 서로 묻기 시작했지요. 아무도 해답을 찾지 못했어요. 그때, 그 혹이 비록 건방진 모습은 아니지만, 상당히 소란스런 태도로 일어서서, 구성원들에게 이런 취지로 말하는 겁니다. 그의 지위가 머리 다음이므로 마땅히 자질도 그렇다는 것, 그는 머리에 치장이고 힘이며 특별히 가까운 관계라는 것, 만일 머리가 실패하면, 그 자리에 들어설 만한, 그보다 더 적절한 자는 아무도 없다는 것, 그러므로 몸의 영광을 위해서 가장 고귀한 지체들을 장식하고 꾸며주는 위엄과 풍성한 자질이 그에게 천명되어야 한다고 생각한다는 것이었습니다.[215] 이에 대해 그건 논의가 되어야 한다는 대답이 있었지요. 그래서 몸의 모든 특성과 법칙과 권한을 아는 현명하고 학식 있는 철학자를 불러오라고 했어요. 모두가 그에게 최고 위원으로서 혹이 제안한 권리 요구와 청원을 검토하고 논의하게 했지요. 그 철학자가 그 문제를 곧 인식하고 이런 부풀어 오른 종양의 건방진 태도에 놀라서 말하길, "한 병의 잘못된 굳은 배설물에 불과한 그대가, 취소할 수 없는 오랜 법령에 따라 정족수가 정해진, 합당하고 자유롭게 태어난 지체들과 겨루려는가? 그대는 머리에서 이 거대한 물질을 획득하지만 머리는 아니다. 그대가 무슨 임무를 지니는가? 그대가 몸 전

몸이 함께 죽을 지경에 이르렀고, 이에 배가 섭취한 풍요를 몸의 모든 지체에 보내는 피의 형태로 나누기로 합의했다는 우화이다. 이 우화를 듣고 군대의 불만이 해소되었다는 것이다. Livy, *Historiarum ... Libri*, III (Venice, 1590, p. 20) 참조.
[215] 본문에는 직접화법인데 삼인칭(he)을 사용하고 있어 역자가 일인칭으로 고침.

채[216]에 행한 어떤 유익이 있는지 보여줄 수 없지 않은가?"라고 하니, 혹이 쉽게 물러서지 않고 대답하기를, 자기 역할은 머리의 영광을 드러내는 것이며, 머리 아래 신체 부위에서 증발하는 증기로부터 신성한 사색에 이르기까지 영혼이 머리에서 물러날 때마다 종종, 자신이 흙과 혼란과는 가장 거리가 멀기에, 자신과 더불어 영혼이 가장 순수하고 조용한 피정(避靜)을 찾는 것이라고 응답합니다. 철학자는 "시근머리 없는 자(Lourdan),[217] 그대의 어리석음은 그대의 더러움만큼 크도다. 영혼의 모든 기능은 예로부터 몇 가지 혈관과 뇌실에 한정되어 있고, 몸 전체가 해체되지 않는 한, 거기서 분리될 수 없는 거요, 그리고 그대는 그대 안에 아무 유익한 것도 포함돼 있지 않고, 딱딱하고 역겨운 불결한 덩어리일 뿐이며, 머리에 붙은 더러운 기형이자 부담이 된다는 것을, 내가 그대를 잘라내고 절개하면, 모든 사람이 알게 될 거요. 그렇소. 내가 이런 도구의 도움으로 그렇게 할 것이오."라고 말합니다.

그러나 다시 본론으로 돌아가서, 지혜로운 왕 솔로몬(K. Salomon)[218]이 종종 우리에게 상기시켜주듯이, 한 왕의 왕좌는 정의 속에서 확립되는데, 그것은 아리스토텔레스(Aristotle)가 그토록 칭송하는 다른 모든 덕성을 포함하는 보편적인 정의(Universal Justice)[219]라는 것을 알기에, 행위가

---

[216] 본문에는 'commonwealth'라는 단어를 사용하고 있는데, 'head'에 대조되는 개념으로 몸 전체를 가리키며, 여기서 국가를 몸에 비유하고 있으므로 'commonwealth'는 국민 전체라고 볼 수 있다.

[217] 이 단어는 현대 영어의 "lurdan"(시근머리 없는 놈, 게으르고 어리석은 놈)의 옛날식 표기임. 머리에 게으르게 기생하며 머리의 영양을 얻어먹고 비대하게 커졌으나 아무 기능도 없는 기생물이라는 의미이다.

[218] 「잠언」(*Proverbs*) 16: 12.

[219] Aristotle, Ethics, V, I (Loeb Classical Library, 1926), p. 259 참조: "정의 안에 모든 덕성이 모여 있다. 그리고 정의는 완전한 덕성의 실행이므로 완전한 덕성이다."

정의와는 너무 동떨어진 고위성직제의 몰락은 왕의 장막 가장자리에 있는 가장 작은 장식도 흔들지 못할 것임을 우리에게 확신시켜줄 것입니다. 그러나 그들의 입지가 계속해서 왕의 안전을 반대하고 공격한다는 것은, 잇따르는 것에 의해 쉽사리 드러날 것입니다. 모든 다른 국가의 공통점임에도, 군주제를 지지하는 많은 이차적이고 부수적인 원인 가운데, 조금도 고려되지 않는 점들은 백성의 사랑, 국민 대중과 그들의 용기, 국고입니다. 이 모든 점에서 이 왕국은 최근 심각하게 약해졌으며, 주로 고위 성직자들에 의해서 그렇습니다. 첫째, 누구든 생각해보세요. 만일 어떤 군주가 자기 밑에서 권위의 위임이 일어나는 것을, 나라 안 모두가 전갈에 쏘인 것처럼 신음하고 소리칠 때까지 견뎌야 한다면, 이것이 백성의 사랑을 줄이고 식게 하지 않을까요? 다음으로, 얼마나 많은 신실하고 자유민다운 영국인과 선한 기독교인이, 넓은 바다와 **아메리카**의 야만적인 황무지만이 주교들의 분노에서 그들을 숨기고 보호할 수 있기에, 자신들의 가장 사랑하는 가정, 자신들의 친구와 친척을 버리게 강요했던가요?[220] 오, 경이여, 시인들이 자신들이 좋아하는 것에 인칭을 곧잘 부여하듯이, 만일 우리가 우리의 사랑하는 어머니 **잉글랜드**의 모습을 볼 수만 있다면, 그 모습이 어떨까요? 아침의 잡초 가운데, 그녀의 머리 위에 재를 덮어쓰고, 눈에서 눈물이 흥건히 흐르는 모습으로, 그녀는 자신의 수많은 자녀가 양심상, 주교들은 **무관하다**(indifferent)고 생각하는 것들에 동의할 수 없다는 이유로,[221] 그들이 가장 좋아하는 필수적인 것들에서 즉각 무방비

---

[220] 베일리(Baillie)는 박해받는 자들이 "그들의 가정에서 세상 끝까지 멀리 야만적인 아메리카인들 사이로 내몰렸다"고 적었다(*Ladensium*, 1640, p. 11). 1629년에서 1640년까지 뉴잉글랜드로 이주한 국민의 수가 21,200명에 달했다고 추산된다. George Bancroft, *History of the United States* (10 vols., New York, 1895), I, 280 참조.
[221] 성찬대의 위치에 관한 교회 법령이 신앙과 무관하냐 아니냐의 문제는 실제로 영국

상태로 버림받은 것을 지켜보는 모습 말입니다. 양심보다 더 구속력 있는 것이 있나요? **무관심**(indifferency)보다 더 자유로운 것이 있나요? 그렇다면, 양심의 엄격한 필연성을 파괴할 그 **무관심**은 잔인할 수밖에 없네요. 종교의 속박을 찢어놓을 그 자유로운 선택과 자유는 무자비하고 비인간적인 겁니다! 점성가가 혜성의 불길한 섬광과 대기의 느낌을 국가의 난제와 변혁을 예고하는 것으로 여기고 당황할 만합니다! 한 국가의 거주민들이 고국의 참을 수 없는 고충을 피하고자, 무리를 지어 자기 고국을 버려야 할 때보다 더 불길한 조짐은 없으리라 믿습니다(하나님이여 우리에게서 이 흉조가 빗나가게 하소서!).

이제, 한 나라의 내적인 인구감소와 빈약에 대한 유일한 처방과 수정은 외부에서 빌린 확고한 동맹의 힘인데도 그에 반하여, 이런 성직자들의 정책은 이처럼 우리의 국내 세력을 약하게 만들었으므로, 모든 프로테스탄트 군주와 국가를 비난하고 우리에게서 격리함으로써 해외의 가장 확고하고 믿음 있는 이웃들도 우리에게서 없어지게 하는 길로 나아갔습니다. 그 이웃들은 우리의 고위 성직자들과 그들이 전염시킬 수 있는 많은 사람이 그들을[222] 일종의 불경하고 청교도다운 반역자일 뿐이라고 생각하며, 우리의 불구대천의 원수인 **스페인 사람들**을 그들보다 선호하고,[223] 예수회 수사들이 사실상 젊음과 좋은 학식을 부패시키는 유일한 자들인데도, 그들과 비교하여 모든 정통 작가를 무시한다는 것을 모르지 않습니다. 그리고 내가 들은 바로는, **이탈리아**의 많은 지혜롭고 학식 있는 사람

국교도나 청교도에게 무관한 것이 아니었다. 여기서 밀턴은 예배 의례에 대한 청교도의 태도를 양심의 옹호라고 주장한다.
[222] 위에 언급된 프로테스탄트 군주들과 국가들을 뜻함.
[223] 1634년 찰스는 스페인과 대적하여 네덜란드와 동맹을 맺는 것을 인정했지만, 동시에 영국의 선박으로 스페인의 명분을 돕는 방안도 고려했던 것이다.

들도 그렇게 얘기합니다. 우리의 동맹의 최고 계약인 종교가 그들을 비난하는 방향으로 돌아설 때, 가장 강한 동맹의 결속일지라도 나날이 느슨해지지 않을 수 없는 것이지요. 이리하여, 그들을 위해서가 아니라 그 안에 있을 우리 자신의 좋은 역할을 위해서, 우리가 사랑해야 하는 연방주(United Provinces)[224]에 속한 번창하는 신중한 국가들은 어떤 의미에서 우리가 착수하고 세웠으며,[225] 그 후 우리에게는 교황과 오스트리아가 공모한 수많은 반역을 충실하게 주시하고 발견해주는 역할을 해왔으며, 우리와 함께 수많은 승리한 유혈 전투[226]의 동반자가 되어온 것입니다. 풍습과 언어의 유사성, 교통의 편리성은, 우리 사이에 옛 부르고뉴 동맹(Burgundian league)을 맺게 했으나, 그들을 우리에게 영원히 결속시키는 역할은 주로 종교가 해야 합니다. 이 같은 우방국들조차 고위 성직자들에 의하여 우리에게 주입된 몇몇 원칙 때문에, 종종 불쾌한 대답과 함께, 그리고 때로는 비우호적인 조치와 함께 거절하기도 했습니다. 상호 이익이 이처럼 아주 중요한 동맹국들이, 비록 그들의 상인들이 동인도[227]에서 언쟁을 하더라도, 이런 일로 와해되리라고는 여겨지지 않습니다. 다른 신앙을 가진 **프랑스 왕**[228]이 우리의 가장 가까운 동맹국들에게 우리만큼 성실

---

[224] 7개 연방 공화국(Republic of the Seven United Provinces) 혹은 네덜란드 공화국(Dutch Republic, 1581~1795)이라고도 한다.

[225] 밀턴은 1339년 부르고뉴 동맹(Burgundian League)으로 되돌아가 잉글랜드와 네덜란드 사이에 번창했던 교역을 언급하고 있다. 당시 영국은 최대의 모직물 생산국이었고, 이 동맹을 통해 영국의 모직산업을 촉진하고자 했던 것이다. John R. Green, *A Short History of the English People* (New york, 1916, pp. 224~225) 참조.

[226] 밀턴은 여기서, 오렌지 공이 그녀에게 밝힌, 엘리자베스를 퇴위시키려는 스페인의 시도를 언급하고 있다.

[227] 동인도(the East Indies): 인도·인도차이나·타이·미얀마·말레이 군도 등의 총칭.

[228] 1632년 리슐리외(Richelieu)와 루이 13세(Louis XIII)가 스페인에 맞서 네덜란드에 동맹을 제의한 것을 언급하는데, 이에 반해 찰스 1세는 네덜란드에 맞서 스페인과

한 보호를 하리라는 가정은 안전하거나 신중하거나 실로 기독교적이지도 않습니다. 경이여, 진정한 종교에 대한 우리의 열성, 그리고 우리의 가장 진실한 우방국들에 대한 형제 같은 대우가, 우리 **감독제도의 분파와 주교의 경구놀이**(Rotchet Apothegmes)[229]에 예속된 것만큼 세상에 널리 알려졌다면, 이에 앞서 우리의 옛 왕들의 정당한 후손들(Dowry)인,[230] 우리의 옛 정복자들, 그 후의 신하들, **노르만족**(Normans), 우리의 고유의 거류민(Colony)인 **브리튼족**(Britains), 그리고 모든 **가스코뉴 사람**(Gascoins)[231]이 모자를 쓰고 무릎을 꿇고, **프랑스**의 가혹한 핍박과 세금에서 **영국** 왕권의 그림자가 자신들을 방어해 달라고 했을 것입니다. 그러나 그들이 여기에 와서 국가의 머리에서 거들먹거리고, 무능하고 **현학적인 손놀림**으로 **왕의 성구**(聖球)를 돌리고 만지작거리는 **스페인화된**(Spanioliz'd) **주교들**[232]의 전횡을 보게 되면, 종교와 자유를 그들의 재량에 맡기는 것은 예수회 공회에 맡기는 것만큼 불안전하다고 여기더라도 놀랄 일이 아닙니다.

그러나, **고위 성직자들**의 실정과 소란 때문에 잃어버린 장점과 이득에 대해 제가 어떤 생각을 하리라고 생각하시나요? 그들이 그들의 선동적인 음모 때문에 왕에게 그의 주요 혈통의 3분지 1을 잃어버릴 위기에 처하

동맹을 맺게 된다.

[229] 원문 표현은 1640년 로드 주교의 법령과 유사한 선언에 대한 밀턴의 경멸스런 표현임.

[230] 천부적으로 잉글랜드 왕에게 속하여 전해 내려온 족속들이라는 뜻임.

[231] 잉글랜드는, 프랑스가 바욘(Bayonne)을 점령한 1451년까지, 가스코뉴(Gascony)를 자국의 적법한 영토라고 주장했다. Cf. Holinshed, *Chronicles* (1587), III, 636.

[232] 밀턴은 옛날 군주국의 힘과 현재의 약함을 대조시키며, 현재는 로드를 최고 고문으로 삼아서 세속 정치에 감독제의 간섭을 허용하고 있음을 보여준다. "스페인화"라는 표현은 스페인의 명분에 넘어가서 로마가톨릭의 목적에 공감하고 있다는 의미이다.

게 해온 터에, 더 천한 신하가 흩어지고 줄어드는 일을 거론하는 데 뭘 그리 주저하겠습니까? 왕을 그 자신의 고국 밖으로 추방하려고 그들이 무엇인들 하지 않았을까요? 그러나 할 말을 다 하려면, 그것만도 책 한 권이 될 것입니다.

이렇게 그들이 수천 명을 왕국에서 추방하여 왕국을 텅 비게 했듯이, 그들이 해외의 가장 충성스런 우리 동맹국들을 절망시키고 수치스럽게 함으로 왕국의 변방을 벌거벗기려 했듯이, 그들은 국내에서 우리 모두를 나약하게 만들고자 함으로써 백성의 용기를 무력하게 했던 것입니다. 모든 현명한 국가가 잘 알듯이, 그들의 자유는 대담하고 정직한 노동에 있고, 혼인침상에 대한 절제와 엄격한 정조에 있으며, 이는 남녀 양성에게 순결한 소망에서 충실한 즐거움에 이르기까지 훈육되어야 하는 것입니다. 그리고 백성들이 약해지고 느슨하고,[233] 소란스러워지면, 그들이 어떤 사나운 폭군에게 일어나 자신들을 올라타라고 하는 셈입니다. 키루스(Cyrus)는 리디아 사람들(Lydians)을 이렇게 길들이는 법을 배웠는데,[234] 그들이 사치에서 자신들을 방어하는 동안엔, 무기로도 그들을 길들이지 못했답니다. 매음굴, 무도회, 잔치 및 노름 시설을 세우라는 하나의 손쉬운 선포를 함으로써, 그는 그들을 자신의 노예로 만들었지요. 나는 **고위**

---

[233] 밀턴은 여기서 앞으로 계속 반복해 등장할 견해를 표현하는데, 과도한 열정이나 쾌락은 진지한 일과 시민적 자유를 즐기는 자들에게 적절치 않으며, 이런 시민이 자유를 얻는다는 건 사물의 이치에도 맞지 않다는 것이다. 이 산문에서는 영적 노예 상태를 주교의 책임으로 돌리지만, 나중에 크롬웰 치하에서 그 책임은 개인 각자의 책임이 된다.

[234] Herodotus, *Histories*, I, 155, A. D. Godley (4 vols., New York and London: Loeb Classical Library, 1921~1924 참조. 크뢰수스(Croesus)가 리디아 사람들에 대하여 키루스(Cyrus)에게 말하기를, 그들에게 무기를 버리고, 튜닉을 입고 반장화를 신고, 칠현금을 연주하고 노래하고 춤추도록 하면, 그들이 여자처럼 되어 반역하지 않을까 두려워할 필요가 없으리라 했다.

성직자들이 어떤 취지를 가지고 대비하고 길들이려 했는지, 그들이 누구의 중개인이었는지, 대외적 침략을 위함인지, 국내적 억압을 위함인지 모릅니다. 그러나 확신하는바, 그들은 우리에게서 **인간다움**(manhood)과 **품위**(grace)를 둘 다 동시에 파괴하는 손쉬운 방법을 취했으며, 그것도 가장 수치스럽고 불경한 방법을 취한 것입니다. 하나님의 율법이, 그리고 우리 자신의 이성조차도, 우리가 하나님에 대한 우리의 지식을 검토하고 향상시키려, 우리의 믿음, 우리의 소망, 우리의 영원한 천국 도시를 묵상하고, 더욱이 자비심을 학습하고 실천하도록, 이레 중 적어도 하루를[235] 구별하여 봉헌한 그 날에 말입니다. 이러한 날에, 사람들이 **주교들**, 즉 **교회의 위선적인 교부들**에 의하여, 자신들의 가장 엄숙하고 진지한 생각에서 차단되고, 선동되며, 공적인 포고와 진지한 노력에 의해 노름과 춤, 주연, **혼무**(混舞, mixt dancing)[236]로 떠밀린다는 것은 생각만 해도 끔찍하답니다! 그래서 버림받은 삯꾼 성직자 **발람**(Balaam)[237]은 비록 힘으로는 아니었더라도, 이스라엘 사람들을 **모압**(Moab)에게 굴종시키려 했고, 그리고는 이 사악한 **술책**(Pollicy)으로 그들을 하나님의 성전에서 끌어내어, **바알-브올**(Ball-Peor)의 사치스럽고 음란한 잔치로 향하게 했습니다. 이리하여, 다른 사람들도 그들에게 반대할 수 있으리라고 확신하지만, 그들은 잉글랜드의 **군주국**만 아니라 하늘나라 **군주국**에 반대하는 죄를 범한

---

[235] 하나님의 명령과 자연법에 의한 안식일의 정당화에 대하여, George Abbott, *Vindiciae Sabbathi* (1644) 참조할 것. 안식일에 대하여 철저하게 수정된 밀턴의 입장은, 그의 *Christian Doctrine*, II, vii 참조.
[236] "혼합 댄스"가 어떤 형태인지 확실하진 않지만, 난잡한 무도회를 뜻하는 것 같다. 하여튼, 프린 식의(Prynne-like) 이런 표현은 밀턴에게서 기대되지 않는다. 나중에, 밀턴은 공화정 아래서 일어난 "순수한 자유"(innocent freedoms)의 금지에 대하여 항의하게 된다.
[237] 「민수기」 22: 5~41, 24, 25: 1~3 참조.

것입니다.

저는 저 자신의 한계 안에서 이제, 당신에게 그들이 이 왕국의 세입과 부에 대하여 어떤 유익한 대리자인지를 보여주고자 하는데, 이로써 그들이 **군주국**에 어떤 중요성이 있고 어떤 유익이 되는지 분명히 밝히려는 것입니다. 왕국의 피를 빠는 거머리 두 마리가 아직도 있는데, 바로 그들의 의례와 법정입니다. 만일 의례가 복음 아래서 적법하다고 누군가 주장한다면, 그에게 달리 답해줄 수 있습니다. 이 점은 의심의 여지가 없는바, 진정한 **프로테스탄트**라면, 그 의례들이 다양하고 비용이 많이 든다고 인정하지 않을 수 없을 것입니다. 이제 나는 모든 현명한 분에게 호소하거니와, 이 나라에 최근 몇 해 안에 과도한 국고 낭비가 있었는바, 마땅한 곳에 쓰이지 않고, 교황주의자들을 능가할 정도로 아주 아름답게 꾸민 우상숭배적인 사원을 건립하고, 직분을 비싸게 사들여 독직 사건을 일으키며, 우상과 그림, 비싼 미사복, 화려한 제단보에 쓰는 등 함정에 소비되었습니다.[238] 그들이 밟은 과정이나 그들의 견해로 보아, 그들의 채울 수 없는 욕망을 덮을 경건한 핑계가 그렇게 준비된 상태에서는 그들의 광기의 어떤 멈춤이나 끝이 있을 것 같지 않습니다. 이것이 어떤 결과로 이어질지 우리가 가늠할 수 있을까요? 이런 것들 외의 어떤 물질로 **영적 바벨**(Babel)을 그 혐오스러운 높이까지 세웠을까요? 경이여, **적그리스도**는 **맘몬**(Mammon)의 아들이라는 것은 올바른 지적임을 믿으시길 바랍니다. 인간 전통의 시큼한 효모[239]는, 부와 진급의 따뜻한 온기에 몸을 녹이며 누워있는[240] 고위 성직자들의 가슴속에서 위선의 독성 찌꺼기와 더불어

---

[238] 망토 모양 외투, 미사복, 우상, "장중하게 금도금한 제단", "봉헌된 제단보" 등에 대한 프린의 상세한 논의는, Prynne, *A Looking-Glasse* (1636), pp. 34, 43, 82, 83, 99 참조.
[239] 「마태복음」 16: 6, 「갈라디아서」 5: 9 참조.

하나의 곪은 덩어리로 섞이면, 어느 곳이든 **적그리스도**를 부화하고 그를 키우는 덩어리만큼 크든 작든 똑같은 괴물을 생성하는 하나의 뱀의 알입니다. 만일 **금은**(Gold and Silver)의 화려함이 **영국** 국교회(Church of England)에서 다시금 주인 행세를 하기 시작하면, 우리는 **적그리스도**[241]가, 비록 그의 주요한 소굴은 **로마**일지라도, 곧장 여기서 뒹구는 것을 볼 것입니다. 만일 그들이 **하나님의 영광**과 기독교 신앙의 향상에 대해 생각한다면, 그들은 이렇게 아낌없이 쓰레기로 버려지는 비용을 들여서, 차라리 교회와 학교가 없어서 아우성치는 곳에는 교회와 학교를 세우고, 너무 적은 곳에는 더 세우는 수단이 될 것입니다. 지금 **고위 성직자들**이 **벨사살**(Belshazzar)[242]처럼 하나님의 성전에서 가로채 온 **황금 잔과 황금 그릇**(Goblets, and vessels of gold)으로 진탕 마시며 흥청거리는 동안, 가족의 끼니도 잘 못 꾸리는 모든 성직자에게 적당한 생활비가 먼저 분배되게 하겠지요. 우리나라의 훌륭한 분들이 이 점을 고려해주기를 희망합니다. 이제 그들의 **법정**(Courts)[243]에 대해 말씀드리지요. 얼마나 많은 돈이 이런 식으로 이 왕국의 혈관에서 종양으로 추출되었는지, 그들의 강탈, 그들의 공개적인 부패, 그들의 관직 주변으로 모여든 굶주린 탐욕스런 무리가 충분히 밝혀줍니다. 그리고 이런 모든 것이 해외로 유출되지

---

[240] Prynne, *Lord Bishops* (1641), chap. 6, p. 32: "그들은 갈고리와 지팡이로 서너 끼의 기름진 식사를 긁어모으고, 아무에게도 좀처럼 설교도 하지 않으며, 관저에 거하거나 대접하지도 않고, 자루만 그득 채운다."

[241] 밀턴은 교황을 적그리스도라고 지칭한다.

[242] 「다니엘」 5: 1~5 참조.

[243] 버나드는 60개 법정이 있었으며, 적어도 120명의 대의원(proctor)과 200명의 집행리, 전체적으로 1만 명가량의 관리가 있어서, 연간 20만 파운드의 유지비가 들었다고 주장한다. Richard Bernard, *A Short View of the Praelaticall Church of England*, January, 1641, E206[2], pp. 8~9.

않는다 한들 달라질까요? 유출되면 더 좋겠네요. 지나친 풍요가 흔한 스펀지 같은 **신에게 버림받은**(gracelesse) 해로운 손안으로 유입되어, 선량하고 충성된 사람들의 빈곤으로 이어질 바에는, 차라리 이런 저주스럽고 불경한 과정에 의해 그렇게 된다면, 그보다 궁핍한 왕국으로 이어지는 편이 더 좋을 겁니다.

만일 거룩한 훈계, 감독, 참회, 파문,[244] 사죄의 성스럽고 두려운 작용들이—여기에는 불경한 것이 접근해서는 안 되고, 거룩하고 기독교적인 **교훈**, **형제애**, 불타는 **사랑**과 **열성** 외에 도움 되는 게 없고, 그래서 그 결과에 따라, 아버지다운 **슬픔** 혹은 아버지다운 **기쁨**, 온건한 **엄격**, 뜨거운 **온정**만 있는 곳인데—만일 이와 같은 신성한 **사역들**(Ministeries)이, 그 가운데 교회의 천사가 **예수 그리스도**의 인격을 대신하는 것이거늘, 도리어 더러운 수수료의 매춘부가 되어버리고, 대가 없는 은총으로 우리를 구하신 우리의 구세주와 순종적인 참회자 사이에서, 멸망적인 금전의 거래가 없이는, 그리고 부당이익에 팔린 고문자와 사기꾼 및 양아치의 백정 같은 행위가 없이는, 소통이 일어나지 않는다면, 그러면 **바빌론**(Babylon)[245]의 **영혼**(Soules) 장사꾼들은 정당한 구실을 갖게 됩니다. 경이여, 이제까지 당신은 고위 성직자들이 어떻게 왕의 외적 번성, 백성의 사랑, 수많은 군중들, 그들의 용기, 그들의 풍요를 약화시키고 박탈하는지, 군주국의 성채와 요새를 파괴하고 약하게 만들었는지를 들으셨습니다. 이제 그들이 심장과 중추기관들을 어떻게 가격하는지를 들어보십시오.

---

[244] 교회법(Canon) IV, "소치니 교리(Socinianism)에 반대하여"에서, 로드(Laud)는 이단 신앙의 죄가 있는 성직자나 평신도에 대한 파문(Excommunication)을 제기했다. 밀턴은 이를 양심을 부자연스럽게 속박하는 것이라고 보았고, 청교도는 전체 장로회만이 파문을 결정할 수 있다고 주장했다. Smectymnuus, *An Answer*, p. 39.

[245] 바빌론은 고대 바빌로니아(Babylonia)의 수도로서, 화려한 악(惡)의 도시를 상징함.

우리는 **군주국**이 두 부분, 즉 백성의 자유와 왕의 주권으로 구성된다는 걸 알고 있습니다. 저는 기초부터 말씀드리겠습니다. 그들이 우리의 자유에 얼마나 친절하고 자상한 아버지였는지 보십시오! 그들의 임무는 **교황**이 사용하는 것과 같은 연금술에 따라 사람들의 죄의 더러운 **지금**(地金, Bullion)에서 **금은** 덩이를 추출해내는 것인데,[246] 미신의 안개가 상당히 걷힌 눈치 빠른 **프로테스탄트**의 눈이 이런저런 때에 명석한 판단으로 그들의 기만적인 판매행위를 들여다볼까봐 당연히 두려워하는 겁니다. 또한 그들의 임무는 그들이 할 수 있는 대로 많은 범죄행위의 부산물을 획득하고, 불경하진 않더라도 똑같이 불법적인 강탈로 세상 관료를 전염시키는 것이므로, 그들이 하는 일을 잠시 보십시오! 그들은 진리를 위한 주장을 가장 거짓된 것이자, 이 **군주국**에 가장 해롭고 파괴적인 것이라고 가르치고 설득하는 데에 전념합니다. 대중적인 동요보다 **군주국**에 더 해로운 것이 있을까요? **군주국**의 해체가 **민주주의**(Democraty)[247]로 신속하게 빠져들기 때문인데, 우리의 가장 현명한 저자들이 주목한 바, 그들의 상품과 지갑에 폭력적이고 무거운 손을 대는 것보다 더 일찍 영국인들이 반란을 일으키게 동요시키는 것이 무엇일까요? 그러나 이런 열성적인 **고위 성직자**들은, 우리의 대헌장(Great Charter)[248]과 고귀한 피와 최고의 용맹으로써 **노르만족**의 지배로부터 자유를 찾아낸 우리 조상의 영혼에도 불구하고, 최근 수년 동안 그들의 설교단에서 **본문**(text)을

---

[246] 예배 의례를 범하면 정지, 파문, 박탈로 벌하는 반면, 간통이나 강간은 4실링만 내면 여러 번 반복할 수 있다고 주장한다. *A Lordly Prelate* (1641), p. 3.
[247] Democraty: democracy의 구식 표현임.
[248] 1215년에 제정된 대헌장(Magna Charta)을 가리킨다. 당시에 왕의 재정적 강요가 심해지면서 귀족들은 국왕에게 자신들의 권한을 엄숙히 선포해 달라고 요구하게 되었고 이를 기초로 최종적 대헌장이 만들어졌는데 서문과 63개의 조항으로 되어 있다.

뒤틀고 왜곡하며, 우리 자신의 몸과 재물과 자유에 관해 우리가 갖는 모든 권리를 우리에게서 박탈하고 몰수함으로써, 왕과 그의 왕국 사이의 일치와 결합의 신성한 계약인, 의회의 가장 신성하고 생혈(生血) 같은 모든 법과 법령, 법 조항을 무시하고 발아래 유린하기를 멈추지 않았습니다. 이것은 세습적인 영원한 내란에 대해 트럼펫을 불고 혈화(血火)의 십자가(firecross)[249]를 선포하는 것에 지나지 않을 것입니다. 그렇게 백성의 자유에 반하여 많은 것이 그들에게 습격당했습니다. 이제 그들이 왕의 지상권(至上權)을 용인한 것인지, 이후 복종할 가능성이 있는지, 이는 고려 대상으로 남습니다.

옛 율법 아래서 성직자에 대한 왕의 경쟁은 이제 복음서에 나타나 있어서, **성직자**로부터 왕까지 모든 위험을 두려워하게 합니다. 율법에 **성직자의 임무**는 화려함과 영예의 외적 광채로 장식되었던 반면, **왕**은 **성직자**가 되려는 야망이 있었습니다.[250] 지금 **성직자들**은 그들의 더 영광스런 **복음 사역**(Evangelick Ministery)의 성스러운 빛과 광채를 인식하지 못하고서, 그들의 모든 사는 분야에서 쉽게 관찰될 정도의 야망으로 왕의 행세를 하고 있습니다. 그들의 눈은 성경을 부지런히 열성적으로 공부하는 대신, 세상적인 일에 항상 뛰어나며, 그들의 욕망은 세속적 일에 굶주리고 있어서, 정경과 교회법과 교령의 전문가가 되고 싶어 하는데, 그들이 **복음적인**체하지만, 그 이유는 세상 목적을 판단하고 개입할 수 있기 때문

---

[249] "fiery cross"라고도 하며, 혈화의 십자가는 옛날 스코틀랜드에서 모병을 위해 부락마다 들고 다니던 십자가이다.

[250] 여기서 밀턴이 의미하는 바는, 구약 시대에 왕은 제사장보다 열등하여, 아하스(Ahaz)가 우리야의 기능을 빼앗으려 했듯이, 왕이 제사장의 기능을 찬탈하려는 유혹을 받았다는 것이다. 그러나 이제 상황이 역전되어, 제사장이 국가에서 열등한 지위에 있기 때문에 제사장이 왕권을 찬탈하려 할 것이다. Will T. Hale, ed. *Of Reformation* (New Haven and London, 1916), p. 169.

입니다. 그들이 금전(Pelfe)을 쌓으며, 세속적인 힘, 국사, 토지, 권력, 영지(Demeanes)[251]에서 강해지길 추구하며, **고등법원**(high Courts)이나 **추밀원**(Privie Counsels)에서 그들 앞에 모든 걸 휘두르고 움직이며, 왕국의 **높은 요직**(high and Principall Offices)을 그들 수중에 끌어들이려 하지 않는가요? 그들이 최근 **보통법**(Common Law)을 대담하게 규제하려 하며, 우리의 최고 의회, 성스러운 입법기관인 의회의 줄일 수 없는 권위를 무시하고 맞서려 하지 않았는가요?[252] 그들이 관료에게서 **교회 신도들**을 명백히 면책하려 하지 않았나요? 그렇습니다, **왕의 위격**(位格, Kings Person)를 대표하는 관리들이 술에 취한 **성직자들**에게 권위를 사용했다는 이유로 그들을 심문하고 위협할 정도로 거만하지 않았나요? 살인적인 **성직자들**을 보호하는 명분이 용감한 **베케트**(Becket)의 감정을 끓어오르게 한 첫 번째 원한이었으며,[253] **헨리** 2세(HENRY II)의 해롭고도 증오에 찬 고민거리가 되게 했을 정도였습니다. 아니, 그 이상입니다. 그들의 열성적인 학자 가운데 몇 명이 시작하지 않았다면, 저도 흠잡으려고 말할 필요도 없고, 공개적으로 왕의 **주권**에 저항하는 반론을 펴야겠지요. 그들 중 최고인 자[254]가 그 자신의 책[255]과 그의 **최근** 「교회법」(*Canons*)[256]에서

---

[251] 현대 영어 철자로는 "demesne"이며, 과거 장원에 딸려 있는 영지(領地)나 큰 지역을 말한다.

[252] 동시대 대부분의 청교도처럼, 밀턴은 법과 의회의 제재를 받는 군주제를 믿었다.

[253] Holished, *Chonicles* (1587), III, 79.

[254] 윌리엄 로드(William Laud)를 지칭함.

[255] 그의 저서, *A Relation of the Conference* (1639)에서, 로드는 교황의 사법권에 반하여, 초대교회의 주교의 우월성을 주장했다. "모든 주교는 그의 주교관구에서 똑같이 최고"라는 것이다. *Works*(1847~1860), II, 189.

[256] "Constitutions and Cannons Ecclesiasticall" (1640). *Complete Prose Works of John Milton*, gen. ed. Don M. Wolfe (New Haven & London: Yale UP, 1953) I, 985~998.

왕권에 종속되지 않는 독립적인 교파 창설자(Patriarchat)[257]의 행세를 하여 비난을 받지 않나요? 거기에서 시작하여 우리를 종교와 인간성의 노예 상태로 끌어들이고, 자기 신분을 이 국토(Land)의 권리를 주장하는 교황이나 그 자신이 만든 어떤 페펭(Pepin)[258]과 나란히 놓았으니, 그가 우리 사이에서 군주에 등극할 가망이 아주 높을 것입니다. 이는 마치 교황이 갑자기 이탈리아의 호의와 더불어 황제에게서 로마 영토를 빼앗고, 그가 새로 취득한 것을 잃어버릴 위기에 처했을 때, 프랑스에서 온 어느 예상치 못한 친구에 의하여 라벤나(Ravenna)[259]의 아름다운 총독 지위까지 오르는 수단을 발견할 수 있었던 것과 흡사합니다.

오랫동안, 교황은 황제에게 "저의 주군이신 티베리우스"(my lord Tiberius), "저의 주군 마우리티우스"(my lord Mauritius)[260]라는 호칭으로 서한을 보내며, 교활하게 양(Lamb)의 행세를 했습니다. 그러나 그의 주군이 이런 이미지와 환상을 포착하려 하자마자, 그는 자기가 입었던 양의 옷을 벗어 던지고 늑대 모습을 보이기 시작했으며, 베드로에게 빼앗아주듯이 황제의 권리에 그의 발톱을 갖다 댔습니다. 국내에선 우리의 저명한 초서(Chaucer)가, 해외에선 위대하고 학식 있는 파드레 파올로(Padre Paolo)가, 우리가 알다시피, 똑같이 시작부터 경고했는데, 우리가 똑같은

---

[257] "Patriarch"는 로마교황을 의미하기도 하지만, 초기교회의 주교 혹은 총대주교를 뜻하기도 하고, 교파의 창설자를 뜻하기도 한다.
[258] 교황이 세속적인 권력을 이용한 예로서, 프랑스의 왕 페펭을 말한다.
[259] 이탈리아 북동부의 아드리아 해안 근처의 도시이며, 404년 서로마 황제 호노리우스(Flavius Honorius, 395~423)가 로마를 버리고 이곳을 수도로 정함. 그 자신과 그의 여동생이 다스렸으나, 540년 비잔틴 황제가 정복하였다. 5~6세기 초의 그리스도교 건축물들이 있다.
[260] 밀턴은 여기서 폭스의 글을 언급하고 있는데, 폭스는 왕의 권위에 반대되는 교황의 권위에 일관성 있게 적대적이다. Foxe, *Acts*, I, 19.

사건들을 두려워하는 것이 좋지 않을 리가 있나요? 확실히 현명하고 준비성 있는 왕은 자기 왕국에서 **성직자 계급제도**를 의심해야 할 것입니다. 현실 그대로, 야망과 찬탈이라는 이러한 두 탐욕스런 조달자의 시중을 항상 받기 때문이지요. 저의 주장은, 왕은 하나의 **성직자 계급제도**가 **4두 정치**(Tetrarchy)나 **7두 정치**(Septarchy)만큼 그의 왕위를 위협하고 상하게 한다고 의심해야 할 것입니다. 그러나 **고위 성직자들**의 무례하고 방종한 정신이 그들을 재촉한 것인바, 즉 **군주**의 전제적인 통치에 평민을 몰아넣어, 그들 자신이 **군주**를 그들의 **성직자 계급제도** 아래 일종의 학생 신분으로 제한할 수 있는 지경에 이르렀으니, 단지 그들 자신의 **원칙들**이 어떻게 서로 다투며, 서로 상대를 밀어내는지 관찰이나 하십시오.

우리의 인구를 줄이고 우리의 토지를 고갈시키고, 우리의 몸을 약하게 하고, 우리의 자유로운 영혼을 당신이 들은 방식으로 비겁하게 만듦으로써, 우리를 단지 평화를 위해서만, 그것도 굴종적인 평화를 위해서만 적합하게 만들었으므로, 그들의 무능한 조치는 **가인**(Cain)이 지도자가 되기에 적당한 **전쟁**,[261] 즉 혐오스럽고 저주스러운 형제간의 **전쟁**에 나가도록 우리를 선동하지 않는 한, 한순간도 지탱할 수 없습니다. 성격상으로나 그리스도 안에서 가장 친근한 형제국인 **잉글랜드**와 **스코틀랜드**는 유혈참극을 벌이게 되어야 하고, 우리의 자유로운 거류민의 **아일랜드**는 경우에 따라 우리 양자의 등 뒤에서 공격하니,[262] 이는 **교황**과 그의 모든 대리인이 **종교개혁** 이후로 항상 하고자 계획해온 일입니다.

---

[261] 잉글랜드와 스코틀랜드 사이에 1639년과 1640년 두 차례에 걸쳐 일어났던 소위 주교 전쟁을 뜻하며, 이 전쟁들은 스코틀랜드에 감독제 예배 의식을 부과하려는 목적으로 일어났다.

[262] 스트래퍼드(Strafford)의 혐의 가운데 하나는, 그가 찰스에게 그가 명령할 수 있는 아일랜드군을 사용하여 영국군에 대항하도록 간언했다는 것이다.

그러나, 빗나가고 잔인한 사람들의 비뚤어진 방식을 하늘의 감시탑에서 감찰하시며, 그들의 저주받을 착안을 못 쓰게 하고 허황되게 하시고, 바보와 아이들에게나 적합한 속임수로 그들의 대단한 요술쟁이들[263]을 미혹시켜 오신 주님(He)[264]이여, 영원히 찬양을 받으시고 영광을 받으소서! 하느님이 그럴 의도만 있었다면, 그가 아비멜렉(Abimelech)과 세겜족(Sechemites)[265] 사이에서 그랬듯이, 우리 사이에 **반란의 영**을 보내시어 우리의 장례식을 만들고, 비참하게 살아남는 자들보다 더 많은 수의 시체 더미를 만들 수도 있었을 것입니다. 그러나 우리가 그럴 자격이 가장 적을 때, 그는 그의 자비로운 자리를 부채질하는 그의 지품천사들의 날개로부터 부드러운 바람과 평화의 메시지를 보내주셨습니다.[266] 또한 **잉글랜드의 귀족원과 평민원 의원님들의 지혜, 절제, 기독교적 경건과 정절**은 절대 잊어지지 않을 것입니다. 그들의 냉정하고 절제 있는 묵인은 견고하고 깊은 내포(內浦)의 파도보다 더 대담하고, 곤두박질치는 인간들의 폭풍우 속 거센 파도를 조용히 관조하며 미소 지을 수 있었던바, 경솔하고 성급한 **접근**으로 우리의 자유와 안전의 확고부동한 상황을 공격하느라고, 그들 자신의 분노가 숨차 오를 때까지 그러했습니다. 그들은 이런 연약한 전술을 비웃었고, **백의**(白衣, Surplace)[267]**의 말다툼과 판관의 어깨걸이 몸싸움(Tippet-scufle)**을 가지고 내란을 일으키려 했고,[268] 휘날리는

---

[263] 스트래퍼드, 로드 및 다른 청교도개혁의 원수들을 말함. 스트래퍼드는 1640년 투옥되어 1641년에 처형되고, 로드는 1641년에 투옥되었는데, 그러는 동안 1640년에, 선박세 판사(ship-money judges) 중 하나였던 에드워드 핀치(Edward Finch)는 네덜란드로 피신했다.
[264] 하나님(God)을 가리킴.
[265] 「사사기」 9: 1~53.
[266] 「민수기」 7: 89 참조.
[267] [가톨릭·영국 국교회] 중백의(中白衣), 소백의(小白衣).

십자군장(Red Crosse)을 펼치고자 그 치명적인 용 문양의 무시무시한 깃발(Standard)을 들었는데, 그들의 **동포**(Fellow-Subjects)에게 그들 자신이 싫증 난 것, 즉 **미사 전례서**(Masse-Booke)의 골격을 강요하는 쓸데없는 목적으로 그랬던 것이어서, 비웃음을 자아냈던 것입니다.[269] 다양한 도발에 맞서 투쟁하는 스코틀랜드의 귀족이나 국민의 **인내**, **불굴의 의지**, **확고한 순종**도 잊혀선 안 되며, 여태까지 보여준 그들의 충직하고 온건한 행동들도 잊혀선 안 됩니다. 그들을 비난하는 모든 자의 수치스런 자각이 있도록 말입니다.

결코 흩어지면 안 될 **오 열방들**(O NATIONS)이여, 손에 손을 잡고 나아갑시다! 모든 **후손**(Posterity)의 칭송을 받고 **영웅적인 노래**가 되십시오! 칭찬받을 만하고 **덕성**만을 추구하되 그대의 한계를 넘어서지 않도록 해야 하는바, 불쌍한 사람들의 눈물에서 시드는 승리의 **월계관**을 쟁취한들 무슨 필요가 있으랴? **하나님**을 향한 순수한 **예배**를 그분의 교회에 뿌리내리고, 국가에는 **정의**를 뿌리내리기 위함입니다. 그러면 가장 어려운 일들도 그대 앞에서 저절로 순탄하게 해결될 것이고, **질투**는 지옥을 향해 노래할 것이요, **술수**(craft)와 **악의**(malice)는 그것이 순박한 해악이든 이상한 잔꾀이든 지리멸렬할 것입니다. 그렇습니다, 그러면, 다른 나라들이 그대를 섬기려고 욕심낼 것입니다. 권력과 승리는 정의와 덕성의 **시동**(侍童)일 뿐입니다. 잔재주와 애매함은 진정한 **지혜**의 여신의 탈주한 노예(runnagates)[270]일 뿐이니 그들을 물리치고 밝혀내는 것은 그녀에게 확실

---

[268] 밀턴은 여기서 찰스가 주교 전쟁을 통해 잉글랜드의 예배 의식과 제의(祭衣)를 스코틀랜드에 부여하려던 시도를 언급하고 있다.
[269] 십자군장은 잉글랜드 국기에 있는 성 조지(St. George)의 붉은 십자가를 말함. 밀턴은 여기서 스코틀랜드에 "미사 전례서의 골격"(Skeleton of a Masse-Booke)을 떠안기고자 싸우는 주교 전쟁을 언급하고 있다.
[270] 탈주한 하인을 뜻함.

히 위임하십시오. 그대들의 난공불락의 힘을 합하여 값지고 경건한 행위를 하도록 하십시오. 그러면, 그대들의 연합을 깨뜨리는 자에게 분란의 저주가 모든 세대에 걸쳐 그의 유산이 될 것입니다.

경이여, 당신이 드디어 이 시대를 위한 이런 질문을 하게 되었기에, 나의 기억이 이런 상세하고 방대한 주제를 다룸에 있어 잘 작용하기에, 충분히 다루어지면, 감독제가 **군주제**에 합당한 유일한 교회정치 형태가 되어야 하는지는 당신 자신이 판단할 수 있을 것입니다. 그러므로 우리가 빠져있는 위태롭고 혼란스런 상황을 보면, 그리고 모든 주(shire)의 수많은 비통한 불평이 소리치듯이, 고위 성직자들의 불신앙적인 교만[271]과 증오스런 폭정을 통해, 모든 사람이 확실히 알게 될 정도로, 만일 우리가 이제 문제를 순수한 종교나 건전한 정책에 따라 해결하기로 결단한다면, 우리는 무엇보다 먼저 공공의 몸에서 감독제라는 시끄럽고 병든 종양[272]을 가차 없이 정지시키고 잘라내기 시작해야 하며, **평화와 순수한 교리의** 축복으로, 이젠 오랫동안 번성해온 우리 이웃의 개신교 자매교회들과 더불어 분파에서 **연합체**로 바뀌어야 합니다. 그리고 의심의 여지 없이 마음에서 우러나는 모든 **기쁨**과 **감사**(gratulation)로써, 그들과 우리의 기독교적 연합을 맞이하고 환영할 것입니다. 그들이 그동안 내내 우리와의 이질감을 애석하게 여기면서도 우리와 분리된 거나 다름없었기 때문입니다. 그리고 제안된 계율에 대해 말하자면,[273] 모든 정부에서 정치적 행복의

---

[271] 청교도 전도자들은 예수와 사도들의 겸손한 방식을 주교들의 오만한 속물근성과 효과적으로 대조했다. 프린은 이들 사이에 24가지 차이점을 열거하기도 했다. Prynne, *A Looking-Glasse* (1636), p. 99.

[272] Tydale, *Obedience of a Christian Man*, in *Works of W. Tyndall, John Frith, and Dr. Barnes* (1573), p. 114: "그대가 병의 뿌리에서 시작하지 않으면 질병을 고칠 수 없듯이, 주교에서 시작하지 않으면 어떤 해악에 대하여 설교할 수 없을 정도이다."

[273] 밀턴은 이 산문을 쓸 무렵, 장로교 성직자들이 선호하는 장로교적인 계율에 대하

자연적이고 근본적인 원인들은 동일하며, 이 교회 계율은 **하나님**의 말씀 속에 가르쳐지며, 그리고 우리가 아는 바와 같이, 그것을 수용한 모든 국가와 희망에 따라 부합합니다. 비록 **경구 사용자들**(Aphorismers)과 **정치꾼들**(Politicasters)은 그것에 반대할 비밀스럽고 신비로운 이유가 있다고 우리를 설득하려 하겠지만, 우리는 그것이 군주국과도 어울릴 것임을 확실히 장담할 수 있습니다. 이것이 해결되면, 국가에 어떤 영양가 있고 활력을 주는 회복이 뒤따를 것인지를 주목하십시오. 복음의 성직자들은 모두 각자 자신의 한정된 임무에서 자신의 **구원**(salvation) 사역에만 전념할 것이고, 우리의 모든 행동에 **하나님**의 풍성한 축복 외에도, 왕은 옛 훼방꾼이나, 일상의 침입자 및 훼방꾼 없이 자리 잡고, 자기 왕국에서 하나의 강하고 독립된 부수적인 권력을 제거하게 될 것입니다. 그것이 왕권에 대항하는 주교관(主敎冠)인데, 그 막강한 부와 방심하지 않는 야망을 왕은 부러워하고 제지할 타당한 이유가 있는 것입니다. 그들을 제거하는 방법으로만 없앨 수 있는 다른 작금의 해악을 반복하지 않기 위함입니다. 그리고 단순히 순수한 것들은 자연의 덩어리로서는 일치성이 없으며, 또한 사람의 몸 안에 원소나 체액이 정확하게 **균질한** 것이 아니므로, 가장 잘 세워지고 가장 야만적이지 않은 국가들은 각기 다른 나라의 몇 가지 덕목에 관여하며 어떤 혼합된 성격을 지향했습니다. 각 부분이 그 자체에 끌리면서도, 공통적으로 안정되고 균형잡힌 공정성을 유지할 수 있도록 했던 것입니다.

　잉글랜드 공화국(the Commonwealth of England)[274]보다, 이를테면 정의의 손과 저울에 의해 더 신성하고 조화롭게 조율되고, 더 대등하게 균

여 아직 의심이 없던 때였다.
[274] 왕정이 폐지되었던 1649~1660년의 잉글랜드 정부.

형이 잡힌, 국가 정부(Civill Goverment)[275]는 알려진 바 없으며, 스파르타 정부도 로마 정부도, 비록 이 두 정부를 이런 면에서 현명한 폴리비우스(Polibius)[276]가 그토록 많이 칭송하긴 했지만, 비교가 안 됩니다. 잉글랜드 공화국에는 자유롭고 자제력 없는(untutored)[277] 군주 치하에서 가장 고결하고, 자격 있고, 신중한 사람들이 국민의 전폭적인 인정과 동의를 얻어,[278] 그들의 권력 안에서 최고 문제들에 관해 가장 중요한 최종 결정을 합니다. 지금 만일 그토록 교회 계율을 공민적인 것에 일치시켜야 한다면, 하나님의 율법에 따라 다윗(David)의 왕홀(王笏)을 사용하는, 그리스도의 대리자인 최고의 군주 아래서, 백성들의 온전하고 자유로운 선거[279]에 의해 선출된, 가장 경건하고, 가장 현명하며, 가장 학식 있는 성직자들이 제각기 맡은 그들의 임무에 따라 하나님의 백성을 가르치고, 훈계하며, 거룩하고 대등한 귀족정치(Aristocracy)에 헌신하게 되는 경우보다 더 평행적이고 더 균등한 것은 없습니다. 그리고 군주와 아무 관련 없는 임무에 성직자들을 선출함에 있어서,[280] 교회의 일원인 영국인의 경건과

---

[275] 교회 정부와 대조되는 개념으로 사용하고 있음.
[276] 폴리비우스는 스파르타와 로마의 국가 정체를 둘 다 칭송한다. 스파르타는 이성적 판단에 의하여 시민의 조화와 영토의 안전과 자유를 보장할 체제를 세웠고, 로마는 이성보다 투쟁과 경험의 훈련을 통해 최고의 정치 체제를 세웠다는 것이다. Polybius, *The Histories*, VI, xlviii; tr. W. R. Paton (6 vols., New York: Loeb Classical Library, 1922~1927); III, 377~379 (Sparta), 293 (Roman).
[277] "To tutor oneself"는 정열 등을 억제하거나 자기 훈련을 한다는 의미가 있음.
[278] 군주가 잘 훈련되어 있지 않고 자제력을 발휘하지 못하더라고, 그의 아래 훌륭한 관리들이 국민의 신뢰를 바탕으로 정책 결정을 잘 해나갔다는 뜻임. 이 구절에서 왕권신수설에 대한 밀턴의 암시적인 반대가 드러나는바, 밀턴에게 잉글랜드는 결코 한정된 군주제 이상은 아니었다. Wolfe, *Milton in the Puritan Revolution*, pp. 208~209.
[279] 밀턴이 여기서 언급하는 것은, 장로교 계율이 요구하듯이, 교인들에 의한 성직자의 선출을 말한다.

양심이 왜 신뢰받지 못한다는 말인가요? 그들의 세속적인 지혜가 왕과 가깝게 관련된 일에서, 그들의 기사들과 자치도시 의원들을 선출함에 있어, **국가**의 일원으로서 특권이 부여되었듯이 말입니다. 그리고 만일 이런 몇 가지 임무를 저울질함에 있어서, 그들의 시간적, 질적 차이점을 고려한다면, 망설임의 몫인 공정한 판단의 빛을 물리치지 않을 것입니다. 그러므로 이미 우리나라 안에 일종의 사도적인 오래된 **교회** 선거가 있는데도, 다른 모든 국가 중에서 우리의 **교회** 내에 일종의 전제적이고 국가적인 선거를 강압적으로 유지하는 것은, 얼마나 비뚤어진 것일까요? 우리 **정치 체제**(Politie)에서, 이를테면, 다행스럽게도 이미 교회적으로 통하는 요소가 있는데도, 성직에서는 신성한 명령에 따라 동일한 요소를 용납하지 않아야 한다고 생각하다니, 얼마나 맹목적인지요! 이리하여, 우리는 기독교인으로서 또 자유를 가진 자로서 우리의 교회적, 정치적 선택들이 **국가**(STATE) 안에서 어떤 불화도 없이 일치하고 잘 어울릴 수 있음을 압니다. 그러나 명예에 대해서 말하자면, 맡은 임무에 따라 다양하게 보이는 것이므로, 명예는 실로 구별될 수밖에 없고 구별되어야 합니다. 그의 **소명**(Calling)과 **목적**(end)이 영적인 성직자는, 영혼의 아버지이자 의사로서 **아들 같고**(Son-like) **사도 같은**(Disciple-like) 존경심을 받아야 하며(만일 그가 그렇게 밝혀지면), 그런 존경은 실로 가장 소중하고 가장 사랑이 담긴 **명예**(honour)이며, 현명한 사람이 가장 희망하는 것이며, 그리고 이 세상에 대해 더이상의 걱정 없이 외적 생필품을 구애받지 않고 충분히 쉽게 공급받을 수 있는 자들이 원하는 것입니다.

---

[280] Lord Brooke, *A Discourse* (1641), p. 49: "군주제를 당신이 원하는 의미로 받아들여라. 왜 그것이 어떠한 교회 정부와 양립할 수 없단 말이냐? 최고의 국가권력이 교회 군주제에서 그 본질적인 부분을 받아들이는가? 군주제가 교회가 없는 곳에서도 완전하지 않으냐?"

관료는 그의 임무가 우리의 신체와 재산을 보살피는 것인바, 그의 법적 정의와 세심한 보살핌이 우리에게 평온한 기쁨을 주는 것들로 그 자신이 가득 차 있을 수 있도록, 더 정성스러운 개인적인 예우와 높은 급여와 연금으로서 경의를 표해야 마땅합니다. 그리고 이런 두드러진 명예가 모든 왕국에 걸쳐 어울리고 품격 있는 통일성을 내놓을 것입니다.

그러면 귀족(Nobles)은 학자 같은 무기력한 벼락 출세자들(upstarts)이 부적절하게 섞이지 않은 차별화된 귀족(Lords)이 될 것이며,[281] 세속적 명예의 모든 품위와 임무를 자신이 소유할 것이며, 의회(Parliament)는 귀족원(Upper House)에서 똑같이 골칫거리를 제거할 것이며,[282] **보통법과 공민법**(the Common, and Civill Lawes)은 둘 다 자유로워질 것인바, 보통법은 성직자의 통제로부터, 공민법은 성직자(Clergie)의 단순한 예속(vassalage)과 소유권(Copy-hold)[283]으로부터 자유로워질 것입니다.

그리고 세상의 법(temporall Lawes)[284]은 인간이 죄를 범했을 때, 그들을 가장 죄를 범하지 않을 사람으로 만들기보다 도리어 그들을 처벌하는

---

[281] "Noble"과 "Lord"가 둘 다 귀족을 뜻하지만, 여기서 밀턴이 말하는 귀족(Lord)은 혈통적 귀족이 아니라 실무적인 고위 관료로서의 차별화된 귀족을 의미한다. 신자의 영혼을 보살피는 성직자와 달리 관료는 국민의 신체와 재산을 보호하는 임무를 띤다. 따라서 단순한 명예의 호칭이 아니라 관료로서 국민을 잘 다스리는 귀족원(House of Lords)의 의원을 가리킨다고 볼 수도 있다.

[282] 다시 말하면, 귀족원에 참석하고 투표할 특권이 있는 26명의 주교를 가리킨다. 주교를 귀족원에서 배제하려는 첫 번째 법안은 1641년에 상정되었으나 거부되었고, 이듬해 두 번째 법안이 통과되어 왕의 인가를 받게 되었다.

[283] 부동산을 소유할 수 있게 하는 지주의 등본 보유권을 말한다. "Vassalage"와 "copy-hold"는 법이 성직자에게 예속된 상황을 비유적으로 표현하기 위해 사용한 어휘이다.

[284] 여기서 밀턴은 국가권력이 종교문제에 관여하지 않아야 된다고 주장하는 것이므로, 영적 문제를 다스리는 교회법과 대조되는, 현세적인 문제를 다루는 세속적인 법을 언급하고 있다. "Temporal law"라는 표현은 시간에 지배되는 인간 세계의 법이라는 뜻이다.

반면, 우리가 평온하면서도 방심하지 않는 **성직자**(Ministery)[285]의 수고에 물을 뿌려주는 거룩한 축복의 소나기를 통해, 큰 희망을 품을 수도 있는 것은, 하나님의 전체 유산은 아주 올바르고 비난의 여지 없이 자랄 것이며, 국가 관료는 훨씬 적은 노동과 어려움으로, 그리고 훨씬 쉽고 즐겁게, 공화국의 높고 멋진 배를 세상의 가변적인 돌풍과 조수를 통과하여 운항할지도 모른다는 것입니다.

제가 들은바, 흔히 떠도는 몇몇 반대의견이 답변하는 수고를 저에게 강요하지 않았다면, 여기서 제 얘기를 끝냈을 것입니다. 그들이 말하기를, 우리는 갑작스런 극단으로 돌진해선 안 된다고 합니다. 무관한 것들에 관한 덕성의 행위에 대한 것으로 한정하여 이해되지 않으면, 이것은 잘못된 규칙입니다. 만일 그 두 가지 극단이 **해악**(Vice)과 **덕성**(Virtue), **거짓**(Falsehood)과 **진실**(Truth)임이 드러나면, 우리가 덕성과 최고 진리의 더 심한 극단을 향해 돌진할수록, 우리는 더욱 도덕적으로 되고, 더 현명해질 것이기 때문입니다.[286] 그리고 퇴보적이고 전통적인 부패에서 달아나면서도, 신성하게 보장된 **종교개혁**과 조우하는 포옹으로 너무 깊이 치닫게 될까봐 걱정하는 자는, 아예 달리지 않으면 좋을 것입니다. 그리고 갑작스러움에 대해서는 두려워할 필요가 없습니다. 누가 그것에 반대할까요? **교황절대주의자들**일까요? 그들은 감히 그러지 못합니다. 프로테스탄트들이 달리 마음을 먹었을까요? 그렇게 말하면 **프로테스탄트들**이 화낼 것입니다. 그들에게 무관한 거라고 공언한 것 외에는 아무것도 제거할 것이 없습니다. 국민이 종교개혁에 지녀온 오랜 애착은, 그 자체 목적이

---

[285] "Ministry"의 고어 표현임. 집합적으로 성직자를 뜻하며, 성직, 즉 성직자의 직책을 뜻하기도 한다.

[286] *Areopagitica* (1644), p. 12: "선의 지식은 악의 지식과 너무나 연결되고 서로 얽혀 있다."

든 고위 성직자에 대한 증오에서든, 분명한 것입니다. 엘리자베스 여왕의 첫해부터 그것은 더욱더 제안되고, 요구되고, 탄원되고, 참으로 의회 자체가 우호적으로 진척하기도 했습니다. 그러나 만일 그것이 갑작스럽고 신속하다면, 그래도 그것이 더 나쁜 것에서 더 좋은 것으로 향하는 것일진대, 확실히 우리는 급류와 같은 악으로부터 우리를 숨겨야 하고, 우리가 가슴에서 불을 떨쳐내야 하듯, 부패한 계율을 우리에게서 제거해야 할 것입니다.

유다(Judah)의 모든 선한 왕의 종교개혁은 신속하고 열성적이었습니다.[287] 백성이 그토록 오래전에 항상 맹목적 숭배에 빠져 말문이 닫혀있었지만요. 그들은 걱정스런 위험이나, 게으른 겁쟁이 정치꾼에게나 보인다고 생각되는 길목의 사자를 두려워하지 않았습니다. 우리의 형제인 해외의 개혁교회(Reformed Churches)도 그러지 않았는데, 그들도 하나님이 그들의 안내자이기에, 엄격한 천주교(Popery)[288]에서 과감히 벗어나, 우리가 조롱조로 딱딱한 청교도주의(Puritanism)라고 부르는 것으로 과감히 뛰어들었으나, 우리는 그들에게 어떤 불편이 부과된 것을 보지 못했습니다.

하나님이 우리에게 온전한 축복을 제공하는데, 우리 목적에 부합한다고 생각하는 만큼 취하고, 나머지는 그분의 손에 돌려드리는 식으로 그분을 희롱하지 맙시다. 그가 진노하여 우리에게서 모든 것을 다시 빼앗아가지 않도록 말입니다. 다음으로 그들은 감독제가 모든 시대를 거친 종교전통이라고 주장합니다. 감독제는 사도 시대에 있던 모습 그대로 의심할

---

[287] 예를 들면, 아사(「열왕기상」 15: 9~13), 히스기야(「열왕기하」 18: 4), 요시야(「열왕기하」 23: 1~25)의 경우가 그렇다.
[288] 때로 첫 자를 대문자로 표기하기도 하는데, 천주교나 천주교의 제도나 관습을 경멸적으로 나타냄.

여지 없이 지금도 여전히 그대로 남아 있어야 한다는 것입니다. 그 점에 있어서 저는 성직자들이 **의회**를 만족시킬 수 있다고 믿습니다. 그러나 만일 **감독제**(Episcopacie)가 **고위 성직자들**을 위한 것으로 여겨진다면, 그들이 추적할 수 있는 모든 시대를 봐도, 그것이 **교황제**(Papacie)보다 더 존경스럽지는 않을 것입니다.

우리의 모든 **이야기**가 증언하는 바와 같이, 그들이 **캔터베리** 관구로 온 이래 줄곧, 거의 1200년 동안,[289] 그들에 대하여 대체로 말하자면, **잉글랜드**에서 그들은 우리의 영혼에게 슬프고 비통하며, 계승되고 무식한, 눈먼 인도자였으며,[290] 우리 지갑과 재산을 노리는 속절없는 강도단이었고, 영원한 파괴와 강탈이었으며, 우리 국가에 지속적인 **히드라**(Hydra)[291] 같은 해악과 괴롭힘이었습니다. 이것은 그들의 고대 풍습의 전리품이며, 그토록 오랜 세월 자랑스러운 계승이었습니다. 그리고 그들이 자랑으로 여기는 **고위 성직자 순교자들**(Prelat-Martyrs)에 대해 말하자면, 그들은 **복음서**에 나타난 그들의 모습대로 판단해야 하며, **복음서**를 그들에 의해 판단해서는 안 될 것입니다.

그리고 주목할 것은, 만일 그들이 주교직과 의례를 위해 존재한다면,

---

[289] 597년, 영국의 첫 번째 교회 정부의 시대 이후를 나타낸다. 백쇼(Bagshaw)는 평민원에게 잉글랜드가 주교들보다 훨씬 더 오래되었음을 상기시켜준다: "잉글랜드의 왕은 주교보다 오래전에 있었고, 주교 없이도 본질이 있고, 그리고 주교를 없애왔으며, 여전히 주교를 면직할 수 있을 것이다." John Rushworth, *Historical Collections and Tryal* (1721) IV, 186.

[290] Prynne, *Lord Bishops* (1640), chap. 7, p. 44: "오, 그대 눈먼 인도자들이여, 율법과 증언에 눈먼 자들이여. 그대들에게는 빛도 생명도 없다는 명확한 증거로다."

[291] Ovid, *Meta.*, IX, 192~193 (Leipzig, 1568, p. 361). 헤라클레스에게 부과된 열두 가지 노동 중 하나는 레르나(Lerna)의 소택지에서 히드라를 죽이는 것이었는데, 히드라는 머리가 수없이 많아서 머리 하나를 자를 때마다 새롭게 그 자리에 다른 머리가 더 생기는 괴물이었다.

그 목적이 그들이 잘 먹고 잘사는 데에 있다는 뜻입니다. 그러나 그들을 순화시켰던 그들에 대한 박해나, 그들의 화환이 된 그들의 죽음 가까이에서, 그들은 분명히 의례를 싫어하고 저주했고, 그들이 임직할 때 받은 감독제 장식물들을 어리석고 혐오스런 것이라고 벗어던졌습니다. 리들리(Ridley)가 강등됐을 때 그의 말이 그랬으며,[292] 그가 후퍼(Hooper)에게 보낸 서한도 이를 분명히 증명합니다. 우리의 교회사(Church History)의 저자는,[293] 비록 우리는 그들을 신성시하더라도, 그 타락(그의 표현대로)과[294] 이 순교자들의 연약을 슬프게 기록하기를 마다하지 않습니다. 그리고 왕권을 진정한 상속자들에게서 노섬벌랜드(Northumberland)와 서퍽(the Suffolks) 가문으로 돌리고 한정했기에, 그들의 후원이 이 나라의 왕족에 대한 그들의 반역을 정당화하지 못하는데도, 왜 그 이상으로 그들의 순교가 부패한 교리나 계율을 장려하게 해야 한다는 겁니까? 만일 그런 장려책이 효과가 있었다면, 현재의 왕은 어느 모로 보나 현재의 왕좌에 오르지 못했을 것이며, 이 섬나라의 행복한 합일은 좌절되었을 것입니다.

마지막으로, 그들은 해외의 개혁운동가 중 몇몇 가장 학식 있는 자가 우리의 감독제를 칭송한다고 덧붙이지만,[295] 그보다 가장 현명한 정치가들 가운데 일부가 그것을 칭송했다고 말하면, 그 주장에 더 큰 힘이 실렸을 것입니다. 그렇게 함으로써, 현재의 계율이 우리가 무서워하는, 국가에 해로운, 해충으로 보이게 되면, 우리는 그들이 그 계율을 지겨워한다

---

[292] 리들리는 백의를 "어리석고 혐오스럽다"(foolish and abominable)고 하며 성찬식의 성배와 제병(祭餠)도 거부했다. Foxe, *Acts* (1631~1632), p. 500.
[293] *Acts and Monuments* (1554)의 저자, 존 폭스(John Foxe)를 가리킴.
[294] 폭스는 "이런 경건한 순교자들의 타락"(the fals of these godly Martyrs)이라고 표현한다(*Acts* (1631~1632), III, 147).
[295] 홀(Hall) 주교는 칼뱅, 루터, 부커(Bucer)를 감독제를 선호한다고 인용하고 있다. Hall, *Episcopacie* (1640).

고 추측할 것이기 때문입니다. 그러나 그들이 성직자이므로, 우리는 그들이 **감독제**(Episcopacy)가 아닌 **주교직**(Bishopricks)을 칭송하는 몇몇 **고위 성직자 지지자**(Prelatizing-spirits)라고, 차라리 의심해도 좋을 겁니다. 더 큰 불편이 **감독제**의 부패에서라기보다 다른 어떤 계율의 부패에서 생겨나지 않을까 의심하게 하는, 그 다음의 반대는 저절로 사라집니다. 이것은 우리가 두 가지 부패한 것들[296]의 불편을 견주어보는 동안, 하나의 올바르고 가장 필요한 **계율**을 제정하는 일을 늦추려는 불순한 예단이며, 이는 절차에 어긋나 보입니다. 올바른 것을 먼저 제정하면, 그것이 빗나간 부분을 저절로 찾아내고 바로잡을 것이며, 우리가 **교회**의 열성적인 온순한 견책을 **교황정치**라고 부르지 않는 한, 모든 교구에 하나의 **교황**을 갖는다는,[297] 꾸며낸 두려움을 쉽사리 없앨 수 있을 것입니다. 그렇게 부르는 자는, 그가 목자의 회초리와 **그리스도**(CHRIST)의 양치기 지팡이, 그리고 사랑의 끈을 어떻게 거절하고, 그를 질그릇 조각처럼 산산조각 내버릴 그리스도의 진노의 **홀**(笏) 아래 떨어질까, 어찌 두려워하지 않을 수 있는지 알려주길 바랍니다.

그들의 또 하나의 의심이 의아스러운바, 우리가 바라는 이 계율을 이 왕국 안에서 실행할 수 있냐는 것이고, 그것이 보통법이나 왕의 안전에 맞지 않다는 것이며,[298] 감독제 정치가 보통법 안에 반영되어 있다는 그들의 주장입니다.[299] **하나님**의 이름으로 그것을 다시 풀어냅시다. 인간의

---

[296] 영국 국교회와 로마가톨릭교회를 가리킴.
[297] 딕비(Digby)의 연설 참조(1641): "저는 확신하거니와, 우리가 주교관구마다 배치한 모든 주교 대신, 교구마다 하나의 교황을 세우게 될 것입니다"(Hale, p. 187).
[298] Digby(Rushworth, IV, 174): "나는 왕이 군주제에 안전하게 주교들을 진압할 수 있다고 생각하지 않습니다."
[299] 밀턴은 여기서 다시금, "나는 보통법과 교회 정부의 연관성과 얽힘을 고려한 자들의 판단에 맡깁니다."라는 딕비의 연설문을 따르고 있다(Rushworth, IV, 174).

속임수가 하나님의 권위를 막지 못하게 합시다. 우리를 세운 기초는 보통법이나 공민법이 아니라 경건과 정의입니다. 경건과 정의는 물러서지 않으며, **귀족정치**나 **민주주의** 혹은 **군주제**를 위해 색깔을 바꾸거나, 그것들의 올바른 과정을 전혀 방해하지 않습니다. 그러나 이러한 하위의 고상한 것들을 온전한 동정심으로 주목하는 걸 훨씬 넘어서, 경건과 정의라는 것은 서로 만날 때마다 입맞춤하는 것입니다. 마지막으로, 그들은 성공하게 될 그 계율이 왕의 안전과 공존할 수 없다고 두려워합니다. 왜 두려워할까요? 그것은 마땅히 그래야 할 수준으로 축소된 **감독제**일 뿐인데 말입니다. 주교라는 미명으로 성직자들의 폭정이 우리의 귀를 민감하고 깜짝 놀라게 하지 않았다면, 우리는 모든 성직자를 **주교**로 불러도 좋을 것이며,[300] 이는 모든 주교가, 아니 그뿐 아니라, **사도들**도 스스로를 성직자로 불렀고,[301] **영혼을 보살피는 천사들**도 그러하며,[302] 성직자가 다시 **천사**로 불리는 것과 같습니다. 그러나 이렇게 제안된 정부가 어떤 점에서 그토록 현명한 것일까요? 의회 정부가 성공할 것이기 때문입니다. **사도들**은 교회를 성직자 총회(Assemblies)[303]에 의하여 다스리지 않았나요? 그렇지 않으면, 왜 가톨릭(catholic)[304]이어야 할까요? 교회가 영적 교제

---

[300] 스멕팀누스(Smectymnuus)는 "주교"는 단지 "성직자"를 뜻한다는 키프리아누스(Cyprian)를 증거로 제시한다(*Answer* (1641), p. 23).

[301] 「마태복음」 20: 26.

[302] 「시편」 104: 5, 「마태복음」 4: 11.

[303] 정치적 대표기관인 의회와 구별하여 집합적인 교회 내의 대표회의라는 의미로 성직자 회의라고 번역한다. 장로교의 경우, 모든 교회의 대표 성직자와 장로가 모인 모임을 총회(General Assembly)라고 하고 개별 교회의 교인 전체 모임을 공동의회라고 부른다.

[304] 소문자로 시작하는 catholic은 (관심·흥미·취미 따위가) 광범위한, 다방면의, 보편적인, 전반적인(universal), 포용적인, 마음이 넓은, 관대한 등의 뜻이 있음. 종교개혁이 일어나기 전의 초대교회는 가톨릭이었고, 여기서 밀턴은 그 의미가 세계를

(communion)[305]를 나눌까요? 우리는 부유한 고위 성직자에게서 그들의 땅이나 재산을 취하면 불경하게 여기고, 그들이 저들 마음대로 그것들을 사용하면 경건으로 여깁니다. 그리고 하나님의 살아있는 교회에서, 하나님이 공회 안에서 교회에 주신 권리를 편취하는 것을 아무렇지도 않게 생각할 수 있나요? 오, 그 결과란! 공회는 교회의 최고 사법권을 끌어들입니다.[306] 아니, 분명히, 그들은 주권을 끌어들이는 게 아니라, 그리스도가, 그리고 그의 이름으로 성 **바울**(Saint Paul)이[307] 그들에게 부여한 권위를 끌어들이는 겁니다. 왕은 **의회**에서처럼 성직자 총회(Assemblies)에서도 동일한 주권을 여전히 보유할지도 모릅니다. 그는 의회에서 보통법에 반하는 것은 아무것도 혼자 할 수 없으며, 교회에서도 혼자서는 허락을 받든 성경에 반하는 것은 할 수 없습니다. 그러나 이것이 전부인가요? 아닙니다. 이 교회의 주권은 왕을 파면하는 권력을 끌어들이고,[308] 그러면 상상할 수 있는 최악의 사태가 이어집니다. 그토록 자주 그런 행동을 했던 **고위 성직자들**을 유지함으로써 왕들이 이를 피하려 할까요? 우리 자신의 **주교들**이 우리의 왕들을 향해 보여주는 이런 식의 **뻔뻔스러운 무례**를 보여주지 않고자, 저는 반대자들이 종교개혁의 원칙으로 우리에게 제기하는 **초대교회**의 순수한 시대로 화제를 돌리고자 합니다.

하나의 공의회가 아니라 **밀라노**(Millan)의 **암브로시우스**(St. Ambrose

지배하는 교회라는 의미가 아니라, 교회 정치에 의회의 방식으로 모두가 참여하는 교회라고 설명하고 있다.
[305] 대문자로 시작하는 표기, "Communion"은 성찬식을 말한다.
[306] 애스턴(Aston)은 교회 정부가 계급화되면서 의회의 옛 감독권은 어떻게 되느냐고 항변한다. "A Survey," Section 15, in *A Remonstrance against Presbytery* (1641).
[307] 「마태복음」 18: 15~20, 「디모데후서」 4: 1~5.
[308] 폭스는 무엇보다 존 왕과 헨리 8세의 파문을 인용하고 있다(*Acts*, 1631~1632, I, 329, II, 334).

of Milan)라는 주교 혼자서 가장 기독교적인 황제, 테오도시우스
(Theodosius)를 계속 8개월 이상 파문 상태로 속박하고,[309] 그를 귀족들의
면전에서 교회 밖으로 내쫓았는데, 이를 그 선량한 황제는 영웅적인 **겸손**
으로 감내하며 기도와 눈물로 견뎌내어 결국 사면을 받았습니다. 이를
위해, 실정법상 문제 되는 교회 **문간**까지 **탄원**을 하며 그 주교에게 찾아갔
다가, 거룩한 땅에 들어섰다고 폭력적인 광기의 혐의를 받았습니다. 드디
어 사면 조건에 따라 당시에 적절하다고 여겨지는 것을 세 배나 바치고
제단에 접근하는 큰 **수치**를 당하고서야, 그는 손을 움츠리지도 못하고
한동안 서 있었고, 어느 당돌한 부주교가 주교의 이름으로 들어와서 그를
난간 밖으로 쫓아내며, 건방지게 그에게 말하기를, 그가 서 있는 장소는
성직자들만 들어오고 손댈 수 있는 곳이라고 했습니다. 그러니 이것이
순수한 **초대교회의 신성**의 단면이란 겁니다. 그렇다면, 우리의 주교들이
누구에게나 행사하는 파문(excommunication)의 권리를 버릴 것으로 생각
하나요?[310] 분명히 아닙니다. 그들의 불길한 목적을 달성하고, 그들의 때
가 왔다 싶을 때 무효로 하려는 심산이 아니라면 버리지 않을 것입니다.

    그렇지만, 비록 한편으로는 **그리스도**의 왕관을 대신하는 두렵고 신성
한 대권이긴 하지만, 이런 가장 약한 파문이 그들에게는 대가를 받기 위

---

[309] 서기 390년, 테살로니카에서 테오도시우스 1세의 한 관리가 부당한 체포를 하자
사람들이 폭동을 일으켜 그를 죽이는 사건이 일어났다. 그 폭동이 진압된 후, 왕은
사면하는 체하며, 공적인 경기대회를 선포하고 대중을 모으고, 야만적인 군대를
풀어 세 시간 동안 학살을 하여 사망자 수가 7천에서 1만 4천에 이르렀다고 한다.
그 대학살 후, 암브로시우스는 왕의 교회 출입을 8개월간 금했고, 왕이 공개적으로
참회하고 교회 입장이 허용되었을 때도, 평신도와 함께 뒷전에 서서 예배하는 수
모를 겪었다고 한다. 밀턴은 테오도레트(Theodoret)의 기술에 근거하지만, 그의 관
점을 따르진 않는다. Theodoret, *Church History*, V, 18 (*EHA*, Paris, 1544), 342.
[310] 파문의 남용에 대한 청교도들의 불평은 런던 청원(London Petition) 24조항에 나타
나 있다.

한 구걸 행위이거나 뚜쟁이 질을 위한 것일 뿐이거나, 사람들에게 법의 보호를 금하며 그들의 자부심을 표출하고 그들의 복수심을 날카롭게 하기 위한 것일 뿐입니다. 저는 어떤 경우에는 그것이 사람들에게 기독교적인 장례를 거부하는 것[311] 외에도 그들의 세상 재산과 상속권을 박탈하는 것은 아닌지 모르겠습니다. 그러나 이런 성스러운 질책의 교회적, 개혁적 용도에서, **영적 운명과 판결이 세속적 소유에 침투해야 마땅한 것처럼**, 이런 매춘(prostitution)[312]이나 가룟 유다 같은(Iscariotical)[313] 동요가 의심되어서는 안 될 겁니다. 안 되죠. 안 됩니다. 세속적 소유는 가장 악한 사람들의 정당한 운명이자 몫이 되기도 하며, **비나 햇볕**처럼 솔직히 모두에게 내리는 자비로움에 의하여 악인들에게도 내려지는 것이기 때문입니다. 그것[314]은 신체의 생명을 앗아가거나 파괴하려는 것이 아닙니다. 그것은 몸을 낮춤으로써, 영혼을 구하는 것인바, 감금[315]이나 벌금에 의해서가 아니고, 매질이나 결박이나 상속 박탈에 의한 건 더욱 아니고, 아버지다운 훈계와 기독교적 질책 때문에 영혼을 경건한 슬픔에 빠지게 하는 것이며, 그 목적은 기쁨이며, 죄에 대한 솔직한 부끄러움입니다. 만일 이런 훈계를

---

[311] 이론상 어떤 교구에서는 장례비를 내지 않으면 교회에 매장하는 걸 거부할 수 있었다.

[312] 매춘과 마찬가지로 영적 가치를 육신적 이익을 위하여 세속적 소유와 연결하여 판단하거나 거래하는 것은 옳지 않다는 것이다. 면죄부 같은 것이 영적 매춘에 예가 될 것이다.

[313] 가룟 유다(Iscariot Judas)는 예수의 열두 제자 중 한 사람이자, 예수를 은화 30냥에 제사장들에게 팔아넘긴 인물로서, 예수가 재판에서 사형을 선고받자 후회하여 자살하였다.

[314] 영적 운명과 판결을 가리킴.

[315] 밀턴은 여기서 버튼(Burton), 바스트윅(Bastwick), 릴번(Lilburne)의 감금을 언급하는 듯하며, 이는 로드가 부추겨서 일어났고, 청교도들의 마음에 생생히 남아있던 사건들이었다.

할 수 없다면, 다정한 엄마가 그녀의 아이를 잡고 겁주는 말과 함께 구덩이를 건너게 해주며, 위험이 있는 곳에서 두려워하는 법을 배울 수 있게 하듯이, 파문[316]도 그처럼 사랑의 마음으로 금전적 대가 없이 무료로 건강에 좋고 유익한 그녀의 공포심을 이용해야 합니다. 그녀(파문)는 절박하고, 그녀는 간청하며, **구원**(SALVATION)의 모든 소중하고 달콤한 약속으로 그녀는 유혹하고 구애하고, **율법**과 거부된 **복음**에 의한 모든 협박과 위협으로 공격하고 간청합니다. 이것이 그녀의 모든 병기이며, 그녀의 군수품이며, 그녀의 대포입니다. 그래서 그녀는 오랜 인내로, 그러나 불타는 열성으로 기다립니다. 간단히 말하면, 인류를 향한 하나님의 **성직자들**의 모든 소명 가운데 파문 선고 도중과 전후에 가장 연인 같은 논쟁이 그리스도와 타락한 후 거듭난 사람의 영혼 사이에서 벌어지는 활동입니다.[317] 돈의 눈먼 집행에 대해서는, **게하시**(Gehezi)[318]를 문둥병으로, **시몬 마구스**(Simon Magus)를 저주로[319] 내리쳤던 눈초리로써 그녀는 살피고, 그녀의 이마의 무섭고 근엄한 주름을 감히 곤란케 하며 사고파는 도둑들의 돈놀이 소굴을 상대로 그녀의 불타는 회초리를 위협적으로 휘두릅니다. 그녀의 보이지 않는 화살에 옳게 그리고 사도답게 맞은 자는, 만일

---

[316] "파문"을 의인화해서 아이의 엄마에 비유하기도 하듯이, 여기서 계속 여성으로 표기하고 있다.

[317] 종교적 처벌과 사회적 처벌에 대한 밀턴의 엄격한 분리 개념에 따르면, 전자는 훈계적 처벌이며, 이후 지속적인 원칙이 된다. 파문과 이런 처벌의 차이에 대한 밀턴의 최종적 발언은 그의 『기독교 교리』(*Christian Doctrine*, I, xxxii)를 참고할 것.

[318] 현재 표기로 "Gehazi"라고 표기하며, 한글 성서에 "게하지"로 표기된다. 「열왕기하」 5: 1~27 참조.

[319] 「사도행전」 8: 9~24 참조. 프린(Prynne)은 시몬 마구스(Simon Magus)가 베드로에게서 성직 임명을 받으려고 돈을 주려다가 비난을 받았음(8:20)]을 지적한다. *Lord Bishops* (1640), p. 46.

그가 그의 영혼이 평화롭고, 지옥의 유황 냄새가 나지 않는다면, 파문이 남긴 모든 영향에도 불구하고, 그의 주머니가 조금도 줄어들지 않았다고 당당히 말해도 좋으며, 맛있는 걸 먹어도 좋고, 포도주를 마셔도 좋으며, 그가 즐기는 것을 해도 좋고, 그의 토지와 자유를 즐기며, 피부가 조금도 손상되지 않고, 머리털도 전혀 빠지지 않을 것입니다. 왕은 그의 권리와 대권을 시들지 않고, 손닿지 않은 채, 즐길 수 있고, 그의 모든 특권과 재산이 그에게 해주는 대로 절대적이고 완벽한 왕이 될 것입니다. 그러므로, **테오도시우스**는 그를 성 **암브로시우스**가 파문한 상태에 있을 때, 그의 제국에 대한 음모가 상당히 불손한 교만이나 무지한 열성으로 행해졌지만, 그것을 거의 두려워하지 않았습니다. 그러나 우리처럼 지배받는 하나의 주권이 있는, 바다 건너 개혁교회들, **그리종인**(Grizons),[320] **스위스인**(Suisses), **네덜란드인**(Hollanders), **프랑스인**(the French)을 살펴봅시다. 이 모든 곳 어디에서 교회들이 주권을 위해 다투고 있나요? 어디에서 공공 **관료들**과 주권을 놓고 충돌하거나 다투는가요? 우리보다 더 엄격한 군주국인 **프랑스**에서, 이 교회 정부 아래 **프로테스탄트들**은 왕이 갖는 최상의 신하의 이름을 지니고 있지만, **장로회**는, 만일 그렇게 불려야 한다면, 그것이 거기서 하고자 하는 모든 걸 합니다. 이런 큰 혐의가 있을진대, 영국에서 장로회에 그 이상의 활동 영역을 제공하지 않는다는 것이 얼마나 쉬울까요. 그러나 하나님이 손을 내밀어[321] 우리에게 증언하고, 우리에게 평화로 향한 길을 안내하고 있는 때에, 허수아비가 두렵거나 아니면 개혁

---

[320] 스위스의 동남부 주(州)로서 현재의 그라우뷘덴 주이다. 1803년 스위스 연방에 가입했다.

[321] 밀턴은 옛 선지자들처럼 그가 잉글랜드의 위기 가운데 하나님의 뜻을 확실히 해석할 수 있다고 느끼고 있다. 당대의 진정한 청교도들은 동일한 예언적 특징을 보여 줬고, 하나님의 목적에 대하여 그들끼리 의견이 전혀 다르기도 했다.

되기가 싫어서 정치적으로 다투며 머물러 있지는 맙시다.

하나님(GOD)이 우리를 눈멀게 하지 않았다면, 그들 자신의 등과 배를 자랑하고 폭식하고자[322] 그토록 열성적으로 구걸하고, 또한 여기서 전혀 고려할 여지가 없으니 영혼의 구원을 위해서가 아니라, 주교직(Bishopricks), 지방 부감독직(Deaneries)[323], 수급성직(Prebends) 및 수도 참사회원직(Chanonies)[324]을 얻고자, 너무나 열성적으로 간청하고 애걸하는 사람들의 손 안에 우리의 귀중한 영혼을 내맡길 정도로, 너무 쉽사리 믿어버리진 맙시다. 동기 자체가 그들 자신이 변명하는 뇌물이며, 탐욕과 성직매매 그리고 불경의 강한 숨결과 고약한 악취 없이는 입을 열지 않으며, 하나님이 좋아하지 않는다고 공언했는데도, 그림과 금도금으로 치장한 사원 벽에 교회의 재원을 유용하고, 자신들의 관저 부엌을 따뜻하게 하며, 거기서 절름발이, 허약자, 노인, 고아, 과부의 구호품으로 자신의 기름진 쾌락적인 올챙이배를 따뜻하게 하는 이 사람들이 어떻게 부패하지 않을 수 있단 말입니까? 지조 있는 순교자, 성 **라우렌시오**(St. Lawrence)가 **로마 집정관**(Roman Prætor)에게 가르쳤듯이,[325] 그리스도의 재원은 이 불쌍한 자들에게 사용해야 하며, 여기에 그의 보석이 쓰여야 하고, 그의 풍성한 금고를 여기에 열어야 하니까요. 경이여, 이 사람들[326]의 항의가

---

[322] Prynne, Lord Bishops (1640), chap. 2, p. 10: "그들은 그들이 세상에서 가장 육신적일 때, 자신들이 영적이라고 부른다."

[323] "Dean"은 영국 국교의 지방 부감독이나, 가톨릭의 "수석 사제, 지구장"을 뜻한다.

[324] "Canonries"를 의미할 수도 있으며, 그러면 "Canonry"는 사원에 속한 성직자(canon)의 성직을 의미할 수도 있음.

[325] 성 라우렌시오는 대부제(archdeacon)로서, 박해자에 의하여 교회재산을 강요당자 괴롭다면서, 교회 재산을 마차에 가득 실어 가난한 사람들에게 나누어주고 오라고 했다는 것이다. St. Augustine, *Sermon* 302, IX (tr. from Migne, *Latina*, XXXVIII, 1388~1389).

[326] 위에 언급된 부패한 성직자들을 가리킴.

무엇인지, 그들의 청원이 무엇인지 알고 싶습니까?[327] 그들은 우리의 어깨가 여태 그 밑에서 으스러졌던 지탱할 수 없는 고충에 대해 우리에게 지치지 말라고 부탁합니다. 그들은 우리에게 간청하기를, 우리가 그들을 우리의 평화의 판사, 우리의 주인, 우리 국가의 최고관리에 적당하다고 생각해야 한다는 것입니다. 비록 그들이 **요리사**와 **식료품 구매계원**(maniciple) 간에, 혹은 더 깊게 배우고자 대학 **청강**에서나 혹은 **대학평의원회**(regent house)에서 배우거나, 혹은 그들의 가장 깊은 통찰력에 접근하고자 그들의 **후원자**의 **식탁**에서 배운 것 이상으로 경험을 쌓지 못한 채 나타나더라도, 그렇게 생각해야 한다는 것입니다.[328] 그들은 우리에게 그들의 성직자용 비단옷의 스치는 소리를 조용히 참으라고 요구하며, 우리가 그들이 그들의 **한랭사**(寒冷紗)와 얇은 비단옷을 입고,[329] **덮개**(shrouds)와 **기구**(tackle)를 갖추고,[330] 그들의 머리에 **기하학적 주교관**(geometricall rhomboides)을 쓴 채, 돛을 펼치는 것을 보고서는, 웃기보다 우리의 **횡격막**(midriffes)을 터뜨리라고 요구할 것입니다. 우리 손을 잡고

---

[327] 밀턴은 여기서 「옥스퍼드 대학교의 겸손한 청원」(*The Humble Petition of the University of Oxford, in Behalf of Episcopacy and Cathedrals*, April 24, 1641)을 언급한다. 이 청원은 사도적인 주교 승계, 교회가 목사, 학생, 병원 환자에게 주는 지원, 왕이 교회에서 받는 세입 등을 강조했다. 청교도들은 설교하지 않는 어떠한 교회 직원에 대해서도 반대했다. 성당에는 사목 구역도 없으며 재원만 축내는 지구장(Dean)이나 수급성직자(Prebend)가 있다는 것이다.

[328] *The Humble Petition ... of Oxford* (1641, p. 4): "그들 자신이 복음 사역에 헌신하는 좋은 부모에게서 태어난, 더 젊은 많은 형제에게 정직한 방식으로 경쟁력 있는 몫을 제공함으로써 그렇다. 가족과 더불어 전적으로 그 수입에 의존하고 생활하는 수많은 관리와 목회자에게 유일한 생계 수단으로써 말이다."

[329] 고위 성직자가 입는 가운의 넓은 한랭사 소매는 청교도 팸플릿에 웃음거리의 초점이었다.

[330] "Shrouds"와 "tackle"은 선박에 사용되는 용어로서, 각각 돛대줄과 삭구(索具)를 가리킨다. 여기서 주교행렬을 돛을 펼치고 떠나는 선박의 항해에 비유하고 있다.

이끌어, 착한 할례 받은 남녀가 **예루살렘**에서 한 해에 한 번씩[331] 의무적으로 모이듯이 우리 앞에 나타나, 그들은 인두세를 부과하고, 2펜스 동전(two-pences)을 빼앗고, 구멍가게에서 파는 그들의 **부활절 특별헌금 명세서**(Chaunlerly Shop-book of Easter)[332]에 2펜스 동전을 징수합니다.[333] 그들은 우리를 여전히 잡아끌고, 그들의 맹견과 종자(從者)를 시켜 우리를 겁주게 하는 것을 우리가 기꺼이 받아들이기를 희망합니다. 그리고 그들이 아직 그들의 악마 같은 법정에서 우리를 매질하고, 탈취하고, 가죽을 벗기고, 우리의 뼈에서 살을 찢고, 우리의 넓은 상처 속에 향유 대신 타르타르, 황산 및 수은을 부어 넣는 것이 **의회의 기쁨**이 되길 우리에게 간청합니다. 분명히 옳고 이성적이고, 순수하고, 마음씨 고운 청원이라는군요. 오! 교부들의 자비로운 동정심이여! **하나님이 위로부터 격노하여, 눈부신 현기증으로 우리를 치시지 않았다면**, 이런 일이 그들에게 허용될 수 있을까요? 그들 자신의 높은 자리나 그들의 세속적 이익, 그들 자신의 풍요에 저항하고, **하나님의 말씀**에 대한 영광과 순종, 영혼의 회개, 이 나라의 **기독교적인 평화, 보편적인 개혁교회의 합일**을 위해, 그리고 무지와 높은 급식(feeding)의 기름진 마수로부터[334] 학문과 근면의 보상을 되찾고 해방하려고 간청하러 오는 자들의[335] 말은 왜 도리어 들어주지 않아

---

[331] 예루살렘 성전이 파괴되기 전에, 모든 히브리 사람(열두 살 이상)은 성전에 나타나 적어도 한 해 한 번의 절기에 하나님께 헌물을 드려야 했다. 남자는 보통 자기 가족을 대동했다. 요셉이 그의 가족과 그랬듯이(「누가」 2: 41~42), 대부분의 히브리 남자는 유월절(Passover)을 지내러 갔다.

[332] "Chaunlerly"는 "chanderly"의 고어 표기이고, "chandler" 즉 구멍가게 주인에 속한 거란 뜻임. "Shop-book of Easter"는 교회에서 부활절 특별 헌금을 기록하는 책자이다.

[333] 밀턴의 시대에 유일하게 남아있던 교회 인두세(poll tax)는 성찬식에 참여할 수 있는 나이의 각 교구민이 부활절에 1인당 2펜스를 내는 것이었다.

[334] 동물이 사육되듯이 배불리 얻어먹는 것에 빠져들었다는 뜻임.

야 합니까? 우리는 **야망, 세속적 영광**, 그리고 **과도한 풍요**가 무엇을 할 수 있는지, 그리고 일시적이고, 세속적이며 육체적인 영성의 소란하고 모순된 손이 그리스도의 거룩한 **교회**를 짓는 데 무슨 소용이 있는지를 이미 시도해보았고 비참하게 느꼈습니다. 하찮은 **십일조**(Tithes)의 비열한 강요 없이,[336] **그리스도**의 회중의 전체 투표, 가르치는 근면한 목회의 우호적이며 우의적인 멍에, 온유하고 자율적인 계율(unlordly Discipline)[337]의 목자답고 사도다운 모방, 교회 관리의 부드러우며 자비로운 평범함, 이런 것들을 시행하는 것이 이토록 무모한 위험이 될까요? 이 모든 것이 **그리스도**의 신비스러운 몸의 번영과 성장에 어떤 도움이 될지 조그만 시도를 해보는 것이, 모든 하찮은 변화를 하는 것, 그리고 만일 그것이 도움이 안 된다면, 차라리 소란과 소동을 벌이겠다고 위협하고 내분의 횃불[338]을 흔드는 것만큼, 불치의 해악이 될까요?

오, 경이여! 제가 영원한 밝은 **왕좌**(Eternal and Propitious Throne)를 향해 저의 눈을 돌리고, 당신의 도움으로 제 손을 치켜세우지 않는 한, 저는 이제 제가 어느 길로 빠져나갈지, 혹은 어느 길로 끝날지, 알 수 없는, 그런 두렵고 무시무시한 생각의 **미로**와 미궁으로 갑자기 빠져들어 휩싸인 기분이 듭니다. 그곳에서 죽을 수밖에 없는 탄원자들의 곤궁에 대해 **은총**과 **피난처**보다 더 손쉬운 방안은 없습니다. 그리고 이런 심각한 생각들을, 이런 이교도들이 그들의 더 엄숙한 담론을 결론짓던 것보다

---

[335] 밀턴은 여기서 1641년 1월 23일, 「목사의 청원」(*The Ministers Petition*)을 제출한 온건한 청교도들을 가리킨다.
[336] 밀턴은 율법에 의해 강요되는 십일조가 아닌, 자유의사에 따른 헌금이 교회를 지원해야 한다는 생각이다.
[337] 권위적으로 군림하는 고위 성직자가 없는 계율, 즉 장로교의 계율을 뜻함.
[338] 밀턴은 여기서 주교 전쟁을 언급하고 있음.

덜 경건하게 방치한다면 수치일 것입니다.

그러므로, 범접할 수 없는 빛과 영광 속에 앉아 계시고, **천사**와 **인간의 부모**가 되시는 당신이시여! 다음으로 제가 당신께 간청하나이다. 전능하신 왕, 잃어버린 남은 자들의 인간성을 취하신 구세주, 지워지지 않는 영원한 **사랑**이시여! 그리고 신성한 영원의 제3의 본체시며, 밝게 빛나는 영이며, **피조물**의 기쁨이요 위안이시며, 하나의 **삼위일체 하나님**(Tri-personall Godhead)[339]이시여! 당신의 이런 불쌍하고 거의 소진되고 소멸해가는 **교회**를 보시고, 당신의 연약한 **양떼**를 먹어치울 때까지 오래 기다리며 숙고하는 이 끈질긴 **늑대들**[340]에게, 당신의 **포도밭**으로 침입하여 당신 종들의 영혼에 그들의 더러운 발굽의 흔적을 남긴 사나운 멧돼지들에게, 이처럼 먹이로 버려두지 마옵소서. 오! 깊이를 알 수 없는 구덩이의 입구에서 지금 대기하며, 그 무서운 **메뚜기**와 **전갈**을 풀어놓아 내보내라며, 우리를 그 지옥 암흑의 더러운 **구름** 속으로 **다시 집어넣어** 거기서 **진리**의 **태양**을 더이상 다시는 결코 보지 못하고, 유쾌한 새벽을 기대하지도 **아침**의 **새**가 노래하는 걸 듣지도 못하게 할, 그런 신호를 기다리며 서 있는 그들의 악랄한 **계략**을 불러오지 마옵소서. 지금 산고를 겪으며, 더 두려운 재앙의 악의에 대항하여 몸부림치는 우리의 흔들리는 **군주국**의 수난 상태를 불쌍히 여기소서!

오, 당신께서는, 핏덩이 속에 나라를 잠기게 하는 다섯 번 유혈사태[341]

---

[339] 여기서 언급하는 삼위일체론은 『실낙원』과 『기독교 교리』에 나타난 밀턴의 유니테리언(unitarian) 입장과 상반된다. *Paradise Lost*, III, 308; *Christian Doctrine*, I, v. 밀턴의 입장을 밝혀주는 상세한 분석은, Maurice Kelley, *The Great Argument* (pp. 84~106)을 참조할 것.

[340] 밀턴이 탐욕스런 목사나 고위 성직자를 경멸적으로 지칭하는 별칭임.

[341] 밀턴은 여기서 분명히 로마인(Romans), 픽트족(Picts), 스코트족(Scots), 앵글로-색슨족(Anglo-Saxons), 데인족(Danes), 노르만족(Normans) 등의 침략을 언급한다.

의 맹렬한 분노가 있고 난 후, 그리고 이어지는 **내란**(intestine Warre)의 칼이 있고 난 후, 우리의 급작스럽고 진한 슬픔들의 통탄스럽고 끝없는 순환을 가엾게 여기시나이다. 우리가 아주 숨을 못 쉬게 되었을 때, 당신의 **거저 주시는 은총**으로 **평화**를, 우리와 맺은 언약을 알려주셨나이다. 그리고 처음에 **적그리스도**의 속박에서 우리를 거의 해방하시고 이 **브리튼 제국**(Britannick Empire)을 그 주변의 부속 섬들과 함께 영예스럽고 부러워할 만한 위상으로 세우셨습니다. 이 행복에 우리를 머무르게 하시고, 우리의 반쪽짜리 순종과 실행 없는 예배의 완고함이 작금의 80년 동안 **평화**의 내장을 파먹도록 길러져 온 **선동**의 **독사**를 내놓지 않게 하소서. 그러나 이 산고 때문에 헐떡이는 **왕국**의 위험이 되지 않고 그녀[342]의 유산된 새끼를 내던져버리소서. 이리하여 우리가 우리의 엄숙한 **감사**의 마음을 통해, 동토의 **툴레**(Thule)[343]에 이르기까지 **북해**에 어떻게 스페인 무적함대의 오만한 난파선들이 흩뿌려졌는지를 여전히 기억할 수 있게 하소서. 그리고 지옥의 밥통 자체를 샅샅이 뒤져서 그 무시무시하고 저주스런 폭발로 토해내기 전에, 그 숨겨진 파멸을 포기하게 하소서.

오! 우리가 이전의 구원들이 과거의 가장 큰 재앙에서 우리를 구원했을 뿐만 아니라, 앞으로 도래하게 될 가장 큰 행복을 위해 우리를 예비했음을 알게 될 때, 그것이 얼마나 더 영광스러워 보이겠습니까! 여기까지 당신은 우리를 자유롭게 하셨을 뿐이며, 당신의 원수들의 부당하고 폭군적인 요구에서 완전히 풀려나게 하신 것은 아니옵니다. 이제 우리를 전적으로 통합하시어, 당신에게 우리를 예속되게 하시고, 우리를 당신의 영원

밀턴의 『브리튼 역사』(History of Britain) 참조.
[342] 브리튼 제국을 가리킴.
[343] 그리스의 지리학자 피테아스(Pytheas)가 막연하게 브리튼의 북쪽에 있는 어떤 땅에 부여한 지명이다.

한 왕좌의 대권에 전심으로 충성하도록 묶어주소서. 그리고 이제 우리는 아나이다.

오! 우리의 가장 확실한 희망이며 방어이신 당신이여, 당신의 원수들이 그 대단한 매춘부의 모든 요술[344]을 조사해왔으며, 오빌(Ophir)[345]의 광산으로 세상에 악영향을 끼치는 통탄스런 간교한 폭군[346]과 합세하여 음모를 꾸며온 것을 압니다. 그러나 그들 모두가 함께 상의하고 허무에 이르게 하시고, 그들이 선언하면 그걸 철폐하시고, 그들이 함께 모이면 그들을 흩으시고, 그들이 진을 치면 파괴하소서. 당신은 우리와 함께하시나이다.

그러면, 성도들의 찬양과 할렐루야 찬미 가운데, 어떤 이는 이 땅에서 당신의 신성한 자비와 놀라운 심판을 세세 무궁토록 찬양하고자, 새롭고 고결한 곡조에 높은 음조로 노래하는 게 들릴지 모르며, 그렇게 되면, 진리와 정의를 위한 열성적이고 연속적인 일에 훈련되고 단련된 이 위대하고 도전적인 국가가 모든 악덕의 누더기를 벗어 던지고, 가장 건실하고 가장 현명하고 가장 기독교적인 국민으로 드러나도록, 열성적으로 그 높고 행복한 경쟁에 매진할 수도 있나이다. 영원하며 곧 예상되는 왕이신 당신께서 구름을 걷고[347] 세상의 각색 나라들을 심판하러 오시어, 신실하고 올바른 국가들에게는 국가적인 영광과 보상을 나눠주실 것이며, 모든 세상적인 폭정을 종식하시고, 천하 만민을 위한 당신의 관대한 왕권을 선포하실 그 날에 말입니다. 그곳에는, 그들의 근면과 의도와 기도에 의

---

[344] 「계시록」 17: 1, 19: 2. 청교도들은 빈번히 로마가톨릭교회를 "바빌론의 매춘부"(Whore of Babylon)로 불렀음. *An Answer to ... Oxford* (1641), E160(10), p. 7.
[345] 솔로몬(Solomon)이 금·보석 등을 얻은 곳, 금의 산지. 「열왕기상」 10: 11 참조. 여기서 밀턴은 스페인 왕의 남미 소유물을 언급함.
[346] 잉글랜드와 유럽의 프로테스탄트와 싸울 활동가와 정보원들을 보냈던 스페인의 펠리페 2세(Philip II, 1598~1621)를 지칭함.
[347] 「마태복음」 24: 30, 「요한복음」 1: 51 참조.

하여, 종교와 그들 국가의 공동선(Common good)을 위해 성실하게 살아온 자들은, 의심할 여지 없이, **축복받은 자들 가운데서 낮은 계층들 위로, 공국(Principalities), 군단(Legions), 왕좌(Thrones)**[348] 같은, 왕에게 어울리는 영광스런 칭호를 부여받고, 탁월한 **아름다운 환상적 광경** 속에서 끝도 없고 무너지지 않는 영원의 순환을 진행하며, 영원히 넘쳐나는 기쁨과 축복과 더불어 놓칠 수 없는 손을 잡을 것이옵니다.

그러나 반대로, 진정한 **믿음**을 상하고 줄어들게 함으로써, 그리고 자기 나라를 곤경과 노예 상태에 처하게 하여, 이 **세상 삶**에서 **고위직, 지배 및 진급**을 갈망하는 자들은, 이 세상에서 (하나님이 그들에게 허용하는) 이 삶에서 수치스런 최후를 맞이한 후, **지옥의 가장 어둡고 깊은 구덩이**로 던져질 것이며, 거기서 **고문당하는** 고통 속에서 그들을 자기 **노예와 검둥이**로 삼고, 그들 위에 광란적인 짐승 같은 폭정을 행사하는 것밖에 고통을 완화할 길이 없는, 다른 **저주받은** 자들의 **끔찍한 통제**와 짓밟힘과 멸시 아래서, 그들은 그런 곤경 속에서 멸망의 **가장 저속하고, 가장 낮고, 가장 절망적이고, 가장 짓밟히고, 가장 유린된 파멸의 노예**(Vassals of Perdition)로 영원히 남게 될 것이옵니다.[349]

끝

---

[348] 여기서 principalities, thrones은 천사의 9계급 중 두 계급이며, 그밖에, angels, archangels, virtues, powers, dominations, cherubim, and seraphim 등이 있다. 이 일곱 계급의 천사를 통틀어 밀턴이 그 계급과 질서를 강조하여 "legions"이라고 통칭한 것이다. 축복받은 자의 영혼을 천사와 동일시하는 것에 관해서는, 「마태복음」 12: 24~25을 참조할 것.

[349] 팸플릿 논쟁이 극심하던 때에 밀턴은, 다른 많은 청교도처럼, 무차별적으로 욕설을 퍼부었는데, 그중에 프린은 주교를 가리키며 "거만한 공작새의 똥더미 세대"(dunghill generation of Lordly Peacockes)라고 부르기도 했다. Prynne, *A Looking-Glasse*, 1636, p. 103.

2

존 밀턴이 감독제에 반대하여 주장한
교회 정부의 이유

두 권으로 작성됨

런던
존 로스웰 발행, E. G. 인쇄
바울 대성당 주변의 서적상 거리에서 판매, 1641

THE
REASON
OF
Church-governement
Urg'd against
PRELATY
By Mr. *John Milton*.

In two Books.

LONDON,
Printed by *E. G.* for *Iohn Rothwell*, and are to be sold
at the Sunne in *Pauls* Church-yard. 1641.

존 밀턴이 감독제에 반대하여 주장한

교회 정부의 이유

[1] 이 산문의 전체 원어 제목은 *The Reason of Church- Government Urg'd against Prelaty* 이다. 옥스퍼드 영어사전(OED)의 정의에 따르면, "church-government"는 "한 교회 문제의 정치(행정) 혹은 지도; 감독제, 장로제, 독립교회(회중주의), 등의 경우처럼 한 교회가 권위나 훈계를 수행할 수 있도록 하는 교회 정치(행정)조직의 형태"(the government or conduct of the affairs of a church; the form of polity upon which a church is organized for the exercise of authority and discipline, as Episcopal, Presbyterian, Congregational)라고 되어 있다. 즉 교회 문제를 관리하거나 지도하는 교회 정치를 뜻하기도 하고, 그 정치(행정)조직의 형태, 즉 교회 정부를 의미하기도 한다. 여기서 밀턴이 뜻하는 "church-government"는 감독제 등을 포함하는 개념인 교회 정치라기보다 감독제와 반대되는 개념으로서 개별 교회 내의 문제를 자체적으로 처리하는 교회 정치 체계, 즉 교회 정부를 의미한다고 할 수 있다. 경우에 따라 그 의미가 혼동되거나 교회 정치를 뜻할 때도 있지만, 이 산문의 제목이 의미하는 "church-government"는 감독제의 교회지배 체계에 반대하여 각 교회 내의 독립적 교회 정치 조직, 즉 교회 정부의 필요성을 강조하는 것이 목적이라 할 수 있다. 그리고, 이 산문은 처음으로 밀턴이 서명하여 출판했으므로 자신의 글로서 오래 남을 글이라는 저자의 생각을 엿볼 수 있고, 본문 중에 자기 자신과 자신의 시론에 대한 자세한 언급이 있어 밀턴 이해에도 중요하다.

제1권[2]

서문

인간의 법을 발행함에는, 대체로 시민 사회의 유익 이상의 목적이 없으므로, 이유나 서문이 없이 국민에게 그것을 약품 처방처럼, 혹은 단지 위협만으로, 이를테면 권위적인 명령으로 겨우 내어놓는 것은, **플라톤(Plato)**의 판단에 따르면,[3] 관대하거나 현명하게 이루어졌다고 여겨지지 않았습니다. 그의 충고는, 설득이 확실히 더 사람들을 두려워하기보다 순종하게 하는 더 유익하고 더 인간적인 방법임을 알기에, 원칙적 중요성이 있는 법들에는 하나의 유인책으로서 정직과 정의에 따라 사는 것이 얼마나 선하고, 유익하며, 행복한 것일 수밖에 없는지를 보여주는, 어떤 잘 조율한 담론을 사용해야 한다는 것입니다. 그런 담론은, 덕성의 딸인 진정한 웅변이 그녀의 어머니[4]를 칭송할 때 가장 잘 보여줄 수 있는 그런 색깔, 연설 본연의 색깔과 세련미와 더불어 표현되면, 대중이 진정으로 선한 것을 사랑하도록 아름다운 방식으로 촉구할 것이며, 이리하여 그 후 사람들 대부분이 하는 식의 관습과 두려움에서가 아니라, 선택과 목적을 가지고, 순수하고 변함없는 즐거움으로, 그 선한 것을 항상 간직하게 될

---

[2] 원서에 제1권이란 표기가 없으나 뒤에 제2권이 나오므로 역자가 제2권과 구분하기 위해 편의상 제1권이라 추가 표기함.

[3] Plato, *Laws*, IV, 718; "나는 시민들이 가능한 한 선뜻 덕성을 향하여 설득되기를 바랄 것입니다; 이것이 분명히 그의 모든 법에 적용되는 입법자의 목적일 것이다." *The Dialogues of Plato*, tr. Benjamin Jowett (5 vols., Oxford: Oxford UP, 1931), V, 101, 241.

[4] "웅변"이 "덕성"의 딸이므로 "웅변"의 어머니는 "덕성"임.

것입니다. 그러나 우리는 이런 실행을, 어떤 이교도 저자보다 더 우수하고 더 오래된 권위에서 배울 수 있을지도 모릅니다. 그리고 사실 그런 실행은 그토록 높은 지혜와 가치의 문제이므로, 우리가 그 성스러운 맥락 안에서 모든 지혜가 펼쳐지는 그 책에서 발견하지 못한다면 어떻게 배울 수 있을까요? 그러므로, 하나님이 사실상 가르쳤다고 우리가 믿을 수 있는 유일한 입법자인 **모세**(Moses)는,[5] 하나님과 그의 일에 대한 지식에 마음에서 처음 순응하지 못한 인간들에게 법을 쓴다는 것이 얼마나 허황된 것인지를 알기에, 그의 율법서의 첫마디를「창세기」로 시작했습니다. 이 점을 **요세푸스**(Josephus)[6]는 아주 잘 기록했는데, 유대민족은 거기에서 창조 가운데 모든 피조물을 향한 하나님의 보편적인 선하심과, 그들의 조상 **아브라함**(Abraham)[7]을 선택해 그들이 그토록 많은 축복을 받게 된 데서 그들을 향한 그분의 특별한 사랑을 읽게 됨으로써, 유대인의 나라는 순종의 합당한 이유를 알게 되고 진심으로 순종하도록 마음이 움직였을 것이라고 했습니다. 그러면, 만일 시민적 정의를 집행함에 있어서, 그리고 불명료한 의례 아래서, 이교도 가운데 가장 현명한 자, 그리고 유대인 가운데 **모세**에 의하여, 적어도 그들이 복종해야 할 정부의 전반적인 존재 이유에 대해 그들을 가르치려고 이처럼 주의를 기울였다면, 교회 신도들은 복음 아래

---

[5] 「출애굽기」 3: 4, 4: 17(불타는 넝쿨), 19(시내 산에서 하나님과 대화) 참조. 칼뱅(Calvin)은 모세를 선지자 가운데 가장 위대한 자라고 평가한다: "모세는 모든 선지자보다 우수하므로 최고의 위치에 있었다. … 그의 탁월함의 두 가지 증거는 … 하나님과 그의 친근함, 그리고 그의 기적의 영광이다. … 이런 특권 때문에 모세는 다른 선지자들과 구별되었으며, 하나님이 그와 대면하여 말씀하셨다." (John Calvin, *Commentaries on the Four Last Books of Moses*, ed. Charles W. Bingham [4 vols., Edinburgh, 1885], IV, 409).

[6] Flavius Josephus(37?~98?): 유대인 역사가로서, 『유대의 고대 유물』(*Jewish Antiquities*)과 『유대전쟁사』(*History of the Jewish War*)가 있음.

[7] 「창세기」 12: 1~3.

서 교회가 신도인 자신들 위에 갖고 있다고 주장하는 그 정부의 존재 이유에 대해 얼마나 더 많이 이해하고자 힘써야 할까요! 특별히, 교회는 이성(reason)[8]의 자리가 있는 정신의 내적 부분과 감정(affections)[9]을 직접적인 치료 대상으로 삼고, 우리의 영적인 지식을 점검하고, 하나님을 대신하여 우리로부터 완전히 이성적인 봉사를 요구하는 힘을 가지고 있기 때문이지요.

그러나 이 정부의 특징이나 질서에 대하여, 그것이 장로제여야(Presbyteriall)[10] 하는지, 감독제여야(Prelaticall)[11] 하는지, 의사에게는 열병이라고 하는 것이 합당할 듯한 이런 끝없는 질문, 아니 소란이 일어나고 있는 것은,[12] 우리 성직자들에게 영원한 비난거리가 될 것입니다. 반면 최근의 다른 박식한 학자들(Clerks)[13]은, 그들이 인식하는 바와 같이, 감독제의 발전에 크게 기여하도록, 에베소(Ephesus)와 같은 중심도시를 확보하

---

[8] 옛 심리학에서, 이성의 자리는 뇌의 중간 부분에, 상상력은 전두에 있고, 기억은 후두에 위치하고 있다. P. Ansell Robin, *The Old Psychology in English Literature* (London, 1911), p. 54 참조.

[9] 밀턴은 "affections"라는 단어를 통해 열정과 반대되는, 더욱 고상한 감정, 즉 자비, 친절, 정의 등의 숭고한 감정을 의미하고 있다.

[10] 각 회중이 그 목사와 장로들에 의하여 관리되는 교회 정부 조직을 말함. 여기서 장로는 목사와 함께 교회 정부를 공동 관리하도록 선택된 평신도 신분이다. 한 지역 교회들의 성직자들과 각 교회 대표 장로들이 장로회를 구성하고, 그 다음으로 노회를 구성하고, 다음으로 총회를 구성한다. 모든 장로는 대등하며, 노회와 총회에 참석한다.

[11] 로마가톨릭교회의 교회 조직이 수정되어 잉글랜드에 적용된 교회 조직이다. 교회의 머리는 캔터베리 대주교였으나 그의 권력은 교황의 권력에 못 미쳤다. 1641년에 26명의 주교가 교구들을 다스렸다. 교회의 권위는, 적어도 이론상으로, 상의하달 방식이었으며, 예배는 의례적이었다. 비판적 관점에서 보면, 영국 고(高)교회 예배와 로마가톨릭교의 예배는 별로 차이가 없는 듯했다.

[12] 팸플릿 전쟁에서 팸플릿의 숫자는 꾸준히 늘어나고 있었고, 1641년 2월에 90종, 1642년 1월에 200종, 2월에 160종이나 되었다.

[13] 교구의 집사, 교회의 서기를 뜻하지만, 고어로서 성직자나 학자를 가리킴.

고자,[14] 리디아 지방 총독이 다스리는 아시아(Asia)[15]를 아주 본격적으로 측정하고 있으며, 이는 마치 우리 고위 성직자 가운데 몇은 매우 서둘러 그들의 토양을 바꾸고,[16] 칼케돈(Chalcedon)[17]의 영국인 주교의 이웃이 되고자 하는 듯합니다. 그런데, 선량한 브레어우드(Brerewood)도[18] 로마, 알렉산드리아 및 안티오키아의 세 관구를 정확하게 나누려고, 모국어로 그처럼 분주하게 분발하고 있는데, 잉글랜드는 이들 가운데 어디에 속하는지요? 그러는 가운데 저는 잉글랜드가 머지않아 총대주교 관구(See Patriarchall)나 주교 관구(See prelatical)에 속하지 않고, 축복받은 사도들이 교회를 통해서 구성한 성직 제도의 충실한 양육과 훈계를 받게 되기를, 교회의 머리이자 신랑이신 그리스도의 자비와 은총으로 인하여, 학수고대하는 바입니다. 그리고 제가 입증하고자 하는 바는, 이것이 장로나 집사의

---

[14] *CBT*, p. 92: "요한계시록에서 언급되는 아시아의 일곱 교회 가운데, 에베소만이 콘스탄티누스 시대에 그곳에 남겨진 대주교 자리의 위엄을 간직했다." 메트로폴리스(Metropolis)는 "어머니 도시"라는 뜻이며, 대교구(province)의 주교들을 감독하는 대주교의 자리를 뜻했다.

[15] 대주교 제임스 어셔(James Ussher)의 논문, "A Geographicall and Historicall Disquisition, Touching on the *Lydian* or *Proconsular* Asia, and the Seven Metropoliticall Churches Contained Therein," in *Certain Brief Treatises* (*CBT*) (Oxford, 1641)을 가리킨다. 어셔의 박식이 이 작은 논문에 잘 나타나며, 고대 및 중세의 저자들을 근거로 현대 소아시아의 동부 지역인, 지방 총독이 다스리는 아시아의 국경을 확정 짓고 있다.

[16] 어셔는 초기 교회사의 애매한 논점을 가지고 세심한 자료에 근거하여 객관적인 연구 논문을 썼던 것이다. 어조는 가톨릭교회에 대한 찬성도 아니고 반대도 아니었으며, 사실 자체만 제시했다.

[17] 소아시아 북서부에 있던 옛 도시명이며, 451년 칼케돈 공의회(the Council of Chalcedon)가 열리기도 했으며, 밀턴 시대에는 터키의 수중에 있었던 곳이다.

[18] Edward Brerewood(1565~1613)는 *CBT*에 기고한 논문, "A Declaration of the Patriarchall Government of the Ancient Church"에서, 니케아 공의회 때의 모든 교회는 로마, 알렉산드리아 및 안티오키아의 세 총대주교에게 종속되어 있었는지 여부를 발견하고자 했다.

일일 수밖에 없다는 것입니다.

　그리고 만일 누군가가 제가 제 나이에 너무 어려운 일을 떠맡으려 한다고 생각한다면, 최고의 통찰력을 주시는 도움 때문에 저는 아주 다르게 생각합니다. 제 나이에 대해서는, 그것이 적든 많든 무슨 상관이 있는가요? 나이는 나이에 따른 이성을 가져오니, 그 점을 주목하길 바랍니다. 그 일에 대해서는, 당면한 그 문제가 이 시점에서 모든 미천한 능력에 의해서도[19] 그토록 절실하게 알려질 필요가 있고, 그 속에는 복음서에 의해 우리에게 알려진 많은 존경할 만한, 거룩한 특권에 대한 설명이 포함되어 있다는 점에서, 저는 그 일이 틀림없이 쉬우리라 단정합니다. 하나님은 이런 목적으로 그분의 복음서가 그리스도 예수 안에 있는 그분의 힘과 지혜를 계시하도록 명하신 것입니다. 그리고 그가 타락한 인류의 더러운 왜곡된 이해력에 맞게, 그 복음의 상당한 부분을 그토록 명백하게 계시할 수 있었다는 것이, 그분의 깊은 지혜의 한 면모이기도 하지요. 그러므로, 다른 사람들은 성경을 그 비밀(darknesse) 때문에 두려워하고 피하더라도, 저는 그 명확성 때문에 성경을 칭송하고 마음에 품는 자들에, 저도 속해 있다고 여겨지길 바랍니다. 그리고 교회 정부가 성경 구절에서 공식적으로 분명하게 제시되지 않는 이유는, 기독교 신앙고백의 경향과 범위를 주목하는 자에게는, 그 이유가 스스로 쉽게 암시되기 때문인 듯하며, 이제 모두발언을 충분히 했으므로, 그 문제를 더이상 미루지 않고 더 깊이 설명하고자 합니다.

---

[19] 이런 투쟁은, 잉글랜드에서 전과 아주 달리, 국민의 전쟁이었으며, 도제들이 런던에서 일어난 청교도 소요의 지도자가 되었고, 런던 청원(London Petition, 1640년 12월 11일)에 참여한 서명자 1만 5천 명 중 다수가 무식한 시민들이었다.

제1장

교회 정부는 복음서에 규정되어 있으며, 달리 말하는 것은 온당치 않다는 것

우리가 반대진영 다수의 동의를 얻어 확실하게 주장할 수 있는 것은, 교회 정부의 첫 번째 가장 큰 이유가, 성경 안에서 하나님이 정하셔서 그렇게 규정되고 시작되었음을 찾을 수 있기 때문입니다. 그러나 이것이 장로제여야 하는지 감독제여야 하는지를 상세히 살펴보기에 앞서 먼저, 기독교 계율이 성경에 나와 있지만,[20] 사람들의 판단에 맡겨져 있음을 인정해야 하는데, 그렇게 인정하는 것이 자신의 비논리적인 생각을 편하게 만들어 주리라고 생각하지 않는 자들에게는, 그들에게 적합한 이야기를 하고 나서야 가능합니다. 그들의 이런 생각은 불합리하고 사실이 아니라고 저는 생각합니다. 인간의 전체 삶을 통해 계율(discipline)[21]보다 더 엄숙하고 긴급하게 중요한 것은 세상에 없기 때문이지요. 제가 무슨 예를 더 들어야 할까요? 나라(Nations)와 공화국(Common-wealths)에 대

---

[20] 감독제 측에 선, 밀턴의 반대자들 가운데 아무도 교회 계율 혹은 관리(교회 정부의 실제적인 행정)가 성경에 기획되어있음을 부정하지 않는다. 논점은 주교나 대주교가 신약성서의 단순한 교회 정부로부터 자연스럽게 발전한 건지, 감독제 조직 전체가 사도들의 의도와 무관한 것이냐 하는 점이다.

[21] 밀턴은 "Discipline"을 『종교개혁론』에서 "교리의 철저한 집행과 적용"이라고 정의하고 있다. 이 단어는 라틴어의 의미로 군사적인 암시가 풍기며, 그에 더해, 교리(doctrine)의 보완적인 의미이다. 교리는 스승의 속성이요, 훈육(discipline)은 제자(disciple)의 것이다. 또한, 밀턴은 이 용어를 장로교적인 의미로 사용하는데, 잘못한 교인의 개선을 주목적으로 삼는 교회의 도구가 된다. 성경적인 근거는 「마태복음」 18: 15~17에 있다. 이런 점들을 고려하면, 우리말로, 계율, 규율, 훈육, 훈련, 관리, 치리 등 여러 가지 용어를 생각해볼 수 있겠으나, 포괄적으로 밀턴의 의미를 모두 포함할 만한 마땅한 단어가 없어서, 불교 용어이긴 하지만 종교적 암시와 행동적 결의가 동시에 포함되는 "계율"이라고 번역하기로 한다.

해, 도시와 막사에 대해, 평화와 전쟁에 대해, 바다와 육지에 대해 분별력을 가지고 읽어온 자는, 모든 시민 사회의 번영과 패망, 인간 사건의 모든 순간과 변화가 계율의 축 위에서 이리저리 움직인다는 점을 기꺼이 동의할 것입니다. 그리하여 보다 나약한 사람들이 세상일에서 어떤 권력이나 지배를 운명에 돌린다 해도, 저는 더 자신 있게 (신의 섭리의 영예를 항상 지키며) 계율의 활성화에 책임을 돌립니다. 공민적인 삶이든, 신성한 삶에서든, 계율 위에 존재하는 어떤 사회적인 완성도 없지만, 그녀[22]는 그녀의 음악적인 현들로 그 모든 부분을 함께 지탱하고 장악하는 것입니다. 그런 고로, **크세노폰(Xenophon)**[23]에 나오는 **키루스(Cyrus)**, 그리고 로마의 이야기에 나오는 **스키피오(Scipio)**의 완벽한 군대에서, 군사기술의 탁월성은 군대 지휘자의 명령이 필요 없어서가 아니라, 기꺼이 그 명령에 복종한다는 데서 높게 평가되었지요. 그리고 분명하게 계율은 무질서를 제거할 뿐 아니라, 만일 신성한 것에 어떤 시각적인 모양을 부여할 수 있다면, 덕성의 시각적인 모습이고 형상 자체이며, 계율에 의해 그녀(덕성)는 그녀가 걸어갈 때 그녀의 성스러운 발걸음의 규칙적 몸짓이나 움직임이 보일 뿐 아니라, 그녀 목소리의 하모니를 인간의 귀에 들려줄 수 있지요. 그래요, 무질서를 걱정할 필요 없는 천사들 자신은, 환상 속에서 그들을 본 사도가 묘사하듯이, 하나님 자신이 하늘의 광대한 영역들을 통해 그의 칙령을 기록했음에 따라, 천상의 공국(Princedomes)[24]이나 사트라피(Satrapies)[25]로 구분

---

[22] "계율"을 의인화해서 표현함.
[23] 크세노폰: 고대 그리스의 군인이자 작가(기원전 431~350)로서 키루스 반란군의 용병으로 참가하여 수기 『아나바시스』(*Anabasis*)를 저술했다. 아테네 전쟁에서 스파르타군의 일원으로 참가하여 조국에서 추방되었다.
[24] "Princedomes"는 『실낙원』에 등장하는 "Thrones, dominations, princedoms, virtues, powers"를 상기시킨다. 참고로, 천사의 9계급은 3그룹, 즉 (1) seraphim, cherubim, thrones; (2) dominations, virtues, powers; (3) principalities, archangels,

되고 사분되었다는 겁니다.[26]

낙원에서 축복받은 자들의 상태는, 비록 절대 완벽하지는 않더라도, 그러므로 계율이 없이 남겨두지 않고, 그것의 황금 측량자(surveying reed)[27]는 새 예루살렘의 모든 지역과 경로를 표시하고 측정한답니다. 그러나 그 영광의 성도들은 신성과 사랑의 영원한 발산이, 이런 수단으로 제한받고 규정된 것이 반복되어 넌더리나게 되어야 한다고 인식하지 않으며, 우리의 행복이 영광과 즐거움의 수많은 요동(vagancies)으로 궤도 진입을 하며, 이심(離心)적인 균차(均差)[28]를 유지할 수 있고, 말하자면, 기쁨과 최고 행복의 행성이 될 것이라고 여겨집니다.[29] 하나님이 그분의 나약하고 연약한 자들을, 비록 이곳 지상에서 이에 못잖게 사랑받는 교회이긴 하지만, 이런 우리의 어두운 항해에서 계율의 방위지시판과 나침

---

angels 로 나누어진다. "Princedomes"은 "principalities"와 유사하지만, 밀턴이 작위적인 표현이다.

[25] 사실상, 밀턴이 언급하는 "satrapies"는 전통적인 천사 위계에 들어있지 않다. "Satrapy"는 "satrap"의 통치권이나 그 관할구역을 가리키며, "satrap"는 고대 페르시아의 지방장관인 태수를 뜻한다. 밀턴이 여기서 언급하는 두 그룹은 전통적 천사 계급에 정확히 일치하는 게 아니며, 그들에게 배당된 위계질서는 천상의 물리적 계층 구역에 따라 정해져서 그 명칭이 영토적 명칭인 것이다.

[26] "사분되었다"는 원문의 "quaterniond"를 자구적으로 번역한 것이며, 네 그룹으로 배열되었다는 뜻이다. 천사는 전통적으로 세 그룹으로 분류되므로, 밀턴이 「요한계시록」 7장의 네 천사를 염두에 뒀거나, 「스가랴」 6장 5절의 "하늘의 네 영들"(four spirits of heaven)을 염두에 두었을 것이다.

[27] 「요한계시록」 21: 10~17.

[28] "이심적인 균차"(eccentric equation)는 천체의 평균 근접이각과 실제 값의 차이로서, 이런 오차에 의해 추정되는 보정이 "불변하는 행성"(invariable planet)의 개념을 만들어내며, 행성(planet)은 방랑자(wanderer)라는 뜻이므로 "불변하는 행성"은 모순어이기도 하다.

[29] 밀턴의 의도는, 수많은 방식의 영광과 즐거움이 동일한 천체 안에서 움직일 것이라는 뜻이다.

판[30]도 없이 추측과 불안의 영원한 혼란의 비틀거림에 빠지도록 내버려 두리라고 우리가 믿을 수 있을까요! 계율은 인간이 만들기에는 너무 힘들어서 우리는, 세속적 행복으로 이끄는 시민국가의 안내에서조차, 지각 있고 현명한 모든 사람이, 비록 그들 다수가 공동으로 상의하더라도, 하나의 계율을 발명하거나 구성하는 것이 아님을 볼 수 있습니다. 그러나 만일 그것이 기왕 인간의 일이라면, 자기 자신을 진정으로 아는 자[31]의 일이어야 하며, 그에게는 숙고와 실행, 재치, 신중, 인내 및 웅변이 드물게 모여, 사물의 숨겨진 원인들을 이해하고, 그의 생각 속에서 열정과 기질이 인간성에서 작용할 수 있는 모든 영향을 측량할 수 있어야 할 것입니다. 여기까지 그의 손은 이익에 저항해야 하며, 그의 가슴은 모든 덕성에서 영웅적이어야 합니다. 우리의 교회를 위한 정부의 새로운 체계에 대해 매일 그들의 팸플릿을 휘갈겨대는 이런 사악한 설계자들의 시야를 멀리 벗어나야 합니다. 그러므로 모든 고대의 입법자는 모세처럼 진정으로 영감을 받았거나, **미노스**(Minos), **리쿠르고스**(Lycurgus), **누마**(Numa)[32]처럼 충분한 권위를 가지고 그렇게 되고자 하는 사람들이었는

---

[30] 밀턴 시대의 항해사의 방위지시판은 다이아몬드와 마름모꼴 형태로 32개 눈금을 표시하고, 북쪽은 붓꽃무늬 표시였다.

[31] 틸리어드(Tillyard)가 지적하듯이(*Milton*, p. 136), 이런 자가 르네상스 시대의 이상적인 정치가였으며, 밀턴이 『교육론』(*Of Education*)(*CPW*, II, 378~79)에서, "개인적이든 공적이든, 평시든 전시든, 모든 직무를 바르게, 유능하게, 그리고 관대하게 처리하는"(to perform justly, skillfully and magnanimously all the officers both private and publike of peace and war) 인물이다.

[32] 그리스신화의 미노스는 제우스(Zeus)와 유로파(Europa)의 아들이며, 정의의 입법자이자 애호자로서, 크레타(Crete)섬의 왕이었다. 리쿠르고스는 기원전 9세기경의 고대 스파르타의 정의로운 왕이자 전설적인 입법자로서, 시민의 계급을 일반 노동자, 군인, 노예로 구분했다. 누마 폼필리우스(Numa Pompilius)는 기원전 700년경, 초대 왕 로물루스(Romulus)를 이어받아, 로마의 제도를 확립한 전설적인 로마의 제2대 왕이다.

데, 그들은 사람들이 그 속에 인간의 손길보다 하나님의 손길이 덜한 이러한 계율에는 결코 조용히 복종하지 않으리라 현명하게 예견했기 때문이죠. 국정에 깊이 관여하는 많은 고문관이나 판사가 정해진 업무처리에 깨끗하게 처신하고, 많은 훌륭한 설교자가 자신들의 삶에서 강직하고, 그들의 청중에게 영향력 있음을 우리는 관찰할 수 있습니다. 그러나 가정 정치(household government)[33]의 좁은 영역으로 들어오면, 가정에서 그들 자신을 다스리게 남겨진 곳에서 이러한 사람들의 어느 쪽을 보더라도, 당신은 곧 그들이, 그들의 성실한 지식과 강직성에도 불구하고, 그들 자신의 가정을 통제하는 데 얼마나 부족한지를 깨닫게 될 것입니다. 몇몇 곳에서 그들의 정신의 덕스럽고 합당한 태도와 관련되는 것에서뿐만 아니라, 더 낮고 더 쉬운 행동에서 오는 것, 건강이나 병든 상태, 휴식이나 노동, 식생활이나 금주에서, 외적인 그릇인 자기 몸을 올바르게 유지하고, 이런 것들에 의하여 몸을 영혼에 더 적응시키고, 공화국에 유용하게 하는 것에서도 그렇습니다. 만일 어떤 이들이 자기네 말이나 매를 가르치는 것만큼만, 사람들이 자신을 잘 훈육한다면, 대부분 가정에서 그토록 상스럽진 않을 테지요.

   그러므로, 만일 한 집을 다스리는 법이, 이행하기 아주 쉽다고 생각되고 모든 사람이 수행해야 할 것인데도, 그렇게 어렵고 잘 알려져 있지 않다면, 사람의 어떤 기술, 어떤 지혜 혹은 어떤 부분이 하나님의 선민 가정에 법과 법령을 제공하기에 충분할까요? 만일 하나님이 성령의 살아있는 법궤(arke)[34]를, 그분의 선견지명에 따른 자비로운 인도(ordering)가 없이 멋대

---

[33] 「디모데전서」 3: 5 참조: "남자가 자기 집을 다스릴 줄 알지 못하면 어찌 하나님이 교회를 돌볼 수 있으리오?"

[34] 교회는 언약의 법궤, 즉 고대 유대인들이 십계명이 새겨진 두 개의 돌판을 넣어둔 궤(상자)와 동일시된다. 밀턴은 여기서 「사무엘상」 6장과 「사무엘하」 6장의 여러

로 방치했다면, 비록 벧세메스(Bethshemesh)의 들판에서 그 법궤가 돌아다니는 것을 발견했다 한들,[35] 어떤 높은 소명의 의식적인 보증이 없는 한, 감히 그것을 처분하고 인도할 정도로 오만하고 건방진 자가 누가 있을까요? 그러나 어떤 불경한 무리도, 말씀 가운데 수고하며 힘들여 자신들의 어깨에 메고 온 것이 아니라, 거친 소들, 그들의 관리들, 그리고 그들 자신의 야만스런 꾸민 이야기와 함께 끌어온 교회의 성궤를, 폭력적으로 내몰고 박살 내버리겠다는 우리 고위 성직자들의 건방진 선언에 비교할 바는 아닙니다. 교회가 감독제의 수레에 실려 있는 한, 그들이 그렇게 하려는 동안은 개혁하는 척하도록 내버려 둡시다. 그리고 성직자들의 수중에 들어있어야 하지만 그렇지 않으니, 그것이 흔들리고 기우뚱거리기만 할 뿐입니다.[36] 그리고 교회를 실은 불법적 짐마차 안에서 교회의 흔들림을 막으려는 좋은 의도일지라도, 교회에 손을 대기 시작한 자는, 그것(교회)이 웃사(Uzza)에게 그랬던 것처럼, 그에게도 치명적이지 않도록 조심해야 할 겁니다.[37] 확실히, 만일 하나님이 그분의 가족인 교회의 아버지라면, 낯선 자들과 늑대들의 혼란, 즉 그리스도의 교회 안에서 그 어떤 기분이나 파당이나 정책이나 방탕한 의도나 그 무엇이든, 그렇게 하도록 그들을 자극하

구절을 염두에 두고 있다.

[35] 「사무엘상서」 6장과 「사무엘하서」 6장에 나오는 벧세메스의 암소 이야기를 언급하고 있다. 젖내는 암소 두 마리를 수레에 묶고 그 송아지들은 집에 가두고 법궤를 수레 위에 싣고 벧세메스 길로 향하여 갔는데, 그 소들이 울면서도 오른쪽으로나 왼쪽으로나 치우치지 아니하였다는 것이다. 밀턴은, 벧세메스의 암소의 순종적 자세를 비유로 들어서, 신자들이 하나님의 규례를 자의적으로 해석하지 않고 그 말씀대로 따라야 한다는 것을 주장하고 있다.

[36] 교회로 비유되는 법궤가 감독제의 수레 안에 있는 것과 성직자의 손 안에 있는 것은 다르다. 야생적인 소가 끄는 감독제라는 수레에 있으면 떨어져 깨질 수도 있으나, 성직자가 직접 손에 들고 조심스럽게 보호하며 옮기면 안전하다는 의미이다.

[37] 「사무엘하」 6: 3~7 참조.

는 것이라면 무엇이든 허용해달라는 것, 그 이상의 탄원을 하지 않을 그들의 혼란에 풀어놓는 게 아니라, 그분 자신(하나님)의 전적인 사랑의 경륜(Oeconomy)[38] 아래 그것(교회)을 훈련하는 것보다 무엇으로 그분의 이름을 더 많이 알릴 수 있을까요?[39] 다시금, 만일 그리스도가 순결하고 깨끗한 처녀로 자신 앞에 교회가 나타나길 바라는 교회의 남편이라면,[40] 페르시아 왕이 왕비 에스더(Esther)[41]를 위해 그녀를 자신의 눈에 더 아름다워 보이게 해줄 부녀자의 식생활, 목욕과 향료 등의 정해진 처방을 지정할 수 있었던 것 이상의 관심을 두고, 그녀의 건강과 아름다움을 향상시키기에 가장 좋은 것이라고 알고 있는 그 자신의 방식을 명하는 것보다, 그녀에게 그의 다정한 사랑을 더 많이 보여줄 방법이 무엇이 있을까요? 어떤 시대나 성의 경우이든, 처녀는 불확실하고 방자한 교육에 가장 부적절하게 방치될 수 있지요. 그렇지요. 비록 그녀가 잘 교육받았더라도, 특히 혼약을 맺었다면, 그녀는 여전히 더 엄격한 수업을 받습니다.[42] 마찬가지로, 교회도 똑같은 모습을 지니므로, 그녀의 교육만큼 그녀에게 필요하고 적절한 보살핌이 없이 그녀가 방치되어야 한다고 생각하는 것은 이성적이지 않지요. 공적인 설교는 사실상 성령의 은사이며,[43] 성령의 신비로운 뜻에 가장 부합하

---

[38] 라틴어 'oeconomia'는 가정관리를 뜻한다. 그러나 신학에서 하늘의 섭리나 경륜을 뜻하기도 한다.

[39] 성경에서 그리스도와 교회의 관계는 신랑과 신부의 관계로 비유되지만, 여겨서 밀턴은 하나님과 교회의 관계를 아버지와 가족의 관계로 비유한다. 그래서 교회는 신부가 아니라 "그것"(it)으로 표현된다.

[40] 「고린도후서」 11장 2절: "내가 너희를 순결한 한 처녀로 그리스도께 드리기 위해."

[41] 왕은 아하수에로(Ahasuerus)였으며, 왕과의 동침을 준비하는 처녀들은 1년 동안 "여섯 달 동안 몰약 기름을 쓰고, 여섯 달 동안 향수를 써서" 몸을 정결하게 했다고 한다.

[42] 밀턴은 약혼한 처녀에 관한 구약의 율법을 언급하고 있다. 「출애굽기」 21: 8, 22: 16, 「레위기」 19: 20, 「신명기」 20: 7, 22: 23, 29.

게 보이는 대로 작용하는 것입니다. 그러나 계율은 가장 필수적인 대로 특별한 의무를 겨냥하여 적용된 실제적인 설교 작업이지요. 그것이 없이, 만일 런던의 모든 의사가 도시의 설교단으로 찾아가 모든 교구에 속한 모든 환자를 모아서, 거기 있는 누구도 관심 없는 가슴막염, 중풍, 혼수상태에 대한 학문적 강의를 시작한다면, 그리하여, 맥박도 한번 짚어보지도 않고, 어떤 유능한 약제사에게 최소한의 처방을 내리지도 않은 채, 어떤 이는 신음하고, 어떤 이는 무기력하고, 어떤 이는 숨을 거두는데, 그들이 강의를 들은 대로 자신을 잘 돌보고 실행하라는 그런 부탁만 하고 떠나보낸다면, 몸의 치료에 그렇듯이, 영혼의 유익에도 똑같은 결과일 것입니다. 그러면 교회 계율이 얼마나 탁월하고 필요한지, 그것을 만드는 것은 인간의 능력을 얼마나 벗어나는지, 그리고 발걸음마다 불행한 종국으로 치닫는 인간의 창작에 남겨두는 것이 얼마나 위험한지, 또한 교회의 아버지로서의 하나님의 일과, 교회의 남편으로서의 그리스도의 일이 얼마나 적절한지에 대해, 우리는 이런 식으로 많이 살펴본 것입니다.

---

[43] 「고린도전서」 12장에, 사도 바울은 "은사는 여러 가지나 성령은 같고"라며 여러 가지 은사들을 열거하고 있다. 여기서 "은사"는 킹흠정역 성경에는 "선물"로 번역되어 있다.

제2장

교회 정부는 성경에 규정되어 있으며, 달리 말하는 것은 진실이 아님.

그러므로, 하나님이 그분의 교회 내에 어떤 정해진 정부도 지정하지 않았다고 말하는 것은 불합리하듯이, 진실이 아닙니다. 율법 시대에 대하여 의심의 여지가 없습니다. 너무 명백하여 역설할 필요도 없는 제사장(Priests)과 레위 지파(Levites)[44]라는 처음의 제도는 지나쳐도 될 정도인바, 그때는 명확한 판단으로 종교에서나 성직자의 정부에서, 본질적인 변화를 만들어 낼 수 없는 성전이 세워졌던 것입니다. 그러나 하나님은, 사람들이 그를 숭배함에 있어서, 덜 관심거리이긴 해도, 함부로 고치고 고안하는 것을 얼마나 참아줄 수 없는지를 보여주고자, **솔로몬**(Solomon)을 위해 **다윗**(David)에게 성전의 양식과 모양뿐만 아니라, 사제와 레위 지파의 행동 방식과 그들의 모든 예배 활동에 관해 지시했던 것입니다.[45] 바빌로니아 포로 생활에서 돌아왔을 때,[46] **모세**와 **다윗**의 법령을 본받아서 복구되었을 뿐이며, 혹시 최소의 변화를 도보하는 경우라면, 그들[47]은 영

---

[44] "Priest"는 구약성서 율법 시대에는 제사장을 가리키지만, 가톨릭의 사제를 가리키기도 하고, 프로테스탄트의 목사 등 신구교의 성직자를 통칭할 수 있다. 맥락에 따라 번역을 달리할 수 있는 단어이다. 유대인 제사장은 규정된 단체로서 아론(Aron)과 그의 아들들을 출애굽 시대에 여호와의 제사장으로 지명한 데서 시작되었다. 출애굽기 40: 13~16.

[45] 밀턴은 「역대상」 28: 4~5, 11~13의 내용을 자유롭게 줄여서 언급하고 있다.

[46] 원문에 "At the return of the Captivity"라고 되어 있는데, "the Captivity"는 유대 민족의 바빌로니아 유폐(Babylonian Captivity, 605~538 B.C.)를 가리킨다. 「에스라」 3: 10, 6: 18 참조.

[47] 성직자와 레위 지파의 제사장들을 가리킨다.

감을 받은 사람들, 즉 선지자들(Prophets)[48]과 함께했습니다. 그리고 신성한 암시 없이 중요한 어떤 일을 했다고 말하는 것은 온당치 않을 것입니다. 에스겔(Ezekiel)의 예언서[49] 40장부터, 성전이 파괴되고 나서, 하나님은, 그분의 선지자에 의하여, 유대인들의 마음을 그들의 옛 율법에서 떼어놓고, 그리스도 안에서 새롭고 더 완전한 개혁을 기대하고자, 그들의 눈앞에 그분 교회의 장중한 구성과 조직을 모든 관련된 교회적 기능과 더불어 제시했습니다. 사실 그 묘사는 상징적이고(typicall)[50] 희미한 것으로서 그 시대의 이해에 가장 좋게 정리된 것이지만, 우리가 복음서를 무효로 만들 의도가 아니라면,[51] 아직 결코 일어난 적도 없고 문자 그대로 일어나서도 안 되는 방식으로 된 것입니다. 그러나 교회의 새로운 상태를 묘사함에 있어서, 특히 정부가 가장 활발해 보이는 부분들에서[52] 그 묘사가 그토록 절묘하고 생생하여, 하나님이 교회를 개혁하고자 할 때, 교회 정부를 정교한 설계로 묘사하고서, 추후 인간 상상력의 고안과 치장으로 짜깁기하고 윤을 내도록 내버려 둘 의향이 없었음을, 유대인이나 이방인 모두 확신할 만한 충분한 이유가 있을 정도입니다. 하나님이 물질적인 성전의 기둥과

---

[48] "Prophets"의 어원은 "발설하는 자"(one who speaks forth)이다. 보통 성경에서 선지자 혹은 예언자로 번역되지만, 하나님의 말씀을 그대로 전하는 자, 즉 대언자이다. 「에스겔서」 37장 12절에, "그러므로 그들에게 대언하여 이르기를 주 하나님이 이같이 말하노라"라고 나온다. 밀턴이 여기서 언급하는 선지자들은 기원전 520년경에 활동한 학개(Haggai)와 스가랴(Zechariah)를 가리킨다. 「에스라」 6: 14 참조.

[49] 「에스겔」 40~48장은 긴 묵시적 환상을 묘사하고 있다.

[50] 성경에서 구약의 어떤 사건이나 인물이 나중에 신약에서 일어날 일을 상징하는 예표적인 의미가 있으므로 "typical"은 동시적인 것이 아니고 예언적인 의미를 지닌다.

[51] 이 환상은 복음서, 즉 신약성경이 전부 취소해버린 제사장, 제물, 열두 지파, 의례, 등에 대한 기준을 담고 있기 때문이다.

[52] 「에스겔」 42~48장은 주로 교회 정부의 세밀한 요소들에 바쳐진다.

아치와 문을 측정하는데 이렇게 기뻐했을까요? 얼마 지나지 않아 폐지될 예배 용품들, 즉 놋대야, 제단, 제물에서, 이들 중 어느 것이라도 자기 마음에 상반되지나 않을까 하여 그분이 그렇게 철저하고 신중했을까요? 전투적인 교회의 가장 완벽한 상태, 즉 하나님과 인간의 새로운 연합 안에서, 훨씬 더 완벽하게 행동하는 것이 하나님의 온전하심에 더 일치하지 않을까요? 그분이 이제 그분 자신이 규정한 계율에 의하여, 그분의 측량줄과 수평기를 인간의 이성적 성전,[53] 즉 인간의 영혼에다 던져버리고, 그분의 몸 된 교회의 모든 윤곽과 규모에 있어서, 불멸의 위상을 높이고 달성할 수 있도록, 그 영혼의 신성한 직각자(square)와 나침반에 의하여, 우리 안에 덕성과 은총의 사랑스런 모습을 형성하고 재생하지 않았는가요?

그리고 하나님이 우리를 위해 이런 일을 했음을 우리는 베일에 가려지지 않은 채 뜬 눈으로 복음서에서 볼 수 있는 것입니다.[54] 우리는 「사도행전」(Acts)을 넘어서, 사도 **바울**(St. Paul)이 **디모데**(Timothy)와 **디도**(Titus)에게 보낸 사도서간(使徒書簡)에만 눈을 돌려보더라도,[55] 교회의 번성과 성장을 가져오는 지식과 사랑으로 아주 충만한 그런 교회 계율의 거룩한 구조가, 성전이나 장막의 모든 웅장함보다 더 멋지고 우아하게 세워졌음을 영적인 눈으로 분간할 수 있을 것이며, 「에스겔」에 나오는 약속된 새 성전의 우아하고 예술적인 균형과, 율법 아래 그 모든 호화로운 것이, 이렇게 다스려지는 그리스도 교회의 내적 아름다움과 화려함을 나타내도록 만들어졌다 해도 놀랄 일이 아닙니다. 그리고 이것이 명령받은 것인

---

[53] 밀턴은 영혼을 인간의 영적 부분뿐 아니라 행각과 행동의 원리로 간주했다.
[54] 「고린도전서」 13: 12: "우리가 지금은 거울을 통하여 희미하게 보나 그때에는 얼굴을 마주 대하여 보며 내가 지금은 부분적으로 아나 그때에는 주께서 나를 아시는 것 같이 나도 알리라."
[55] 이 두 서간경(書簡經)은 주로 목회자의 의무를 다루고 있어서 소위 목회서한(牧會書翰)이라고 한다.

지는 지금 판단해봅시다. 사도 바울은, 「디모데전서」 17절에서 서문을 "아멘"으로 끝낸 후, 이 서간의 주제에 관해 시작하는데, 그것은 교회 정부를 명령으로 세우는 것입니다. "아들 디모데야, 전에 너에 관하여 주어진 대언들에 따라 내가 네게 이 책무를 주노니 곧 너는 그것들을 힘입어 선한 싸움을 싸우며"(18절)라고 합니다. 이 글은 충분히 분명하게 이렇게 설명되는데, "내가 네게 이 책무를 주노니, 이제 네가 선한 싸움을 싸울 수 있도록 교회 계율을 어떻게 세울 것인지를 내가 가르쳐주고자 함이요, 너는 변함없이 충성스럽게 사역에 임하며 선한 싸움을 싸우라"는 것으로 해석할 수 있으며, 이는 「고린도전서」에도[56] 싸움으로 불리고 있습니다. 그래서, **후메내오(Hymenæus)**[57]에 관한 일종의 삽입구가 있은 후, 비록 온화한 권면의 말이긴 하지만, 그는 「디모데전서」 2장 1절에서, "그러므로 내가 권면하노니"라며 그의 명령으로 되돌아갑니다. 마치 후메내오에 관한 임시적인 언급으로 그의 이전 명령을 방해한 것처럼 말이지요. 좀 더 아래 3장 14절에, 감독이나 장로, 그리고 집사의 의무를 전하고 나서, 교회의 다른 어떤 계급은 언급하지 않고, 덧붙이기를, "내가 속히 너에게 가기를 바라면서 이것들을 너에게 쓰노라. 그러나 내가 오랫동안 지체하면 네가 하나님의 집에서 어떻게 처신해야 할지 알게 하노니 이 집은 살아 계신 하나님의 교회요 진리의 기둥과 터이라."라고 했습니다. 이 부분부터, 여기에 적힌 것에 따라, 교회 통치자들의 계급에 관해 무엇을 알릴지에 대해, 디모데가 아는지 모르는지 하는 의문을 제기할 수 있겠지요. 만일 그가 알게 된다면, 이와 같이 명백한 원문에서, 우리도

---

[56] 「고린도전서」보다 「고린도후서」 10: 4 참조: "우리의 전쟁 무기는 육신에 속하지 아니하고 하나님을 통해 강력하여 요새들도 무너뜨리느니라."
[57] 이 무명의 인물은 "망령되고 헛된 말"을 하는 자이고, "부활이 이미 지나갔다"고 말 한 자이다.

더이상의 말다툼 없이 알 수 있을 것입니다. 만일 그가 모른다면, 사도 **바울**이 불충분하게 쓴 것이고, 더구나 그가 여기서 알 거라고 말했으므로, 진실대로 쓰지 않은 것이 됩니다. 그리고 이것이 쓰이기 전에 디모데는 사실 알고 있었지만, 사도가 그에게 알리기보다 우리를 가르치는 데 더 많은 관심이 있었다고 저는 생각합니다. 제5장에서, 계율에 대한 교회 교훈이 몇 가지 있고 나서, 21절에서, "내가 하나님과 주 예수 그리스도와 선택받은 천사들 앞에서 네게 명하노니 너는 어떤 것도 편파적으로 행하지 말고 편견 없이 이것들을 준수하라"며 아주 두려운 명령이 이어집니다. 그리고 마치 모든 것이 아직 충분히 분명하지 않은 것처럼, 그는 탄원 조의 명령과 함께, "모든 것을 살리시는 하나님의 눈앞에서 그리스도 예수님 앞에서 내가 네게 명하노니 이 명령을 지키라."[58]며 이 서간을 마무리합니다. 다시 말하면, 계율에 대한 옛 명령을 다시 알리는 것이 이 서간의 주요 목적이기 때문이지요. 비록 **후커**(Hooker)는 "명령"(Commandment)이라는 단어가 단수이므로, 이런 비난(denouncement)이 그보다 앞서 나오는 특별한 교훈을 언급하는 것으로 보려 하지만,[59] 이 서간의 제1장에서도 "이제 명령의 목적은 사랑이거늘"(5절)이라 하여, "명령"이라는 단어가 복수의 의미로 쓰이고 있음을 기억하지 못한 것이지요.[60] 그리고 **모세**의

---

[58] 실제로 「디모데전서」는 6장 21절로 끝나므로 본문의 인용 구절이 마지막 구절은 아니지만, 마지막 장인 6장의 13~14절에 나오는 내용이다: "모든 것을 살리시는 하나님의 눈앞에서와 본디오 빌라도 앞에서 선한 고백을 증언하신 그리스도 예수님 앞에서 내가 네게 명하노니 / 너는 우리 주 예수 그리스도의 나타나심이 있을 때까지 점도 없고 책망받을 것도 없이 이 명령을 지키라."

[59] "그 단어들 자체가 수많은 명령 가운데 어떤 특별한 한 가지 명령에 한정되는 것이다." *Of the Laws of Ecclesiastical Polity*, III, xi, 11 (1611, p. 117).

[60] 5절 전체는, "이제 명령의 목적은 순수한 마음과 선한 양심과 거짓 없는 믿음에서 나오는 사랑이거늘"이다. 이처럼 명령의 목적이 다양한 마음, 양심, 믿음에 근거한 사랑이므로. 의미상으로 여러 가지 명령을 뜻한다고 할 수 있다.

율법은 그렇게 다양한 의미로 가장 자주 쓰이지요.

그리하여 그 의미를 너무 많이 제한하거나 너무 많이 확대하는 것은, 그 엄명을 별로 무겁게 하지도 적절하게 하지도 않습니다. 이리하여, 우리는 여기서 교회 계율의 규칙들은 명령일 뿐만 아니라, 그 규칙 중 가장 작은 것이라도 의도적으로 뚫고 침투하려는 자는 죽음에 이를 만큼 양심의 가책을 무릅써야 할 정도로 무시무시한 명령의 뾰족한 말뚝들로 에워싸인 것을 볼 수 있습니다. 그러나 이 모든 것에도 불구하고, 우리는 전적으로 다음 시대의 그럴듯한 위선자들이 그 명령을 거의 파괴하는 것을 보게 됩니다. 그들이 감독제의 초대 설립자라고 지어내는 자, 성 **베드로**(St. Peter)에게[61] 그만큼 모욕이 되는 겁니다. 그의 첫 번째 서간의 제5장에 쓴 것에 따르면, 베드로는 전통적으로 알려진 것과 아주 다른 사람으로 봐야 합니다. 거기서 그는 성직자들에게 양을 먹이고 감독하는 충분한 권위만을 위임하며, 하나님의 위대한 손길을 대하듯이 그들에게 순종해야 하며, 그것이 그의 강력한 법령이라는 것입니다. 그렇지만, 이 모든 것은 이어지는 혁신의 모험적인 대담성을 거부하지 않는 것이며, 하나님의 불변하는 계명을 마치 인간에 의하여 표현된 것처럼 변경하는 건 아니었습니다. 그럼에도 불구하고, 그리스도가 성 **요한**(St. John)의 환상에 따라[62] 그분의 교회개혁을 예시했을 때, 그분은 요한에게 측량자(Reed)를 들어 다시 처음 모형을 따라 측량하라고 명하는데, 이는 다른 어떤 모형도 규정하지 않기 때문입니다. 천사가 말하기를, "일어나 하나님의 성전과 제단과 그 안에서 경배하는 자들을 측량하되."[63]라고 했지요. 세상에서 계율

---

[61] "본질적인 사실은 베드로가 로마에서 죽었다는 것이다. 이것이 베드로의 사도로서의 대주교 지위(primacy)에 대한 로마 주교들의 주장의 역사적인 근거가 된다"(J. P, Kirsch, *Catholic Encyclopedia*, XI, 748).

[62] 물론 여기서 환상은 「요한계시록」을 가리킨다.

외에 사람들을 측정할 수 있는 게 무엇인가요? 우리가 사용하는 단어 "다스림"(ruling)은 그 정도로 중요합니다. 사실상, 교리(doctrine)는 자(measure)이며, 적어도 척도의 근거인 셈이지요. 그러나 자가 측량하는 것에 적용되지 않는다면, 그 자가 그 고유의 역할을 할 수 있을까요? 그러므로, 계율(discipline)이 교리와 온전히 하나이든, 아니면 그것을 이런저런 사람에게 특별히 적용하는 것이든, 우리 모두 교리는 명령받은 것이어야만 한다는 점에 동의합니다. 혹은 계율이 교리와 사실상 다른 것일지라도,[64] 계율도 교회와 그 자녀를 재는 가장 적절한 척도가 되어야 하므로, 하나님이 지정하신 것일 뿐이며, 그것은 하늘에서 그에게 부여한 위대한 전도자의 임무이며, 측량자입니다. 그러나 이렇게 측량되지 않은 성전의 부분은 하나님의 교훈이나 즐거움 안에 있는 것과 그만큼 거리가 멀어서, 다음과 같은 구절에서 그 부분이 부정됩니다. 겉보기와 보이는 정도에서는 그 부분이 하나님 교회의 일부처럼 보여도, 이방인에게 짓밟히도록, 다시 말하면, 우상숭배나 이방적인 의식이나 의례로 오염되도록 내버려둔 것입니다. 그리고 여기에 예견된 주요한 종교개혁이 교리에서처럼 계율에 있어서도 이미 실현되었다는 것을 우리 이웃 교회들[65]의 상태로 보아 알 수 있습니다. 이리하여, 교회의 모든 시기와 변화를 통해, 하나님이 여전히 교회 정부를 세울 권한을 스스로 지니고 계심이 증명된 것입니다.

---

[63] 「요한계시록」 11장 1절: "내가 막대기 같은 갈대를 받으매 그 천사가 서서 이르기를, 일어나 하나님의 성전과 제단과 그 안에서 경배하는 자들을 측량하되."
[64] "계율"(discipline)은 실제적인 교훈이나 훈계를 뜻하기도 한다. 종교적 신앙의 기본 원리인 "교리"(doctrine)와는 다르다.
[65] "이방적인 의식이나 의례"를 철폐해온 스코틀랜드 교회의 장로교적 계율을 언급하고 있다.

제3장

앤드루스(Andrews) 주교와 아마(Armagh)의 대주교가 주장하듯이, 교회 정부를 율법에 따라 조직해야 한다고 주장하는 것은 위험하고 복음에 맞지 않음.

이제 중간에 개입시킨 이런 어려운 논점에서 벗어났으니,[66] 우리는 화제를 돌려서, 교회 정부가 하나님의 말씀 안에서 그렇게 엄격히 명령받고 있으므로, 우리가 거기에 순종해야 하는 첫 번째 가장 큰 이유는 하나님이 그렇게 명하셨기 때문이라는 점을 인정해도 좋을 것입니다. 그러나 감독제냐 장로제냐, 이 둘 가운데 어느 것을 이 첫 번째 가장 큰 이유로 지지할 수 있는지는 그다음의 논쟁거리임이 틀림없습니다. 그 점에서, 먼저 이런 입장이 당연하게 먼저 제시돼야 할 것인바, 논쟁보다 추적을 따르지 않을 것, 다른 것이 아니라 감독제와 장로제 둘 중 하나가[67] 하나님의 명령에 속한다는 것, 그렇다면, 복음서에서 명령이 분명해야 한다는 것입니다. 율법의 불완전하고 애매한 제도는 사도들 자신도 가끔 비난하기를 주저하지 않은 것이며,[68] 그것이 복음서의 완전하고 영광스런 사역에 규칙을 제공할 수 없는바, 이는 복음서가 율법을 교사가 아닌 어린애로 간주하기 때문입니다.[69] 그리고 고위 성직자들이 복음서에 확실한 근거를 갖지 못한 것은 그들 자신의 죄의식을 보여주는 것이며, 그렇지 않고서야

---

[66] 교회 정부는 성경에 직접적으로 모양이 드러나 있지 않다는 것이 바로 앞장인 2장의 주제였으므로, 그것이 삽입된 어려움이었다고 표현하고 있다.
[67] 이 논쟁에서, 밀턴은 두 번째 것만 받아들이고, 그의 상대는 첫 번째 것만 받아들이기 때문에, 겉보기만큼 불공정 딜레마는 아니다.
[68] 「로마서」 8: 1~5, 「갈라디아서」 5: 18, 「고린도전서」 9: 21.
[69] 「갈라디아서」 4: 1~5.

그들이 그들의 원조를 찾아내고자 아담(Adam)까지 탐색하지는 않을 것입니다. 그들 중 한 사람이 최근에 공개적으로 그렇게 했다고는 하더군요. 만일 내가 그 말을 들었다면, 나는 그들이 종교 전통에 대해 만족을 모른다는 것을 알기에,[70] 그런 주장에 기쁘게 동의했을 것이며, 그들이 아담보다 더 고풍스럽다고 인정했을 것입니다. 아담 이전에 루시퍼(Lucifer)가 첫 고위 성직자 천사였기 때문이지요.[71] 그리고 우리가 흔히 생각하듯이, 그와 그의 선조 아담은, 우리 모두가 알다시피, 그들의 계급 이상으로 오르려다가 비참하게 강등되었지요.[72] 그러나 다른 이들은, 그들이 아론(Aron)과 그의 아들들에서 시작했음을 만족스럽게 받아들였습니다. 그들 가운데, 최근의 앤드루스 주교(B. Andrews)[73]와 이 시대의 아마 대주교(Primat of Armagh)[74]는, 그들의 학식 때문에 이런 의견의 화제를 가장 잘 말할 수 있는 자로 유명합니다. 대주교는 최근에 개정된 감독제의 기원에 대한 담론[75]의 시작에서, "감독제의 기초는 구약성서에서 하나님이 규정한 양식에서 일부 끌어왔고, 그리고 사도들이 거기서 끌어들인 그 양식의 모방에서 일부 끌어들인 것이다."라고 했지요. 이 점에서 저는 제가 만족하고자 하

---

[70] 종교전통을 그만큼 열성적으로 따르려는 것임.
[71] 밀턴은 「이사야」 14: 12: "오 아침의 아들 루시퍼야, 네가 어찌 하늘에서 떨어졌는가! 민족들을 약하게 만든 자야, 네가 어찌 끊어져 땅으로 떨어졌는가!" 이 구절과 다음 절, "네가 네 마음속으로 이르기를, 내가 하늘로 올라가 내가 하나님의 별들 위로 내 왕좌를 높이리라. 또 내가 북쪽의 옆면들에 있는 회중의 산 위에 앉으리라."(13)라는 두 구절은 밀턴의 조롱거리가 된다.
[72] 『실낙원』 I, 36~37.
[73] Lancelot Andrewes(1555=1626): 윈체스터(Winchester)의 주교.
[74] James Ussher(1581~1656), Archbishop of Armagh (North Ireland) and primate of all Ireland. "Primate"는 총대주교를 말함.
[75] CBT에 세 번째 나오는 담론이며, "The Originall of Bishops and Metropolitans." (pp. 51~52).

는 욕구에 대해 용서받기를 간청해야겠습니다. 예를 들면, 감독제의 기초가 어떻게 구약성서의 예에서 나왔는지, 다음으로 누가, 그리고 누구의 권위에 따라 부분적으로 끌어들인 것인지를 알고 싶거든요. 둘째로, 복음서 아래 교회 정부는 구약성경에 나오는 그것의 모방이라고 정당하게 말할 수 있는지요. 복음서는 율법의 목적이요 마지막이며,[76] 역시 율법의 속박에서 벗어나는 우리의 자유라고 저는 명백하게 읽고 있으니까요.[77]

그러면, 어떻게 복음서의 원숙한 시대가 다시 배움에 놓이고, 율법의 유아기에서 자신을 다스리는 법을 배워야 하는지,[78] 더 강한 자가 더 약한 자를 모방하고, 자유인이 포로를 따르고, 배운 자가 무식한 자에게 배우는 것은, 예술이나 영감이나 어느 쪽이 써온 어떤 원칙에서도 증명하기 어려운 시도거든요. 사도들이 행한 일이 모세의 것과 비슷하다고 어떻게든 끌어들일 수 있어도, 그 권리가 의례나 유형이 아닌 본성에 기초한 것으로서, 의도적으로 모방한 것임을 입증할 수 없다면, 이는 그 문제에 영향을 거의 끼치지 못할 테니까요. 유대 율법 전체는 정치적이거나(그래서 어떤 기독교 국가도 그것에 의한 유형을 따를 양심상의 의무감을 전혀 느끼지 않았는바), 아니면 도덕적이어서, 신앙적으로나 생활 방식에 있어서 본질적으로 그리고 영구적으로 진실하고 선한 무엇인가에 대한 관찰이 그 속에 포함되어 있는 것이지요. 본성[79]이 우리의 내면에 새겨둔 명문화되지 않은 법이나 생각에서 우리가 끌어오는 것 외에도, 이처럼 율법 안에서 도덕적

---

[76] 「로마서」 10: 4: "그리스도께서는 … 율법의 끝마침이 되시느니라." Cf. *Christian Doctrine*, I, xxvii.

[77] 「갈라디아서」 5: 1, 13.

[78] 복음은 성숙하고 완성된 것인 반면, 옛 율법은 유아일 뿐이다. 밀턴은 다시금 「갈라디아서」 4: 1~5을 반영한다.

[79] 본성(nature)을 역시 의인화하여 생명력을 부여함.

인 것을, 자신의 위엄을 가장 많이 지닌 복음서가, 그녀[80] 자신의 친필과 명령으로 우리에게 가르쳐주며, 보조적인 두루마리의 차용된 원고에서 모방하는 식으로 표절하지는 않습니다. 복음서가 그녀의 물세례에서 **요한(John)**[81]의 세례를 모방한다고 말하는 게 좋겠네요. 그녀(복음)가 공회에서 사용된 파면을 보존하거나 안식일의 도덕성을 보존한들 어떤가요. 그래서 그녀가 그녀의 부하인 율법을 모방하는 게 아니라, 그녀(율법)[82]를 완성하는 것이죠. 사제와 레위 지파의 임무에 있어서, 율법에서 복음서로 도덕적으로 전달된 전부는, 교회를 가르치고 훈계하려면 구분해둔 사역이 있어야 한다는 것이며, 그 두 가지 의무 모두를 사도들은 성직자들에게 맡기면 좋겠다고 생각했던 겁니다. 그리고 만일 그들 사이에서 영예의 어떤 구별이 있어야 한다면, 단지 잘 다스리는 자들에게가 아니라 말씀과 교리에 애쓰는 자들에게 특별히 있어야 한다고, 사도들이 지도했던 것입니다. 이로써 우리는 열성적인 가르침이 한 성직자가 복음 안에서 다른 성직자 위에 가질 수 있는 가장 영예로운 표지라고 배웁니다. 그러므로, 만일 주교직의 우월성이 도덕적 율법의 일부로서의 성직에 근거하고 있다면, 그것이 하나의 모방이라고 말할 수는 없을 겁니다. 도덕이 도덕을 모방한다는 것은, 그것이 언제나 동일한 것이었으므로, 웃기는 것입니다. 이런 양식이나 모방이란 단어 자체가, 견고하고 엄숙한 윤리적 율법에서 감독제를 배제하는 것이며, 그것(감독제)이 의례의 아이에 불과하거나, 아니면 더 그럴듯하게도, 어떤 잘못 태어난 것임을 드러내는바, 그녀(감독제) 자신의 기형적인 알몸을 숨기고자, 예전에 화려했던 율법의 깃털을 뽑고 나서,

---

[80] 복음서를 의인화하여 여성으로 표현하고 있는데, 이는 복음서에 생명 있는 인격을 부여하는 것으로 볼 수 있음.
[81] 예수에게 세례를 준 세례요한(John the Baptist)을 가리킴.
[82] 율법(the Law)을 가리키며, 이 역시 의인화되어 있음.

그녀의 훔친 깃을 입고 뽐내며 자랑하는 겁니다. 그와 동시에, 어떤 사안에서나 전형적인 율법을 복음의 모범으로 삼는 것이 복음의 생명 자체에 반하는 어떤 위험성이 있는지, 그리고 성직자 정부(Priestly government)를 다루는 문제에서는 그것이 얼마나 불가능한지를 밝히고자 내가 받은 만큼의 빛을 사용할 것입니다. 거룩한 사도 **바울**이 성직자의 주된 본질적인 사명이었던 그런 명령을 연약하고 가난한 세상 사람들의 천성과 기초라고 부르면서, 우리에게 어떤 표현에 의하여 율법의 성격과 조건을 아낌없이 설명하고 있는지를 보면, 모르고 넘어갈 수 없는 것입니다. 이제, **하갈**(Agar)[83]의 아들들을 속박의 자식으로 태어나게 만든 그런 성직의 모방일 뿐인 것으로 확인되는, 이런 종류의 정부 아래에서, 약속의 자녀들, 자유와 은총의 상속자들을 낳고 기르는 것이, 그리스도가 우리를 위해 그의 피로써 사들인 생득권(生得權)과 면책을 취소한 것은 아니라 한들, 더러운 상처와 타락이 아니라고 할 수 있단 말입니까? 율법적 사역은 세속적인 것들로 구성되기에 육체적 존경, 품위, 우위 등으로 구성되는 성직을 끌어들이게 됩니다. 그리고 복음서에 세워진 이런 성직은 우월성의 문제와 조건에 기초하고, 세속적 영예에 둥지를 틀고 있는바, 우리가 그 모습을 보듯이, 육체의 옛 자랑과 영광으로 회귀하는 종교를 끌어들이게 되죠. 의심의 여지 없이, 종교와 그 성직의 형식 사이에는 확실한 인력과 자기력이 존재하고요. 복음이 가장 진실로 그러하듯이, 만일 종교가 가장 순수하고, 단순하고, 겸손하다면, 성직자의 모습도 그러해야 합니다. 그리고 같은 방식으로, 만일 성직의 형식이 권위, 영예, 현세적 사법권의 세속적인 등급에 기초를 둔다면, 우리는 복음서의 내적 힘과 순수성을 율법의 외적 육욕으로 바꾸

---

[83] 「갈라디아서」 4: 22~31에서, 하갈은 "종을 낳은" 옛 율법의 상징으로 묘사된다. 영어로 Hagar로 표기하기도 한다. 하갈은 아브라함의 처(妻) 사래(Sarah)의 시녀로서, 아브라함의 아들 이스마엘(Ishmael)을 낳음. 「창세기」 16장 참조.

고, 내적 예배를 공허한 순응과 유쾌한 허식으로 증발시키고 발산하리라는 것을 우리 눈으로 확인할 수 있을 것입니다. 그리고 의례적인 율법을 모방하는 바로 이런 올가미와 함정에 의하여, 계속 이런 눈먼 상태에 남아 있는 자들에게 구원의 계약을 무효로 할 수밖에 없는, 그러한 회복 불능의 미신으로 빠져든, 우리의 한탄스런 이웃인 교황주의자들처럼, 우리도 위험하고 치명적인 배교로 뛰어들 수밖에는 다른 도리가 없습니다.

제4장

아론의 성직을 감독제의 기초가 되는 양식으로 만드는 것은 불가능함.

다음으로 약속했던 것은, 유대의 제사장직을 모방하여 교회 정부의 기초를 두는 것이 불가능함을 선언하는 것입니다. 이는 인물의 자질과 임무 자체를 고려함으로써 가능할 것입니다.[84] 아론(Aaron)과 그의 아들들은[85] 제사장직에 임명될 때까지 그들 종족의 군주였고, 그들이 다른 레위 지파의 사람들보다 더 높게 여겨졌던 개인적 탁월성은 그들이 그들의 임무에서 받은 게 아니라, 부분적으로 그 탁월성을 그들의 임무에 가져온 것입니다. 그리고 그 시대 이후로 성직자들은 전체 레위 지파(Levites) 중에서 우리의 주교로 선택된 것이 아니라, 그 위엄의 상속자로 태어났던 것입니다.[86] 그러므로, 우리가 우리의 고위 성직자들을 고귀한 태생에서만 선택하고 그들을 하나의 혈통으로 이어지게 하지 않는 한, 전혀 대등하지 않은 그들의 인격을 고려하면,[87] 그들이 동포 위에 군림하도록 모방을 하는 것은 불가능합니다. 고위 성직자에게서는 더 직접적으로 그리스도 자

---

[84] 밀턴의 첫 번째 주장은 복음이 원래 완전한 언약이므로 전 장의 주제인 예배 의식에 대한 율법을 모방하려 할 필요가 없다는 것이었다. 여기서 그는 그 율법이 무가치할 뿐 아니라 옛 율법의 제사장직을 모방하는 것이 불가능하다는 것이다.

[85] 아론의 아들은 나답(Nadab)과 아비후(Abihu)와 엘르아살(Eleazar)과 이다말(Ithamar)이었다(「출애굽기」 6: 23). 첫 번째 두 아들은 주님 앞에 규례와 다른 분향을 하여 불과 함께 소멸했다(「레위기」 10: 1~2).

[86] 「출애굽기」 27: 21: 아론과 그의 아들들의 제사장직은 "이스라엘 자손을 위하여 그대의 대대로 영원한 법규가 될지니라."

[87] 즉, 특별한 가계에 태어나서가 아니라 개인적으로 뽑힌 것이므로, 고위 성직자들은 아론의 아들들과 다르다는 것이다.

신의 인격을 표현하고,[88] 다른 모든 제사장에게는 그리스도의 전반적인 제사장다운 임무를 표현한 그 임무에 대해서 말하자면, 레위 지파는 종복과 집사에 불과했지만, 제사장 임무를 수행하려면 그렇게 맞지 않는 두 기능 사이에 위엄의 구분이 있어야 했던 것입니다. 그러나 우리의 성직자들 사이에 이런 차이가 없어야 하기에, 집사와 관련해서가 아니면, 이런 사제직을 모방한 데 근거하여 고위 성직자의 기초를 두는 것은 불가능합니다. 어떤 점에서, 혹은 어떤 일에서, 고위 성직자의 임무가 일반 목사의 임무보다 탁월한가요?[89] 성직 수임에서라고 당신들은 말하겠지만, 솔직히 성경에 반하는 것이죠. 성경에서 **디모데(Timothy)**가 성직자의 손에 의해 성직 수임을 받은 것을,[90] 이를 증언하기를 피하고 부당한 찬탈을 유지하고자 사용하는 모든 헛된 속임수에도 불구하고, 우리는 알고 있습니다. 그러나 어찌하여 성직 수임이 교회에서 우월한 계급을 세우는 이유가 되어야 하는가요? 그로 인해 그리스도가 우리의 구세주가 되었다는 사실이, 그분이 자신을 우리의 구세주로 가르치고 공포할 사자(使者)들을 임명한 것보다 더 높고 위대한 일이 아닌가요? 모든 성직자는 우리에게 구원의 신비를 전달하는 최고의 사역에서 그리스도의 인격을 지니고,[91] 구속과 사죄의 권한을 갖는 것입니다. 어찌하여 그리스도 안에서 열등한 일을 대표하거나 실행하는 데, 그에게 더 높은 위엄이 필요한가요? 왜 성직 수임 행사가

---

[88] 「히브리서」 3: 1: "우리의 신앙고백의 사도시며 대제사장이신 그리스도 예수님을 깊이 생각하라."
[89] 장로교 체계에서 어느 성직자가 다른 성직자에 대한 우월적 권위는 없었다.
[90] 「디모데전서」 4: 14: "네 속에 있는 은사 곧 장로의 회에서 안수 받을 때에 예언을 통하여 받은 것을 가볍게 여기지 말며." 킹흠정역 판에는 "은사" 대신 "선물"로 번역했다.
[91] 「고린도후서」 8: 23: "우리 형제들에 관해 묻는다면 그들은 교회의 사자요 그리스도의 영광이니라."

더 낮은 의식인데도, 고위 성직자를 높여주고, 설교하고 치리하는, 더 높고 고귀한 임무를 면제하고,[92] 훨씬 더 그를 약하게 만드는가요? 진실로, 성직 수임의 성격이나 사례가 어떻든, 임명권자와 피임명자 사이에 불평등을 요구하는 것은 아닙니다. 모든 같은 것이 같은 것을 생산하고, 사람이 사람을 낳고, 불이 불을 증식하는 것보다, 더 자연스러운 것이 무엇인가요? 그리고 가장 높은 의견의 예를 보아도, 임명권자는 피임명자보다 열등한 것입니다. 교황은 전임 교황이 세우지 않고, 자신들의 임무보다 더 높고 위대한 임무에 교황을 임명하고 바치는 추기경들[93]이 세우는 것입니다.

---

[92] 고위 성직자들은 거의 설교를 하지 않았다는 것이 당시 거의 언제나 그들에 대한 불평의 일부였다.

[93] 1179년부터 교황 선출은 추기경단(College of Cardinals)의 주요 특권이 되었다.

제5장

앤드루스 주교와 대주교의 주장에 대하여

이제 옥스퍼드(Oxford)에서 같은 부류의 다른 것들 가운데 최근에 인쇄되었고, 그 제목에 앤드루스(Andrews) 주교의 조잡한 초고들에서 만들어졌다고 쓰여 있는[94] 어느 작은 논문에 등장하는 어떤 반대들에 관해 주목하게 됩니다. 그리고 확실히 그 글들은 조잡한 초고임이 틀림없습니다. 그의 친구들이 무슨 의도로 이런 얄팍한 사고를 학문으로 그토록 유명해진 사람의 이름으로 내놓았는지 놀라울 정도입니다. 12쪽과 23쪽에 그는 가장 악명 높게 그 자신과 모순되어 보입니다. 12쪽에서, 그는 우리에게 아론에게서 감독제가 나왔다는 주장에 대해 그리스도의 표상(type)[95]으로서는 어떤 논쟁도 하지 않겠다고 하고, 23쪽에서 그는 더이상 참지 못하고, 그의 성급한 인정(gratuity)을 후회하며, 그리스도가 육신으로 왔으므로 고위 성직자 속에 나타난 그의 형상(figure)이 끝난다고 말하는 것은 재세례파(Aanabaptist)[96]의 변절이라고 주장합니다. 그리고 그는 주장하기를, 그리스도가 성직자인 만큼이나 왕들도 이미 그와 닮은 모습을 보였다고 주장합니다. 이리하여 만일 그분의 탄생이 한 가지 표상을 없애버린다면,

---

[94] 논문의 영문 제목은 "Out of the rude Draughts of LANCELOT ANDREWES, late Bishop of *Winchester*"이다.
[95] 신학에서는, "type"를 예징(豫徵)으로 번역하기도 하는데, 특히 후세의 사건이나 인물의 전조로서의 구약성서 중의 사건이나 인물을 예징 혹은 예표라고 한다.
[96] 16세기 초, 독일에서 시작된 분파로서, 유아세례(infant baptism)를 부정하고 세례만을 주장하여 붙여진 명칭이지만, 개인과 하나님 사이에 국가적인 혹 종교적인 권위가 개입하는 것을 부정하여 성직자의 중재가 더이상 필요하지 않다고 주장했다.

다른 표상도 없어지게 된다는 것입니다. 일종의 놀라운 신학이며, 이 나라가 한 주교관구에 연간 6천 파운드를 치를 가치가 있다니요! 저는 그리스인 중에 그렇게 비싼 철학자를 읽은 적이 없는데, **히피아스**(Hippias)나 프로타고라스(Protagoras)도 아니고, 소크라테스학파(Socratick schoole)가 무보수라고 논박하여 유명해진 그 어떤 이도 그 정도는 아니죠.[97] 여기서 우리는 주교의 휘장(typet)[98]에 왕의 표상(type)을 꿰매 붙여서, 마치『변신 이야기』(*Metamorphosis*)에 나오는 **멜레아그로스**(Meleager)처럼,[99] 왕의 권한은 감독제의 횃불보다 오래 존속하지 못하는 것처럼,[100] 미묘하게 왕관에 시기심을 던지는 것을 보게 됩니다. 그러나 더 가능성이 있는 것은, 고위 성직자들은 그들의 좋은 날들이 오래 갈 수 없음을 두려워하며—그들 자신의 죄스러운 태도가 그들이 사실상 두려워하고 있음을 증언하므로—가장 거짓된 이런 신조로 왕의 마음을 사로잡음으로써 자신들을 위해 왕의 권력을 실제로 끌어들이는바, 이는 그들이 넘어질 때 전체적인 파멸 속에 넘어질 수 있다는 그 자신의 주장에 나타난 바와 같고, 잔인한 **티베리우스**

---

[97] 여기서 밀턴은 히피아스와 프로타고라스가 참여한『프로타고라스』(*Protagoras*)를 염두에 두고 있는데, 이 책에서 소피스트(Sophist)에 대해, "만일 당신이 그에게 돈을 주면 … 그는 당신을 그 자신만큼 현명하게 만들어줄 것이다"(310 E)라고 논평했다. 소크라테스는 보수를 받는 철학 스승인 이들을 보수 없이 논박한 것이었다.

[98] "유형"과 "휘장"의 영어의 동음이의어(pun) 익살이다.

[99] 『변신 이야기』 VIII, 451~456: "테스티우스(Thestius)의 딸이 출산할 때, 세 자매가 장작더미에 불을 지피고, 엄지손가락을 눌러 생명의 실을 자으며 말하기를, '오 새로 태어난 아기여, 우리가 그대와 이 나무에 똑같은 생존 기간을 부여하도다." *Ovid's Metamorphoses*, tr. F. J. Miller (London & New Yo가: Loeb Classical Library, 1939), I, 439.

[100] 주교들이 그들 자신과 함께 왕을 끌어내리자고 음모하고 있다는 밀턴의 주장은 분명하나 간접적이다. "잔인한 티베리우스(Tiberius)가 소원하는 바와 아주 같은" 목적에 부합하는 것이다.

(Tiberius)가 소원하는 바와 아주 같은 것입니다.

"내가 죽을 때 세상이 화염에 뒹굴게 되리로다."

그러나, 오! 주교님이여, 어디서 율법의 목적이 우리에게 그리스도를 왕으로 내놓는가요? 율법에 결코 의도되지 않았던 것은 율법의 일부처럼 결코 폐지될 수도 없습니다. 율법이 만들어졌을 때 왕은 없었으며,[101] 만일 율법 앞에나 율법 아래서 하나님이 어떤 왕 안에 특별한 예표(type)[102]를 내어 그리스도의 미래 왕국을 예고하려 한다면, 그것이 율법에 무슨 의미일까요? 의례적인 율법 전체는(예표는 다른 어떤 법에 있을 수 없으니) 그리스도의 제사장직이 갖는 화해하는 임무만을 이해하며, 이는 실질적으로 성취되었으므로, 율법과 제사장직은 저절로 쇠퇴하고, 일시적인 환상처럼 공중으로 사라지고, 왕의 권한은 어떤 전형에 의해 서거나 넘어지지 않습니다.[103] 우리는 세상 관료가 하나님이 주신 권위를 지니며, 하나님의 대리자로서 관료에게 순종해야 함을 인정합니다. 그러나 우리의 주장은, 왕을 하나의 표상으로 만드는 것은 남용하는 서투른 발언이며, 도덕적 견고성을 의례적인 그림자로 만든다는 것입니다. 그러므로 당신이[104] 주장하는 왕과 사제의 전형적인 사슬은 연결이 안 됩니다. 그러나 사제의 표상은 그리스도의 왕림으로 제거되지 않았나요? 윈체스터

---

[101] 밀턴이 믿기엔, 율법은 모세에게 계시되었고, 유대인의 첫 번째 왕 사울(Saul)왕 때 완성되었다는 것이다.
[102] "특별한 예표"란 신약의 그리스도를 미리 예시하는 구약의 인물을 말하며, 다윗이 흔히 그렇게 여겨졌다. 그래서, 율법의 대부분은 그 목적이 하나님의 노여움을 진전시키는 것이므로, 그리스도의 속죄를 예시하는 옛 율법을 상징한다.
[103] "예표"는 그것이 예시하는 사건이 지나가 버린 후엔 의의가 없어진다는 뜻임.
[104] 감독제를 옹호하는 앤드루스 주교를 가리킴.

(Winchester)의 유명한 프로테스탄트 주교는 말하기를, 아니요, 그렇지 않아요 라고 합니다. 그리고 그렇다고 말하는 자는 재세례파라는 겁니다. 독자들이여, 당신들은 어떻게 생각하는지요? 당신들도 그를 이해하지 못하나요? 여기서 고위 성직자가 아직 하나님께 제사를 드린다(sacrifice)는 것 외에 무슨 정보를 얻을 수 있을까요? 독자들이여, 그를 상상해 보세요. 그는 미사를 집전할 겁니다(missificate).[105] 그들의 제단은 사실상 아름다운 진취성에 있었던 것입니다. 이 같은 주장들에 따라 그들은 그들이 미사(Masse)용으로 주조한 송아지를 다시 세우고 있었으며, 그들의 위대한 고위 성직자로 교황을 세우고 있었습니다. 만일 사제의 표상이 있다면, 그것은 하나의 교황 정도는 될 것입니다. 이것은 결코 그리 은밀하진 않지만, 의심의 여지 없이 그가 취하는 방향성입니다. 그렇습니다만, 사도 **바울**이 그를 인정해서 분명해진 것처럼, 그런 특징 외에도, 고위 성직자에게는 뭔가 다른 것이 있습니다. 「신명기」(*Deuteronomy*) 제17장에 보면, 당대의 용무에서 많은 것이 의례적인 세세한 일과 연관되어야 했으므로, 세속적 재판관들에게는 너무나 어려운 문제에서 이런 권위가 제사장에게 일어났으며,[106] 그들의 동료 관료들을 제외하면, 함께 논의할 **우림**(Urim)[107]의 신탁을 지닌 제사장들에게 물어보라는 요구가 있게 되었다 해서 놀랄 바가 아닙니다. 그리고 고위 제사장 **아나니아스**(Ananias)[108]가

---

[105] 제사(sacrifice)은 유대교 제사장의 주요 기능이고, 미사는 하나의 제사이기 때문에 그렇다.

[106] 「신명기」 17: 8~12. 유대인들에게 "판단하기에 너무 어려운 일이 생기거든" 제사장과 레위 사람에게 나아가라고 했다.

[107] [성서] 우림(Urim)과 둠밈(Thum·mim)은 재판을 행하는 유대의 사제가 신탁(神託)을 받기 위하여 가슴받이 속에 넣었던 것으로서, 보석 또는 금속으로 추정됨. 「출애굽기」 28: 30 참조.

[108] 「사도행전」 5: 1~5에 나오는 거짓말쟁이 아나니아(Ananias)나, 9: 10~18에서 바울

그의 제사장적 권위의 한계를 침범하지 않았는지, 혹은 그가 권위를 옳게 사용했는지, 그때는 사도 **바울**이 논쟁할 때가 아니었습니다. 그러나 만일 이 사건이 성직자에게 감독권을 주장할 기회라면, 그것을 모든 성직자에게 공동으로 부여해야 합니다. 왜냐면, 하나님이 **우림**의 판단력을 부여한, 신중하고 학식 있는 성직자에게서 더 신속하게, 모든 고위 성직자를 합친 것보다 더 충분히 자주, 해결책을 발견할 수 있는데도, 궤변가(Dunce)[109] 성직자에게 어렵고 미묘한 망설임 가운데 조언을 구하는 것은 큰 어리석음일 것이기 때문입니다. 그리고 이제, 하나님이 복음서에서 이런 신탁 같은 법의(ephod)[110]의 특권을 모든 목사에게 똑같이 허용한 것입니다. 그러므로, 성직자들의 불균등의 이유는, 앞서 말한 바와 같이, 이제 그들 개인에게서 그리고 그들의 대표적인 임무에 있어서 사실상 모두 폐지되었기에, 이 지위에서 레위 지파의 방식으로 상속될 수 있는 어떤 감독 권한이든, 복음서의 성직자들을 보면 다른 모든 점에서 그들이 대등함을 알 수 있으므로, 그 권한은 균등하게 전해져야 합니다. 그러면, 하나님은 **아론**(Aaron)이 가도록 하는 데 결국 만족하며, **엘리사**(Eleazar)는 우수한 자들 가운데 우수한 자로서 자기 차례를 감당할 겁니다.

에게 세계를 준 아나니야가 아니라, "바울 곁에 서 있던 자들에게 그의 입을 치라"고 명령한(23: 2) 고위 성직자를 가리킨다.

[109] 얼간이라는 뜻이 아니라, "교활한 궤변가"(a subtle sophistical reasoner)를 뜻한다 (*NED*). 16~17세기에 "John Duns Scotus"에서 유래한 "Duns"는 그 교활한 박사의 추종자나 그의 저서 중 한 권을 가리키는 등, 다양하게 적용되었다. 항상 대문자로 시작하여 조롱하거나 정죄하는 의미로 사용했다.

[110] 유대인 제사장이 입었던 법의로서, 고위 제사장의 것은 보석으로 화려하게 장식되었고, 낮은 계급 제사장의 것은 단순한 아마포로 된 것이었으며, 열두 지파의 이름이 수 놓인 것이었다(출애굽기 24: 6~14). 법의는 신약에서 언급된 적이 없으며, 밀턴은 여기서 모든 성직자에게 부여한 능력을 가리킨다: "그분(하나님)께서 또한 우리를 새 상속 언약의 유능한 사역자로 삼으셨나니 율법 자구는 죽이되 영은 생명을 주느니라."(고린도후서 3: 6).

그러나 이제 아론의 시대에 그리스도의 예표는 없어집니다. 오, 잔돈이라도 얻고자, 어떤 고안물(figment)[111]이나 망상으로나 파고들려는 그대여! 그러나 이 모든 게, 비록 어떤 제2의 손을 빌려[112] 왜곡과 수정으로 교묘하게 세탁되더라도 그 왜곡과 수정은 성공하지 못할 겁니다. 그러므로, 매년 가장 거룩한 지성소에 들어서는, 그리고 이처럼 우리 구세주를 더 직접적으로 나타내는 그러한 고위 성직자에게 의존하는, 어떤 특별한 한 분에게서 그리스도의 전형을 들어 보십시오. 그러나 아론의 모든 계보로도 그의 만족스런 전체 임무를 겨우 닮을 정도입니다.[113] 그리고 성직자들 모두 혹은 어떤 이도, 최고 성직자와 관계없이 개별적으로 보면, 무생물 덩어리일 뿐 아무 의미도 없습니다. 이는 수백 명의 성직자가 수차례 반복하여 예시해야 도달할 수 있었던 것을 즉각 한 인물 안에서 성취했던 그리스도의 희생의 탁월성을 보여줍니다. 거기에 다른 어떤 차이점이 그들 자신 사이에 있는지, 그것은 많은 특권을 제공할 수 있는 육적 봉사의 상황과 더불어 그들의 태생과 가족의 위엄에 달려있다고 우리가 추측해도 무방합니다. 그리고 이것이 주교가 율법을 모방함으로써 감독제를 위한 구실을 만들고자 끌어모은 것의 합계라고 저는 받아들입니다. 사실상, 만일 그런 일이 일어나면, 그것은 더욱이 교황정치(Popedome)[114]를 암시할 것입니다. 주교는 많은 다른 방식도 시도하는데, 마치 그가 사도 바울이 「디모데서」에서[115] 우리에게 경고하는 인물인 것

---

[111] 페어로서의 의미는 주조하거나 고안한 것, 발명해낸 이미지나 상품을 말한다.
[112] 여기서 "제2의 손"은 어셔의 것으로 추정된다.
[113] 밀턴은 주교들의 관점을 조롱하고 있다. 분명히, 세상의 모든 제사장은 "그의 전체 만족스런 직무를 닮을 수" 없을 것이라는 말이다.
[114] Popedom의 고어 표현임. 로마 교황의 직, 관구, 권한 혹은, 교황령(領)이나 교황정치를 뜻함.
[115] 「디모데전서」 1: 14은 앤드루스가 그의 논문에서 포함한 초대교회 주교들의 명부

처럼 족보를 끝없이 과시해 자기 입장을 강화합니다. 그러나 너무 활력이 없어서, 그가 많은 사람을 자기 명분으로 끌어들일까 두렵진 않지만, 유명 인물에 정신 나간 이런 사람들은 믿음이 너무 약하거나 너무 즉흥적입니다. 그러므로, 호흡이 육체에서 완전히 나갔을 때, 다리를 부러뜨리지 않고 그다음 단계로 넘어간, 십자가를 수행한 로마 군인에게서 발견되는 그 많은 신중함을 배우기를 저는 거부하지 않을 것입니다.[116] 아마의 대주교는, 그의 논문 시작에서,[117] 「이사야」(Isaiah) 66장에 선포된, "나는 그들 중에서 취하여 제사장과 레위 사람으로 삼으리라. 주가 말하노라."[118]라는 말씀 구절에 편승하여, 주님의 날이 안식일을 계승했듯이, 이 문건에 의하여 율법에 나온 자들을 계승하여, 복음서의 성직자들 사이에서[119] 우월한 모습을 확정 짓고자 합니다. 그러나 분명히, 만일 이 방법이 기독교적 시간과 정확한 대응에 대한 예언적인 구절들을 해석하는 것으로 인정될 수 있다면, 우리가 안식일 대신 지키는 주일처럼,[120] 새로 뜨는 달에 해당하는 월정 행사도 동일하게 준수해야 한다고 할 수도 있습니다. 왜냐하면, 23절에서 이사야 선지자는 제사장과 레위 사람들에게 한 것처럼, 그들을 동일한 방법으로 이렇게 규합하기를, "주가 말하노라. 월삭부터 다음 월삭까지, 안식일부터 다음 안식일까지 모든 육체가 내

를 암시한다.

[116] 「요한복음」 19: 31~34. 십자가 위에서 숨이 나간 그리스도의 다리를 부러뜨리기를 삼간 군인을 언급한다.

[117] Ussher, "The Originall of Bishops and Metropolitans" in CBT를 가리킴.

[118] 「이사야」 마지막 장인 66장 21절 말씀이다.

[119] 어셔는 주장하기를 (CBT, p. 52), "구약의 교회 정부는 제사장과 레위 사람들에게 위임되었고, 신약의 성직자들은 그들을 이제 계승한다."

[120] 어셔는 "우리의 주일에 했던 것과 같은 식으로"라고 말한다(CBT, p. 52). 물론, 안식일은 원래 토요일, 일곱 번째 날이다.

앞에 나아와 경배할 것이요."라고 하니까요. 의심할 여지 없이, 우리가 안식일과 다른 종교적 월정 행사를 엄숙하게 거행해야 한다는 것도, 교회 계급의 어떤 특정 형식도 다른 것에서 유추될 수 있듯이, 똑같은 유용한 중요성을 띠고 여기서 주장될 수 있습니다. 이것이 차라리 본문의 합당하고 자연스러운 의미로 보일 것인바, 하나님이 그들 중에서 취하여 제사장과 레위 사람으로 삼을 것이라고 함은, 비록 이방인(Gentiles)이라도[121] 교회에서 어떤 역할을 할 자격이 없다고 평가하지 않고, 그 나름으로 제사장과 레위 사람을 그렇게 했듯이, 그들을 온전한 성직자로 만들 수 있는 것입니다.[122] 그리고 **앤드루스** 주교 자신은 그 논쟁을 끝내고자, 그의 상기한 책[123] 24쪽에서 인용된 구절에 대한 솔직한 해설을 보내온바, 하나님이 제사장과 레위 사람이라는 법적 명칭으로 우리의 성직자와 집사를 의미한다고 확실하게 결론을 내립니다. 그 정직한 자백이든 그의 펜의 실수든, 이에 대해 감사를 표하며, 그리고 더욱이 이 논문들을 한 권으로 만든 분에게 감사하는데, 이분은 두 학식 있는 사람들의 모순을 그렇게 가깝게 모으면서도, 출판을 예상하지는 못한 분입니다. 신구약의 성직자들 사이의 유사성을 입증할 다른 어떤 추론이나 유사성이 사도 **바울**에게서 인용되는지, 그들의 근력을 시험했기에, 저는 그들이 우리의 명분에 해를 끼치지 못하고 지나갈 수 있다고 판단합니다.

---

[121] 「이사야서」 66장 21절에 이방인들에게 제사장과 레위인으로 삼겠다는 분명히 약속하고 있으며, 19절에는 "그들이 나의 영광을 열방에 선포하리라"라고 한다.
[122] 밀턴의 의미는, 만일 이방인이 이스라엘의 제사장이 될 수 있다면, 그 계급이 어떤 신실한 성도에게서도 "어떤 역할을 할"(undergo any function) 권한을 박탈할 수 없으리라는 것이다.
[123] *CBT*, p. 24 참조. "하나님 자신이 이장인들 아래 있는 그리스도 교회에 대해 말하기를, 그는 열방에서 택하여 제사장과 레위인으로 삼겠다고 했고(레위기 66: 21), 거기서 법적 호칭으로 장로와 집사라 부를 것이다."

그래서, 우리는 감독제가 율법에나 복음서에서나 근거를 갖지도 가질 수도 없음을 기억할 수 있으며, 그런 주장은 그것의 명확성을 위한 탐구의 문제가 아닌 시각의 문제이므로, 저는 임의로 생략합니다. 고위 성직자들이 그들의 위계질서를 율법의 모랫바닥 위에 세우고자 고수한 진지한 욕망은,[124] 율법의 권위에 의해 높은 지붕을 떠받친다고 알고 있는 그들의 조그만 확신이, 이를테면, 사도들의 성서가 거절하고 유대인들 사이에서도 성역을 찾게끔 내몰린다는 것을 충분히 보여줍니다. 그런고로, 앞서 언급된 대주교의 그 공개적인 자백, 즉 "감독제의 기초는 구약성서에서 하나님이 규정한 양식에서 일부 끌어왔고, 그리고 사도들이 거기서 끌어들인 그 양식의 모방에서 일부 끌어들인 것이다."[125]라는 주장은, 이런 입장보다 신학에서 더 부패한 것은 아무것도 없는바, 감독제는 일부 신성한 제도이고, 일부 인간 자신이 고안한 것이라고 말하는 것과 완전히 같은 것입니다. 사도들이 이미 가져온 것보다 더 많은 것을 율법의 표상에서 가져올 권한을 누가 주었단 말입니까? 그들이 대체 아무거나 가져왔다 해도, 아무도 주지 않았음이 입증되었는데 말입니다. **여로보암(Jeroboam)**[126]의 감독제는 일부 율법의 표상에서, 일부 그 자신의 세속성에서 끌어온 것이었습니다. 패거리 색깔과 패거리 회원으로 된 감독제인데, 이것이 이상하지 않다면 뭐겠습니까? 그러므로 고위 성직자 가운데 다른 이들은 구약으로의 더러운 퇴보를 잘 참지 못하거나, 이를 정당화하고자, 주교와 목사(presbyter)[127]의 호칭과 임무가 처음엔 같았으며, 성경에

---

[124] 모래 위에 지은 집의 비유는 「마태복음」 7: 26~27을 참조할 것.
[125] CPT, pp. 51~52.
[126] 솔로몬이 사망하고 나라가 분리된 후, 북부 이스라엘의 최초의 왕(「열왕기상」 11: 26, 34~35)이었던 여로보암은 본래 제사장은 아니었으나, "누구든지 원하기만 하면 그를 구분하여 산당들의 제사장들 가운데 하나로 삼았으므로"(13: 33) 그러하단 것이다.

어디에도 구별되지 않는다는 점을 드디어 솔직하게 자백을 하게 됩니다. 이 점을 그 항의자(Remonstrant)¹²⁸가 그의 『변명』(*Defence*)¹²⁹의 첫 장과 마지막 짧은 『응답』(*Answer*)¹³⁰의 서문에서 인정하고 있습니다. 그러나 모든 종교전통을 통해서 그리고 가장 오랜 시대의 감독제에서도 그런 평등이 허용된 것을 우리가 발견하는바, 그가 그 점을 인정하든 말든, 무슨 관심거리가 될 필요가 있을까요? 교부 가운데 가장 학식이 높은 히에로니무스(Jerome)¹³¹는 속담에서 폭군이라고 불리는 관습만이¹³² 감독제의 시원이라는 그의 견해를 숨기지 않습니다. 그의 대담한 솜씨 아래, 교회는 목사들이 공동으로 다스렸으며, 이것이 확실한 진리로 평가받게 되어, 그라티아누스(Gratian)가 편집한 교황의 교회법에서 하나의 법령이 될 정도였습니다.¹³³ 캔터베리의 대주교 안셀무스(Anselme)도 역시 그의 감독제 주장을 내세우고자 자기 나라의 배신자가 되었지만,¹³⁴ 「디

---

¹²⁷ 초대교회의 장로를 가리키기도 하지만, 여기서는 감독교회의 목사를 가리키며, 감독교회의 주교와 목사는 같은 성직자지만 계급이 다르다.

¹²⁸ 항의자(Remonstrant)는 첫 글자를 대문자로 표기하여, 네덜란드 개혁파 교회의 아르미니우스 신도를 뜻하기도 하지만, 여기선, 홀(Hall)을 가리킨다. 이것이 이 산문에서 스멕팀누스 논쟁에 대한 밀턴의 유일한 직접적인 언급이다.

¹²⁹ "A Defence"(1641년 4월 12일) 참조. "성경의 원래의 권위 안에서, 주교와 목사는 원래 동일하게 통했다 ... 분명히 인정되는 것은 "처음에 그들의 부류에 명백한 일치가 있었다."

¹³⁰ 1641년 1월 28일로 등록된 「짧은 답변」("A Short Answer")을 가리킴.

¹³¹ St. Jerome(331?~420): 라틴어 불가타(Vulgate) 성서의 중심 번역자였고, 기독교의 거의 모든 주제에 대해 글을 쓴 저작가였다.

¹³² "관습은 폭군이다"(Usus est tyrannus)라는 라틴어 격언을 말한다. 근거는 알려지지 않았다.

¹³³ Edward Dering, A Collection of Speeches (1642), p. 35: "교회법 학자인 그라티아누스는 평신도가 특별히 믿음을 다루는 이런 회의들에 참석하도록 허용한다."

¹³⁴ St. Anselm(1033~1109): 형이상학자이며 캔터베리 대주교였고, 주교와 가톨릭에 대한 밀턴의 증오가 이처럼 부당한 주장을 하게 했다. 대주교 시절, 사실상 그는,

도서」(Titus)와 「빌립보서」(Philippians)에 대해 논평을 하며 원본의 명확성을 들어 히에로니무스와 교회의 예배지침(Church Rublics)[135]이 이전에 인정한 것을 인정합니다. 그는 종교개혁의 잡초제거용 낫이 두 시대(ages)가 지난 후[136] 그의 영광스런 양귀비를 잘라내서 좋은 곡식을 모독하지 못하게 하리라곤 꿈에도 상상하지 못했습니다.[137] 비록 그 이후지만, 우리 영국의 고위 성직자 중 몇이, 그들 자신이 성경을 제시하도록 강요받는다는 걸 알고서는, 만일 신약이 그들에게 도움이 되지 않는다면, 죽은 성직자의 삶에 맞추어 그려낸 일종의 가짜 주교를, 마치 밀랍으로 만드는 것처럼, 그들 자신의 머리에서 고안해내려고 그들의 모든 잔재주를 부려보는 겁니다. 혹은 달리, 그들은 일곱 천사의 집단적인 알레고리를 왜곡하여 일곱 백색제의(祭衣, Rochets)[138]를 만들어냄으로써 어떤 비유적인 고위 성직자를 기꺼이 만들어낼 것입니다.[139] 그렇지만, 관습이 감독제를 만들어냈다고 여겨지기에는, 그것이 장로들의 교회 정부보다 덜 오래된 것이므로, 수많은 시대에 걸친 주교의 얘기를 우리에게 들려줄 기회를 그들에게 주는 것은 아주 어리석은 것입니다. 그리고 만일 그들의 지루한 인용, 관구 및 계승의 나열에 반대하여, 성경의 명백한 지시에

교황에 의하여 금지되었던, 평신도(특히 왕)에 의한 주교와 대수도원장의 수임에 대해 크게 반대했던 것이다.

[135] 지침(rublic)은 예배 의례의 다양한 부분을 어떻게, 언제, 어디서 행해야 하는지를 보여주는 예배서의 "지침(direcions)"이다. *New Schaff-Herzog Encyclopedia*, ed. Samuel M. Jackson (13 vols., New York, 1908~1914), X, 107.

[136] 안셀무스는 1109년 사망했고, 종교개혁은 1517년 10월 루터의 논문으로 시작되었다고 할 수 있으므로, 한 시대를 200년으로 계산했다고 할 수 있다.

[137] 「마태복음」 13: 24~30에 나오는 가라지 즉 독(毒)보리와 밀의 비유 참조.

[138] 비유적으로 주교나 감독을 나타냄.

[139] *CBT* (Ussher), p. 65: "일곱 교회의 천사들은 사도들 다음 시대에 교부들에 의해 주교라고 불렸던 바로 그자들이었다."

거부하는 도박이나 교회의 종교전통은 둘 다 똑같이 바보의 주장이라고 대답한다면,[140] 그들은 그들의 대답이 있습니다. 우리는 차라리 하나님의 말씀 앞에서, 어찌하여, 그리고 무슨 구실로, 어떻게 추측하여 그들이 감히 각양각색의 일관성 없는 사람들이 아닌 사도들이 교회 안에 확실하게 세워놓은 신성한 성직 제도를 감히 변경하려 하는지, 그리고 왜 그들이 관습과 목록에 따라 살고자 하는지, 혹은, 사도 **바울**이 말하듯이, 믿음에 따라서가 아니라 시각과 가시성에 따라 살려는지, 하나님의 말씀 앞에서 죄상을 밝히고자 모든 시대를 인용하고자 합니다. 그러나, 우선, 제가 그들 자신의 입에서 결론 내리는 것은, 분명히 교회 정부의 일차적이고 가장 위대한 이유가 되어야 하는 성경에 나타난 하나님의 명령에는 감독제가 없다는 것입니다. 그리고 분명히 이렇게 이유 없음이, 감독제를 선호하여 끌어들일 수 있는 모든 다른 핑계를 논박하기에 그 자체로서 충분하다고 결정해줄 만한 충분한 증거가 그리스도의 교리 안에 있다는 것입니다.

---

[140] 둘 다 아무것도 증명하지 못하므로 바보의 주장이다. 이런 착상은 격언집에 나오진 않지만, 분명히 격언 투이다.

제6장

감독제는 겉으로 내세우듯 분파를 예방하고자 세워진 것이 아니며, 혹은 만일 그렇다면 처음 세워진 목적을 수행하는 것이 아니라 그 반대임.

그러나 이런 주장은 피상적인 이유의 겉모습이며, 우리가 아는 피상적인 사물은, 그럴 듯하게 들리지 않는 가장 견고한 진리에도 저항하는 인간의 경박성과 약함과 더불어 작용하는 경향이 가장 크기에, 보다 연약한 기독교인을 위하여, 감독제 지지자들이 내세우는 이런 두 번째 이유가 어떤 중요성이 있는지 검토해 볼 가치가 있다고 생각합니다. 그들이 말하기를, 분파가 늘어가는 것을 방지하고자 주교가 일반 목사 위에 놓였다고 전통이 그들에게 가르쳤다는 것입니다.

그러면, 전통은 항상 이렇게 세상 끝까지 하나님의 명령을 먹어치우는 영원한 자벌레가 되어야 합니까? 솔론(Solon)이나 리쿠르고스(Lycurgus)[141]의 법령은 수많은 시대에 이르기까지 영속적으로 훌륭하다고 입증되는데, 하나님의 계명은 40년이[142] 지나자 결함이 있고 잘못 만들어졌으며, 그리고 변경될 절실한 이유가 발견될 정도로 신중치 못하고 경박스러운가요? 우리의 구세주와 그분의 사도들은 분파를 예상했을 뿐만 아니라 우리가 찾도록 예고하고 미리 경고했습니다.[143] 분파에 기울거나 혹은 다른 정부들보다 분파에 반대할 능력이 없는 정부를 유순한 교회 안에 세우

---

[141] 솔론은 기원전 6세기 아테네 아홉 통치자의 하나인 집정관(archon)으로서 아테네의 법 제도의 많은 개혁을 촉진했고, 리쿠르고스는 기원전 9세기경의 고대 스파르타의 입법자로서 모든 법을 바꾸고 모든 국민이 법을 준수하게 했다.
[142] 사도들이 사망할 때까지의 사도의 시대 40년을 말함.
[143] 「누가복음」 12: 51~53, 「로마서」 16: 17~19, 「요한2서」 1: 5~15 참조.

는 것이, 하나님의 지혜나 적어도 사도의 신중성에 비추어 볼 때, 가능한 일인가요? 분파는 그리스도의 가정 안에서조차,[144] 그 자신의 제자들과 세례 요한(John the Baptist)의 제자들 사이에서, 금식에 관해 얼마나 대담하게 숨어 있는 것이었는지 잘 알려졌습니다. 그리고 「사도신경」(Acts)의 첫 부분에서 분파의 잡음이라는 홍수가 복음의 선포를 거의 물에 빠뜨릴 정도였으나,[145] 우리는 성경에서 고위 성직자를 만들 생각이 있었다는 내용을 찾지 못하며, 의견대립이 극심한 경우에도 그런 내용을 찾지 못합니다. 만일 감독제가 그때 분파에 대한 처방으로 여겨졌다면, 사도 바울이 화해시키려고 그토록 애썼던 고린도인들(Corinthians) 사이의 그 큰 불화에서보다 더 필요한 경우가 어디 있었을까요?[146] 그리고 누구의 눈이 그의 눈보다 더 빨리 가장 적절한 처방을 발견할 수 있었을까요? 그리고 그 처방을 빨리 하는 것보다 무엇이 그 처방을 더 효과적으로 만들 수 있었을까요? 그리고, 마지막으로, 우리를 가르치기 위해 쓰는 것보다 무엇이 더 필요했을까요? 그렇지만 우리는 그가 그것을 우리에게 명령하지도 자신이 사용하지도 않았음을 발견합니다. 동일한 분열이 거기에 있었거나 아니면 사도 바울의 사망 후 20년 이상 지나서 다시 분출하므로,[147] 우리는 그때도 분파적인 고린도 사람들(Corinthians)에게 쓴, 존경스러운 권위의 클레멘스(Clement)의 서간에서,[148] 그들이 여전히 성직자들(Presbyters)[149]

---

[144] 「마태복음」 9: 14~17, 「마가복음」 2: 18~22, 「누가복음」 5: 33~35.
[145] 「사도행전」 5: 9~23, 11: 1~18 참조.
[146] 「고린도전서」 1: 10~11, 3: 3, 11: 18 참조.
[147] "네로(Nero)의 박해는 서기 64년에 있었고, 바울은 이에 희생자가 되었을 것이다." *Encyclopedia of Religion and Ethics*, IX, 692.
[148] Clement는 Clemens의 영어식 표기이다. 로마의 세 번째 주교로 여겨지는 클레멘스 1세(Clement Romanus)의 두 서간(106년경)은 1633년에 발견되었고 옥스퍼드에서 출판되었다. 여기 언급된 고린도 사람들에게 쓴 것은 첫 번째 서간이다. 클레

의 다스림을 받았다는 것을 발견합니다. 그리고 박식한 **살마시우스**(Salmatius)¹⁵⁰의 최근 노력의 결실로서, 『헤르마스』(*Hermas*)¹⁵¹에 나오는 다른 교회들과 사도들의 여러 제자들에 대해서도¹⁵² 같은 모습이 나타납니다. 그러나 사도 **바울**의 제자인 이 훌륭한 클레멘스 1세는, 비록 그들에게 분파를 집어치우라고 썼지만, 장로교 정부를 감독제로 바꾸라는 충고는 하찮은 말 한마디로도 하지 않았습니다. 그러므로 만일 하나님이 그 후 이런 감독제의 봉기를 제시하거나 허용했다면, 이스라엘 사람들에게 왕을 준 것처럼, 그가 노하여 그렇게 했다고 두려워해야 할 것입니다.¹⁵³ 그가 손수 선택한, 일단 설립된 정부를 어찌 좋은 의도로써 변경할까요?

멘스 1세는 "그리스도의 양 떼는 성직자들의 보살핌을 받으며 평화로운 관계로 살아야 한다."고 주장한다. *Apostolic Fathers*, tr. Kirsopp Lake (2 vols., London and New york, Loeb Classical Library, 1945), I.1 Clement, xliv, 5.

149 교회 회중 가운데 교회를 다스리는 원로격인 장로들을 말한다. "Presbyter"는 "목사"라고도 번역을 하지만, 초대교회의 장로 혹은 감독 교회의 목사(priest)를 뜻하며, 사실상 목사라는 의미만 갖는 "pastor"나 "minister"의 개념과 달리 장로교회에서 목사와 장로를 포괄하는 성직자의 개념이다. 그러나 주교 역시 성직자에 포함되므로 주교와 하위 성직자를 구분지어 말할 때는 "presbyter"는 장로교의 경우에는 목사, 영국 국교회의 경우에는 감독이라고 번역해야 적합할 것이다.

150 Claude de Saumaise(1588~1653)을 말하며, 현대영어 표기로는 Salmasius이다. 여기서 언급된 살마시우스의 저서는 *De Episcopus et Presbyteris* (Leyden, 1641; NYPL)이며, 그는 성경과 교부를 인용하며 목사(장로)와 주교는 원래 동일했음을 증명한다. 이 시점에서 밀턴은 그를 반감독제 논쟁의 우익에 선 위대한 프로테스탄트 성직자로 여겼지만, 나중에 그들은 서로 적대자가 된다.

151 『헤르마스의 목사』(*The Pastor of Hermas, ca.* 145 A.D.)는 노예 출신 헤르마스에게 허용된 다섯 가지 환상들로 구성되며, 열두 계명과 열 가지 우화가 뒤따른다. 신약성경 일부로 포함될 정도로 초대 기독교의 경건서로 아주 평판이 높았다. 제2부에 분명히 주교의 통치가 아닌, 느슨한 형태의 민주주의를 보여주는 교회 정부에 대한 몇 가지 암시가 있다.

152 즉, 열두 사도에 의하여 개인적으로 가르침을 받은 것으로 추정되는 자들을 말함.

153 「사무엘상」 6장 참조.

하나님의 명령보다 이처럼 선호한, 인간의 뇌가 해낸 이런 희귀한 고안이, 인간적인 지혜가 하나님과 상의하지 않고 곧잘 하는 것 이상으로 더 큰 성공을 거두었는지 눈여겨보십시오. 그것이 분파를 제거하는 것과는 너무 거리가 멀어서, 만일 분파가 회중을 전에는 분리했다면, 이제는 찢고, 난도질하고, 격노하게 합니다. 이단은 이단을 낳는데, 동시에 태어나고 출산하는 그녀(이단)의 탄생에서, 확실히 이상하게 임신을 서두릅니다.[154] 경쟁은, 전에는 형제적이었으나, 이제 적대적입니다. 사람들은 그들이 막사를 친 전장에 가듯이 주교를 선택하러 갔고, 그의 선거일은 한 도시의 포위와 같았고, 때로는 수천 명의 유혈사태로 끝났습니다.[155] 이런 현상은 급진주의자뿐만 아니라 같은 신앙을 가진 자들, 즉 독실한 신자들(confessors)[156] 사이에서도 있었으며, 더구나 에우세비우스(Eusebius)가 그의 여덟 번째 책에서 쓰기조차 역겨웠다고 말할 정도로 너무나 밉살스러운 야망이었던 것입니다.[157] 그러나 에우세비우스 당시에는 그 이유가 모호하지 않았으며, 교구 성직자의 빈약한 품위나 오히려 부담스러움이 어떤 큰 당파의 마음을 끌지 못하거나, 그것을 치명적인 불화로 끌어가진 않았습니다. 그러나 감독제는 그 정도로 영향력이 있었고, 만일 그 선거가 교구민에 의한 것이었다면, 교회 안에서 빈번히 어떤 파당이나 분란의 원인이 되었던 것입니다. 그러나 만일 감독제의 위엄이 어떤 군주의 호의에서 나왔다

---

[154] 이단은 이단을 너무 빠르게 낳으므로 태어나는 이단은 즉시 다른 이단들을 출산한다는 의미임.
[155] 밀턴이 과장하고 있다. 초대교회의 최고 권위자인 에우세비우스(Eusebius)가 남긴 수많은 주교들의 기록은 심각한 문제점을 거의 언급하지 않고, "수천 명의 유혈사태"는 결코 없었다.
[156] 교회 언어로, 박해와 고문에도 불구하고 신앙을 지키는 자들을 말하며, 이런 의미로는 종종 대문자 머리글자를 사용하여 "Confessor"라고 표기함.
[157] *Church History*, VIII, I, 7; ii, 4.

면, 그것은 그 시점부터 그 군주의 피조물이고, 그것이 옳든 그르든, 당당히 그 군주의 목적에 흔쾌히 순응했습니다. 그리하여, 감독제를 분파나 파당을 탄핵하는 자로 알게 되는 대신, 조사를 하면 할수록, 점점 더 분파와 그녀(감독제)는, 부의 반지를 낀 것처럼, 함께 묶이고, 결코 분리되지 않게 되리라고 오히려 확신하게 됩니다. 그러나 여기서 모두 하늘의 명령을 감히 수정하려고 하는 인간의 당돌한 오만과 만나는 하나님의 정당하고 두려운 심판을 지켜봅시다. 하나님은, 인간의 분쟁 때문에,[158] 그분의 사도들을 통하여, 집사들의 자비롭고 언제나 분배하는 역할, 거룩한 의연금의 청지기와 관리자를 교회로 배출했습니다. 인간은, 평화와 통합의 가식적인 보살핌에서, 그리스도의 뜻을 바로잡겠다는 불경한 대담성의 덫에 걸렸기에, 멸망과 배교의 대립적인 분파, 즉 로마의 적그리스도를 교회 위에 있는 자신에게 끌어들였습니다. 교황을 높이는 일이 감독제를 이유로 일어났다는 것은 부정할 수 없기 때문입니다. 그리고 제가 앞서 지적한 바와 같이—주임 사제를 없애면 나머지는 송장일 뿐이기에—복음서에서 제기된 고위 성직자의 전형은 대주교보다 교황을 더 타당성 있게 세웁니다.[159] 만일 감독제가 수석주교(Primat)[160]에 이르기까지 여전히 오르고 또 오르는 체계가 있다면, 그것이 거기에 머무를 이유가 있을까요? 가톨릭 정부가 왕국의 분리를 따르지 않을 것이며,[161] 성당은 전체 교회를, 고위 성직자는 전체 머리를 대표하기 때문입니다. 그래서 여기서

---

[158] 「사도행전」 6: 1~6 참조. 원문엔 "strife"이나 성경 내용을 보면, "그리스 말하는 사람들이 히브리 사람들에게 불평"을 터뜨렸으며, 이에 "평판이 있는" 일곱 사람을 택하여 자선을 베풀게 했다.

[159] 주교에 반대하는 가장 흔한 주장 가운데 하나임.

[160] 현대영어 표기는 Primate임. 수석주교(Primat)는 영국 국교회 대주교(Archbishop)의 명예 칭호임. 가톨릭에서는 수석(首席) 대주교를 가리킴.

[161] 교회는 국경에 의하여 제한받지 않을 것이라는 뜻임.

제가 관찰하는 것은, 만일 분파를 진정시키기 위해, 한 나라나 군주국 안에, 지방의 대주교직에서 전국 대주교직으로 올라가는, 감독제의 한 우두머리가 있어야 한다면, 분파를 억제하는 더 좋은 기반 위에 하나의 보편적인 교회(catholick Church)[162]를 다스리는 하나의 보편적인 수장(catholic head)도 세울 수 있다는 것입니다. 교회의 평화와 선은 한두 왕국의 분리 없는 상태에 한정되는 것이 아니라, 모든 개혁 기독교 국가의 합동과 협의에 의하여 제공되어야 한다는 것입니다. 모든 논쟁은 하나의 대주교나 프로테스탄트 교황(Protestant Pope)의 최종적인 선언이나 교회법으로 끝날 수 있을 것입니다.[163] 제가 알기로는, 비록 이런 방식으로라도, 분파의 모든 지름(diameters)[164]이 모여 하나의 거대한 거짓의 중심에 꿰매지는 것이나 마찬가지일 것입니다.

이제 모든 공정한 사람이, 고위 성직자들이 있어야 할 이 두 가지 주요한 이유가 어떤 좋은 추론에 근거한 것인지 판단해봅시다. 고위 성직자는 필연적인 결과로 이어져서 그들 자신보다 교황을 위해 더 많은 것을 만들어내며, 더 급소를 찔러 얘기하자면, 오히려 프로테스탄트를 가장하며 동일한 죄의 인간(Man of Sin)의 옛 세력과 권력이 아니라면, 그 안에 새로운 하위 적그리스도를 키우기 위한 자궁 자체입니다. 그것은 분파를

---

[162] 원문의 표기를 따름. 원래 영어의 "catholic"은 가톨릭교회를 뜻하는 경우가 아닌, 일반 형용사로서의 뜻은 "보편적인, 전반적인, 포용적인" 등의 뜻을 지니고 있다. 물론 고유명사화된 가톨릭교회(Catholic Church)의 뜻도 교황 아래 전 세계의 교회를 하나로 묶고, 정치적으로는 모든 왕국을 지배하는, 보편적인 교회를 뜻하는 명칭이다.

[163] 다시 말하면, 만일 모든 교회가 감독제 아래 연합된다면, 당연히 하나의 프로테스탄트 교황을 산출해낼 것이라는 말이다. 교황이 없는 "연합 협의회"가 존 더리(John Dury)의 삶의 지상 야망이었다.

[164] 한 원의 중심을 지나는 지름은 무수히 많다. 즉, 분파의 무수한 다양한 의견들이 모여 하나의 거대한 거짓의 중심에 결집한다는 비유이다.

예방하는 것이 아니라, 분파 자체였으며, 감독제 위에 하나의 존재를 부여했던, 교회 안에서의 군림을 위한 역겨운 갈망이었습니다.[165] 이것이 진정한 이유였으나, 그 구실은 여전히 동일합니다. 그들이 의도하는 바의 고위성직자는 분파의 큰 쐐기 망치일 뿐입니다. 그것을 내려놓으면, 홍수 같은 무수한 교파들이 뒤따를 것이며, 우리는 모두 브라운주의자(Brownists),[166] 가족파(Familists),[167] 재세례파(Anabaptists)[168]가 될 것입니다. 청교도(Puritan)란 단어는 파기되는 듯하고,[169] 지금까지 그렇게 여겨진 모든 자는 이제 브라운주의자입니다.[170] 이리하여 그들은 하나님이 우리에게 소망을 가지라고 명하신 예정된 개혁적 은총에 대해 악의적인 보고를 하며, 그들 자신의 혼란스런 무지의 황무지에서 그들의 시체가 소멸하여, 종교개혁의 선을 결코 맛보지 못할, 그런 믿음 없는 첩자들과 마찬가지입니다.[171] 그들이 분파를 금지할까요? 만일 그들의 무거운 교리나 교리 자체를 완전히 없앰으로써 마비되고 차가운 영혼의 어리석음과, 무기력한

---

[165] 「베드로전서」 5: 3: "하나님의 상속 백성 위에 군림하지 말고 오직 양 떼에게 본이 돼라."
[166] 브라운주의자들은 로버트 브라운(Robert Browne, 1550?~1633?)의 추종자들이었으며, 나중에 그 분파는 조합교회(Congregationalists) 혹은 독립교회(Independents)로 발전했다.
[167] 16세기 후반에 영국에서 일어났던 신비주의적 기독교의 한 교파로서, 1640년대에 재기하고 있었다. "사랑의 가족"(the Family of Love)을 주장했고 그들의 종교적 원칙은 도덕률 폐기론(antinomianism)이었다.
[168] 침례교가 뿌리를 둔 이 분파의 주요 교의(敎義)는 성인 침례였다. 교회와 국가 사이의 관계와 계급적인 교회 정부를 부정했다.
[169] 다른 명칭들은 덜 익숙하고 따라서 더 이단적으로 들려서 더 좋은 호칭이 될 것이므로 파기된다는 뜻임.
[170] 확실히 단어의 유행 때문이므로, "청교도"란 말은 "브라운주의자"란 말보다 조금 오래되었을 뿐이다. NED는 전자는 1564년부터, 후자는 1583년부터의 용례를 인용하고 있다.
[171] 「민수기」 13, 14장 참조.

정신의 맹목성[172]을 사람들에게 가져오며, 모든 학식 있고 열성적인 기독교인을 그들의 법정의 폭력으로써 박해하는 것이 분파를 금지하는 것이라면, 그들이 분파를 진짜 없애버리는 것이긴 하겠네요. 그리고 이런 종류의 계율에 따라 모든 이탈리아와 스페인은 분파에서, 잉글랜드를 그들이 지켜온 것과 같게 됩니다. 순수하게 그리고 정치적으로 지켜오는바, 이와 같은 좋은 핑계로 전신 마비 증세가 어떤 사람에게, "통증이나 고통, 추위와 더위의 불편한 느낌, 상처와 발작에서 당신을 해방해주는 것은 나이다. 내가 사라지면, 이 모든 것이 당신을 괴롭힐 것이다."라고 자랑할 것입니다. 마찬가지로 겨울은 봄에게 자랑하기를, "나는 모든 성가시고 울창한 잡초를 없애고, 모든 전염성의 수증기를 가라앉힌다."라고 봄에게 자신할 것입니다. 그렇습니다. 그런데, 모든 건강에 좋은 약초며 모든 신선한 이슬도 당신의 난폭하고 껍질을 말리는 서리에 의하여 파괴되겠지요. 그러나 부드러운 서풍이, 당신의 감금으로 뒤덮여 있던 대지의 풍성한 가슴을 열면, 그때 꽃들이 움트고 솟아나고, 그러면 태양이 안개를 흩어버리고, 땅을 갈아엎는 경작자의 손길이, 당신의 속박에 대한 고마움 없이, 토양을 짓누르던 모든 것을 뽑아낼 것입니다. 그러나 어떤 동결된 감금보다 훨씬 나쁜 것이 고위 성직자들의 속박입니다. 동결된 감금은, 만일 그것이 땅속에 좋은 것을 묻는다면, 나쁜 것도 함께 묻어버리기 때문입니다. 그러나 이 자들은 나쁜 것은 해방하고, 좋은 것은 묻어버리거나 덜 나쁜 것을 묻어버리고, 가장 나쁜 것을 해방합니다.

당신들이 종파분리주의를 억제한다고 의회에 드디어 말하다니 부끄러운 줄 아십시오.[173] 그들은 당신들이 교황주의자들을 존경하고 편드는 것

---

[172] 여기서 틸리어드(Tillyard)의 논평에 주목할 가치가 있다(Milton, p. 136). 이 구절은 실낙원을 예고하는 듯하다. "영혼의 마비되고 차가운 어리석음과, 정신의 무기력한 맹목"은 아담과 이브가 타락할 때 괴롭힌 죄악이었다.

을 알며, 이제 이를테면 그들과 한통속이며, 그들이 당신들을 위한 청원에 도움을 준다고들 하니까요.[174] 당신들의 정부가 진정으로 분파의 사소한 각다귀에 긴장한다는 것을 우리가 믿을 수 있을까요? 우리가 알기로는, **로마**의 낙타(Camel)[175]같은 이교 신앙을 삼키는 건 상관없으나, 당신의 목구멍에 진짜 바리새인다운(pharisaical)[176] 부담이 걸릴 것입니다. 고위 성직자들이 이러한 뜨거운 전초전을 갖는 그 종파분리주의자들은 어디에 있나요? 우리에게 당신들의 행위를 보여주십시오. 최근에 소멸된, 당신들의 증오스러운 추억의 법정이[177] 우리에게 남겨준 그 영광스런 기록을 말입니다. 제게 의구심이 드는바, 그 종파분리주의자 대부분은 그들의 유일한 죄가 교회 안에서 일어난 당신들의 지극히 혐오스러운 행위와 잔인함에 반대해 진리를 말한 것이었음이 밝혀지리라는 것입니다.[178] 이것이 당신들이 가장 증오하는 분파이며, 당신들의 범죄적인 성직자 계급제도를 제거하려는 이들입니다. 좋은 발상으로, 그들을 거짓 분파로 취급

---

[173] William Sanderson, *A Compleat History of the Life and Raigne of King Chrles* (1658; NYPL), pp. 363~370 참조. 여기에, "Direction to the Parliament Concerning the Liturgy and Episcopal Government"라는 어셔(Ussher)의 글을 요약하고 있고, 1641년 팸플릿의 축소판도 담고 있다. 어셔의 글은 혼란을 방지하기 위한 주교의 필요성을, 1641년 팸플릿은 분파의 방지와 화합을 위한 감독제의 필요성을 주장한다.

[174] 1639년 4월에, 가톨릭 지도자였던 케넬름 딕비(Kenelm Digby)와 월터 몬태규(Walter Montague)는 다른 영국인 가톨릭교도들에게 보낸 편지에서 주교들을 지지했으며, 그들에게 스코틀랜드에 대한 전쟁에 기여하라고 권유했다.

[175] 「마태복음」 23: 24: "너희 눈먼 안내자들아, 너희가 모기에는 긴장하고 낙타는 삼키는도다."

[176] 종교적인 형식을 중시한 바리새인(Pharisee)에서 유래된 단어로서, 보통명사화한 "pharisee"는 위선자, "pharisaical"은 "허례를 중시하는, 위선적인"의 뜻이 있다.

[177] 밀턴은 1641년 7월 5일 철폐된 고등판무관(High Commission)과 성실청, 두 법원을 가리킨다.

[178] 밀턴은 여기서 특정 분파를 염두에 두었다기보다, 청교도 순교자들의 잔혹한 처벌을 상기시키려는 듯하다.

하여 제거하고자 세운, 당신들의 책략적인 정부가 당신들을 정부 내의 명백한 이단으로 여겨서 제거할 것입니다. 만일 그 분파가 당신들을 관대히 봐준다면, 그녀(분파)는 그녀가 당신들에게 원했던 만큼 자신에게 많은 칼자국과 베인 상처를 입고서야 떠날 것입니다.[179] 교회의 분열에 대하며 말하자면, 당신들이 당신들의 주교 제의(祭衣)의 소매를 찢는 것만큼, 당신들이 분열을 예방하려고 애쓰는 것은 아니라고 생각할 많은 이유가 있습니다. 그 분파가 당신들에게 가장 아픈 상처가 될 것이며, 그것은 사실상 브라운주의 혹은 재세례론(Anabaptism)이 될 것입니다. 당신은 말하겠지요. 만일 우리가 굴복한다면—마치 **하드리아누스**(Adrian)[180]의 성벽이 무너진 것처럼—밀물 같은 교파들이 밀려들 거라고 말하는군요. 어떤 교파들인가요? 그들의 의견이 뭔가요? 목록을 제시하세요.[181] 당신의 이전 고발이나 현재의 탄원으로 봐서, 그들은, 이를테면, 당신들의 불법적인 정부, 당신들의 기도서, 번역된 미사 발췌문에 기분이 상한 자들에 불과함이 드러날 것입니다. 그러나 그들이 대중 기도와 미신 없는 진정한 예배를 멸시하는 자들이라는 주장은, 스코틀랜드인들에 대한 당신들의 이전 모략만큼 거짓된 모략임을 하나님이 곧 밝혀주시리라 믿습니다. 교파들의 오합지졸이 떼를 지어 들어올 거라고 목이 쉬도록 소리쳐 보십시오. 목사님(Priest),[182] 오합지졸이 아닙니다—라는 대답을 듣게 될

---

[179] 이 대목 전체를 통해, "분파"의 고전적인 의미, 즉 "갈라진 곳이나 찢어진 틈"을 뜻하는 라틴어 "schima"를 가지고 수사적인 말놀이를 하고 있다.

[180] 밀턴의 표기에서 H가 빠져있는데, 영국 북부의 전방을 방어하기 위해 122년경에 하드리아누스가 세운 고대 로마의 장벽을 가리킨다. 하드리아누스(Publius Aelius Hadrianus, 76~138년)는 로마 황제, 5현제(賢帝) 중 세 번째 황제였다.

[181] 17세기에 분파나 신조에 대한 목록이 유행했다. 밀턴의 경우 이혼주의자(divorcer)로 불리기도 했다. Parker, *Milton's Contemporary Reputation.* pp. 75~83.

[182] "Priest"라는 호칭은 가톨릭의 사제나 감독 교회의 목사 등의 성직자를 가리킨다.

것입니다. 그러나 그때, 같은 의견을 지닌 선량한 프로테스탄트들로 구성된 대중이, 지금 당신들 때문에 분리되어있는 교회에 참여하게 될 것입니다. 이것은 당신을 제거해 나타날 두려운 결과일 것입니다. 당신들이 끌어모은 국교반대주의자나 종파분리주의자의 끔찍한 이름들에 관하여, 우리는 당신들의 싸움 방식을 압니다. 항상 얕고 취약하게 축적된 당신들의 주장의 전동(箭筒)[183]이 첫 번째 예봉 이후 텅 비면, 당신들의 진전은 당신들의 최상의 궁술용구가 담긴 다른 비난의 전동으로 향하는 것입니다. 그리고 당신들은 당신들의 궤변적인 논쟁으로 이길 수 없는 자들을 수치스러운 오칭(誤稱)에 의해 논박하려 합니다. 그리하여 분별력이 떨어진 사람들이 건실한 교리와 온전한 기독교 신앙을 천하고 혐오스러운 한두 가지 명칭으로써 미워하고 조롱하게 선동합니다. 그러나 만일 우리가 논쟁에서 당신들의 가장 의심스러운 이유들을 쉽게 견디고 해체할 수 있다면, 우리는 당신들의 중상과 거짓 보고에 나타난 최악의 비이성적인 것을 더 쉽게 견딜 수 있을 것입니다. 특별히 그리스도에 의하여 예고된바, 만일 우리의 스승인 그가 당신들의 선조들에 의하여 사마리아인(Samaritan)과 바알세불(Beelzebub)[184]이라고 불렸다면, 종교개혁에서 그의 최고의 제자들이, 처음에 그들이 당신 족속의 사람들에 의해 위클리프주의자(Lollards)[185]와 후스 신봉자들(Hussites)[186]이라고 불렸던 것처럼, 이제 당신들에 의하여 청교도와 브라운주의자로 불려도, 우리는 이상하

---

[183] 화살을 넣는 통을 뜻하는 전동에서 유래된 말임.
[184] 하나님의 적대자이며 악의 마왕. 「마태복음」 10: 25 참조.
[185] 14~15세기의 존 위클리프(John Wycliffe)파의 교도.
[186] 15세기 종교개혁자 존 후스(John Huss)의 신봉자들로서, 그의 처형 후, 추종자들은 두 갈래로 분리되었는데, 교회조직을 원래대로 두고자 하는 보수주의자들과, 성경 외에 일체의 법파, 하나님과 인간을 중재하는 성직자의 권리를 부정하는 급진주의자들로 나뉘었다.

게 여기면 안 됩니다. 그러나 저의 희망은, 잉글랜드의 국민이 그들의 눈앞에 던져진 안개 같은 이름들에 의하여 이렇게 속고 신앙과 종교를 빼앗기는 것은 참지 말고, 지혜롭게 성경에 따라 조사하고 어떤 수치스러운 이름의 거짓 비방을 확실히 꿰뚫어 보고 사물 자체를 들여다보길 바랍니다. 초대 기독교인들은 그들의 시대에 지금의 가족파와 나체주의자(Adamites)[187]라고 불리는 자들처럼 간주되거나 그보다 더 나쁘게 여겨졌음을 우리는 알기 때문입니다. 그리고 감독제 편의 많은 것이, 사르디스(Sardis)[188]의 교회처럼, 걸맞게 살아가야 할 이름이지만 죽은 상태인바, 프로테스탄트이면서 그 대부분의 원리가 사실상 가톨릭교도인 것입니다.

이렇게 납득했으니, 우리는 당신들의 옛 오류를 곧 밝혀낼 것이며, 어떻게 당신들이 분파를 예방하며, 분리주의자들이 누구인지를 곧 알게 될 것입니다. 그러나 우리가 분파를 예방하는 모든 좋은 수단을 차단하고 방해한다면 어찌할까요? 사도들이 사용한 방식은 하나의 회의를 소집하는 것이었던바, 「사도행전」 15장에서 배울 수 있는 것에 따르면,[189] 지식과 경건이 입장을 허용하는 신실한 기독교인이라면 누구나 그 회의에 참석하는 것이 금지되지 않았습니다. 이러한 회의에 속한 모든 교구의 교회회의(Consistory)[190]는 진정한 동질성을 지니고 전체를 구성하는 한 부분이며, 이를테면, 그 자체로서 하나의 조그만 종교회의(Synod)이고, 성직자 총회(general assembly)를 향해 그 나름의 기준으로 평탄하고 확

---

[187] 프라하에서 화형당한 존 후스(John Huss, 1374~1415)의 추종자들.
[188] 「요한계시록」 3: 1: "네가 살아있다는 이름은 가지고 있으나 죽었도다." 사르디스는 요한이 이 계시록을 쓴 아시아의 교회 가운데 하나이다.
[189] 「사도행전」 15: 6: "사도와 장로들이 이 일을 깊이 생각해 보려고 오니라."
[190] 장로교의 교회회의(kirk session)를 말하며, 이 문장에서 밀턴은 세 단계의 교회정부를 상상하고 있는데, 성직자(목사)와 장로로 구성되는 교회회의(당회), 일정 규모의 지역의 노회('little' synod or presbytery) 및 총회(general assembly)이다.

고하게 전진하는 것입니다. 전쟁터에서 보다 작은 광장들이 하나의 거대한 큐브, 즉 진리와 견고함의 상징인 주된 방진(方陣)[191] 안에서 합쳐지는 것과 같습니다. 반면에, 감독제는 하나의 점진적인 군주제[192]에 따라 주교에서 대주교로, 거기에서 수석주교(Primat)[193]로, 그리고 만일 합법적으로 이렇게 높이 올라갔다면, 왜 그것이 교회의 정점에서 귀족다운 운세가 있으면 안 되는지, 본성상으로나 종교적으로 제공된 이유는 없기에, 수석주교에서 총대주교(Patriarch)로, 그리고 그렇게 교황으로 승진하는 것입니다.[194] 제 말씀은, 감독제가 이리하여 교회의 통일성을 완성한다는 구실로 연속적으로 피라미드식 상승을 추구하면서도, 그럼에도 불구하고 만일 하나의 회의를 소집하여 분파의 찢어진 곳을 꿰매는 것이 가장 필요하며, 최고의 도움이 되는 것이 드러난다면, 감독제는 그것의 최대 역할이라고 자랑하는 이런 일에 영향을 미칠 힘이 없으며, 그녀(감독제)의 피라미드는 완전이나 통일성을 지향하지 않고, 야망을 품고 날카로워지는 것임을 우리에게 가르칠 수밖에 없는 것입니다. 우리가 아는바, 어떤 큰 분파가 교회를 분열시키고, 교회회의가 선포되는 만큼 자주, 목사는 그 회의에서 주교와 같은 큰 권리와, 예로부터 내려온 자유 투표권을 갖게 되며, 이를 율법은 감추지 않습니다. 그리하여 감독제는, 만일 그녀가 교회 안의 분리를 봉합하려 한다면, 그녀가 통합하는 힘이 있다고 주장하는

---

[191] 군사가 종대로 움직여 큰 정사각형을 형성하는 전투 대열로서 밀턴 당시 가장 선호했던 군사배치였다. *Paradise Lost* I: 55; IV, 979; VI, 399 참조.

[192] "점진적인 군주제"라고 함으로써 점차 하나의 교황이 정점을 이루는 구조를 띤다는 뜻임.

[193] 수석주교(Primate)는 명예 호칭이며, 잉글랜드 수석주교(the Primate of England)는 요크 대주교(Archbishop of Yoke), 전 잉글랜드 수석 주교(Primate of All England)는 캔터베리 대주교(Archbishop of Canterbury)이다.

[194] 원문에 이중 부정으로 되어 있지만, 문맥상 단순 부정으로 해석함.

그녀 자신의 피라미드 같은 모습을 풀어헤치고 드러내야 하는데, 그것이 사실은 기하학자가 알고 있는 가장 분열적이고 분파적인 행태이며,[195] 성직자들 사이에 어떤 모습으로든 자신을 포함시키고 싶어하기 때문입니다.[196] 그렇게 드러내길 싫어하므로, 그녀는 그녀의 갈라진 모양의 주교관(主敎冠)[197]을 쓴—분파의 배지이거나, 그들이 섬기는 갈라진 발굽의 징표라고 생각하는데—오만한 고위 성직자들을 모든 지역으로 보내는 것이며—그들은 그들의 성직자 계급제도에 따라, 이런 뾰족한 몸들의 만남에서 일어나듯이, 교회의 베인 상처를 치료하는 대신 감독제의 원뿔형 봉우리에서 점점 더 높게 뾰족하게 솟아오르기에, 높은 자리와 우위를 차지하기 위한 뾰족한 꼭지로써 서로 찔러 피를 흘리며 넘어지게 되고, 급기야 회의 자체가 모든 분파 가운데 가장 큰 분파임이 드러납니다. 그래서 그들은 분열을 막는 것과는 너무 거리가 멀어서, 우리가 기독교계를 하나로 유지하기 위해 갖는, 회의들에 의한, 최상의 치료를 무익하고 도리어 해롭게 만들어버렸습니다. 그리고 만일 우리가 사도의 예를 제대로 고려한다면, 이런 것은 일반적인 노회일 뿐입니다. 이것은 사도들이 많이 생각하는 것과는 거리가 너무 멀어서, 마치 이 문서 때문에 그들의 위엄이 손상될 정도입니다. 교회가 성장하여 자리 잡았을 때, 가장 마지막으로 쓰였을 것 같은 베드로(Peter)와 요한(John)의 서간들(Epistles)에서 정보를 얻을 수 있는 바로는, (만일 우리가 이런 비교를 사용할 수 있다면) 독재권을 서둘러 내려놓은 로마의 귀족처럼,[198] 사도들은 사도들의 형제

---

[195] 이 형이상학적 개념에서 밀턴은 당대의 생각과 일치하지 않는다. 예를 들어 윌리엄 템플 경(Sir William Temple)은 "피라미드는 모든 형상에서 가장 견고하다 ... 그것은 기반이 넓고 꼭대기가 뾰족할수록 그만큼 확고해진다"라고 했다(Works, 2 vols., London, 1814, I, 23).
[196] 밀턴의 뜻은 피라미드가 큐브나 구체(球體)의 형태로 바뀌어야 한다는 것이다.
[197] 영국 국교회 주교가 썼던 주교관은 두 꼭지가 있었다.

들 사이에서 자신들을 동료 장로라고 부르고 그렇게 되는 것을 기뻐했으며, 이는 그들의 고위직이 단지 아직 세워지지 않은 교회의 발판이고, 건축이 완성되자마자 귀찮은 미관 손상일 뿐인 것을 알기 때문이었습니다. 그러나 그 후 한두 시대의 고결한 정신을 지닌 사람들은, 그들의 조그만 분별심이 그리하여, 교회의 높이 세운 정부가, 그들이 보기에는, 너무 갑자기 장로회로 주저앉은 것을 하나의 초라한 수치로 생각했습니다.

다음으로, 아니 차라리 회의 앞에서 말하고자 하는 것은, 분파의 가장 시기적절한 예방은 복음을 모든 땅에 두루 풍성하게 강력하게 설파하는 것이며, 젊은이를 종교적으로 훈육하고, 어떻게 하면 성경이 모든 사람에게 가장 쉽게 이해될 수 있을지 고민하는 것입니다. 그런데 이 사람들의 행보는 이와 반대로 정해진 목적에 있었던 것입니다. 그러나 고위 성직자들이여, 감독제 자체가 우리의 해외 이웃 교회들 가운데 가장 개혁적이고 가장 번성하는 교회들에서 떨어져 나온 하나의 분파이자, 국내적으로 국가 전체에 불화와 위법의 슬픈 주체가 되는 때에, 어찌하여 당신들이 분파를 제거해야 하면서, 분파를 제거하는 모든 수단은 제거하거나 반대하면 안 되는 건가요?[199] 당신들이 주장하는 치료법은 우리가 그 아래 신음하는 바로 그 질병 자체이고, 그 자체를 제거하는 방법 외에는 우리에게 치료법이 될 수 없습니다. 당신들의 선조들은 단지 그들이 분열을 가라앉히고자 그들의 형제들 위에 이런 탁월성을 주장했던 것으로 여겼습니다. 이제 하나님과 교회는 똑같은 이유로 당신들에게 요구하기를, 수많은 선량한 사람에게 불쾌하고, 부담스럽고, 참을 수 없는 것이므로 그 탁월성

---

[198] 기원전 501년에 로마의 독재체제가 설립되었고(Livy, II, xviii), 한 귀족이 어떤 직무를 수행하는 기간은 6개월에 한정되었다.

[199] 감독제가 분파이자 동시에 분파를 제거하는 수단도 되므로, 분파를 제거해야 되는 동시에 분파를 제거하는 수단도 제거할 수 있다는 뜻이다.

을 내려놓으라고 하십니다. 당신들이 그것을 부당하게 빼앗은 것이 아니라면, 교회가 당신들에게 준 바 있고, 그녀(교회)가 처음에 그것을 빌려주었다는 이유 때문에, 이제 그것을 다시 요구하고 있는, 그 서약을 내어놓길 바랍니다. 당신들에게 맡겨진 위탁물을 내어놓고 분파를 막으십시오. 그런데 당신들 자신을 포기하지 않고는 그렇게 할 수 없습니다. 당신들이 차지하고 있는 정부는 많은 것을 막고, 많은 것을 방해하고, 많은 것을 제거하고 있음을 우리는 털어놓습니다. 그러나 그 대상이 무엇일까요? 교회의 분파와 고충일까요? 아닙니다. 교회의 것만이 아니라 전 왕국의 것인 모든 평화와 통합, 모든 복지를 대상으로 그렇게 하는 것입니다. 만일 당신들이 정부를 유지하는 것이 여전히 허용되면, 가장 큰 슬픔을 야기하게 될 것인바, 이는 분리라고 말하는 것으로 충분할지 모르겠지만, —당신들은 로마의 **쿠르티우스(Curtius)**[200]가 훌륭하게 행동했던 대로는 결코 스스로 그렇게 하지 못할 테니까—당신들이 교회와 이 나라의 평화를 위해 그 가운데 뛰어들어 더이상 보이지 않게 될 때까지, 이 땅에 혼란의 넓은 심연이 되어, 그 무시무시한 틈을 결코 닫지 않을 것입니다. 이렇게 되면, 당신들의 감독제가, 평온과 일치를 교회 안으로 끌어들이고자 처음에 만들어졌다고 당신들이 주장하는, 그 옛날의 감독제인지 우리가 알 수 있을 것입니다. 그렇다면, 당신들은 주저하지 않고 당신들 자신의 승진보다 그것(감독제)를 우선시할 것이기 때문입니다. 그게 아니라면, 우리가 확신하건대, 당신들의 감독제는 당신들의 야망, 즉 당신들의 형제보다 당신들 자신을 무례하게 높이려는 야망일 뿐이며, 그리고 무덤 속에 있는 옛 **아론**과 그의 아들들에게 폐를 끼치기까지 당신들이 학문적으로

---

[200] 쿠르티우스는, 기원전 326년 로마는 그녀의 가장 값진 보물의 희생을 통해서만 구원될 수 있다는 예언에 따라, 그 도시에 있는, 지진이 갈라놓은 깊은 구렁으로 뛰어든 귀족이었다.

종교전통을 파고드는 것은 우리의 목 위로 당신들이 신성하다고 부르는 엄숙하고 진지한 위엄을 유지하고 세우는 것일 뿐이며, 이는 행동 자체로는 아무것도 아니지만, 위중하고 귀한 탐식이며, 경건한 체하는 탐욕입니다. 그것과 비교하여, 하나님과 그분의 교회, 법, 전통, 혹은 자연에 빚지고 있는 모든 의무와 소중함을 당신들은 무시하기로 한 것입니다. 사람들이, 비록 부당하지만, 제거하려 했던 가르침, **고린도**(Corinth)의 장로들에게 사도들과 동역자인 클레멘스(Clement)[201]가 제공한 가르침을 당신들이 유념하게 할 수 있을 것입니다. 클레멘스 1세는 말하기를, "너희 가운데 누가 마음이 귀한 자인가? 누가 동정심이 있고, 누가 사랑이 많은가? 그에게 이렇게 말하게 하라. 만일 나를 위해 이 선동, 이 불화, 이 차이가 있다면, 내가 기꺼이 떠날 것이니, 나의 길을 가겠노라. 다만 그리스도의 양들이 그들을 맡은 장로들과 함께 평화롭게 지내게 하라. 이런 일을 할 자는 주님 안에서 큰 영광을 얻을 것이요, 어디든 그를 받아들이리라."라고 합니다. 선하고 경건한 사람들에게 준 클레멘스의 충고는 이러하니, 그들이 교회에 머물러서 이음매 없는 일치의 옷[202]을 찢어발기기보다 차라리 그들의 정당한 일에서 떠나야 한다는 것입니다.

   그러나 저는 고위 성직자들에게 줄 더 좋은, 그들의 귀에 더 솔깃할 권고가 있는데, 저의 생각에는 이 충고가 그들에게 더 적당합니다. 당신의 주교 교구를 고수하고, 약해지지 말고, 귀족처럼 처신하고, 의회에서 당신의 당당한 요구와 투표를 위해 최선을 다하라는 것입니다. 비록 분파와 소동이 당신의 몸에서 나온 그 자체이고 당신의 장남이라 해도, 당신

---

[201] 클레멘스 1세를 가리킴.
[202] 전승에 따르면, 병사들이 제비뽑기를 했다는 그리스도의 옷은 이음매가 없었다고 한다. 이 옷은 교리와 교회의 단일성을 상징하는 것으로 해석되었다. 홀(Hall)은 그런 이미지를 사용한다. *Humble Remonstrance* (1640), p. 41 참조.

은 분파를 막는다는 말을 여전히 하십시오. 그리고 당신의 허세를 위해, 그리고 당신의 세속적인 어깨 위에 수치스럽게 걸려있는 일시적인 영예의 그 추한 상장(喪章)을 위해 싸우려고, 당신의 나라가 감독제 반란 속에 피를 흘리게 두고, 당신은 뚱뚱하고 살찌고, 교만한 생각으로 부풀고 사악한 술수로 비대해지겠지만, 그때 하나님은 당신의 이집트 폭정 아래 겪는 그분 교회의 이 모든 80년간의 혼란을 벌하러 오실 것입니다. 당신이 핍박한 그 모든 축복받은 영혼과, 당신이 멸망시킨 비참한 영혼들에 대해 정당한 보복이 잠들지 않습니다.

제7장

우리 사이에 있다고 어떤 사람들이 주장하는 많은 교파와 분파, 그리고 아일랜드의 반란[203]은 종교개혁의 방해가 아니라 촉진이 되어야 할 것임.

우리 사이에 있다고 해외에서 소문이 도는 그 많은 교파와 분열에 대해서는, 그것들은 고위 성직자들이 만든 단순한 허구이며 거짓된 경고로서, 그로써 더 약한 기독교인들의 마음속에 놀라움과 당황스런 공포를 주입하려는 것이며, 그들이 내가 알지 못하는 더 나쁜 불편이 두려워서 교회의 비정상적인 상태를 감히 바꿀 엄두를 못 내도록 하려는 것임을 어렵지 않게 파악할 수 있습니다. 동일한 반대 이유가 된 두려움과 혐의를 이용하여, 그 간교한 고위 성직자 **가드너**(Gardner)[204]는 첫 번째 종교개혁(the first reformation)의 흐름을 바꾸려 했습니다.[205] 확고한 생각을 가진 자들이 표명하려면 교파가 있어야 한다는 사도 **바울**의 가르침[206]만으로도 우리에게는 충분할지도 모릅니다. 이것들은 우리의 믿음의 떠가는 배가 견고하고 잘 항해하는지, 우리의 밸러스트(ballast)[207]는 적정한지, 우리

---

[203] 아일랜드 반란은 1641년 10월 23일에 발생했지만, 그 뉴스는 11월 1일까지 런던에 도달하지 않았으며 그달 중순이 지나서야 그 잔혹상의 보도가 런던을 분노하게 했다. Sanderson, *A Compleat History* (1658), pp. 443~445.

[204] Stephen Gardiner(1485~1555년경): 윈체스터의 주교로서 헨리 8세의 이혼을 준비하고 정당화하는 데 기여한 자 중 한 사람이었다. 메리 치하에 대법관에 올랐고, 청교도 탄압에 주역이었다.

[205] 여기서 밀턴은, 가드너 잉글랜드의 "이단"(heresy)을 제거하려 했음을 언급하고 있다. 가드너는 "교회 안에서 신앙(Relision)이나 의례(Ceremonies)의 혁신이나 변화"에 반대하고 있다. Foxe, *Acts* (8 vols., London, 1853~1870), II, pp. 494~495 참조.

[206] 「고린도전서」 11: 17~20 참조.

[207] '바닥짐'이라고도 하는데, 배의 부력(浮力) 조정용 물 저장 탱크 혹은 주머니를 뜻

의 닻과 돛 줄은 강한지를 시험해보는 바람과 돌풍(突風)일 뿐입니다. 이런 것에 의하여, 누가 믿음과 확실한 지식에 따라 생활하며, 누가 어리석음과 당대의 유행하는 의견에 따라 생활하는지, 그리고 누구의 덕성이 불변하는 염색무늬인지 색을 칠한 건지 드러납니다. 만일 하나님이 우리의 지조를 시험하려 한다면, 그것 때문에 위축되거나 덜 확고하게 서서는 안 되며, 비록 좌우로 교파와 이단이 있는 길을 통과하는 것일지라도, 진리를 세우겠다는 더 확고한 결심으로 나아가야 합니다. 다른 것들은 사람들이 하나님의 영광을 위해서 하지만, 교파와 실수는 선한 사람들의 영광을 위한 것으로, 세상이 진리 안에서 그들의 진정한 용기와 불굴의 지조를 알고 존경할 수 있도록, 하나님이 용인하고 견뎌주는 것입니다.

그러므로 이런 것들을 개혁에 있어서 방해나 우리 지체의 핑계로 만들지 맙시다. 그것들은 하나님이 우리에게 더 큰 영예와 민첩성을 가지고 나아가도록 촉진제로 보내주신 것이기 때문입니다. 만일 반대가 없다면, 진실한 선과 관용의 시험은 어디에 있을까요? 흔들리는 덕성은 덕성이 아니라 자체적으로 반역했다가 잠시 후 되돌아온 악덕입니다. 의롭고 경건한 사람들의 행동은 그들의 중간 과정에서 어두워지는 게 아니며, **솔로몬(Solomon)**은 우리에게 말하길, 그것은 완전한 낮을 향해 점점 더 밝게 비추는 빛과 같다는 것입니다. 그러나 만일 미래의 교파에 대한 사소한 의심과 시기심이, 의도된 종교개혁의 아름다운 시작을 어둡게 하도록, 우리가 내버려 둔다면, 차라리 동일한 현명한 사람의 또 다른 격언, 즉 "악한 자들의 길은 어둠과 같으니, 그들이 뭔지도 모를 것에 걸려 넘어지도다."[208]라는 말로 우리가 비난받을 거리가 되지 않을지 두려워해야 합함.

---

[208] 「잠언」 4: 18~19.

니다. 만일 한 교회가 수정의 손길 아래 놓여 있어서 불안정한 상태에서, 교파와 분파가 요동친다면, 그것들은 종교개혁의 탄생 이전에 지나가는 우리의 산통과 고통일 뿐이며, 개혁 자체가 지금 진행 중이라고 생각하는 것이 우리의 기독교적 용기에 가장 잘 어울립니다. 왜냐면, 우리가 원소적이거나 혼합적인 물체의 성격을 보기만 해도, 그것들은 상반된 요소들의 투쟁 없이 어떤 종류나 자질에서 다른 것으로의 변화를 겪지 못한다는 것을 우리가 알기 때문입니다. 그리고 인공적인 것들에서는, 처리에서 남아도는 쓰레기나 찌꺼기 없이는, 어떤 우아함도 좀처럼 만들어지지 않습니다. 거의 그만큼의 쓰레기와 청소가 없이는, 대리석 석상도 우아하게 조각될 수 없고, 건축물도 세워질 수 없습니다. 사도 **바울**(St. Paul)의 개종의 영적 갈등에서조차, 그의 눈에서 전에는 알지 못했던 비늘이 떨어졌을 정도입니다. 그러므로, 진리와 거짓의 격렬한 상봉이 없이는 효과가 생기지 않는 교회의 개혁에서, 이를테면, 그렇게 난폭한 마상 창 시합처럼 조각이나 파편이 많은 어리석은 실수와 광적인 의견들 사이의 충격에서 떨어지더라도, 놀랄 바가 아닙니다. 이런 것들은, 진리가 우세하고 종교개혁이 완성되었을 때, 쉽게 방해받지 않도록 제거하거나, 아주 낮게 유지되어 우리 지식의 훈련이 될 뿐이고, 우리의 믿음을 어지럽히거나 방해하지는 않을 것입니다. **바클레이**(Barclay)[209]가 그의 정신의 이미지에서[210] 영국인들의 무시무시하고 야만적인 생각에 관해 쓴 것을 말하자

---

[209] 존 바클레이(John Barclay, 1582~1621)는 가톨릭에 반대하는 풍자인 『사티리콘』(*Satyricon*)을 썼으나, 1616년에 가톨릭교와 화해하고 여생은 로마에서 살았다고 한다.
[210] 밀턴은 저서 제목을 명확히 밝히지 않고 "정신의 이미지"(image of minds)라고 문장에 삽입하고 있으나, 그 책의 제목은, *The Mirrour of Mindes*, or, *Barclay's Icon Animorum*, tr. T. May (1631)이며, "그들[영국인]은 인간의 가치 없는 혐오스런 의견을 주장하고, 그들 자신의 미신의 저자들이다"(pp. 122~123).

면, 그것은 그 자신의 출생지인 아일랜드를 비난하는, 망명한 교황주의자인 그의 모습처럼 평가되고 있다고 생각합니다.[211] 여기서 좀 더 타당성 있게 파악할 수 있는 것은, 많은 다른 국민들 가운데 영국인이 가장 무신론적이지 않고, 신성에 대한 많은 존경과 경외의 기질을 지니고 있다는 것입니다.[212] 그러나 우리 사이에서, 특히 좀 뒤떨어진 부류에서 너무 빈번히 소홀히 되는, 영국인의 나약성과 더 나은 교육의 결여로 인하여, 하나님과 그의 예배에 대해 올바로 알려면 무엇을 할 것인지, 신중하고 지속적인 관심을 가지고 자신의 이해 방식에 따라 머리를 굴리면서도, 그(영국인)가 어느 다른 나라 국민처럼 때로는 조잡한 의견에 빠질 수도 있을 것입니다. 그리고 사실상 만일 우리가 양육 없는 거친 상태에서 영국인의 타고난 소질(towardness)을 본다면,[213] 어떤 다른 국민이 아마 타고난 정중함이나 올바른 판단을 더 잘 할 성향이 있습니다.[214] 그러나 만일 영국인이, 교회의 경건한 보살핌으로부터 일반적으로 가장 먼저 오게 되는, 현명하고 잘 수정된 양육의 혜택을 일단 받으면, 국가, 예절, 사람들에 대해 무슨 얘기가 제기되더라도, 영국인은 칭찬받을 첫 번째 국민들 가운데서 진짜 경건하고, 진짜 정직하며, 진짜 강건한 국민이 될 자격이 있습니다. 그러나 이리하여 몇몇 사람이 주로 그들을 전향적으로 서두르

---

[211] 바클레이는 위험에 빠진 도망자로 단연코 아니었으며, 1616년 런던을 떠난 것은 제임스 1세 치하의 궁핍한 궁궐에서 진급의 기회에 실망했기 때문이다. 그는 스코틀랜드인 아버지에게서 프랑스에서 태어났다. 그렇지만, 밀턴은 "아일랜드"를 언급하고 있다.
[212] 밀턴의 애국심, 영국과 영국 국민의 내재적 위대성에 대한 신념은 유명하며,「종교개혁론」에서도 그런 논조를 느낄 수 있다.
[213] 다른 나라 국민들이 영국인보다 더 타고난 (종교적) 소질을 가지고 있을 수도 있으나, 영국인은 다른 국민보다 더 "양육"(nurture)의 혜택을 받을 수 있다는 것이다.
[214] 밀턴이「두 번째 변명」(*Second Defense*)에서 "침착하고 안정된 관용"을 칭송한 이탈리아 사람들을 가리키는 듯하다.

게 하는 것이 두려워서, 종교 분파나 실수가 늘어나지 않게 하려고 개혁을 주저하거나 연기하는 동안, 만일 분파 대신 유혈의 비인간적인 반역이 우리의 느린 움직임들 사이에서 빠지게 된다면, 우리는 우리 자신과 우리의 느림을 고마워할지 모릅니다. 사실상 폭력적이고 강력한 반대에 직면하여 머뭇거리는, 신속한 조치에 대해 정당한 비난은 있을 수 없습니다.[215] 그러나 마치 종교를 세우고 개혁하는 순식간의 기회들이 국가사업의 무기력을 보살피는 것인 양, 하나의 격언으로 그런 말을 하는 자들에 반대하여 이런 주장을 하는 것입니다. 국가에서는, 많은 사안이 처음엔 소화하기에 거칠고 단단하지만, 시간과 신중만이 그것을 유연하게 하고 섞을 수 있습니다.[216] 그러나 미숙함이 없고 제철이 아닌 것도 없는 종교에서는, 그렇지 않고, 멀리 사라집니다. 은총의 문은 부드러운 돌쩌귀에서 회전하며, 그 넓은 출구가 소중한 자비를 제안하지만, 곧 이를 철회하려고 닫아버립니다. 눈치 빠르고 손길이 준비된 두 처녀인 경계심(Watchfulnesse)과 열성(Zeale)이 우리를 대신하여 그것(자비)을 받으려고 거기 있지 않으면,[217] 우리는 패배하게 됩니다. 그리고 역시 더 자주 우리가 질수록, 그 문은 더 좁게 열리고, 문이 열릴 기회는 더 적게 제공됩니다. 이것은 우리 모두가 하나님의 일에 항변하여 얻게 되는 결과입니다. 개혁의 방해가 되는 것은 반역이 아니라, 개혁의 근거가 되는 이것(반역)의 결여입니다.[218] 자신이 분파를 억제할 유일한 자라고 자랑하는 고

---

[215] 반대가 너무 강하므로 주교의 반대자들이 신속한 조처를 하지 못해도 이에 대해, 정당하게, 비난할 수는 없다는 뜻임.
[216] 『실낙원』 V, p. 412 참조.
[217] 지혜로운 처녀와 어리석은 처녀의 비유를 언급하는 것으로서, 「마태복음」 25: 1~12 참조.
[218] 반역에 있으면 도리어 그에 따라 개혁이 일어난다는 뜻이다.

위 성직자들은, 자기들 사이나 우리와 함께할 때나 이단과 우상을 억제한다며, 그토록 차갑고 퇴보적이었으며, 이리하여 그들의 무모함이나 교활함을 통해 이 모든 해악이 생겨난 것입니다. 우리에게 향한 하나님의 정당한 불쾌감에서 볼 때, 우리의 고위 성직자들이 아일랜드 사람의 영혼에게 가졌던 적은 관심에 대해 아일랜드 백성이 잉글랜드인의 육신에 복수를 한 것보다 어찌 덜 할 수 있습니까?[219] 아일랜드 사람을 소홀히 대한 것은, 그 섬에서 새로운 일도 아니며,[220] 그들의 알려진 친구 **캠던**(Camden)[221]이 참지 않고 불평하듯이, 그런 소홀함이 **엘리자베스** 여왕 시대에도 악명 높았던 것입니다. 그러나 아일랜드 사람의 이런 잔인함에 대해 고위 성직자들은 뉘우치는 마음이 너무나 부족하여—이런 잔인함은 그들이 했던 짓이니까, 그들이 굶어 죽게 했던 영혼에 대한 유혈 보복이니까—강직하고 충성된 행동으로 후대에 영예로운 이름을 얻은, 우리의 동포, 스코틀랜드 사람들에게 하는 것과 대조적으로, 하나님과 인류의 원수이며, 그들 자신이 묵인한 저주의 자손인 이 살인적인 아일랜드 사람들을 향해, 그들이 중상모략으로 어떤 원한을 만들어내든, 적개심 표출로 어떤 분노를 탐욕스럽게 시도하든, 고위 성직자가 아주 냉담하고 무관심하게 받아들였다는 것밖에는 아무도 주의를 기울이지 않았습니다.

  그러면 우리는 교회의 실정에 기인한 반란을 어디서부터 진압하기 시

---

[219] 반란을 일으킨 아일랜드 사람들은 그들이 가톨릭교도였으므로 성공회 주교와 관여하고 싶어 하지 않았고, 그들의 고충 가운데 하나는 그들의 교회의 핍박이었다. 여기에서 아일랜드 반란이 주교의 책임이라고 비난받지만, 7~8년 후 『우상파괴자』(*Eikonoklastes*, 1949)에서는 왕의 책임이 된다.

[220] "세 명의 좋은 설교자가 있을까 말까한 영국 국교회 주교들은. . .영혼의 구원보다 그들의 세입에 대해 더 신경을 썼다." Bagwell, *Ireland under the Stuarts and during the Interregnum*, I, 17.

[221] William Camden(1551~1623): *Britania*(1586)과 *Annales*(1615~1627)로 유명한 역사가이다. 전자에서, 그는 "고위 성직자들의 '무모한 소홀'을 불평한다"(p. 82).

작해야 할까요? 교회를 개혁하고, 그리고 종파분리주의에 대항한다는 미명 아래 모든 선한 기독교인을 추적하고 그들과 싸우지만, 모든 교황주의자와 우상숭배자를 용납할 수 있는 기독교인으로 지지하고 돌보는 정부를 제거하는 것이 아니라면 어디서부터 시작할까요? 그리고 만일 거룩한 성경이 우리의 빛일 수 있다면, 우리는 본보기가 없지 않으며, 하나님 자신의 증거가 있습니다. 교회의 부패한 상황은 소란과 내란의 원인이며, 그리고 그 소란과 내란을 중지하려면, 교회의 평화가 먼저 정착되어야 합니다. 아사야(Azariah)가 아사 왕(King Asa)에게 말하기를,[222] "이제, 오랫동안, 이스라엘이 참 하나님도 없고 가르치는 제사장도 없고, 율법도 없이 지내왔으나, 그때에는 나가는 자에게나 들어오는 자에게 화평이 없었으며 단지 여러 지방의 모든 거주민 위에 큰 괴로움이 임하여 민족이 민족 때문에 멸망하고 또한 도시가 도시 때문에 그러했으니 하나님께서 모든 재난으로 그들과 괴롭게 하셨느니라. 그런즉 너희는 스스로를 강하게 하며"라고 했고, 그(아사 왕)는 당시의 개혁자들에게 말하기를, "너희 손이 약해지지 않게 하라. 너희 일에 보상이 있으리라."고 했던 것입니다. 그리고 바빌론 유수[223] 후, 개혁[224]의 시대에 살았던 선지자들을 통해, 하나님이 자주 사람들에게 주의를 기울이라고 분발시킨 것은, 교회 문제의 확립이 소홀히 되고 연기되는 동안, "나가거나 들어오는 자에게 평안이 없었으니 내가 모든 사람을 세워 각각 자기 이웃을 대적하게 했느니라"[225]라고 하나님이 말씀하셨다는 것입니다. 그러나 그들이 교회의 평안

---

[222] 「역대상」 15: 3~7 (4절 생략).
[223] 유대인의 바빌론 유수(幽閉, the Captivity): 기원전 605부터 538년까지 70여 년간 유대인들이 바빌론에 잡혀간 사건을 가리킨다.
[224] 원문에 표기는 이스라엘의 개혁도 영국의 종교개혁과 똑같이 'the Reformation'으로 되어 있지만, 둘을 구분하고자 이스라엘의 경우 그냥 '개혁'이라고 번역한다.

에 대하여 진지하고 효과적으로 나아가기 시작한 바로 그날부터, 그들 자신이 번성하고 평화로운 상태로의 갑작스런 상황 변화를 느끼게 될 것이라고, 하나님이 말씀하십니다.[226] 그러나 종교개혁은 오랜 작업이고 아일랜드(Ireland)의 고통은 신속한 구제가 절박하다고 할 것입니다. 사실상 그 고통이 그럴진대, 우리가 얼마나 신속한지, 저 해안에 앉아 우리의 지체 시간을 한숨으로 재고, 그들의 떨어지는 눈물방울로 재는가 하면, 아마 그들의 피 나는 상처를 아물게 하며 분초를 재고 있는 우리의 순교 당한 동포들의 불쌍하고 괴로운 유족들은, 만일 그들이 이제까지 우리의 배가 좌초했음을 알고 도움에 대한 헛된 희망을 아주 버리고 거의 저주하는 상황이 아니라면,[227] 우리가 그들을 구조하는 데 얼마나 신속한지를 가장 잘 판단하겠지요.[228] 그러나 아주 필요하고 이유가 있으니, 그들의 구조를 서두릅시다.[229] 그래서, 성공과 승리의 가장 중요한 이유가 되는 종교개혁이 아직 지연되지 않도록 합시다. 가장 극단적인 상황에서 유폐된 자들이 건축을 하며 동시에 원수의 습격을 대비하기에 충분한 가르침과 도움의 손길을 발견할 수 있었습니다.[230] 그리고 우리 잉글랜드는 우리 입장에서 인구가 많고 막강한 나라인데도, 유약하거나 혼란스런 곤궁에 빠져들었음이 틀림없습니다. 한때 아일랜드는 백작 단 한 사람이 그의

---

[225] 「스가랴」 8: 10(일부)
[226] 「학개」 2: 3~9 참조.
[227] 1641년 11월 22일이 지나서 곧 "체스터 조각배"(Chester Bark)가 작은 전투로 해변에 상륙했고 아일랜드군의 총격을 받았다.
[228] 자금의 부족이 아일랜드 군에 대한 파병을 지체시켰다고 한다. Gardiner, X, 173 참조.
[229] 첫 번째 1,100명으로 구성된 파병군이 1641년 12월 31일까지 아일랜드에 착륙하지 못했다. Cf. Bagwell, *Ireland*, I, 332.
[230] 「느헤미야」 4: 14~18 참조.

개인 군대와 보잘것없는 아일랜드 촌뜨기(Kernish)[231] 왕자의 조그만 도움으로 정복한 곳인데, 만일 이제 이 막강한 왕국(영국)의 모든 지혜와 용맹을 취해야 야만적인 반란자 무리를 진압할 수 있을 정도라면, 우리가 이들을 누르기 위한 올바른 과정만 취한다면, 즉 우리 교회의 개혁에서 출발한다면, 그들 자신의 끔찍한 살인과 강간이 그들 자신을 공격할 것이고, 어느 고귀한 칼에 피를 묻히지 않고도, 그 전쟁터의 군대 장사꾼(sutlers)[232]과 마부 소년들이 그들을 찾아내서 추적할 수 있을 것입니다. 이 기획에서 다른 방법에 따라 추진하는 것은, 우리의 대위와 사령관이 그런 전문가가 아니더라도, 군대 초년생이라면 언제나 저질렀을 법한 전술상의 큰 실수가 될 것입니다. 이리하여 제가 선포된 진리로 남기고자 하는 바는, 교파의 두려움이나 반역이 종교개혁을 멈추게 하는 것이 아니라, 도리어 모든 가능한 노력과 속도로 종교개혁을 추진해야 할 합당한 사유가 될 수 있다는 것입니다.

---

[231] Kern: 고대 아일랜드의 경무장(輕武裝) 보병을 뜻하며, [고어] 아일랜드 농부, 촌뜨기를 뜻함.
[232] 군인들에게 식량을 파는 종군(從軍) 매점 상인.

제2권

우리의 일상 용도에서 좋고 편리하다는 이름을 가진 모든 세속적인 것이 동시에 그토록 부담스럽고 신경이 많이 쓰이기도 하므로, 만일 지식이, 역시 정신의 가장 좋고 가장 가벼운 소유로서, 흔히 말하듯이 부담이 안 된다면, 이 연약하고, 사실상 그렇게 불릴 수 있듯이, 죽을 수밖에 없는 인간의 삶에서, 그것이 얼마나 다행스런 것일까요. 그리고 지식이 육신의 어느 부분에도 부담이 되지 않았던 것을[233] 대단한 이점을 가지고 영혼에 덧씌우지 않는다면 말입니다. 자연적인 원인이나 차원의 성찰에 기초를 두고 있고, 대상이 낮은 것이므로 더 낮은 지혜가 필요할 지식은[234] 말할 것도 없지만, 하나님에 대해, 그리고 그의 진실한 예배에 대해, 그리고, 비록 세속적으로는 그렇게 여겨지지 않더라도, 무엇이 인간 삶의 조건에서 틀림없이 선하고 행복한 것인지, 무엇이 원래 악하고 비참한지, 이에 대해 가장 빈약한 수준 이상으로 하나님에 대하여 분명히 알게 된 자는, 즉 이것을 알기 위해 사실상 유일한 높은 가치의 지혜를 달성한 자는, 하나님이 엄격할 정도로 그에게 맡겨진 이런 재능을 향상시키라고 요구한다는 것을 역시 기억하기에,[235] 육신이 짊어지고 수고하는 어떤 견딜 수 있는 고역이나 무게보다 더 아프고 힘든 마음의 짐을 지지 않을

---

[233] Cf. George Herbert, *Outlandish Proverbs* (1640): "지식은 부담이 아니다."
[234] 더 낮은 지혜와 더 높은 지혜를 주장하는 학설은 『파이돈』(*Phaedo*)과(69, 66 이하), 『향연』(*Symposium*)에 등장하며(209), 밀턴의 『복낙원』(*Paradise Regained*)에도 찾아볼 수 있다(IV, 288~290): "위로부터, 빛의 원천으로부터 / 빛을 받는 자는, / 다른 교리가 필요가 없나니."
[235] 밀턴의 애호하는 달란트 비유이다. 「마태복음」 25: 14~31 참조.

수 없습니다. 하나님이 그를 이 세상으로 보내시며 그에게 거래하라고 하신 지식과 계몽의 전부를 어떻게 그리고 어떤 방식으로 처분하고 사용할 것인지를 말입니다. 그리고 그 부담을 더욱 무겁게 하는 것은, 그의 분배된 꾸러미 가운데 다이아몬드와도 비길 수 없는 동양적인 광채[236] 같은 어떤 진귀한 진리도 받았는바, 그럼에도 불구하고, 그가 어떤 싼값에나 아니 사려는 자에게는 무료로 처분하라는 임무를 띠고 있기 때문이며, 이 세상의 대단한 상인들은, 이런 과정이 구슬과 유리 상품을 가진 불쌍한 인디언처럼[237] 거짓으로 사람들을 능욕해온 자신들의 상품의 거짓된 번뜩임을 곧 밝혀내고 수치스럽게 할 것이 두려워서,[238] 그들의 모든 수단을 강구하여, 자신들을 망하게 할 이런 희귀품을 이런 싼값에 팔지 못하도록 어떻게 억압할 수 있을지, 또한 그들의 쓰레기를 사람들의 손에 안겨줄 수 있을지를 강구한다는 점입니다. 그러므로 세속적인 가르침에서 사람들의 부패한 욕망을 만족시킴으로써, 그들은 그들의 이런 영적 공장에서[239] 자신을 올곧게 유지하려는 모든 사람을 증오와 멸시로써 핍박하도록 사람들을 선동합니다. 이런 거짓된 상인들은 이런 것을 알기에, 비록 그들이 진리에 대해 그리고 그들이 어떤 반대와 위험을 무릅쓰고 가져오는 거룩한 거래의 탁월성에 대해 증언하지 않을 수 없지만, 그래도 그들의 영혼

---

[236] 현재는 동양적(orient)이라는 수식어는 진주에 한정해서 쓰지만, 17세기에는 다이아몬드나 다른 보석들에 적용되었다.
[237] 17세기에 인디언은 인도와 북미 원주민 둘 다 가리켰는데, 이들의 미흡한 거래 능력으로 많은 상인이 돈을 벌었다.
[238] 영국 국교회 주교들은 진리의 진정한 가치가 자신들의 번지르르한 상품 시장을 망칠까봐 두려워서, 정직한 사람들의 말을 듣지 못하게 언론을 검열하고, 자신들을 비난하는 서적들이 나오지 못하게 함으로써 방해하려 한다. *Cf.* The London and Kentish petitions (Rushworth, IV, 93, 135).
[239] 영적 공작(spiritual factory)도 "불쌍한 인디언" 비유의 연장이다. 공장은 외국에서 사업을 하는 무역상의 시설물이기 때문이다.

위에 무겁게 짓누르지 않을 수 없는 것은, 하나님의 우선적인 의도와 그들 자신의 의도 안에서, 평화가 없는 그들에게 무상으로 지급하는 평화의 전령이자[240] 진귀한 보물을 지급할 자로 선택되었기에, 그들이 그들의 사명을 수행함에 있어 자신들이 전 세계의 가정과 도시 어디서나 가장 큰 불화와 불쾌감을 유발했고, 전 세계에 걸쳐 가정과 도시 모두에서 칼과 불이 되었다는 것을 발견하게 됩니다.[241] 이것은 슬픔에 빠진 선지자 **예레미야**(Jeremiah)로 하여금, "내 어머니여, 내게 화가 있나이다! 어머니께서 나를 낳되 온 땅을 대적하여 싸우는 자요 다투는 자로 낳았나이다."[242]라며 탄식하게 합니다. 그리고 비록 신성한 영감은 그 옛날 선지자들에게 확실히 기분 좋았겠지만, 그들이 받아온 진리의 곤란함은 너무나 불쾌하여 곳곳에서 그 진리가 부담[243]이라고 말합니다. 더구나, 그 신비로운 계시(Revelation)의 책[244]은 위대한 전도자가 그 책을 먹으라는 명을 받았던 것으로서,[245] 비록 입과 배움에는 달콤할지 몰라도, 지식과 예지의 눈을 환하게 하는 연약(煉藥)이었으므로, 그의 배에는 쓰고, 비난할 때도 쓴맛이었지요. 이것은 현명한 시인 **소포클레스**(Sophocles)도 숨기지 않았는데, 그는, **티레시아**(Tiresia)가 자신이 알기로 슬퍼하게 될 처지에 빠진 **오이디**

---

[240] 밀턴은 사도 바울의 서간에서 사용된, "우리 아버지 하나님으로부터 평화"(Peace, from God or Father)라는 구절을 염두에 두고 있을 것이다.
[241] 「마태복음」 10: 34: "내가 땅에 화평을 보내러 온 줄로 생각하지 말라 나는 화평이 아니라 검을 보내러 왔노라."
[242] 「예레미야」 15: 10에 나오는 말로서, 밀턴이 성경 구절을 약간 줄였다.
[243] 부담(burden)이라 함은 운명의 예언이기 때문이다. 특히 「이사야서」의 예언적 장들(13, 15, 17, 19, 21)의 시작 부분에 거듭 사용되는 표현이다.
[244] 요한이 쓴 「요한계시록」을 가리킴.
[245] 「요한계시록」 10: 9~10. 천사가 들고 있는 작은 책을 요한에게 먹으라고 했을 때, 요한은 "내 입에는 꿀 같이 달았으나 내가 그것을 먹은 뒤에 내 배가 쓰게 되더라"고 했다.

푸스(Edipus) 왕의 문제를 해결토록 요구받는 그의 비극의 해당 부분에서, 티레시아가 다른 사람들보다 더 많이 알았던 자신의 운명을 비통해하도록 이야기를 전개합니다.[246] 확실히 모든 선하고 평화로운 사람에게, 수천 명을 불쾌하게 하고 괴롭히는 자가 되는 것은 증오스러운 일임이 틀림없습니다. 의심할 여지 없이, 그들이 자기 자신의 진정한 행복을 거부하고 반대하는 게 아니라면, 기쁨과 만족을 옮길 이가 되는 것이 그가 모든 인류에게 무엇보다 원하는 일이며, 그의 기호에 더 맞을 것입니다. 그러나 하나님이 나팔을 들어 애통하고 귀에 거슬리는 소리를 불라고 명하실 때, 무엇을 말하고 무엇을 숨기는 것은 그의 뜻에 있지 않습니다. 만일 매일 부딪치는 비난과 조롱 때문에, 예레미야(Jeremiah)가 그랬던 것처럼 그가 침묵하기로 마음먹지 않는다면, 그리고 "모든 그의 친한 이들도 그가 그만두기를 기다리면서",[247] 진리를 말한 것 때문에 그에게 원수를 갚으리라고 한다면, 그가 자백한 대로, "그분의 말씀이 내 마음속에 타오르는 불과 같아서 내 뼈에 사무치니 내가 참기에 지치고 가만히 있을 수 없었도다."라고 자백하지 않을 수 없을 것입니다. 이 말씀은 이 시대에 이르기를, 날카롭게 이야기되고 열렬히 쓰인 모든 것을, 배 밖으로 독성과 심술궂은 성격을 뱉어낸 것인 양, 성급히 비난하지 말라는 것이며, 도리어 깊이 생각하라고 가르치는바, 만일 고위 성직자들이 말로 할 수 있는 가장 나쁜 말을 하거나, 행할 수 있는 가장 나쁜 짓을 하도록 허용되는 반면, 그들이 바쳐야 할 것들을 그들 자신과 그들의 큰 쾌락과 편리에 묶어두려 한다면, 이에 대해 날카롭지만 구원이 되는 말을 억누르면 공포와 괴로움이 되기에, 자신에게 아무런 이익도 없이 전하고 챙겨주려고 애쓰는 자에게 누구

---

[246] 소포클레스의 『폭군 오이디푸스』(*Oedipus Tyrannus*), 316~317행에 나온다.
[247] 「예레미야」 20: 10.

든 화내는 것은 합당하지 못하다는 것입니다.

저로서는, 저의 젊은 시절부터, 하나님이 저에게 허용하신다면, 언론의 진정한 자유를 좋은 노년에 사용할 최상의 보물과 위안거리로서 축적해 두고자 결심해왔으며,[248] 그 때에 교회의 선과 같은 값진 관심사에 있어서 언론의 자유가 유용할 것이라는 생각이 들 것입니다. 만일 제가 기질상이건 다른 어떤 이유에서건, 저 자신과 저의 행동에 대하여 너무 호기심이 많거나 의심이 많다면,[249] 누가 그걸 도와주겠습니까? 그러나 제가 예상하는 것은, 만일 교회가 무거운 억압을 받게 되고, 그래서 아주 악한 행위의 장본인이 될 사람에게 반대 논리를 펼칠 만한 능력을 하나님이 제게 주셨다면, 아니면, 만일 하나님이 현재 제게 빌려주신 조그만 재능을 전혀 확대하거나 공헌하지 않은 채,[250] 충성된 자들의 근면과 용기 위에 하늘에서 내린 축복에 의하여, 교회가 그 혼란스런 상태를 더 좋은 시절로 변화시킨다면, 제가 저의 마음속에, 이후 제 평생, 낙담과 비난의 소리를 들어야 할 것이라는 예측을 하게 됩니다.[251] 비겁하고 배은망덕한 거다. 하나님의 교회는 지금 다시금 그녀의 모욕적인 원수들의 발아래 있으며, 그대(thou)는 통곡하고 있는 거다.[252] 그대가 통곡한들 무슨 소용

---

[248] 자유 언론에 대한 다른 소중한 요구에 대한 더 한정된 논의는 『아레오파기티카』(*Areopagitica*, 1641)를 참조할 것(p. 35): "나에게 모든 자유보다 양심에 따라 자유롭게 알고, 말하고, 주장할 자유를 달라."
[249] 나 자신과 나 자신의 동기를 검토하는 데 너무 몰두하면, 그렇다는 뜻이다.
[250] 「마태복음」 25: 14~31.
[251] 다른 충성된 종들이 교회의 발전에 기여할 때, 자신은 아무런 기여도 하지 못하면, 평생 자책하며 살 것이라는 뜻임.
[252] 밀턴이 자신을 자책하는 내면의 소리를 적고 있는데, 이어지는 구절에서 자신을 2인칭 thou로 계속 지칭하고 있다. Thou는 고어에서 주로 사용되었는데, 현재는 종교적 표현에서, 특히 신에게 기도드릴 때 사용하며, 시어, 방언, 고어(古雅)한 글, 혹은 퀘이커 교도들 간에 사용되는 표현이다. 밀턴이 자신을 지칭하며 you 대

이 있나? 시간이 아직 있을 때, 그대는 그대가 읽거나 연구한 모든 것 중에 교회를 위해 할 말을 한마디도 찾지 못했지 않은가. 그러나 다른 사람들의 땀에서[253] 네가 여유롭게 생각할 편안과 여유가 그대에게 제공된 거다.[254] 헛된 주제[255]를 치장하거나 미화할 때면, 그대는 성실과 배짱과 남자의 언어가 있었지. 그러나 하나님과 그분 교회의 명분을 변호해야 할 때, 그 목적을 위해 그대가 지닌 글재주는 하나님이 그대에게 주신 것이니, 그분의 열성적인 종들 사이에서 그대의 음성을 들을 수 있을지 하나님께서 귀를 기울이셨지만, 그대는 짐승처럼 벙어리였다. 그때로부터, 그대 자신의 짐승 같은 침묵이 그대가 만든 모습이 되겠지. 이런 말을 듣지 않는다면, 제가 다른 귀로 들었을 것입니다. 나태하고, 늘 방치된 빛이 되려 했던 그대여, 교회는 그녀를 방어하려 일어선 그녀의 수많은 종의 끈질긴 고역을 치르고, 이제 그녀의 최근 곤경을 극복했으며, 또한 그대 역시 그 종들 사이에서 그 즐거움을 공유하려 하겠지만, 네가 어찌 그럴 수 있겠는가? 그대가 교회의 평화를 재촉할 수도 있었을 때 그대의

신 thou를 사용한 것은 하나님에게서 오는 계시적인 내면의 소리를 표현했다고 하겠다.

[253] 결국 밀턴의 여유로운 연구는 그의 아버지의 땀의 결과로 얻어지는 것이라는 것이다. 이때까지 밀턴은 과외 정도 한 걸 제외하면, 비싼 생활에 비해 한 푼도 벌지 않았던 셈이다.

[254] "편안과 여유"는 현대적 의미의 게으른 생활을 암시하는 것이 아니라, 육체적 노동으로부터의 자유를 뜻하며, 연구할 여유, 자유 및 기회를 의미한다.

[255] 이 시점에서 밀턴은 사실상 그의 모든 라틴어 시를 썼고, 그의 짧은 시들(16편 소네트를 제외한) 대부분과 가면극을 썼었다. 그중에 『코무스』(Comus)와 「리시다스」("Lycidas")를 포함한 조금 긴 5편은 익명으로 출판되었다. 그래서 시인으로서 그를 아는 독자가 별로 없었다. 공적으로 자신의 일을 인정하고 격하시킴으로써 독자들의 동정심을 유발하려 하는 듯, 변명조의 어조를 띤다. 자신의 주인인 하나님의 일을 하지 않는다면, 그것이 어떤 글쓰기이든, 교회의 시급한 곤경 때문에, "헛된 주제"일 뿐이라는 뜻이다.

말이나 행동을 어디서 보여줄 수 있었는가? 그대가 지금 무엇을 말하든, 쓰든, 보든, 그것은 모두 다른 사람들의 적극적인 신중과 열성이 적선한 것이다. 이제 감히 그대의 이전 나태와 유아성(infancy)[256]보다 더 좋은 어떤 것을 말하거나 행동하려 하지 말라. 만일 그대가 감히 그렇게 한다면, 그대는 다른 사람들의 고통스러운 공적에서 그대 자신의 뻔뻔스러움을 값싸게 치르려고 무례하게 행동하는 것이다. 과거에 그대의 죄악이었던 것이 이제 비참해지고 무가치해질 그대 자신의 몫이니라.

이러한, 이와 같은 교훈들이 마땅히 저의 아침기도(Matins)가 되고, 저의 저녁찬양(Even-song)이 되어 있으리라고[257] 생각합니다. 그러나 이제 이런 작은 근면으로 인하여, 교회가 힘들어하면, 교회를 위하여 아무것도 하지 않은 다른 사람들이 애도자로 받아들여지는 영예를 갖지 못할 때, 제가 좋은 사람들과 성도들과 더불어 교회의 환란을 슬퍼할 어떤 특권을 얻었을지 지켜보십시오. 그러나 만일 그녀의 평안을 바라는 것 이상의 무언가를 했던 자들 사이에서 그녀가 그녀의 축 처진 머리를 들어 올리고 번성한다면, 저는 저와 제 후손들에게 줄 저의 기쁨의 특권과 자유의 권한을 갖게 될 것입니다.[258] 그러므로 감독제에 반대하는 이런 다루기 힘든 주제에 관여하고 그것을 다루는 것은 많은 사람에게 너무나 불쾌하고 불안하며, 이미 논의된 데 따라 저는 이미 애독자들에게 인정을 받을

---

[256] "Infancy"는 어원적으로 말하면, *in*-("not")에 *fari*("to speak")를 보탠 것이므로, 무언이란 뜻이 된다. 즉, 밀턴이 올바른 말을 해야 할 때 하지 않았다는 것이다.

[257] "아침기도"와 "저녁찬양"은 영국 국교회의 일상적인 예배이지만, 여기서는 밀턴 자신이 아침과 저녁 할 것 없이 일상적으로 듣게 될 내면적인 자책과 후회의 소리를 암시한다.

[258] 위에서 나열한 바와 같이 나태하게 보냈을 경우와 대조적으로, 현재 밀턴이 교회의 위기에 자유롭게 발언하고 도움이 되고자 노력한다면, 그 조그만 노력으로 인하여 그는, 교회가 어려우면, 성도들과 함께 슬퍼할 자격을, 교회가 번성하면, 그 기쁨을 함께 누릴 자격을 갖게 될 것이라는 뜻이다.

만하므로, 이 논쟁에서 저에게 시기심이나 불쾌감이 떠오르지는 않았으나 양심의 강요는 있었으며, 평화로운 시간의 좋은 양식을 저에게 비축해 두고자 할 때, 이런 의무를 생략해 이 생략이 저를 대적하지 않을까 하여 사전의 두려움이 들었을 뿐입니다. 그래서, 제가 그런 일이 있었다는 걸 알게 되었으니, 제 머릿속에 한창 젊은 시절이 걸려있는 지금, 허영에 차서 자화자찬하는 어떤 기질이 제가 높은 명성의 사람들과 경쟁하도록 자극했다는 주장이 저에게 여전히 제기되지 않도록, 이런 절박한 상황에서 제가 해야 할 말을 성공적으로 할 수만 있다면, 제가 이런 불필요한 추측에서 벗어나도록 지성적이고 공평한 독자를 설득할 수 있기를 바랍니다. 비록 품격 있고 학식 있는 독자만, 만일 그렇게 될 수 있다면, 그에게 원칙적으로 잠시 제가 말할 수 있도록 허가를 받아, 제 말을 듣게 하더라도 말입니다. 그에게는, 제가 다음과 같이 말해도, 새로운 것이 못될 것입니다. 즉, 비록 제가 그에게 말하기를, 만일 제가 재치나 학식을 자랑하며 칭송을 좇았다면, 비록 제가 당면한 문제를 다루기에 부족함을 불평하는 건 아니지만, 제가 아직 저의 개인적 학문의 완전한 순환을 흡족하게 완성하지도 않았을 때, 저는 이처럼 저 자신의 한창때를 벗어나[259] 저 자신의 글을 쓰지 않았으리라 말해도 그에게는 새롭지 않을 것입니다. 그에게 말하지 않는다면, 만일 제가 저의 소원을 펼칠 준비를 완성했더라도, 정교하게 구성된 것을 이런 소란스러운 시대의 무관심하고 불통이 된 청중에게 바치는 것은 어리석을 것입니다.

그다음으로, 만일 제가 저 자신의 목적만을 염두에 둔다면, 이것은 반

---

[259] 밀턴은 여기서 아직 자기 때가 오지 않았다고 생각한다. 같은 생각이 9년 전,「시간이 어찌나 빨리 흘러갔는지」("How Soon Hath Time")란 소네트에서 다뤄지기도 했지만,「다몬의 비문」("Epitaphium Damonis", 1640)에서 그는 아서 왕(King Arthur)에 대한 시를 쓸 준비가 되어 있다고 생각했다.

대로 모든 불이익이 따르기에, 저는 분명히 그 자체로서 칭송을 받게 될 주제[260]를 취할 것이며, 그리고 그 글의 출판을 마음대로 연기할 수 있고, 흠 없는 그림을 완성할 때까지, 그것을 모든 기묘한 솜씨로써 다시 묘사할 충분한 시간이 있는 주제를 취하겠지요. 반면에, 이 논쟁에서는 늦추지 않는 것이 효과적인 속도에 아주 중요하여, 만일 견고성이 그 임무를 수행할 여유가 있다면, 예술은 그럴 시간이 많이 없습니다.[261] 마지막으로, 저는 (이런 종류의 글을 쓰는) 저 자신이, 다른 일을 하도록 타고난 본성의 힘에 이끌리는 또 다른 저 자신보다 열등함을 알며, 제가 설명할 수 있는바, 이런 글쓰기에는 저의 왼손만 사용하기 때문에, 저는 이런 글쓰기 방식을 택하지 않을 것입니다.[262] 그리고 비록 제가 이런 목적으로 더이상 말하는 것은 어리석겠지만, 그래도, 그것을 행하려던 가장 현명한 사람들조차 다만 고백하고 그렇게 행했으므로, 저는 더 어리석은 만큼 더 이유가 있으므로, 정중한 용서를 받고 싶습니다.[263] 왜냐하면, 비록 한 시인이 그의 상상의 상층부에 솟아올라, 그의 화환과 그 주변의 예복들에 둘러싸여, 제가 하려는 것보다 더 많이 그 자신에 대하여 변명 없이 말할지라도,[264] 이곳 하계에 산문의 서늘한 적소에 앉아 있는 저로

---

[260] 그 자체로서 본질적으로 흥미로운 주제, 예를 들어, 현재 다루는 논쟁거리가 아니라 영국 역사나 성경에서 뽑은 주제를 말한다.
[261] 다시 말하면, 이 작업이 건실하고 본질적인 주제이므로 그 자체의 본질적 목적을 이루는 것이 급선무이며 예술성 같은 것을 개입시킬 여지가 없다는 뜻임.
[262] 왼손은 덜 중요한 것이므로, 예술가의 입장에서 부적절할 뿐만 아니라 덜 명예로운 작품 유형을 암시하는 것이다. 즉, 개인의 이익만을 목적한다면, 이런 선택을 당연히 하지 말아야 한다는 뜻이다.
[263] 밀턴은 이 대목에서, 자신의 타고난 시적 재능을 뒤로 미루고 산문 논쟁에 뛰어들 수밖에 없는 이유를 독자들에게 이렇게 길게 변명하지 않을 수 없음을 호소한다.
[264] John S. Diekhoff, "The Function of the Prologues in *Paradise Lost*," *PMLA*, LVIII (1942), 697~704. 밀턴이 작품 속에서 자기 자신에 대하여 말하는 습관은, 독자의

서는, 그리고 많은 독자 사이에서 저 자신의 비범한 사항을 과감히 말하고 파헤칠 천상계의(Empyreall)[265] 착상이 없는 이 세상의 한 피조물로서, 그것이 저에게 멸시의 이유가 되지 않기를 더 너그러운 부류의 독자들에게 간청합니다. 그러므로, 제가 밝혀둘 점은, 저의 초창기부터 제 나이가 견딜 만큼, 저의 부친의 끊임없는 부지런함과 보살핌에 의해—하나님이 그의 수고를 갚아주시길—언어와[266] 몇몇 학문(sciences)에서 다양한 전문가와 선생님들에게, 가정과 학교 양쪽에서, 제 나이가 견딜 만큼 훈련을 받은 후,[267] 영어나 다른 언어에서, 산문 쓰기나 시작(versing)에서, 그러나 주로 시작에서, 저를 돌봐주던 자들이 저에게 무언가 부과했든, 저 자신의 선택에 이끌렸든, 문체가 그것이 지닌 어떤 생생한 특징들에 의하여 살아있을 법했습니다. 그러나 훨씬 최근에 제가 다닐 수 있는 혜택을 입었던 **이탈리아**의 사립 학교들에서도, 제 기억으로는 스무 살 아래 정도에 제가 지은—그곳의 학습 방식은 모두가 자기 재주와 독서 지식을 입증하는 것이었으니—어떤 사소한 글들(trifles)이[268] 기대 이상으로 수용

선의를 획득하는 데 도움이 되는, 시인의 소질에 대한 증거의 일부이다. 시인으로서 밀턴은 자신에 대하여 말하기를 삼가지 않는다. 라틴어 시와 「리시다스」, 그리고 1641년까지 쓰인 시 작품들에서 이는 사실이다. 그의 『한 변명』(*An Apology*)에 나오는 다음 설명은, 운문이든 산문이든, 그의 모든 자서전적인 구절들에 적용할 만하다: "나는 나 자신을 나 자신 개인으로서가 아니라, 내가 깨닫게 된 진리 속에 통합된 일원으로 인식합니다."

[265] 다시 말하면, 숭엄하고 고결한 개념에 없다는 뜻임. *Cf. Paradise Lost*, VII, 14.
[266] "Ad Patrem" 79~85행에서, 밀턴은 그가 배운 언어로서, 라틴어, 그리스어, 프랑스어, 이탈리아어, 히브리어를 열거하고 있다.
[267] 오히려 그의 나이가 견딜 수 있는 것 이상이었다. 『두 번째 변명』(*Second Defence*; Latin, 1654), p. 60에서, "그[아버지]는 내게 문법학교의 정규 수업에 추가하여 매일 가정에서 교습해줄 선생님을 제공했다"고 한다. 알려진 가정교사는 토마스 영(Thomas Young)이었다.
[268] 이 작품들은 라틴어, 이탈리아어, 혹은 그리스어로 쓰인 것이었으며, 「코무스」나

된 것을 알았고, 그것들 가운데, 도서 부족과 어려운 형편 속에서, 수정하고자 마음먹었던 다른 것들은 서면으로 된 찬사를 받았는데,[269] 이는 이탈리아인이 알프스(Alps) 이쪽 사람들에게 쉽사리 수여하지 않는 경향이 있는 것이었습니다. 저는 그들에게나 이곳 국내의 다양한 친구 모두에게 이 정도로 동의를 구하게 되었으며, 그리고 그보다 적잖게, 이제 나날이 저에게서 자라나는 내적 격려에 동의하게 된 것인바, 이런 격려는 제가 이 생애에서 저의 몫이라고 받아들이는 노력과 집중적인 연구가 본성의 강한 성향과 합쳐져서, 아마 후대가 의도적으로는 소멸하지 않기를 바라도록 쓰인 뭔가를 후대에 남길 수 있을 것입니다. 이런 생각이 즉시 나를 사로잡았으며, 그리고 다른 생각이 든 것은, 만일 제가, 사람들이 부동산 임대(lease)를 하듯이, 세 명에 대한 임대 기간[270] 이상을 내다보며 확실히 글을 쓰기로 한다면, 가장 먼저 관심을 기울일 것은 저의 조국의 영예와 교육에 의하여 하나님께 영광을 돌리는 것입니다. 그런 이유 때문이며, 제가 라틴 사람들 사이에서 2류급에 속하기도 어려울 것임을 알고 있었다는 이유만은 아니고, 아리오스토(Ariosto)가 벰보(Bembo)[271]의 설득에 거슬러 따랐던 결심, 즉 언어적 호기심을 목적으로 삼지 않고―그것은 고된 허영인바―제가 결집할 수 있는 모든 근면과 기술을 저의 모국어를

다른 영어 시들은 포함되지 않는다.
[269] 밀턴은 적어도 이런 찬사를 다섯 개 보존하여 「사소한 시들」(*Minor Poems*)과 함께 출판했으며, 찬사를 써준 이들은 Manso, Salsilli, Selvaggi, Francini, Dati 등이다.
[270] "세 명을 위한 임대 기간"(a lease for three lives)이란 "특정 개인 세 명 가운데 가장 장수하는 사람이 살아있는 동안 강제 보장되는 임대 기간이다. 밀턴의 뜻은 그의 글이 그 자신의 나이 이상 살아남을 것인지를 뜻하고 있다.
[271] 피에트로 벰보(Pietro Bembo, 1470~1547)는 16세기 이탈리아 문학을 고전 작가들을 모방함으로써 고전 전통으로 이끈 인물로서, 페트라르카(Petrarch)의 모방자들과 추종자들에게 플라톤적인 특징을 확대하는 데 기여하였다.

장식하는 데 집중하고자 하는 결심을 했고, 제 나라 시민들 사이에서 이 섬나라 전체를 통하여 모국어로 최상의 가장 거룩한 것들을 해설하고 이야기하는 사람이 되려고 전념했습니다. 아테네, 로마, 혹은 현대 이탈리아, 그리고 옛 히브리 사람 가운데 가장 위대하고 선택된 현인들이 자기 나라를 위해 한 것을, 저는, 저의 수준에 맞추어 하되, 이보다 훨씬 중요한 것은, 기독교인으로서,[272] 제가 해외에서 명성을 얻을 수 있다 해도, 저의 조국을 위해 할 것입니다. 한때 해외에 이름났던 것에 상관하지 않고, 이 **잉글랜드** 섬나라를 저의 세계로 여기고 만족할 것인바, 만일 아테네 사람들이, 혹자들이 말하듯이, 조그만 업적을 그들의 유능한 작가들이 위대하고 유명하게 만들었다면, 여태까지 이 나라의 운명은, 잉글랜드가 그 자신의 훌륭한 공적을 수도승과 직공(mechanicks)[273]의 서투른 처리 때문에 조그맣게 만들어버렸다는 것입니다.

그럴 시간이 지금은 없는데, 아마 제가 편한 마음으로 상상의 광활한 궤도 속에서 자유롭게 생각나는 것을 확실하게 설명하면,[274] 아무리 최고의 희망과 가장 어려운 시도에 대한 설명이라고 해도, 너무 풍부해 보일 것입니다. 호메로스(Homer)의 두 시, 그리고 베르길리우스(Virgil)와 타소

---

[272] 그의 종교가 그렇듯이, 그의 영감이 더 진실하고 강한 것이므로 그렇다는 뜻이다. 청교도들은 가톨릭을 진정한 교회로 여기지 않았기에, 밀턴은 현대(당대) 이탈리아 시인들을 그리스도인으로서 글 쓰는 혜택에서 배제한 것이다. 히브리인들도 비록 진실한 하나님을 믿긴 했으나, 그리스도인은 아니었다.

[273] "Mechanicks"(mechanics)에 의하여, 밀턴은 그들의 작업이 무식한 노동자의 것이었다는 뜻이며, 그는 수도승(monks)의 무식을 공격한 바 있다. *History of Britain* (1670), p. 173 참조.

[274] 케임브리지 대학 시절에 밀턴이 장래의 작품 활동을 위한 노트 형식의 원고에 보면(pp. 35~41), 성경과 영국 역사에 대한 비극적 주제들의 밑그림을 써놓은 것이 있다. 이런 노트는 반감독제 산문들과 동시에 쓰였다. *Cf. The Milton MS. in Trinity college, Cambridge.*

(Tasso)의 다른 두 시가 하나의 산만한 형식인지, 「욥기」(*Job*)가 그 간결한 본보기인지,[275] 서사시로 할 것인지, 아니면 아리스토텔레스의 원칙들을 여기에서 엄격히 준수할 것인지, 혹은 예술을 알고 판단력을 사용하는 자들에게는 탈선이 아니라 예술의 풍성함이 되는 자연을 따를 것인지, 그리고 마지막으로, 그 정복[276] 이전의 어떤 왕이나 기사(Knight)를 선택하여 기독교적 영웅의 모범으로 제시할 것인지 말입니다. 그리고 타소가 이탈리아의 한 군주[277]에게 선택권을 주어서, 이교도에 저항한 고드프리(Godfrey)의 탐험,[278] 혹은 고트족(Gothes)에 대항한 벨리사리우스(Belisarius)[279]나 롬바르드족(Lombards)에 대항한 샤를마뉴(Charle-main)[280]에 대하여 쓸 것인지, 어느 것을 쓸지 자신에게 말해달라 한 것처럼, 만일 자연의 본능과 예술의 대범함에 무엇을 맡길 수 있다면, 그리고 우리의 풍토가 이 시대의 운명에서 적대적인 것이 없다면,[281] 우리 자신의 고대 이야기들로

---

[275] 「욥기」는 지금은 서사시라기보다 극으로 여겨지지만, 르네상스 사람들은 그렇게 생각하지 않았다. 시드니(Sidney)는 이 작품을 「시편」과 「잠언」과 더불어 "성경의 시적 부분"(1595; NYPL)이라고 분류한다.

[276] 1066년의 정복자 윌리엄(William the Conqueror)에게 인솔된 노르만인의 영국 정복(the Norman Conquest)을 가리킴.

[277] 이탈리아 르네상스 시대의 예술, 문학, 학문의 가장 위대한 후견인 중 한 사람이었던 페라라의 알폰소 공 2세(Duke Alfonso II of Ferrara)를 가리킨다. 그는 1449~1697년 공작으로 재임했다.

[278] 이것은 고드프리 부이용(Godfrey Bouillon, 1058~1100)과 첫 십자군의 이야기일 것이다.

[279] 전설에 따르면, 고트족과 반달족에게 저항하던 로마의 위대한 사령관인 벨리사리우스는 동로마 제국의 황제(483~565) 유스티니아누스(Justinian)에 의해 실명이 되어 콘스탄티노플 거리에서 거지로 방랑했다고 한다.

[280] 신성로마제국(Holy Roman Empire)의 황제였던 카롤루스 대제(Charles the Great, 742~814)는 771~774년 사이에 이탈리아 롬바르드족을 대적하여 원정군을 이끌었다.

[281] 차가운 기후가 지성을 둔하게 한다는 이론은 영국 기후에 매우 민감했던 밀턴에게

도 같은 제안을 하는 것이 아마 경솔한 것은 아닐 것이며, **소포클레스**(Sophocles)와 **에우리피데스**(Euripides)[282]가 군림한 극적 구조들(Dramatic constitutions)[283]은 한 나라에 더 교리적이고 모범적인 것으로 밝혀질 것입니다. 성경 역시 우리에게 **솔로몬**(Saloman)[284]의 「애가」(*The Song of Solomon*)에서, 오리게네스(Origen)가 옳게 판단하듯이, 두 사람과 이중 **코러스**(Chorus)로 구성되는 신성한 전원극을 제공합니다. 그리고 성 **요한**(Saint John)의 「요한계시록」(*The Apocalypse*)은 엄숙한 막과 장들을 일곱 코러스로 구성된 할렐루야 합창들과 하프 소리 교향악들로 마무리하고 섞는 숭고하고 웅대한 비극의 장엄한 이미지입니다. 그리고 이런 제 견해는 그 책을 논평하는 **파레우스**(Pareus)의 엄숙한 권위가 충분히 확증해줍니다. 혹은 만일 기회가 주어지면, 고상한 송시(頌詩, Odes)와 찬양시(Hymns)[285]를 모방할 수도 있을 것인바, 그중에서 **핀다로스**(Pindarus)[286]와 **칼리마코스**(Callimachus)[287]는 대부분 가치 있지만, 몇몇 다른 작품은 구조는 적절하고 내용은 대부분 끝에 결함이 있습니다. 그러나 이 모든 것보다도, 율법서와 예언서를 통틀어 빈번히 등장하는 노래들이 그 신성

신경이 쓰였다.

[282] 밀턴이 애호하는 그리스 비극작가는 에우리피데스였다.

[283] 법, 법령, 제정의 기구를 말한다. 비극은 가르침을 주는 것이므로 이 단어가 사용된다.

[284] 밀턴의 원문에서 솔로몬이 "Soloman" 혹은 "Salomon"으로 표기 되어 있다.

[285] 필립 시드니(Philip Sidney)가 서사시 다음으로 인정한 서정시의 최고 유형들이며, 시드니나 밀턴에 따르면, 장르적 순서는 서사시, 비극, 서정시 순이었다.

[286] 핀다로스(기원전 522?~443)는 육상경기를 기념하는 송시(odes)로 유명하다. 승리를 묘사하고, 신화적 전개와 선수의 칭송으로 이루어지는 삼제가(三題歌) 구성이다.

[287] 키레네(Cyrene)에서 기원전 310년에 출생한 칼리마코스의 시는 그가 소멸됐다고 믿었던 서사시 시대의 것보다 더 짧고 세련되었다.

한 주장에서뿐만 아니라, 아주 중대한 작문 기술에서도 모든 종류의 서정시와 비교될 수 없을 만큼, 그보다 두드러지게 할 수 있을 것입니다. 이런 능력들은, 그것들이 어디에서 발견되든, 하나님의 영감이 깃든 재능이며,[288] 비록 대부분은 남용되지만, 드물게 그러나 모든 국가에서 몇 사람에게 부여되는 것이며, 효력이 있는바, 설교단의 임무와 나란히, 위대한 국민에게 덕성과 공적인 시민 정신의 씨앗을 싹틔우고 신봉하게 하고,[289] 정신의 불안을 달래주고, 감정을 바르게 조절해주며, 전능하신 하나님의 왕좌와 수행원들, 그분의 하시는 일, 그리고 그분이 그분의 교회 안에서 높은 섭리로 이루어지기를 기다리시는 일을 영광스러운 숭고한 찬양으로 칭송하며, 순교자와 성도의 승리의 고난, 의롭고 경건한 국가들의 행위와 승리, 그리스도의 원수를 대적하여 믿음으로 용감하게 행동하는 것을 노래하며, 왕국과 나라들이 정의와 하나님 숭배에서 전체적으로 퇴보하고 있음을 탄식하고 있습니다.[290] 마지막으로, 종교적으로 거룩하고 존경스러운 것, 덕성에 있어서 친절하거나 엄숙한 것, 외부로부터 운명[291]이라고

---

[288] 밀턴의 영감론(doctrine of inspiration)은 플라톤적인 면이 있으며, 신이 특별히 선택한 소수에게 시를 쓸 재능을 직접 부여한다는 믿음에 근거합니다. 그러나 이들은 학식과 능력이 있는 자들이다.

[289] 여기서 밀턴은 진지한 국민적 시인, "*Vates*"의 다섯 가지 기능을 열거한다. 첫째, 교훈에 의하여 덕성을 가르치고, 둘째, 카타르시스를 주고, 셋째, 하나님의 영광을 찬양하며, 넷째, 하나님의 자녀들의 행동을 칭송하는 것, 다섯째, 영국의 타락을 애통해하는 것이다. 첫째는 서사시, 둘째는 비극, 셋째와 넷째는 송시와 찬양이다.

[290] 시인의 이런 기능은 여기서 그가 직접 영국 국교회의 당대의 죄악상을 언급하는 것이기에 그에게 특이한 것이다. 외국의 비평가가 이것을 시적 기능으로 여겼다면, 종교재판소(Inquisition)의 두려움 때문에 표현을 못 했을 것이다.

[291] 밀턴은 문학이 삶의 변화들을 운명으로 묘사할 건지 심리적인 것으로 묘사할 건지 의문을 제기한다. 그는 후자를 선호하는 듯하다. 이상하게도, 그는 하나님의 손길을 삶의 변화를 움직이는 것으로 여기지 않는 듯하고, 아니면 독자가 당연히 그렇게 받아들인다고 생각했을 것이다.

불리는 모든 변화에서 열정이나 존경을 받는 것, 내면에서 나오는 인간 사고의 비뚤어진 치밀함과 행동 양식, 이 모든 것이 무엇이든, 그것들을 견고하고도 처리할 만한 부드러움으로 그려내거나 묘사하는 힘이 있습니다. 아주 멋지게 입은 모습을 보지 않고는 진리 자체를 별로 보려 하지 않는, 특별히 기질이 부드럽고 상냥한 사람들에게, 이러한 즐거움과 더불어, 전 권을 통해서 신성과 덕행을 가르치고, 모든 예를 통해서 본보기를 가르칠 것이며, 정직과 선한 삶의 길이, 비록 실제로 쉽고 즐거운데도, 지금 거칠고 어렵게 보이는 반면, 비록 그 길이 실제로 거칠고 어려워도, 모두에게 쉽고도 즐겁게 여겨질 것입니다. 그리고 우리의 젊은이들과 귀족계급(gentry)[292] 사람들에게, 이것이 얼마나 혜택이 될 것인지는, 그들이 음란하고 무식한 삼류시인들의 글이나 촌극에서 매일 흡입하는 부패와 독소에 대해 우리가 아는 바에 의하여 곧 추측할 수 있을 것이며, 이런 시인들은 진정한 시의 중심적인 일관성, 그들이 소개해야 하는 인물들의 선택, 그리고 각 인물에게 도덕적이고 예의 바른 것에 대해 여태 거의 들어보지 못했기에, 대부분이 사악한 원리들을 달콤한 알약에 저장하여 통째 집어삼키게 하고, 효험 있는 문서의 맛을 거칠고 시큼한 맛으로 만들어버립니다.

그러나 인간의 영혼은 노동과 진지한 일의 기분전환용 막간이 없이는 이 육신 안에서 활기차게 처신할 수 없기에, 만일 옛날 유명한 정부들이 그랬듯 우리의 관료들이 다투는 송사와 말다툼뿐 아니라 우리의 공공 스포츠나 축제 오락의 운영을 관심사로 끌어들이면, 국가에 행복이 될 것입니다. 그러면 그것들이, 한동안 인정되지 않았던 것인바, 술주정과

---

[292] 영국의 신사계급(상류 사회, 명문의)은 대지주나 지방 유지로서, 귀족(nobility)과 향사(鄕士, 지방 지주, squire) 사이의 계급. 귀족에는 5계급, 즉 공작(duke), 후작(marquis), 백작(earl, 대륙에서는 count), 자작(viscount), 남작(baron)이 있음.

음란의 자극제가 될 수도 있겠지만, 무도 운동에 의해 우리의 신체를 단련하고 단단하게 하여 모든 전투 기술과 활동을 익히게 하는 것이 될 수 있고, 그리고 수많은 학술회의 학문적인 친절한 모임과, 지혜롭고 예술적인 낭독이 주선되어, 우리의 정신을 개화시키고 치장하고 분별력 있게 만들 수 있을 것이고, 이런 낭독은 정의, 절제 및 강인함의 사랑과 실천으로 끌어들이는 웅변적이고 우아한 유인으로 달콤한 맛을 내며, 모든 기회에 국민을 가르치고 향상시키는 것으로서, 지혜와 덕성의 부름을 곳곳에서 들을 수 있을 것이며, 이는 "지혜가 밖에서 외치며 거리에서 자기 목소리를 내고 높은 곳들의 꼭대기와 군중이 모이는 중요한 곳과 성문 통로들에서 외치며"[293]라고 했던 솔로몬의 외침과 같습니다. 이것이 설교단에서만 아니라 다른 설득력 있는 방법에 따라 정해진 엄숙한 공공회의, 극장, 부속 예배당, 혹은 어떤 다른 장소나 길에도 있지 않은가 하는 문제는, 오락과 교육 둘 다 동시에 받으려는 사람들에게 가장 큰 영향력을 미칠 수 있으니, 그들에게 권위를 찾아보게 하십시오. 제가 말해야 했던 것과, 그리고 저 자신을 저의 조국에 가치 있는 존재로 인식할 수 있었던 이래, 항상 저의 안에 존속해온 그런 의도들을 제가 되돌려 놓는 것은, 긴급한 사유가, 유산으로 끝나버린 조기 발견 에 의하여, 저로부터 끌어낸 변명을 요구하기 때문입니다.[294] 그리고 그런 의도들은 인간의 힘 위에서 약속하는 힘으로만 성취할 수 있습니다. 그러나 아무도 더 학구적인 방식으로 노력하지 않았으며, 누구도 그렇게 못 할 정도로 제가 누구보다 더 끈질긴 정신으로 노력했다는 것을 저는 저 자신에 대해 감히 주장하는 바이며,

---

[293] 「잠언」(*Proverbs*) 1: 20~21. 밀턴은 두 절을 압축해서 쓰고 있지만, "높은 곳들의 꼭대기"라는 말은 「잠언」 8: 2에 나옴.
[294] 밀턴은 아직 그의 위대한 작품을 쓰기에는 준비가 미흡하다고 설명한다. '긴급한 이유'는 물론 주교와의 논쟁을 뜻한다.

그리고 이 나라는 한때 감독제의 부당한 멍에에서 자유로웠던 적이 있었으나, 그 엄격한 심문과 폭압적인 우매함 아래서는 자유롭고 훌륭한 현인은 활약할 수 없는 것입니다. 저는 아직 몇 년 동안 제가 지금 지고 있는 빚을 갚기로 그(하나님)와 외상을 트기로 저를 아는 어떤 독자와 계약을 하더라도, 어떤 저속한 호색가의 펜에서 쓰레기로 흘러나오는 것이나 운을 따르는 기생충의 비굴한 격정처럼, 젊음의 열정에서 제기되거나 술기운에서 생기는 작업이 아니므로,[295] 부끄럽게 생각하지 않습니다. 또한 제 작업은 기억의 부인(Dame Memory)과 그녀의 사이렌 딸들(Siren daughters)[296]에게 기원하여 얻어지는 것이 아니라, 모든 표현과 지식으로 풍성하게 할 수 있고, 그의 제단의 거룩한 불과 함께, 그가 좋아하는 자의 입술을 어루만지고 순화시키려고 그의 천사(Seraphim)[297]를 보내는 영원한 영(Spirit)에게 경건한 기도를 함으로써 얻어질 작업입니다. 이에 더하여 근면하고 선별적인 독서, 지속적인 관찰,[298] 모든 근사하고 훌륭한 예술과 일에 대한 통찰력이 보태져야 하며, 이것이 어느 정도 달성되었을 때, 저 자신의 위험과 비용을 들이고, 저는 저를 그토록 신뢰하여 의심치 않는 많은 사람들로부터 이런 기대를 기필코 저버리지 않도록, 제가 그들

---

[295] 12년 정도 전에 밀턴은 「비가 6」("*Elegy VI*")에서 장난 어린 기분으로, 젊음과 포도주의 시를 칭찬했다. 그런 시에서도 진지한 시인은 절제하며 살아야 하고, 물을 마시고, 약초를 먹어야 한다고 말한다. 『두 번째 변명』(1654), p. 40에서 밀턴은 삼류시인(poetaster)을 "술에 정신이 빠진" 자들로 묘사한다.

[296] 그리스 신화에서 사이렌은 아름다운 노랫소리로 근처를 지나는 뱃사람을 유혹하여 파선시켰다는 바다의 요정임. 그러나 밀턴은 여기서 기억의 딸들인 시신들(Muses)과, 『공화국』(617~618)에 나오는 천상 8계 중 하나에서 동일한 음조로 노래하는 사이렌들을 뒤섞어 언급하고 있지만, 어느 딸들인지는 확실치 않다. 그러나 확실히 기억의 딸들은 아니다.

[297] 세 쌍의 날개를 가진 치품천사(熾品天使)를 말하며, 그냥 천사를 뜻하기도 함.

[298] 『논리의 기술』(*Art of Logic*, 1672)에서 밀턴은 "개별적인 예들을 기억 속에 맡기는 관찰이 없이는 감각은 아무 소용이 없다"고 한다.

에게 줄 수 있는 최고의 서약을 걸겠습니다. 비록 먼저 이렇게 많이 폭로한 것이 결코 만족스럽진 않지만, 여기서 이 정도의 희망을 추구하는 것을 중단하고, 유쾌하고 자신만만한 생각으로 충만한 평온하고 즐거운 고독을 떠나서 잡음과 떠들썩한 논쟁의 거친 바다에 빠지는 것을 얼마나 마지못해 견디는지를 분명하게 하고 싶습니다. 즐겁게 연구하는 조용하고 평온한 분위기 속에서 진리의 환한 얼굴을 바라보는 데서 벗어나, 그럴듯한 규모로 인하여 팔린 속 빈 골동품의 어두운 그림자에 빠져들고, 거기서 자기의 학식과 믿음으로 주변 이야기나 채우는 사람들과 함께 인용구 치기나 하지 않을 수 없게 되는데,[299] 이런 자들은 좋은 마부처럼, 누구누구가 이곳저곳의 주교인지 읊어대며, 말에 실은 인용구들과 선조들을 당신들의 문간에 내려놓았을 때, 당신들은 그들의 길마를 벗기고, 그들의 하루 일은 끝나며, 그러면 감독제는, 그들이 생각하듯이, 견고하게 옹호되는 것입니다.[300]

학문적 수고를 비학문적 노역과 구분할 수 있는 고결한 이해력이 있는 자라면, 이런 일에 무슨 즐거움이나 깊이가 있는지, 혹은 이런 역경을 상대로 어떤 영예를 줄 것인지 상상해보십시오. 그러나 비록 그것이 가장 비천한 보조라고 해도, 만일 하나님이 그분의 비서인 양심에 따라 그것을 요구한다면, 제가 뒤로 물러선다면 저에게 슬픈 일이 될 것입니다. 특히 저로서는, 모든 사람이 교회의 어려운 일을 돕고, 편하게 하고, 가볍게 해주고자 그들의 조력을 제공하는 지금, 저의 부모와 친구들에 의하여, 어린 시절부터 그리고 저 자신의 결심으로, 제가 교회에 봉사하도록 운명

---

[299] 『고위 성직자 감독제론』(*Of Prelatical Episcopacy*)에서, 밀턴은 그의 적수들과 인용구 치기를 하였다. 『교회 정부』에서는 이따금씩 벗어나는 경우 외에는, 밀턴이 그러기를 싫어한다.
[300] 감독제를 옹호하는 자들의 일과를 마필 여행객의 일과와 비유함.

적으로 정해졌기 때문입니다. 비로소 나이가 성숙하게 되고, 어떤 폭정이 교회에 침투했는지를 인식하게 되고, 명령을 받는 자가 노예 서약을 해야 하고, 더구나 맹세를 해야 하고, 구역질 나는 양심으로 그것을 받아들이지 않으면, 그는 바로 위증을 하든가, 그의 믿음을 찢어야 하는 것을 인식했기에, 저는 노예근성과 거짓 맹세로 사들이고 시작된 신성한 설교의 사역보다 결백한 침묵을 선호하는 것이 더 좋다고 생각했습니다. 그렇지만, 고위 성직자에 의하여 교회서 쫓겨났으므로, 이리하며, 전에 필요와 강제가 나타났듯이, 제가 이러한 문제에 간섭할 권한이 생겨나는지 모릅니다.

제1장

*감독제는 복음의 이유와 목적을 세 가지 방법으로 반대하며,
그런데 그 첫 번째가 그 외적 형식에 있음.*

이런 여담이 끝나고,[301] 감독제가 적절하고 정당한 교회 정부임을 장담하게 하는 어떤 다른 이유를 제가 뽑아내야 할 일이 남았을 것입니다. 그러나 그 운에 따라 이미 서술한 이런 이유들에서 같은 타당성을 전혀 찾지 못했으므로, 저는 왜 그것이 교회 정부로 전혀 생각될 수 없고, 교회의 폭정이며, 그리고 그리스도의 복음주의적 사역의 목적과 이유에 적대적인 관계인지에 대해 한 가지 이유를 더하려 합니다. 비록 제가 그것을 제시할지 말지 반신반의하고 있음을 인정해야겠지만, 그것이 세상의 눈과 너무 상반되고, 세상이 대부분 사람들의 마음속에 그토록 강력하므로, 저는 주목받지 못하거나 이해받지 못할 위험에 처할 것입니다. 지혜를 단순성에 의해,[302] 강인성을 고통에 의해, 위엄을 겸손에 의해 대부분 측정하는 사람이 누가 있단 말입니까? 나중이 되는 것을 먼저 된 것으로[303] 여길 사람이 누가 있겠으며, 아무것도 아닌 것을 어떤 것으로 여기며, 자신이 하인이라는 점에서 자신을 대단한 지배력이 있는 걸로 여기는 자가 누가 있는가요?[304] 그러나 하나님이 세상과 지옥을 동시에 굴복시키고자,

---

[301] 고전적 연설의 기준에 따른다면, 밀턴이 본론에서 이탈한 것은 오히려 일찍 온 셈이다. 키케로는 이런 이탈을 "열변을 토하기 전에" 와야 한다고 했다. Cf. *De Oratore*, II, xis; tr. J. S. Watson (London, 1881), p. 242.
[302] 「고린도후서」 1: 12 참조.
[303] 「마가복음」 9: 35.
[304] 「고린도전서」 9: 19 참조.

그 일부는 구원으로, 나머지는 전부 멸망으로 향하도록 하고자 했을 때, 그분은 구원하든 멸망시키든, 이런 문제가 아닌 다른 무기나 지원병을 택하진 않았습니다. 그분이 그분의 군대를 끌어내어 정렬시키고 나서, 그분의 번개로써 우회 공격을 하는 것은 조그만 손쉬운 일이었을 것이며, 그러므로 그분은 지혜를 논박하려고 어리석음을 보냈고, 힘을 제어하려고 연약함을, 교만을 물리치려고 수모를 보낸 것입니다.[305] 그리고 이것이, 그리스도가 증언하듯이,[306] 다스림을 받으러 온 것이 아니라 다스리러 온 그리스도 자신 안에서 달성된 복음의 위대한 신비이며, 그분의 재림까지 그분의 모든 사역에서 성취되어야 합니다. 사도 바울은 이러한 원리들에 저항하기를 그토록 두려워했기에, 만일 그가 그의 설교에서 말씀의 지혜를 해치기만 하면, 그가 그리스도의 십자가를 무익하게 만들었다는 비난을 받으리라 생각했을 정도였습니다.[307] 그래서, 감독제가 이런 것들과 그토록 상반된 원리들에 의해 복음의 힘과 목적을 파기하며 그리스도의 십자가를 무익하게 만드는지, 이는 적당한 믿음이 부족할지는 모르지만 합당한 증거가 부족하지는 않습니다. 또한 저는 제게 궤변과 형식에 대해, 감독제(Prelaty) 혹은 추상적 개념의 감독제 정신(Prelateity)[308]이 이것인지 저것인지 말하는 자와 사소한 논쟁을 하고 싶지도 않으며, 그것이 보이는 대로 이해하고, 그 겉모습과 내용이 분리될 수 없다고 이해하는 것으로 충분하며, 그렇지 않더라도, 불사조가 목격된 것보다 더 자주 보지는 못합니다. 비록 처음에 감독제에 피상적으로만 보이는 어떤 결함도 이제, 하나님의 정의로운 판단에 따라, 감독제의 깊은 본질 자체 그 안에 오래전부터 소인이 찍혔고 지니

---

[305] 「고린도전서」 1: 25~28 참조.
[306] 증언은 「마태복음」 20: 28과 「마가복음」 10: 25에 나온다.
[307] 「고린도전서」 1: 17.
[308] "Prelateity"는 NED에서 예로 든 유일한 예로서, 밀턴이 이 단어를 조어한 듯함.

게 된 것입니다. 그러므로, 먼저, 만일 복음의 사역을 하고자 우리 주 그리스도가 종의 몸을 취했다면, 어찌 이런 사역에 동참하는 그의 종이 주인의 모습을 취할 수 있을까요? 제가 알기로는, 빌슨(Bilson)[309]이 카스티야(Castile)[310], 나폴리(Naples)[311], 혹은 퐁텐블로(Fontainebleau)[312]의 어느 의례전문가(punctualist)[313]가 할 수 있었을 정도로 상황에 맞게, 시뇨레(Signore), 몬시뇨레(Monsignore), 무슈(Monsieur) 같은 정중한 표현을 해독해주었다고 합니다.[314] 그러나 이것은 종의 모습이 가르치기에 가장 합당한, 비천하고 고되고 저속한 삶이었다는 것을 배우게 할 만큼, 우리의 정상적인 마음을 벗어날 정도로 우리의 비위를 맞추어야 하는 건 아닙니다. 그리스도는 그런 종의 모습을 가장 적당하다고 생각했으며, 그분이 그분 자신의 원리에 따라 지존자의 발아래 두게 될 이 세상의 보다 비천한 것들을 선택하는 그분의 뜻을 관철할 것입니다.[315] 이제, 고위 성직자들의 화려

---

[309] 토마스 빌슨(Thomas Bilson, 1547~1616)은 윈체스터의 주교였으며, 영국 국교회를 옹호하는 저작으로는, 『그리스도인의 순종과 불신자의 반역 사이의 진정한 차이점』(*The True Difference between Christian Subjection and Un-christian Rebellion*)과 『그리스도 교회의 영원한 정부』(*The Perpetuall Governement of Christes Church*)가 있다.

[310] 카스티야는 스페인의 중심부에 있으며, 1560년에 필립 2세가 그곳을 그의 궁정으로 삼았다.

[311] 나폴리는 당시에 두 시칠리아 왕국(the Kingdom of the Two Sicilies)의 주요 도시였으며, 교회적 영향의 중심지였다.

[312] 퐁텐블로는 파리(Paris)로부터 약 30마일 떨어져 있는 프랑스 궁정의 자리였으며, 베르사유(Versailies) 이전에 세계에서 가장 격조 높은 도시였다.

[313] 행위나 의례의 사항들을 논의하거나 다루는 자; 구식 표현이며 용례가 드물어서, *NED*에 인용된 유일한 용례이다.

[314] "Signore"는 교황에 의해 종종 사용된 호칭이었고, "Monsignore"는 교황의 부여하는 교회 내의 명예 호칭이고, "Monsieur"는 중세 동안 교황의 호칭이었다.

[315] 「고린도후서」 10: 5: "우리는 상상하는 것과 또 하나님을 아는 지식을 대적하여 스스로를 높이는 모든 높은 것을 무너뜨리고 모든 생각을 사로잡아 그리스도께

한 의상, 귀족적 삶, 풍요, 오만한 거리감이 하나님이 그들 안에서 그분의 복음의 신비를 관리할 이 세상의 그러한 비천한 것들이 될 것인지, 그것을 상식적인 판단으로 삼읍시다. 「요한복음」에서 그리스도가 말하기를,[316] "종이 자기 주인보다 크지 못하고 보내어진 자가 보낸 자보다 크지 못하니라"라고 했으며, 그리고 덧붙이기를, "너희가 이것들을 알고 그것들을 행하면 행복하니라"라고 했습니다. 그러면 고위 성직자들이 자신의 행복이 근거한 이런 것들을 모르는지 혹은 행하지 않는지, 아니면 그들이 알면서도 여전히 행하지 않는지, 그들이 잘 생각하길 바랍니다. 이리하여 복음이 감독제의 주인 노릇 때문에 좌절되는 것입니다.

순종하게 하며".
[316] 「요한복음」 13: 16~17.

제2장

감독제의 의례적인 교리는 복음의 이유와 목적과 상반됨.

다음으로 천상의 권세를 선포하고,[317] 그리고 복음의 깊은 신비를 보여주는 것이 교리의 순전한 단순성이며, 이 점이 이 세상의 어리석음을 설명하고, 육신의 교만과 지혜를 부정하고 좌절시킵니다. 그러면 이런 육신적 지혜와 교만은 어디에 있는가요? 전적으로 하나님과 그의 예배를 알지 못함에 있나요? 분명히 아닙니다. 사람들은 그것을 자연스럽게 부끄러워합니다. 그럼 어디에 있을까요? 그것은 전통과 의례에 담긴 인간 자신의 의지에 따라 하나님의 예배와 섬김을 규제하려는 불손하고 주제넘은 태도입니다. 이제, 만일 육신의 교만과 지혜가 퇴치되고 좌절되면, 의심할 여지 없이, 그러나 육신이 가장 교만스럽고 그 자체가 가장 현명하다고 여겨지는 바로 그 점에서, 복음의 승리가 더 확실하게 빛날 것입니다. 그러나 우리의 고위 성직자들은, 이 육신의 주요 요새와 아성과 대적하여 싸움으로써 자기들 사역의 영적인 힘을 표현하는 대신, 그들이 대적하도록 파병된 최고 원수와 단단히 결속하기 시작했으며, 그리고 육적인 교만과 지혜의 힘을 돌려 구원하는 진리의 순전한 단순성에 대적하게 했습니다.[318]

먼저, 자신들의 질서의 권위를 성경의 명백한 증거에 따라 그리스도나 그분의 사도들의 직접적인 제도에서 찾는 것을 불신하기에, 그들은 전통

---

[317] 앞의 첫 장은 고위 성직자들이 주장하는 지배 형식이 복음서에 위배된다는 점을 지적했고, 이 장은 감독제가, 밀턴의 견해로는, 전적으로 책임이 있는 의례를 다룬다.
[318] 「고린도후서」 11: 3.

이 세속적으로 지지받게 하려 합니다. 우리가 성경에 호소할 때, 그들은 버거운 분량의 전통(volumes of tradition)[319]에 호소했습니다. 그리고, 1천 6백 년의 사악한 부정 때문에, 그들은 영원한 그분(Him)의 명을 거절하기를 부끄러워하지 않으며, 열여섯 시대[320]가 잘못으로 비난받게 하기보다 차라리 진리 자체를 거짓이라고 생각하려 하며, 예고된 전체적인 배교(apostasy)[321]와 황야를 향한 교회의 도피[322]에 무관심합니다. 이것으로도 충분하지 않습니다. 거룩한 본보기나 명령으로 그들의 낮은 신분의 이유를 보여주는 대신, 그들은 인간의 인정과 권위로 자신들의 높은 탁월성을 입증하려 합니다. 그러나 그들이 하고자 하는 동안 특권을 읊으면, 우리는 그들에게 성경에 대해 말할 것이며, 그들이 관습에 대해 얘기하면, 우리는 성경에 대해 말할 것이고, 그들이 행위와 법령에 대해 말하면, 우리는 여전히 성경에 대해 말할 것이고, 비로소, 살아있고 파고드는 말씀이 그들의 영혼을 쪼개고 둘로 나누기까지 하고,[323] 복음의 강력한 약함이 인간 이성의 약한 강함을 넘어뜨릴 것입니다.[324] 이제 교회 안에서의 그들의 행실에 대하여 말하자면, 어떻게 그들이 천사 이상의 광채,

---

[319] 전통의 분량이 많다는 의미로 해석되지만, "volumes"라는 단어는 전통을 다루는 수많은 책들을 암시하고 있다.
[320] 한 세기를 한 시대(age)로 보고 17세기까지의 지난 1600여 년 역사를 가리킴.
[321] 「마태복음」 24장과 「마가복음」 13장에 기술되고 있는바, "왕국이 왕국을 대적하여 일어나고"(마태 24: 7), 많은 거짓 그리스도와 선지자들이 있을 것이라고 예고한다.
[322] 「마태복음」 24: 10, 「마가복음」 13: 18, 「요한계시록」 12: 6.
[323] 「히브리서」 4: 12: "하나님의 말씀은 살아있고 권능이 있으며 양날 달린 어떤 검보다도 예리하여 혼과 영과 및 관절과 골수를 찔러 둘로 나누기까지 하고 또 마음의 생각과 의도를 분별하는 분이시니."
[324] 이 모순어법은 밀턴이 애호하는 성경 구절 중 하나인, 「고린도후서」 12장 9절에 기초하고 있다: "내 은혜가 네게 족하도다. 나의 강한 능력은 약한 데서 완전해지느니라."

기독교 신앙의 순결한 평온을, 그들 등에 입은 미신적인 제의(祭衣)와 사제복의 어두운 휘감음으로 더 볼썽사납게 손상했는지, 그리고 생각하기도 끔찍하지만, 아마도 더 나쁜 곳에,[325] 하나님 아버지의 표현할 수 없는 형상을 부착한 것을 생각하기도 끔찍합니다. 당신네 성직자들이여, 어찌하여 이 황금이, 어찌하여 이런 예복과 백의가, 복음 위에 있단 말인가요? 우리의 종교는 첫 번째 범죄에 책임이 있어서, 그녀 자신의 알몸을 덮을 옷이 필요한 건가요?[326] 이것이 우리의 수치를 초라하게 치료하는 것으로 수치를 치장하려 함으로써, 그리스도 사역의 완성에 수치를 가하는 것이 아니고 무엇인가요? 훌륭한 학자님들이여, 믿으십시오. 내면적인 신성과 아름다움의 모든 물질적인 유사성은 사라졌습니다. 이제 복음의 옷을 입히려는 자는 복음이 발가벗었고 흉하다는 것, 창피하다는 표현은 하지 않아도 좋다는 것을 명백히 암시하는 것이겠죠. 당신네 교회의 가면극 배우들이여,[327] 그러지 마십시오. 이러는 동안, 그리스도는 그분의 아버지의 면전에서 우리가 환영받게 하려고,[328] 그의 의로운 옷으로 우리의 벗은 몸을 덮어주고 있습니다. 당신이 지금 하듯이, 당신의 눈에 더 품위있게 보이게 하려고 당신의 더러운 의례용 옷으로 그의 의로운 진실을 덮고 숨기지 마십시오. **이사야**는, "좋은 소식을 가져오며 구원을 공포하는 자의 발이 어찌 그리 아름다운고!"[329]라고 말했습니다. 그 발이 그리

---

[325] 밀턴은 고위 성직자들 가운데 둔부에 십자가 표시를 부착하고 다닌 자들이 있었음을 지적하고 있다.
[326] 「창세기」 3: 7 언급. "그들 두 사람의 눈이 열리매 그들이 자기들이 벌거벗은 줄을 알고는 무화과 나뭇잎을 엮어 자기들을 위해 앞치마를 만들었더라."
[327] 불경하고 의식적인 가면극을 교회 의례로 만들려는 자들을 뜻함.
[328] 「고린도후서」 5: 2~4.
[329] 밀턴은 여기서 「이사야서」 52장 7절을 암기하여 적은 듯하다. 그 구절은 그대로 옮기면 이렇다. "좋은 소식을 가져오며 화평을 선포하며 복된 좋은 소식을 가져오

아름답고 이런 소식을 가져오는 것 자체가 그것만으로 그렇게 품위 있다면 당신의 의례를 준비함으로써 어떤 새로운 품위를 여기에 보탤 수 있을까요? 당신은 이런 화려한 반짝이들이 무례한 군중의 예배를 북돋우리라고 생각하나요? 당신은 교황주의(Papism)의 무시무시한 궤변 때문에 사도 **바울**의 거룩한 가르침을 버리기에, 그렇게 생각하는 겁니다. 군중이 교양이 없다면, 설교자의 입술은 의례가 아니라 지식을 줘야 합니다. 그리고 비록 일부 기독교도들은 자신들보다 강한 일부 교인들보다 비교적 신생아이긴 하지만,[330] 그래도 율법적 기초일 뿐인 의례와 관련해서는, 가장 약한 기독교인이 그의 미숙한 옷을 벗어 던지고, 법적 의례(rites)에 도달한 것처럼, 온전한 사람이 됩니다.[331] 복음에 어떤 아이들에게 맞는 음식이 있든, 우리는 "말씀의 순수함으로 그들이 성장하게 하려 함"[332]일 뿐이라는 것을 압니다. 그러나 여기에 하나님의 예배를 능가하는 최고가 있을까요? 아니오. 당신들은 불손했던 겁니다. 당신의 문간을 그의 문간 옆이나, 당신의 기둥을 그의 기둥 옆에 나란히 두려 했던 게 아니라, 당신의 성례전, 당신의 이적, 당신이 그걸 뭐라고 하든, 그것을 그의 성례전 옆에 두려 한 것이며, 기독교 유아에게 엄숙한 성수를 뿌려서 세례를 주고, 그리고 당신의 입장에서 독신(瀆神)적이고 불경한 집게손가락으로

고 구원을 선포하며 시온에게 이르기를 네 하나님께서 통치하신다, 하는 자의 산을 넘는 발이 어찌 그리 아름다운가!"

[330] 모세 율법의 속박을 벗어나기 전에, 새로이 개종한 그리스도인 중 몇은 "그리스도 안에 있는 갓난아이들"이었다(「고린도전서」 3: 1 참조).

[331] "완전한 사람"(perfect man)은 어떤 특정한 임무를 수행할 수 있는 법적인 나이가 된 성인을 가리킨다. 「에베소서」 4: 13: "우리가 다 믿음과 하나님의 아들을 아는 것에서 하나가 되어 완전한 사람에 이르고 그리스도의 충만하심의 장성한 분량에까지 이르리니."

[332] 「베드로전서」 2: 2: "새로 태어난 아기들로서 말씀의 순수한 젖을 사모하라. 이것은 너희가 그 젖으로 말미암아 성장하게 하려 함이라."

세례를 취소하는 행위를 한 것입니다. 마치 당신이 그의 이마에 순결하게 하는 성수를 뿌리고 나서 하나님이 명하지 않은 기호로써 그것을 다시 취소하고 지워버리려는 의도와 같습니다. 오, 이런 의례의 순진함이란! 오, 차라리 이런 변명은 주정뱅이 같은 불합리함이지요. 식사(meat)[333] 전에 고기 앞에서 컵이나 유리잔 하나를 씻거나 세수(洗手)를 하는 것보다 더 순진한 게 무엇이 있을 수 있겠어요? 그것도 그토록 많은 세수(洗手)를 율법 아래서, 그리고 긴 전통에 따라 명령받았는데 말입니다. 그러나 우리의 구세주는 그들의 관습을, 비록 겉보기에 별로 해롭게 여겨지지 않았지만, 증오했고, 그들이 그들의 전통에 의하여 하나님의 명령을 어겼고 헛되게 그분을 예배한 것이라고 그들을 호되게 공격합니다. 이런 것들과 지금 강요되는 훨씬 더 저속한 의례들이 얼마나 더 많이, 육신을 대적하며 육신으로 오신 그리스도의 목적을 기만하며, 우리에게 모든 세속적인 교만과 지혜를, 특히 종교적인 문제에서, 버리지 않을 수 없게 한 우리의 새로운 계약의 진실성을 질식시켜야 하겠습니까? 이리하여, 우리는 어떻게 감독제가 복음의 주요한 목적과 힘에 대항하여 실패하고, 겸손에 의하여 높은 것을 좌절시키고, 교리의 단순성과 세상의 지혜에 의하여, 그리스도의 신비로운 사역에 참여하지 못하게 하는지 다시금 보게 됩니다. 그러나 감독제는 반대로 세상과 육신적인 것에서 스스로를 높여서, 세상에 의하여 낮게 여겨지는 것들을 누르고, 전통과 육적인 의례에서 스스로를 현명하게 만들며, 하나님의 지혜인 교리의 순수함을 깨뜨리려 합니다.[334]

---

[333] 고어에서 "meat"는 음식물이나 식사를 가리킨다.
[334] 밀턴은 여기서 「고린도전서」 1: 25~28을 자유롭게 풀어쓰고 있다.

제3장

감독제의 사법권은 복음과 국가의 이유와 목적에 상반됨.

세 번째이자 마지막 고려사항으로 남은 것은, 사도 **바울**이 복음의 힘이고 우수함이라고 선언한 대로, 고위 성직자들이 이 세상의 강한 것을 약한 것으로 정복하기를 실천하며,[335] 그들의 기능상 복음에 따라 일하느냐, 혹은, 더 가능성이 있는바, 그들이 이 세상의 우세한 것과 한편이 되어 그리스도가 그로 인해 역사하고자 선택한 약한 것을 압도해 버리느냐 하는 문제입니다. 그리고 이것은 그들의 사법권의 절차에 따라 가장 먼저 밝혀질 것입니다. 그러나 여기서 다시금 저는 저의 생각이 긍정과 부정 사이에 거의 멈춰있음을 발견하고, 저를 여기까지 오도록 너무 주의를 기울이게 한 제 마음의 열성을 탓하며, 제가 가장 잘 물러설 수 있고 이 주제를 더이상 진행하지 않아도 되는 방향으로 저의 눈을 돌리고 있습니다. 저는 그 이유는 모르지만, 진리가 오성(悟性)의 시련과 점검에 이르기 전에는, 스스로 치명적인 불행을 지니고 있다는 것입니다. 몇 가지 애착과 욕망이라는 수많은 작은 감시와 한계를 통과해야 하므로, 그녀(진리)가 그 불행을 제거할 수 없으며, 영혼의 하녀들이 그녀에게 입혀서 그들의 여왕에게로 모시고자 바라는 대로 그런 색상과 의상을 입어야 합니다. 그리고 만일 그녀가 그들의 호감을 사게 되면, 그들이 그녀 자신의 모습으로 그녀를 통과시키지만, 그렇지 않다면, 하나의 악명 높은 거짓과

---

[335] 「고린도젼서」 1: 27: "하나님께서 지혜로운 자들을 당황하게 하려고 세상의 어리석은 것들을 택하시고 하나님께서 강한 것들을 당황하게 하려고 세상의 약한 것들을 택하시며."

같은 옷을 입히고 색깔을 띠고 여왕의 면전에 서도록 인도합니다. 그리고 반대로, 어떤 거짓이 그 길에 들어올 때, 만일 그들이 그녀(거짓)가 가져온 용건을 좋아한다면, 그들은 진리의 형체와 용모를 그대로 위조하는 기술이 너무나 뛰어나서, 그녀(거짓)와 그녀의 모조 대상(진리) 사이의 문간과 경로를 지키는 이런 관능적인 정부(情婦)들의 교묘한 사기에 의하여, 이 교활한 요부들이 때로는 진리의 특징 위에, 때로는 거짓의 특징 위에, 번갈아 입히는 푸쿠스(fucus)[336]를 오성이 구별할 수 없기에, 오성이 언뜻 보고 나서 대부분이 후자(거짓)를 전자(진실)로 판단해버립니다. 그리하여, 이미 말한 것을 불완전하게 남겨두지 않으면, 이어질 내용을 거의 포기해야 할 것입니다.[337] 그리고 제가 알기로는, 대부분의 사람은, 이 세상에 흔히 그런 일이 일어나듯이, 어쩌면 무지를 통하여, 어쩌면 방종의 습관을 통하여, 담론이든 글쓰기든, 최근에 속되게 쓰인 것에 의하여, 취약하거나 거짓된 원칙에 입각하여, 이런 요지의 결정을 달성하지 못하는 듯하여, 저는 대부분의 사람에게서, 들리는 바와 같이, 감각과 영혼 사이에서 진실과 거짓의 유일한 안내를 맡은 그런 교활한 여자 중재인들이, 이런 진리를 저의 오성에 호송함에 있어서, 어떤 충성심으로 저를 사용할 것인지를 똑같이 평가해볼 것입니다. 제가 그들과 가능한 한 친근할수록, 그들이 이쪽이나 저쪽으로 예속되지 않는다는 것을 알기에 더욱 그런 것이지요. 그러므로 교회의 사법권에 관하여 말하자면, 저는 그것이 무엇인지 알고자 바친 근면한 탐구 이상으로, 누가 그 권리를 집행할지에 대해 여전히 더 많은 논쟁이 일어남을 알 수 있습니다. 사법권을 찾아내려는 수고를 했더라면, 그것이 고위 성직자들의 순전히 폭력적인 위조일 뿐이며, 교회 안에서의 사법권은

---

[336] "푸쿠스"는 녹갈색 해초로서 화장품으로 쓰임.
[337] 이미 이야기된 것을 불완전하게 남겨놓고 다음 이야기로 넘어가야 된다는 뜻이다.

전혀 없어야 한다고, 오래전에 기록되었을 것이기 때문이지요. 지금 사람들이 교회의 사법권이라고 부르는 것은 기독교적 검열(censorship)과 다르다고 생각할 수 없으며, 따라서, 그것은 가장 일반적으로, 가장 정확하게 말하면, 교회의 견책(censure)입니다.[338] 이제, 만일 민간 기관인 **로마**의 검열관이 모든 사람과 모든 계급의 가장 사적이고 가장 은밀한 태도를 조사하고 통제하는 엄격한 재판에 사법권도, 소송이나 고소의 법정도, 어떠한 징벌적인 강제도 부여되지 않았다면, 이런 교정 방법에 고소를 개입시키는 것이 부적절한지, 혹은, 이런 엄격한 종교재판관의 주시가 더 넓고 더 물질적인 법망 사이로 쉽게 빠져나갈, 그런 가장 은밀하고 영적인 악행으로 확장되는 것이 부적절한지, 혹은 보이지 않는 공포와 수치 외에는 그들 주위에 경사(警査)나 철퇴를 두지 않는 것이 그 지위의 권위에 더 잘 어울리는지, 혹은 마지막으로, 이런 권위와 영예의 위대함이 사법권으로 무장하여 쉽게 폭정으로 들어설까봐 두렵다면, 이 모든 관점에서, 분명히 더 많은 이유와 더불어, 교회의 견책은 아주 박탈되고 모든 사법권이 어떻든 해제되어야 합니다.

만일 정치적인 검열에 사법 절차가 너무 지루하거나 너무 논쟁적으로 보인다면, 그 교령이 더 신속해야 하는 교회의 계율에는 더욱 그럴 수 있을 것입니다. 그러나 법적 절차에서 가장 흔한 것과 반대로 엄격한 법 집행은 늦춰져야 하며, 따라서, 그것이 덜 논쟁적인 만큼, 더 기독교적이겠지요. 그리고 만일 검열관은, 그의 도덕적 감독에서 영장이나 소송으로 대답할 수 없는 문제를 판단해야 하므로, 사법권처럼 그렇게 거칠고 신체

---

[338] 여기서 "검열"(censorship)은 일반적으로 윤리에 대한 공적인 감독이고, "견책"(censure)은 어떤 교회의 재판관이 부과하는 정신적인 처벌이나 견책을 뜻함. 즉, 여기서 밀턴은 교회의 도덕적 징계를 세속적인 공적 감독으로 대체할 수 없다는 것이다. 여기 구분되는 두 영어 단어는 같은 라틴어 어원 "cencere"에서 유래함.

적인 도구를 사용할 수 없다면, 복음의 사역자가 단지 영적인 문제에서 기소장이나 소송절차의 방대하고 세속적인 재판을 다룰 수 있을까요? 아니면, 만일 **로마**의 관리가 이런 사법적 칼(sword)이나 법령(saw)[339]을 사용하지 않더라도, 단 일격의 치욕을 가하여 로마의 모든 원로원과 기사단을 전율에 빠뜨릴 수 있었듯이, 가장 겁 없는 사람들의 마음속에 그에 대한 경외심을 불어넣을 수 있다면, 확실히 그보다는 교회의 거룩한 사역이 그녀(교회)의 강력한 열쇠를 사용함에 있어서 끌어당기고 벌금을 매기는 비천한 도움이 없이도, 위엄과 경외심이라는 훨씬 더 꿰뚫는 광선으로 그녀 자신을 속박할 수 있습니다. 왜냐하면 교회가 세속적인 지원 없이 그녀가 사람들의 자발적인 순종에 힘입어 그녀의 위대한 일을 할 수 있을 때, 이로써 그녀 주변의 신성을 입증해 보여주는 것입니다. 그러나 그녀[340]가 세속적인 권위의 거짓된 가면을 쓰고 뽐냄으로써 그녀의 영적 능력을 인정받고 높이며, 자신에게 존경과 경외심을 자아낼 수 있다고 생각할 때, 분명히 하나님은 거기에 있지 않고, 그녀의 사도적인 덕성은 그녀에게서 떠나고, 그녀는 **생명을 잃게**(Key-cold)[341] 됩니다. 이러한 사실을 그녀가 깨닫고, 썩은 본성에서 그렇듯이, 세속적인 도움이라는 외적인 습포와 찰상, 그리고 외적 번영을 추구하게 될 때는, 만일 가능하다면, 그녀의 극단적인 부분 속으로 어떤 활동을 끌어들이고, 사법권이라는 교활하고 인위적인 열기로써 가짜 생명을 부화하고자 할 것입니다.

    그러나 주목할 것은, 그리스도를 진정으로 모방하는 교회는, 그녀 자

---

[339] 여기서 "sword or saw"라는 조합으로 사용하고 있는데, "saw"는 격언이나 속담을 말하지만, 여기서는 법령이나 명령을 뜻한다.
[340] 성경에서 교회는 그리스도의 신부로 비교되므로, 밀턴도 교회를 여성으로 표현한다.
[341] 폐어(廢語)가 된 표현이지만, 금속제 열쇠처럼 차갑다는 뜻이며, 따라서 생명을 잃어 차갑다는 의미이다.

신과 그녀의 정부를 소박하고 단순한 방식으로 함께 태우고 가는 나귀(Asse)를 타는 것으로 만족할 수 있는 한,[342] 그녀는, 그리스도가 그렇듯이, 유대(Juda) 지파의 사자(Lion)와 같으며,[343] 고로, 그녀의 겸손에서 모든 사람이 큰 소리로 호산나(Hosanna)를 외치며[344] 그녀의 위대함을 고백할 것입니다. 그러나 그녀가 이 사자 위에 앉아 있듯이, 이 세상의 연약한 것에 의한 영혼의 막강한 작용을 경멸하며, 그녀가 세속적인 권력과 사법권의 방법을 사용함으로써 그녀 자신을 더 크고 더 유력하게 만들려고 생각할 때, 그녀는 나귀로 바뀌고, 호산나 대신 모든 사람이 그녀에게 돌과 흙을 퍼붓습니다. 마지막으로, 만일 로마인들의 지혜가 검열관의 지위처럼 그토록 높은 평판과 두려움의 지위에 사법권을 위임하기를 두려워했다면, 정책의 기술에서 교회 견책에 사법권을 주는 것이 이제까지 기독교 국가 모두를 통해 얼마나 어울리지 않는 것이었는지도 알게 되겠지요. 그 힘이 종교와 결탁하여 남용되고 야심 찬 목적을 노리면, 사람들의 목뿐만 아니라 영혼에까지 가장 무겁고 가장 진압적인 폭정을 필연적으로 발생시키기 때문입니다. 이교적인 **로마**가 국가 안에서 그런 폭정을 예방하려 주의했듯이, 만일 기독교 **로마**가 그녀 자신의 교회 안에서 그렇게 했다면, 지금 우리가 모든 기독교 국가에서 그로 인해 갖게 되는 이러한 통탄스런 경험을 하지 않을 겁니다. 비록 제가 전에 말씀드렸지만, 사법권이라는 사자 같은 형식 위에 올라타기를 탐하는 교회는 그녀 자신이 나귀로 변하고, 하나님이 진정한 지식으로 계몽한 자들에게는 경멸스러워질 것입니다. 그러나 미신의 잔재 가운데 여전히 남아있는 자들에게

---

[342] 「마태복음」 21: 5, 「요한복음」 12: 14 참조.
[343] 「요한계시록」 5장 5절에서 유래한 구절이다.
[344] 그리스도가 나귀를 타고 종려 주일(Palm Sunday)에 예루살렘으로 입성할 때 대중들 보여주었던 환호성이다. 「마태복음」 21: 9, 「마가복음」 11: 9~10 참조.

는, 이것이 그들의 극단적인 속박과 무분별의 극치이며, 그들이 사자(Lion) 같은 군주의 모습에 순종한다고 생각하지만, 사실은 나귀(Asse)에게 그렇게 하는 셈이며, 이 나귀는 하나님의 의로운 심판을 통해 그들의 의도적인 어리석음 때문에 그들 사이에서 용의 역할을 하도록 허락된 것입니다. 그리고 하나님이 그토록 오랫동안 교회의 시력을 위해 약물을 투여했으니,[345] 잉글랜드가 여기서 그녀의 눈을 잘 비비게 하여 사법권과 교회 견책을 동일한 사람들에게 맡김으로써, 그녀는 그녀 자신의 지나친 정치적 계략 때문에 모든 걸 망쳐버리지 않고 사자의 걸음걸이를 모방하는 이 나귀를 이제 다시 숭배하지 않도록 해야 합니다. 유치하고 위험한 정책상의 감시가 없고 교회 계율에서 해로운 모순이 없이는, 교회 견책에 사법권이 보태질 수 없음을 여기까지 설명했으므로, 곧 더 충분히 설명하기로 하고, 교회 견책의 진정한 이유와 힘이 어디에 있는지를 이다음에 선언하고자 합니다. 그러면, 그것이 뿌리까지 파헤쳐질 것이며, 어떤 왜곡이나, 어떤 주름이나 오점이 장로교 정부에서 발견되지 않을까, 제가 두려워할 바는 별로 없어서, 만일 유명한 프랑스의 작가 **보댕**(Bodin)[346]이, 비록 교황주의자였지만, 이런 계율을 유지하는 공화국은 확실히 덕성과 경건 속에 번성할 것이라고 여전히 단언한다면, 저는 감히 자신하거니와, 모든 진정한 프로테스탄트는 거기에서 오는 성실성, 강직성, 거룩하고 은혜로운 목적들, 그리고 성경에 나오는 명령의 증거 외에도 복음의 교리와 너무나 일치하는 이런 이유만으로도, 그것이 유일한 진정한 교회 정부라는 것을 인정할 것입니다.

 그리고 그리스도가 성육신하는 전체 목적과 신비와 대조적으로, 동일

---

[345] 종교개혁 이래로 그렇게 해왔지만, 밀턴은 아직 그것이 완성과는 거리가 멀다고 생각한다.
[346] John Bodin(1530~1596): 프랑스의 경제, 정치 이론가.

한 것의 거짓된 모습이 감독제에 의하여 발휘되고 있습니다. 그러나 어떤 사람들은 그것을 엄중한 것이라고 평가하기에, 더구나 이로써 사람들은 이중의 형벌을 면키 어려워질 것이므로, 저는 좀 더 높게 시작하여 형벌에 대해 말할 것입니다. 형벌은 하나의 악(an evil)이므로, 저는 그것을 두 종류, 아니 차라리 두 등급만으로 간주하며, 이 세상 삶에서 버림받은 양심[347]과 다음 세상에서의 지옥이라고 생각합니다. 형벌이나 견책을 달리 어떻게 부르더라도, 그것이 엄격하게 악은 아니므로,[348] 불법적인 폭력이 되어서는 안 되며, 사람의 공사 간의 모든 선을 위해 하나님이 명하신 구원의 약이어야 합니다. 사람은 두 부분, 즉 내적 부분과 외적 부분으로 구성되는데,[349] 영원한 섭리에 의하여 두 종류의 치료, 즉 교회와 관료의 치료를 받게 되지요. 관료는 단지 외적 부분을 다루어야 하는데, 신체만을 뜻하는 게 아니라 그녀(신체)의 모든 외적 행위에 나타난 정신의 외적 부분을 뜻하며, 이는 성경에서 겉 사람(the outward man)이라고 불리는 부분입니다. 그러므로 만일 수사가들(Rhetoricians)이 그들만의 권리로[350] 우리에게 제공할 수 있는 권위를 우리가 빌릴 수 있다면, 이런 겉 사람을 육체의 모양으로 형상화하고 빚어내어 우리 앞에 그를 가시적으로 내세우는 일종의 프로메테우스(Prometheus)[351] 같은 기술을 갖는다면, 그리고

---

[347] 영혼이 하나님에 의해 영원히 거부당한다는 내적 인식을 뜻함.
[348] 밀턴은 위에서 형벌이 하나의 악이라고 했다가, 다시 엄격한 의미에서 악은 아니라고 한다. 형벌은 고통이 따른다는 의미에서 악이지만, 인간을 바로잡기 위한 도구이기에 엄격하게 보면 악은 아니라는 것이다.
[349] 「고린도후서」 4: 16: "겉 사람은 썩어 없어져도 속사람은 날마다 새로워지는도다."
[350] 비유법의 대가들인 수사가들은 사람을, 비유적으로, 외적 부분(신체)와 내적 부문(영혼)으로 나눌 권리를 준다는 의미이다.
[351] 그리스신화에서, 프로메테우스는 인간을 진흙에서 만들었다고 하며, 하늘에서 불을 훔쳐 인류에게 주었기 때문에, 제우스(Zeus) 신의 분노를 사서 코카서스(Caucasus) 산의 바위에 묶인 채 독수리에게 간을 뜯어 먹히었다고 한다.

안 사람(the inner man)을 영혼으로서만 상상한다면, 우리에게 도움이 될 것입니다. 이리하여 국가 관료는 겉 사람만 보고―제가 관료라 함은 그가 그 이상 하는 것은 교회의 일원으로서 하는 것이기 때문인바―만일 그(관료)가 부정, 강탈, 욕정, 잔혹 혹은 그러한 징후나 표적을 그(겉 사람)의 안색, 피부나 외부 온도에서 찾거나, 혹은 그 결과를 그의 행동에서 찾게 되면, 때로는 그가 발광증이나 전염병에 걸린 경우처럼 감금하거나,352 모든 병에 걸린 경우처럼 집 안에 틀어박히게 될 것입니다. 때로, 그는 처벌이나 벌금에 의해 형기가 단축되기도 하는데, 이는 부와 과잉으로 충만하게 된 풍부한 체액을 식히고 가라앉히기 위함이지요. 또 다른 경우는, 그가 그을리고, 마비되고, 난절(亂切)하고, 출혈되면, 드디어 최고의 치료는 잘라내는 것입니다. 병원에서 대개 종말을 맞이하는 환자들은, (그들이 잘못 누명을 쓴 경우가 아니라면,) 너무 지나치게 되었거나 자신을 잃어버린 자들입니다. 그리하여 그들의 통제되지 않는 발작 중에 그들을 길들이고 안정시키려면, 보다 인간적인 치료가 가능하게 되기에 앞서 강압이 필요합니다. 관료의 일반적인 목적은 이 세상 삶에서 국가의 외적 평화와 안녕이며 공민적인 행복이지요. 모든 사람 개인에게 적용되는 그(관료)의 특수한 목적은 고통, 손상 및 치욕을 주는 처벌에 의하여, 감각과 공통된 인식이 내적 영혼에게, 이 세상 삶에서 악을 행하는 것이 편안하거나, 유익하지도, 칭찬할 만하지도 않다는 이런 메시지를 전달할 수 있게 하는 것입니다. 이것은 그가 살게 되든 죽게 되든, 인간의 유익을 지향할 필요가 있고, 한 자연인에게, 특히 범법자에게, 종교에서 가르치는 바와 같이 선악을 더 높이 숙고하도록, 그의 눈을 뜨게 하는, 확실한

---

352 광증에 걸리거나 미친 사람은 베들레헴(Bethlehem or Bedlam) 정신병 요양원 같은 공공기관에 감금될 것이다. 역병 같은 전염병 환자도 집안에 감금되었다.

첫 번째 수단이어야 합니다. 이것은 고통받는 자들의 종종 있는 참회에서 볼 수 있는바, 만일 그들이 이를 피했다면, 측량할 수 없는 큰 죄의 무더기가 되도록 계속 죄를 지었을 것이며, 이는 가장 큰 형벌 중 하나입니다. 그리고 이것은 국가 관료가, 그런 존재이므로, 인간 정신의 치유에 부여하는 모든 것이며, 상처의 껍질과 구멍에 끔찍한 고약을 바름으로써만 작용하며, 그리고 논리학자가 귀납적이라고 말하는, 원인에서 나온 것이 아니라, 결과에 적용하는 모든 외적인 기구에 의하여 작용하며, 부패의 내면적인 모판, 그리고 법의 원칙에 반하는 모든 악행과 부정의 근거가 되는 악을 향한 뜨거운 성향은 전혀 건드리지 않습니다. 이것이 사람의 영혼을 치료하기에 얼마나 불충분한지 가장 잘 추측하려면, 육체적 의술에 빗대어 보면 됩니다.

그러므로, 하나님은 인간의 타락한 정신을 더욱 치료하려는 의도로서, 외면적인 인간 안에 일어나는 악행을 통제하는 데 만족하는 관료의 이런 권력에, 우리가 견책이라고 부르는 것을 덧붙였으니, 그것(악행)을 씻어내고, 가장 내면적인 영혼 밖으로 깨끗이 제거해내기 위함입니다. 모든 국가적, 종교적 의례가 그러했듯이, 처음에는 이 권위는 가족마다 아버지에게만 주어지는 듯했으나, 그 이후, 이교도들 사이에서 당대의 현인들과 철학자들에게 주어졌으며, 그러나 그것은 자발적인 것이었고, 정해진 정부가 아니었습니다. 하나님의 특별한 백성인 유대인들 사이에서 이는 더 분명했는데, 여기서 제사장, 레위인, 선지자, 그리고 끝으로 서기관과 바리새인이 백성을 가르치고 그들의 삶을 감독하는 임무를 맡았지요. 그러나 가장 직선적이고 값진 언약이 하나님과 인간 사이에 맺어질 수 있다고 하는 복음서에서, 우리는 이제 그분의 양자이기에, 그리고 그분과 같고, 그분과 한 몸이며, 또한 그분이 그렇게 표현하기를 좋아하는 대로, 그분과 교제하는 것, 그 이상으로 우리가 생각하기에 더 적합한 것은 없으므로, 우리는 우리의 안 사람을 치유하는 이런 축복된 효능이 이전 어느 때보다 더 익숙하고 효과적인 방법으로 우리에게 주어지기를 전적으로 기대할 필요가 있는 겁니다. 하나님은 이제 더 이상 율법의 판결을 추구하는 재판장도 아니고, 이를테면, 소멸될 수 있는 의례의 교장도 아니고, 분별력 있는 나이에 접어든 자식들의 가족으로서 그분의 교회를 다스리는 가장 인자하신 아버지입니다. 그리하여, 아버지의 계율에 따라 가장 다정하고 온순한 방식으로, 그분은 안 사람을 건강한 체질로 유지하는 이런 다른 임무를 그분의 영적 대리인인 각 회중의 성직자에게 위임해온 것이며, 성직자는, 그 자신의 양 떼와 가장 친근하기에, 거기에 있을 법한 가장 은밀한 모든 질병을 알 만한 가장 적합한 이유가 있는 겁니다. 그리고 주목할 것은, 안 사람이 겉 사람보다 얼마나 더 우수하고 고결한지에 따라, 그만큼 그의 치료는 더 정확하게, 더 철저하게, 더 특별하게 이행되리라는 겁니다. 그런 이유로 인하여, 성령(the holy Ghost)은 사도들에 의하여, 성직자에게 때로는 일정한 수의 진지하고 신실한 형제들을 이런 큰 임무의 조수로서 참여토록 했는데,[353] (의사도 그의 환자를 회복시킴에 있어서 모든 걸 할 수는 없기 때문이지요. 의사 중 한 사람은 처방하고, 다른 사람은 약을 준비하고, 몇몇은 돌보고, 몇몇은 지켜보고, 몇몇은 왕진하니까요.) 더욱이나 성직자는 모든 걸 살피지 못할 부분도 있고, 한 인간으로서 실수를 할 수 있는 부분도 있지요. 반면에, 선택된 인원수와 절차에 따라, 그들이 그들의 헌신적인 신성한 참여에 의하여 거룩한 계율의 의무에 동참하고 경의를 표하기도 하며, 그들의 사역 때문에 존경을 돌려받는 모습을 보임으로써,[354] 이제 더 이상 교회에서 베일이나 칸

---

[353] 밀턴이 언급하고 있는 구절은 「디모데전서」 3: 8~13이며, 성령은 바울의 영감의 근원이었다. 바울은 집사의 중대성을 주장하였다.
[354] 「디모데전서」 3: 1~13. 집사에 대한 바울의 언급이 나온다.

막이로[355] 평신도와 불결한 자를 분리하지 않고,[356] 하나님과 회중이 그들에게 요구하고 부여하는 적절한 위치에서 영적 제물[357]을 드리는 그리스도의 합당한 성직자(Clergyman)로서, 선택된 자손으로서, 왕 같은 성직자로서,[358] 성막에서 봉사하도록 허용되었을 때, 그 이상으로 사람들과 목자(Pastor) 사이의 상호 존경과 사랑을 위하는 것은 전혀 있을 수 없습니다.[359] 그리고 이 모든 기독교인이 알아야 할 것은, 사도 **베드로**(St. Peter)가 하나님의 모든 백성에게 성직자의 호칭은 부여했으나, 그 후 **히기누스**(Higinus) 교황과 그의 뒤를 이은 고위 성직자들이 그들에게서 그 호칭을 빼앗아서 자신들과 그들의 성직자들의 전유물로 삼아버렸다는 사실입니다. 그리고 하나님의 나머지 유산을 평신도의 해로운 고립된 조건에 떠맡김으로써, 그들은 자신들의 엄청난 무지와 옛 성전을 모방한 교만 때문에, 그리고 그리스도의 지체들이 지체의 속성, 즉 교회라는 몸에서 질서정연하고 적합한 임무를 수임하는 것을 배제당하고, 교회 안에서 공간적 구획에 의하여 그들과 분리되었지요. 마치 그리스도를 그의 십자가의 죽으심에 의하여 찢어지게 했던 그 유대인의 휘장을 꿰매기라도 하듯이 말입니다. 그렇지만 이런 약탈자들이 당장은 하나님의 자유민다운 교회의 자유와 합당한 호칭을 정복하지 못했고, **오리게네스**(Origen)는 아직

---

[355] 「에베소서」 2: 13~15.
[356] 평신도가 영국 교회에서 불결하다고 여겨진 것은 아니지만, 성직 수임이나 성만찬 같은 교회적 기능을 수행으로부터 엄격히 금지되었다.
[357] 「베드로전서」 2: 5: "너희도 살아있는 돌들로서 영적 집으로 건축되고 예수 그리스도를 통해 하나님께서 받으실 영적 희생물을 드리는 거룩한 제사장이 되었도다."
[358] 밀턴이 애호하는 이 구절은 「베드로전서」 2: 9 참조.
[359] "Pastor"는 영국에서 국교파의 목사(clergyman)에 대하여 비국교파의 목사를 지칭하며, "minister"는 비국교파와 장로파의 성직자를 말함. 또한, "presbyter"는 초대교회의 장로를 가리키며, 감독 교회의 목사(priest)를 가리키기도 한다. "Priest"는 일반적으로 성직자를 총칭하거나, 감독 교회의 목사 또는 가톨릭의 사제를 가리킨다.

평신도로서 성경을 공개적으로 설명했으며, 그 점을 예루살렘의 **알렉산데르**(Alexander of Jerusalem)와 **카이사레아**(Cæsarea)의 **테오크티스투스**(Theoctistus)가 옹호했고, 가르침의 특권은 많은 가치 있는 평신도에게 예전에 허용되었다는 다양한 예들을 오리게네스를 위해 제기했던 것입니다. 그리고 **키프로스**(Cyprian)는 그의 서간에서 그가 그의 조력자 평신도들의 충고와 동의 없이는 아무것도 하지 않으리라고 공언합니다. 첫 번째 니케아 공의회(Nicene Council)[360]도, 그토록 위대하고 학식 있는 모임이었으나, 당시 그렇게 불린 호칭대로, 많은 학식 있는 평신도 형제들의 도움과 존재를 용납하고 요구한 것을 전혀 강탈로 여기지 않았던 겁니다. **골라티우스**(Golartius)는 **키프로스**에 대한 그의 기록 속에, 이런 주장을 확인하는 많은 출전(出典)을 성경과 그 다음 종교전통의 문헌에서 수집했으며, 그에 따라 분명하게도, 평신도들은 사도에게 허락받을 뿐만 아니라 가장 오래된 고위 성직자들에게 허락받아, 현재는 어떤 평신도 장로(lay Elder)[361]라도 참여할 교회 직책에 그들이 원하는 만큼 많이 참여했다는 것입니다.

때로는 역시 장로들만이 아니라, 교회 전체가, 공적인 스캔들을 일으킨 자들이 공적인 만족[362]을 제공하는 만큼 종종, 훈계에 관심이 있기도 합니다. 교회의 선거권은 말할 필요도 없지요.[363] 그러나 거기에는 종교

---

[360] 첫 니케아 공의회(Council of Nicaea)는 소아시아 니케아에서 325년에 열렸으며, 기독교 최고 학문을 대표하는 318명의 주교가 참석했으며 수많은 일반인 지식인도 참여했다.
[361] 장로교 제도에서는 장로는 성직자이자 선출된 평신도이다. 따라서 밀턴은 분명히 장로와, 평신도가 아닌 성직자를 구별한다.
[362] "공적인 만족"이란, 죄의 일시적인 속죄로서 이행되는 자선 행위, 기도, 금식 같은 행위들을 뜻함.
[363] "기독교 주교들뿐만 아니라 기독교 군주들도 주교를 선출하는 권리와 능력이 국민

가 우리에게 추천하지 않지만, 도덕적인, 공민적인 분별력으로 보면 칭송할 수밖에 없는 다른 이유가 있습니다. 철학에서 예로부터 수치심, 혹은 더 좋게 말하자면, 우리의 원로들, 형제들, 친구들의 존경심이 덕행을 일으키는 가장 위대한 촉진제이며, 일어날 수 있는 무가치한 시도를 만류하는 가장 위대한 방법이라고 여겨졌지요.[364] 그런고로 우리는, 『일리아드』(Iliad)에서 **헥토르**(Hector)가 그의 군대 다수가 참패당하여 전쟁에서 후퇴하기를 권유받지만, 트로이 기사들과 부인들이 그가 비열하게 행동했다고 생각할까봐 수치스러워 감히 그렇게 못 하겠다고 답하는 걸 읽게 됩니다.[365] 그리고 확실히, 한 국가에서 공포가 큰 난제로 여겨지는 반면, 명예로운 수치심은 훨씬 더 큰 것이고, 더욱 그런 이유가 되는바, 수치심이 있는 곳에 두려움이 따르기 때문이지만, 두려움이 있는 곳에 바로 수치심이 있는 것은 아닙니다. 그리고 만일 우리 안에 서로의 경건과 덕행의 유모이자 수호자 자체인 이런 관대한 기독교적인 존경심을 심어주고자 어떤 일을 행할 수 있다면, 그것은, 무엇보다 먼저, 교회의 계율에 의하여 가능할 것인바, 이 계율은, 우리로 하여금 믿는 자들의 모임에 경외심을 갖게 하고, 하나님의 영을 슬프게 하는 것[366] 다음으로, 하나님이 우리의 삶과 행동을 치유하는 감독으로서 권좌에 앉힌 자들을 거역하는

에게 있다고 인정한다." *Cf. An Answer* (1641), p. 34.

[364] 이런 개념은 플라톤의 『공화국』(*Republic*), II, 465에 암시된 내용이다. 특히 『법률』(法律, *Laws*), II, 671 참조. 『법률』은 플라톤의 가장 긴 저작이자 최후의 저작으로서, 그의 후기 대화편에 속한다. 기존의 플라톤 저작이 주로 이상적인 것, 이데아를 탐구했다면, 이 책에서는 실현 가능한 차선책을 논하고 있는 점이 가장 큰 차이점으로 손꼽힌다.

[365] 이 일화는 『일리아드』(*Iliad*), VI, 440~446, XXXII, 100을 참조할 것.

[366] 「에베소서」 4: 30: "하나님의 거룩한 영을 슬프게 하지 말라. 그분으로 말미암아 너희가 구속의 날까지 봉인되었느니라."

것을 가장 슬픈 일로 여기게 할 것입니다. 이는 우리 자신의 행복을 위해서, 그리고 우리에 의하여 바뀌지 않는 한, 하나님의 명령을 어기고 거룩한 일에서 우리와의 교제를 중지하지 않을, 그런 선한 사람들에게 우리가 화를 돋우지 않도록 할 것입니다. 그리고 이것은 성도들의 회합과 하나님 아버지의 보호에서 쫓겨나 마귀와 그의 [타락한] 천사들과 교제하게 되는 것에 대한 종교적인 두려움을 수반할 것입니다.[367] 그러나 아직 더 솔직하고 귀중한 차원의 정직한 수치심을 수반할 것인바, 혹은 원한다면 하나의 평판이라 해도 좋지만, 그것으로 인하여 사람들은 자기 자신의 인격에 대한 내적인 존경심을 지니는 것입니다. 그리고 만일 하나님의 사랑이, 우리 마음의 제단에 살아있도록 항상 유지되게끔 하늘에서 내려온 하나의 불로서,[368] 사람들 안에 있는 모든 경건하고 덕스러운 행위의 첫 번째 원칙이라면, 우리 자신에 대한 이런 경건하고 정당한 존경심은 두 번째 것이며, 모든 칭송할 수 있고 가치 있는 일이 발생하는 근본적인 습기이며 원천으로 여겨질 수 있습니다. 그리고 비록 제가 그것에 액체의 호칭을 부여했지만, 습한 것들과 달리, 그 자체를 제한할 수 없는 것이 아니라, 그 속에는, 뒤로 물러서서, 그 자체를 더럽힐 위험이 있는 어떠한 인색하고 걸맞지 않은 움직임이나, 그 자체를 더럽힐 위험성이 있는 어떠한 오물의 혼합체로부터, 스스로를 들어 올릴, 가장 자제력 있고 강력한 절제가 있는 것입니다.

    누군가의 면전에서 악행을 저지르기를 수치스럽게 여기는 것은 일리가 있다고 저는 인정합니다. 악한 사람보다 선한 사람의 견해와 표정을 존경하는 것은, 그의 면전에서 죄를 범하는 것이 가장 두렵기에, 거의

---

[367] 밀턴은 "성도"가 하나님의 선민을 뜻할 뿐 아니라 그의 천사를 뜻한다고 본다.
[368] 「레위기」 9: 24, 「사사기」 13: 19~20, 「열왕기상」 18: 36~39, 「역대하」 7: 1 참조.

덕스러울 정도로까지 나아가게 되지요. 그렇지만, 이것은 여전히 치욕에 대한 두려움이며, 이러한 많은 두려움이, 자신이 홀로 자기 명성을 구하고 있는 걸 알게 되면, 다른 망설임들과 서로 섞여서 비밀스럽게 자신의 더 소중한 악덕과 은밀한 협상을 맺게 됩니다. 그러나 자신에게 반영된 하나님의 형상의 위엄[369] 그리고 그의 이마에 시각적으로 표시되었다고[370] 생각하는 그의 구원의 대가, 둘 다를 위하여, 존경과 합당한 평판을 받도록 자신을 유지하는 자는 그 자신을 가장 고귀하고 경건한 행위에 적합하다고 여기며, 또한 그토록 비싼 몸값을 치르고서야 속죄되고,[371] 하나님과의 새로운 우정과 혈연적인 관계로 격상되는, 이러한 타락과 모독으로 낙담시키거나 더럽히기에는 자신이 훨씬 더 가치 있는 인물이라고 간주됩니다. 비록 가장 은밀한 가운데서도, 그가 죄 많은 일을 하거나 상상하는 자신의 모습을 본다면, 그는 자기 자신에 대한 그 자신의 엄격하고 온당한 시선의 반영(反映)을 보고 두려워하고 얼굴을 붉히게 되지, 다른 사람들의 모욕이나 비난을 그렇게 두려워할 수는 없습니다. 한 사람이 자기 자신에게 어떻게 잘 대할까요? 그 자신의 영혼과 육신에 대한 평가와 존경의 영예로운 의무를 어떻게 수행할까요? 이런 자기 경건의 관심에서 하나님의 사랑은 분리될 수 없으며, 그 사랑을 향하는 것 외에는 그 이상의 더 높은 상승은 없으니, 어떤 방식이 그 자신을 신성과 선의 언덕 꼭대기에 가장 잘 인도할까요?[372] 의심할 여지 없이, 가장 좋은 방법

---

[369] 「고린도전서」 11: 7: "남자는 하나님의 형상이요 영광인즉 참으로 자기 머리를 덮지 않는 것이 마땅하거니와 여자는 남자의 영광이니라."

[370] 「요한계시록」 12: 1, 22: 4.

[371] 「마태복음」 20: 28, 「마가복음」 10: 45에 "많은 사람의 대속물"이라고 하며, 「디모데전서」 2: 6에는 "모든 사람을 위한 대속물로 자신을" 주었다고 기록되어 있다.

[372] 단테의 『신곡』(La Divina Commedia)에 나오는 연옥(Purgatorio)의 산 정상에 있는 천국(Paradiso)에 대한 암시이며, 천국에는 하나님 자신이 모든 천체 가운데 가장

은, 그가 하나님의 높은 소명에 의하여 거룩하고 순수하게 살도록 부름을 받을 때처럼, 그렇게 그가 똑같은 지명을 받고 교회의 부름에 의하여, 그 자신의 영적 재능이 사도 시대의 성직 임명의 모범에 의하여 그에게 권위를 부여한, 교회 안에서 이러한 훈계의 임무를 맡게 된다는 것을 그가 잘 이해하게 하는 것입니다. 마치 하나님의 살아있는 성전[373]인 기독교 평신도의 접촉이 그렇듯이, 평신도(Laick)라는 경멸적인 용어, 성전과 카펫 및 제단보(祭壇褓)의 봉헌,[374] 복음서에 나오는 불쾌하고 모순된 시내산(Mt. Sainai)[375]의 울타리가, 죽은 유대 신앙을 모독할 수 있으리라고 우리가 배웠으므로, 억압적인 성직자의 교만을 통해 그리스도의 백성을 거룩한 계율의 임무에서 배제하는 것은, 나머지 교인들이 자신에 대한 무가치하고 비참한 의견을 갖게 하여, 거룩한 의무에는 노예 같은 공포로써 접근하게 하고, 신성하지 않은 행동에는 익숙한 대담성을 보이며 접근토록 할 것입니다. 종교적인 사물과 그들 자신 사이에 놓인 이렇게 넓고 끔찍스런 간격을 보고, 그리고 나무 성찬대[376]와 그 근처에 거룩한 바닥의 경계선, 성찬식 포도주병[377] 및 성체포(聖體布)[378]와 관련하여, 제사장

높은 곳에 있다.

[373] 「고린도전서」 3: 16: "너희가 하나님의 성전인 것과 하나님의 성령이 너희 안에 거하시는 것을 너희가 알지 못하느뇨."

[374] *Cf.* Article 17 of the London Petition, December 11, 1640 (p. 980).

[375] 홍해(the Red Sea)의 북쪽 양 내포 사이의 반도에 있는 시내 산맥의 정상이다. 이곳은 하나님이 모세를 통해 율법 대부분을 이스라엘 사람들에게 준 곳이기에 특별히 성스러운 장소이다.

[376] 성찬대(holy table)는 난간으로 둘러싸여 있었고 전체가 평신도의 접근을 막았고, 제단은 석조로 되어 있었는데, 17세기 종교개혁 후 목조로 바뀌었다.

[377] 성찬식 포도주병(flagon pot)은 성찬식 포도주를 봉헌하는 병(컵)을 말하며, 흔한 병이 아니고 손잡이와 귀때와 뚜껑이 있는 식탁용 포도주병을 말한다.

[378] 성체포(linnen corporal)의 "corporal"은 성찬대를 덮은 보를 말하며, 1604년 교회 법규 82조는 제단이 "성찬 집행에서 비단 카펫과 다른 품위 있는 것 ... 그리고

이 그것들의 평범성을 신성치 않고 불결하다고 평가하는 것을 보기 때문에, 그들은 사랑이 없는 그런 두려움으로써 종교를 겁내고, 복음서의 순결성은 그들에게 지나치게 순결하다고 생각하며, 어떤 불결성이라도 그들의 성직에 임명되지 않은 계급에 더 적합하다고 생각합니다. 그러나 모든 선한 기독교인이, 어떤 봉헌된 제단이나 성물보다 그를 더 성결하게 만들 성화(聖化, sanctification)와 입양(adoption)[379]의 모든 영광스러운 특권을 숙지하고, 교회 안에서 자기 권리를 회복하고, 교회의 시선과 증언에 나타난 그의 기독교적 능력과 그의 인정된 선한 삶이, 그에게 우선시 하는 이런 영적 정부의 지위에서 배제되지 않게 될 때, 다른 무엇보다 먼저 이런 것이 현명하고 진정한 자기 평가에 눈을 뜨게 할 것이며—이것은 기독교의 아주 필수적이고 높은 요지임—그리고 그를 감동시켜 하나님과 그분의 교회가 그를 고귀하게 만들어준, 영예롭고 중대한 사역을 값지게 밀고 나가게 할 것입니다. 그가 평신도로서 손대거나 참석하면 불경죄를 범할 수 있는, 어떤 외형적인 거룩한 것을 신앙생활에서 마주칠까봐 두려워하지 않고, 그 자신의 마음속에서부터 나오는 불경건한 것이 그리스도가 그에게 맡겨준 성직자의 기름 부음과 성직자의 권리를 불명예스럽게 하고 더럽히지 않을까봐 두려워할 것입니다. 그때는, 주님의 회중은 그들의 실제 정체성과 진정으로 닮은 모습, 거룩한 세대, 왕 같은 제사장, 성도의 교제, 하나님의 가족이며 도성을 곧 회복할 것입니다. 그리고 이것이 교회 정부의 기능들이, 비록 결코 평신도 수준이 아니더라

고운 리넨 보로 덮도록 요구한다."
[379] 성화는 신의 은총을 통해 진정한 그리스도인을 성스럽게 만드는 것이며 그 안에 죄를 파괴하는 것이다. 입양이란 모든 그리스도인이 하나님의 자녀라는 특별한 의미이다. 「히브리서」 10: 10, 「에베소서」 1: 4, 5. 성화와 입양에 대하여, 밀턴의 『기독교 교리』(*Christian Doctrine*), I, xviii 참조.

도, 어느 기독교인에게나 자유롭게 열려있어야 하는 또 다른 상당한 이유라고 저는 주장합니다. 만일 그의 능력과 그의 믿음 그리고 신중한 처신이 그를 추천한다면 말입니다. 그리고 사도들이 우리에게 그렇게 하도록 보장합니다.

그러나 고위 성직자들은 이것은 신성모독을 교회로 끌어들이는 것이라며 반대하는데, 그들 자신의 불경건한 행실보다 신성모독을 더 끌어들이거나, 살아있는 것에서 생명 없는 것으로 신성을 더 몰아낸 자는 아무도 없다고 그들에게 반박할 수 있습니다. 모든 짐승과 기는 벌레를 깨끗하게 하신 하나님이 사도 **베드로**가 그들을 속되다거나 부정하다고 하는 것을 참지 않을 것임에 반하여,[380] 고위 주교들은 그들의 인쇄된 명령문을 교회에 걸어놓고,[381] 피조물 가운데 최고인 인류를 그토록 불결하고 전염성이 있다고 선포하여, 사람이 그의 모자나 옷을 성찬대(Chancell table)[382]에 놓았다고 하여 그들이 이를 가증스러울 정도라며, 정확한 말로는, 주님의 성찬대를 모독하는 정도라고 했어요. 이리하여, 그들은 가나안적인 교리[383]에 의하여(유대인에게는 유대인다운 것에 불과한 것이 기독교인에

---

[380] 「사도행전」 10: 12~15. 이 구절에 따르면, 베드로가 "속되거나 부정한 것"을 먹지 않겠다고 하니, 주님이 대답하기를, "하나님께서 깨끗게 하신 것을 네가 속되다 하지 말라"고 한다.

[381] 「교회 헌법과 교회법」(Constitutions and Canons Ecclesiastical, 1604)에서, 왕은 새로운 교회법 사본이 "교구의 비용으로 제공되어야 한다"고 명령했다. *A Collection of Articles, Injunctions, Canons*, ed. Anthony Sparros (1675), p. 373.

[382] 「약간의 의례와 의식에 대한 선언」(A Declaration concerning some Rites and Ceremonies)이라는 1640년의 일곱 번째 교회법은 특별히 이런 금지를 한다: "경험이 우리에게 보여주는바, 많은 사람들의 행위가 많은 장소에서 얼마나 부적절한가를 보여주었다. 성찬대에 기대는 자들도 있고, 모자를 던지는 자들도 있고, 신성한 예배 시간에 그 위에 앉거나 서거나, 그 아래 앉기도 하여.... 전술한 성찬대는 이런 악용으로부터 보존하고자 난간을 가지고 걸맞게 분리할 것이다"(*CPW*, I, 991).

[383] 가나안(Canaan) 사람들은 이스라엘이 가나안에 이르기 전에 서부 팔레스타인에 거

게는 가나안적인 것에 불과하기에), 그들은 하나님이 깨끗하게 했을 뿐 아니라, 그리스도가 몸소 나타낸, 그 본성을 속되고 부정하게 만들고, 따라서 불경스럽게 만들어버렸지요. 그리고 교회의 견책에 있어서 왜 이익과 벌금(fees)[384]이라는 악취가 아니라(하나님이여, 그것을 금하시고, 이 땅에서 돌개바람으로 그것을 날려 보내소서!), 교회 정부에 대한 사랑, 동포애, 의무가 불러 모은 이런 자들의 조력을 더해야 하는지, 그 공정성과 정당성이 그토록 명쾌하기에, 어떤 현명한 사람이 자신이 기독교에 반하여 어쩌다 저지를 수도 있는 어떤 잘못에 대하여 이곳에서보다 더 평등하고, 감사하고, 관대한 조사를 어디에선들 기대할 수 있을까요?[385] 그가 저 오만한 성직매매(simoniacall)[386] 법정을 선호할까요? 그러므로, 조력을 받는 성직자가 그분의 거룩한 영적 치유에 임하고, 그 소송절차 과정에서, 그리고 무엇보다 그의 목적의 우월성에서 둘 다, 그가 관료와 많이 다르지만 우월함 이상으로 다르지는 않음을 볼 것입니다. 그의 목적은, 인간적인 모든 것을, 영육 간에, 영구적인 건강으로 회복시키는 것입니다. 그리고 여전히, 세속적인 행복을 위하여, 관료가 법에서 끔찍하게 탈선하지 않고는 자신의 움직임을 거기에 제한하지 않을 수 없는 고유의 영역이듯이, 성직자는 자신의 의도된 영역으로서 현세적 삶의 많은 번영을 별로 획득하려 들지 않으므로, 그가 종종 그 상당 부분을, 끈적끈적한

하던 원주민들로서, 밀턴이 여기서 "가나안적"이라 함은 이질적인 교리를 말한다.

[384] 고등종교위원회(Court of High Commission)에 의하여 평가되는, 종종 많은 금액의 벌금을 말함.

[385] 이 혼란스런 문장의 의미는, 기독교에 대한 위법행위에 있어서, 장로교의 계율에서 나타나듯이, 회중의 사제와 평신도들(장로들)로 구성된 법정보다 더 공정한 견책을 어디서도 기대할 수 없을 것이란 뜻임.

[386] "Simony"는 성직이나 성물 매매 혹은 그로 인한 이익을 뜻하며, 본문의 "simoniacall"은 17세기 표기임.

비만으로 영혼을 부풀리고 그녀(영혼)의 주요한 유기적 기관들을 약하게 만드는 식품으로 여겨서, 떨쳐내기를 희망할 이유가 있을지도 모르겠습니다. 그는 악의 두 머리 격인 무지와 악의를 대적해야 하지요. 무지에 대해서는, 그는 공개적으로만 공급되는 정해진 식사가 아니라, 부패할 수 없는 교리의 일상적인 만나(Manna)를,[387] 그가 아는 바대로, 각기 연약함이나 체질이 요구하는 만큼, 자주 공급합니다. 악의에 대해서는, 그 모든 파생적인 요소와 더불어, 사실상 질병에 대해서가 아니라 그것의 발진이나 맨 바깥쪽 결과에 대하여, 법이 사용하는 통제적인 수렴성(收斂性)의 수술로 참견하지 않고, 반대로, 그 질병의 근본적인 원인과 뿌리에서 시작하여, 영혼에 최고의 세정력을 지닌 교훈과 질책이라는 그 두 가지 신성한 요소를 주입하는바, 그 두 가지 외에, 정신을 정화하기까지 할 수 있는 약이나 해독제는 없으며, 그것이 없이는 모든 다른 실험은 우연이 아니라면 헛될 뿐입니다. 그리고 이런 것이 자신에게 들어오게 하지 않을 자는, 비록 그가 가장 위대한 왕일지라도, **플라톤(Plato)**이 단언하듯이, 그의 순결과 그의 지식이 가장 많이 표출될 것들을 모른 채, 내적으로 불순하게 남아있으리라고 여겨질 수밖에 없습니다. 그러므로, 기독교인 환자가, 다른 곳에서, 허용되지 않지만 본질이 불길한 고기를 먹어서, 그의 식사를 어지럽혔으며 혈관을 통해 나쁜 체액을 퍼뜨려서 즉시 병이 들게 되었다는 것이 밝혀지자마자, 사제는 관료보다, 시각적으로나 의무에 있어서, 모두 훨씬 더 가까이 있으므로, 그 퍼진 악성을 어떤 부드러운 훈계의 약물로 때맞춰 진압하려 서두릅니다. 만일 무언가 방해가 있다면, 먼저 희석시키는 당제를 투여합니다. 그의 신실한 형제가 거기에 지명한

---

[387] "만나"는 옛날 이스라엘 사람이 이집트에서 탈출하여 광야를 헤맬 때, 신(神)이 내려준 음식임. 「출애굽기」 16: 14~36 참조. 여기서 만나는 영적인 양식 혹은 하늘의 은총을 가리킴.

두세 사람의 면전에서, 이것을 한두 번 혹은 그 이상 자주 시도해도 성공하지 못하면, 그는 그에게 가장 소중한 자신의 건강과, 그가 하나님의 성전인 그의 영혼의 신성한 그릇 속으로 그토록 경솔하게 집어넣은 그 무엇을 더 조심하라고 충고합니다. 만일 이를 받아들이지 않으면, 그때 그는, 어떤 노력을 이미 시도했는지를 알고 있는 더 많은 조력자와 논의를 하여, 더 신속한 처방으로 그의 병에 숨은 요인들을 더 가깝게 포위하고, 그로 하여금 자신이 빠진 위험한 상황을 가장 잘 볼 수 있도록 하는 열성적이며 잘 겨냥된 질책을 아끼지 않습니다. 여기에 또한 그의 형제와 친구들이 간청하고, 타이르고, 권고합니다. 이 모든 노력이 아직 희망의 여지가 있으므로 조만간 반복되고요. 그러나 그 자신에 대한 관심도 그의 장로들이나 친구들의 정중함이 그의 나쁜 식욕을 그만두게 하는 데 아무 효과가 없다면, 그때 시간이 촉구하는 대로, 하나님은 심장의 가장 부드러운 구석조차 조사하도록 그의 사제의 손에 공포의 기계를 주셨습니다. 한동안, 그가 그의 완강함을 거의 절망에 가까운 찢어지는 경련으로 뒤흔들고, 또 다른 때에는, 죽음의 입구를 통해 그를 소생시키고자 그의 병든 간의 뿌리 자체를 치명적인 부식제로 아프게 합니다. 이에 전 교회가 그에게 간청하고, 간구하고, 탄식하고, 그를 위해 기도합니다. 이 모든 것을 가능한 최대한의 인내와 주의로써 이행하고 난 후, 그의 입장에서 후회가 없고, 최선의 치료를 다했다면, 하나님과 교회의 이름으로, 그들은 그와의 영적 교제를 해제하고, 파문(excommunion)[388]이라는 무서운 의과용 거즈를 꺼내 들고, 그가 하나님의 상속자들의 명부에서 씻겨나갔으며, 회개할

---

[388] 파문 선고는 한 교인이 교회나 그 소속 교인들과 일체의 소통을 못 하게 차단하는 것이다. 그의 자녀는 세례를 받을 수 없고, 사망해도 돌봐주지 않고, 기독교식 장례도 거절당한다. 밀턴은 분명히 그것이 세속적인 무자격이나 처벌까지 수반하는 걸 원치 않았다.

때까지 사탄의 속박 안에 있음을 선언합니다. 이 끔찍한 판결은 육체적인 생명이나 육체나 어떤 세속적 재산에 영향을 미치진 않지만, 그것은 침투력이 아주 강하여, 피부를 해치진 않으나 내장을 손상시키는 어떤 화학성 유황이나 번개보다 신속하게 내적 영혼을 시들게 합니다. 이런 무시무시한 탄핵조차도 교회에 맡겨지는데, 그것은 그 질병이 고질병이고, 치명적이며, 제거함으로써 생명을 구하게 되는 경우이며, 거칠고 강렬한 정화 약품으로서 이 판결이 존재하는 것밖에는 다른 이유가 없기 때문입니다.

그리고 악한 사람들의 자비가 잔혹이듯이,[389] 교회의 잔혹은 자비라고 해도 과언이 아닐 것입니다. 만일 하늘에서 내려온 회개가 이런 잃어버린 자에게 합당하여, 파멸을 향해 서둘러 가고 있는 그 가파른 여행에서[390] 그를 건져서 교회로 나와 화해하게 한다면, 만일 그가 자신의 건강 증명서를 가지고 오며, 그가 이제 전염이 없고 다른 양들에게 위험이 되지 않는다면, 그때, 그의 모든 형제가 믿을 수 없는 기쁨의 표현과 더불어 그를 반기고, 그의 앞에 기독교적인 위안의 향기로운 잔치를 마련하며, 값진 기름을 바르며 따듯하게 목욕하고, 공포와 수치심이 가했던 매질을 잊어버리고, 그리하여, 하늘의 위안으로 그들은 그의 겸손한 뉘우침을 고무하여, 비로소 그는 그의 첫 건강과 행복을 되찾게 되는 것입니다. 이것이 복음이 처방하는 인정된 방식이며, 이런 것이 "거룩한 견책의 영적 무기이고, 성직자다운 전쟁이며, 육신에 속하지 아니하고, 하나님을 통해 강력하여 요새들도 무너뜨리느니라. 우리는 상상하는 것과 또 하나님을 아는 지식을 대적하여 스스로를 높이는 모든 높은 것을 무너뜨리고

---

[389] 「잠언」 12: 10.
[390] 가다라의 돼지(Gadarene swine)를 암시함. 「마태복음」 8: 30~32, 「마가복음」 5: 11~16, 「누가복음」 8: 26~39. 개역 개정판 성경에는 가다라 지방이라고 되어 있고, 킹흠정역 판에는 게르게스 사람들의 지방이라고 되어 있다.

모든 생각을 사로잡아 그리스도께 순종하게 하는 것이라."[391]고 합니다. 하나님의 숨결에 속한 신성한 소립자인 영혼[392]을 치유하고 개심케 하려면, 무엇을 더 할 수 있을까요? 그리고 무엇을 덜 할 수 있을까요? 이처럼 건강에 좋은 치료를 피하여 자신의 결함을 감추고, 어떤 이들이 주장하듯, 그것을 이중적인 형벌이라고 간주하려는 자는, 자기 주변에 더러운 질병이 있어서 수치스럽고, 자신의 살에 가해질 엄중한 절개에 대한 두려움 때문에 멸망하는 사람과 같습니다. 우리는 감독제의 사법권이 복음에 상반되는지 아닌지를 이제는 분간할 수 있을 것입니다.

그러므로, 먼저, 복음서의 정부는 경제적이고 아버지다운지라, 그것은, 종이 없고 모두 자식이며, 순종적이며 노예적이지 않은, 성경의 말씀 안에서만 살아가는 자는 거부할 수 없는, 이런 가족으로 되어 있으니, 그리스도 가정의 자애로운 명령, 그분의 낮은 천정의 복된 온유, 혈연적인 접근만으로 빈번히 드나드는 걸 좋아하시는 그분 처처의 항상 개방된 초대의 문을 고위 성직자들이 바꿔버린 것을 어떻게 정당화할 수 있겠습니까? 그들이 이러한 가정적인 특권을 거만한 사법적인 법정의 피고석으로 바꿔버린 것을 어떻게 정당화할까요? 거기엔 수수료와 아우성으로 자기 일을 유지하고, 거래를 추진하고, 뇌물과 부패가 유혹하고, 계율이라는 자유로운 무상의 권리를 지갑에 의한 육신적 만족으로 흥정하는 곳입니다. 참회, 수치, 고백, 회개하는 영의 탄식이 거기에서 돈 한 푼에 팔립니다. 복음의 시들지 않고 더럽혀질 수 없는 단순성, 그녀 자신이 아니라 (결코 그럴 수는 없으므로), 우화에 등장하는 공수(空輸)된 헬레나 (Helena)처럼[393], 고위 성직자들의 마술에 의해 만들어진 거짓 백색

---

[391] 「고린도후서」 10: 4~5.
[392] 「창세기」 2: 7: "주 하나님께서 … 생명의 숨을 그의 콧구멍으로 불어넣으시니 사람이 살아있는 혼이 되니라."

(false-whited)³⁹⁴의 한랭사(寒冷紗, lawn)³⁹⁵로 만든 모조된 그녀가, 그녀의 제자들을 세금을 받는 일에서 불러내는 대신,³⁹⁶ 그녀 자신이 이제 세리로 변하여, 그녀가 하나님의 집이라고 부르는 간통의 홍예(虹霓) 아래서 그녀의 몸을 매춘에 넘겨주고, 그리고 그녀는 그들의 면전에서, 자신이 숭배받기 위해 세운 자신의 제단 앞에서, 사람들의 몸과 영혼을 상품으로 만들고, 자신의 탐욕으로 이 세상 삶에서 구원받은 참회를 이용한 최고의 금품 강요를 미루기는커녕, 오히려 그 행위를 자행하려는 것 외에는, 다른 어떤 이유도 없이, 영혼의 정화를 거부하는 것입니다.³⁹⁷

그러나 이런 문제는 세속적인 권위에 구걸하고 빌린 힘이 없이는 이처럼 이행될 수 없기에, 그리스도의 영광은 육신적인 것의 연약함 가운데서 세상적인 교만과 폭력의 높은 곳을 영적 법령의 힘에 의하여 밟아버리는 것인데도,³⁹⁸ 감독제는, 그리스도의 영적 정부에서 드러나는 그의 신중하고 선택된 권고를 무시하고, 반대로, 그리스도의 이런 높은 계획에서 그분의 원수가 되는 이들을 그녀(감독제)의 친구와 챔피언으로 만들었고, 그분 교회의 계율 안에서 그분의 육체적 연약함이 갖는 영적 힘을, 부당

---

[393] 헬레네가 트로이로 잡혀간 것이 아니라, 사실은 이집트에 있는 동안, 한 유령이 그녀의 거처를 옮겼다는 것이 에우리피데스(Euripides)의 『헬렌』(*Helen*)의 주제이다.

[394] 「마태복음」 23: 27: "서기관들과 바리새인들, 위선자들아, 너희에게 화가 있을지어다! 너희는 마치 회칠한 돌무덤 같도다. 그것은 겉으로는 참으로 아름답게 보이나 속에는 죽은 사람의 뼈와 모든 부정한 것으로 가득하도다." 참고로, 영어판 성경에서 '회칠한'은 'whited'로 되어 있음.

[395] 주교들이 입는 한랭사로 만든 소매로부터 온 표현임.

[396] 마태는 세리였던 제자였다. 「마태복음」 9: 9, 「마가복음」 2: 14 참조.

[397] 연옥은 정화과정에 있는 영혼을 위한 위령미사로 돈을 버는 사제들의 고안이었다는 주장을 언급함.

[398] 「미가」 1: 3을 암시하는 듯함. "주께서 자신의 처소에서 나오시고 내려오사 땅의 높은 곳들을 밟으시리니."

하고, 불법적이고, 복음에 반하는, 소란스럽고 세속적인 사법권의 폭정으로써, 그을리고 소멸시킵니다. 이리하여, 감독제는, 그녀(감독제)의 육욕적인 지원에서, 의례와 전통이라는 그녀의 세속적인 교리에 있어서, 그리고 그녀의 폭력적이고 육욕적인 권력에서, 모두, 그리스도의 성육신의 주된 목적, 즉 그분의 진리, 그분의 영광, 그분의 힘을, 감독제가 추구하는 것과 완전히 다른 방식으로 보여주려는 목적, 이 목적과 정반대로 나가고, 하나님의 위대한 신비를 왜곡시키고 파괴한다는 이유로, 저는 감독제가 적그리스도라고 결론 내지는 않습니다. 무엇 때문에 제가 그럴 필요가 있을까요? 사실 자체가 그런 결론을 내리고 있는데 말입니다. 그렇지만, 만일 이와 같은 관행이, 로마 교회의 그 엄청난 암흑 속에서도 우리의 고위 성직자들의 경우보다 더 심한 경우는 많지 않았던바, 모든 정통적인 평가에서, 그녀와 그녀에게 현재 속한 자들 모두를 적그리스도로 판단받지 않게 하지 않았다면, 저는, 우리가 그 속에 살아가는 이 위대한 빛 가운데서, 이 감독제와 그녀(감독제)의 어두운 행위들이,[399] 적그리스도 자신보다 더 적그리스도답다고 선언하는 것이야말로, 진리와 그녀(진리)의 모든 자녀들의 절대적인 의견이라고 생각하지 않을 수 없습니다.

---

[399] 상기한 "로마 교회의 그 엄청난 암흑"과 반대되는 종교개혁을 지칭함.

결론

감독제가 국가에 끼친 해악

감독제를 그토록 좋아하는 대단한 분들에게 한 가지 더 보탤 게 있습니다. 들리는 바와 같이, 복음은 그리스도의 숨겨진 힘이기에, 화살과 왕관을 지니고 정복하며 정복하려고 백마를 타고 나아간「요한계시록」의 그분처럼, 여태 성공한 권력은 복음과 협력했다는 것이 확실합니다.[400] 만일 우리가 복음의 천사를 그 나름의 방식으로 달리게 둔다면, 그 천사는 육신의 높은 사상들과 교만한 사유들을 정복하고 그의 고유의 역할을 하며, 많은 영혼을 구원함과 더불어 그리스도에게 순종하도록 그것들을 굴복시킵니다. 그러나 만일 당신들이 그(천사)를 그의 길에서 벗어나게 하고, 어떤 방식으로 그에게, 감독제가 그렇듯이, 그의 세속적인 힘의 교리에 의하여 그의 불가항력적인 힘을 표출하도록 강요한다면, 그는, 당신들이 당신들의 영혼을 굴욕적이고 맹목적인 미신으로써 정복하도록 그의 수중에 넣어준 세속적인 권력을 사용할 것이며, 그리고 다시금 당신들의 사로잡힌 정신을 지배할 것인바, 감독제는 만족을 모르는 탐욕과 세력을 동원하여, 그녀(감독제) 자신과 그녀의 거짓된 예배를 장식하고 확대해줄 당신들의 세속적 풍요와 권력으로 되돌아와서, 당신의 상태를 망치고 해를 깨치며, 당신의 평안을 해치고, 당신의 명예를 실추시키고, 교만한 성직자의 들뜬 자만심 아래서 당신의 자유를 속박할 것입니다. 이런 성직자는 당신들의 영혼을 영적 음식으로 섬기거나 먹이지 않고, 그런 음식을 찾지 않을

---

[400]「요한계시록」6: 2: "이제 내가 보니, 보라, 흰 말이라. 그 위에 탄 자가 활을 가졌고 관을 받으매 그가 나아가서 정복하고 또 정복하려 하더라."

것이며, 그렇게 할 수단이 없으며, 만일 그런 수단이 그에게 있다 해도, 그가 목적하는 바가 아닙니다. 그러나 적어도 만일 그 열린 무덤을[401] 어떻게든 채울 수 있다면, 그들이 자신의 감사할 줄 모르는 육신을 배불리 먹었을 때, 그리고 그들이 그들의 우상 같은 성전을 당신의 재물을 황폐시키며 노획하여 채웠을 때,[402] 당신과 그들이 당신에게 남겨놓은 몫에 대해 일말의 동정심이라도 그들이 여전히 가지고 있을까요? 그 성폭행한 자가 자기 누이를 자기 맘껏 즐기고 나서 그녀에게 대하듯, 그가 당신에게 좋을 수만 있을까요? 그들이 당신을 증오할 뿐이므로 당신을 놓아줄까요?[403] 그렇지 않습니다. 귀족원과 평민원 의원님들이여, 그들은 그러지 않을 겁니다. 그러면 그들이 하나님과 성도의 이름으로 무엇을 하겠습니까, 이런 인간 사냥꾼들이 아직 더 많은 적개심과 해악을 지닌 채 무엇을 하겠습니까? 나는 당신들에게 확언하거니와, 당신들 대부분은 그걸 이미 아실 터이니, 적어도 당신들에게 상기시키는바, 그들은 바빌론(Babylon)[404]의 충실한 상인이 되기에 부족함이 없을 것입니다. 그들은 당신의 영혼에 한 것처럼, 당신의 몸, 당신의 아내, 당신의 자녀, 당신의 자유, 당신의 의회, 이 모든 것을 팔아먹을 것이며, 그리고 만일 이것들보다 더 값진 것이 있다면, 그들은 설교단에서 외치며, 이후에 왕으로 불릴 수 있는 자를 제멋대로 불법으로

---

[401] 「시편」 5: 9: "그들의 입에는 신실함이 없사오니 그들의 속은 심히 사악하고 그들의 목구멍은 열린 돌무덤이요, 그들의 혀로 아첨하나이다."

[402] 대간의서(大諫議書, Grand Remonstrance, 1640)는 주교 전쟁 때문에 국민들이 겪은 손실을 지적했다. 이것은 의회에서 주교들을 제거할 이유 가운데 하나로 제시되었다. Gardiner, *Constitutional Documents*, pp. 202~232 참조.

[403] 「사무엘하」 13: 1~19. 다윗의 아들 암논(Amnon)이 그의 이복동생이자 압살롬의 친누이 다말(Tamar)을 연모하여 불러 강간하고, 즉시 "저를 심히 미워하며" 버렸다. 나중에 암논은 압살롬의 종들에 의해 살해되었다. 「사무엘하」 13: 29.

[404] 인간의 영혼이 팔리는 죄악의 도시. 「요한계시록」 18: 10~13. 물론 청교도들은 가톨릭 로마를 바빌론과 동일시했다.

처분할 것이며, 왕의 마음이 그들의 거래에 귀를 기울이게 될 것입니다. 그리고 영원한 노예 상태로 우리의 귀를 뚫는 그들의 부패하고 굴종적인 교리에 의하여,[405] 여태까지 그렇게 해왔듯이, 그들은 우리의 두 가지 위대한 헌장들[406]의 모든 행과 구절을 취소하고 지우고자 여전히 그들 나름의 최선을 다할 것입니다.

또한 그들은 이뿐만 아니라, 자신의 영달의 주요 이유와 신비라고 주장하는 것, 즉 군주는 자기 백성에게 결코 정의롭거나 대등하지 않은 군주가 되어야 한다는 것을 실천할 것이며, 그들의 악의에 차고 타락한 시선은, 마치 군주가 이것 외에 그들로부터 다른 감사나 봉사 같은 것은 요구하지 않은 것처럼, 그들이 그를 그렇게 보고 이해하게 됩니다. 그리고 사실상 그들의 태도는 국가의 혼란이나 파괴를 위해 그토록 간청하는 태도이고, 그들 자신이 인정하듯이, 그들의 품위나 수단이나 호의가 복음에 근거하지 않고 군주의 총애에만 있는 추종자들의 무리입니다. 군주를 기쁘게 함으로써 그들이 누릴 자격이 있는 만큼 이런 것들이 그들에게 계속될 것이기 때문입니다. 그것이 필요한 곳이라면 어디든, 그들은 그들의 모든 의도와 수고를 다른 목적이 아니라 군주의 목적에 돌릴 것이며, 만일 폭군이 왕권을 장악하는 일이 발생하면, 여기서 그의 창병(槍兵)이 되고, 창기병(槍騎兵)이 될 것이며, 여기서 그의 준비된 화승총이

---

[405] 「출애굽기」 21: 6: "그의 주인이 그를 데리고 재판관들에게로 갈 것이요, 또 그를 문이나 문기둥으로 데리고 가서 그의 주인이 송곳으로 그의 귀를 뚫으리니 그가 영원토록 그를 섬기리라."
[406] 「권리대헌장」(Magna Charta, 1215)과 「포레스타 헌장」(Charta de Foresta, 1217)을 가리킴. 후자는 많은 숲을 보통법 아래 두어서, 숲의 일정한 사용권을 허용하고, 일정한 형벌을 없애는 권한을 허가했다. 1640년 10월 9일, 하보틀 그림스톤(Harbottle Grimston)은 주교에 반대하는 의회 연설에서, "의장님, 우리의 두 위대한 헌장, 권리대헌장과 포레스타 헌장을 무너뜨린 자들이 누구인가요?"라고 했다.

될 것이고, 만일 그들이 그들의 위태로운 설교로 백성에게 두려운 마음을 한때 일으킬 수 있다면, 그 폭군은 이들 외에 다른 친위 부대나 용병이 필요 없을 것입니다. 비록 교황 시대의 고위 성직자들은 때로 대헌장(magnacharta)[407]에 충분히 우호적이었지만, 그것은 그들이 왕의 윤허에 주로 의존함이 없이 그들 자신의 기반에 섰기 때문이었습니다.[408] 그러나, 만일 개신교가 성경에 의하여 올바르게 스스로를 개혁한다면, 고위 성직자들에게서 모든 금빛 칠한 허영을 벗기고, 그들의 처음 상태로 그들을 겸손하고 대등한 성직자의 계급으로 격하시키게 됨을 그들이 이제 잘 알고 있기에, 그들은 성경 원문보다 시대를 더 연구하는 것이며, 또한 그들이 궁정의 언덕을 향하여 그들의 눈을 드는 것은[409] 거기서만 그들의 도움이 오며 자신들에게 밀접하게 관련된다는 것을 알기 때문입니다. 그러나 만일 그들의 교만이 이런 복종과 준칙에 싫증이 나게 되면, 곧 그렇게 되겠지만, 그리고 그들의 마음이 여전히 더 높은 명예의 오르막길을 오른다면, 그들에게 남아있는 유일한 돌파구는 그들이 그들 자신과 우리를 교황의 패권으로 되돌려 놓으려고 획책하는 것뿐이며, 우리는 그들이 조금씩 이렇게 해온 것을 볼 수 있습니다. 이것들이 감독제의 힘을 지탱하는, 폭정을 유인하느냐(inducing) 혹은 교황주의를 되돌리느냐(reducing) 하는, 둘 중 하나의 양호한 버팀이 될 것입니다.[410]

---

[407] 대헌장(마그나카르타)는 1215년 존(John) 왕이 국민의 권리와 자유를 인정한 것인데, 보통 Magna Charta라고 표기한다.
[408] 가톨릭교는 영국 국왕에게 독립적인 면도 있으나, 종교개혁 이후 영국 국교회의 수장은 왕이었다. 중세 동안 교황과 왕들 사이의 주된 갈등은 평신도 서임이나 주교에 대한 군주의 서임 권한에 있었다.
[409] 「시편」 121: 1: "내가 산들을 향하여 눈을 들리니 나의 도움이 거기서 오는도다." 밀턴은 유명한 성경 구절을 패러디하고 있다.
[410] 밀턴이 원문에서 사용하는 두 단어는 철저히 라틴어 의미를 따르고 있다. 여기서

이리하여 역시 우리는 감독제가 순전히 거짓이라고 판단할 수 있습니다. 진리의 속성은, 그녀를 공적으로 가르치는 곳에서, 한 국가의 정신과 영혼을 죄와 미신의 노예 상태에서 먼저 해방하고 자유롭게 하는 것이기 때문이며, 그 다음엔 시민 생활의 모든 정직하고 법적인 자유가 오래도록 부재할 리가 없기 때문입니다. 그러나 관습이라는 폭군이 낳은 감독제는 종교적으로 타고난 폭군이며,[411] 국가적으로는 폭정의 대행자이며 각료로서, 또 하나의 **미다스**(Midas)와 같습니다. 출생 시에 그녀(감독제)는 교회의 정부나 정치적 정부에서 무엇에 손을 대든 가까이 오든, 그것이 황금으로 변하지 않고—비록 그녀의 입장에선 그러길 희망하지만—노예의 불순물이나 찌끼로 변하게 하는, 이런 치명적인 재능을 갖고 태어난 듯합니다. 그것은, 그녀의 성직자 계급제도에 대항하여, 건전한 교리의 최고 치료제로써 때맞춰 마음을 강화할 준비를 하지 않는, 모든 이의 육체와 영혼 양쪽에서 번식하고 자리를 잡습니다. 진리이신 하나님에 대한 예배는 완전한 자유라고 그녀(예배)의 기도문이 고백하지만,[412] 그녀의 실행과 의견들은 감독제의 예배가 완전한 노예제도이며 결과적으로 완전한 거짓이라고 선언합니다. 제가 듣는바, 상류층 사람들 다수와 지식층 사람들이 그녀를 옹호하여 공적으로 글을 쓰고 말하는 데에 몰두하는 이유가 더 궁금해집니다. 그러나 저는 믿거니와, 그들의 정직하고

"inducing"은 "유인하기"(bringing in), "reducing"은 "되돌리기"(bringing back)의 의미로 쓰인다.

[411] 감독제가 "타고난 폭군"이라 함은 관습이라는 폭군에 의하여 저절로 생겨난 또 다른 폭군이라는 의미이고, 인간의 법에 의하여 부여된 것이 아니라는 뜻임.

[412] 1549년 『공동기도서』(*The Book of Common Prayer*)의 아침기도 예배에 나오는 "평화를 위한 두 번째 본기도"(the Second Collect for Peace)는 이렇다: "오 평화의 주체자이시며, 화합을 사랑하시는 자이신 하나님이시여, 당신을 아는 지식에 우리의 영원한 생명이 있으며, 당신을 예배하는 것이 완전한 자유나이다."

순진한 성품이 훌륭하고 견실한 학식을 쌓으려고 대학으로 오면, 거기서 불행히도 수도승의 초라한 궤변의 앙상하고 가시 돋친 강의만을 습득하고, 모든 진실하고 관대한 철학이 들어오는 걸 막고 방해하며, 목구멍 걸리는 형이상학적인 소리로 끝없이 그들의 목소리를 쪼개며, 그리고 고위 성직자에 중독되어 이런 현학적인 가시를 그들의 목구멍에 넣어서 일종의 형식적인 겉 사람을 존경하게 만들어진 채, 다시 집으로 돌아가게 되었다는 것입니다. 이들의 정화되지 않고 미개한 정신은, 학문의 최상의 가장 위대한 두 가지 항목인, 종교의 진정한 교훈이나 도덕적 덕성 아래로 아직 결코 입문하거나 압도되지 않았으며, 생계를 유지하고 어리석은 자들을 현혹하고자 일종의 위선적인 진부한 문학 과정에서 조금 훈련받았거나, 혹은 그들이 할 수 있는 모든 그럴듯한 기만적인 예민함을 가지고, 그들의 감독제 스파르타(Sparta)를 옹호하려고 그들이 사용하는 것들을 제외하면, 그밖에 불필요한 논쟁거리를 너무 과도하게 공부했던 것입니다.[413] 이 세상의 비천한 재물과 적은 세간 가운데서[414] 기독교적 권위의 가장 위대한 덕행과 행위를 행사할 수 있을 아름다운 대결장[415]으로서, 하나의 복음과 교회 정부를 그들의 눈앞에 마련했으므로, 슬기로운 이교도 작가들조차도,[416] 그리고 그 옛날 **파브리키우스**(Fabritii

---

[413] 밀턴은 당시 케임브리지나 옥스퍼드 대학의 모든 지원자에게 요구되는 논쟁과목을 언급하고 있다. 밀턴은 그 자신이 일곱 가지 논쟁술을 지녔으나, 나중에 별 소용 없다고 여겼고, 「연습 3」(Prolusion III)에서, 논쟁술의 기초가 되는 스콜라 철학을 비난하기도 했다.
[414] 갑옷을 적게 입었다는 뜻임.
[415] "아름다운 대결장"(fair field)은 마상 창 시합장의 비유이거나, 적어도 사람이 자신의 가치를 보여줄 수 있는 장소를 뜻한다.
[416] 외부 세계와 독립된 덕스러운 삶을 고집하고, 정의와 자비를 주장하며, 계급 구분 없는 인간의 형제 관계를 강조한 스토아학파의 철학을 암시한다.

와 쿠리우스(Curii)도[417] 그것이, 죽을 운명의 인간을 하나님과 더 같게 할 수 있는 최상의 운영 방식임을 잘 알고 있었으며, 하나님은 육신적 수단의 무거운 짐에 의하지 않고, 그 자신의 내부로부터 작용하기를 가장 좋아하는바, 그들은 그것을 이해하지 않고, 이런 문제는 생각하지 않고, 기독교에 해가 되는 편안하고 무절제한 삶과 함께, 세속적인 부와 명예를 사모하고 맹목적으로 좋아했던 것입니다. 옳습니다. 그들과 그들의 신학교는, 만일 우리가 그들을 멧돼지처럼 살찌우고, 그들이 좋아하는 대로 재물로, 지방 부감독과 성직 겸임으로, 남작 지위나 당당한 승진으로 그들을 실컷 먹이지 않으면, 모든 학문과 종교는 발아래 짓밟힐 것이라고 주장하고, 간청하길 부끄러워하지 않고, 그리고 우리의 귀를 계속 시끄럽게 합니다. 이것은 성직자의 태도로는 너무 몰염치하고, 너무 짐승 같은 청원이며, 가증스런 뻔뻔스러운 무례입니다. 그들은 우리에게 절제와 검소한 일반인의 모델이 되어야 하며, 그들 자신이 세례식에서 우리에게 요구한 약속에 따라 세상과 그것의 화려한 것을 업신여기도록 가르쳐야 하는데, 성경이 옆으로 물러나서 침묵한다면, 이교도 가운데 그들만큼 방탕한 철학자들의 분파도 없으며, **에피쿠로스**(Epicurus)나, 그의 모든 키레네 쾌락주의자(Cyrenaic)[418] 무리를 합친 **아리스티포스**(Aristippus)[419]도, 이런 기름진 궤변론자들에게 자기의 학교 문을 닫아버릴 것이며, 부당이익을 취하려는 난폭한 욕망을 자신에게서 발견하고도,

---

[417] 파브리키우스(Gaius Fabricius Luscinus)와 쿠리우스(Manius Curius Dentatus) 둘 다 기원전 3세기의 로마 총독이었으며, 정직과 검약이라는 옛 로마의 덕성을 실천한 모범으로 여겨졌다.
[418] 북아프리카의 옛 나라 키레나이카(Cyrenaica)의 키레네 철학자, 즉 쾌락지상주의자.
[419] 밀턴의 텍스트에는 "Aristippus"라고 표기되어 있는데 영어표기는 주로 "Aristippos"로 표기된다. 고대 그리스의 철학자로서, 소크라테스에게 배움을 받고, 후에 쾌락주의 키레네학파를 창시했다.

이런 뻔뻔스런 상판대기로 치사하게 여기지 않을 돌팔이들의 대학은 아무 곳도 없을 것입니다. 이런 것을 고위 성직자들은 별로 의식하지 못하여, 그들은 싸울 준비가 되어 있고, 그리고 만일 그들의 힘이 미친다면, 무시무시한 분파의 이름으로, 모든 선한 그리스도인을 학살할 태세인바, 그 이유가 그들의 세속적 위엄, 그들의 비양심적 치부와 소득, 과도한 사치에 그들이 빠져 코를 골고 있는 동안에, 말씀 안에서 일하는 그들의 형제에 대한 자신들의 잔인한 권위에서 결점을 찾기 때문일 뿐이며, 공개적으로 그들 자신이 지금 모든 사람이 보는 면전에서, 한동안 그들이 양의 옷을 입혀 덮어주려 했던 그리스도의 양 떼에 대해 침략과 피나는 습격을 하겠다고 위협하고 있으며, 양 떼를 먹여주겠다고 떠맡고선 이제 자기들의 먹잇감으로 집어삼키려고 하는, 게걸스럽고 야만적인 늑대임을 선포하는 것입니다. 매일 처녀의 피로 기름이 올라있지 않으면, 쓰레기와 폐허를 땅에 토해내는 이집트의 거대한 용(dragon)과 다를 바가 없습니다.[420] 우리의 수호신 성 **조지**(St. George)[421]는, 그의 기도문(Collect)[422]을 읽는 가터 훈위(the Garter)의 대수도원장이 확인해줄 수 있는바, 그의 필적할 수 없는 용맹으로 그 용을 살해했습니다.[423] 그리고 만일 우

---

[420] 『황금 전설과 만투아인』(*Golden Legend and Mantuan*)에서, 성 조지에 의해 살해된 용은 셀레네(Selene) 근처 리비아(Lybia)에 살았다고 한다. *Cf.* Spenser, *Complete Works*, ed. Osgood *et al*., I, 279~381.

[421] 순교자 성 조지(St. George)는 서기 303년에 카파도키아(Cappadocia)에서 출생하였으며 346년 로마의 황제 디오클레티아누스(Diocletian, 245~316) 치하에서 순교하였다. 성 조지의 행위에서 5세기의 아리안족(Arians)이 발전시킨 중세의 전설로부터, 비록 교황 겔라시우스(Gelasius)는 가짜라고 비난했지만, 용과의 싸움 이야기가 생겨났던 것이다. 에드워드 3세(Edward III) 때부터, 성 조지는 잉글랜드의 수호성인이 되었으며, 특별히 기사의 최고 훈장인 가터 훈장(the Garter)의 수호성인이 되었다.

[422] 가톨릭에서는 본기도, 성공회에서는 특도(特禱)를 가리킴.

[423] 여기서 언급되는 용은 모든 용들의 전통 속에 있지만, 성 조지의 언급은 스펜서

리의 군주들과 기사들이, 엄숙하게 받아들인 그들의 기사단 훈령에 따라 서약했듯이, 그 옛 투사의 명성을 모방하려 한다면, 그들이 이 **잉글랜드**의 용[424]을 지지하고 같은 편이 된다는 것은 가당찮은 것이다. 그러나 차라리 실제로 그들의 맹세가 그들을 얽어매듯이 행동하려면, 그들은, 그녀(용)의 끝없는 식욕이 왕의 딸인 교회의 피로서 만족되지 않으면, 그리고, 그녀가 항상 그랬듯이, 그녀의 어둡고 악명 높은 소굴을 성도의 유골로 채우지 못한다면, 이 나라를 집어삼키겠다고 위협하는 이 날개-돛 달린 괴물을 추적하고 물리치는 것을 그들의 기사다운 모험으로 삼아야 합니다. 만일 그녀(용)가 얼마나 끈적끈적한 진창에서, 게으르고 탐욕적이고 야심적인 교회 승급과 비대한 감독직에서, 거대한 비단뱀처럼,[425] 이 나라의 교리와 선한 계율 둘 다에 영향을 줄 독성을 입증하고자, 어린 시절부터 길러지고 재갈이 물렸는지를 잘 생각해보면, 아무도 감독제에 대해 이렇게 말하는 것이 너무 믿기 어렵다거나 너무 비참하다고 생각할 이유는 없을 것입니다. 분명히, 그 용이 어려서부터 뒹군 이런 세속적인 희망과 원리들은 이어질 노예다운 폭압적인 삶과 전체 왕국에 해로운 전염병, 모두에서 직접적으로 생기는 것이기 때문입니다. 그 늪지에서 태어난 뱀처럼, 그녀는 하나님의 순수하고 강력한 광선인 태양의 창에 맞아 죽게 될 것이고요. 그리고 이것은, 감독제가 어떤 것이었는지, 그리

(Spenser)의 『선녀여왕』, 1권 11칸토에 등장하는 용과의 전투를 염두에 둔 듯하다.

[424] 여기서 잉글랜드의 용은 잉글랜드의 신앙을 억압하고 파괴하는 감독제를 암시한다고 할 수 있으며, 따라서 당대의 군주나 기사들이 옛날에 용과 싸운 성 조지처럼 감독제라는 용과 맞서 싸워야 한다는 비유이다.

[425] 이 뱀은 파르나소스(Parnassus)산에 있는 델피(Delphi) 신전을 지키는 거대한 비단뱀(Python)이다. 아폴로(Apollo)에 의하여 살해된 뱀은 데우칼리온(Deucalion)의 홍수로 생긴 진창에서 태어났다. 밀턴이 묘사하는 비단뱀은 독성이 있고 늪지에 서식하나, 실제는 그렇지 않다. 『실낙원』에서 사탄이 이 뱀에 비유된다.

고 만일 그녀(감독제)가 존속한다면, 잉글랜드 국민 전체에게 무엇이 될 것인지를, 부분적으로 우리에게 잘 묘사해줄 겁니다.

어찌하여 감독제가, 그 안에 많은 악이 갖는 어떤 선이나 용도가 있는, 그런 종류의 악이 아니라, 모두에게 똑같이 해로운 증류수 같은, 해악을 주는 순전한 독약이 되는지가 드러날 것이므로, 저는 결론을 내리기에 앞서, 고위 성직자들은, 백성들에게 재앙이 되듯이, 그들이 가장 우호적으로 대할 것 같은 군주를 가장 크게 파괴하고 배신할 자임을 간단히 보여주겠습니다. 왕의 지위와 인격을 막강한 나사렛 사람 삼손(Nazarite Samson)[426]에 비유하는 이상으로 더 잘 비유할 수 없는바, 그는 해롭고 과도한 욕망을 들이키는 일 없이, 출생 이래 절제와 절주의 교훈과 실천 속에서 훈련받고, 성장하여, 그의 존엄한 어깨 주변으로 물결치는 곱슬곱슬한, 그의 화려한 빛나는 머리 타래, 즉 율법과 더불어, 훌륭한 힘과 완성된 모습을 지니게 됩니다. 그리고 그가 머리 타래를 줄이지 않고 깎지 않고 유지하는 동안, 그는 나귀의 턱뼈로, 다시 말해, 가장 미천한 관리의 말 한 마디로, 그의 정당한 힘에 맞서 일어나는 자들 수천 명을 진압하고

---

[426] 삼손의 이야기는 「사사기」 13: 16에 나온다. 밀턴은 이 성경 구절에 나오는 많은 표현을 그대로 여기서 사용하고 있다. 여기서 나온 짧은 삼손 비유와 밀턴의 『투사 삼손』의 연관성에 대한 흥미로운 논의가 클라크(E. M. Clark)에 의하여 제기되었는데, 클라크는 『투사 삼손』이, 정치적으로, "대의 명분(the Good Old Cause)의 분명한 죽음과 예견된 부활의 극화(dramatization)"이며, 나아가 찰스 1세(Charles I)를 향한 이런 경고는 성경에서 이스라엘을 향한 통첩과 같은 것이라고 주장한다 (p. 149). 이리하여 그는 이 비유에서 나중에 쓰일 극작품의 전개 같은 힌트를 발견한다. Cf. E. M. Clark, "Milton's Earlier Samson," *University of Texas Bulletin*, No. 2734 (1927), pp. 144~154. 분명히, 이 두 이야기 사이에 강한 유사성이 있다. 이 비유에서 언급되는 모든 것이, 나귀의 턱뼈 사건을 제외하면, 『투사 삼손』에서 거론되며, 둘 다 성경에 나오는 여우 꼬리 사건 같은 상세한 묘사는 생략하고 있다. 그러나 삼손 이야기는 간결하며, 삼손 이야기를 다룬 두 가지 이야기는 동일한 세부 사항을 다룰 수밖에 없다. 가장 건성으로 성경을 아는 자라도 삼손 이야기는 아주 잘 알기 때문이다.

혼란에 빠뜨릴 수도 있습니다. 그러나 그가 고위 성직자들의 매춘부 같은 아첨에 그의 머리를 내려놓고, 잠들어 위해를 생각하지 않는 동안, 그들은 사악하게, 그의 장식이자 힘이 되었던, 그에게는 율법이자 정당한 특권인 그 모든 밝고 무거운 머리 타래를 밀어버리고, 그를 부정직한 폭력적인 회의에 넘겨주는바, 그 회의는, 블레셋 사람(Philistins)[427]으로서, 타고난 분별력을 지닌 양호하게 멀리 보는 밝은 그의 눈을 빼버리고, 그에 대한 그들의 사악한 목적과 계략 때문에 그는 감옥에서 맷돌질을 하게 되었으며, 비로소 그는 이런 감독제의 면도날이 그에게서 그의 익숙한 힘을 빼앗아갔음을 알고, 다시 율법과 의의 황금빛 광선인 그의 풍성한 머리카락을 기르게 되어, 그리고 그것이 그의 악한 상대자들의 머리 위로 파멸과 함께 천둥을 준엄하게 휘둘렀지만, 그 자신에게도 큰 고통이 없지 않았습니다. 이것이 왕에 대한 그들의 충성의 전모이지만, 이들이 아직도 "왕이여, 왕이여, 주님의 기름 부은 자여!" 하며 외치는 자들입니다. 우리는 그것을 인정하는데, 그러면 그들이 그토록 진실한 것을 어떻게 밝히게 되었는지 궁금하며, 더 궁금한 것은, 만일 왕이 주님의 기름 부은 자라면, 어떻게 그들이 그토록 거룩한 성유를, 피부를 부드럽게 하면서 내적으로 생명의 피를 공격하고 독을 주입하는, 그들의 저속한 아첨에서 나온 부패하고 더러운 기름으로, 감히 덧칠하고 더럽히느냐는 것입니다.

이제까지 말한 모든 것이 근거를 둔, 과거의 예들과 오늘날 그들의 행동에 대한 우리의 현재 경험들이, 왕이 고위 성직자들로부터 어떤 충성을 기대할 수 있는지를 우리에게 알려주기에는 충분할 겁니다. 그리고 만일 그들이 왕의 권력을 가위질하고 법을 깎는 자들이라면, 그들이 입법부인

---

[427] 성경의 블레셋 사람은 옛날 팔레스타인(Palestine)의 남부에 살던 민족이며 유대인의 강적이었음. "Philistin"은 16~17세기에 흔히 사용되었던 철자 표기로서, 오늘날의 "Philistine"과 동일함.

의회에는 어떤 꾸민 태도를 보일지는, 훌륭한 상하원 의원님들(Peers and Commons),[428] 여러분 자신들이 가장 잘 증명할 수 있습니다. 여러분이 영광스러운 불멸의 행위를 할 경향이 고위 성직자들의 모호하고 해로운 계책에 의해서만 반대되어 왔으며, 드디어 그들의 오만이 건방진 무례[429]로 터져 나왔고, 그들의 건방진 표정을 강한 벽 안에 엄격히 감금하게 되었던 것입니다.[430] 그들은 근래에 어떤 일에도 의회의 행복한 회동을 방해하거나[431] 중지하는 것보다 더 부지런하게 한 적이 없으며, 국가의 파괴되고 해체된 구조를 수리하는 데 아무리 필요한 일이더라도 그러했습니다. 아니, 만일 그들이 이런 것을 할 수 없었다면, 모든 의회의 절차를 반대하거나, 불가능하게 하거나, 비방하는 일을 했을 따름입니다. 그리고, 이것은, 비록 다른 문제가 아니더라도, 그들이 의회의 준법적인 회원이 아님을 명백히 지적하는 것입니다. 만일 그들이 그들 자신의 조직체에 대항하여 영속적으로 반란을 일으킨다면 말입니다. 그리고 비록 그들이 **솔로몬(Salomon)**[432]의 매춘부인양,[433] 그런 권한이 있다고 주장해도,

---

[428] 양원 의원들에게 직접적으로 말하는 이런 태도는 밀턴 자신이 이 글을 쓰면서 잉글랜드 지도자들을 향한 연설문을 작성하고 있다고 느꼈음을 증명한다.

[429] 특별한 무례는 1641년 12월 10일에 제출한 12명 주교들의 "겸손한 청원"(Humble Petition)이었다. 자기들을 향한 런던의 소동에 대해 항의하면서, 자신들이 신체적 공격이 무서워 불참했던 의회의 결정은 무효라고 주장했다. Rushworth, IV, 466~467.

[430] 1641년 12월 30일, 그 주교들은 대역죄로 정죄되었고 요크 주교는 탄핵당하고, 다른 주교들은 감금되었다.

[431] 주교들은 특히 「단기의회」(the Short Parliament)를 방해했다. 1640년 12월 1일 의회의 대간서는 주교들에 대해 불평했는데(Rushworth, IV, 444): "그들은 사악하게 왕에게 의회와 단절하도록 권고하여, 그들의 악한 의도가 가장 번성하고 성공하도록 혼란의 길로 되돌리려 했다"는 것이다.

[432] "Solomon"의 17세기 표기임.

[433] 「열왕기상」 3: 16~28 참조. 이것은 솔로몬이 진짜 어머니를 찾아내는 모권 분쟁의

솔로몬이 제공한 동일한 판단에 의하여, 의회를 계속 둘로 쪼개는 것을 그들이 찬성할 뿐 아니라 시도하기도 하므로, 그 권한은 그들에게 속할 수 없습니다. 그리고 둘로 쪼갤 뿐만 아니라, 다른 모든 수단을 동원하여 모든 후손을 위한 그 의회의 자유로운 용도를 철폐하고 파괴한 것입니다. 그 때문에, 또한 이 책과 더 많은 책으로도 절반도 담을 수 없는, 그들의 이전 악행 때문에, 의원 여러분, 저는 감히 수천의 선량한 그리스도인을 대신하여, 이 엄청난 범인인 감독제에 대하여 경들의 정의와 신속한 판결을 내리도록 제소하는 바입니다. 그리고 아직 엄격한 법 집행 중에, 저는 의원님들께 자비에 대해 고려해주시기를 간청하고자 하는 바이며, 단지 의로운 사람 열 명이 있었다면 **소돔**(Sodom)을 구원했을 자비를 능가할 수도 있는,[434] 이러한 자비(이 무너지는 감독제를 구하려는 욕심으로 제가 도를 넘을까봐 두렵기에), 이러한 자비를(제가 그렇게 감히 말할 수 있다면) 간청하는 바입니다. 제가 당신들께, 그분이나 당신들 중 누가 더 자비로운지, 하나님과 경쟁하라고 감히 권면하는 게 아니라, 여러분의 현명한 판단에 따라, 그 타락한 도시들의 범죄를, 감독제가 그리스도의 교회와 이 왕국 모두에서 저지른 사악한 실정(失政)의 엄청남 소란과 견주어보라는 것입니다. 그리고 만일 당신이 경건한 척, 건방지게도 자비에 있어서 하나님을 능가하려고 애쓸 수 있다고 생각한다면, 지금 여러분께 그러지 말라고 만류하는 자가 되지는 않을 겁니다. 비록 하나님이 의인 열 명이 안 되어 **소돔**을 용서하지 않을지라도, 만일 당신이 적절한 조사를 한 후, 감독제에서, 종교에나 세속 정부에나, 왕에게나 의회에게나,

---

이야기인데, 솔로몬은 아기를 두 신청인 사이에서 아이 몸을 가르라고 하여 해결한다. 고위 성직자는 자기 권한을 얻기 위해 아기를 죽이려는 매춘부를 나타낸다.

[434] 「창세기」 18: 32. 여기서 "열 명"이라 함은, 만일 열 명의 의인이 있었다면, 그들이 하나님의 진노로부터 소돔을 구원했을 최소한의 숫자였다.

군주에게나 백성에게나, 법, 자유, 부, 혹은 학문에서나, 단 한 가지라도 선한 것을 찾을 수 있다면, 그녀(감독제)를 용서하고, 존속하게 하고, 여러분 사이에 퍼지도록 내버려 두십시오. 비로소 그녀의 그림자와 함께 모든 당신의 품위와 영예, 그리고 이 땅의 모든 영광이 어두워지고 가려질 때까지 말입니다. 그러나 정반대로, 만일 그녀가 이 모든 것에 대해, 더 확실한 게 없을 정도로, 악의적이고, 적대적이며, 파괴적이라는 것이 밝혀진다면, 그땐 여러분의 엄중하고 공정한 최후 심판이 신의 보복을 따라야 할 것입니다. 이 불경한 억압 정부에 여러분의 응징하는 힘을 쏟아부어, 그녀에게 이러한 전복의 사해(a Dead Sea of subversion)가 덮치게 하여,[435] 그녀가 이 땅에서 더이상 일어나 거룩한 개혁교회와 하나님의 선민을 괴롭히지 못하게 해야 할 것입니다.

끝

---

[435] 소돔과 고모라(Gomorrah)는, 전설에 따르면, 지금의 사해 혹은 소돔의 호수(Lake of Sodom) 밑바닥에 위치했고, "subversion"은 전복 혹은 파멸을 뜻한다.

3

이혼의 교리와 계율

그리고 이제까지 그것을 방해해온 원인들

양성(兩性)의 유익을 위해, 교회법의 굴레와 다른 오해로부터, 율법과 복음에 나타난 성경의 진정한 의미와 비교하여 복원한 것임. 성경에는 하나님의 율법이 허용하고 그리스도가 철폐하지 않은 것을 철폐하거나 정죄할 때 올 나쁜 결과들이 기록되어 있음.

저자 J. M.

「마태」 13: 52: "그러므로 하늘의 왕국에 관하여 가르침을 받은 서기관마다 마치 자기 보고에서 새것과 옛것을 내오는 집주인과 같으니라."

「잠언」 18: 13: "문제를 듣기도 전에 대답하는 자에게는 그것이 어리석음이요, 수치니라."

제2 개정증보판
두 권으로 출판됨.
영국 의회와 성직자 총회에 고함.

런던, 1644년 출판

John THE *Milton*
DOCTRINE
AND DISCIPLINE
OF
DIVORCE:
RESTOR'D TO THE GOOD OF BOTH SEXES,

From the bondage of Canon Law, and other mistakes, to Christian freedom, guided by the Rule of Charity.

Wherein also many places of Scripture, have recover'd their long-lost meaning.

Seasonable to be now thought on in the Reformation intended.

MATTH. 13. 52.
Every Scribe instructed to the Kingdome of Heav'n, is like the Maister of a house which bringeth out of his treasurie things old and new.

LONDON,
Printed by T. P. and M. S. In Goldsmiths Alley. 1 6 4 3.

영국 의회와 성직자 총회에 고함[1]

저명하신 의회와 훌륭하신 성직자 총회 여러분,[2] 만일 종교와 양식 모든 면에서 여태까지 가르치며 가장 많은 제자를 끌어모은 자가 모든 교사와 스승 가운데서 누구인지 진지하게 물어본다면, 그것이 시기에 적절치 못한 질문은 아닐 것인바, 그것이 관습(Custom)이라고 답해도 틀림이 없을 것입니다.[3] 비록 덕성이 이론(Theory)에 있어서 가장 설득력 있다고 칭송받고,[4] 영혼의 명백한 표출에 있어서는 양심이 가장 명시적이지만, 신의 의지의 비밀이든, 우리가 태어난 원초적 맹목(盲目)이든 간에,[5]

---

[1] 본 번역본은 1644년의 수정판을 원본으로 하여 번역한 것이며, 1643년 판에 있던 구절이 1644년 판에서 삭제된 경우는 【 】 안에 표기하되, 단순한 유사 단어나 철자 상의 단순한 수정은 무시하기로 한다. 따라서, 초판과 재판을 비교할 목적이 아니라면, 【 】 안의 내용을 무시하고 읽으면, 밀턴의 최종 생각을 담은 1644년 개정판을 읽을 수 있음.

[2] 이 산문은 주요 대상자로서 밀턴은 의회뿐만 아니라 웨스트민스터 성직자 총회(the Assembly of Divines)를 지목하고 있다. 이 총회는 1643년에서 1653년까지 영국 교회를 재건하기 위해 임명된 성직자들과 영국 의회 의원들의 회의였다. 원문에 "To the Parliament, with the Assembly"라고 되어 있다. 이 산문은 한 해 전에 처음 출판된 후, 이제(1644) 더 확대된 형태로 출판되면서, 의회뿐만 아니라 성직자 회의를 겨냥하고 있는 것이다. 이 장로교 성직자 중심의 종교회의는 밀턴이 감독제를 상대로 논리적, 정치적 투쟁을 함께 한 동반자였지만, 이 산문을 호의적으로 받아들이지는 않았다. 그들 중에는 밀턴이 임의적인 이혼과 방탕을 옹호한다고 비난하기도 했다. 런던 전역에서 장로교 성직자들은 설교단에서 밀턴을 비난했지만, 그는 그들을 설득하려는 희망을 여전히 견지하며 이 산문을 썼다.

[3] 관습의 힘, 특히 종교를 부패하게 하는 그것의 영향력은 1644년에 새로운 주제는 아니었다. Cf. Meric Casaubon, *A Treatise of Use and Custome* (1638; HEFL), p. 164.

[4] Cf. Milton, *An Apology* (CPW, I, 933): "이론(theory)이란 종종 실제와 분리되고, 그것 없이 학문적으로 판단하는 것이다."

서문 | 259

대체로 관습이 최상의 스승이라고 여전히 암묵적으로 받아들여지는 것입니다. 단지 그녀(관습)[6]의 방법이 너무 입심 좋고 쉽기 때문에, 어떤 의미로는, 그것이 에스겔(Ezekiel)의 환상과 같아서,[7] 그가 즐겁게 취하여 삼키도록 암묵적인 지식의 갑작스런 책을 펼쳐놓지만, 그것은 조심하지 않고 삼켜서 소화되면 나쁜 영양일 뿐임이 드러나며, 건강에 해롭게도 가식적인 학식으로 큰 얼굴을 부풀게 하고,[8] 우매한 인간들 사이에선 정상적이고 좋은 몸집을 갖게 하는 건강한 습관으로 오해되지만, 사실상 가짜 지식과 학문으로 부풀어 오른 용모일 뿐이며, 사적으로 우리의 교육을 훼손시킬 뿐만 아니라, 공적으로 종교가 설파되거나 법이 보고되는 모든 권위 있는 지위에 공통적으로 오르는 것(common climber)이며, 제각기의 삶과 직업을 비참하고 굴종적인 원칙들로 채우고, 하늘에서 태어난 높은 인간의 영혼을 하나님이 그를 창조했거나 죄가 그를 침몰시킨 조건보다 훨씬 아래로 억누르는 것입니다.[9] 이 알레고리를 따르자면, 메아리(Eccho)가 소리일 뿐이듯이 관습은 순전히 얼굴일 뿐이므로, 그 미완성에 머물지 않고, 비밀스런 경향에 의하여 과오(Error)와 연합하며, 과오는 머리가 없는 눈먼 뱀 같은 몸이기에,[10] 자신에게 결여된 것을 의도적으로 받아들이고, 자신의

---

[5] 여기서 맹목은 아담(Adam)의 원죄에 기인한 영적인 눈먼 상태로서 올바른 이성이 흐려진 것을 의미함. Milton, *Christian Doctrine*, I, xii 참조.

[6] 이어지는 구절에서 관습은 여성으로 의인화되어 있다.

[7] 「에스겔」 2: 8 ~ 3: 3 참조. 여기에 묘사된 환상에는 하나님이 에스겔에게 "입을 벌리고 먹으라"고 명한 두루마리에 대해 계시하고 있다.

[8] 질병과 건강에 대한 상반된 이미지가 이 산문 전체를 통해 작용하는 수사적인 양상을 설정하고 있다는 주장도 있다. *Cf.* Kester Svendsen, "Science and Structure in Milton's *Doctrine of Divorce*," *PMLA*, LXVII (1970), 435~445.

[9] 밀턴은 인간의 타락으로 자연적인 지혜, 신성, 정의감 등이 부분적으로 상실되었음을 인정하면서도, 인간의 본성이 완전히 타락한 것으로 생각하지는 않는다. *Christian Doctrine*, I, vii 참조. 위의 각주 5)항 참조.

미완성이 찾아다니던 것을 공급합니다. 이리하여, 과오는 관습을 지원하고, 관습은 과오를 허용합니다. 그리고 이 둘은 그들 사이에서 공동으로 모든 진리(Truth)와 견고한 지혜(Wisdom)를 박해하고 인간의 삶 밖으로 몰아내는 것입니다. 인간이 그렇다기보다, 하나님이 수많은 시대 가운데 한 번씩, 침범을 억제하고, 과오와 관습의 교묘한 사주에 의하여 우리의 정신에 가해진 고질적인 오점들과 분명한 것들을 제거하도록 대행자로 임명된, 신중하고 종교적인 모임을 소집하지 않는다면, 과오와 관습은 그들의 수많은 저속한 추종자들의 무리와 함께, 기질과 혁신이라는 자유로운 이성의 활동을 시기하고 매도하려는 최고의 목적을 세우게 됩니다.[11] 다산인 진리의 자궁이 그것들(과오와 관습)의 숙고하지 않은 의견과 추측에 어울리지 않는 무언가를 감히 내놓는다면, 그 자궁은 폐쇄될 것처럼 말입니다. 인간의 자유로운 영혼에 대한 그런 악명 높은 상처와 오용에 대하여, 지금까지 엄숙하기로 평판이 난 사람들의 격려가 저로 하여금 연구와 진정한 노력이 성취할 수 있는 최상의 것을 입증하고 맞서게 하도록 인도한 것입니다. 그리고 이제 한 교육받은 그리스도인의 의무와 권리가, 선하거나 악한 보고를 통해, 면목을 잃은 진리의 유일한 옹호자가 되도록 명하고 있습니다. 상하원 의원 여러분, 고귀한 소임이죠. 고귀하고 어려운 소임입니다. 이를테면 일곱 번째 아들의 일곱 번째 아들[12]이라도 모두 감히 시도하지 않을 소임입니다. 제가 그토록 심한 시기와 무례의 소란 가운데서, 제 손 안에 오래되고 가장 필요하고 가장 자비롭지만 가장 많이 손상된

---

[10] 스펜서(Spenser)의 과오(Error)에 대한 묘사를 참고할 것. Cf. *Faerie Queene*, I, I, 13~24.
[11] 밀턴이 처음부터 혁신이라는 비난을 방지하려고 시도한 것이 이 산문의 제목, "이혼의 교리와 계율… 복원한 것임"이라는 구절에서 잘 나타나 있음.
[12] 속담대로, 위대한 인물이 될 운명으로 태어난 자를 가리킴.

모세(Moses)의 법령[13]을 가지고, 이곳에 모인 경건과 지혜가 뛰어나신 여러분의 모임에 호소하지 않으면 어디에도 호소할 곳이 없습니다. 그 법령은 그럴 권위를 홀로 가진 자에 의해 여태 취소된 적이 없으나,[14] 한때 요시야(Josiah)[15] 시대에 암거래와 같은 어떤 방식에 의하여 전체 율법이 방치된 적이 있었듯이, 교회법에 대한 쓰레기 같은 무지 가운데 많은 무분별한 소홀 때문에 방치된 적은 있었습니다. 교회나 국가에서, 혹은 일상생활에서, 어떤 오래도록 무시된 고충을 수정할 자는, 만일 그가 그토록 고귀한 일을 맡게끔 그를 일으켜 세울 정신력을 부여받은 자라면, 그는 이미 많은 것을 지니고 있어서 그것으로 인해 후회하지 않을 것임을 저는 인정합니다. 그렇지만, 그의 결심이 당연히 뒤따르는 어떤 비난도 의식하지 않고, 근거 없는 의심들을 무시하는, 정당하고 일관된 정신에 확고히 자리 잡고 있지 않다면, 그가 어떤 잘못된 의견의 앞잡이가 되지 않도록 경고하려 합니다. 이 때문에 그는 신중하고 잘 양육된 사람들이 아니라 미숙한 무리에게, 수많은 근거 없는 논평과 추측을 가지고, 즉시 무례하게 공격받을 것임을 확실히 알고 있어야 합니다. 그들이 성서의 어떤 구절의 가장 작은 관절이나 힘줄조차도 논박하지 못할 때, 누가 하겠습니까마는, 하나님은 그들이 성서 저자에게서 어떤 구실로 삼을 떠들썩한 착상을 갖게 된다는 이유 때문에 진리가 진리여야 한다는 것은 용납하지 않습니다. 그

---

[13] 원문의 "statute"는 「신명기」 24: 1에 발견되는 법령으로서, 밀턴 시대의 모든 성서학자에 의하여 모세에 의하여 쓰인 것으로 추정되었다: "남자가 아내를 취하여 그녀와 결혼한 뒤에 그녀에게 어떤 부정이 있음을 발견했으므로 그녀가 그의 눈에 호의를 얻지 못하거든 그는 그녀에게 이혼 증서를 써서 그녀의 손에 주고 그녀를 자기 집에서 내보낼 것이요."
[14] 모세에게 율법을 계시한 여호와 하나님이 그 율법을 취소한 적이 없다는 뜻임.
[15] 종교개혁을 수행한 유대의 왕(기원전 640?~?609). 「열왕기하」 22, 23장, 「역대하」 34장 참조.

러나 그들이 사도(the Apostle)[16]가 요구하는 것보다 더 바쁘고 호기심이 많지 않더라도, 사도가 적어도 "겉치레로 하나 참으로 하나 무슨 방도로 하든 전파되는 것은 그리스도이니 이로써 나는 기뻐하고"[17]라고 말하는 걸 듣게 될 것입니다. 진리는 햇빛만큼이나 어떤 외적인 접촉에 의하여 더럽혀지기가 불가능하기 때문입니다. 그녀(진리)를 출산하게 한 자를 수치스럽게 하게끔, 서자처럼 세상에 올 수밖에 없는, 이런 불운이 그녀의 출생에 수반되었고, 비로소 진리의 어머니라기보다 산파(Midwife)인 시간(Time)이 그 유아를 씻기고 소금을 뿌리고, 그녀를 적출자라고 선포하고,[18] 어린 미네르바(Minerva)의 아버지를 아기를 씻기는 불필요한 주장들에서[19] 떼어내서 교회로 데려갔을지라도 말입니다.[20]

훌륭하신 애국자 여러분이여, 여러분 자신이 이 점을 가장 잘 증언하실 수 있고, 의심할 여지 없이 이후로는 더욱 그러실 것입니다. 교회나 국가의

---

[16] 사도 바울을 가리킴.
[17] 「빌립보서」 1: 18. 이 말을 한 사도는 사도 바울을 가리킨다.
[18] 진리가 시간의 딸이라는 표현은 당시의 통속적인 격언이었는데, 밀턴은 『감독제론』(*Of Prelatical Episopacy* [CPW, I, 639])에서 진리를, "시간의 딸이 아니라, 이 지상에서 그리스도인의 마음속에서, 두 신지하고 거룩한 유모인 복음의 교리와 훈계 사이에만 양육되는 하늘의 딸"로 지칭하고 있다.
[19] 밀턴은 여기서 의도적으로 기괴한 비유를 사용하는데, 주피터(Jupiter)의 뇌로부터의 미네르바가 탄생했다는 고전 신화와, 고대 히브리인들이 행한 출산 직후의 정화의식, 가톨릭과 영국 국교회에서 행한 출산 후 산모를 위한 감사예배를 뒤섞고 있다. 청교도들은 이 의식을 불필요한 예식주의의 단편으로 보았다.
[20] 「공동기도서」(The Book of Common Prayer, 1559)에 따르면, 아기를 출산한 산모는 교회에 가서 꿇어앉아 순산하게 하신 하나님께 감사의 기도를 드리고 성직자의 인도에 따라 감사를 드리는 예배를 올리도록 되어 있다. 성공회 최초의 기도서인 영문 「성공회 기도서」는 캔터베리 대주교 토마스 크랜머에 의해서 1549년 성령강림 주일에 처음으로 등장했다. 당시 크랜머 대주교는 잉글랜드 성공회 신자들이 이해하기 어려운 라틴어가 아닌, 일상 언어인 영어로 감사성찬례를 드릴 수 있도록 하기 위해서 영문 성공회 기도서를 작성했는데, 라틴말로 써서 이해하기 어려운 기존 기도서를 대체하려는 목적도 있었다.

선을 위하여 진리를 대신하여 고생해 오신 일선의 여러분 가운데 종교개혁의 미명 아래 자신이 사욕의 앞잡이라는 비난을 받아오지 않은 분이 있었던가요? 그런 만큼 제가 당연히 희망하거나, 아무리 치욕과 질투가 다른 사람들에게는 이런 담론에 반대하도록 그 초조한 의도를 행세하려 할지 몰라도, 여러분 자신의 강직함이 오해받은 경험 때문에 여러분은 이 담론을 자유롭게 청취하고 관대하게 해석할 마음이 생기게 될 것입니다. 말뚝이나 구획이 없는 속박되지 않는 방랑성의 욕망 없이는 자유가 즐겁지 않은 벨리알(Belial)의 자녀들,²¹ 인간의 쓰레기들이 그토록 위대한 성경의 힘이 그들의 추측으로는, 그들의 방탕을 편들려고 모이는 걸 보고 환히 웃더라도 무슨 상관이 있을까요. 그들이 정직한 자유는 거짓된 방종에 가장 큰 적이라는 것을 이제부터 배우게 되면, 그들이 더 잘 알게 될 것입니다. 그리고 다른 이들이, 항상 열성적이나 결코 건전하지 못하므로, 싱겁고 불쾌한 양심 때문에, 상처와 방종이 이 책의 최고 장점이라고 스스로 험담하며 상상한들 어떻습니까? 그들 자신의 뱃속의 이상이 그들에게 어지러운 편두통을 일으키지 않는다면, 그들이 곧 자신들의 말문을 닫고 아시리아의(Assyrian) 불경한 자처럼,²² 그들이 이러는 동안 인간을 비난하는 것이 아니라 전능자, 이스라엘의 거룩한 하나님(the holy one of Israel)을 비난하고 있는 것임을 분간할 것입니다. 그들은 하나님이 그 자신의 거룩한 백성에게 바로 이러한 승인을 하여 법규를 제정하였음(belawgiv'n)²³을 부

---

²¹ 『실낙원』 I, 501~502 참조. "벨리알의 자식이 무례와 음주로 들떠서"라는 표현이 나오는데, "벨리알의 자손"(children of Belial)이라는 표현은 「신명기」 13: 13과 구약성서 다른 곳에서 등장한다.
²² 아시리아의 왕 세나케립(Sennacherib)을 가리키며, 그가 헤스기아 왕 통치 시기에 예루살렘을 위협한 것은 "이스라엘의 거룩한 유일신"(the Holy One of Israel)에게 조차 도전한 불경으로 비난받았다. 「열왕기하」 19: 22 참조.
²³ 밀턴의 조어로서, NED에 의하여 "…에게 법규를 제정하였다"(legislated to)라는

정하지 않는바, 지금 그런 승인 자체를 그들이 상처와 방종이라고 부르고 수치스럽다고 감히 비난하며, 한동안 여전히 그렇게 하겠지만, 비로소 그들의 초조한 열성을 안정시킬 진심 어린 냉정을 다소 찾게 될 것입니다. 그러나 이런 질문은 아마 우리에게는 상관이 없습니다. 사실 사람의 성향은, 헛된 호기심을 추구하는 경향이 있지만, 형제의 당혹스런 삶에서 부당한 해악과 짐을 없애는 것과 관련된 어려운 점들을 논의하게 되면, 우리는 자기 관련성의 동기 없이는, 얼마나 냉정하고, 둔감하고, 모든 동료의식과 멀어지는지 믿을 수 없을 것입니다. 그러나 만일 하나님의 지혜와 정의와 순결성이 여전히 피할 길 없는 가장 더러운 오명을 씻으려면, 만일 자비심이 국가의 법령 아래로 전락하거나 짓밟히지 않으려면, 만일 결혼이 데살로니가 사람들(Thessalonians)에게 쓰인 드높여진 멸망처럼,[24] 즉 "하나님이라 불리는 모든 것"(all that is called God) 혹은 선함 위로, 아니 그 둘 모두에 대적하여 드높여지지 않는다면, 그러면 저는 감히 확언하거니와, 이 책의 내용에는 우리 모두와 관계되는 것이 발견될 것입니다. 그것은 의회의 훌륭하신 여러분에게 주로 관련된 내용인바, 우리의 모든 고충과 근심이 여러분의 탁월성과 강인함에 의하여 우리의 구원자에게 맡겨지듯이, 여러분에게 맡겨져 있기 때문입니다. 그 다음으로, 그것은 저에게 관계되는바, 죽음에 이르는 것과 영원한 것 모든 것을 증언하려고, 제가 솔직히 사실이라고 믿는 것을, 기독교 국가의 분명한 유익을 위하여, 많은 노력과 충실한 근면으로 처음 찾아냈거나, 적어도 용감하게 솔직히 소통하여 처음으로 그것을 출판했기 때문입니다. 다른 사람들이 그들의 양심이 계속

뜻이다.
[24] "멸망의 아들"이 밀턴이 의도한 표현일 것이다. 「데살로니가후서」 2: 3~4 참조. "멸망의 아들, 그는 대적하는 자요, 하나님이라 불리거나 혹은 경배받는 모든 것 위로 자기를 높이는 자"이다.

하여 진리를 추구하고, 하늘로부터의 깨달음을 위해 기도하고, 그들이 그렇게 하여 얻었다고 여기는 것을 출판하지 않을 수 없다고 여기면서도, 제가 저 자신 그와 똑같은 의무감에 묶여있다는 인식은 못 하도록 방해하지 않게 해주시길 바랍니다. 지금, 확실히, 하나님의 호의와 지명에 의하여, 지금 여러분의 수중에 개혁해야 할 위대하고 거대한 인구의 국가가 있습니다. 어떤 부패를, 종교적인 어떤 맹목적성을 개혁해야 하는지를 여러분은 잘 알고 있으며, 타고난 자유의 이해에서, 그리고 진정한 기백에서 퇴보되고 타락한 정신에 빠져있는지를 여러분은 깨달으리라 저는 확신합니다. 매춘과 간음으로 치닫는 무제한의 방종을 지니고 있는지 오래 검토할 필요도 없습니다. 너무 엄격한 규율에 대하여 인간이 갖는 두려움이 다른 사람들에게 그 규율을 아주 성공적으로 소개할 가능성을 아마 무색하게 할 정도입니다. 제가 이제 관면장과 면죄부에 대하여 여러분에게 말씀드린다면 어떻겠습니까.[25] 가나안(Canaan)으로 간 이집트의 거류민처럼 마음이 완고한 백성이니[26] 그들이 잠시 미끼를 가지고 놀고 갉아먹도록 고삐를 조금 풀어주시는 것 말입니다. 이것은 간음이나 부정한 이혼이 묵인될 뿐만 아니라 예로부터 완고한 마음에 공공연히 허용되는 일반적인 훈계입니다. 그러나 그 견해는, 제가 믿기로는, 다음 주장이 잘 읽혔을 때, 근친상간의 하청을 주고, 눈감아주는 적그리스도의 신비 중 하나로 남을 것이고 그의 다른 종속적인 오염이 될 것입니다. 그러면 어떤 중도 노선을 취할 수 있는지, 만일 우리가 우측으로나 좌측으로나 방향을 틀지 말아야

---

[25] 밀턴은 여기서, 결혼 취소 같은 경우처럼, 교회의 부유한 후원자들에게 허용된 교황의 관면장과 면죄부를 냉소적으로 암시하고 있다. 루터나 다른 개혁가들은 로마 가톨릭교회에 반대하는 그들의 초기 개혁적인 열성에 있어서, 이 같은 오용을 중시했다.

[26] 그들의 완악한 마음이 모세의 이혼법이 있게 한 이유라고 언급되었던(「마태복음」 19: 8, 「마가복음」 10: 5) 이스라엘 사람들을 가리킴.

한다면, 게다가 사람들이 개혁되는 걸 증오한다면, 어떤 이가 이를 방해할 수 있을까요

재판관과 입법자님, 그리고 우리의 스승이 될 직무가 있는 여러분, 제가 이제, 비록 무시되고 이해되지 않지만, 인류의 통치에 아주 막강한 중요성이 있는 하나의 교리를 공표하고자 하오니 주목해 주십시오. 사람의 이성적인 영혼을 적절한 한계 안에 현명하게 존속시킬 자는 정당하고 정직한 자유의 영역과 주권이 어디까지 미치는지를 자신이 먼저 알아야 합니다. 하나님이 묶은 것을 느슨하게 하려는 것만큼, 그분이 느슨하게 한 것을 약하게 묶으려 해야 합니다.[27] 이런 높은 취지를 모르거나 실수하여 **아담**(Adam) 이래로 존재해온 모든 불행의 거대한 절반을 쌓아온 것입니다.

복음서에서[28] 우리는 거만한 스승들의 무리에 대해 읽게 될 것입니다. 그들의 거룩함이, 아니 차라리 그들의 악한 눈이, 하나님이 인간에게 그토록 유순하다는 걸 몹시 슬퍼하며, 하나님이 정하신 것보다 더 엄격한 제한을 순종에 설정하고, 인간의 존엄성을 예속시키고, 인간의 목에 공허하고 과도하게 칭송되는 규율의 요새를 세우려 했던 것입니다. 우리는 우리의 구세주가 사람들 사이에서 그들 자신의 자유에 반하는 성마른 광증으로 대한다면 우리는 가장 슬프고 걱정에 휩싸이게 될 것입니다. 동일한 어리석음이 그것이 가장 적게 있어야 할 곳에, 수천의 멸망을 가져올 정도로, 아직 상당히 남아있다는 것을 알게 될 때, 도대체 어떻게 그분이 우리에게 기분 상할 일이 덜하리라고 기대할 수 있습니까? 세상에서 가장 큰 짐은 미신인바, 교회의 의식뿐 아니라 가정에서 가상적 허

---

[27] 묶고 푸는 비유에 대해서는, 「마태복음」 16: 19, 18: 18 참조.
[28] 「마태복음」 12: 1~14, 15: 1~20, 23: 1~33, 「마가복음」 2: 23 ~ 23: 6, 「누가복음」 6: 1~11, 11: 37~56 참조.

수아비 같은 죄악의 미신입니다. 우리가 존재하지 않는 죄과의 헛된 그림자 같은 위협 때문에 공포에 질리게 된다면, 우리의 기독교적인 전투에 대적하는 이보다 더 큰 약화가 무엇이며, 더 예리한 전략이 무엇이겠습니까? 무관한 사안이 죄의 깃발 아래 우리를 압도할 때, 우리가 패주하고, 우리의 적대자의 이런 기술에 의하여, 가장 치명적인 최악의 범죄에 빠지게 된다 해도 놀랄 것이 못 됩니다. 가톨릭교도의 미신은, **하나님**이 두 가지 모두를 하라고 명하실 때, "손대지 말라, 맛보지 말라"하는 것이며, 우리의 미신은, 하나님과 사랑(Charity)이 허용하고 명하실 때, "분리되지 말라, 갈라지지 말라"고 하는 것입니다. 사도 바울은 "너의 모든 일을 사랑으로 행할 것이라"고 했고,[29] 그의 스승은 "사랑이 율법의 완성이니라"[30] 하고 말씀하셨습니다. 그러나 지금 공민적인, 소중하지 않고, 때로 단념하게 만든 혼인법은, 사랑이 없을 뿐 아니라 그것에 반하여, 우리가 성취하도록 강요된 것임이 틀림없습니다. 지옥을 제외하고 하늘이나 지상 어느 곳도 사랑이 들어오지 못할 곳은 없으며, 우리의 위안과 만족의 의식이자 우리의 외로움을 치료하는 결혼이, 사랑이나 자비 어느 것도 이런 부드러운 의식의 사나움에, 이런 치료로도 치료되지 않은 외로움에 개입하여 중재하거나 달래주도록 허용하지 않을 것입니다. 최고 의회 여러분, 사랑이 이렇게 배제되고 추방되면, 어떻게 여러분이 당신들 자신의 행동과 처신의 순수한 명예를 옹호할 수 있을지 잘 생각해보십시오.[31]

결혼하는 자는 신의를 맹세하는 자가 그렇듯이 그 자신의 파멸을 꾀할

---

[29] 「고린도전서」 16: 14. 영어 성경에서 "charity"는 사랑으로 번역되고 있음.
[30] 「로마서」 13: 10. 여기서 밀턴은 실제로 사도 바울의 말을 인용하고 있지만, 그리스도의 십계명 요약을 바울이 재론할 것으로 생각하고 있음이 분명하다.
[31] 정치 제도란 그 목적에 종속된다는 것이 왕에 대한 의회의 저항을 옹호한 자들에 의하여 필연적으로 제기되는 원칙이었다.

의향은 거의 없습니다. 그리고 한 개인과 잘못된 결혼과의 관계는 전체 국민과 나쁜 정부와의 관계와 같습니다. 만일 국민이 어떤 권위, 계약 혹은 법규에 저항하여, 사랑이라는 최고의 명령에 따라, 그들 자신의 삶뿐만 아니라 정직한 자유를 부당한 속박에서 구해낼 수 있다면, 이와 마찬가지로, 한 개인은 결코 자신에게 해가 되게끔 맺지 않은 어떤 개인적인 계약에 저항하여, 정직한 평화와 정당한 만족을 해치는 견딜 수 없는 방해에서 그 자신을 구원할 수 있을 것입니다. 그리고 더구나 하나님은 폭압적이더라도 최고 권력자에게 대적하도록 우리에게 명백한 허락을 주시지 않았으며, 그는 우리가 견뎌내도록 이성, 사랑, 본성 그리고 좋은 본보기를 주셨을 뿐입니다. 그러나 이런 불행 가운데서 소박하게 처신하도록, 마땅히 여기에 속하는 네 가지 위대한 지침들[32]이 보장하는 외에도, 우리는 하나님의 명백한 법이 있고, 그에 대해 우리의 구세주가 엄숙한 위협으로 그것의 취소를 금지한 법이 있습니다.[33] 공화국에 가하는 폭력의 영향이 가족에게 미치는 가정적 불행보다 더 무겁게 드리워질 수는 없습니다. 그리고 이와 같은 해악을 가정 안에서 파악하지 못하고 무시하듯이 공화국에의 폭력에도 그렇게 한다면, 국가의 진정한 개혁의 희망은 사라집니다. 이를 교정하는 데 우리 성인들의 질서정연한 정신적 삶뿐만 아니라 우리 자녀의 자발적이고 신중한 교육이 달려 있는 것입니다. 그러므로 이 문제, 즉 인류의 이런 유지 조건과 자유 보유권, 즉 참회왕 색슨 (Saxon king the Confessor)[34]보다 더 위대한 주님이 우리에게 주신 이런 타고난 가정의 특권을 새롭게 검토해주십시오. 하나님의 법령을 뒤집어

---

[32] 앞에 언급된 이성, 사랑, 본성 및 본보기를 가리킴.
[33] 「마태복음」 5: 17~19 참조. 명시적인 법은 「신명기」 24: 1임.
[34] 색슨족의 마지막 왕이었던 에드워드(Edward, 1002~1066)를 가리키며, 그의 통치 법은 후대에도 흠모의 대상이었다.

조사하고, 새롭게 자세히 검토하고, 문헌을 인용하는 자들이 편협한 지성이나 일반상식에 의하여 전적으로 고려되는 게 아니라, 예로부터 위원회들의 권리가 그랬던 것처럼, 어떤 자유로운 직종의 사람이든,[35] 신성하고 인간적인 사안들에 대한 폭넓고 다양한 지식과 더불어 탁월한 정신과 교양을 지니고, 모든 상황을 통해 선악과 옳고 그름을 비교하고 규정할 수 있고, 주님의 방식을, 변덕과 모순, 함정에 빠뜨리는 시행으로 가득 채우지 않고, 각각 그렇게 다르게 창조되었으나 덕성 가운데 모두를 균등하게 되도록 현명하게 인도하는 실력에 의하여, 각자의 정신과 영혼, 각자의 기질과 성향에 비례하여 할당되는 신성한 통찰력과 은혜로써, 있는 그대로 솔직하고 충실하게 우리에게 보여줄 수 있는 자들에 의하여 고려되어야 합니다. 이런 난제를 신속히 처리하는 데는 박식하고 기억될 만한 종교회의가 제격이었습니다. 반면, 우리의 원수들은 교회의 기대가 의존과 독립의 논쟁으로 지치고,[36] 그런 대립이 어떻게, 어떤 일정으로 섞이는지를 보기를 기대합니다. 훌륭하신 의원 여러분, 여러분의 선배 **모세**(Moses)의 신성한 명예와 판단을 현학자들과 교회법 학자들의 편협한 논평으로부터 자신있게 옹호하시길 바랍니다. 모세의 뒤를 따라, 인간의 오도되고 지친 삶에 여러분의 견고한 손길을 내밀고, 모세의 이러한 상실된 전통을 가정 국가(household state)[37] 속에 복원하고, 그리하여, 기독교 가정의 최상의 본질인 평화와 사랑이 지금 추방된 곳에서 가정으로 돌아

---

[35] 밀턴은 평신도들이 첫 니케아 공의회(Council of Nicaea, 325)에 참여하도록 초청되었음을 지적한 바 있음. *Cf. Church-Government* (*Complete Prose*, I, 839).

[36] 1644년 1월에 토마스 굿윈(Thomas Goodwin)이 『변명적 이야기』(*An Apologeticall Narration*)을 출판한 후, 종교회의 안에서 장로교와 독립파의 요소들 사이에 논쟁이 점차 첨예하게 대립했다.

[37] 이 표현은, 가정생활도 국가정치처럼 질서에 의해 유지되므로 가정은 일종의 조그만 국가와도 같다는 의미로 보임.

올 것을 확인하고, 매춘의 장소를 덜 찾게 되고, 이웃의 침대를 덜 탐내게 되고, 신중하고 남성다운 규율의 멍에에 대체로 순복하게 될 것이며, 건전하고 잘 정돈된 삶이 공화국에서 곧 일어날 것입니다. 여러분에게는 예외적인 수준을 넘어선 위대한 저자, **모세**가 있습니다. 그리고 여전히 그보다 더 위대한 자, 즉 **에스라**(Ezra)의 유대교 집회(Synagogue)[38]나 **티베리아스**(Tiberias)의 **갈릴리학파**(Galilean School)[39]가 우리에게 남겨준 것보다 더 정확하고 지속적인 마소레스(Masoreth)[40]를 가지고, 그 율법에 포함된 소중한 공정성의 가장 작은 일점일획이라도 철폐하지 않고자, 울타리를 친 자가 있습니다.[41] 그밖에 어떤 것을 여러분이 시행하더라도, 브리튼이라는 이름(the Brittish name)의 3분지 1도 관련되지 못할 것이지만, 여러분의 이러한 관대한 본보기의 효과와 유익이 **트위드**(Tweed) 강둑과 **노르만** 섬들(Norman Iles)[42]보다 더 멀리 쉽게 퍼질 것입니다. 영국이 하늘에서 허용받은, 세계에 종교개혁을 공표하는 이런 영예를 갖게 된 것은, 이 섬나라가 **프랑스**에 철학적 사원이 되게 했던 우리의 고대 **드루이드**(Druides) 성직자들이 그들의 이교적인 의식을 버린 이래로 한

---

[38] 유다의 전승에 따르면 에스라(Ezra)와 느헤미야(Nehemiah) 시대(기원전 5세기)에 예루살렘에 설치되었던 120명의 입법 단체. 이 단체의 주된 활동은 히브리 성서의 정경(正經)과 텍스트를 지정하는 것이었다.

[39] 갈릴리 바다(Sea of Galilee)의 서쪽 해안에 있는 티베리아스 시는 12세기까지 랍비들의 학문의 중심지였다. 거기에서 히브리 구두법(punctuation)의 주요 체계가 시작되었다.

[40] 흔히 전통을 의미하는 히브리어 단어에서 유래한 말로서 마소라(Masorah)라고도 하며, 구약성서의 정확한 형태를 보전하려는 목적으로 유대 율법주의 학자들에 의해 수집된 여백의 주석 모음이었다. 여기서 밀턴의 요지는 그리스도의 말씀이 모세의 의도에 대한 가장 권위 있는 논평이라는 것이다.

[41] 물론 이 구절에서 언급되는 자는 율법적 전통을 철폐한 예수 그리스도를 언급한다.

[42] 노르망디(Normandy) 해안에 있지만 영국에 속한 채널 제도(Channel Islands)를 말함.

두 번이 아니었습니다.[43] 로마 제국에 세례를 준 자가 우리의 영국인 콘스탄티누스(English Constantine)가 아니면 누구였겠습니까?[44] 노섬브리아의 윌리브로드(Northumbrian Willibrode)와 데번의 윈프리스(Winfrith of Devon)가 그들의 추종자들과 함께 독일의 첫 사도가 된 것이 아니라면, 누가 그러했겠습니까?[45] 우리나라 사람인 앨퀸(Alcuin)과 위클리프(Wyclef)가 아니면 누가 유럽의 눈을 뜨게 했겠습니까?[46] 앨퀸은 예술에서, 위클리프는 종교에서 유럽의 눈을 뜨게 해주었던 것입니다. 국가들에게 어떻게 살 것인지를 가르쳤던 이 나라의 전례를 영국이 잊어버리지 않도록 해주십시오.

훌륭하신 명사님들이여, 여러분의 영예로운 나라의 특권을 아시고 발휘해 주십시오. 로마의 권력이나 정치에서 로마의 군주들에게 수여하는

---

[43] 밀턴은 잉글랜드 초기 주민들에 대하여 말하기를, "그들의 종교는 오크(Oke)라는 그리스 명칭에서 유래한 드루이드라고 불리는 성직자들 혹은 마법사들에 의하여 지배되었으며, 그들은 그 오크라는 나무를 숭배했다."라고 했다. Cf. History of Britain, II (1670, p. 49).

[44] 기독교를 수용한 첫 번째 황제인 콘스탄티누스 대제(Constantine the Great [288~337년경])는 영국 출신으로 잘못 추정되었다. 밀턴도 기술하기를, "가장 오래된 된 역사가들은 아니더라도 우리 자신의 역사가들이 말한바 콘스탄티누스가 이 섬나라에서 태어났고, 그의 어머니 헬레나(Helena)는 영국의 군주였던 코일루스(Coilus)의 딸이었다'고 했다. Cf. History of Britain, II (1670, p. 89).

[45] 윌리브로드(St. Willibrord or Wilbrord; ca. 657~ca. 738)는 "해외로 명성이 있는, 학문이 특출한 성직자로서, 다른 12명과 함께 독일에서 복음을 설파하려는 자였다"(CPW, History of Britain, II, 164). Winfrid(680~755년경)는 성 보니파시오(St. Boniface)로 더 잘 알려진 자로서, 독일 여러 지방에서 장기간 성공적으로 선교활동을 한 후 프리슬란트(Frisia)에서 순교한 영국인 베네딕트회 수사(Benedictine)였다.

[46] 앨퀸(Alcuin, 735~804)은 요크(York)에서 태어나 교육받았으며, 당대 최고 학자 중 하나였고, 샤를마뉴 대제(大帝, Charlemagne)의 궁에서 학문의 부흥에 두각을 드러냈다. John Wycliffe(1320~1384년경)는 대륙의 종교개혁가들의 많은 견해를 예고해주었다.

것보다 더 위대한 자격을 여러분에게 여기서 부여하는바, 이 영광스런 행위는 여러분을 사랑의 옹호자들(defenders of Charity)이라고 칭할 것입니다.[47] 이것이 아직 이처럼 종교적이고 거룩한 방어를 장식할 최고의 호칭이 되지는 못합니다. 여기에 하나님의 순수하고 성스러운 율법과 그의 더 순수한 성호가 기독교 개혁가들 가운데서 여러분에게 제일 먼저 제공되어, 여러분이 간음을 옹호한다는 오랫동안 겪어왔던 불경한 속성에서 면제될 것입니다. 파괴될 수 없는 신성의 왕좌와 아름다움 자체에 대한 조잡한 공상 때문에 드리워진 이런 책임지우기식 얼룩과 오점을 주저하지 말고 즉시 닦아내십시오. 우리보다 더 신실하고 현명한 다른 국민이, 모든 위대한 옹호에서 첫 번째 주창자가 되는 이처럼 제공된 불멸의 영광, 우리의 익숙한 대권을 우리에게서 빼앗아가지 않도록 말입니다. 저로서는, 저의 본분이 이끄는 한, 저는 이미 저의 가장 큰 이익을 얻게 되는바, 이 일에서 정직한 삶과 유익하게 활용된 연구에 어울리지 않는 것은 아무것도 하지 않았다는 확신과 내적 만족을 얻는 것입니다. 현명하고 올바른 이해력 있는 몇 사람 사이에서, 저는 어떤 경우든 안전합니다. 그러나 관습과 편견의 무리 사이에서, 그들의 젊음이 하나의 체계 혹은 하나의 정수(精髓, Medula)[48]라는 편안한 시내로 흘러들었기에, 거기서 노력하지 않고 획득된 기반의 부풀린 모습으로 그들의 능력을 마음대로 펼치는 자들에게는, 어떻게 이것이[49] 향유될 것인지, 또한 그들에게 그들의 취향이 어떤 것일지에 대해, 형식에 치우친 무지와 엄숙한 고집 사이에 항상 존재해온 전반적인 결속으로 보아서, 저는 충분히 확신

---

[47] 밀턴은 여기서 교황 레오 10세(Pope Leo X)에 의하여 헨리 8세(Henry VIII)에게 부여된 "믿음의 수호자"란 호칭을 생각하고 있다.
[48] 어떤 주제의 골수, 즉 요약이나 개요.
[49] 위에서 언급한, 영국의 개혁에 동참하는 영광스런 행위를 가리킨다.

하는 바입니다. 그러나 우리의 구세주가 그 시대의 괴팍한 원문주의자들(textuists)에 맞서 이런 사랑의 교리에 대하여 이길 수 있었던 사소한 점을 기억할 때, 이에 놀랄 바는 없으며, 결혼이나 다른 의식을 인간의 유익과 사랑의 명확한 해석보다 선호하는 자는, 그가 교황주의자든 개신교도든 누구든 간에, 바리새인보다 낫지 않으며 복음을 이해하지 못한다고 저는 확신합니다. 저는 그에게 그리스도를 잘못 해석한다고 공개적으로 항의하며, 모든 세상 사람들 앞에서 이 진리의 시험대에 그를 끌어내는 바입니다. 그리고 더욱이 이런 자는 자신의 해이해진 허가들, 자신의 경미한 관명과 경미하지 않은 관면의 기만적인 결함들을 어떻게 수선할 것인지 생각하게 하십시오. 그런 것들 때문에, 용서하고 용서하지 않는 하나님의 율법이, 해석상의 부주의 때문에, 정치적 사법적 간음으로써 그 거룩한 씨앗의 혼인침상에서 모든 믿음과 사랑을 회피하고 좌절시켰다고 수치스럽게 낙인찍혀온 것입니다. 저는 단순하고 무지한 사람들을 유인하려 하지 않습니다. 저의 사명은, 확고하게 답하거나 확신을 갖게 될, 지혜의 높은 재능을 지닌 가장 선택적이고 박식한 분들을 찾아내는 것입니다. 저는 이 자리에 모인 경건과 학식과 신중에서 그런 재능을 갈망합니다. 아마도 다른 언어라면 더 적절하게 쓸 수 있었을 것이지만,[50] 그렇게 했을 것입니다만, 저의 조국의 판단력에 대해 제가 가진 평판, 그리고 제가 시도하는 것으로써 먼저 봉사하려는 제가 모국어에 대해 갖는 사랑이, 외국어 독자들의 판단을 상대하기 전에 이렇게 모국어로 말하게 한 것입니다. 그리고 아마 역시 여기서 제가 익명으로 끝낼 수

---

[50] 10년 뒤, 이 산문에 대해 밀턴이 말하기를, "내가 이 작품을 영어로 출판한 것이 후회스럽습니다. 그렇지 않았다면, 다른 사람들의 고통을 느끼지 못하는 만큼 그들 자신의 축복도 곧잘 알지 못하는 평범한 독자들이 그 작품을 보게 되지 않았을 테니까요."라고 했다. *Cf*. Milton, *Second Defence* (1654), p. 79.

있었지만 그러지 않는 것은, 주로 영국 의회를 상대로 한 이 글의 연설에서, 의원님들의 종교적인 관심, 지치지 않는 경각심, 용감하고 영웅적인 결단에 힘입어 제가 이렇게 존재한다는 점을 인정치 않는다면, 제가 배은 망덕해 보일 것이기 때문입니다.

그들의 고귀한 가치와 덕성의 숭배자이자 수행자,
존 밀턴(John Milton)

이혼의 교리와 계율

양성의 유익을 위해, 교회법의 굴레와 다른 오해로부터,
율법과 복음서에 나타난 성경의 진정한 의미와 비교하여 복원한 것임.

제1권

서문

인간이 그가 하나님이 주시는 고통이라고 전가하는 대부분의 악에 있어서 그 자신이 자기 불행의 원인이라는 것. 이혼에 대한 우리 교회법 학자들의 판결에 있어서 이 학자들의 불합리성. 더 많은 정당성을 가지고 짜 맞춘 기독교 최고의 율법들. 휘호 흐로티우스(Hugo Grotius)와 파울루스 파기우스(Paulus Fagius)의 견해 그리고 이 담론의 전체적인 목적.

만일 하나님이 우리에게서 그분의 정당한 처벌을 잠시 철회하고, 악마나 어떤 세속적인 원수가 우리에게 화를 끼치게 하는 힘을 제한하기를 기뻐하시기만 한다면, 그리하여 인간성이 모든 악으로부터의 즉각적인 휴식과 해방을 찾게 될 것이라면, 많은 사람들은, 그것이[51] 그들의 운명이든 어리석은 견해이든, 쉽게 설득될 것입니다. 그러나 사실상 그렇게 생각하는 자들이, 만일 그들이 인간적인 사안을 총체적으로 그들의 생각 속에 받아들일 만큼 광범위한 정신을 소유한 자들이라면, 곧 그들 자신이 그 의견에 크게 속았음을 확인하게 될 것입니다. 비록 신의 관용에 의하여 우리에게 외부의 해로울 수 있는 모든 것에서 보호받는다고 해도, 우리의 완고한 어리석음이 너무나 기울어져서 우리가 우리 자신의 마음속에서 우리 자신에게 새로운 불행의 씨앗과 불꽃을 마치 부싯돌에서 만들어내듯이 끊임없이 두들겨 만들어낼 것이며, 모두가 다시 불꽃 속에 휩싸일 때까지 그럴 것이기 때문입니다. 그리고 우리 자신의 마음이 악하므

---

[51] 앞에 언급된, "악마나 어떤 세속적인 원수가 우리에게 화를 끼치게 하는 힘"을 가리킴.

로,[52] 마음에서 그런 일이 일어나는 것은 놀랄 바가 아닙니다. 그러나 하나님이 근본적인 선을 위해서나 순수한 만족을 위해서 우리에게 의도하신 바에 따라 생겨나는 일일지라도, 우리는 여전히 우리 자신에게 끓임 없는 슬픔과 혼란을 부화하고 구상하고 있는 것입니다. 하나님이 어떻게 예배 받을 지를 우리에게 확실히 보여줄, 그 계시된 규칙보다 인간에게 어떤 더 큰 선이 있을까요? 그리고 이 규칙을 제대로 이해하지 못한 것이 한때 **이스라엘**의 어떤 유명한 사람이 양심상 그의 죄 없는 유일한 딸을 제물로 바치고,[53] 실제로 제물로 죽이지 않았더라도, 그 딸의 교도관이 되었던 이 유였습니다. 그리고 그 계시된 규칙이, 가끔 용감한 사람들의 군대가, 안식일에 이교도 적군에게 그들의 목을 내놓은 원인이 되었는데,[54] 어리석게도 그들의 방어적인 저항을 그때는 반율법적인(unlawful) 일로 생각했던 것입니다. 결혼보다 인간의 위안과 즐거움에 더 맞게 제도화된 것이 무엇인가요? 그런데도 **모세**(Moses)가 내놓은 이혼법의 남용자들을 주로 겨냥한, 어떤 성경 구절[55]의 잘못된 해석이, 결혼의 축복을 드물지 않게 익숙한

---

[52] 「창세기」 8: 21 참조: "사람이 마음에서 상상하는 바가 어려서부터 악하기 때문이라."「마태복음」 15: 19 참조: "마음에서 악한 생각, 살인, 간음, 음행, 도둑질, 거짓 증언, 신성모독이 나오는데."

[53] 「사사기」 11: 30~40 참조. 입다(Jephthah)가 실제로 그의 딸을 제물로 죽였는지는 "조금 중요한 문제"라고 윌리엄 퍼킨스(William Perkins)는 주장했다(*Cases of Conscience* [*Works*, 1609~1613, II, 98]). 그의 주장에 따르면, 입다는 "나사렛의 풍습에 따라 하나님께 그녀의 평생 끝날 때까지 독신 상태로 떨어져 살도록 그녀를 바쳤을 뿐"이라는 것이다.

[54] 아마도 이 같은 무저항의 두드러진 예는 「마카베오 상」(I Maccabees) 2: 31~38과, 요세푸스(Josephus), *Antiquities of the Jews*, XII, 6에 기록된 것이다. 안식일에 감행한 안티오쿠스(Antiochus)의 공격에 대하여, 마타디아스(Mattathias)의 추종자들은 "천여 명이나" 살해를 당했다고 한다. 요세푸스 역시 예루살렘을 공격한(기원전 67) 폼페이우스(Pompey)가 일곱 번째 날에 유대인이 싸우기를 망설인 것을 이용했다고 보고하고 있다. *Antiquities*, XVI, 4; *Wars of the Jews*, I. 7 참조.

[55] 「마태복음」 5: 31~32.

공동거주의 해악으로, 아니면, 적어도 도피나 구원이 없는 힘 빠진 절망적 가정 구속의 속박으로 변경해버린 것입니다. 미신은 우리에게 남용된 자유의 한쪽 극단에서 무자비한 통제의 다른 극단에 이르기까지 우리에게 그토록 무절제하고 사나운 경주를 하게 합니다. 비록 하나님이 결혼을 처음 명하실 때[56] 어떤 목적으로 그렇게 했는지를, 외로운 삶의 해악에 맞서 그를 위로하고 새롭게 해줄, 남녀 간의 적절하고 유쾌한 소통을 분명히 암시하는 말로 우리에게 가르쳐주셨고, 생식의 목적은 나중에 언급하시기를, 비록 필수적이진 않지만, 존엄성을 지키는 이차적인 목적일 뿐인 것으로 언급했기에 말입니다. 그러나 이제, 어떤 두 사람이 교회 안으로 일단 손잡고 인도되고, 어떤 방식으로든 결혼의 잠자리를 맛보았다면, 어떤 과오나 숨김이나 재난을 통해 그들의 성향이 결코 그토록 잘못 결합되지 않았음을 알아야 합니다. 그들의 상이한 기질, 생각, 체격으로 인하여, 그들이 서로에게 외로움의 치유가 되지 못하거나, 평생 어떤 일치성이나 만족 속에 살아가지 못하면서도, 단지 감각적 즐거움이라는 최소한의 가능성에 적절히 무장되어 있음이 드러나면, 그들은, **불일치**(antipathy)[57]에도 불구하고, 그들이 할 수 있는 대로 함께 적응하며 협력하겠지만, 하나님이 세우신 예식의 목적과 달리, 그 예식 가운데 말할 수 없는 권태에 이르고, 모든 사교적 즐거움에 대해 절망하게 될 것입니다. 이것이야말로 얼마나 끔찍한 재앙인가요? 그리고, 지혜로운 자라면, 만일 그가 살아있다면, 그 자신의 표현대로 "해 아래 이것은 얼마나 큰 해악인가!"라며 한탄을 할 것입니다.[58] 모든 것을 교회법(Canon Law)[59]과 그 추종자들 외에 다른 어

---

[56] 「창세기」 2: 18.
[57] 여기서 "antipathy"은 반감의 뜻이 아니라 본성적인 성격의 불일치를 뜻함. 밀턴이 이 단어를 이텔릭체로 표기함으로서 그 본래적인 의미, 즉 반(半)기술적인 (semi-technical) 의미로 사용하고 있음이 분명하다.

떤 저자에게도 정당하게 회부할 수 없다면, 그것은 우리의 모든 믿음을 해석하고 안내하는 사랑과 의논하지 않고, 단순히 본문 상의 요소에만 신뢰를 두고 있는 것입니다. 분명히 그 은혜로운 의식을 지탱할 수 없도록 만들려는 악마의 정책 때문에, 한편으론 결혼을 감히 시도하지 못하는 인간이네, 한편으론 결혼에서 지친 사람이네 하며, 모든 무절제한 방종이 넘쳐날 것입니다.

수많은 시대에 걸쳐 결혼은 대부분의 고대 학자에게 육체의 일로서 불명예스럽게 여겨졌고, 거의 오욕으로 여겨졌으며, 사제들에게는 전적으로 거부되었고, 그리고 테르툴리아누스(Tertullian)나 히에로니무스(Jerome)를 읽은 자라면 대체로 알 수 있듯이,[60] 그 다음에는 모두에게 단념하도록 설득하게 되었습니다. 그 후 결혼은 너무나 성스럽게 여겨져서 간음이나 유기도 그것을 해체할 수 없었습니다.[61] 그리고 이것이 잉글랜드에서 오늘날까지 우리 교회 법정의 관념이지만, 그밖에 다른 개혁교회에서는 그렇지 않습니다.[62] 그러나 다른 두 가지[63]가 치욕적이고 미신적인 것만큼이나,

---

[58] 여기서 그 지혜로운 자는 솔로몬 왕을 가리키며, 그가 「전도서」를 쓴 것으로 흔히 여겨지고 있다. 「전도서」 5: 13 참조.

[59] 교회법은, 일부는 성경에서 취한 어떤 원칙들로 구성되어 있고, 일부는 고대 교부들의 글에서, 일부는 성직자들의 총회나 지역 회의에서, 일부는 이전 시대의 교황들의 법령에서 취한 원칙들로 구성되어 있다. 1533년 이후 잉글랜드의 교회법의 권위는 의회의 인가에 의존했고, 그 원칙들이 잉글랜드 교회 법정의 업무를 대부분 결정했다.

[60] 테르툴리아누스(160~230년경)와 히에로니무스(340~420년경) 둘 다 강한 금욕적인 성향을 보여준다. 결혼에 대한 그들의 언급이 획일적으로 비난조인 것은 아니나, 그들은 명백히 동정의 소명을 더 높게 평가한다.

[61] 오랜 발전사를 거쳐서, 결혼의 성례전적(聖禮典的) 교리는 1439년에 피렌체 공의회(Council of Florence)에서 분명하게 확정되었고, 트리엔트 공의회(Council of Trent)에서 재확인되었다. 이 교리에 따르면, 정당하게 계약된 결혼은 해체할 수 없다. 『가톨릭 백과사전』(*Catholic Encyclopedia*) 참조.

잉글랜드의 교회 법정에서 오늘날까지 결혼에 있어 무겁고, 그만큼 부정한 부담이 남아있는바, 이는 모세가 썼을 뿐만 아니라[64] 본성상 우리 안에 각인되었으며, 결혼 자체보다 더 많은 풍속과 기반을 둔 하나의 율법에 반대하는 것입니다. 그 율법은 자연의 무결한 속성에 반하여 아무것도 강요하지 않습니다.[65] 그렇지만 이것이 거짓되게 행해지게끔, 이혼에 관한 우리 구세주의 말씀은 이를테면 돌처럼 엄격하게 굳어졌고, 이렇게 굳어진 규칙은 그분의 교리와 사역에 모두 일치하지 않습니다. 그리고 그분이 양심에만 설파한 것이 교회법의 횡포에 의하여 법정의 강제적인 감독을 받도록 낚아채진 것이며, 법정에서, 자연이 각인한 숭엄하고 비밀스런 힘에 거스르기까지 하며, 증오할 어떤 원인이 발견되더라도, 사랑하라는 법이 부과되었습니다. 이것은 결혼의 명예, 인간과 그의 영혼의 존엄성, 기독교의 선, 그리고 모든 인간적인 예절의 항목에 반하는 가증스런 야만성입니다. 그럼에도 불구하고, 기독교 황제 중에 가장 지혜롭고 근엄한 자들은 그들 주변에 함께 상의할 수 있는, 당시에 생존했던, 그런 교부들이 있었으며, 논쟁이 필요한 경우 교회법이 융통성이 없을 때, 이런 논쟁에 관한 그들의 법령과 칙령을 훨씬 더 쉽고 부드럽게 만들었습니다. 그 교부들은

---

[62] 루터(Luther)로부터 계속하여, 개신교 종교개혁가들은 결혼이 성례라는 것을 부정했고, 일반적으로 간음의 경우에 결백한 자에게는 재혼을 허가하는 이혼의 허용을 선호했다. 비텐베르크 법령(Ordinance of Wittenberg, 1553)과 제네바 법령(Ordinance of Geneva, 1561)은 간음과 유기 둘 다를 이혼의 타당한 사유로 인정을 했다.

[63] 결혼을 전적으로 육체의 일로 보는 것과, 어떤 문제가 있어도 깰 수 없는 성스러운 제도로 보는 상반된 두 가지 전통과 관념을 가리킨다.

[64] 「신명기」 24: 1: "사람이 아내를 맞이하여 데려온 후에 그에게 수치되는 일이 있음을 발견하고 그를 기뻐하지 아니하면 이혼 증서를 써서 그의 손에 주고 그를 자기 집에서 내보낼 것이요."

[65] 개인이 책임이 없는 성향이나 기질의 특이성을 말하며, "하나님이 그에게 창조한 본성의 기본 원리"이다(*An Aplogy*, *CPW*, I, 900).

그들의 학식과 거룩한 삶 때문에 여전히 우리 가운데 대단한 명성을 지니고 있습니다. 그리고 그 당시 가장 박식한 사람인 휘호 흐로티우스(Hugo Grotius)는 4복음서(the Evangelists)에 대한 그의 주석[66]에서 그 황제의 칙령들의 공평성에 설득되어 그 칙령들을 지지한 듯하며, 대체로 너무 무절제하게 해석되어온 그 본문의 외형적인 미완성을 많이 누그러뜨렸지만, 아직 설명되지 않은 많은 문제점을 포함하고 있어서, 이 문제를 더 탐색하도록 다른 이들을 자극합니다. 【그런 점과, 개인이 어떤 공적인 의무를 지는가에 대한 저 자신의 이해에 의하여, 저는 저 자신이 그들 가운데서 권유받고 있다고 생각합니다.】 흔히 고착된 주장들에 복잡하고 실망스럽게 남아있을 법한 것일지라도, 한때 잉글랜드에서 그토록 박학하고 출중했던 파울루스 파기우스(Paulus Fagius)의 권위는, 만일 그것이 설득하려 든다면, 우리에게 이러한 상이점들에 대한, 간결한 만큼 신중한 해결책을 즉각 알려줄 것입니다. 모세오경(Pentateuch)에 대한 그의 주석에서 확실히 주장했던바, 그는 유대인에게 그러했듯이 기독교인에게도, 이혼을 권력자가 적법하게 허용할 수 있다고 했습니다. 그러나 그 주석은 간략하기에, 이렇게 아주 중요한 문제가 모호하게 남지 않아야 하므로, 어려움 때문이든 거기에 가해질 비난 때문이든 저의 의무를 넘어선 것으로 여기지 않고, 제가 여태 해온 것처럼 이런 생각을 소통하고, 종교개혁이라는 이런 총체적인 노력 속에서 그런 생각을 교회와 관료 모두 솔직한 검토를 해주시기를 제안하고자 합니다. 특별히, 규칙 없고 현세적인 법정이 이 나라에서 그 마지막 시기를 놓쳐버렸고, 어떤 더 좋은 진로를 이제 설정해야 한다

---

[66] *Annotationes in Libros Evangeliorum* (Amsterdam, 1641; UTSL). 흐로티우스는 덴마크의 법률가, 신학자, 시인이자 정치가였으며, 현재는 국제법에 대한 그의 논문, *De Jure Belli et Pacis*(1625) 때문에 주로 기억되고 있으나, 17세기 당시에는 성경 주석으로 높게 평가되었다.

는 것이 선한 사람들의 희망이라고 저는 보기 때문입니다.[67]

그러므로 이 담론의 작업과 종결은 다음과 같을 것입니다. 첫째, 간음 외에 다른 이혼 사유들은 **모세**의 율법에 의한 것이었고, 지금도 일종의 정의로서 기독교 관료에 의하여 허용되며, 더구나 그리스도의 말씀이 이에 반대되지 않는다는 점입니다. 다음으로, **모세**가 예외로 삼은 것들 외의 어떤 사유의 이혼도 절대적으로 금지하는 것은 법의 존재 이유에 반대되며, 이를 적절한 기회에 **파기우스**(Fagius)에 근거하여 예를 많이 들어 보여주려 합니다. 그러므로 위험을 무릅쓰고,【순진하고 불안한 사람의 정신이지만 이런 불필요한 속박에서 편안하고 자유롭게 해방되고픈 자, 결혼의 주요한 영역에서 육체적 결합의 선물 못잖게 본질적인, 적합하고 짝이 될 수 있는 소통이 있기를 바라는 자, 혹은 육체적인 결핍만큼이나[68] 이혼의 충분한 사유가 있음을 적법하고 정당하게 증명할 수 있는 자, 노예 상태의 미로를 벗어나 합리적이고 편리한 자유로 향하는 실마리를 찾으려는 자,】이와 같은 편리한 자유와 진리의 길을 아주 기꺼이 성공적으로 밝힐 자는, 아주 잘못되고 처참한 결혼 상태를, **모세**의 자비롭고 활력에 넘치는 치료를 받도록 복구할 뿐 아니라, 가능한 최대한, 처음에 그러했던 평온하고 행복한 조건으로 복구할 것이며, 또한 이해가 빠른 모든 사람에게 (이런 통찰력이 부족하여 왕국과 국가와 가정에서 그토록 자주 생겨났던 고충과 불만을 고려하면), 시민적, 인간적 삶의 공적 은인들 가운데 포도주와 기름을 발명한 자들 이상으로 평가될 자격이 있을

---

[67] 웨스트민스터 성직자 회의의 소집으로 이어진 의회의 조치에 의하여 당시의 교회 법정의 종식이 암시되었으나, 성직자 회의가 있은 후 6개월이 지나자, 밀턴은 분명히 처음보다 기대가 줄었다. 적어도 그는 자기 생각을 더 형식적으로 문서화한 논의로 강화할 필요성을 느꼈던 것이다.

[68] 당사자 어느 한쪽이 육체적 무능 때문에 완성되지 못한 결혼계약은 그 계약의 본질이 부족했으므로 무효가 될 것이다.

것입니다. 이것이 그가 옹호하는 것이며, 슬픔과 실수에 부당하게 노출된 인간의 삶에 대한 훨씬 더 값지고 더 훌륭하고 바람직한 갈망이기 때문입니다. 방종과 경박스러움과 믿음을 일방적으로 파괴하는 것을 여기서 묵인하는 것이 아니라, 전에 한 번도 해본 적이 없는 일에서, 부주의 때문에 자신을 불행하고 무기력한 결혼의 노예로 만들어버린 자들에 대하여, 어떤 의식적인 부드러운 동정심을 갖게 될 것입니다. 이런 논쟁에서, 처음 착수할 용기가 있는 자는 두 가지 다른 반대를 직면하게 됩니다. 한 가지 반대는, 오랜 관습과 원문 그대로 지킬 것을 맹세했으므로, 그 길에서 벗어나지 않으려는 자들로부터 생겨납니다. 다른 한 가지 반대는 막돼먹고 저속한 그들의 이해력 때문에 결혼의 목적을 낮게만 생각하고, 암수의 작용에서 그들이 모든 걸 갖는다고 생각하는 자들로부터 오는 것입니다. 그럼에도 불구하고, 여기서 적절한 방법으로 보여드리려는 것은, 그 제도에 나타난, 외로움에 대한 합당한 조력자(meet help)[69]를 약속하신 하나님의 말씀과, "그의 멍에는 쉽고 그의 짐은 가볍다"[70]는 그리스도의 말씀이 헛된 말씀이 아니라는 것입니다. 결혼의 매듭이 간음 외에는 어떤 경우에도 해체될 수 없을지라도, 율법의 모든 부담과 예배[71]는 그렇게 견딜 수 없을 정도는 아니기 때문입니다. 이런 결혼의 매듭은, 모든 것을 조용히 들어줄 것[72]이라는 주장에 대해 거의 판단할 의향이 없고, 신중한 이유에 대해 갑작스런 열성과 소란으로 대응하는 것이 공평하지 않다고

---

[69] 「창세기」 2: 18 참조.
[70] 「마태복음」 24: 30.
[71] 특히 신약의 복음서가 그 율법으로부터의 해방을 가져왔다고 여겨지는 구약성경의 의례적인 율법을 말한다.
[72] 이 산문의 개정판 속표지에 등장하는 「잠언」 18: 13 참조: "사연을 듣기 전에 대답하는 자는 미련하여 욕을 당하느니라."

생각하는 이런 자들에게만 바람직합니다. 지금 거룩한 평판과 신뢰가 가는 많은 진리가, 한때 각자의 개인적인 생각에서 그 탄생과 시작이 있었으며, 반면 대부분의 사람은 다른 생각에 사로잡혀 있었기에, 처음에는 진리가 일반적으로 타파되고 많은 난폭한 반대자가 진리를 큰 소리로 비난할 운명에 있었다는 점을 기억하는 자들에게만 바람직합니다. 그러나 현재의 이런 소생된 진리가, 인간 사회의 가장 좋은 부분으로 침투한 고질병의 치료를 떠맡는다는 점에서, 【모두에게 엄하지 않게 받아들여지고】 모두에게 불행하지 않게 받아들여질 것이고, 그리고 날카로운 부식이 없이, 뿌리 깊고 해결이 힘든 슬픔을 완화하고 일소하는 두 가지 덕성을 수용하면서, 마법이 두렵다면 그것 없이, 혹은 주문(呪文)이 사용되면, 진지한 동정과 올곧은 정직 두 가지 모두에 동시에 주목하는, 부드럽고 즐거운, 교훈으로 이런 일을 행할 자격이 있으리라고 제 자신을 위로한다면, 제가 잘못일 수도 있습니다. 그것은, 이 생애 동안 그들이 비참한 시간에 그들의 최고 위안과 휴식을 철저히 포기해버릴 정도로 자신을 망가뜨렸기에, 동정의 대상이 되는 자들밖에는 아무도 구원하거나 회복시키기가 쉽지 않기 때문입니다. 그러나 만일 우리가 예상하지 못한 용이함과 회복이라는 새로운 제안을 완고하게 싫어한다면, 우리가 처한 상황을 견딜 수도 없고, 매섭거나 달콤한 어떤 치료도 수용할 수 없는, 우리의 절망적인 조건의 완고함을 탄식하는 도리밖에는 무슨 대책이 있겠습니까? 매서운 맛은 우리 자신이 싫어하며, 우리가 사로잡혀 있는 달콤한 맛은 너무 감미로운 것이라서 받아들이기 망설여지고 의심받습니다. 그리스도는 유대인들이 이런 입장에 있음을 발견했고, 이들은 세례 요한(John the Baptist)의 엄격성으로도 마음이 움직이지 않았으며, 모든 곤궁에서 자유와 해방을 부르짖어 선포한 자의 매력적인 피리 소리를 자유롭게 따르는 것도 지나친 방종이라고 여겼던 것입니다. 그러나 어떤 시대나 다른 시대에 진리는 그 증인을 찾게 될 것이고, 결국 진리 자신의 자녀들에 의하여 정당화될 것입니다.[73]

---

[73] 「마태복음」 11: 16~19, 「누가복음」 7: 31~35, 4: 18 참조.

제1장

모세의 율법에 의해 입증된 입장: 도덕적이고 자비로운 용도에 맞춰 설명되고 주장된 그 율법. 먼저 파울루스 파기우스에 의한 것. 다음으로 다른 부수적인 사항들.

그러므로, 만일 가능하다면, 자구적인 해석의 엄격성 때문에 가족 사회(household society)의 가장 귀하고 평화로운 상태에 침투하여 어지럽히면서, 교회의 사려 깊은 보살핌을 박탈당하기에는 더 가치 있는 많은 기독교인에게 압도까지는 아니더라도 과도하게 부담 지운, 이 엄청난 슬픈 억압을 제거하고자, 이 입장을 제시할 것이며, 성경이나 이성의 빛으로부터 무엇을 반대할 수 있는지를 먼저 입증하고,[74] 다음으로 그것에 답할 것입니다.

"바뀔 수 없는 본성상의 원인으로 야기되는, 정신의 무기력증, 부적합성 혹은 상반성은, 결혼 공동체의 주요 효과인 위안과 평화를 방해하거나 언젠가 그럴 가능성이 있는 것으로서, 특별히 만일 자녀가 없고 상호 동의가 있다면, 타고난 불감증보다 더 큰 이혼 사유입니다."[75]

---

[74] 권위의 평행적인 근거들에 대한 언급은 당대의 논쟁적인 글에서 일반적인 현상이었다. 사실상, 밀턴의 문제는 성경이, 제대로 해석된다면, 이성에 기반한 입장과 반대되지 않는다는 것을 보여주는 것이었다. 수정판에서, 그는 처음부터 성서적 증거에 주의를 더 기울임으로써 그의 입지를 더 강화하고자 하는 것이다.

[75] *An Answer to a Book, Intituled, The Doctrine and Discipline of Divorce* (1644; HEHL), 10. 이 글에서 네 가지 논쟁적인 가정을 세웠다. 첫째, 어떤 남녀에겐 본성상 불변하는 원인에 의하여 야기되는 기질, 부적합성이나 정신의 상반성이 있다. 둘째, 이런 기질상의 상반성은 결혼의 주요한 유익을 해친다. 셋째, 위안과 평화가 결혼의 주요한 목적이다. 넷째, 마음이나 성향의 불일치는 타고난 불감증보다 더 큰 이혼 사유가 된다. 이 같은 분석에 대한 밀턴의 논평은 그의 산문, 『콜라스테리온』(*Colasterion*)을 참조할 것(*CPW*, II, pp. 736~737).

이것은 제가 「신명기」 14장 1절에 나오는 율법(the Law)에서 얻은 내용인바, "남자가 아내를 취하여 그녀와 결혼한 뒤에 그녀에게 부정함이 있음을 발견했으므로 그녀가 그의 눈에 은총을 얻지 못하거든 그는 이혼증서(bill of divorcement)를 써서 그녀의 손에 주고 그녀를 자기 집에서 내보낼 것이요"라는 것입니다. 이 율법은, 만일 그리스도의 말씀이 우리의 신앙 속으로 수용될 수 있다면, 세상이 존속되는 한, 그분의 말씀 때문에 철폐되지 않을 것입니다.[76] 그러므로, 먼저 저는 여기에 박식한 파기우스(Fagius)가 이 율법에 대해 주목한 것을 기록합니다. 그가 말하기를, "하나님의 율법은 연약한 인간을 돕고자 이혼을 허용했다. 필연적으로 분리되는 모든 것은 혼자 살 수 없다. 그리스도가 그 자신의 백성에게 이혼을 부정한 것이 이에 방해되지는 않는다. 이런 완성을 성취하지 않은, 거듭나지 못한 자들에게 그것이 무슨 의미가 있는가? 인간의 연약함에 주어진 치료가 멸시받지 않게 하라. 그리고 그리스도가 이혼한 자와 결혼하는 자는 간음한 것이라고 말했을 때, 그 뜻은 만일 이혼에서 어떤 음모가 있다면 그렇다고 이해해야 한다."[77] 관료가 여기서 어떻게 해야 할지를 논박하고 나서 다른 내용을 다루겠습니다. 여기에서 우리는 이 율법에 나타난 두 가지 고려 대상을 확실히 찾을 수 있습니다. 첫째, 정당하고 정직하거나 아무래도 좋은 어떤 것을 명령하거나 허용하는 입법자의 목적과 율법의 고유 활동입니다. 둘째, 이런 허용 때문에 율법도 치료할 수 없는, 악의 부수적인 결과가 나타나 거기서 받는 그(입법자)의 고통입니다. 만일 이런 법이, 비록 그렇게 좋은 의도를 지향한 것이 아닐지라

---

[76] 「마태복음」 5: 18 참조: "진실로 너희에게 이르노니 천지가 없어지기 전에는 율법의 일점일획도 결코 없어지지 아니하고 다 이루리라."

[77] *Thargum, Hoc Est, Paraphrasis Onkeli Chaldaica in Sacra Biblia* (Strassburg, 1546), sig. Q4.

도, 죄를 허용하는 외에는 다른 목적이나 행위가 없다면, 그 율법은 법이 아니라, 법복에 가려진 죄악이거나, 죄악의 느슨한 의복에 숨겨진 법입니다. 둘 다 너무나 사악한 **가정**(Hypotheses)이어서 이 문제에 관해 바리새인들(Pharises)에게 주신 우리 구세주의 응답이라는 **현상**(Phaenomenon)을 구할 수 없을 것입니다.[78] 그리고 저는 오류 없으신 안내자의 도움으로, 우리의 해박한 해설자들의 천문학을 수정할 이 같은 프루테니아 행성표(行星表, Prutenick tables)를 머지않아 완성할 수 있으리라 확신합니다.[79]

율법에 언급된 이혼의 원인은 "어떤 부정"(some uncleannesse)으로 번역되지만, 히브리어로는 "어떤 것의 발가벗음, 혹은 어떤 실제적 발가벗음"(nakednes of ought, or any reall nakednes)처럼 들립니다. 이는 모든 박식한 이가 언급하여 해설하기로는 신체뿐 아니라 정신이기도 합니다.[80]

---

[78] 「마태복음」 19: 3~9 참조. "to save the *Phaenomenon*"이란 구절은 Bacon이 사용한 표현이다. *Cf. Essays* (1625), "Of Superstition" (*Works of Francis Bacon*, ed. James Spedding, et al., 14 vols., Boston, 1857~1874): "트렌트 회의에서 고위 성직자들에 의하여 엄숙하게 천명된바, 스콜라 신학자들(schoomen)은 천문학자와 같습니다. 천문학자들은 현상을 해명하기 위해 이심원(離心圓, eccentrics)과 주전원(周轉圓, epicycles) 및 천체의 이 같은 기관을 꾸며냈으며, 그들은 비록 이런 것들이 존재하지 않는다는 것을 알면서도 그랬습니다. 마찬가지로, 스콜라 신학자들은 교회의 관행을 해명하기 위해 수많은 민감하고 미묘한 경구와 법칙을 꾸며냈던 것입니다."

[79] 1551년에 등장한 에라스무스 라인홀트(Erasmus Reinhold)의 코페르니쿠스 행성표는 라인홀트의 후견인, 프로이센의 알브레히트 공(Duke Albrecht of Prussia)에게 경의를 표하여 Tabulae Prutenicae라고 불렀던 것이다. 프루테니아(Prutenia)는 옛 독일연방 프러시아(Prussia)를 의미하며, 따라서, 이 행성표는 "프러시아 행성표"(Prussian Table)라고도 불린다.

[80] *Cf.* Harris Fletcher, *Milton's Semitic Studies* (Chicago, 1926), 68. 플레처는 이런 표현이 구약성서에서 밀턴의 해석을 가능하게 하도록 의미의 충분한 융통성을 지니고 여러 번 일어난다고 지적한다.

도대체 결혼한 부부의 위안과 평화로운 교제를 방해하는 것보다 더 큰 정신적 발가벗음이나 부적절함이 어떤 게 있을까요? 무엇이 결혼에 적합하지 않은 정신의 부적절함과 결함보다 그런 교제를 더 방해할까요? 그러므로, 그 입장에서 표현된 이혼의 원인은 **모세** 율법의 최상의 대등한 의미로 묘사된 것과 일치하지 않을 수 없습니다. 그것은, 순수한 사랑의 문제이기 때문에, 분명히 도덕적이고, 그 어느 때보다 현재 더 효력이 있으며, 따라서, 확실히 타당한 것입니다.[81] 만일 그 율법 아래서도 하나님의 은혜로운 자비가, 그분의 선하심과 선의의 의식이 어떤 실수 때문에 그분의 백성이 비참한 노예 상태가 되기까지 그을리고 화인 찍히는 것을 내버려두지 않는 것이었다면, 더욱이나 지금 그분은 은총의 언약 아래 있는 지금 그분이 이전에 치료와 해방을 허용한 것을 폐지함으로써 그분 백성이 노예 상태로 떨어지는 것은 더욱 참지 못하실 것입니다. 그러나 첫 번째 제도는 결혼을 해체할 수 없다고 명령한 것이어서 반대할 것입니다. 거기에 대해서는, 조금 기다려 주시면, 제1부에서 이런 이혼법의 엄숙하고 경건한 이유들을 충분히 논의하고 나서, 논의하겠습니다. 그렇게 되면, 부드러운 일격으로 인간의 삶에서 수많은 눈물을 닦아줄 것이라고 저는 의심치 않습니다. 그러나 지금 제가 이토록 상당히 강조하려는 것은, 그 제도가 어떤 것이든, 그 제도가 그 제도의 목적 이상으로, 그리고 그것이 사람을 위하여 제도화된바, 사람 이상으로 칭송될 만큼 자연과 이성 모두에 대하여 그토록 특별하거나 반역적일 수는 없으리라는 것입니다.

---

[81] *Cf.* William Perkins, *A Discourse of Conscience* (1596), in *Works* (1609~1613), I, 519: "도덕법은 일부는 하나님에 대한, 일부는 우리의 이웃에 대한 사랑의 의무와 연관되며, … 그러므로 그것은 항상 모든 사람의 양심을 속박하는 것이다."

제2장

결혼의 가장 중요한 이유에 기초한 이 율법[82]의 첫 번째 이유. 어떤 계약도 그 자체와 계약 당사자들 간의 주된 목적에 반하여 강제하지 못한다는 것

모든 지각과 【이유와】 공평은, 하나님과 인간 사이에서, 혹은 인간과 인간 사이의 어떤 율법이나 계약이, 아무리 진지하고 엄중할지라도, 비록 하나님이 결합한 것일지라도, 그 자체 제도의 목적에, 그리고 계약 쌍방이나 어느 일방의 으뜸가는 주요한 목적에 반하여 속박하는 것을 거부합니다.[83] 나무랄 데 없는 인간을, 그의 예상과 달리 위안이 되기는커녕 그 자신의 영원한 슬픔으로 몰고 가는 것은 무효일 수 있습니다. 사랑이 개입하여, 하나님 자신의 명령의 분명한 목적에 반대되는, 잘못 추정된 결합을 한 자들, 그분의 결합 외에는 함께 묶이는 것이 아무것도 없는 자들을 분리하는 명백한 선한 작업을 하는 것을 용인하지도 않으니 말입니다. 그리고 남자와 결합하도록 여성을 창조한 그(하나님)의 주요 목적이 무엇인지를, 그분 자신이 제정하는 말씀이 선포하여 우리에게 결혼이 무엇인지, 독신이 무엇인지를 틀림없이 알려줍니다. 그분의 말씀이 아무 목적 없이 거기에 있다고 우리가 생각할 수 없다면 말입니다. 그분이 말씀하시길, "남자가 홀로 있는 것이 좋지 못하니 내가 그를 위하여 합당한 조력자를 만들리라"고 하셨습니다.[84] 그토록 분명한 이런 말씀에서, 하나님의 의

---

[82] 모세의 이혼법을 가리킴.

[83] *Cf.* Arthus Barker, *Milton and the Puritan Dilemma* (Toronto: U of Toronto P, 1942), 107~112. 바커는 밀턴의 원칙이 공민적인 계약과 그 이상의 계약 사이의 전통적인 구분을 별로 중시하지 않는 식으로 기술된다고 주장한다.

[84] 「창세기」 2: 18. 킹 제임스 판(King James Version) 성경은 "It is not good that

도 가운데, 합당하고 행복한 대화가 결혼의 가장 주요하고 고상한 목적이라는 결론이 나올 수밖에 없으며, 이는 어떤 박식한 이가 해설하더라도 그렇습니다. 인간의 정신과 영혼에 외로움을 이처럼 방지하는 것만큼, 육욕적인 지식을 필수적으로 암시하는 표현을 우리는 여기서 찾지 못합니다. 이에 대해, 파기우스, 칼뱅, 파레우스(Pareus), 리베투스(Rivetus)는 기대할 수 있는 만큼 기꺼이 그리고 충분히 동의합니다.[85] 그리고 사실상, 인간은 더 가치 있고 그토록 탁월한 피조물이므로, 그것이 하나님이 내리신 더 큰 축복이며, 결혼의 연합을 존중하고 성스럽게 하는 목적인바, 정신의 위안과 만족은 육체의 감각적인 만족보다 우선시 되며 먼저 제공되기 때문입니다. 결혼한 모든 관대한 사람은, 정신과 인격이 적당하게 즐겁다면, 신체의 즐거움이 조금 수반되지 못해도, 더 잘 견딜 수 있습니다. 비록 육체가 제 자리에 있어도 정신이 계속된 불균형 속에 놓일 때는, 더욱 견디기 어렵습니다. 그런 경우, 모든 육체적인 즐거움은 곧 맛을 잃어버리고 경멸스럽게 될 것이기 때문입니다. 하나님이 결혼으로써 예방하라고 주로 그리고 대체로 명령했던 인간의 고독은 치료방법이 없고, 이럴 때 결혼은 가장 외로운 독신생활보다 더 나쁜 조건입니다. 독신생활에서는, 조력자의 부재와 격리가 자기 자신에게서 스스로 위안을 기대하거나 희망을 품고 찾도록 단련시킬 수 있지만, 결혼 상태에서는, 특히 만일 그의 기질이

---

the man should be alone."라고 되어 있어, 특정 남자를 지칭하고 있다.

[85] 폴 파기우스(Paul Fagius, 1504~1549)는 독일의 개신교 신학자이자 히브리어 학자였고 부커(Bucer)의 가까운 친구이기도 했으며, 칼뱅의 성서 주석은 당시 높게 평가되었으며, David Paraeus(1548~1622)는 하이델베르크에서 가르쳤고 칼뱅주의 신학자였으며, Andew Rivetus(1572~1622)는 도르트 종교회의(Synod of Dort)의 정교파(正敎派) 지도자였다. 따라서 이 네 사람의 전체적인 권위는 상당하다. 원문의 본문 표기상 "Pareus"인데, 해당 주석에는 "Paraeus"로 표기되어 있는바, 아마 독일식 표기와 영국식 표기의 차이인 듯 하며, 동일인 "David Pareus"를 가리킨다.

그로 하여금, 하나님에게서 버림받은 사람이 느끼는 것과 같은 어느 정도의 우울증, 일상적인 걱정과 상실의 고통으로 기울게 하면, 자신이 기만당했다는 생각을 치료할 방법도 없이 계속하게 될 수밖에 없기 때문입니다. 그러므로, 인간처럼 그토록 고귀한 피조물이, 하나님이 그에게 더 적은 악을 치료하라고 준 그 명령에서 하나의 섣부른 실수 때문에, 외로움을 떨치려 나갔다가 슬픔을 얻고, 더 큰 악에 빠져서 치료 불능으로 차단되지 않으려면, 다음과 같은 결론을 피할 수 없습니다. 만일 여자가 하나님이 금하신 외로움을 없애기는커녕 늘리는 데에 이바지하고, 그 외로움이 시간이 지나 기독교 신앙고백이나 도덕적 대화에 어울리지 않고, 공화국에 무익하고 위험한, 그런 정신의 전체적인 불안과 절망을 야기하고, 모든 공적인 일의 활기와 정신의 원천인 가정 상태가[86] 아주 불만스럽고 쉽게 조달되지 않으며 지탱될 수 없을 때, 이러한 결혼은 가장 정직한 목적이 결핍되어 결혼이라 할 수 없습니다. 그리고 불만을 품은 당사자는 이런 불행에서 흔히 나타나는 변화로서 사창가를 드나들거나 그의 이웃의 침대에 발길을 들여놓음으로써 혹은 자신의 일상적인 삶이 인간의 힘으로 견디기엔 상상할 수 없을 정도로 남모를 고통 아래 낭비되고 상실되어 가는 것을 견딤으로써 자신의 잃어버린 만족을 수선하기보다는, 그의 좌절된 합당한 권리를 주장함으로써 더욱 남성적으로 행동할 것이고, 특별하고 독자적으로 될 것입니다. 그런 모든 해악에 대응하며 이 모세의 율법의 자비는 은혜롭게 제시되었습니다.

---

[86] *Cf.* Perkins, *Christian Oeconomie* (Works, 1609~1613, III, 671). 퍼킨스는 결혼의 장점에 대한 그의 마지막 이유로서 "하나님 자신이 설립하고 명령하신 것으로서, 국가와 교회에서 모든 종류의 삶의 원천과 양성소가 되도록 하신 것"이라는 사실을 들고 있다.

제3장

결혼에서 육체의 권리를 제공하지만, 정신의 손해와 고충에 대해서는 아무것도 제공하지 않는 교회법의 무지와 부정. 정신은 계약 이전에 주의해야 한다는 주장에 대한 답변

그러므로, 육욕적 기능의 불편에 대해서 이토록 세심한 배려를 하면서도,[87] 결혼의 가장 순수하고 성스러운 목적에 대해서는 너무나 불완전한 정신의 소통되지 않는 무능은 고려하지 않은 것이 얼마나 허망하고 모순된 것인가요. 더구나 육욕적인 즐거움의 그릇은 그것을 믿고 아무런 조심 없이 취한 자에게 유익하게 되어야 하는 반면, 배설물의 진수(quintessence of an excrement)[88]보다도 훨씬 더 값진 혼합물인, 평화와 사랑의 행동이 흘러나와야 하는 정신은, 비록 그것이 유쾌한 기분 좋은 대화에서 결혼의 최고 의무를 수행함에 있어서 결코 그렇게 부족하고 무능하지 않음이 드러나는데도, 그것이 아무리 단조롭고 우울해도 충분히 행복하다고 여기고, 불평하는 자의 끝없는 불만과 시듦에 이바지해야 한다면 말입니다.[89] 그러나 지혜와 사랑은, 하나님 자신의 제도를 저울질하며, 그토록 신중하게 해소된 감각적 욕망의 조급성뿐 아니라 외로움과 혼

---

[87] 그레고리 교령집(The Gregorian Decretals, IV, Title xv)은 성적 불능을, 그것이 결혼 후 3년 후에 영구적이라고 판단되면, 혼인 취소의 사유로 특정하고 있다(*Corpus Juris Canonici* [2 vols., Leipzig, 1881], II, 720~725).

[88] 정액뿐 아니라 월경에도 포함되어 있다고 여겨졌던 사람의 씨(seed)는 "몸 전체를 통해 흩어져 있는 혈액의 영양으로부터 취해진 유익한 여분(superfluitie)"이라고 묘사되고 있다(Peter de La Primaudaye, *French Academie* [1618; HEHL], 540).

[89] 밀턴은 이 구절에서, 정신이 사랑과 평화라는 결혼의 의무를 수행하기에 부족함이 없고 그럴 능력이 잠재적으로 있음에도 불구하고, 정신적인 불만족이나 부조화는 문제 삼지 않고, 정신보다 육욕적 배설물을 더 소중히 다루는 것을 비판하고 있다.

인한 슬프게 시드는 영혼도 해방될 가치가 있다고 생각할 것입니다. 우리에게 읽어주는 전례서(Liturgy)에는, "우리는 오성이 없는 야수처럼 육체적 욕망을 만족시키기 위해 결혼하지는 않아야 합니다."라고 되어 있습니다.[90] 그러나 교회법은 마치 그것이 만족시킬 욕구 외에는 다른 문제를 생각하지 않는 것처럼 흘러갑니다. 만일 자연이 육욕적 기질을 정지시키거나 없애버리는 일이 발생한다면, 그런 결혼은 무효가 됩니다. 그러나 비록 이해하고 소통하는 기관의 모든 기능이, 시험 후, 어떤 평화도 사교적인 만족도 따라올 수 없을 만큼 자연의 고정된 작용을 통하여 심히 병들고 반대하는 것처럼 보이는데도, 그건 아무것도 아닌 듯 무시되고, 그 결혼 계약은 어떤 일이 생겨도 그대로 확고할 것입니다. 아무리 많은 엄숙한 이유가 그럴듯하게 결혼생활에 붙더라도, 비이성적인 열기가 처방한 만족 외에는 사실상 거기에 주목할 만한 가치가 아무것도 없게 여겨진다는 것을 우리에게 은밀하게 가르쳐주는 것 외에는, 그런 이유가 붙는 까닭이 무엇이겠습니까? 그것은 결혼 상태에 치욕적이지 않을 수 없으며, 인간의 경시된 영혼에는 물론, 기독교 교리 자체에도 수치스럽습니다. 더구나 그것은 비이성적으로 속박된 정신의 솔직한 고충보다 성급한 말초적인 실망에 더 좌우되는 듯합니다. 그리고 영혼의 온당한 만족이 그 유일한 원천인 평화와 사랑의 순수한 영향보다, 육욕의 수로(channel)에 결혼의 더 많은 비중을 두는 듯합니다.

그러나 기질은 사전에 이미 심각하게 고려했어야 한다며, 당장 반대할

---

[90] *Cf. Book of Common Prayer* (1552; HEFL), "Form of Solemnization of Matrimony." 혼배성사 시작의 권면에 따르면, "결혼은 오성이 없는 야수처럼 사람의 육체적인 정욕이나 욕망을 만족시키고자 깊이 생각하지 않고, 가볍게 혹은 멋대로, 기획되어서도 안 되고, 받아들여서도 안 되며, 경건하고, 신중하게, 깊이 생각하여, 엄숙하게, 그리고 하나님을 경외하며 행해야 한다"는 것이다.

사람도 있을 것입니다. 그러나 아무리 조심한다 해도, 신중한 사람도 그의 선택에서 여전히 실수할 수 있음을 그들은 알아야 합니다. 그리고 그런 예도 충분히 들 수 있습니다.[91] 가장 엄숙하고 최고로 절제된 사람들이 이런 문제에서 훈련이 가장 적게 되어 있습니다. 그리고 처녀의 수줍은 침묵이 종종 대화에 사실상 부적당한 모든 무기력과 타고난 나태를 숨기고 있을지 누가 알겠습니까? 완전한 분별에 충분할 만한 접근의 자유를 너무 늦을 때까지 허용하거나 상상하지 않습니다. 그리고 미심쩍은 면이 있더라도, 친분이 쌓이면 모든 게 고쳐지리라는 친구들의 설득 외에 더 흔한 것이 있을까요? 그리고 마지막으로, 그들의 청춘을 순결하게 보낸 많은 이가 어떤 사안들에는 그렇게 눈치 빠르지 않지만 화촉(nuptial torch)[92]을 밝히는 데는 너무 열성적으로 서두를지라도 이는 이상하지 않습니다. 그러므로, 사소한 실수 때문에 한 사람이 그토록 큰 행복을 몰수당해야 하며, 그를 해방할 자비로운 수단이 없더라도 이상할 바가 아닙니다. 대담한 적응 덕분에 가장 느슨하게 살아온 자들이 결혼에서 가장 성공적임이 입증되는바, 마음대로 동요하는 그들의 거친 애정이 그들에게 경험을 가르쳐주는 수많은 이혼처럼 작용하기 때문입니다. 반면에, 겸손한 모습을 존중하고 그 베일에 싸여 모든 사회적 덕성에 대해 좋은 기대를 거는 착실한 사람은, 가까이할 수 없는 육체와의 만남이 아니더라도, 다른 모든 적절한 대화를 할 수 없는 정신과 만나게 되고, 다른 더 가치 있고 우수한 결혼의 목적들에 무익하고 거의 생기가 없는 정신과 쉽게

---

[91] 이 구절은 개정판에 삽입된 부분으로서, 밀턴이 이 논쟁이 주관적인 것이라는 의심을 받을 수 있다는 인식에서 추가된 듯하다.

[92] 동일한 비유가 『실낙원』 XI, 590에 등장한다: "그때 최고조에 달하여 / 그들이 화촉을 밝히니." 590이란 행수는 밀턴의 *Paradise Lost* 원본 텍스트의 시행 수를 가리킨다.

만날 가능성이 있습니다. 이런 배우자가 한 사람의 평생을 통해 어떤 위안이 되고 어떤 적합한 조력이 될 수 있을지는, 이를 경험하기보다 추측하는 것이 덜 고통스러울 것입니다.

제4장

이 율법(이혼법)이 내세우는 두 번째 이유는, 이성적인 인간이라면 예상할 것인바, 이혼하지 않고는, 결혼이 가끔 발생하듯이, 그것이 약속한 것을 치료하지 못하기 때문임. 만일 우리가 우리의 구세주가 명하는 대로 처음부터 본받는다면, 그런 결혼은 원래 정욕의 치료가 아니라 부부의 사랑과 조력의 성취임.

더구나 하나님과 자연이 결혼의 가장 고상한 목적 안에서 그들을 강제로 함께 동거하게 하는 것이 얼마나 난폭하고 잔인한 것인지를 우리가 더 알 수 있으니, 이와 같은 강요에 수반되는 다양한 해악이나 난국을 여기에 제시해드리겠습니다. 해악 가운데 첫 번째이며 가장 큰 것은 이에 따라 가장 불합리하고 경솔한 책임 전가가 하나님과 그분의 거룩한 율법에 고착된다는 것입니다. 가장 고약한 정객도[93] 그것을 그분의 율법이 은근히 장려한다는 것은 수치와 불명예라고 생각할 것입니다. 어떻게 어떤 방식으로 그것이 인정되는지는 많은 경전을 펼쳐 살펴보겠습니다. 다음으로, 율법과 복음서는 이 때문에 하나 이상의 모순에 빠지기 쉽다는 점도 그때 언급할 것입니다. 마지막으로, 사랑의 최고 지시는 이로써 여러 가지 방식으로 무시되고 파괴되는데, 그 점을 곧 입증코자 합니다. 첫째, 우리는 사도 바울이 "불타는 것보다 결혼하는 것이 나으니라."라고 말한 것을 압니다. 따라서, 결혼은 그 문제의 처방으로 주어졌으나, 이 불타는 것이 무엇을 의미할까요? 분명히 육욕의 단순한 활동, 감각적인 욕망의

---

[93] Cf. *The Atheisticall Polititian or A Brief Discoure Concerning Ni. Machiavell* (1642; HEFL). 이 글을 쓴 익명의 저자는(p. 7) 주장하기를, "국가는 타고난 몸과 같아서, 그것이 완전히 잘생긴 구조를 보일 때, 진정한 영양분이 공급되는 내장을 조사해 보면, 혈액, 불순물 및 악취뿐이란 것을 알게 될 것이다."라고 한다.

단순한 자극은 아닐 것입니다. 하나님은 근본적으로 이런 벌레 같은 인간(cattell)[94]을 보살피고 있는 게 아닙니다. 이 불타는 것은, 하나님이 낙원에서 **아담**에게 그가 무절제의 해악을 알기 전에 부여한 욕망이 아니고 무엇일까요? 인간이 홀로 그 속에서 불타며 남아있는 것은 좋지 않다고 보았던 그 욕망, 결혼의 유쾌한 교제 가운데, 그의 영혼에 적합한 영혼이 없지 않은 다른 육체와 연합하여 지독한 고독을 꺼버리려는 욕망과 갈망이 아니겠습니까? 인간이 원래 훨씬 더 완벽했던 타락 이전에 결혼이 그렇게도 필요했을진대, 지금 이 삶의 모든 슬픔과 재난에 직면하여, 결혼에서 친근한 대화상대인 조력자, 언제든지 기운 나게 하는 조력자를 갖는다는 것이 얼마나 더 필요하겠습니까? 말 없고 생기가 없는 배우자를 우연히 만남으로써 그런 도움을 놓치는 자는, 이전보다 더 외롭고, 육체적인 것보다 억제가 더 안 되고, 더 생각나며, 자연의 흠 없는 순수함 속에서조차 더 깊이 뿌리박고 있는 불타는 외로움 속에 남게 됩니다. 이를테면 푸짐하고 지나치게 풍성한 조합물(concoction)[95]의 독(venom)에 불과한 또 다른 불타는 것에 대해서는, 엄격한 생활과 과식을 줄임으로 그것을 낮추고 유순하게 제지할 수 있을 것입니다.[96] 그러나 부부의 교제 속에서 적당히 정신적으로 교류하는 영혼을 (그 욕망은 사랑이라고 불리는 것이 합당함) 자신과 결합하려는 이 순수하고 더 배타적인 욕망은, 그리스도의 배우자가 생각

---

[94] 여기서 "cattell"은 원래의 가축을 뜻하는 게 아니라고 하찮은 벌레 같은 존재라는 의미로 사용하고 있다. NED에도 이 구절을 인용하며, "cattell"을 "쓰레기"(rubbish, trash)로 정의하고 있다.

[95] "Concoction"은 소화과정을 뜻하는 아리스토텔레스의 개념으로서, 몸의 열기가 물질에 작용한 결과라고 보았다. 지금은, 조제물, 조제약 혹은 혼합 수프들의 음료를 가리키기도 한다.

[96] *Cf.* Burton, *Anatomy of Melancholy*, Part 3, Sec. 2, Mem. 5, Subs. 1. "이런 끈질기고 통제되지 않는 열망에서 지켜야 할 첫째 규칙은 운동과 식생활이다. 그것은 오래된 잘 알려진 문장(*Sine Cerere et Bachho friget Venus*)에서 잘 나타난다."

한 것처럼, "죽음보다 강하고", "많은 물도 사랑을 끄지 못하며 홍수라도 그것을 잠기게 하지 못하나니"라고 한 것입니다.[97] 이것은 결혼이 치료할 이성적인 열망으로서, 금식으로 경감되거나, 참회로 제지되는 것이 아닙니다. 그것을 불운하게도 가장 어울리지 않고 부적합한 정신을 만난 자가 어떻게 누그러뜨릴 수 있습니까? 어느 누가 낙원에서도 저항할 수 없는, 이성 가운데 타오르는 하나의 지성적인 불꽃과 겨룰 힘이 있겠습니까? 이 불꽃이 추구했던 것[98]에 실패함으로써 지금 더 열렬하게 타오르게 되었는데 말입니다. 과잉섭취로 인한 불꽃의 끈질긴 재촉은 충분히 진정되었으나, 영혼은 그것이 합당하게 요구하는 것을 아무것도 얻지 못했습니다. 분명히 이혼을 금지당한 이런 자는 결국 결혼을 금지당하는 것이고, 독신 생활에서보다 더 큰 어려움에 내몰립니다. 만일 결혼이 만족시키거나, 아니면 해체될 수 있는, 성교의 불보다 더 인간적인 불이 없다면, 결혼은 둘 사이의 육욕을 합당하게 줄이고 끝낸다고 하여 명예로울 수는 없습니다. 자의적이고 선택된 부부 가운데 많은 야수가 간음하지 않고 함께 살며 그런 점에서는 진정으로 결혼한 것으로 보이기 때문입니다. 그러나 모든 진실한 사람은 결혼의 존엄과 축복은 만족한 육체가 즐겁게 내어주는 것보다, 부족한 영혼이 절실히 찾는 것을 서로 즐기는 데에 있다는 것을 알 것입니다. 이리하여, **플라톤**(Plato)은, 그의 축제의 담론에서, 여자 예언자 **디오티마**(Diotima)에게 배운 체하며 말하는 **소크라테스**(Socrates)를 끌어들이는데, 그 내용은 어떻게 **사랑**(Love)이 **궁핍**(Penury)의 아들이었으며, **주피터**(Jupiter)의 정원에서 **풍요**(Plenty)에게서 태어났는지를 말해줍니다.[99] 그것은 결국 **모세**가 우리에게 말해주는 것과 같은 신성한 것인바,

---

[97] 「아가서」 8: 6~7. 성서적인 배경에서, 인용된 구절은 그리스도와 교회의 사랑에 적용된 것으로 여겨진다.
[98] 지성적인 불꽃을 정신적 위안

사랑은 낙원에서 태어난 외로움의 아들이었고, 하나님이 남녀 사이에 서로를 향해 심어준 사교적이고 도움이 되는 기질(aptitude)에 의하여 태어난 것입니다.[100] 사도 **바울**에 의하여 언급된바, 결혼이 그것의 치료가 되어야 마땅한 불타는 것도 똑같은 것입니다. 육체는 어떠한 절제 있는 사람의 힘으로도 제어되는, 타고난(natural)[101] 어렵지 않은 다른 재갈들이 있습니다. 그러므로, 영혼의 이런 원초적인 죄 없는 **궁핍**(Penuary)이나 **외로움**(Lonelines)이, 하나님이 결혼에서 명하신 적합하고 수용되는 합일의 옆에서 진정될 수 없을 때, 그것은 **사랑**을 잉태할 수 없고 출산할 수도 없으며, 이전의 결혼 상태에서 완전히 미혼으로 남게 되고, 여전히 사도 **바울** 특유의 의미에서, 불타고 있는 것입니다. 그러면 **증오**(Hate)가 들어오는데, 이는 죄를 범하는 증오가 아니라, 자연적인 불만족일 뿐인 것이며, 잘못된 대상에서 돌아서는 것입니다.[102] 만일 그 실수가 상처를 입혔다면, 배상을 하며 결말을 내려도 좋습니다. 여전히 지탱하고 사랑할 수 없다면 더 많은 상처를 쌓는 것입니다.【거기서 그 현명하고 경건한 이별의 율법(「신명기」 24: 1)이 시작되었고, 그것에 대해 이제 논의할 것임】이리하여, 지금

---

[99] *Cf. Symposium*, 203: "아프로디테(Aphrodite)의 생일에 신들의 잔치가 있었는데, 그때 신중의 신(Discretion), 포로스(Poros)가 손님 가운데 하나였고, 그는 풍요의 신(Plenty)인 메티스(Metis)의 아들이었다. 잔치가 끝나자, 가난의 신(Poverty), 페니아(Penia)가 관습대로 구걸하고자 대문 근처로 왔다. 이제 풍요의 신이 넥타르 상태가 더 나빠져서(당시에 포도주가 없었으므로), 제우스(Zeus)의 정원으로 들어와 깊은 잠에 빠져버렸다. 그런데 가난의 신은 그녀 자신의 궁핍한 상황을 고려하여, 그를 남편으로 삼으려는 음모를 꾸몄고, 그래서 그의 옆에 누웠고 사랑의 신(Love)을 잉태했다." *Dialogues of Plato*, tr. Benjamin Jowett (4 vols., Oxford, 1871), I, 519.

[100] 「창세기」 2: 18~24 참조.

[101] 1644년 수정되지 않은 사본들에는 "서로"(mutuall)라고 되어 있다.

[102] 이 신화의 마지막 세밀한 표현은 밀턴 자신의 것이다. 타고난 반감을 상징하는 증오의 신(Hate)의 사용은, 그가 「말라기」 2: 16의 표현에서 영향을 받은 것 같다.

옹호한 이런 현명하고 경건한 해산의 율법(Law of dismission)이 시작된 것입니다. 그러므로, 결혼의 가장 고유한 인도적인 목적에서 자신의 당연한 권리가 결핍되어, 그 유쾌한 계약에 따라 슬프게 상처받고 살기보다 헤어지는 것이 더 좋다고 생각하는 자는(사랑받지 못하고 붙잡혀 사는 것은 부드러운 정신에 가장 큰 상처이기에), 즉 그러므로 헤어지고자 하는 자는 결혼생활을 아주 존중하며 그것을 더럽히지 않으려는 자입니다. 그리고 지금 그에게 이혼하게 하는 이유들은 처음 그를 결혼하도록 보장할 수 있었던 최상의 이유들과 대등한 것입니다. 명백하게 살펴본 바와 같이, 만일 그가 자신을 이해할 가치가 있다면, 그의 마음을 돌리는 증오와, 적합한 조력자를 찾도록 그를 여전히 강력하게 이끄는 외로움, 둘 다 그 속에서 조금도 죄가 없는 것입니다.

제5장

이 율법이 내세우는 세 번째 이유는, 그 이유가 없다면, 치료될 수 없는 불쾌감과 불만만 발견하는 경우에 처한 자가 이전 어느 때보다 더욱 큰 유혹에 빠질 수 있기 때문임.

셋째, 다음으로 걱정할 것은, 만일 그가 여전히 이유 없이 배타적 엄정에 사로잡혀 있어야 한다면, 그가 그의 정신의 정당한 기대가 좌절된 것을 알게 된다면, 만일 그가 영웅적으로 고결한 존재가 아니라면, 그는 법에 대항해서라도 그의 더 온전한 만족을 발견할 수 있는 곳을 찾아 헤매기 시작할 것이라는 점입니다. 그리고 법을 만들 때 주로 겨냥해야 하는 것은 평범한 무리의 사람들이 아닙니다. 법은 이들의 죄가 아니라 죄가 되지 않는 이들의 나약함을 겨냥하여 만들어져야 하지만, 이들이 죄를 멀리했음에도 그 속으로 빠져들게 된 외로운 상태를 참는 것은 이들에게 역부족이기 때문입니다. 그러나 여기에 더 나쁜 유혹이 따릅니다. 만일 그가 그의 청춘을 나무랄 데 없이 보냈고, 만족한 결혼생활을 즐기는 것에 그의 최고의 세상적인 위안을 쌓아왔고, 부단한 기도에 의하여 그 속에서 얻어질 더 큰 위안을 소홀히 하지 않았다면, 그가 본성의 어울리지 않는 부조화에, 혹은, 가끔 벌어지듯이, 달콤하고 즐거운 교제의 공동 파트너로 보였던 흙과 점액(粘液, fleam)의 이미지에 자신이 단단히 묶여있는 걸 발견하게 될 때,[103] 그리고 그것으로 그의 속박이 지금 필연적이라는 것을

---

[103] 고대 생리학에서, 담(痰, phlegm)은 나태와 냉담에 이바지하는 체액이다. 밀턴이 본성적인 반감(aversion)을 상징하기 위하여 증오(Hate)라는 표현을 사용하는바, 그가 「말라기」 2장 16절의 표현에 영향을 받았을지도 모른다. 이 구절은, "이스라엘의 하나님 여호와가 이르노니 나는 이혼하는 것과 옷으로 학대를 가리는 자를 미워하노라 만군의 여호와의 말이니라 그러므로 너희 심령을 삼가 지켜 거짓을 행하지 말지니라"라는 하느님의 말씀인데, 이 구절은 전달과정에서 문제가 많았

알게 되면, 비록 그가 가장 강한 그리스도인일지라도, 그는 덕성 가운데 금방이라도 절망하게 될 것이고, 신의 섭리에 반항적인 언행을 보일 것입니다. 그리고 이것이 분명히 그런 타락의 원인이며, 우리가 많은 결혼한 개인에게서 보는, 아주 위험한, 그런 우울한 절망입니다. 비록 그들이 이해하지 못하고 다른 원인들을 가장하지만, 이는 그들이 치료법을 모르기 때문입니다. 그러므로 인간적 나약함에 지나치게 부담이 가해져 이처럼 난처해지면, 지나치게 튕겨 나간 믿음이 난파하는 위험에 처하지 않으려면, 사랑이 많은 모험을 해야 하며, 대담한 의술을 사용해야 합니다.[104]

다. 공동번역 성경에는, "이스라엘의 하느님 야훼께서 이르시는 말씀이다. '조강지처가 싫어져서 내쫓는 것은 제 옷을 찢는 것과 같다. 나는 그러한 자들을 미워한다. 만군의 야훼가 말한다. 변심하여 조강지처를 버리지 않도록 하여라.'"라고 되어 있다. NIV 성경에는 아예 하나님이 이런 자를 미워한다는 내용이 없고, "아내가 싫어서 이혼하는 자는 자신이 보호해야 할 자에게 폭력을 행하는 것이라"고만 되어 있다. 이렇게 논란이 되다 보니, 캘빈은 아내가 미우면 용서를 구하라고 권면했을 정도였다. Cf. John Calvin, Praelectionses in Duodecim Prophetas Minores (Geneva, 1581), p. 753.

[104] 밀턴의 풍성한 비유들이 정당화하기 어려울 만큼 복합적인 비유를 초래하지만, 그 의미를 파악하기는 어렵지 않다.

제6장

이 율법이 내세우는 네 번째 이유. 하나님은 결혼의 강제적인 이유보다 가정의 사랑과 평화를 더 중시함. 결혼은 필요한 이혼보다 슬픈 존속에 의해 더 파괴됨.

넷째, 결혼은 하나의 계약이고 그것의 존재 자체는 강제적 동거와 의무의 거짓 이행에 있지 않고, 진실한 사랑과 평화에 있습니다. 부부의 사랑이란 대체로, 의심할 여지 없이 고대 현인들에 의하여 이렇게 비유된 것인데, 사랑의 신(Love)은 쌍둥이로 태어나지 않을지라도, 자신과 놀랍게도 닮은 **안테로스**(Anteros)라는 형제가 있는데,[105] 그를 곳곳에서 찾아 나서지만, 그와 닮은 모습으로 뿔뿔이 여기저기 헤매는 수많은 거짓된 가짜 욕망들과 마주칠 가능성만 있습니다. 사랑의 신은, 비록 시인들이 왜곡하듯이 완전히 눈먼 건 아니지만,[106] 한쪽 눈만 가지고 겨냥하는 궁수로 태어나는지라, 그리고 그 눈은 그의 고유 영역이 아닌 이 아래 어두운 영역에서 활발하지 못하고, 부분적으로 그가 타고난 단순성과 고지식함 때문에, 빌린 복장을 한 그들에게 가끔 속아서, 마치 그들이 그의 어머니의 아들들인 것처럼, 이 가짜 애송이들을 포용하고 그들과 자신을 자주 일치시킵니다. 그들이 교묘하게 대부분 그의 눈먼 쪽에 자리 잡고 있는 동안,

---

[105] 안테로스에 대한 고대의 인유(引喩)는 무수하지만 가끔 불분명하다. 호혜적인 사랑을 나타내는 이름으로서, 『파이드로스』(*Phaedrus*, 255d)에 신화적인 상세한 묘사 없이 등장한다. 4세기의 수사학자 테미스티우스(Themistius)의 『프로트렙티코스』(*Protreptikos*)에서, 안테로스는 에로스(Eros)의 동생으로 묘사된다. 아프로디테는 에로스를 낳기 전, 테미스(Themis)로부터 에로스가 다른 사람의 몸에서 그 자신과 같은 모습을 볼 수 없다면 쇠약해질 것이라는 말을 듣는다.

[106] 사랑을 눈멀었다고 보는 개념은, 비록 고전 시대 이후의 것처럼 보이지만, 14세기 말에 확립되었다. *Cf.* Chaucer, *Knight's Tale*, I. 1107: "가끔 그렇게 보이듯이, 그는 눈이 멀었다."

그는 그렇게 생각하기 때문입니다. 그러나 잠시 후, 그의 특징이 그렇듯이, 이 세상의 그림자 위로 그의 원지점(Apogœum)[107]의 높은 탑으로 솟아오르면, 그는 그를 꾀어낸 사기와 깔끔한 속임수에 그의 가장 예리한 시각의 직접적인 광선을 쏘아서, 이 자가 그가 상상했던 대로 그의 진짜 형제가 아닌 것을 분간하게 됩니다. 그는 이렇게 사칭한 짝과 우정을 더는 유지할 힘이 없습니다. 그의 화살이 그 금빛 화살촉을 놓아버리고, 그리고 그 자줏빛 깃털을 떨어뜨리고, 그의 부드러운 꼬인 활줄을 풀고 그 매듭을 풀면, 운명의 여신(Fate)이 그에게 부여한 그의 원래의 열정적인 덕성은 갑자기 사라지고, 그는 신성을 잃고 그의 모든 힘을 빼앗기게 됩니다. 드디어 그가 **안테로스(Anteros)**를 발견하면, 대등한 **동종의(homogeneal)** 불을 회상함으로써 거의 사라진 자신의 신성의 무기를 불붙이고 수선하게 됩니다. 이렇게 나의 저자는 내게 노래했고,[108] 최상의 엄숙한 자들로 여겨질 자들이 인정한 바에 따라, 이것은 연애소설에 불과한 것이 아닙니다. 비록 이 문제에 있어 현명하고 능란하게도, 덕성에서 가장 위대한 이름이 있는 자들은 그것을, 위를 향해서 선회하는 인간의 명상이 그녀(명상)가 그 위에 서 있는 유리 바다(glassy Sea)[109]로부터 만들 수 있는, 가장 높은 원호 중 하나라고 평가해왔습니다.[110] 그러나 이것은 깊고 진지한 진실이며, 부부의 사랑은 그것이 상호적이 아니면 지탱할 수 없고 존속할 수 없다는 것을 우리에게 보여주는 것입니다. 그리고 사랑이 존재할 수 없다면, 결혼에서

---

[107] 프톨레마이오스(Ptolemy) 천문학의 용어이며, 한 천체의 궤도 가운데 지구로부터 가장 먼 점, 즉 원지점(遠地點)을 뜻한다.
[108] 여기서 "나의 저자"(mine author)는 아마 밀턴 자신의 시적 통찰력을 의미한다.
[109] 처음 인쇄된 "globy sea"는 오타 리스트에 들어 있다. 밀턴은 분명히 종말론적인 "sea of glass"를 암시했다(「요한계시록」 4: 6, 15: 2).
[110] 여기서 밀턴은 상상적인 저술의 교육적 가치를 주장하고 있음.

아무것도 남는 게 없고 외적 혼인의 빈 껍질만이 남아서, 다른 어떤 종료의 위선처럼, 하나님께 불쾌하고 재미없는 것으로서 남겨질 것입니다. 그분의 명령은 해체되는 것 외에는 다른 방편이 없는 의무를 사람들이 준수하도록 묶어두려는 것과 거리가 멉니다. 【그렇기 때문에, **솔로몬**은 「전도서」에서 말하기를,】 만일 솔로몬의 충고가 지나치게 들뜬 기분이 아니라면, 그(솔로몬)가 말하기를, "네가 사랑하는 아내와 함께 네 모든 날에 즐겁게 살지어다. 그것이 네가 받을 몫이니라."[111]고 했습니다. 그렇다면 우리가 기뻐하거나 사양하는 것이 불가능할 때, 우리가 이런 계명에 어떻게 순종할 수 있겠습니까? 우리가 우리 자신을 얼마나 비참하게 속일까요? 하나님과 자연이 결합하려 하지 않을 하나의 실수를 접합하려는 헛수고를 하고, 끈질긴 미신으로 축복의 공동체에 더 큰 초조와 폭력만 보탬으로써, 하나님이 우리에게 주신 평안한 몫을 우리가 스스로 어찌 비참하게 사취당할 수 있을까요? 그것은 「고린도전서」 7장에 사도 **바울**이 한 말씀에 귀를 기울이지 않은 것인바, 그는 결혼과 이혼에 대하여 말하면서, 전체적으로 충분히 명백하게 결론 내리기를, "화평에 이르고 속박을 받지 아니하도록 우리를 부르셨다"고 했습니다.[112] 그렇습니다. 하나님 자신이 그분의 율법에서 한 번 이상, 그리고 칼뱅과 최상의 번역본에 기록된바, 그분의 선지자 **말라기**(Malachi)에게 명령하시기를, "[아내를] 미워하는 남자는 이혼하게 하라", 즉 사랑할 수 없는 【혹은 기뻐할 수 없는】 자는 그렇게 하라는 것입니다.[113] 그런고로, 유대의 율법학자들과, 그 가운데 유명한 마

---

[111] 「전도서」 9: 9.
[112] 「고린도전서」 7: 15 참조.
[113] 「말라기」 2: 16을 가리키지만, 이 구절은 번역상의 문제가 많았다. 칼뱅의 번역과 달리, 표준 개정판(Revised Standard Version, 1952)은, "이스라엘의 하나님 여호와가 말씀하시기를, 나는 이혼을 미워하나니"라고 되어 있다.

이모니데스(Maimonides)는 북스토르피우스(Buxtorfius)가 출간한 그의 책에서 우리에게 말하기를, "이혼은 결혼생활의 평화와 가족의 평온을 유지하기 위해 모세에 의하여 허용되었다"[114]고 합니다. 분명히 유대인들은 우리처럼 그들 주변에 자신들의 구원의 평화를 유지했지만,[115] 가정 평화를 위한 이런 건전한 준비도 그들에게 허용되어야 한다고 주의를 기울였습니다. 그런데 이것이 그리스도인들에게는 거절되어야 합니까? 아니, 모순입니다! 율법이 복음서보다 평화를 조성하는 데 더 선견지명이 있다니요! 가장 필요한 자비의 도움을 복음서가 율법에게 애걸하게 되지만 그걸 얻지 못하다니요! 더구나 사랑과 평화, 자연과 종교, 모두가 그에게서 분리되기를 애절하게 바라며 신음하는, 멍에인 짝지와 불쾌한 굴종적인 교접의 맷돌을 자주 돌리는 것이,[116] 기독교적 결혼의 유일한 강요된 일이 되어야 하다니요! 그러므로 저는 확실히 결론을 내리지 못할 만큼 자신이 없지 않은바, 결혼에서 가장 중요한 조력을 아무것도 받을 수 없는 자는, 그리하여 그의 의무를 분명하고 친절한 표정으로 돌려줄 수 없다면, 그래서 그가 그렇게 하고 싶지 않은 자를 계속 슬프게 하고, 그만큼 자신도 슬퍼하게 된다면, 그 사람은 사랑과 평화를 위해서라도, 이혼당하는 자에게 좋고 자유로운 조건에서, 이혼을 추진하도록 해야 합니다. 그리고 현명하고 조용한 동의를 하여, 늦지 않게 헤어지는 것이, 오염된 슬픔과 지속적인 불만으로 기쁨과 연합의 신비를[117] 여전히 더럽히고 욕되게 하는 것보다, 결혼

---

[114] Cf. *Rabbi Mosis Maiemonidis Liber Doctor Perplexorum* (Basle, 1629; UIL), p. 499.
[115] 종교적 의미에서의 평화는 신약성서처럼 구약성서에서도 되풀이되는 개념이다. Cf. 「민수기」 6: 26, 「시편」 29: 11, 「이사야서」 26: 3.
[116] 아마도, 「사사기」 16: 21을 상기시키는 것임. 『투사 삼손』(*Samson Agonistes*), 1. 41 참조: "노예들과 맷돌에서"(at the mill with the slaves).
[117] 「에베소서」 5: 31~32. Cf. *Paradise Lost*, IV, 750: "어서 오라, 결혼으로 맺어진 사랑이여, 신비로운 법칙이여!"(Haile wedded Love, mysterious Law.)

을 덜 파괴하는 것입니다. 결혼의 계약을 온전하게 유지하는 것은, 결혼의 외적인 지속이 아니라, 결혼 상태든 이혼상태든, 그 어떤 것이든 평화와 사랑에 따라 가장 많은 것을 하는 것이며, 이렇게 하는 자가 결혼을 가장 적게 깨뜨리는 자이며, "사랑만이 모든 계명의 완성이라"고 그토록 자주 기록되어 있기 때문입니다.

제7장

다섯 번째 이유는, 치유가 안 될 정도로 부적절하게 드러난 결혼이야말로 가장 그리스도인의 삶 전체를 방해하고 어지럽히고, 결국 우상숭배 하는 배우자가 하는 것과 똑같은 작용을 한다는 것임.

다섯째, 고대의 사제들은 슬픔에 오래 잠겨 있지 않았습니다. 아니 만일 그들이 슬픔에 잠겼더라면, 그들은 그들의 임무를 잘 수행할 수 없었을 것입니다.[118] 마찬가지로 보다 높은 계급의 사제직에 있는 모든 진정한 그리스도인은[119] 기쁨과 평화에 헌신한 사람이고, 그 자신이 찬양과 감사의 제물을 드리며,[120] 유쾌한 맛을 풍기며 출발하지 않는 그리스도인의 의무는 없습니다.[121] 그런 삶은 이 눈물의 골짜기에서 그렇듯이 외부적으로 개입하는 수많은 역경 속에서도 잘 달성될 수 있습니다. 그러나 그의 가장 내적 본성의 기반 자체를 파괴하는 이와 같은 가슴의 괴로움 속에서, 그가 가능성이 없는 사랑을 강요당했을 때, 한 남편이 영구적이고 끝없는 의무를 수행하면서 그의 영혼에 반하여 감정을 감추어야 할 때, 분명히 하나님을 섬기는 그의 전체 의무가 영혼의 슬픈 미흡성과 절망으로 흐려지고 더럽혀질 게 당연하며, 그것은 하나님도 기뻐하시지 않습니

---

[118] 유대의 의식적인 율법은 애도 행위에 사제의 참여를 엄격히 제한했다. 「레위기」 21: 1~6, 「에스겔서」 44: 25~27.

[119] 「베드로전서」 2: 5 참조. 모든 신자의 제사장 자격은 종교개혁의 핵심 교의(教義)이다.

[120] 「로마서」 12: 1, 「히브리서」 13: 15 참조. 「공동기도서」의 성찬의식 조항에, "우리의 찬양과 감사 … 우리 자신, 우리의 영혼과 몸을 바치는 우리의 제물이 당신에게 바치는 합당하고, 거룩한, 산 제물이 되도록"이라는 구절이 있음.

[121] 「로마서」 12: 8, 「고린도후서」 9: 7 참조.

다. 부적절하고 강제적인 유지 때문에 더 많이 파괴되는 결혼을 이혼으로써 파괴하는 것이, "끊임없는 눈물로 주의 제단을 덮으면서, 그러므로 그분께서 다시는 헌물을 중히 여기지 아니하시게"[122] 하기보다, 그리고 그리스도인의 삶 전체의 예배가 측량할 수 없는 슬픔과 낙담의 무게에 눌려 쇠약해지고 시들어버리기보다, 얼마나 더 기독교적인지 모를 사람이 있겠습니까? 그리고 몇몇 사람이 이혼에 이어진 두 번째 결혼의 자녀가 거룩한 씨앗이 아닐 것이라고 생각했다는 이유로, 유대인들은 그렇게 되는 것을 방해하지 않았습니다. 그리고 왜 우리가, 야수적인 필요성에서만 태어났으며, 그들의 부모에게 진정한 사랑도 만족도 즐거움도 되지 않는, 그 전의 잘못 꼬인 혼인의 자식보다, 두 번째 결혼의 자녀가 더 거룩하다고 생각해서는 안 될까요? 그리하여 어떤 의미에서 우리는 그들[123]을 근심과 "진노의 자녀"(children of wrath)[124]라고 부르게 되거나, 마치 그들이 서출인 것처럼 그런 천대에 만족하게 될 리는 거의 없을 것입니다. 정신의 혼란보다 우리를 하나님께 가까이 가지 못하도록 더 막는 것은 없을 것이기 때문입니다. 특별히 이러한 혼란은 하나님의 섭리에 대한 우리의 믿음과 신뢰를 공격하기도 하고, 만일 어느 쪽이든 덕성의 기적이 없다면, 괴로움과 진노, 헌신의 괴로움으로 끝날 뿐만 아니라, 지독한 악의적인 무관심으로 끝나기도 하는 것입니다. 자신의 잘못도 없이 거짓된 미끼에 의해 불행의 덫으로 빠져들게 훈련되었고, 유혹하는 법령에 의하여 배신당하고, 그리고 자신이 잘못 생각하듯이 하나님의 이혼금지법이라지만 사실은 사람의 부당한 법에 의하여 낙담과 불안의 노예로 만들어진 것을 깨닫게 되면 그렇습

---

[122] 「말라기」 2: 13.
[123] 두 번째 결혼으로 얻은 자녀를 뜻함.
[124] 「에베소서」 2: 3. 여기서 사용되듯이, 이 구절은 거듭나지 않은 상태에 있는 모든 사람에게 적용된다.

니다. 하나님이 불행한 결혼의 고충과 강제된 준수보다 그리스도인의 자유롭고 유쾌한 예배를 선호하신다는 것은, 종교의 일반적인 좌우명들이 우리를 확신시켜주는 것 외에도, 우상숭배 하는 여자와 이혼하는 근거와 유사한 주장을 끌어들임으로써, 다시 말해, 하나님의 진정한 예배로부터 자신의 마음을 떼어놓지 않기 위한 것임이 더욱 분명해집니다. 그리고, 그녀가 그녀의 유인하는 마법에 의하여 그를 미신으로 이끄느냐, 혹은 그녀의 도움 되지 않고 부적당한 교제의 혼란을 통하여 하나님에 대한 숭배 전체를 못 하게 하고, 그리하여 결국 불평과 절망을 통해 무신론 사상으로 몰아넣느냐 하는 양자 사이에 무슨 차이가 있겠습니까? 전자가 의도적으로 그를 신앙에서 꾀어내는 것이고, 후자는 아마 뜻하지 않게 그를 내모는 것이라는 점에서, 어느 쪽도 결별의 이유를 줄이지 않습니다. 하나님의 계산에서는 모두 마찬가지이며, 아내가 [하나님의] 종인 남편을 잃는 것입니다. 그러므로 **십계명(Decalogue)**의 모든 합한 힘에 의하여, 우리가 하나님과 사랑 위에 결혼을 두지 않는 한, 그것은 결혼을 금지하는 것만큼이나 마귀의 교리이므로,[125] 우리는 그녀를 떨쳐내야 합니다.

---

[125] 「디모데전서」 4: 1~3 참조.

제8장

우상숭배를 하는 이교도는 개종의 희망에 편한 여유를 준 후에나 이혼당해야 함. 「고린도전서」 7장 9절은 두 가지 잘못된 해설로부터 복원된 것임. 그리고 일반 해설가들은 도덕법과 명백하게 모순됨.

이제, 그런데, 이 논설이 끝나기 전에 이혼의 전체 문제를 입증하고자, 저는 아직도 그토록 반박되는 것, 즉 우상을 숭배하는 이교도는 이혼당해야 마땅한가 하는 문제를 완전히 해결하기를 바라며 몇 행을 할애하고자 합니다. 그 문제를 해결하려면, 우리가 미리 알아야 하는 것은 유대인들은 믿지 않는 이방인과 이혼해야 할 이유로 두 가지를 들었다는 점입니다. 첫째, 모든 다른 국민들, 특히 **가나안족**(Cannanites)은 그들에게 부정했기 때문입니다. 둘째, 유혹을 피하기 위해서입니다. 다른 국민들은 **유대인들에게 불결하게 여겨져서**, 결혼을 파기할 정도였다는 것이 「출애굽기」 34: 16, 「신명기」 7: 3, 6에 나타나며, 「에스라」 9: 2, 10: 10, 11과 「느헤미야」 8: 30과 비교됩니다. 이것이 **고린도 사람들** 사이에서 어떤 할례 받은 자들이[126] 제기한 의심의 근거였으며, 불신자를 부정한 것으로 간주하여 그들이 이런 사람과 이혼해야 할 만큼 부정한 존재인지 의심했습니다. 그들의 이런 의심을 사도 **바울**은 성 **베드로**(St. Peter)의 입장과 관련되는 복음적인 이유에서 제거하는바, 그의 입장에 따르면, 정함과 부정함의 구별이 철폐되었으므로, 모든 살아있는 피조물은 순결한 기독교적 용도에 쓰이도록 인정되고, 그리고 인류는 이제 특별히 일반적인 부르심에 따라 은총의 언약으로 초대된 것입니다.[127] 그러므로, 사도 **바울**은 말하기

---

[126] 다시 말하면, 유대인 출신의 그리스도인들을 말함.

를, "믿지 않는 아내가 남편으로 말미암아 거룩히 구별되었나니",[128] 즉 그의 용도에 맞게 순수하고 합당하게 만들어져서, 그녀의 불신앙이 그를 더럽힐까봐 두려워서 그녀를 쫓아낼 필요가 없는 것입니다. 그러나 만일 그녀의 사랑이 여전히 자신을 향하는 것을 그가 발견한다면, 그는 도리어 그녀의 마음을 사고자 바랄지도 모릅니다. 이혼의 두 번째 이유는 유혹을 피하는 것인데, 율법의 그 두 구절을, 에스라(Ezra)와 느헤미야(Nehemiah)가 하나님의 보장에 따라 유대인들에게 그들의 아내들을 버리라고 강요했던 것과 비교함으로써 이 이유는 입증된 바입니다. 그리고 이런 이유는 기독교 신앙의 원칙에 어긋나지 않으므로 도덕적이고 영구적입니다. 그러므로, 사도가 말하기를, "믿지 않는 자들과 더불어 멍에를 같이 메지 말라"[129]고 했으며, 그것은 무엇보다 결혼에 대한 것으로 해석될 수 있습니다. 그리고 비록 이전의 법적인 오점이 이제 없어졌다 해도, 우상숭배에 있어서 이전만큼 피해야 할 영적인 전염은 여전합니다. 그리고 비록 유혹이 두려워할 정도가 아니더라도, 개종시킬 희망이 없는 경우, 결혼과 결코 조화될 수 없는 종교적인 회피와 혐오가 항상 따를 것입니다. 그러므로, 사도 바울은 말하기를, "의와 불의가 어찌 사귀겠느냐? 빛과 어둠이 어찌 친교를 나누겠느냐? 그리스도와 벨리알(Belial)이 어찌 일치하겠느냐? 믿는 자가 믿지 않는 자와 무슨 몫을 나누겠느냐?"[130] 했고, 한 절 띄우고 그 다음 절에서, 그는 이사야(Isaiah)의 명령을 도덕적으로 해석하며, 우리

---

[127] 「사도행전」 10: 9~28.

[128] 「고린도전서」 7: 14.

[129] 「고린도후서」 6: 14: "너희는 믿지 않는 자들과 더불어 공평하지 않게 멍에를 같이 메지 말라." 밀턴이 인용한 표현에는 '공평하지 않게'가 빠져있고, 그가 직접 번역한 것이지만, 이 구절의 나머지 인용에서는 킹 제임스 흠정역을 따르고 있다.

[130] 「고린도후서」 6: 14~15.

에게 거기에 따르라고 합니다. "그러므로 너희는 그들 가운데서 나올지어다. 너희는 거기서 나오고 부정한 것을 만지지 말지어다. 내가 너희들을 받아들이리라."[131] 그리고 우리에게 복음의 정신으로 부과된 이 명령은 에스라(Ezra)가 이혼의 경건한 필요성을 주장한 근거와 동일한 힘이 있습니다. 그에게는 그가 한 일에 대하여, 「신명기」에 나오는 이 같은, 아니 이처럼 직접적이 아닌, 일반적인 명령이 있었으며, 다른 어떤 임무는 없었습니다. 그는 결혼하지 말라는 지시를 받았지만,[132] 이혼하라고 지시받지는 않았으니까요. 그러나 우리는 그가 얼마나 놀라운 열성과 확신으로 믿는 자와 믿지 않는 자의 씨앗 사이에 발생하는 일반적인 이혼을 창시했는지 압니다. 복음서 저자 중 세 명에 따르면, 율법의 말씀보다 복음서가 더 명백하게 그의 편입니다. 율법에서 이혼의 문제를 제한 없는 방종의 결함을 악화시키기에 가장 적합한 그런 엄중함으로 다루고 있으니까요. 그러나 여전히 같은 장에서, 가장 소중한 어떤 시민적 존경이나 태생적인 관계가, 우리의 종교 의무를 이간하거나 방해하거나 단지 지체하는 구실이 될 수 있는지 나중에 문제 될 때, 우리가 내세에 약속된 최고의 보답을 유업으로 받으려 한다면, 아버지와 어머니 그리고 아내 역시 증오할 수 있을 뿐만 아니라 버릴 수 있다는 결정을 듣게 됩니다.[133] 우리가 그들과 동의하거나 승낙하지 않음으로써만 그들을 버려야 한다고 말하고 넘어가는 것은 충분치 않을 것입니다. 비록, 같은 믿음 때문에, 그들이 단지 육신적 온화함으로 인하여 세속적인 설득으로써 우리의 기독교적 용기를 약하게 만들려 하거나, 단지 우리의 지조를 소심하고 부드러운 암시로 동요시키려 하기

---

[131] 「고린도후서」 6: 17. 「이사야서」 52: 11이 암시되고 있으나 정확히 일치하지는 않는다.
[132] 「신명기」 7: 3: "그들과 결혼하지 말지니."
[133] 「마태복음」 19: 29, 「마가복음」 10: 29~30, 「누가복음」 18: 29~30 참조.

만 하더라도, 그것(버리는 것)은 시행될 것이며 게다가 완전히 시행될 것이기 때문입니다. 우리가 읽을 수 있는바, 사람들 가운데 가장 인내심 강한 자인 욥(Job)은 그의 아내의 필사적인 충고를 얼마나 극렬히 거부했는지요.[134] 그리고 가장 온유한 자인 모세는, 십보라(Zippora)의 불경한 말에 철저히 화가 나서, 그녀를 그녀의 아버지에게 돌려보냈던 것입니다.[135]

그러나 만일 그들이 끊임없이 우리 팔꿈치 아래서 하나님에 대한 진정한 예배를 하지 못하게 우리를 꾀어내고, 그들의 절망적인 불신의 연속 때문에 우리의 양심을 더럽히거나 나날이 중상한다면, 그럴 경우엔, 이성적인 적절한 과정에서도, 그리고 정의가 진행되는 항상 공평한 균형에서도, 이 인용된 구절이 이런 신봉자에게 완전하고 최종적인 분리보다 못한 것을 명령한다고 상상할 수는 없습니다. 적어도 그들을 함께 잡아두는 폭력을 사용해서는 안 된다는 것입니다. 반면, 하나님이 아브라함(Abraham)에게 그들이 경건한 가족 안에서 저지른 범죄 때문에 그의 믿음 없는 아내와 그녀의 아들을 내보내라고 명령했음을 우리는 기억합니다.[136] 그리고 다윗(David)은 같은 이유 때문에 추방과 거의 다를 바 없는 방식으로 미갈(Michal)을 처리했음을 추측할 수 있습니다.[137] 그러므로, 결코 멈추지 않는 반복되는 추문과 유혹에 대적하여, 절대적인 이탈 외에는 다른 처방이나 철수가 더이상 발견될 수 없습니다. 어떤 종류의 결혼이 남아있을 수 있을까요? 그들의 생각과 영혼이 지옥에서 천국처럼 먼 곳으로 따로따로 날아갈 때, 마음에서 우러나 이행해야 하는데, 이들 사이에서 어떤 의무가 이행될 수 있을까요? 특히 만일 희망이 그녀(희망)의 예상된 꽃을 내보내

---

[134] 「욥기」 2: 9~10 참조.
[135] 「출애굽기」 18: 2, 4: 25, 「민수기」 12: 3 참조.
[136] 「창세기」 21: 9~14.
[137] 「사무엘하」 6: 22~23 참조.

야 하는 때가 헛되이 지나가 버린다면 말입니다. 아버지나 형제가 종교적 열성 때문에 미우면서, 인간적으로 혹은 본성적으로 사랑할 수도 있다는 사실은 쉽게 받아들여질 것입니다. 그런 의무는 멀리서 이행될 수 있고, 어떤 오랜 부재도 용납할 수 있기 때문입니다. 그러나 결혼의 평화와 평생의 동거는 어떻게 지탱할 것인지, 가장 적극적인 증오심으로 미워해야 하고 버려야 하지만, 지속적으로 함께 거주하고 동행해야 하는 사람과 육체의 호의적인 친밀한 교제를 어떻게 유지할 것인지, 이를 구별할 수 있는 자는 매우 특이하게 분열되고 고안된 애정의 은사를 가지고 있을 것입니다. 반면에 정의롭고도 현명한 다른 이들, 그리고 그들 중에 솔로몬은,[138] 만일 그들이, **모세**가 요구하고 복음서가 의도하듯이, 미워하면서 버리지 않는다면, 하나님의 사랑과 일치하는 방식으로밖에는 사랑하지 않을 수 없을 것입니다. 하나님의 질투심은 경쟁상대를 허용하지 않기 때문입니다. 그리고 종교를 위해 아내를 버리라고 명한 그리스도가, 도덕적 이유에 근거한 자신의 율법을 유지하는 것이 그의 임무요 본질이었던 **모세**가 뜻한 대로, 이혼에 의하여 그렇게 하라는 뜻인지, 아니면, 그리스도가 종교에 새로운 도덕률, 새로울 뿐 아니라 불변의 명령에 반대되는가 하면, 하나님에 대한 우리의 사랑과 숭배를 위태롭게 손상시키는, 그런 도덕률을 종교 속으로 끌어들이려는 뜻인지, 어느 쪽이 더 가능성이 있겠습니까? 모세가 이혼을 절대적으로 명했을 때, 그리고 그리스도가 증오하고 버리라고 했을 때, 그리고 그분의 사도가 그리스도와 **벨리알**(Belial)과 함께 영적으로 교섭하지 말라고 했을 때, 여전히 그리스도가 이 모든 마지막에 '이혼하지 마십시오. 안돼요, 유혹이 있든 말든, 종교를 위해서는 안 됩니다'라고 말한 것처럼, 이렇게 믿어야 할까요? 결혼에서 이것[139]이 하늘에서든 땅에서

---

[138] 「열왕기상」 11: 1~8 참조.

든 모든 이혼 수단을 반대하고 경멸할 수 있는 얼마나 막강하고 보이지 않는 빨판상어(Remora)[140]가 되는지요. 아주 많은 점과 획 때문에, 전체 도덕적 율법이 철폐되는 것이 사실이라면, 하늘과 땅이 둘 다 없어질 것입니다.[141] 그러나 만일 우리가 그렇지 않다고 대담하게 믿는다면, 그러면 신앙의 방법에 있어서, 그리고 우리의 믿음의 영예와 존엄성을 구하기 위하여, 우리는 하위의 세속적 법을 준수하는 데서 물러나 우리의 힘을 모아야 하며, 전체적이고 종교적인 명령을 엄격하게 유지하도록 해야 하고, 이 명령에는 "너는 그들과 어떤 언약도 맺지 말며"[142]라고 적혀있고, 우리에겐 적법하게(lawfully) 맺어질 수 없는 언약을 적법하게 해체할 지침과 예들이 있습니다. 「역대하」 19장 2절에, "주를 미워하는 자들을 사랑하셔야 하겠나이까?"라는 구절도 있습니다. 분명히 아니지요. 의무 가운데 분명한 등급이 있고, 상위와 하위 명령들의 위계질서가 있는데, 그것을 올바른 순서로 연구하지 않아서 모든 세상이 혼란에 빠진 것입니다.

이런 원칙들에 따라, 저는 올바른 신자는 우상숭배하는 이교도와는, 더 좋은 희망이 없는 한, 이혼해야 하며, 그렇지만, 이혼을 하고 하지 않고는 신자의 선택이라고 답하는 바입니다.

전반부는 이렇게 하여 분명해질 것입니다. 배교한 우상숭배자는, 유혹

---

[139] 위에 언급한 이혼하지 말라는 그리스도의 계율을 말함.
[140] 고대 전승에서, 그 조그만 물고기가 노, 바람, 조류에 맞서 배를 정지시킬 수 있었다고 한다. 플리니우스(Pliny)는 그 물고기의 신비로운 힘에 대하여 생생하게 표현한다(*Natural History*, XXXII, i).
[141] 「마태복음」 5: 18 참조: "진실로 너희에게 이르노니 천지가 없어지기 전에는 율법의 일점일획도 결코 없어지지 아니하고 다 이루리라."
[142] 「신명기」 7: 2~3: "즉 주 네 하나님께서 그들을 네 앞에 넘겨주실 때에 너는 그들을 치고 그들을 진멸할지니라. 또한 너는 그들과 어떤 언약도 맺지 말며 그들에게 긍휼을 보이지도 말고 / 또 그들과 결혼하지 말지니 네 딸을 그의 아들에게 주지 말며 네 아들을 위하여 그의 딸을 취하지 말지니라."

하는 남편이든 아내이든, 하나님의 계명에 의하여 죽게 되어 있었고,[143] 하나님 자신이 그 결혼을 해체합니다. 우상숭배자로서 태어난 다른 사람들에게는, 그들의 위험한 동거의 도덕적 이유와, 그리스도와 **벨리알**(Belial) 사이에 통할 수 없는 적대감이, 영감을 받은 두 개혁자, **에스라**(Ezra)와 **느헤미야**(Nehemiah)의 명령을 강조하여, 복음 아래서도 마찬가지로 우상숭배자를 내쫓도록 하기에 충분할 것입니다.

후반부는, 비록 두려워할 유혹이 없더라도, 만일 주어진 희망이 없다면, 이혼은 적법하다는 내용으로서, 우상을 숭배하는 결혼은 하나님께 가증스럽고, 따라서 여전히 에스라가 가진 그 근거의 양상에 따라 이혼할 수 있다는 것으로 밝혀질 것입니다. 그리고 똑같은 영원한 이유에 의해서도 그러한데, 만일 하나님이 합친 자들을 사람이 분리할 수 없다면, 하나님이 합치지 않고 합치기를 싫어하는 자들을 사람이 분리해야 마땅하다는 주장은 어찌하여 따라오지 말아야 하는지 아무도 설명할 수 없습니다. 그러나, 행하지 않았어야 할 것도 일단 행해졌다면 유효하다고 변호인은 주장합니다. 저는 이것이 법의 코바늘일 뿐이라고 답하려 합니다만, 그 법에 반대되는 것은 명백한 성경입니다. 그리스도가 이혼에 관하여 말씀하신 내용에 대하여 말하자면, 그가 의미하신 바는 같은 믿음을 가진 자들 사이에만 해당된다는 것을 모든 학식 있는 자들이 인정합니다.[144] 그렇다면, 머물러 있겠다는 이교도와는 이혼하지 말라고 우리에게 요구하는 듯한 사도 **바울**에게 우리가 뭐라 해야겠습니까? 우리는 무리 없이 말할 수 있는바, 현대 신학자들이 그런 말씀에서 잘못된 의견을 이제까지 수집해왔다는 것입니다.[145] 그의 취지는 전에 들은 바와 같이 명백합니다.

---

[143] 「신명기」 13: 6, 9.

[144] Cf. Perkins, *Christian Oeconomie* (*Works*, 1609~1613, III, 687): "그리스도는, 그가 간음문제를 언급할 때(「마태복음」 19장), 공정한 결혼에 대하여 말하고 있다."

불신자와 결혼생활을 유지하는 것은 종교적, 도덕적 법률을 명백히 부정하는 것이었던바, 그렇게 유지하라고 명령한 것이 아니라, 불신자의 육체가 신성을 모독하는 것은 아님을 **고린도 사람들**에게 보여주려는 것이었습니다. 기독교적 결혼생활을 살아가려는 불신자의 소망이 있어서 그의 마음이 믿음에 열려있을 가능성을 보여준다면 신성모독은 아니라는 것입니다. 그러므로 개종시킬 어떤 노력도 소홀하지 않고 다할 때까지는 그토록 오래도록 새로운 출발을 참으라는 충고입니다. 제 말은 그가 이런 충고를, 그것도 명령이 아니라 다소 조심성 있게 한다는 것입니다. 만일 우리가 그 자신의 말 그대로 믿어줄 만큼 그에게 그만큼의 신뢰를 하기로 한다면, 그렇습니다. "나머지 사람들에게는 주가 아니라 내가 말하노라"—이것이 아무래도 무관한 일(a thing indifferent)에 대한 그의 권고(counsell)가 아니고 뭐겠습니까? 그가 명령이 아닌 권고만 한 것은, 주님이 말씀하시지 않은 것이 사실이라도, 사도 **바울**이 우리에게 경고한 후 철회하지 않는다면, 우리가 그것을 바울의 입에서 나온 하나의 명령(command)으로 받아들일 것이었기 때문입니다. 그럼에도 불구하고, 그것을 우리가 하나의 명령이라고 단언한다면, 그는 분명히 그것을 부인하고 있으므로, 이것은 사도 바울을 해설하는 것이 아니라 그에게 대항하는 것이 됩니다. 바울이 하나님의 말씀에 첨언하는 죄책감 없이 기독교적인 자유의 문제에 그의 판단을 개입시킬 수 있다는 말밖에 되지 않습니다.

---

[145] 현대 신학자들과 초기 해설자들 사이에 주요한 차이점은 John Mayer, *A Commentarie upon the New Testament* (2 vols., 1631; UTSL), II, 199에 언급되고 있는바, "아우구스티누스와 다른 고대 신학자들은 이것을 최상을 위한 충고로 이해하여, 그의 신앙 없는 아내를 버리는 것이 죄가 아니지만, 우리의 저자들은 순종하도록 강요하는 교훈으로 이해하여, 이런 경우 헤어지는 것이 죄가 된다. 그리고 사실상 그럴 수밖에 없는데, 간음 외에 이혼의 또 다른 이유는 우리의 구세주 그리스도의 이유에 반하도록 성립되어야 하기 때문이다."

결혼이나 독신생활이 선택의 문제임을 이런 말씀이 아니면 우리가 어찌 알겠습니까? "나는 명령으로 이것을 말하지 아니하고 허용된 것에 의거하여 말하나니, 내가 주께 받은 명령이 없으나 내 판단을 주노라."[146] 비록 베자(Beza)가 부정하지만, 이런 말씀이 이 같은 우리의 현안 문제에서 하나의 자유를 뜻하는 여지가 없단 말입니까? 성경이 이로써 영감이 줄어들지도 않습니다. 사도 바울은 자신이 쓴 글이 명령에 관해 쓴 것이 아니라고 고백합니다. 하나님이 명령하지 않은 채 두는 것이 최선이라고 생각한 문제에서, 하나님의 영이 그를 이렇게 인도하여 기독교적인 신중을 표현하도록 한 것을 우리는 인정합니다. 그러므로, 성 아우구스티누스(St. Austin)가 사도 바울이 여기서 아무래도 무관한 일에 대한 것처럼 말했다고 주장했다는 이유로, 베자가 아우구스티누스를 불경하다고 비난하는데, 베자는 신중하게 읽혀야 합니다. 그러나 만일 그것이 명령이라면, 우리가 여기서 더욱 자유롭게 남겨져야 하는 명령이 되도록, 저는 그것을 한층 더 증명하려 합니다. 더구나 12절에 사용된 그리스어에 따르면, 양 측에서 공동의 동의와 호감이 있어야 한다고 우리에게 분명히 가르쳐주고 있는 것입니다. 본문을 훼손하지 않을 자는 그것을 이렇게 번역해야 합니다. "만일 한 형제에게 불신자 아내가 있다면, 그리고 그녀가 그와 함께 거주하기로 동의하고 합친다면"(이것이 상호 동의보다 더 적은 걸 말한 것일 수는 없음), 유대식의 부정(Judaicall uncleannes)을 단순히 추정하여 그녀를 버릴 수 없게 하라는 것입니다.[147] 그리고 그 이유

---

[146] 「고린도전서」 7: 6, 25에서 발췌됨.
[147] 밀턴이 언급하는 그리스어 단어는 합성어 동사(συνδοκει)이며, 접두사 σύν는 상호성을 나타낸다. 킹 제임스 번역에서, 동사의 상호성이 이렇게 나타난다: "만일 어떤 형제에게 믿지 아니하는 아내가 있는데 남편과 함께 살고자 한다면 그녀를 버리지 말라"(「고린도전서」 7: 12).

1권 8장 | 321

는 불신자의 육체가 자비(benevolence)[148]나 출산으로 더럽혀진 것이 아니기 때문입니다. 더구나, 상호 만족의 이런 어조는 모든 유혹의 제안을 금하며, 열성적인 사람에게 그런 유혹은 크게 기분 상하게 하지 않고는 시도될 수 없는 것입니다. 그러므로 만일 유혹이 두렵다면, 이 구절은 이혼에 방해가 되지 않습니다. 이 추정된 명령에서 이런 식으로 신자를 **속박**하지 말라는 또 다른 경고가 개입하는데, 이런 속박은 틀림없이 극단적임이 드러날 것입니다. 만일 기독교적 자유가, 수많은 추문으로 양심을 가지고 놀고 괴롭히고 상처를 주도록, 맘껏 빗나가는 이교도의 기질과 참기 힘든 부담에 맡겨진다면, 말입니다. 그러므로, 만일 한 영혼을 얻으려는 마음속의 희망이 허사가 된다면, 그러면 사랑이 명하길, 신자가 그의 영혼에 괴로운 많은 고충 아래서 끝없는 기다림으로 녹초가 되어서는 안 된다고 할 것입니다. 그러나 한 고집스런 이교도를 개종시키려는 불확실한 시도보다는 한 진정한 그리스도인의 당면한 고통에 그런 관심을 기울여야 할 것입니다. 사도 **바울**이 해주는 희망의 권고는 우리가 하나님에게서 받는, 유혹을 두려워하고, 이교도, 부정한 자, 완고한 자와 헤어지라는 도덕적, 복음적 명령을 철회할 수 없습니다. 사도 바울은 우리가 소망하기를 원하지만, 우리에게 헛된 희망을 좇아 공상에 잠기게 하진 않습니다. 그는 말하길, "오, 남자여, 네가 네 아내를 구원할지 어찌 알 수 있으리오?"라고 합니다. 다시 말하면, 그가 모든 적절한 수단을 시도하고, 자신에게 합당한 시간을 들이고, 그런 연후에야, 만일 복음서의 충고에 귀 기울이려 한다면, 검은 에티오피아(Ethiopia) 사람 씻기기를 비로소 포기할 수 있을 것입니다.[149] 그리스도 자신이 말하기를, "진주를 돼지

---

[148] 불신자 아내를 버리지 않고 함께 거하도록 허용하는 자비를 말한다.
[149] 「예레미야」 13: 23 참조: "에디오피아 사람이 자기 피부를, 표범이 자기 반점을 변하게 할 수 있겠느냐?"

앞에 던지지 말라. 너는 그를 이교도처럼 여기라. 너의 발의 먼지를 떨어 버리라"고 합니다.[150] 만일 이것으로 충분하지 않다면, 어떤 관계이든, "미워하고 버리라"[151]는 것입니다. 그리고 이어지는 구절, 즉 "각 사람은 자기가 부르심을 받은 그대로 그 안에서 하나님과 함께 거하라"[152]는 말씀도 그 교훈에 속한 것이 틀림없습니다. 결혼이라는 하위의 부르심에 거하며, 그 명령에 위험하게 복종함으로써 기독교의 더 높은 소명을 방해하고 교란하지 않도록 하는 것입니다.[153] 마지막으로, 그리고 자주 기억에서 잊히는 것인데, 이것이 명령이든 충고이든, 우리는 하나님이 전에 명한 도덕적 종교의 가장 작은 요점과도 모순되지 않게 이해하도록 주의해야 합니다. 그렇지 않다면, 우리는 도덕법과 복음을 내란 상태로 두게 되지 않을까요? 그렇다면, 누가 이 두 주인을 섬길 수 있겠습니까?[154]

---

[150] 「마태복음」 7: 6, 18: 17, 10: 14 참조.

[151] 인용구는 아니지만, 「누가복음」 14: 26에 근거한 추측으로 여겨짐.

[152] 「고린도전서」 7: 24.

[153] Cf. Perkins, *Christian Oeconomie* (*Works*, 1609~1613, III, 688): "이중적인 소명이 있다. 일반적 소명은 하나님을 섬기는 것이고, 결혼이나 독신의 소명 같은 특별 소명이 있다. 이런 두 가지 소명이 병행할 수 없으므로, 후자는 전자에 양보해야 한다."

[154] 「마태복음」 6: 24 참조: "아무도 두 주인을 섬길 수 없나니."

제9장

간음은 결혼의 가장 큰 와해가 아님. 그만큼 큰 다른 위반들이 있을 수 있음.

이제, 우상숭배나 간음이 결혼의 가장 큰 위반인지, 만일 어떤 요구 때문에 그가 이를 생각하게 된다면, 결혼문제를 다루는 기독교 저자들 사이에서 동의한 세 가지 주요 목적에는, 경건한 교제, 시민적 교제, 결혼 잠자리의 교제, 이 세 가지 목적이 있습니다.[155] 이 세 가지 중 첫 번째 목적이 명목상 최고의 가장 우수한 목적임을 세례받은 사람이면 부정할 수 없으며, 우상숭배가 이 최고의 목적을 직접적으로 파괴한다는 점과 파괴된 목적 같은 것이 바로 파괴라는 점도 부정할 수 없을 것입니다. 그러나 간음이 가장 큰 위반이라고 단언하는 자는 침대가 결혼의 최고 목적이라고 단언하는데, 그것이 아무리 일반적인 것이라 해도 사실상 저속하고 천박한 견해입니다. 이는 모든 순결한 철학과 문명적 본성의 빛에서 거리가 먼 것처럼 성경의 모습과도 거리가 멉니다. 그리고 의심할 여지 없이, 삶의 존엄을 위하여 결혼에 있을 수 있는 유쾌한 도움은 가장 순수하고, 그래서 그 계약의 가장 고상한 목적입니다. 그러나 만일 각 개인의 특수성을 고려한다면, 하나님이 지명한 세 가지 목적 가운데, 그 개인에게

---

[155] 「공동기도서」의 결혼예식에 규정된 결혼의 목적은, "하나는 자녀를 출산하는 것으로, 주님을 경외하고 그 안에서 양육하고 성장시키는 것이다. 둘째, 죄에 대한 치료로서 간음을 피하도록 규정된 것이며, 금욕의 은사를 받지 않은 자들은 결혼하여 그리스도의 몸의 순결한 지체로 자신을 지킬 수 있을 것이다. 셋째, 상호 교제, 협력, 위로를 위한 것으로서, 서로가 상대로부터 번성할 때나 역경에서나 얻어야 하는 것입니다. 퍼킨스는 네 가지 목적을 거론하는데, 번식을 육체적인 번식 자체와 "하나님의 교회가 거룩하고 순결하게 유지될 수 있도록 하는 거룩한 씨의 번식"을 구별한다(Woks, III, 671).

가장 필요한 것이 가장 큰 것입니다. 그러면, 결혼은 그가 이 제도를 통해 가장 찾던 것을 전혀 실현할 수 없게 될 때, 그것이 종교적이든, 시민적이든, 혹은 육체적인 교제이든, 그에게 가장 파괴적인 것입니다. 그런 욕구들 가운에 마지막의 가장 비천한 욕구만을 이유로 이혼하여 그를 바로 잡는 것은 하나의 빗나간 상처가 됩니다. 그것에 대한 가식적인 이유는 **규범(Code)**[156]과 교회법만이 감지할 수 있는 불감증 자체만큼 무감각합니다. 이처럼 논쟁거리는 많습니다. 저는 이제 이전의 논쟁으로 돌아가겠습니다.[157] 그런 이혼을 금지하는 것은 하나님이 세운 제도의 분명한 목적에 부합하지 않는바, 하나님 자신이 사람에게 혼례의 결속을 위해 불을 지핀 지적이고 순수한 욕망을 만족시키고자 결혼을 용인한 것이지, 결혼하지 않고도 소박한 식사로 정화할 수 있는 감각적이고 야만적인 불타는 정열을 치료하는 목적으로만 결혼을 용인한 것이 아님을 입증함으로써, 정신의 불균형, 불일치 혹은 무감각이 마땅히 이혼 사유가 될 수 있다는 점을 보여주기 때문입니다. 다음으로, 그 금지는 많은 이로 하여금 부부의 침대를 범하도록 내모는 반면, 그 영혼이 가정에서 발견하기를 희망했으나 놓쳐버린 그런 만족을 밖에서 찾고자 헤매게 합니다. 그렇지 않으면, 그 영혼은 자신이 거의 무시된다고 생각하여, 원인을 인간의 부당한 무지가 아니라 하나님의 법에 있다고 오판하며, 투덜거리며 앉아서 무신론에까지 이릅니다. 저는 이혼 금지가 외적 형식을 확고히 지탱하고자 하는 반면, 결혼의 내적 매듭, 즉 평화와 사랑을 어떻게 풀어버리는지도(만일 전혀

---

[156] "Code"는 보통 유스티니아누스의 법전(Codex of Justinian)을 언급하지만, 세속적인 법과 교회법 전체를 암시하는 듯함.
[157] 앞의 제8장의 주제, 즉 "우상숭배를 하는 이교도는 이혼당해야 하는가"의 주제를 말한다. 1644년 개정판에서 장(Chap)을 나눔으로써 애초의 논리적 형태가 좀 흐려진 것이다.

짜이지 않은 것이 풀릴 수 있다면) 보여드렸습니다. 어떻게 그것이 그리스도인(人) 남자를 패망하게 하고, 기혼 남성을 현실성 없이 강요하는지 말입니다.

제10장

이 율법이 내세우는 여섯 번째 이유: 태생적 이유 때문에 시도된 이혼을 금지하는 것은 본성에 반하는 것임.

여섯 번째 구절은 이런 금지가 종교에 대해서처럼 인간성에 대하여 무관심하고 따라서 하나님에 대해서도 존중심이 없다고 선언합니다. 그는 부당한 결혼은 합당하게 이혼할 수 있다고 가르치며, 더구나 가끔 결혼식 후까지 파악되지 않는 서로의 성향을 철저히 파악하여, 그때 어느 한쪽에서 본성의 강력한 저항과 뒷걸음질을 알게 되고, 그들 서로의 교제의 모든 내용을 비난하게 된 자들, 이런 사람들은 합당하게 결혼한 것이 아님을 가르칩니다. (사도의 말씀을 인용한다면) "내가 사람으로서 이것들을 말하느냐, 율법도 같은 것을 말하지 아니하느냐?「신명기」22장에 기록되어 있나니, '너는 네 포도원에 여러 가지 씨를 뿌리지 말지니라. 그리하면 네가 뿌린 네 씨의 열매와 포도원의 열매가 더러워질까 염려하노라. 너는 소와 나귀를 함께 써서 밭을 갈지 말지니라.'[158]" 등입니다.[159] 제가 사도 **바울**의 추리 양상을 따른다면, 하나님이 나귀와 소에 대해, 그 짐승들이 얼마나 부적당하게 함께 묶이는지를 염려하시는 것일까요? 혹은 전적으로 우리를 위해 말씀하시는 것일까요? 우리를 위하여 분명히 이 말씀이 쓰인 것입니다.[160] 그렇습니다. 앞서 인용된「고린도후서」6장 14절에서, 사도 바울 자신이「신명기」의 그 구절에 근거하여, 그리스어 단어에 의하

---

[158]「신명기」22: 9~10.

[159]「고린도전서」9: 8~10.

[160] 사도 바울은「신명기」25: 4("너는 소가 곡식을 밟을 때에 소의 입에 마개를 씌우지 말라")을 비유적으로 해석한다. 밀턴도「신명기」22: 9~10을 같은 식으로 읽는다.

여 분명히 드러나듯이, 잘못 묶인 결혼을 금지하는 암시를 하고 있습니다. 비록 그가 불신자와 잘못 결합되는 예를 하나 들고 있지만, 그 다음으로는, 결합할 수 없는 정신의 혼합을 강요하고, 너무나 부조화되고 결합되지 않는 씨앗으로 인간의 태생적 슬픔을 뿌리는 것보다, 자연의 존귀한 비밀에 더 나쁜 불일치가 되고, 더 큰 폭력이 되는 것이 무엇이겠습니까? 그 행위가 당연히 그래야 하듯이 친절하고 자발적인 것이므로, 바울은 그가 쓰는 언어에서 "유노이아"(Eunoia), 그리고 라틴어로 "자비심"(Benevolence)이라 했고,[161] 그것의 근원이 이해와 의지에 있음을 암시합니다. 그렇지 않다면, 확실히 그것은 차라리 악의(惡意)라고 부르는 것이 가장 적절할 것인바, 그것은 이성이 부여된 한 개인이, 합당하고 강력한 원인들 때문에 그가 좋아할 수 없거나 불평등한 원인으로 인해 보답을 찾지 못할 때, 그가 강요받을 수 있는 가장 해롭고 부당한 공물이며, 자기 육체의 최상의 본질, 어떤 이들이 생각하듯이, 그의 영혼의 최상의 본질을 지불하도록 만들어진 것입니다. 더구나 다른 종류의 동물에서처럼 인간 속에서, 도덕적인 것이 아니라 타고난 사랑과 증오의 숨겨진 능력이 있는데, 이것이, 비록 결혼을 선택하는 데는 항상 그렇지는 않더라도, 결혼을 성공하게 하는 데서는 가장 우세하게 작용할 것입니다. 일상적인 경험 외에도, 성경 다음으로 지혜가 돋보이는, 「집회서」(*Ecclesiasticus*)[162]의 저자는 13장 16절에서 말하기를, "사람은 그와 같은 자들끼리 갈라질 것이라"고 했습니다. 그러나 각자의 배당된 수호신이나 고유의 별, 혹은 설계와 모난 성위(星位)의 천상의

---

[161] 「고린도전서」 7: 3: "남편은 아내에게 합당한 애정을 베풀고 아내도 남편에게 그와 같이 행할지니라." Mayer(*Commentariee*, [1631] II, 193)에 따르면, *Eunoia, Benevolence*는 육체의 어떤 행위가 아니라 정신의 애정을 마땅히 표현하는 것이다.
[162] 「집회서」와 위경(僞經, Apocrypha)의 다른 편들은 킹 제임스 판 성경에는 포함되었으나, 개혁교회에 의하여 성경의 정전에서 배제되었다.

영향, 혹은 하늘 아래 세상 원소의 **결합**(elementall Crasis), 이 모든 것이 어느 한쪽에 우호적이거나 적대적으로 결합하거나 단독으로 만나는지, 저와 충돌할 것 같은 사람들과 더불어, 이런 문제들을 추측하는 철학자로 감히 보이려는 게 아닙니다. 호메로스(Homer)의 고대 격언은[163] 덜 난해한데, 각자 같은 사람을 같은 사람에게 이끄는 일은 하나님 자신에게 특별히 속한 것이라고 간주합니다. 그것은 하나님이 처음 세운 첫 결혼에서 적합한 혹은 동등한 조력자라고 명명한 것에서도 아주 확실합니다. 더구나 모든 여자는 모든 남자에게 적합하다고 주장하는 것만큼 불합리한 것은 없습니다. 그래서, 자연 속에 이중의 양성소 혹은 혈통이 있으며, 거기서 분명히 피조물 전체를 통해 관통하는 사랑과 증오의 자손이 나오며,[164] 하나님의 행사가 있다면 그분의 작품들의 적절한 유사성과 조화를 결집하는 것임을 알 수 있기 때문입니다. 그 자체의 파멸로 이르는 두 상반된 것들에서 그가 제3의 존재를 만들어내는 경우를 제외한다면 말입니다. 더구나 혼인으로 잘못 들어선 두 사람 속에, 거짓 미끼로써 의도적으로 잠재운 자연의 잠자는 불화와 증오를 맹목적으로 혹은 악의적으로 끌어들인 것은 실수가 아니면 어떤 악한 천사인바, 만일 정당하고 정직한 의도의 기질에서 이미 착수한 것을 시작으로 그렇게 계속하여, 공평한 모든 것과 아름답고 가능한 모든 것이 시도되었다면, 이런 것들을 미리 예방할 수 있었을 텐데, 이보다 뒤늦게 그들이 눈뜨게 되어 어떤 조정도 성공할 것 같지 않다면, 난공불락

---

[163] 『오디세이』(*Odyssey*) 17: 218: "신은 같은 것끼리 모은다."(God brings like unto like).

[164] 플리니우스는 자연의 다양한 분야에 존재하는 평화 상태와 전쟁 상태에 대하여 말하기를, "그리스인들에게 공감(sympathia)과 반감(anipathia)이라는 명칭으로 알려진 이런 상태들 때문에 우리는 만물의 첫째 원리를 알 수 있다"고 한다. *Cf. Natural History,* XX, I, tr. John Bostock and H. T. Riley (6 vols., London 1855~1857), IV, 206.

의 원인과 결과를 대적하며, 악에 악을 보태고, 급기야 우리의 가장 좋은 시대를 헛되이 살아가거나, 슬픔을 가중시킨다면, 이것이야말로 얼마나 어리석은 짓일까요! 지혜의 「집회서」 37장 27절에 도리어 이런 충고가 있는 바, "나의 아들아, 너의 삶 속에서 너의 영혼을 증명하라. 영혼에 악한 것을 알고, 그것을 삶에 제공하지 말라"고 합니다. 그가 그렇게 말해야 하는 이유가 있습니다. 만일 육체의 악취와 미관의 손상이 【확실히 만일 육체의 어떤 불쾌감이 파괴할 수 있다면】 곧, 【그런 일에 대한】 결혼생활의 의무에 대한 정신의 동정심을 파괴할 수 있다면, 정신의 【반감】 불쾌감과 고민은 더욱더 육체의 모든 기능과 행위로 스며들 것이며, 그것들을, **모세가** 절대 훼방하지 않고 존중하는 자연의 근본적인 법전에 반대하여, 허약하고, 불친절하고, 불경하게 만들 것입니다. 그러므로 하나님은 우리에게 동정심이나 자연적 질서에 반하여, 아니 가장 비천한 피조물들에게조차 아무것도 강행하지 말라고 명령합니다. 이와 같은 무례가 불경한 범죄가 아니고는 인간에게 제공될 수 없음을 보여주고자 한 것입니다. 【그리고 그(하나님)가 모든 짝이 될 수 없고 섞일 수 없는 본성들이 짝짓는 걸 금지할 때, 분명히 모든 적절한 결과에 따라, 만일 어떤 우발적인 사고로 잘못 짝지어진다면, 그는 그들에게 그가 절대 짝짓지 않은 사람들이니 헤어지길 명하십니다.】 그리고 확실히 남자에게 어울리는 비슷한 조력자를 찾는다는 하나님의 숙고한 말씀은 그 속에 여성의 막연한 유사성 이상의 고려가 담겨있으며, 이는 교회법적 신학의 몽매함을 위해 종이를 낭비하도록 작성된 말씀도 아닙니다. 그렇습니다. 자연의 벽장에서 끌어낸 다른 비유적인 선행의 교훈들도, 짝지을 수 없는 공동체들을 억지로 함께 모으지 않음으로써, 혹은 만일 그들이 불운을 뚫고 만나지만 결국 해체된다면, 이는 우리에게 선과 자비심을 가르쳐 주려는 게 아닙니다. 하나님과 자연이 그 서술된 계명뿐만 아니라 그분의 모든 가시적인 작품의 처음과 마지막에 의해서도 우리에게 표시하고 가르치듯이 말입니다. 하나님의 나뉘라는 명령에 따라 세상이 처음 혼돈(Chaos)에서 생겨났을 때, 어울리지 않는 부적절한 짝을 분리하지 않고는 혼란에서 다시 새로워질 수는 없었습니다.

제11장

일곱 번째 이유, 때로는 결혼생활의 연속이 분명히 어느 한쪽의 생명을 단축하거나 위험에 처하게 할 수 있음. 율법과 신학은 둘 다, 삶이 그것의 의도된 위안인 결혼보다 선호되어야 한다는 결론을 내림.

일곱째, 교회법과 신학자들이 동의하는바, 만일 어느 한쪽이 다른 쪽의 생명을 상대로 음모를 꾸민다면, 그들은 이혼으로 격리할 수 있을 것이라 합니다.[165] 결혼생활의 생명에 대한 죄는 잠자리에 대한 죄보다 더 크기 때문입니다. 전자는 파괴하고 후자는 더럽힐 뿐입니다. 어떤 자들은 우울한 성향과 생활 방식 때문에, 하나님과 사람이 결혼에서 의도하는 자유롭고 경쾌한 대화에서 그들의 모든 위안을 수집하는 그런 사람들에 대해서도 같은 주장을 제기할 수 있습니다. 그들이 비사교적인 짝지를 만났기에 그런 위안을 박탈당한 것을 알게 되면, 그들은 서로의 실수를 너무 깊이 분개하여 오래지 않아 슬픔이 그들 중 한쪽의 삶을 망치게 할 것입니다. 그러므로, 함께 살기 때문에 생명의 위태로운 지경이 예견될 때, 그 원인이 무기력한 슬픔이든 의지적인 행동이든, 무엇이 중요하겠습니까? 분명한 것은, 생명의 보존이 결혼생활의 강제적인 유지보다 더 가치 있다는 것입니다. 한 사람에게, 그와 그의 친구들이 알기로는, 그의 삶의 파멸이나 좌절이 될 그런 상태를 자기 삶의 위안으로 삼고 그 안에 머무르도록 강제하는 것은 잔인한 행위나 다름없습니다. 삶의 기운과 영적인 훈련이 없다면, 삶은 무엇입니까? 개인적인 혹은 공적인 일에 그런

---

[165] 「창세기」 1: 4에 따르면, 창조는 시초에 분리의 행위로 묘사된다: "[하나님]께서 어둠에서 빛을 나누시고." 밀턴은 『실낙원』(I, 10)에서, "어둠에서 일어나"라는 구절을 반복한다.

삶이 무슨 소용이 있을까요? 그렇다면, 설령 그토록 가치가 전혀 없더라도, 그런 삶이 완전히 거부되고, 잘못 추진된 거래로 인하여 미신적으로 추진한들 성취 불가능한 이행을 위하여 그 삶이 절망 속에서 썩어 없어져야 할까요? 하나님에게 한 서약보다 더 불가침의 서약은 없습니다. 그러나 우리가 「민수기」에서[166] 보는 바와 같이, 만일 한 아내가 이 같은 서원을 했다면, 그녀의 남편의 의지와 권위만으로도 그 서원을 무효로 만들 수 있는 것입니다. 그렇다면, 힘겨운 유혹의 위험에서 벗어나, 그의 복지, 그의 생명, 아니 그의 믿음과 덕성을 구원하려면, 어울리지 않는 잘못 선택한 아내와 그 자신의 잘못된 결속을 더욱더 무효로 만들 수 있겠지요! 만일 사람이 안식일의 주인으로서 열병을 치료할 수 있다면,[167] 이와 같은 중요한 근거들을 들어 결혼의 주인이 되지 못하겠습니까?

---

[166] 「민수기」 30: 6~15 참조.
[167] 「마태복음」 12: 8~13, 「마가복음」 2: 27~28, 3: 1~5, 「누가복음」 6: 5~10 참조.

제12장

여덟 번째 이유는, 어쩌다 결혼하게 된 모든 이는 소명(calling) 이 없을 가능성이 있거나, 도리어 없는 것이 확실함. 그러므로 부적절함이 드러나고 검토된 경우, 강제력을 사용해서는 안 됨.

여덟 번째, 가장 분명한 것은 신체상의 흠이 분명하지는 않은 자들조차 모든 다른 결혼에 합당한 재능들이 없기도 하고, 단순히 도구적인 육체 외에는 아무것도 필수적인 건 없다고 하지 않는 한, 결국 결혼할 소명이 없는 것입니다. 합의된 결혼서약에서 그런 주장은 하나의 치욕이 되겠지요. 그러나 마찬가지로 분명한 것은, 이런 다수 사람들이, 그들 자신의 욕망이 아니라 친구들의 권유나 혹은 그들 자신을 잘 모르고, 결혼생활을 시작하는 경우가 종종 있다는 것입니다. 이런 경우, 결혼생활의 의무와 독신생활의 은사들 사이에 차이점을 드디어 발견하면, 둘 사이에 어떤 정신적 부적합성, 어떤 권태와 망설임과 의심이, 믿지 못할 모욕감과 불쾌감에 이르기까지, 따라올 수 있다는 것을 드디어 상상할 수 있습니다. 그들을 이렇게 가두고, 감금하고, 전자는 잘못 선택한 배우자와 함께, 후자는 잘못된 소명 안에,[168] 함께 가두는 것은 기독교적 지혜와 친절함이 사용할 도리가 아닙니다. 어떤 부모나 보호자들이 결혼을 강요하는 관습에 관해 말하자면, 이 같은 야만적인 비인간성에 대해서는 아무 말도 하지 않는 것이 더 좋겠지만, 단지 한마디 한다면, 그토록 이성이 손상된 인간에게 이혼의 자유를 주지 않는 법은 잔인함에 가깝습니다.

---

[168] 1643년 판의 본문에는, "그들을 대등하지 않은 잘못 선택된 짝짓기에 가두어 놓고 감금하는 것"이라고 되어 있다. 확장된 구절은 이 팸플릿 마지막에 쪽수를 표기하지 않은 쪽에, "생략된 19쪽 28행"(*Omitted pa. 19. lin. 28*)이라는 표제 아래에 나타난다.

제13장

아홉 번째 이유는, 결혼은 단순히 육체적인 결합이 아니라 인간적인 교제임. 그런 교제가 마땅히 얻어지지 않으면 진정한 결혼생활이 될 수 없음. 다른 언약들과 서약에 비하여, 결혼은 인간의 유익을 위하여 합당하게 해체될 수 있음. 결혼은 교황주의자의 성례이며, 부적절한 결혼은 개신교도의 우상임.

아홉 번째, 저는 결혼이 인간의 교제이며, 모든 인간의 교제는 육체보다 정신에서 진전되어야 한다는 점이 우리에게 용납될 것으로 생각하며, 그렇지 않다면, 그것은 일종의 동물의 모임이거나 야수적인 모임일 뿐입니다. 그러므로, 만일 정신이 합리적으로 인간적으로 요구할 수 있는, 결혼에 의한 적당한 사귐이 없다면, 그 결혼은 인간적인 교제가 될 수 없고, 야수적인 성교보다 별로 나을 바 없는 어떤 형식이거나 겉치레일 수 있고, 따라서 참된 지혜와 순수성 차원에서 해체되어야 할 것입니다.

그러나 결혼은 인간적인 것 이상으로서, 「잠언」 2장 17절에 따르면, "하나님의 언약"(the covnant of God)이며, 따라서 인간은 그것을 해체할 수 없습니다.[169] 저의 대답은, 만일 결혼이 인간적인 것 이상이라면, 그만큼 더욱더 결혼은 그것의 주요한 교제가 육체에 있기보다 도리어 정신에 있는 것이며, 그리고 결혼서약을 가장 크게 위반하는 것은 육체의 결함이기보다 정신의 부적합성이라고 주장하는 것입니다. 인간적인 것 이상의 언약에서 육체는 가장 관련성이 적으며, 그리하여 해체의 이유가 더욱더

---

[169] *Cf.* William Ames, *The Marrow of Sacred Divinity* (1638; HEFL), p. 323: "이것[결혼]은 계약 당사자들의 의지에만 그리고 계약에 영원히 의존하는 것은 아니다. 그럴 경우, 양측의 허락에 따라, 주인과 노예 사이에 흔히 그렇듯이, 그렇게 시작된 계약이 다시 해체될 수 있다. 그러나 이 계약의 원칙과 속박은 하나님의 제도이며, 그래서 역시 성경에서 그것이 때로는 하나님의 계약이라고 불린다. (「잠언」 2: 17)."

유효합니다. 또한 저는 이렇게도 답할 수 있습니다, 안식일은 더 높은 제도이고, 첫 석판의 명령이며,[170] 이혼보다 안식일을 어기는 것에 대해 하나님은 훨씬 더 그리고 더 자주 그분의 화를 표명했고, 모세로부터 【유대인의 바빌론 유수(幽囚) 이후까지】「말라기」(Malachy)에 이르기까지 그분은 이혼에 불쾌감을 보이지 않았고, 해당 본문을 본다면 더욱 그렇습니다.[171] 더욱이 인간의 유익이 관여되는 한, 그는 안식일을 범하도록 허용할 뿐 아니라 명령합니다. 어떤 언약이 하나님의 입술을 통해 나온 언약 이상으로 그분과 맺어지는 언약이며 인간의 힘에 달리지 않은 언약인가요? 그러나 만일 그 언약이 하나님의 영광이나 인간의 유익에 경솔하고, 불쾌하고, 생산적이지 못하다고 드러난다면, 우리의 교리는 그 언약을 유지하게끔 실수와 망설임을 넌더리나게 강제하지 않고, 그 언약을 대담하게 무효로 만들 수 있도록 지혜와 더 좋은 생각을 가르쳐줍니다.[172] 그러므로 영육 간에 인간의 유익에 적합하지 않음이 드러나고 해체할 수 없는 결혼을 유지하려는 것은 결혼의 우상을 만드는 것이고, 하나님의 숭배와 인간의 유익 위에 그것을 올려놓는 것이며, 그것을 둘째와 첫째 석판 모두 위에 있는 초월적인 명령으로 만드는 것이며, 그런 교리는 가장 엄청난 교리가 될 겁니다.

다음으로, 그것은 "하나님의 언약"이며, 따라서 인간적인 것 이상이라고, 그들이 「잠언」에서 인용하기는 하지만, 그 결과는 분명히 거짓입니다. 시드기야(Zedekiah)[173]가 바벨탑(Babel)의 불신자 왕과 맺은 언약도

---

[170] 「출애굽기」 20: 8 참조: "안식일을 기억하여 거룩히 지키라." 하나님에 대한 인간의 의무와 직접적으로 관련된 십계명의 훈계들이 첫 석판의 내용이다.
[171] 위의 10장에서 논의된, 「말라기」 2: 16에 대한 밀턴의 논의를 참조할 것.
[172] 퍼킨스에 따르면, 서약(vow)은 "합법적이고, 가능하고, 하나님에게 받아들여질 수 있어야 한다"(*Cases of Conscience* [*Works*, 1609~1613, II, 97]).

"하나님의 언약"이라고 불리는데,[174] 이것이 인간적인 언약 이상으로 간주되는 걸 듣게 된다면, 이는 이상하게 들릴 것입니다. 그러면, 인간과 인간 사이에 모든 언약이 맹세로서 묶이면, 그 안에 하나님이 입증되기 때문에 하나님의 언약으로 불릴 수도 있을 것입니다. 그와 같이, 하나님은 결혼의 창시자요 증인입니다. 그러나 이 사실에서 하나님의 영광과 양쪽의 주요한 이익에 종속되는 것 이상의 어떤 신성한 속박도 따라오진 않을 것입니다. 하나님의 영광과 그들의 판단된 서로의 적합성이, 다른 계시 없이도 하나님이 그들을 결합했다고 처음에 생각하게 인도한 동기였기 때문입니다. 마찬가지로 분명히 부적합한 두 사람이 계속 부부로 남는 것이 하나님의 영광과 그들 서로의 행복에 반하는 것임을 알게 되었을 때, 하나님이 그들을 절대 결합하지 않았음을 확신할 수 있게 되는 바, 하나님은 인간을 위해 규정된 의식을 인간 위에 두지 않고,[175] 결혼을 인간의 자유로운 삶과 영혼 위에 군림하는 하나의 폭정이나 여신으로 추앙하지 않으려는 그분의 자비로운 의지를 드러내신 것입니다. 하나님이 부당하고 잘못 결합된 부부의 강제적인 존속을 어찌 즐거워하며, 숭배를 받고, 영광을 받을 수 있을까요? 쟁기질하는 다른 가축의 불균형도 보기 싫어하신 그분이 결혼생활의 엄청난 부적절함을 즐거워할 리가 없습니다. 이러한 난감한 불화를 떼어놓지 않는 것은 하나님을 이런 상황에서 떼어놓지 않는 셈이 될 것이니 두렵지 않은가요? 그러나 그것이 우리의 인내를 시험하는 것이라고 그들은 주장합니다.[176] 저도 그걸 인정합니

---

[173] 바빌로니아 유수(幽囚) 직전의 마지막 유대 왕. 「예레미야」 52: 1~11 참조.
[174] 「에스겔」 17: 19: "… 그가 어긴 내 언약 바로 그것을 내가 그의 머리에 갚으리라."
[175] 안식일에 대한 그리스도의 말씀으로부터 일반화한 것이 분명하다.
[176] 밀턴은 *News from Heaven* (1641; HEHL)에 제시된 것과 같은 충고를 염두에 두고 있었을 것이다. 만일 한 남자가 자신이 다루기 힘든 아내와 살고 있음을 알게 되면,

다. 그러나 욥(Job)의 고난 가운데, 할 수 있다면 그 고난 중 어떤 것이라도 없앨 수 있을 수단을 쓰지 말라는 법과 더불어 그에게 보내신 고난이 어디 있단 말입니까?[177] 그리고 그 법이 우리의 인내와 우리의 믿음까지 전복시킨다면 어쩌겠습니까? 사랑의 총괄적인 최고의 법칙에 위반되는 특수한 하위의 가르침 때문에 멸망하는, 그 모든 영혼의 멸망에 누가 책임을 지겠습니까? 비록 그 모든 성스러운 사물이 인간에게 자리를 양보하지만, 그들은 결혼이 성례이거나 신비라고는 감히 인정치 않습니다.[178] 그러나 그것이 우리에게 어떠한 복도 내려줄 수 없고, 우리를 더욱더 비참하게 만드는데도, 마치 어떤 **인도의 신**(Indian deity)처럼 숭배받아야 하는 것처럼, 그들은 결혼에 이 같은 놀라운 신성함을 부여하고, 그것을 묶을 완강한 사슬을 제공합니다. 이러한 설교자들에게는 **예루살렘** 회의에서 행한 성 베드로의 말씀을 잘 적용할 수 있습니다.[179] "너희가 어찌 하나님을 시험하여 우리가 능히 메지 못하던 멍에를 제자들의 목에 두려 하느냐?" 하셨으니, 하나님의 옛 백성인 **유대인**도 우리도 할 수 없습니다. 그런데 부주의한 설명만이 그 멍에를 우리에게 가져온 것입니다.

그가 혼자 말하기를, "아아, 나의 영적인 남편인 그리스도에게 순종함에 있어서 내가 마땅히 해야 하는 대로 하지 못하여, 하나님의 징계가 내게 내렸도다."하게 해야 한다.

[177] 「욥기」, 특히 1~2장 참조.

[178] 영국 국교회의 39개 조항(Thirty-Nine Articles of Church of England)에 따르면, 결혼의 성례적인 성격은 분명히 부정되어 왔다(25조항 참조). 「공동기도서」의 언어로는, 그것이 그리스도와 그의 교회 사이에 영적 결혼과 연합을 나타내고 표현하는 하나의 신비라고 주장되었다.

[179] 「사도행전」 15: 6~11 참조.

제14장

가족파(Familism),[180] 무율법주의(Antinomianism)[181]에 대한 고려사항들. 이런 의견들이 어떤 정당한 자유를 부당하게 통제하여 전개될 수 있다고 생각되는 이유. 이런 통제가 계율을 경멸하게 하는 가장 큰 이유임.

이런 고려사항들에, 불가능하지 않은 추측으로 덧붙일 수 있는 것이 있습니다. 재세례파(Anabaptism), 가족파, 무율법주의(Antinomianism) 및 다른 광적인 이상을 따르는 부류의 사람들은[182] (우리가 그들을 잘못 이해하지 않았다면) 본성상 종교의 열성에 중독된 가장 평범하며, 역시 방탕하지 않은 삶을 사는 자들이며, 그들의 의견은 아주 불안정하므로 육체적인 만족으로 끝나기 때문에, 이 모든 것이, 주로 그렇진 않더라도 부분적으로는, 인간에게 주어져야 마땅하지만 그들이 거절하고 있는 어떤

---

[180] 16~17세기 유럽에 하인리히 니콜라스(Henry Nicholis)에 의하여 설립된, 신비주의적 기독교의 한 파인 가족파(Familists), 즉 '사랑의 가족'(Familia Caritatis)의 교리. 이 교파는 모든 사물은 신이 직접 다스리는 것이 아니라 자연에 의하여 다스려진다고 주장했고, 삼위일체론을 부정하고, 유아세례를 거부했다. 그들은 누구도 그의 의견 때문에 죽음을 당해서는 안 되며, 퀘이커교도들(Quakers)처럼, 무기를 지니거나 맹세 같은 것을 반대했고, 다른 교회나 교파에 대해 편견이 없었다.

[181] '무율법주의'란 말은 종교개혁자 루터가 처음 언급한 것으로서, 그의 옛 친구인 요한 아그리콜라(J. Agrricola, 1492~1566년)가 "그리스도인은 율법 즉 모세로 말미암아 기록된 도덕 율법으로부터 전적으로 자유롭다"고 가르쳤을 때 루터는 이같은 입장을 '무율법주의'라고 불렀다.

[182] 재세례파(Anabaptists)는 급진적인 개신교 교파 중 가장 오래된 교파였다. 유일하게 정당한 세례는 성인 신자들의 세례라고 주장한 것 외에도, 그들은 일반적으로 루터의 아우구스티누스주의 신학(Augustinian theology)을 반대했으며, 교회와 국가의 완전한 분리를 주장했다. 그들의 조직과 예배는 극단적으로 간결했다. 재세례파의 아성은 독일, 스위스, 네덜란드였으나, 그 그룹의 많은 교도가 16세기 중엽에 잉글랜드로 들어왔다.

정당한 자유를 통제해서 생겨나는 것은 아닌지, 이런 생각이 현명한 자의 생각 속에 이성적으로 들어올 수 있을 것입니다. 이는 의술을 통해 우리가 알게 되는바, 자연의 흐름이 멈춰버린 월경이 있는 신체에서, 어떤 하위 부분의 질식과 위를 향한 힘이 두뇌와 내적인 지각을 망령과 헛된 망상에 사로잡히게 하는 것과 같습니다. 그리하여 반면에, 그렇게 종교적이라고 고백하지 않는 세속적인 나머지 사람들이 더욱더 매춘이나 간음에 빠져들고, 종교재판소의 부패하고 경미한 훈계를 좋아하되, 완전한 종교개혁에 대해 듣기를 싫어하게 되는 게 아닌지요. 간통은 엄격히 비난받고, 간음은 처벌받으며, 그리고 자연이 정한 피난처인 결혼은, 비록 그것이 결코 그렇게 부조화하거나 불쾌하지 않은 경우라도, 그것이 갈등과 증오 외에는 다른 목적일 수 없고 하나님에게 가증한 것인데도, 강제적으로 견뎌야 한다는 것을 그들[183]이 예상하기 때문입니다. 이런 내용은 **신학(Theology)**과 사물의 이치에 유능한 사람들이 연구할 가치가 있을 것입니다. 그리고 마지막으로, 인간의 나무랄 데 없는 본성에 대한 어떤 부적절하고 잘못된 엄격성 때문에, 이미 종교개혁이 진행되는 곳에서, 그토록 가끔 피치 못하게 파기된 교회의 계율이 멸시와 조소를 받게 되는 원인이 아닌지를 검토할 가치가 있겠지요. 만일 그렇다면, 이런 완고한 **자구적 해석(literality)**에 집착하는 경향이 있는 자들은, 탐색의 자구적 지혜 이상으로 사안을 세밀히 조사하고 걸러낼 자가[184] 마지막 날에 필요할 때, 이런 모든 위반을 설명하는 데 동참할 준비를 해야 할 것입니다. 만일 이런 이유들을 충분히

---

[183] 위에 언급한 "종교적이라고 고백하지 않는 세속적인 나머지 사람들"을 가리킴.
[184] *Cf.* Perkins, *Treatise of Christian Equity and Moderation* (*Works*, 1609~1613, II, 437): "그러므로 법을 집행할 지식이나 주의가 없는 자는 법관이 되기에 절대 적절치 않습니다. 법, 그리고 법의 명확한 문구만 강조하고, 필요시에 법의 엄중성을 누그러뜨릴 수 없는 자는 반쪽 법관일 뿐입니다."

고려하고, 더없이 소중한 그리스도인의 영혼이 과도하게 시험되고 버려지지 않도록, 복음서가 율법이 여태 그랬던 것 이상으로 과도한 부담에 마음을 쓴다는 점을 고려하면, 또한, 갱생(regeneration) 자체의 힘으로도 결코 바꿀 수 없는 본성의 많은 속성이 가장 만족된 사람들 사이에서조차 소통의 증오를 일으킬 수 있고, 그것이 끊임없이 거친 말투로 귀에 거슬리는 소리를 낸다면, 어떤 잡음과 불화를 야기할 수 있으며, 결혼과 기독교에 반대되는 원한과 갈등으로 끝날 수 있음을 고려하면, 비기독교적인 불화를 억지로 연결하여 올가미에 걸린 두 영혼이 필연적으로 상대에게 사랑의 불이 아닌 **화해 불가능한**(inconcileable) 증오의 불을 붙이게 만드는 것보다, 태생적인 불일치를 분리하는 것이 아마 덜 수치스러울 것입니다. 이들은 분리되면, 다른 어떤 관계에서는 솔직한 친구가 될 수 있을 것입니다. 그러나 만일 축자적인 예속(alphabetical servility)이[185] 여전히 강요된다면, 적그리스도의 교회(the Church of Antichist)가 결혼을 금함으로써 의도적으로 잔인한 행위를 한 것만큼, 진정한 교회(the true Church)는 이혼을 금함으로써 부지불식간에 잔인해질지도 모릅니다.

---

[185] 율법의 문자에 예속적인 복종을 뜻함.

제2권

제1장

안식일과 결혼의 법령을 비교함. 과장은 복음서에서 드물지 않은 비유임. 과도함은 정반대의 과도함으로 수정됨. 그리스도는 이혼의 율법을 철폐하지 않았고 할 수도 없었으며, 단지 그것의 남용을 책망함.

이제까지 착수한 입장이 표명되었고, 하나님의 율법에 의하여 입증되었으니, 그 율법은 거기에 연결된, 공정하고, 정직하고, 자비롭고, 정당한 많은 이유 때문에, 도덕적이고 철폐될 수 없다는 것이 입증된 것입니다. 이제, 모세의 신중함을, 더 정확히 말하면, 하나님의 자비로운 명령을 철회하는 듯이 보이는 성경 구절들을 설명하고 조정할 차례입니다. 그리스도의 말씀이 "음행이 아닌 다른 이유로" 하는 모든 이혼에 분명하게 반대하는 까닭에,[186] 이 모든 구절이 무슨 가치가 있느냐고 대꾸할 사람들도 있을 것입니다. 그들에게 "역시 사랑의 경우 외에는"[187] 이라는 말밖에는 더는 답할 것 없는 마음을 지닌 자는 그런 예외를 옹호하는 그리스도의 더 명백한 말씀에 호소하는 것이 안전할 것입니다. 안식일의 계명은, "아무 일도 하지 말라"[188]고 했습니다. 그렇습니다. 그리스도는 사랑의 일을 말씀하신 것입니다.[189] 그런데 그분이 엄격하고 단호한 율법을 설명할

---

[186] 「마태복음」 5: 32.
[187] 성경 구절을 인용한 것이 아니라, 이어지는 비유에 기초해 밀턴 자신이 바꿔 쓴 표현이다.
[188] 「출애굽기」 20: 10 참조. 인용된 구절, "Thou shalt doe no manner of worke"는 공동기도서의 표현이다.

때보다 우리가 신중하고 부드러운 복음서를 다른 표현으로 바꿀 때 더 엄격할 건가요? 그러나 인간의 선을 저울질할 때, 우리는 "안식일은 사람을 위해 만들어졌으며, 사람이 안식일을 위해 만들어지지 아니하였나니"라고 하는 무한한 선과 자비의 음성을 듣게 됩니다. 대체 결혼보다 더, 하나님을 위하기보다 인간만을 위해 만들어진 것은 무엇이 있을까요? 그런데 우리가 인간의 유익과 하나님의 영광 모두에 전적으로 반대되는 잔인하고 무의미한 속박을 결혼에 실어야 한단 말입니까? 듣고자 하는 분은 이제 들으십시오. 저는 성의(pall)나 주교관을 원하지 않으며, 성직 수임이나 취임식을 기다리는 것도 아니고, 그 열쇠의[190] 가장 진정한 최고의 자질이라고 할 수 있는, 분별력 있는 그리스도인의 확고한 믿음 안에서, 선언하는 바입니다. 하나님의 선하고 은혜로운 명령을 그토록 잔인하게 결박하는 사람은 그 속에 그리스도의 영을 가지고 있지 않다는 것입니다. 그러나 정반대의 의미로 보이는 모든 성경 구절은 적절한 설명이 따를 수 있으며, 이런 다른 부분이 이어지고, 이 같은 주장에 대한 적잖은 논점을 바로 그 성경에서 찾아주는 설명을 하게 됩니다.

그러므로, 먼저 부인될 수 없는 사안으로 기억할 것은, 글자 자체에서 의심할 정당한 이유가 생겨나는 성경의 모든 구절은 모든 사안이 어떤 경우에 놓여있는지를 고려함으로써, 그리고 다른 본문들과 비교함으로

---

[189] 모세의 율법은 안식일에 아무 일도 하지 말라고 했지만, 그리스도의 복음은 안식일에도 이웃에게 사랑의 선행을 베푸는 것은 예외라는 것이다. 그러므로 그리스도가 강조하는 것은 율법의 엄격한 금지보다 사랑의 행위를 예외로 간주하는 것이다. 그리스도는 안식일에 병자를 고쳐준 것에 대해 비판을 받자, "열여덟 해 동안 사탄에게 매인 바 된 이 아브라함의 딸을 안식일에 이 매임에서 푸는 것이 합당하지 아니하냐"라고 하신다. 「누가복음」 13: 16) 참조.
[190] 「마태복음」 16: 18~19. 밀턴은 "베드로의 천국 열쇠가 그와 같은 믿음을 고백하는 자들에 의하여 향유될 수 있는 것 이상의 영예를 그에게 부여하는 것은 아니다"라고 주장한다(*Christian Doctrine*, I, xxix).

써 해석해야 한다는 점입니다.[191] 우리 구세주로 하여금 이혼에 대해 말하게 유도했을 때 주께서는 그 문제에 있어서 바리새인들(Pharises)의 방종을 깨닫게 하거나, 혹은 주를 시험하려는 질문에 통렬하고 열성적인 대답을 한 것이었습니다. 그리고 우리가 이런 경우에 단어의 자구적 표현에 전적으로 의존하지 말아야 하는바, 어떻게 그리스도가 단어 하나씩 그대로 받아들여지기를 원하지 않고, 그분이 현명한 의사처럼 우리에게 완전한 중도에 이르도록 다른 과잉에 대비하여 하나의 과잉을 처방했는지를, 우리는 명백히 발견할 수 있을 것이며, 이를 우리에게 가르쳐주는 예도 많습니다.[192] 그들[193]이 너무 태만하다면, 그분은 가장 엄격해 보일 필요가 있음을 알았습니다. 어떤 구절에서, 그분은 음란하게 보는 것이 이미 간음을 저지른 것이라고 비난합니다.[194] 다른 경우엔, 그분은 실제로 이루어진 간음을 음란한 시선보다 덜 책망하고 넘어가며,[195] 은밀한 약점을 공개적인 악의만큼 무겁게 정죄하지는 않습니다. 그래서 여기서 그분은 이혼에 반대하는 이런 엄정한 판단을 내린 것으로 마땅히 생각될

---

[191] 비록 밀턴의 독자적인 성경해석이 비정통적인 결론으로 이어지게 했지만, 그의 방법론은 비정통적인 것이 아니었다. 웨스트민스터 신앙고백(Westminster Confession of Faith, 1647; HEHL)에 따르면, "성경해석의 무오류 원칙은 성경 자체이다. 그러므로, 어떤 성경의 진정하고 완전한 의미에 대한 의문이 있을 때, 그것은 다양할 수 없고 하나인바, 그것은 더 분명하게 말해주는 다른 구절들에 의하여 조사되고 알려져야 한다"(I, ix).
[192] 퍼킨스는 그의 저서, 『그리스도의 산상설교에 관한 경건한 학문적 해설』(*Godly and Learned Exposition of Christs Sermon in the Mount*)를 시작하면서 지적하기를, "그리스도의 의도는 모세와 선지자들의 진정한 의미를 밝히는 것이었던바, 그 의미가 유대 랍비들의 거짓된 해석으로 더럽혀졌기 때문이었다."라고 했습니다 (*Works*, 1609~1613, III, 1).
[193] 위에 언급한 바리새인들을 가리킴.
[194] 「마태복음」 5: 28 참조.
[195] 「요한복음」 8: 3~11.

수 있으며, 그분의 판단은 슬픔에 잠기어 즐기지 못하는 결혼생활로 소멸해가는 선량한 사람이 모든 치료를 받지 못하게 한 것이 아니라, 중용을 잃은 유대 성직자들의 불손한 폐습에 재갈을 물리기 위함인 것입니다. 이것을 그분이 가장 효과적으로 할 수 있었던 것은, 그들[196]의 거친 과도함을 거의 다른 극단적인 방향으로 돌리는 억제의 반작용 때문에 가능했을 것입니다. 우리가 사물을 그 본래의 곧은 모습으로 돌아가게 하려고 반대 방향으로 휘게 할 때처럼 말입니다.[197] 그리고 이것이 그리스도의 유일한 의도였다는 것이 가장 분명한 것은, 그가 이혼 문제를 다루기 전에 몇 절 앞서, 그가 율법을 "일점일획도" 철폐하러 온 것이 아니라며, 그렇게 가르칠 자들을 비난하는 바로 그 설교에서, 그가 행한 그 자신의 말씀과 언명을 우리가 경청한다면 그렇습니다.[198]

그러나 성 **누가**(St. Luke)는, 이혼 구절 바로 직전의 절에서, 마치 뒷구절이 앞 구절 없이는 이해될 수 없는 것처럼, 그리고 이에 대하여 우리가 의도적으로 철폐하는 실수를 하는 데 대한 증거로서, 동일한 경고를 삽입하고 있습니다.[199] 이것은 **유대인**에게 더 특별히 연관된 정치적 율법에서 그밖에 어떤 것이 우리에게 적용되지 않더라도, 이혼에 관한 훈계 가운데 어느 하나도 그리스도의 교리에 의해 철회되지 않았음을 우리에게 반드시 확증해주는 것입니다. 우리가 그분 자신의 신중하고 직접적인 선언을 믿지 않기로 맹세하지 않았다면 말입니다. 우리 구세주의 이런

---

[196] 앞 문장에 언급된 유대 성직자들을 가리킴.
[197] *Cf.* Aristotle, *Nicomachean Ethics*, II, ix, tr. H. Rackham (New York and London, 1926), p. 113: "그래서 우리는 우리 자신을 반대 방향으로 끌어가야 합니다. 우리를 포위한 과오를 넓게 돌림으로써 우리는 중간노선을 갈 것이다. 이것은 휘어진 목재를 바로잡기 위하여 목수들이 채택하는 방법이다."
[198] 「마태복음」 5: 17~20 참조. 인용구는 18절에서 온 것임.
[199] 「누가복음」 16: 17, 18.

말씀이 모든 이혼을 호되게 비난하고, 그것이 간음 때문이 아니라면 그것을 간음이라고 억지로 정죄하며, 율법에서 허용된 그런 이혼들을 남용하는 데 반대하는 것으로 차라리 이해되지 않는다면, 「신명기」 24장 1절에 나오는 **모세**의 율법은, 법률적 문제에 개입하지 않겠다는 그리스도의 약속과 그분의 알려진 공언과 달리, 취소되고 전적으로 무효가 될 뿐만 아니라, 더욱 이상한 것은, 그 율법의 본질과 목적 자체가 모순되며, 적법한 간음을 법령에 의하여 인정하고 유지해온 것으로써, 부정과 불순 모두를 확인하게 되는 것입니다. 모세 역시 은밀한 한 번의 간음행위를 죽음으로 벌하고, 한평생의 공개적인 간음은 법에 따라 허용하는 불공정하고 어리석은 법령에 대한 과오가 있습니다. 그리고 비록 법관들이 몇몇 정치적인 명령은, 비록 지지받지는 못해도, 시대의 필요성에 따라 쓰레기 같은 인간에게 허용된다고 쓰고 있으나,[200] 이러한 핑계는 미약한 파장일 뿐입니다. 우선, 악당이 아니라 나라의 가장 선택되고, 현명하고, 거룩한 자들이 이 법률이나 이러한 것들을 최상의 가장 거룩한 시대에 빈번히 활용했음을 우리는 읽어 알기 때문입니다. 둘째로, 몹시 나쁘고 불순한 문제들에서 인간 입법자는 명확하게 어떤 선한 것을 사람들과 시대 성향에 맞춰 완화할 수 있음을 인정해야 합니다. 그러나 완전하고, 순수하고, 올바른 하나님의 율법이 (그의 모든 법령과 판단은 그러하므로) 그리스도가 나중에 간음이라고 선언하는 것을 어떤 확실한 질책도 하지 않고 부드럽게 허용했음이 드러난다면, 어찌 우리가 이 율법을 불순하고, 불공정하고, 오류가 있는 끔찍한 고발을 받지 않게끔 해방할 수 있을까요?

---

[200] 「레위기」 20: 10 참조, 「신명기」 22: 22 참조.

제2장

어떻게 이혼이 마음의 완고함 때문에 허용되었는지 보통의 설명으로는 이해할 수 없음.
율법은 죄의 허용을 인정할 수 없고, 더구나 규정할 수 없음.

이혼이, 흔히 설명되는 의미에서, 그들의 마음의 완고함 때문에 허용되었다고 말하는 것도 도움이 되지는 않을 것입니다. 그러면 율법은, 우리에게 어떤 선을 희망하며 부정한 악행을 함으로써 종교의 핵심적인 격률(格率)에 맞서 돌진하도록 가르치는, 부패하고 잘못된 교장 선생님일 뿐일 것이기 때문입니다.[201]

하나님이 그분의 완전한 율법 가운데서, 그분 자신의 수하에 있는 그분의 거룩한 백성의 완고한 마음에, 행위의 언약(Covenant of Works) 아래, 오래 지속되는 간음 속에 살다가 죽게 하는 일종의 집단적 면역을 허용했다가, 급기야 메시야(Messiah)가 오고, 그 다음에 그 관대한 허용이 은총의 언약(Covenant of Grace)에 의하여 엄격히 부정되는 것은, 교리의 모순일 뿐 아니라, 이 유일한 본문 구절은 전체 성경을 통하여 다시는 조화되지 않습니다. 이러한 모순은 그때까지 결코 이해되지 않는 일종의 역설에 이르거나, 하나의 의심스런 성구의 얽힌 실타래에만 의존한 채, 종교와 정의의 수많은 다른 규칙과 지침 그리고 삶의 순수성에 위반되게끔 해석할 수도 없으며, 이런 식으로 해석해서도 안 됩니다. 어느 폭군이나 정객의 두려움이나 욕망에 이렇게 해석된 모세의 권위 이상으로 더 많은 것을 허용할 수 있을까요?[202] 이렇게 해석된 **모세의 권위**는 그에게

---

[201] 「갈라디아서」 3: 24 참조: "그런즉 율법은 우리를 그리스도께로 인도하는 훈육 선생이었으니."

멋대로 하는 길을 터줄 것인바, 정의를 가로막고, **가톨릭교(Romish)** 혹은 **오스트리아의(Austrian)** 관면(寬免)을 허용할 뿐만 아니라,[203] 그분이 인정하지 못하는 듯한 이런 법령을 감히 시행하고, 심지어 악덕을 합법화하며, 죄 자체를 항상 이질적이고 예속적인 죄로 만들고, 공화국의 한 자유로운 시민을 다시 이런 저런 그럴듯한 핑계나 내세우게 만드는 방편을 터주는 것입니다. 그리고 그[204]는 모세가 어떤 이유도 전혀 제시하지 않고 그렇게 했다고 당연히 주장할 것입니다. 그렇지만, "법에 의하여 해악을 꾸미려는" 어떤 이러한 권위가 하나님에게서 와야 하는지, 이런 생각은 다윗의 마음속에 들어갈 수 없었습니다.[205] 그리고 이사야는 말하기를, "불의한 법령을 포고하는 자에게 화가 있을지어다"라고 합니다.[206] 이제 이 둘 가운데 어느 쪽이 더 좋은 입법자이며, 어느 쪽이 화를 가장 많이 자초하는 자일까요? 일회적으로 하나의 부당한 명령을 공표하는 자일까요, 아니면 대대로 사람들에게 부당하게 여겨질 뿐 아니라 불결하고, 그것도 높은 수준으로 부당하고 불결하며, 그들 자신이 인정하듯이, 한 아내를 부당하게 내쫓을 뿐만 아니라, 음란하게 다른 사람과 결혼하는 권리 이상의 불결한 자유를 인정하는 자일까요? 그러므로, 어떻게 우리가 우리 구세주의 얽매이지 않은 단순한 의미를 그토록 잡다한 문헌에서 단지

---

[202] 즉, 모세의 율법을 이런 식으로 해석한다면, 폭군이나 정객에게 허용되는 무절제한 욕망의 허용이나 다를 바가 없고 그 이상이라는 뜻이다.

[203] 『종교개혁론』에서 "교황과 오스트리아가 공모한 수많은 반역"에 대한 언급이 있음(pp. 83~84).

[204] 위에서 언급된, 율법을 자구적으로 본인에게 유리하게 해석하는 폭군이나 정객을 가리킴.

[205] 「시편」 94: 20: "법을 힘입어 해악을 꾸미는 불법의 왕좌가 주와 교제를 갖겠나이까?"

[206] 「이사야서」 10: 1.

축적되는 것에 이토록 위험스럽게, 그러면서 안전하게 제한할 수 있단 말입니까? 그것은 그분[207]의 분명한 임무에 따라 더 높은 강도로 명령하는, 이전의 신중한 표현이나, 다른 더 순수하고 성스러운 원칙들도 아니고, 결국 사랑의 여지를 담고 있지도 않습니다. 그러나 모든 말씀이 차라리 필연적으로, **모세**가 준 지혜롭고 솔직한 자유를 남용하지 않게 하는 방향으로만, 그리고 흔들리는 양심이 그 핑계로 죄를 짓지 못하도록 겁주는 것으로만 이해되어야 합니다.

---

[207] 앞에 언급된 우리 구세주를 가리킴.

제3장

법에 의하여 죄를 허용하는 것은 법의 본성과 입법자의 목적 및 국민의 이익에 어긋남. 그러므로 하나님의 법 안에서 불가능함. 그것은 예정론에 대한 예수회 회원이나 아르미니우스 주의자들이 반대한 어떤 것 이상으로 하나님을 죄의 창시자로 만드는 것임.

그러나 어떤 고려를 했기에 방종의 법이 거룩한 백성에게 그들의 마음의 완고함 때문에 이렇게 주어질 수 있었는지 아직 더 검토해 보겠습니다. 이런저런 선한 목적 때문이라고 모두 그 질문에 답하리라고 저는 생각합니다. 그러나 여기서는 정반대임이 입증될 것입니다. 먼저, 이런 묵인의 좋은 결과가 아닌 나쁜 영향을 볼 수 있다는 것입니다. 다음으로, 불법적인 것은, 어떤 좋은 목적을 위한 것이더라도, 긍정적인 법에 따라 행할 수도 없고 허용할 수도 없습니다. 만일 목표 삼은 어떤 유익한 목적이 있다면, 그 목적은 그 법이나 법을 허가하는 입법자에게나 혹은 허가받는 당사자에게 선한 것이었습니다. 죄를 허가하는 것은, 법이 도덕적이든 법적이든,[208] 그 법의 목적이 될 수 없음을 저는 쉽게 입증하는바, "율법이 들어온 것은 범죄가 넘치게 하려 함이거니와"라는 「로마서」 5장 20절에 근거해서 그렇습니다. 즉, 죄는 하나님에게 가증하고 불쾌한 것으로 아주 분명해질 수 있고, 그래서 그분이 내리신 은총이 더욱 높게 평가받

---

[208] "도덕법은 일부 하나님에 대한, 그리고 일부 우리의 이웃을 향한 사랑의 의무와 관련된다. 그것은 십계명에 포함되어 있으며, 인간을 창조하실 때에 모든 사람의 마음속에 (제출방식이 아니라 본질상으로) 기록된 자연법 자체이다. ... 모세의 사법(Judiciall laws)은 국가에서 정의와 재판의 실행을 위한 질서를 규정하는 것이다. 그런 법은 하나님에 의하여 특별히 주어졌고, 유대인에게 주신 것이었다." Perkins, *A Discourse of Conscience* (*Works*, 1609~1613. I, 519~520).

을 수 있는 것입니다. 이제 만일 율법이, 죄를 심각하게 하고 두렵게 하는 대신, 방종을 내어주는 것이라면, 그것은 자멸이며, 그 자체의 목적으로부터 변절한 것입니다. 그것은 의를 통한 그리스도의 순수한 은총을 죄를 통한 불순한 도락으로서 방해하는 것입니다. 그리고 사도 **바울**이 "율법으로는 죄를 알게 되느니라"[209]라고 했거니와, 죄를 발견하는 대신, 그런 법은 사람들을 안전하게 걷게 하는 확실하고 진실한 빛을 이용하여 그들을 넘어지게 하는 거짓되고 혼미한 불꽃을 내놓거나, 혹은 그 처참한 불나방처럼, 즐겁게 날아들어 타죽게 하는 것입니다.[210] 법이나 관료가 그들에게 허용한 것이 합법적이라고 쉽게 생각하는 사람이 얼마나 많겠습니까? 또다시, 우리가 읽게 되거니와, 「디모데전서」 1장 5절에, "명령의 목적은 순수한 마음과 선한 양심과 거짓 없는 믿음에서 나오는 사랑이거늘"이라 합니다. 그러나 한 국민에게 그들이 순수한 마음으로는 사용할 수 없고, 양심과 믿음이 둘 다 기만당하거나 멸시당하면서 사용할 수 있는 것을 허용한다면, 그것은 결코 사랑일 수 없을 것입니다. 율법의 더 특수한 목적은 「로마서」 13장에 명백하게 제시됩니다. 하나님이 그 율법에 준 것은 "헛되이 칼을 차고 다니지 아니하고, 악행에 두려움이 되고, 보복하는 자가 되어 악을 행하는 자에게 진노를 집행하게 하는" 것입니다.[211] 만일 이런 끔찍한 임무가 악을 벌하기를 삼갈 뿐이라면, 편향적이고 불공정하다는 것밖에 달리 설명이 되겠습니까? 그러나 만일 그것이 세속적인 부정에 면죄부를 주기 시작한다면, 그 자체의 존재 목적을 타락시키고 수치스럽게

---

[209] 「로마서」 3: 20.

[210] 나방이에게 불꽃의 치명적인 유혹은 속담에 있는 것이었다. Morris P. Tilley, *Dictionary of the Proverbs in England in the Sixteenth and Seventeenth Centuries* (Ann Arbor: U of Michigan P, 1950), p. 224.

[211] 「로마서」 13: 3~4 참조. 여기서 밀턴은 성경 구절을 자유롭게 바꾸어 표현한다.

하는 데에 더할 나위가 있을까요? 마지막으로, 만일 율법이 죄를 허용한다면, 그것은 죄와 일종의 언약을 시작하는 것이며, 만일 그렇게 하면, 율법 자체보다 더 큰 죄인이 없을 것입니다. 유대의 필로(Philo Judœus)가 쓴 글 중 아말렉(Amaleck)에 관한 비유와 뭔가 다른 한 가지 비유를 사용한다면,[212] 아마 더 의미 있는 비유일 수 있겠지만, 율법은 이스라엘 사람이고, 「신명기」 25장에, "너는 아말렉에 대한 기억을 하늘 아래에서 지워버릴지니라, 너는 그것을 잊지 말지니라."[213]라는 이런 절대적인 의무가 율법에 주어졌던 것입니다. 다시금, 그 율법은 이스라엘 사람이며, "죄악인 가나안 사람과 언약을 맺지 말고,"[214] 그를 추방하여 그가 덫임이 증명되지 않도록 하라는, 이런 분명하고 반복된 명령을 받게 됩니다. 그리고 사실을 말하자면, 사람과 사람 사이에 이러한 불화를 선포하는 것은, 만일 그것이 율법과 죄 사이의 더 큰 종류의 불화가 아니라면, 너무 엄격하고 무분별한 처사일 것입니다. 저는 바로 지금도 마치 죄가 법에 의하여 결코 자유롭게 될 수 없도록, 결코 **해방될 수 없도록** 영원한 **농노**(villenage)의 신분으로 정죄된 것처럼 말씀드렸습니다. 그러나 분명히, 죄는 전혀 합법적인 보유권(tenure)이 없으며, 차라리 영원한 무법자이며, 모든 속죄를 넘어서 법과 적대관계에 있는 것이며, 하나의 반구에 함께 있는 낮과 밤처럼 서로를

---

[212] Philo, *Moses,* I, xxxix, tr. F. H. Colson (11 vols., London and New York: Loeb Classical Library, 1950), VI, 387~391. 이스라엘과 아말렉의 첫째 전투를 자세히 얘기하면서, 필로는, "모세가 손을 들면 이스라엘이 이기고 그가 손을 내리면 아말렉이 이기더라."라는 「출애굽기」 17: 11의 기술을 비유적으로 해석한다: "이리하여, 상징에 의하여, 하나님은 땅과 우주의 가장 낮은 지역은 한쪽에 그들 자신의 것으로 부여된 부분이며, 천상의 거룩한 지역은 다른 쪽에 부여된 것임을 보여주었다. 그리고 하늘이 우주의 왕권을 장악하듯이, 이 나라는 전쟁에서 그 원수들에게 승리할 것이다."

[213] 「신명기」 25: 19.

[214] 「신명기」 7: 1~2 참조.

그만큼 인정하는 **정반대의** 관계입니다. 아니면, 만일 죄가 그것의 어두움과 합성하는 것이 가능하다면, 그것은 그 밝음으로 정오를 능가해야 하는 법에게 더러운 일식과 황혼이 될 수밖에 없습니다. 이리하여, 우리는 이런 불결한 허용이 도덕법과 사법(the Moral and Judicial Law) 모두의 성스럽고 영광스러운 목적을 어떻게 좌절시키는지를 알게 됩니다.

입법자는 이와 같은 분별없는 태만으로는 공평성에 별로 기여할 게 없습니다. 만일 마음의 완고함을 치료하기 위해서라면, 파레우스나 다른 성직자들이 인정하듯이, 그 완고함은 이런 자유로 줄어들기보다 더 늘어나는 것입니다. 그러면 어찌하여 그들의 마음이 어떤 다른 죄에서보다 이 죄에서 더 완고하여 자유가 용인되어야 한단 말입니까? 그들의 마음은 고리대금업에만 쏠려있었으며, 오늘날까지 그러하여, 어느 나라보다 더 그러합니다. 그렇지만, 그들의 재산만을 축내는 것은 엄격히 금지되었습니다.[215] 그런데, 그들 자신에게 모독임은 물론이거니와 그들의 아내들과 딸들의 심한 상처와 불명예로 여겨지는 이런 것은 풍부하게 허용됩니다. 그들의 마음은, 그들의 가장 좋은 왕들 아래서, 비록 진정한 하나님께 드릴지라도, 높은 곳에서 드릴 정도로 여전히 완고했습니다.[216] 그렇지만, 조그만 것만은 엄격히 경고되었으며, 이는 가장 큰 도덕적인 의무 중 하나에 대한 높은 위반으로 여겨지지만, 조용히 허용되고 안착되었습니다. 모든 서기관과 바리새인들보다 그들의 이런 입법자에게 그리스도의 무거운 비난이 더 심하게 떨어지지 않고는 이런 현상을 어찌 피할 수 있을까요? 그들이 그분의 비난을 받는 것은, 모든 것을 율법에 따랐으며, 공

---

[215] 「신명기」 23: 19~20 참조.
[216] "높은 곳에서"(예를 들어, 우상과 관련된 제단에서) 하나님을 경배하는 것은 「신명기」 12: 2에 금지된다. 이 금지를 어긴 자 중에 솔로몬 왕이 있었다. 「열왕기상」 3: 2~4 참조.

의와 긍휼은 무시하고 회향과 근채[217]는 신경을 썼기 때문입니다.[218] 그러나 그들의 이런 입법자가, 이런 사소한 점에는 전적으로 정확하지만, 법에 의한 폭력적인 이혼을 통하여 간음으로 나아가고 있습니다. 만일 그것이, 단 한 번의 법 위반을 견디고자 야단법석을 떨며 그 완고한 사람들에게 휘둘렸던 카이사르(Caesar)의 하급 판사인 **빌라도**(Pilat)의 저주받은 행위라면,[219] 그보다 덜한 소란으로 수많은 시대에 걸친 위반의 법을 공포하는 것이 무슨 대수입니까? 하나님이 이를 위해 내려오셔서 그분의 영광으로 **시내**(Sinai)산을 덮으시고,[220] 천둥 가운데 그분의 성스러운 법령을 선포하시며, 부패하고 썩은 나라를 엄격하고 단호한 금지명령으로 수선하고, 모든 불결한 접촉을 이유로 피부와 의복을 씻어내셨는데, 이런 쉬운 허가가, 치욕이나 의심도 없이, 공적 권위에 의하여 간음으로 영혼을 더럽히도록 주어졌을까요? 아닙니다. 모든 세상의 심판관이신 **이스라엘의 거룩한 하나님**(Holy One of Israel)께 이 같은 더러운 부정이 씌워지기보다는, 인간이 법이나 결혼을 결코 알지 못했다면 더 좋았을 것입니다. 그리고 **바알세불**(Beelzebub)[221]도 범하지 않을 이 같은 어리석은 짓은 그 자신에게서 그의 목적을 분리하고 벗어나게 하는 것이며, 또는 만일 그(바알세불)가 더 확실한 해악을 꾸미고자 어떤 선한 행위를 가장하려 할지라도, 하나님이 그분 자신의 영광과 결백에 위배되는 불확실한 선을 위하여 확실한 악을 허가해준다는 것은 생각하기조차 역겨운 것입니다. 그리고 법의 목적에 파괴적이고, 허가하는 입법자의 영예에도 모독적이

---

[217] 십일조를 가리킴.
[218] 「마태복음」 23: 23 참조.
[219] 「마태복음」 27: 11~24 참조.
[220] 「출애굽기」 19: 18 이하 참조.
[221] "마귀들의 통치자"(the prince of the devils)(「마태복음」 12: 24).

듯이, 허가받는 자에게도 해악이 됩니다. 성경이 말씀하시기를, 만일 어떤 개인적인 친구가 충고하지 않는다면, "그는 그의 형제를 미워하고 그를 멸망케 하는 것이다."[222]라고 합니다. 그러나 만일 그가 그의 비위를 맞추고 그의 죄악 가운데 있게 허용한다면, "그는 자기 이웃의 발에 그물을 치며, 그리고 패망을 이루느니라."[223]라고 「잠언」이 우리에게 가르칩니다. 만일 관료나 군주가 적당한 정의를 행사하기를 잊어버리고, 죄를 삼가지 않는다면, "주의 백성으로 하여금 죄를 짓게 하는도다."[224]라고 엘리야(Eli)가 말하고 있습니다. 그러나 만일 그가 그 자신의 본보기를 통해 법에 반대하는 그들을 묵인한다면, 그 백성 가운데 종교나 덕성 모두에 있어서 어떤 해악을 끼치는지는 그것이 홉니(Hophni)와 비느하스(Phineas)에게 초래한, "희생물이나 헌물로 영원히 제거되지 않는" 화를 보고 추측할 수 있을 것입니다.[225] 만일 율법이 죄를 선포하지 않고 침묵한다면, 백성이 대체로 흩어질 수밖에 없습니다. 사도(바울) 자신이 말했듯이, "율법을 통하지 않고서는 그가(내가) 죄를 알지 못하였으리니"[226]라고 했기 때문입니다. 그리고 분명히 이 같은 나라는 하나님의 율법이 밝히는 손길 아래 있지 않고, 도리어 복음을 멸시하는 자들의 끔찍한 운

---

[222] 「레위기」 19: 17 참조: "너는 네 형제를 마음속으로 미워하지 말며 어떤 식으로든 네 이웃을 책망하여 죄가 그에게 임하지 못하게 하라."
[223] 「잠언」 29: 5. 킹 제임스 흠정역의 번역은, "자기 이웃에게 아첨하는 자는 자기 발에 그물을 치느니라"라고 되어 있다. 뒷 절이, "악한 자의 범법에는 올무가 있거니와"라고 이어지므로, 아부하는 자가 악하다고 본다면 이 번역이 맞을 수도 있다. 개역개정판 성경에는, "이웃에게 아첨하는 것은 그의 발 앞에 그물을 치는 것이니라."로 되어 있다. 그리고 마지막 세 단어는 「잠언」 26: 28 ("아첨하는 입은 패망을 이루느니라.")에서 온 것이다.
[224] 「사무엘상」 2: 22~24 참조.
[225] 「사무엘상」 3: 14. 홉니와 비느하스는 엘리의 두 아들임(1: 3 참조).
[226] 「로마서」 7: 7.

명 아래 있는 듯하니, "더러운 자는 그대로 더럽게 두라"[227]고 한 것입니다. 그러나 율법 자체가 죄에 대한 허가를 하는 경우, 어떤 상태의 불행이라야 이런 백성에게 충분히 비참할 것인지를 상상하지 못하겠습니다. "올가미를 비같이 내리시리라"[228]고 「시편」 11장에서 하나님이 경고하시는, 저주받은 자들, 아니 차라리 사악한 자들의 몫이 아니고서야 말입니다. 그러나 확실히 "하나님의 사역자로서 네게 선을 베푸는"[229] 어떤 율법에 의해서도 그럴 수 없습니다. 그리고 우리가 지금 벗어나고 있는, 우리의 파멸로 이끄는 그토록 많은 방법과 높은 차원에서도 그럴 수 없습니다. 그리고 이것이 완고한 마음속에서 용인된 사람이 얻을 수 있는 이익의 전부입니다.

다음으로 제가 언급하려는 것은, 그것이 신학의 기초가 되기 때문에 (「로마서」 3장), 신학의 주어진 원리가 다른 학문들에서보다 더 의심되지 않는 한, (비록 철학의 법칙에서는 그에 못잖게 확고하다고 할지라도) 어떤 선을 위해서든 불법적인 일을 긍정적인 법에 따라 행할 수 없고,[230] 더군다나 허용할 수 없다는 점을 논증하는 수고를 덜어주게 될 것입니다. 그리고 이것이야말로 호세아(Hosea)의 구절을 해설한 이들이 그 예언자가 매춘부를 아내로 받아들인 것을 실제 이야기로 인정하지 않으려는 이유입니다.[231] 하나님은, 순수한 영이신고로, 그분 자신의 본성에 모순된

---

[227] 「요한계시록」 22: 11.
[228] 「시편」 11: 6.
[229] 「로마서」 13: 4.
[230] 「로마서」 3: 8 참조. 악이 선을 위해 행해질 수 있다는 생각은 바울에 의하여 논쟁의 여지 없이 거부된다.
[231] 「호세아」 1: 2~3 참조. 칼뱅은, 선지자가 매춘부를 자기 아내로 받아들인 것은 너무나 불합리해 보이므로 많은 해석이 시도되었음을 지적하고, 다양한 설명을 요약한 뒤, 호세아가 사람들의 죄를 표현하는 극적인 이미지를 채택한 것이라는 견해

것을 명령할 수 없기 때문입니다. 아니, 건강한 삶의 모습을 더 많이 보여주고 아마 수많은 이스라엘 사람에게 회개의 비유를 보여주는 그런 선한 목적을 위해서도 그런 명령을 할 수는 없기 때문입니다. 그렇지만 그분이 모호하고 잘못된 이유인 마음의 완고함 때문에 음란하고 해로운 이혼을 허용하라고 명령했다는 식으로 그들²³²은 아주 편파적으로 확신할 수 있습니다. 옛 생각의 기운이 그렇게 끈질긴 것입니다. 그러나 그들이 그것을 바꾸고 있습니다. 하나님은 단지 허용했을 뿐입니다. 그러나 율법에서 침묵은 허락이며 허락은 종범입니다. 그렇다면 율법이 죄에 침묵하고 적극적이지 않아도, 그 자체 판단, 그 자체의 확신에 종범이 왜 아니겠습니까? 비록 우리가 그것이 동의한 것은 아니라고 하더라도, 여전히 그럴 의향은 있기 때문입니다. 그리고 법률가의 격언은 "강요된 의지도 여전히 의지이다"²³³라는 것입니다. 그리고 비록 **아리스토텔레스**가 그의 『윤리학』(*Ethicks*)에서 이것을 "혼합 행위"(mixed action)로 부르지만, 그는 그것이 악하지 않더라도 의지적이며 변명이 될 수 없다고 단정합니다. 그렇다면, 우리의 세속적인 신학이 그에게, 실로 하나님 자신께 아버지 행세를 하는 것이 사실이라면, 어찌 인간의 법과 철학이 **모세**의 정의에 당당히 대적할 수 있겠습니까? 조용하게도 아니고, 부정적으로 허용할 뿐만 아니라, 그분의 율법 안에서 안전하게 오명을 쓰지 않고 불법적인 이혼을 범하고 지속하게 하는 문서화된 전체적인 특권을 공표할 수 있단 말입니까? 이것은 악을 허용하고 계획하는 것 이상으로, 보존하는 것이

를 밝힌다. *Cf. Praelectiones in Duodecim Prophetas* (Geneva, 1581), p. 5.

²³² 앞서 언급한 당대의 이스라엘 사람들을 가리킴.

²³³ 『법의 격언』(*Maxims of the Law*, 1630)에서, 베이컨은 "필요성이 특권을 유발한다."(*Necessitas inducit privilegium*)는 규칙에 예외를 지적하고 있다. 그는 "약점이 죄를 면제하지 않듯이, 필요성이 죄를 면제하지 않는다"고 결론을 내린다. Spedding, Ellis, and Heath, *Works of Francis Bacon*, 14: 217.

고, 보장하는 것이며, 보호하는 것입니다. 그뿐 아니라, 악을 행하는 것이며, 신에게 버림받은 입법자가 하는 것과 같은 악행이며, "이스라엘을 죄짓게 한 자"[234]라는 지속적인 오명(汚名)이 성(姓)처럼 그에게 새겨지게 됩니다. 이것은 공적인 거짓이나 부정이 내려갈 수 있는, 하나님과 상반된 최저점입니다.

만일 하나님이 주님이므로 그분이 하고자 하는 것을 할 수 있음을 인정한다면, 여전히 우리가 아는 바는, 하나님은 두 가지 의지를 갖지 않고, 하나의 의지를 가지며, 더군다나 상반된 두 가지 의지를 갖지 않는다는 것입니다. 만일 그분이 한때 간음을 정죄할 의도가 있었고, 죽음으로 처벌받아야 한다는 의도였다면, 그분의 가장 거룩한 백성으로 하여금, 이를테면, 그 자신의 이율배반과 반대법(counter-statute)에 의하여, 우리가 들을 수 있는 일반적인 해설에 따르자면, 그분 자신이 죄악으로 평가한 동일한 사실에서, 비난받지 않고 살 수 있게 허용하는 것은 그분의 모든 전능이 용납하지 않을 것입니다. 그분의 섭리의 숨겨진 방도를 우리는 흠모하고, 탐색하지 않지만, 율법이 그의 계시된 의지이고, 그분의 완전하고, 분명하고 확실한 의지입니다. 이 점에서 그분은 우리에게, 말하자면, 인간적인 모습으로 나타나며, 우리와 언약을 맺고, 그것을 지키겠다고 맹세하며, 의로운 법률가처럼 자신의 법규에 묶이고, 사람들과 재판관들이 이해하도록 하고, 판단을 하고 판단을 받으며, 올바른 이성을 평가하고 그것에 맞춥니다. 그분의 법 한 조각을 지킬 의무가 법의 다른 조각을 지킬 의무보다 우리에게 덜할 수 없으며, 그분의 법적인 정의는 그렇게 변덕스럽고 가변적일 수 없고, 때로는 삼키는 불꽃과 같다가, 이럭저럭 잿불에 묻혀 숨죽이며, 혹은 만일 제가 그렇게 표현해도 된다면, 하품

---

[234] 유대의 왕 므낫세(Manasseh)를 가리킴. 「열왕기하」 21: 11 참조.

이나 하며 드러누울 수는 없는 것입니다. 하나님의 법의 활기는 그분의 제단의 성화가 꺼질 수 없는 만큼이나 누그러질 수 없습니다.[235] 그 앞에 타는 등불은 끌 필요가 있어도, 그분의 율법의 빛은 절대 꺼지지 않을 것입니다. 이 점에 대하여, **리베투스**(Rivetus)의 해결책을 논의하면서, 아래에 더 살펴보겠습니다.

예수회(Jesuits)와 **아르미니우스**(Arminius)[236]로 명명되는 우리 가운데 분파는 우리가 하나님이 죄를 창시하셨다 한다고 비난하곤 하는데, 죄에 대한 그분의 허용에 대해서는 말할 나위 없고, 특히 두 가지 단계에서 그렇다는 겁니다. 첫째, 하나님이 어떤 자들은 저주받도록 정하여, 결과적으로 죄를 짓도록 정해놓았다고 우리가 주장하기 때문이라는 겁니다. 그 다음, 다른 사람들에게는 구원의 지식이 되는 수단을 그들에게는 더 큰 죄를 범하는 원인이 되도록 그분이 그렇게 만든다고 하기 때문이라는 겁니다. 그러나 인간이 창조되고, 인간의 자유의지를 요구하는 명령은 아니더라도, 시간적으로가 아니라 순서상 그 자신의 힘에 속한 원인들에 종속하며, 인간이 지탱할 수 있었던 완전성을 고려하면, 하나님과 우리 모두의 책임을 면제하도록 그들[237]을 설득할 수 있으리라고 생각합니다. **플라톤**과 **크리시포스**(Chrysippus)의 가르침 때문인데, 이들은, 그들의 제자들인 **플라톤학파**(Academics) 및 **스토아학파**(Stoics) 철학자들과 더불어,

---

[235] 「레위기」 6: 13 참조.

[236] Jacobus Arminius(1560~1609): 레이덴(Leyden)에서 신학교수였고, 17세기 초에 우세했던 극단적인 칼뱅주의에 반대하는 운동을 네덜란드 개혁교회에서 주도했다. 예정설(Predestination)에 대한 그의 견해는 도르트 회의(Synod of Dort, 1618)에서 거절되었으나, 대륙뿐만 아니라 잉글랜드에서도 점점 영향력이 커갔다. 밀턴 자신의 후기 입장은 아르미니우스주의(Arminianism)를 수용했다. *Cf. Christian Doctrine*, I, iii and iv.

[237] 위에 언급된 예수회와 아르미니우스 분파를 가리킴.

아담에게 그의 자발적인 행복과 인내의 유모이자 안내자가 되도록 주어진 판도라(Pandora)가 얼마나 완전하고 최상으로 장식되어 있었는지를 몰랐지만, 그 장식은 그분의 천부적인 순수와 완전성이었으며, 아담이 우리의 진정한 에피메테우스(Epimetheus)[238]가 되지 않도록 할 수 있었을 것입니다. 그리고 비록 그들이 덕성과 악행이 모두 **신성한 운명**의 선물이라고 가르쳤지만,[239] 그들은 하나님과 운명의 방침을 정당화하는데, 근거가 없지 않은 이유들을 여전히 제시할 수 있었습니다. 인간 자신의 스스로 부패한 자유의지가 **운명 외에도** 그의 불순종의 합당하고 충분한 이유가 된다는 인간의 어리석은 주장(the insulsity of moral tongues)과 다르게 말입니다. 이런 주장은 호메로스 역시 그의 『일리아드』(*Iliad*)와 『오디세이』(*Odyssey*)에서 표현하지 않으려 했던 바와 같습니다.[240] 그리고 시인 **마닐리우스**(Manilius)는, 비록 그의 네 번째 책에서 "죄를 짓기도 하고 벌도 받게 창조된" 자들에 대해 언급하고 있지만, 투덜대지 않고 근면하고 유쾌한 태도를 보이며, 신에게 책임을 돌리지 않습니다. 그들은 신의 피조물 가운데 그의 원수가 된 자들을 가장 큰 형벌로 벌하는 것이 가장 신성하다는 그들의 이교도적 전승에 무지하지 않았습니다. 그래서 그들은, 하나님 자신이 한 사람을 그분에게서 가장 멀리 던져버릴 때, 가장 큰 벌이 된다고 생각할 수도 있었습니다. 그들이 주장하기를, 하나님이

---

[238] 그리스신화에 따르면, 에피메테우스가 판도라의 상자를 개봉함으로써 인간이 처음으로 악을 경험하게 되었다. 밀턴은 『실낙원』 IV, 714~719에서 그 이야기를 적용하고 있다.
[239] 플라톤은 "덕성은 하나님의 은총에 의하여 덕스러운 사람에게 온다"고 한다 (*Meno*, 99).
[240] 『일리아드』의 주제는 서두에서 아킬레스(Achilles)의 분노, 즉 "아카이아 사람들에게 무수한 화를 불러온 파괴적인 분노"라고 선포된다. *Cf. Odyssey*, I, 9; I, 32 이하. 즉, 인간의 자유의지가 아닌 신의 분노가 문제라는 것이다.

그렇게 한 것은, 그분의 범죄자들을 눈멀게 하고, 완고하게 하고, 자극해서, 그들이 그 일을 착수한 이래 그들의 필사적인 일을 끝내고 좌초시키기 위함이었다는 것입니다. 허공이든 중심이든 가장 변방의 깊이를 알 수 없는 **혼돈**(Chaos)이든, 거룩한 지복에서 멀어져 세상의 지름을 더한 것보다 더 깊게 떨어진, 하나의 특정한 지옥으로 영원히 추방하는 것은, 죄를 죄로 벌하는 것만큼이나 하나님이 부과하기에는 적당하고 균형 잡힌 형벌이 아니라고 생각했습니다. 일반적인 부류의 이방인들은 신성한 통치에 대한 왜곡된 생각도 없이도 곧잘 이처럼 생각했던 것입니다. 그러므로, **키케로**(Cicero)는, 당대의 박학한 식자 사이에서 **투스쿨룸**(Tuscuian)이나 **캄파니아**(Campanian)의 은둔생활이 아니라, 잡다한 청중을 상대로 한 귀족원에서도, 이 점에 관하여, **피소**(Piso)에 대한 그의 연설에서, 그리고 **클로디우스**(Clodius)에 대한 예언자들의 대답에 관한 연설에서도, 하나님은 여전히 인간을 더 죄 많게 하는 것이 인간을 가장 크게 벌하는 것이요, 가장 비참하게 만든다는 것임을, 보통 사람의 귀에도 모순되지 않게 들리도록 공개적으로 선포합니다. 이리하여 우리는 이 논쟁에서 하나님의 의로움이 이교도 논쟁자들 사이에서조차 정당하다는 것을 잘 알고 있습니다. 그러나 만일 어느 누가 진심으로 가식적이지 않게 하나님의 영예를 위해 열성적이라면, 여기서 저는 그를 사람들과 천사들 앞에 초대하는바, 하나님이, 여태까지 그 어느 때보다 피치 못하게 그리고 가장 책임지우는 방식으로 하되, 죄를 창시한 분으로 조작되지 않도록, 그가 가장 깊은 최고의 기술을 사용하시길 바랍니다. 만일 하나님이 그분의 원수들을 비난하여 일종의 형벌로서 죄를 짓게 넘겨주고 부추길 뿐만 아니라, 그분 자신의 광범한 인증 아래 특권으로써, 그분의 친구들[241]을

---

[241] 하나님을 믿고 따르는 자들을 가리킴.

용납한다면 그렇습니다. 이들은 그분이 죄를 씻고 구원하려는 자들이고, 그분 자신과 연합하고 분리되지 않을 자들이며, 그분이 건전한 성결에 의하여 고쳐주되 저주받은 자들에게 하듯이 더러운 범죄에 의하여 벌하지 않을 자들인바, 만일 그분이 그분의 율법, 즉 그분 자신의 가장 순수한 의지의 완전한 규칙 안에서, 그리고 조금의 갈등도 없이 가증스럽고 잡다한 죄를 침투하는, 우리의 가장 교화된 양심 안에서, 이들을 용납한다면, 말입니다. 하나님 안에서 하나의 은밀한 의도와 공개된 의도가 함께 있을 수 있는지 의문스럽습니다. 그러나 인간 안에 두 가지 책임 있는 근거가 있다면 놀랄 것도 없습니다. 그러나 여기에 어떤 타당한 이유도 파악되지 않고, 서로 대등한 싸움을 벌이는, 두 가지 드러난 의지가 분명히 있습니다. 이것은 죄를 율법의 본질에 접붙이는 것이며, 그 율법은 죄에 부응해서가 아니라 반대와 금지에 의하여 죄를 자극하는 것입니다. 아니, 이것은 제가 떨면서 표현하는바, 죄를 벌하지 않고 흡족해하는 하나님의 의지 가운데 구체화 되는 것입니다.[242] 죄에 대한 이런 허용에 뒤따라오는 이런 끔찍한 결과를 피하는 것이, 아마도 방심하지 않고 용의주도한 양심에서 예정설(predestination)에 이의를 제기하는 이런 사람들을 달래는 것보다 훨씬 더 어려운 일일 것입니다. 이리하여 결국, 우리는 전적으로 행동의 자유를 주는 어떤 율법이, 어떤 좋은 고려에서도, 한 거룩한 백성에게, 속된 의미에서 그들의 마음이 완고하다는 이유로, 주어질 수는 없다는 결론을 내릴 수 있습니다.

---

[242] 원문은, "to incarnat sin into the unpunishing, and well pleas'd will of God"이다. 밀턴은 여기서 하나님이 죄를 벌하지 않고 흡족해 한다고 표현하는데, 완고한 죄인을 죄로써 다스린다는 의미와 더불어 자유의지의 문제 등이 연관된다.

제4장

> 만일 이혼이 명령이 아니라면, 결혼도 마찬가지임. 만일 이혼이 죄라면, 이혼은
> 관면(寬免)이 될 수 없음. 어떤 알 수 없는 방법으로 면책되는 하나님은 그리스도인의
> 마음을 만족시켜서는 안 된다는 리베투스의 해결책.

다른 이들은 어떤 이혼법도 허용하지 않고 관면(寬免)만 허용함으로써 그 문제를 피하려고 생각합니다. 그것은 그리스도의 말씀에 상반되는데, 그 자신이 이혼을 「마가복음」 10장 5절에, "하나의 법"이라고 부르기 때문입니다. 만일 우리가 가장 엄격한 정의에 따라 명령에 대해 말한다면, 결혼 자체도 이혼 못잖게 명령이 아니며, 억제할 수 없는 자에게 자유롭게 허용될 뿐인 것입니다.[243] 그러나 관면에 대해 말하자면, 율법에 대하여 전에 했던 것과 동일한 주장을 하는바, 그것이 죄의 허용에 주어질 수는 없다는 것입니다. 하나님은 자신과 관련해서도, 인간과 관련해서도, 그런 관면을 줄 수 없습니다. 가장 순수한 본질이며 죄의 정당한 복수자인 그분 자신과 관련하여 그럴 수 없는 것은, 그분은 그 자체로 부당하고 불순한 죄를 죄가 아닌 것으로 만들 수 없으며, 그들[244]이 주장하듯이, 간음 때문이 아닌 모든 이혼이 그렇듯이 말입니다. 인간과 관련해도 그럴 수 없는데, 그럴 경우 관면이 그에게 선이나 악이 되어야 하기 때문인데, 그에게 선이 될 수 없는바, 죄를 면책하고 편리를 제공하는 어떤 질책보다 신성한 율법의 명확한 계시를 더 크게 듣는 것, 그리고 법의 목적이 가장 증오스럽게 만들어야 하는 것을 의심스럽게 하거나 혹은 도리

---

[243] 「고린도전서」 7: 9 참조.
[244] 위와 같은 주장을 하는 자들을 가리킴.

어 적법하게 만드는 것은, 질책과 합당한 교정만이 구원할 수 있는 죄인에게 어떤 유익이 될 수 있다고는 도저히 상상할 수 없기 때문입니다. 인간의 악에도 관면이 주어질 수 없습니다. 만일 "명령이 생명에 이르게 하려고 정하신 것"이라면(「로마서」 7장 10절), 어찌하여 동일한 하나님이 사망에 이르게 해야 하는 그 법에 대하여 관면을 공표할 수 있겠습니까? 만일 어떤 재판관이나 법이 그 관면을 누군가에게 줘서 그 자신의 목을 자르게 하거나 자신을 저주하게 한다면, 그 관면은 불합리하고 극악무도할 것입니다. 그러므로, 관면은 완전한 용서를 전제해야 하며, 그렇지 않다면 그것은 관면이 아니라, 가장 해롭고 피투성이의 올가미일 것입니다. 그리고 왜, "명령도 거룩하며 의롭고 선하도다."(7장 12절) 했듯이, 하나님이 한 백성과 거룩한 언약 관계를 맺었으나, 법의 가면 아래 그들을 적법하게 불결한 행실에 빠지도록 오도하고 속이는 불순하고 반역적인 관면을 겪어야 하는 것입니까? 하나님은 언약을 파괴하시는 분이 아닙니다. 그분은 그렇게 할 수 없습니다.

부지런하고 박식한 저술가, **리베투스**(Rivetus)는 관면을 창시한 이들이 쓴 것을 잘 숙고하여, 그들 사이에 조그만 일치를 발견하고, 이런 바위 같고 유사(流砂) 같은 자들 사이에서 초연한 척하고자 했고, 하나님이, 우리에게 알려지지 않은 방식으로만, 분명히 권면했다고 결론짓고 그러니 그 문제를 그냥 두는 것이 최선이라고 생각합니다.[245] 그러나 저는 이에 맞서, 그리스도인은 결코 이러한 무지에 안주해서는 안 된다고 주장하

---

[245] *Theologicae & Scholasticae Exercitationes* (Leyden, 1633), pp. 222~230 참조. 리베투스는 구약성경의 일부다처제에 대한 자세한 논의 끝에, 일부다처제는, 이혼처럼, 원래의 결혼제도와 상반된 것이기 때문에, 가부장제의 실행은 하나님의 배려, 허가나 용인에 의하여 된 것이었음이 틀림없다는 그의 결론에 도달한다. 그리스도인에게 중요한 점은, "그리스도가 우리를 첫 제도로 소환했다"는 것입니다.

는 바입니다. 그런 무지 때문에, 그토록 많은 모순이, 하나님의 순수, 정의, 지혜, 또한 율법과 복음 둘 다의 목적, 그리고 그 양자의 비교에 모두 맞지 않게 엄중히 드러날 것입니다. 하나님은 그분의 섭리의 방도에 있어서 높고 은밀하고, 드러나지 않지만, 그분의 법을 전달하고 집행함에 있어서, 특히 우리가 그것에 관하여 이성적으로 파악하는 이처럼 일상적이고 익숙한 의무를 다룸에 있어서는, 우리가 이성적으로 이해하는 바이며, 충분히 분명하게 자신을 계시하셨고, 우리에게 심겨 있는 자연법이나 형평법에 부응하는 것과 다르지 않게 그것을 준수하라고 요구합니다. 그리고 그분은 우리에게 그분의 법을 사랑하고 칭송하라고 가르쳤는데, 그것이 그분의 것이기 때문일 뿐 아니라, 그것이 모든 지혜롭고 냉정한 오성(悟性)에 합당하고 선하기 때문입니다. 그러므로 아브라함(Abraham)은, 만일 하나님의 정의가 인간의 마음을 밝혀주고 그 자체의 규칙을 관철하기 위해 사용해온 광채에서 벗어나야 한다면, 하나님 자신의 면전에서조차, 신성한 정의를 의심했던 것 같습니다. "주께서 의로운 자들을 사악한 자들과 함께 멸하려 하시나이까? 이런 식은 주께 결코 있을 수 없나이다. 온 땅의 심판자께서 의롭게 행하여야 하지 아니하리이까?"[246] 이런 식으로 하나님이 공정 자체 안에, 그가 대적할 수 없는 의로움을 창조하셨다고 아브라함이 선포한 것입니다. 다윗 역시 「시편」 119편에서 "주께서 명령하신 주의 증언들은 의롭고 심히 신실하니이다. 주의 말씀은 심히 순수하므로 주의 종이 그것을 사랑하나이다."[247]라고 합니다. 그런고로, 그 말씀의 저자를 위해서가 아니라 그 순수성 때문입니다. 사도 바울은 말하기를, "그분은 항상 신실하시니 자신을 부인할 수 없느니라."[248]라고

---

[246] 「창세기」 18: 23~25.
[247] 138, 140절.

했습니다. 즉, 그분 자신의 약속을 부정할 수 없고, 그분 자신의 규칙에 충실하지 않을 수 없습니다. 그분은 가끔 인간에게 자신의 방식이 옳음을 그 자체의 원칙에 입각하여 주장합니다. 그렇지 않으면, "그분이 완전하신 것 같이 완전하도록"[249] 어떻게 우리가 그를 모방하겠습니까? 만일 옛 사투르누스(Saturn)의 우화적인 시대에 그랬듯,[250] 이러한 즐거운 방임의 시적인 황금시대를 그분이 마음대로 관면한다면, 말입니다. 그리고 이것은 아마 율법 앞에서는 어떤 구실이 있을 수 있지만, **모세가 그들**[251] 과 만든 이 같은 면제 없는 언약 아래에서 가능했으며, 그리고 왜 어찌하여 관면인가의 이유를 말할 수 없다는 것은 지성인의 가슴에 평온을 줄 수 없는 것입니다. 우리는 율법이 순수하고 명쾌할 수 있는지를 결정해야 하고, 아무도 그 신비로운 의미를 발설할 수 없게 하는 이런 **엘레우시스의**(Eleusinian) 신비[252]에 더러운 치마를 여전히 씌워야 하는 것입니다. 이 점이 이교적인 미신의 최악의 음란보다 더 나쁘며, 그 더러움은 숨겨졌지만, 그 음란의 은밀한 이유는 당대의 현자들에게는 알려졌기 때문입니다. 그러나 하나님의 탓으로 돌린 이런 유대인의 더러움[253]은 일상적이고 공개된 것이지만, 그 더러움의 이유는 우리의 성직자들도 모르고 있습니다. 우리는 새로운 의로움을 행위에 부여하는 복음의 계획은 알지 못하

---

[248] 「디모데후서」 2: 13.

[249] 「마태복음」 5: 48.

[250] 「우울한 사람」("Il Penseroso"), 25~26: "사투르누스의 통치 아래, / 이런 혼합이 흠으로 여겨지지 않았네." 사투르누스의 황금시대는 오비디우스(Ovid)의 『변신 이야기』(*Metamorphoses*)에서 묘사된 것이다(I, 89~112).

[251] 모세가 언약을 맺은 이스라엘 백성을 가리킴.

[252] 데메테르(Demeter)와 페르세포네(Persephone)를 숭배하는 비밀 의식으로서, 아티카(Attica)의 엘레우시스(Eleusis)에서 처음 거행되었음.

[253] 율법에 막혀 하나님 말씀의 진정한 의미를 말하지 못하게 하는 유대인의 더러움을 뜻함.

지만, 만일 의롭게 하는 행위를 뜻한다면, 행위 없는 믿음으로 옛 의로움을 되찾게 하는 복음의 계획은 아는 바입니다.[254] 우리는 우리 구세주 자신이 은총의 언약 가운데서 결혼의 새로운 결속을 부여하기 위해 가질 수 있었던 신비를 알지 못하는바, 그 언약은 그분 자신이 율법의 엄격성에 맞춰 풀어놓은 것입니다. 그리하며, 만일 우리가 우리 믿음의 근본에 그토록 위험하고 끔찍한 이런 많은 불명확과 의심에 머무르게 하는 리베투스의 무대책에 만족할 수 없더라도, 그가 우리를 용서하길 바랍니다.

---

[254] 「갈라디아서」 2: 26: "사람이 의롭게 되는 것은 율법의 행위로 말미암음이 아니요 오직 예수 그리스도를 믿음으로 말미암는 줄 알므로 우리도 그리스도 예수를 믿나니 이는 우리가 율법의 행위로써가 아니고 그리스도를 믿음으로써 의롭다 함을 얻으려 함이라 율법의 행위로써는 의롭다 함을 얻을 육체가 없느니라."

제5장

관면(Dispensation) 이란 무엇인가

그러므로, 더 만족스런 답을 얻으려면, 우리는 가능한 한 열심히 관면이 무엇인지 계속하여 물어야 하며, 이 용어가 그분의 그러한 은총을 적절히 부르는 명칭인지 아닌지 알아야 할 것입니다. 부적절한 명칭이라면, 차라리 어떤 정당하고 타당한 이유 때문에 더 일반적인 명령에서 면제되고 폐가 되는 특별하고 예외적인 법일 것입니다. 「민수기」 9장에서, 불결하거나 여행 중인 자는 두 번째 달에 유월절을 지키는 것이 허용되었으나, 그렇지 않다면, 항상 첫 번째 달에 지켜야 했습니다. 「레위기」(Leviticus)에서, 형제 아내와의 결혼을 허용한 것에 관해 말하자면, 그것은 관면이라기보다 형벌적인 법령이었으며, 상처가 되거나 그 자체로 불결한 것을 명령하는 것이 아니며, 제도적인 품위에 앞서 사랑의 특별한 이유를 선호하는 것에 불과하며, 아래 구절에서 두 자매를 취하는 것을 금지한 데서 보듯이, 아마 평생에 한 번(life time only)을 뜻한다고 여길 수 있습니다.[255] 모세의 어떤 다른 가르침이 다른 종류의 법의 형식만 취하고 관면의

---

[255] 이 문장은, 보는 바와 같이, 본문에서 탈자(脫字)를 의심할 만큼 애매하다. 언급되지 않았으나 밀턴의 사상적 배경으로 분명히 작용하고 있는 것이 「신명기」 25:5에 나타난 명령이다: "형제들이 함께 거하는데 그들 중 한 명이 죽고 아이가 없거든 그 죽은 자의 아내는 밖에서 남에게 시집가지 말 것이요, 그녀의 남편의 형제가 그녀에게로 들어가 그녀를 아내로 취해 남편의 형제 된 의무를 그녀에게 행할 것이며." 이것은 「레위기」 18: 16에서 형제의 아내와의 결혼을 금지한 것과 모순되어 보인다. 밀턴은 두 가지 설명을 하고 있다: (1) 「신명기」의 명령은 일반적인 원칙에 대한 자비로운 예외였다. (2) 그 원칙 자체가 첫 남편의 생전에만 적용되도록 한 것이었다. 후자의 설명에 대해, 그는 「레위기」 18: 18에서 근거를 찾는다: "너는 한 여인이 살아있을 동안에 그녀의 자매를 아내로 취하여 그녀를 괴롭히지

이름을 지닐 수 있는지, 쉽게 예를 떠올리지 못하겠습니다. 그러나 관면은, 가장 적절히 표현하자면, 거의 일어나지 않는 어떤 특이한 우발사고이며, 그러므로 법에 특정되지 않고, 유대 관례의 속박 아래에서조차, 또한 복음의 자유 아래서는 더욱이나 사랑의 결정에 맡겨진 것입니다. 이리하며, "다윗이 하나님의 집에 들어가, 보여주는 빵을 먹었는데" 그것은 "율법에 어긋나는" 것이었습니다.²⁵⁶ 이와 같은 관면에 대하며, 프랑스의 신학자 베르됭(Verdune)은 트리엔트(Trent) 공의회에서, 교황은 어떤 것이든 관면할 수 있다고 주장한 탁발승 아드리아누스(Adrian)를 상대로, 아주 심각한 반론을 제기했습니다. 베르됭은 말하기를, "관면이 하나의 호의라고 한다면 어리석은 신조이다. 그러나 그렇지 않으니, 그것은 가장 그러한 것만큼 분배적인 정의이다. 그가 관면을 제공하지 않으면 죄를 짓는바, 관면은 법을 올바르게 해석하는 것일 뿐이기 때문이다."²⁵⁷라고 했습니다. 건강하게 선포된 이런 문제를 다루면서, 저는 이렇게 많이 배울 수 있습니다. 그러나 「야고보서」 1장에서 말씀하신 대로,²⁵⁸ 모든 선하고 완전한 선물을

말고 그녀의 벌거벗음을 드러내지 말라."

²⁵⁶ 「마태복음」 12: 3~4, 「마가복음」 2: 25~26, 「누가복음」 6: 3~4 참조.

²⁵⁷ Cf. *CPB*, p. 189 (*CPW*, I, 467); Paolo Sarpi, *Historia del Concilio Tridentino* (1619), p. 658. 1563년 트리덴티노 공의회에서 있었던 결혼의 장애에 대한 논의에서, 사르피는 이런 주장을 했다: "도미니코회 수사(修士) 아드리아누스(Adrian)가 … 그 현안을 가볍게 다루면서 자세히 다루었다. … 그는 사람의 법을 처리하는 권위는 교황에게 절대적이고 무제한이라고 말했다. 교황이 그 모든 것보다 우월하기 때문이라는 것이다. 그러므로 그가 관면하면, 어떤 이유가 없어도, 그 관면은 그럼에도 불구하고 유효하다"는 것이다. 존 베르됭의 응답은 이러했다: "모든 사안을 예측할 수 없는 입법자의 불완전성 때문에 인간의 법에 관면이 있다는 것은 인정하지만, 하나님이 입법자인 경우에, 그에게는 아무것도 숨길 수 없고 그에 의해서는 어떤 우연도 예상되지 않는바, 율법은 예외가 있을 수 없다." *Historia del Concilio Tridentino* (1619), tr. Nathanael Brent (1620; UTSL), pp. 675~676.

²⁵⁸ 「야고보서」 1: 17: "모든 좋은 선물과 모든 완전한 선물은 위에서 오며."

주시는 하나님이 죄를 짓게 할 수 있는 규칙과 지침을 내어주시고, 특별히 허가하신 간음 속에 살아가게 되는 법만큼이나 오래 지속된 관면을 시행하셔야 한다는 것은, (그런데 이런 완고한 질병이 이런 불결한 치료로 더 많이 나아질 수 있는지, 이해할 수 없는바), 인류의 원수가 어느 비참한 죄인에게나 줄 수 있었을, 가장 치명적인 전갈 같은 선물이며,[259] 도리어 뱀이 우리의 첫 부모에게 준 것과 같은 관면인 것입니다. 하나님은 그분이 진노한 가운데 메추라기를 주셨고,[260] 진노한 가운데 왕을 세웠으나,[261] 이런 것들 가운데 어느 것도 본래는 악하지 않습니다. 그러나 자기 눈으로 불결을 볼 수 없는 자가, 그분의 거룩한 언약의 책, 즉 그분의 가장 냉정한 율법에서, 통제되지 않은 간음에 대한 허가와 법령을 준다는 것은, 그것이 설령 받아들여진 의견을 따르는 것이라고 해도, 저는 저의 영혼이 이런 교의, 즉 적그리스도의 공방이라도 더 저속한 것을 만들어내지 못했을 이런 면죄에서, 저의 영혼이 벗어나도록 항상 설득할 것입니다.

---

[259] 「누가복음」 11: 12 참조.
[260] 「민수기」 11: 31~33 참조.
[261] 「사무엘상」 8: 1~9 참조.

제6장

이런 추정된 관면의 권한을 유대인이 그리스도인보다 더 가질 수는 없음. 아니, 도리어 그만큼도 갖지 못함.

그러나 만일 관면이 필요하다면, 죄가 면책될 수 있을 만큼 잠시 진리를 없애고 지내봅시다. 여전히, 유대인이 이러한 추정된 특권을 가질 권한이 없는 것은 그리스도인과 마찬가지일 것입니다. 그가 그 안에 살고 있는 명확한 지식을 보거나, 혹은 그가 해야 하는 행위의 엄격한 이행을 보더라도 그렇습니다. 환상과 예언 외에도, 그들에게는 하나님의 율법이 있었고, 「시편」과 「잠언」에서 그 확실성과 분명함이 가장 칭송되며, 이는 단순한 사람들이 깨닫기에도 쉽고 완전한 것입니다.[262] 그렇다면 그것이 어찌하여 그토록 애매할 수 있으며, 아니면 그들이 이 명료하고, 도덕적이고, 가정적인 의무[263]에 있어서 주정뱅이처럼 눈이 멀 수 있을까요? 그들은 결혼에 대한 동일한 교훈을 지니고 있었습니다.[264] 그리스도는 그 교훈의 명확성에 아무것도 더하지 않았습니다. 뭔가 보탠다면, 그 교훈들이 불완전함을 보여줄 수 있기 때문입니다. 그분은 율법을 털어내지 않고, 율법과 사람들의 눈 사이에 드리운 바리새인들의 안개를 제거합니다. "하나님께서 짝지어 주신 것을 사람이 나누지 못할지니라."[265]라는, 그분이 더하신 유일한 문장은 「창세기」에서 끌어온 어떤 구절만큼 애매하며,

---

[262] 「시편」 19: 7, 「잠언」 22: 20~21 참조.
[263] 결혼에 대한 의무를 가리킴.
[264] 결혼에 대해서도 다른 율법처럼 명확한 교훈이 있다는 뜻임.
[265] 「마태복음」 19: 6.

비밀 결혼(Clandestine mariages)에 대한 아직 결론 나지 않은 논쟁을 증폭시켰기 때문입니다.[266] 만일 우리가 그분의 모든 말씀을 검토한다면, 우리는 그분이 율법을 자신의 말로 해석한다기보다 그분 자신의 말을 율법에 의해 해석하도록 언급하고 있으며, 더 종종 그분의 마음을 짧고 열성적이고 간결한 문장으로 애매하게 하여, 율법을 이해하려 하지 않는 자들을 더욱 눈멀게 하고 당혹하게 함을 알 수 있습니다. 그러므로, 유대인들은 우리가 그렇듯이, 도덕적 지식이 부족하여 별로 관면될 것이 없었습니다.

다음으로, 저는 그들이 어느 그리스도인만큼이나 율법을 이행해야 했음을 아무도 부정하지 않으리라 생각합니다. 어느 사내 아기의 부드러운 포피(包皮)라도 삼가지 않고 그 살에 엄격하고 순수한 언약의 표시를 새기는 것이 관면의 환상과 충분히 어긋남을 우리에게 충분히 이해시켜줄 것입니다.[267] 사도 바울은 모든 "할례받은 자는 율법 전체를 행할 의무가 있는 자"(「갈」 5)여야 하며, 그렇지 않다면, "할례는 무할례가 되나니"(「롬」 2: 25)라고 증언합니다.[268] 그러면, 육신의 할례를 순결의 외적 징표로 유아에게 강요하고, 성인의 영혼 속에서 내적인 실제 불결을 가져오도록 무할례를 허용하는 것이 얼마나 헛되고 앞뒤가 맞지 않는지요! 무지와 실수로 인한 모든 사소한 죄에 대해 따분한 속죄를 요구하고, 무지나 고집에서 생겨난 가증스런 범죄를 참회와 불안감 없이 특별히 허용하는 율법이라면, 이 또한 얼마나 헛된 것입니까? 잠시 빠뜨린 순수의 표징

---

[266] Cf. CPB, p. 114 (Complete Prose, I, 413). 비밀 결혼은 강한 비난은 받았으나, 일반적으로 교회가 인정했다. 사르피(Sarpi)는 트리엔트 공의회에서 제기된 상반된 의견들에 대해 논평했다(History of the Council of Trent, tr. Brent, 1620, p. 783).

[267] 「창세기」 17: 10~14 참조.

[268] 킹 제임스 흠정역에 따르면, 이 구절 전체는 "네가 율법을 지키면 할례가 참으로 유익하나 네가 율법을 어기는 자가 되면 네 할례가 무할례가 되나니."라고 되어 있다.

때문에 죽음을 부과하고, 자행된 본질적인 불결한 행동에는 모두 정당하고 자유로운 사면을 선언하여, 그것을 금지한 언약을 헛되게 하는 것 또한 얼마나 부당한 것인지요! 이리하여, 만일 우리가 율법의 취지를 받들어, 할례를 받고 모든 걸 이행하며, 실수나 무지를 눈감아 줄 만큼도 용서하지 않는다면, 이것을 "믿고 세례를 받으라"[269]는 복음의 조건과 비교한다면, 유대인은 모든 의무의 이행[270]을 가능한 한, 엄격하게 이행해야 했으며, 그러므로 그리스도인보다 이런 이행에서 더 관면될 수 없거나 아마도 그 정도는 관면될 수 없었을 것임을 우리가 곧장 인정할 수 있을 것입니다.

---

[269] 「마가복음」 16: 16: "믿고 세례를 받는 자는 구원을 받으려니와 믿지 않는 자는 정죄를 받으리라."
[270] 유대인이 지켜야할 모든 율법적 의무를 가리킴.

제7장

복음이 율법보다 관면하는 경향이 있음: 파레우스(Paraeus)[271]의 답변.

【그러나 저는 그것이 관면이라고 인정하지만, 그 원인이 존속하는 한, 관면도 존속해야 한다는 것은 하나의 분명한 규칙이라고 대답하는 바입니다. 그러므로 복음의 성격 안에서든 인간성 안에서든, 이 관면이 없어져야 한다는 이유를 보여주십시오. 복음은 사실상 최고의 완전에 이르도록 권고하지만 가장 연약한 약점을 율법보다 더 많이 견딥니다. 인간성은 연약하지만 여전히 강하며, 연약함과 강인성은 전과 같이 가혹하게 다루기에 부적절하며 가르치기 힘듭니다. 그렇습니다만, 사람들이 말하기를,[272] 더 완전한 복종을 요구하는 복음 이상의 힘이 부여된 정신의 더 큰 부분이 있다는 것입니다. 그러나 그 결과는 기만적일 수 있습니다. 율법이야말로 복음 아래에서도 우리의 순종을 강요하는 것입니다. 그렇다면, 이혼에 대하여 율법이 이전에 절대 강요하지 않은 것을 요구할 수 있을까요? 복음은 은총을 보여주고, 새로운 도덕을 강요하지 않으며, 믿음에 의해서만 의인(義認)을 보장하는 언약이며, 만일 우리가 우리의 도덕적 의무를 그 지혜롭고 공평한 모세의 규칙들에 따라 청산하고자 노력하면, 충족되는 것으로서, 그 규칙들은 우리에게 그렇듯이 유대인에게도 엄격하고 용서되지 않을 만큼 완전했던 것입니다. 그렇지 않고서는, 율법은 부당하여, 복음

---

[271] David Pareus를 가리킴. 위의 각주 85를 참고할 것.
[272] 1644년 수정판에서는 이 주장을 파레우스에게 돌리고 있다. 현재 【 】 안에 논의되고 있는 구절은 1643년 판에 실린 내용이고, 그다음 이어진 글은 1644년 개정판에 수록된 구절인데, 개정판에서 이 주장이 파레우스의 것으로 제시된다.

없이 용서의 은총을 주는 것이 될 것이며, 혹은 만일 율법이이 용서 없이 그런 은총을 허용한다면, 이는 방종과 기만이 될 것이며, "이렇게 하고 살라"[273]는 것이며, 애매하고 공허한 허락으로 기만하고 저주하는 것이 됩니다. 우리가 또한 경험에 의하여 알게 된 것은, 복음에 나타난 하나님의 영이, 우리의 마음을 유대인이나 이방인 이상의 탁월한 덕행으로 감동시킬 때보다, 믿음의 은사로 우리 마음에 빛을 비출 때 항상 더 영향력이 있었다는 것입니다. 이리하여, 복음에 나타난 면책으로, "모든 사람이 이 말을 받을 수는 없고, 사람마다 고유한 선물이 있고", 우리 조상들이 맬 수 없는 멍에를 두지 말라는 엄격한 명령이 있는 것입니다.[274]

그러나 **모세**가 그들의 마음이 완고하여 고민했을지라도, 그 고민은 그가 그 실행된 관면 때문이 아니라, 그럴 리가 없는바, 그 율법을 오용한, 드러나지 않은 위선자들의 뜻밖의 고충 때문에 고민했던 것입니다. 하나님이 완고한 자들에게 특별히 간음을 허용하여 그 간음 속에서 살아야 하는 관면을 시행해야 한다는 것은, 아무리 그것이 수용된 의견으로 통할지라도, 저는 그걸 믿을 정도로 완고하지 않고자 항상 노력할 것입니다. 확실하게, 이것은 하나님의 방식이 아니며, 그분의 정결한 눈으로 바라볼 수 없는 것이며, 더욱이 그분의 완전한 율법은 불결을 관면할 수 없습니다.[275] 그리고 만일 우리가 잘 숙고한다면, 우리는 모든 관면은 더 나쁜 불편을 피하기 위함이거나 일시적으로 연약한 양심을 도와주려는 것임을 알게 될 것입니다. 그러나 관면은 마음의 완고함 때문에 간음을 묵인하는 하나의 법으로서, 그만큼 오래 존속되어야 하는바, 둘 다 아마 같은

---

[273] 「창세기」 42: 18.
[274] 「마태복음」 19: 11, 「고린도전서」 7: 7, 「사도행전」 15: 10.
[275] 「하박국」 1: 13.

정도의 죄이지만, 이 완고한 병[276]은 이런 불결한 치료로 어떻게 고칠 수 있는지를 상상할 수 없고, 경건의 거룩한 원칙에서 벗어난 개념이며, 온전히 생각하는 자는 어떻게 이것이 그동안 내내 납득되어 왔는지 놀라지 않을 수 없습니다.}

그러면, 만일 율법이 왜 유대인을 그리스도인보다 더 부드럽게 대해야 하는지의 이유를 제시하지 않는다면, 분명히 복음도 왜 그리스도인을 유대인보다 덜 부드럽게 대해야 하는지 그 이유를 거의 제시하지 못할 것입니다. 복음은 사실상 최고의 완전에 이르도록 권고하지만 가장 연약한 약점을 율법보다 더 많이 견딥니다. 이리하여, 복음에 나타난 면책으로, "모든 사람이 이 말을 받을 수는 없고, 사람마다 고유한 선물이 있고", 우리 조상들이 맬 수 없는 멍에를 두지 말라는 엄격한 명령이 있는 것입니다. 인간성은 연약하지만 여전히 강하며, 연약함과 강인성은 언제나처럼 가혹하게 다루기에 부적절하며 가르치기 힘듭니다. 그렇습니다만, **파레우스**가 말하기를, 더 완전한 복종을 요구하는 복음 이상의 힘이 부여된 정신의 더 큰 부분이 있다는 것입니다. 그러나 이것이 율법은 복음보다 더 죄를 용납할 수 있다는 증거는 아닙니다. 그리고 만일 "우리의 부패한 욕망과 악한 욕정을 죽이려는"[277] 것이 죄가 아니라면, 그것이 성령의 작용임을 우리가 아는바, 모세의 관면의 진정한 기초였던 정당하고 필요한 이유들에 근거한, 가장 지혜로운 사람들에게서조차 이리저리 요동하는, 우리의 타고난 애정과 불만을 제거하려는 것은 아니었습니다. 지금 우리의 논쟁은 무엇이 더 완전하고 덜 완전한지가 아니라, 무엇이 죄인지 아닌지입니다. 그리고 그런 점에서, 율법이 복음처럼 완전한 순종의 대상으

---

[276] 관면을 가리킴.
[277] 「골로새서」 3: 5 참조.

로서 요구되었음을 저는 여전히 주장하는 바입니다. 그밖에도, 복음의 최고 목적은 우리의 순종을 강요하는 것이라기보다 은총과 우리의 불순종에 대한 속죄를 보여주는 것입니다. 우리에게서 이제 강요되는 것은 여전히 복음 아래에서도 죄를 비난하는 율법이지만, 이것이 옛날의 유대인에게보다 우리에게 더 극단적일 수는 없습니다. 율법은 언제나 행위에 대한 것이었으며, 복음은 언제나 은총에 대한 것이었습니다.

그러므로, 복음이 이제는 부인할 수밖에 없는 무해하고 필요한 관면에 따르면, 율법이 복음의 은총을 예상하고 능가했음이 틀림없거나, 아니면, 여전히 부당하고 공허한 허용과 함께 은밀하게 기만하고 저주하면서 "이것을 행하고 살아라" 하고 대체적으로 말하면서, 진정한 용서는 없이 정치적이고 피상적인 은총만 받게 되었음이 드러날 수밖에 없습니다. 이는, 앞서 살펴본 바와 같이, 모든 율법의 목적에서 볼 때, 아주 혐오스러운 것입니다. 그러나 만일 그러한 관대함이 사실상 그렇듯이, 안전하고 무죄이며 친절과 동정에서 왔지만 복음에 의해 취소될 것이라면, 그렇다면, 엄격성에 의하여 은총을 널리 퍼뜨리는 것이 목적인 율법 자체가 은총을 줄 것이며, 복음에서 아름다운 깃털을 뽑아버림으로써, 우리를 그리로 몰아넣는 대신, 거기에서 우리를 밖으로 유인해낼 것입니다. 그리고 율법의 공포가 은총의 관대함을 넓히고 실증하는 하인이었으나, 이제 반대로 복음적인 은총의 엄정성이 엄격한 율법의 은총과 관대함을 선포하는 하인으로 변할 것입니다. 율법은 복음의 은총을 칭송하기에는 거칠었고, 이제 복음이 그 자체의 꾸민 엄격성으로써 자신이 제공하는 은총을 널리 퍼뜨릴할 것입니다. 율법이 면제한 의무를 강요함으로써 우리가 그 의무를 이행하면, 그 의무가 얼마나 많이 이행되느냐에 따라 은총이 줄어들게 됩니다. 사도 바울이 잘못 주장하는 것이 아니라면, 말입니다.[278] 만일 우리가 그것을 이행하지 않고 이행하지 않음으로 멸망한다면, 은총의 조건은 엄정의 조건보다 더 어렵습니다. 만일 믿음과 회개를 통해 우리가 멸망하지 않는다면, 엄정이 요구하지 않은, 적어도 그렇게 엄격하게는 요구하지 않은 것을 요구함으로써, 여전히 은총이 덜 남아있게 됩니다. 이리하여, 파레우스의 주장으로 상당히 돌아가게 됩니다. 만일 복음이 하나의 의무로서의 율법보다 더 완전한 복종을 요구한다면, 그것은 율법을 높이고 복음 자체를 낮추며, 이는 우리 구원의 사역에 수치스러운 일일 것입니다. 그러므로, 유대인이 가질 수 있을 어떤 용인의 모든 원인이 그리스도인에게도 마찬가지로 남아있음을 본다면, 하나의 분명한 원칙은, 용인의 원인들이 존속하는 한, 용인도 존속해야 한다는 것입니다. 그리고 이렇게 드디어 율법과 관면, 그것의 목적, 용도, 한계에 관한 진리, 그리고 어떤 방식으로 유대인과 그리스도인 둘 다 전자(율법)에 빠지기 쉽고, 후자(관면)도 가능한지 살펴보았으므로, 우리는 마음이 완고하다는 이유로 죄에 대해 어떤 법이나 혹은 법 같은 관면을 줄 수 있다는 것은 경건의 거룩한 원칙들에서 벗어난 교리임을 알 수 있으며, 철저히 숙고한 사람이라면, 어떻게 이것이 그동안 내내 받아들여졌는지 경탄하지 않을 수 없습니다.

---

[278] 「로마서」 11: 6 참조.

제8장

마음의 완악함 때문에 모세가 이혼을 어떻게 묵인했는지의 진정한 의미

이러한 외관상의 모순을 해결하려면 우리가 무엇을 할 수 있겠습니까? 저는 다음과 같은 방법밖에 없다고 확신하며 이를 시인하지 않을 수 없습니다.

모세는, 「신명기」 24장 1절에서, 도덕적 공평성이 충만하고, 자연에 대한 적당한 고려가 충만한, 거부될 수 없는, 엄숙하고 신중한 법을 설정했는데, 그것은 현명한 사람들과 가장 문명화된 국가들의 법들로 구성된 하나의 법입니다. 한 남자가 아내와 결혼했을 때, 만일 그가 그녀 안에 어떤 불쾌한 타고난 자질이나 부적절함을 이유로 그녀를 사랑할 수 없는 일이 벌어진다면, 그에게 이혼 증서를 쓸 수 있게 하라는 것입니다. 그 법의 의도는 분명히 이런 것입니다. 만일 어떤 선량하고 평화로운 남자가 정신이나 신체의 어떤 난감한 불일치나 반감을 발견하게 된다면, 그로 인해 그가 그의 정신 속에 불쾌감과 불안을 계속 숨기지 않고는 남편의 의무를 즐겁게 수행할 수 없을 것입니다. 그 자신과 그의 아내 둘이 모두 불편하고 불행하게 사는 것보다 차라리, 그가 수행할 수 없는 의무를 떠맡기를 계속하기보다 차라리, 그가 자신이 도저히 양심적으로 지탱할 수 없는 그녀를 내보낼 수 있을 것입니다. 그리고 하나님의 영이 솔로몬의 입을 통하여, 「잠언」 30장 21, 23절에서, 【"미운 여자와 함께 거하는 것은 본성이 견딜 수 없는 것"】 "미운 여자"(a hated woman)는(히브리어 단어는, 비록 같은 뜻이긴 하지만, "싫은"(odious)이라기보다 미움을 받는다는 의미를 나타내기 때문에), 그녀가 시집갔을 때, 땅이 견딜 수 없나니"[279]라고 인정함으로써, 이 법이 선하고 필요한 법이라고 증언하고 있습니다. 사랑의 법이 자연이 견디지 못하는 것을 치료해야 한다는 결론밖에 없는 것입니다. 이제, 많은 방탕하고 몰인정한 사람들이 그들의 나쁜 목적을 숨기고자 율법을 부여잡았음을 믿어도 이상하지 않은 것입니다. 그리고 **모세**가 이들을 위해 율법을 만든 것이 아니고, 그럴 리도 없지만, 그들의 완악한 마음이 이 율법을 가지고 나쁜 이익을 취하기 때문에, 그는 주장하기를, 선한 사람들이 정당하고 합법적인 치료의 특권을 풀어놓기보다, 그것을[280] 도리어 감지될 수 없는 경우에 우연히 일어난 것처럼 견디는 것이 더 좋다고 한 것입니다. 그러므로, 그리스도는 그분이 늘 해온 것처럼 그분을 시험하는 바리새인들에게 답을 해야 했으므로, 율법의 진정한 의도에서 **모세**가 한 것을 오만하고 무지한 그들에게 알려주려는 의도가 아니었으며, 그들 자신의 이유, 즉 그들이 모세의 율법을 남용함으로써 그분이 겪어야 했던 바를 말해주고 있는 것입니다. 그들은 **모세**가 그 율법을 준 진정한 원인을 감추고, 그것을 모든 사소한 문제로 확대하며, 나쁘게 인용했기 때문입니다. 이것이 더욱 명백해지는 것은, 우리가 우리 구세주가 「마태복음」 5장에서 **모세**의 율법이 아니라, 그 율법에 잘못 근거한 바리새인들의 전통을 인용하고 있다는 점을 주목해보면, 그렇습니다.[281] 그리고 다른 구절들, 19장과 「마가복음」 10장에서, 바리새인들은 율법을 인용하지만, 거기에 표현된 지혜롭고 인간적인 이유는 숨기고 있습니다. 우리의 구세주는 그들의 교만 때문에 그분의 지시를 받을 자질이 없는 자들의 이런 점을 고쳐주지 않고, 그들에게 합당한 바대로

---

[279] "시집간" 여자는 자기와 결혼한 여자를 뜻하므로 결국 자기 아내를 뜻함.
[280] 완악한 마음을 지닌 자들이 율법을 악용하는 것을 가리킴. 그리고 그것을 견디는 주체는 율법을 악용하지 않은 선한 사람들이라고 할 수 있을 것이다.
[281] 31절: "또 일렀으되, 누구든지 자기 아내를 버릴 자는 그녀에게 이혼 증서를 줄지니라, 했으나."

그들에게 되돌려줄 뿐입니다. "모세가 너의 마음이 강퍅함으로 너의 아내를 버리도록 너희를", 다시 말하면 너희와 같은 자들을, "허락했으나"[282]라고 하는데, "너희에게"를 강조해서 읽어야 하며, 율법 아래에 악의적인 목적을 숨긴 자들이 제한적으로 이해해야 한하는 그 이유 때문에, "그[283]가 너희에게 이 명령을 기록하였거니와"[284] 라고 한 것입니다. 그들이 자신의 무한한 방종을 비난받는 말은 마땅히 들어야 하지만, 그들이 어떤 선한 사람에게 꼭 필요한 자유를 설명하는 그분 말씀을 듣는 것은 마땅하지 않기 때문입니다. 그러나 만일 우리가 들을 귀가 있다면, 그분은 우리를 더 잘 가르쳤을 것입니다. 「마가복음」 10장에서, 그분 자신은 그런 명령이 하나의 율법임을 인정했으며, 하나님의 법이기 때문에, 들리는 바와 같이, 그것은 "사랑의 확실한 목적을 가져야 하며, 그 사랑은 순수한 마음과 선한 양심과 거짓 없는 믿음으로써 사용될 수 있을 것입니다." 「디모데전서」의 같은 장에서 드러나듯이, 율법은 죄를 허용할 수 없으며, 의도적으로 죄를 거부하는 것입니다. 거기서 우리는 "율법은 사람이 그것을 적법하게 쓰면 선한 줄"[285] 안다는 것 역시 배울 수 있습니다. 그러면, 의심할 여지 없이, **모세**가 의도적으로 허용한 이 율법에는 어떤 분명한 선이 있어야 합니다. 그리고 위선자들이 그것에 대해 만드는 불법적인 용도가 있을 수 있고, 그것을 **모세**가 마지못해 겪었으며, 그것을 대체로 예상했으나, 그는 세부적으로 그것을 분간할 수는 없었던 것입니다. 그러므로, 그리스도는 여기서 모세와 율법이 무엇을 의도했는지를 언급하지 않습니다. 선한 사람들은 다른 많은 규칙에 따라 그것을 알 수

---

[282] 「마태복음」 19: 8.
[283] 그리스도를 가리킴.
[284] 「마가복음」 10: 5.
[285] 「디모데전서」 1: 5~8 참조.

있을 것이기 때문입니다. 그리고 냉소적인 바리새인들은 자신들이 가진 지식을 덜 남용할 수 있을 때까지 그 말을 듣기에 합당하지 않을 것입니다. 그분은 모세가 그들에 의해 겪게 된 것을 그들에게 알려줄 뿐입니다.

제9장

결혼제도의 말씀을 어떻게 이해할 것인가: 그리고 그분의 제자들에게 하신 우리 구세주의 답변

【그들을 더욱 놀라게 하고자】 그리고 그들의 뽐내는 오만을 가장 적합한 것으로 조금 받아들이고, 더욱더 그들을 놀라게 하고자, 【바리새인들】 그들은 율법을 완수하는 것이 어려운 문제가 아니라고 생각했던지라, 그분은 그들을, 남녀가 둘 다 완전하여 헤어질 이유가 있을 수 없었던, 타락 이전의 태초에 하나님이 명령하신, 그 분리할 수 없는 제도로 끌어올립니다. 같은 장에 나타난 바와 똑같이,[286] 그는 율법 전체를 준수한다고 자랑한 그 오만한 젊은이와 그가 실제로 그것을 지켰는지 아닌지 논쟁하려 하지 않고, 그를 더 높이, 아무도 모방할 책임이 없는 완벽한 과업으로 끌어올립니다. 그리고 같은 식으로, 첫 번째 제도의 양상(pattern)을 의견이 분분한 바리새인들 앞에 내놓는바, 그들을 압도하고자 함이고 우리를 속박하려는 것이 아닙니다. 어떤 이유로 주어진 모든 명령은 그 이유가 주장하는 것과 다른 방식으로는 우리의 순종을 속박하지 않는다는 것이 하나의 견고한 규칙이기 때문입니다.[287] "그러므로 남자가 자기 아내와 연합하여 그들이 한 육체가 될지니라."[288]라는 에덴에서의 명령도 이런 부류에 속합니다. 이것은 절대적인 명령이 아님을 알 수 있으며, "그러므로"라는 유추가 따릅니다. 그러면 우리의 순종이 잘못된 순종이 아닐 이유를

---

[286] 「마태복음」 19: 16~22.
[287] 밀턴은 법에 추가된 이성의 효과에 관한 사르피의 글을 그의 *CPB* (p. 179)에 기재하고 있다. *Cf. CPW*, I, 424.
[288] 「창세기」 2: 24.

먼저 생각해야 합니다. 이유는 하나만이 아니며, 그중 첫 번째 이유는, 앞 절에 나오는 바와 같이, 아내는 남편에게 "그의 살 중의 살"이라는 것을 들 수 있습니다. 그러나 이 이유는 그 자체로서 충분할 수 없습니다. 그렇다면, 그는 그의 부모의 본질로 만들어졌으므로 그들과 훨씬 더 "살 중의 살이요 뼈 중의 뼈"인데, 왜 그가 그의 아내를 위해 그의 아버지와 어머니를 떠나야 하는 건가요. 반면에, 그 이유가 삶의 슬프고 무지한 교제에 불과할 수도 있는바, 그것을 분리할 수 없다는 금지 명령은 단지 살과 뼈에만 의존하는 것입니다.[289] 그러므로, 그리스도 자신이 우리에게 태초를 회상시키기 때문에, 우리는 더 높게 보아야 합니다. 그러면, 우리는 절대 이혼을 하지 말아야 하는 원초적인 이유가, 비록 지금은 처음처럼 완전한 상태가 아니지만, 여전히 지금 형편에 맞게, 그를 위한 "합당한 조력자"(meet help)[290]를 그에게 만들어줌으로써 남자의 외로움을 치료하겠다는 하나님의 성스럽고 헛되지 않은 약속이었음을 알게 될 것입니다. 그리고 이것은 20절에서 반복되는데, "사람을 위해서는 그를 위한 합당한 조력자를 찾지 못했기" 때문에, 마치 신성한 힘이 어떤 근심과 깊은 생각에 깃들어 있었듯이, 다른 모든 짐승을 적당히 합하여 **아담**에게로 데려왔던 것입니다. 그런데 마치 하나님의 숙고가, 그분의 갑작스러운 말씀이 모든 짐승을 위해 이미 만들어놓은, 번식의 우연한 동반자를 남자에게 연결해주는 것밖에 다른 묘안을 제시하지 못한 것처럼, 우리가 신중한 하나님의 온전한 지혜로운 목적을 그토록 사소한 것으로 격하할 수는 없지 않을까

---

[289] 즉, 영혼이 없는 육체의 결합에 불과하다는 것이다. 『실낙원』 VIII, 499에서 밀턴은 성경의 비유에 의미 있는 추가를 한다: "그래서 그들은 하나의 살, 하나의 마음, 하나의 영혼이 될지니."
[290] 「창세기」 2: 18. 1643년 초판엔 "help meet"라고 되어 있는데 페어이고, 오늘날 "helpmate"로 단순히 "조력자"를 뜻함. "meet"는 고어로 "적당한"의 뜻이 있으므로, 1644년 판의 "meet help"가 킹 제임스 흠정역의 "합당한 조력자"와 일치함.

요? 그렇습니다, 격하할 수 없습니다. 만일 그녀가 어떤 경우에도 분리될 수 없게 그에게 단단히 고정된다면, 이는 남자에게 훨씬 덜 유익한 것으로 드러날 것입니다. 그러므로, 명백한 의미와 공평성과, 그 둘 다 위에 있는, 모든 걸 해석하는 사랑 자체의 음성이 큰 소리로 외치기를, 이 태고의 이유인 "합당한 조력자를 만들어주겠다"는 하나님의 신중한 약속이야말로 이혼을 금하는 이 명령에, 하나의 명령이 되도록, 권위를 제공하는 유일한 이유라고 할 수 있습니다. 그리고 더 덧붙일 수 있는 것은, 만일 아내의 진정한 정의를 진지하게 묻는다면, "합당한 조력자"라는 이 어구는 그 자체가 그 논증적인 주장에서 그토록 필요하고 그토록 본질적임을 보여줄 것이며, 본성적으로 그리고 영속적으로 합당한 조력자가 아닌 여자는 아내가 될 수 없다는 결론이 논리적으로 귀결될 것이며, 이것이 이런 부적합한 자를 떠나게 하는 어려움을 명백하게 제거해버립니다. 만일 이 점을 충분히 고려하지 않는다면, 제가 여전히 더 응답하고 싶은바, 결혼은, 그것이 하나의 어울리고 참을 수 있는 결혼을 뜻하지 않는다면, 본성상으로나 제도상으로나 해체될 수 없는 것이 아니라는 것입니다. 본성상으로 그렇지 않은 이유는, 아무도 의심하지 않듯이, 만일 분리할 수 있는 것과 분리할 수 없는 것이 상반된 것이라면, **모세**가 허용한 이혼은 본성에 어긋났을 것이기 때문입니다. 그리고 만일 가장 건전한 철학이 우리의 신뢰를 저버리지 않는다면, 본성에 어긋난 것은 율법에 어긋난 것입니다.[291] 이런 논리라면, **모세**는 가장 모세답지 않아야 하며, 즉 가장 불법적이며, 가장 부자연스러우리라는 것은 말할 나위도 없습니다.

---

[291] 예를 들어, 키케로(Cicero)는 『법률』(*De Legibus*)에서 이렇게 말한다: "법이란 본성에 뿌리내린 최고의 이성으로서, 행하여야 마땅한 것을 명령하고 그 반대를 금하는 것이다"라고 주장한다. *Cf.* Cicero, *De Legibus,* I, vi, tr. C. W. Keyes (New York and London: Loeb Classical Library, 1928), p. 317.

결혼은 처음의 제도에 의하여[292] 역시 해체할 수 없는 게 아닙니다. 그렇다면,[293] 같은 율법 안에 있는 두 번째 제도가 그렇게 많은 이유를 들어 결혼을 해체할 수 없을 것입니다. 인간 입법자가 (**플라톤의 판단은 그의 『법률』 제4권에 나오는데**),[294] 아니 더구나 신적인 입법자가, 동일한 것에 대해 두 가지 다른 법령을 쓴다는 것은 가장 무가치하기 때문입니다. 그러나 만일 이 두 가지 중에 전자는 행동하기에 선하고, 후자는 는 악하다면,[295] **플라톤**이 어떻게 판단했겠습니까? 마지막으로, 만일 결혼이 가장 주요한 문제들에서, 종교나 사랑 같은 더 높은 것들과의 경쟁 관계에 있는 제도에 의하여, 그것[296]이 명령받은 주된 목적이 좌절될 때, 보여준 바와 같이, 분리할 수 없는 것이라면, 그것[297]은 하늘 아래 하나님의 모든 다른 작품이 이상하고 무법적인 속성을 유지하게 하는 것입니다. 이런 것들에서 우리는 많은 고려사항을 안전하게 수집할 수 있으며, 【이리하여 분명해지는 것은,】 우리의 구세주가 언급하는 바의 첫 제도의 상당 부분이, (그가 전부를 언급하지는 않으므로) 시험하는 바리새인들을 억누르고 궁지에 몰아넣는 것이며, 성경에 대한 그들의 무지와 얄팍한 이해를 폭로하려 한다는 것입니다. 그분이 말씀하시기를, "처음에 그들을 만드신 분께서 그들을 남성과 여성으로 만드시고, 말씀하시기를, 이런 까닭에 남자가 아버지와 어머니를 떠나 자기 아내와 연합하여 그들 둘이 한 육체가 될지니

---

[292] 하나님이 아담과 이브에게 맺어준 결혼 제도를 가리킴.
[293] 즉, 처음에 해체할 수 없는 것이었다면.
[294] *Laws*, IV, 719, tr. Jowett 참조: "입법자는 동일한 사물에 대하여 두 가지 규칙이 아니라 단 하나의 규칙만 제시할 수 있다."
[295] 전자는 인간 입법자를, 후자는 신적인 입법자를 각각 가리킴.
[296] 결혼을 가리킴.
[297] 즉, 이토록 분리할 수 없는 결혼은.

라 하신 것을 너희가 읽지 못했느냐?"[298] 했으니, 이를 **모세**의 자리를 맹목적으로 차지한 자들은 부정할 수 없었습니다. 마치 남녀에 대한 이 단 하나의 존중이, 그분[299]께서 의도한 위로와 평안을 기만적으로 내세우고, 한 이성적인 인간을 끝없는 슬픔에 완전히 붙박아버리는 수많은 불편과 해악에 대적하기에 충분한 것처럼 말입니다. 그들이 이렇게 대답했다면, 어땠을까요? "선생님,[300] 만일 당신이 결혼을 태초에 그랬던 것처럼 해체할 수 없는 것으로 만들 의도였다면, 하나님이 의도한 대로, 그것을 역시 합당한 교제가 되도록 하셔야죠. 만일 당신이 율법에서 그 이유 전체를 열거한다면, 결혼이 당연히 그래야 한다고 우리가 이해할 테니까요." 이렇게 말입니다. 틀림없이 우리의 구세주는 그들의 정당한 질문을 칭찬했을 것입니다. 그랬다면, 마치 **모세** 자신이 그의 이혼법에 의하여 그것을 설명하듯이, 다시 말하자면, 첫 번째 명령의 전제(前提)와 이유에 대하여 적당한 지혜로운 관심을 기울이며, 그들은 낙원의 이런 명령을 설명했을 것입니다.[301] 그런 전제와 이유에 따라, 그리스도는 부정하고 일시적인 허용을 하지 않고 이 불완전한 상황에 처한 우리에게 우리가 이혼에 대하여 적법하게 무엇을 할 수 있는지를 가르쳐주고 있는 것입니다.

  그러나 만일 그리스도의 대답이 엄격하여 기분이 상한 사도들이 바리새인들에게 선포된 이전 문장의 완화를 수용할 수 없을 거라고 여겨진다면, 이에 대해, 우리의 구세주는 그분의 사도들에게 동일한 답을 계속하

---

[298] 「마태복음」 19: 4~5.
[299] 아담과 이브, 남녀를 창조하신 하나님을 가리킴.
[300] 그리스도를 가리키며, 이 구절의 뜻은 결혼에 대한 그리스도의 질문에 대해 바리새인들이 차라리 이런 대답을 했으면 좋았겠다는 것이다.
[301] 이 문장의 "그들"은 바리새인들을 가리키며, 만일 이런 방식의 대답을 했다면, 그들이 낙원에서의 결혼에 대한 하나님의 명령을 잘 설명하는 대답이 되었을 것이라는 말이다.

고 있다고 충분히 답할 수 있을 것입니다. 사람들은 바리새인들이 유지했던 것과 똑같은 관습적인 방종으로 그리스도의 응답을 부풀렸고, 그토록 오랫동안 마다하지 않고 익숙해진 전통적인 오용을 없애려 하지 않기 때문입니다. 그 당시는, 성경의 보통 정도의 빛이 조금만 주의를 기울이면 그들에게 충분히 알려줄 수 있을 사안에서, 그들의 느리고 편파적인 생각과 다툴 시간이 아니었습니다. 그리스도가 말씀을 마치기 전에, 그들은 그분이 끝맺는 말에서 그들의 생각에 맞는 대답을 뽑아냈을 것이며, 결국 줄곧 청중에게 탄원해왔던 것과 동일한 대답을 받아냈을 것입니다. 그분이 말씀하시기를, "모든 사람이 이 말을 받을 수는 없고 아버지께서 그것을 주신 자들만 받을 수 있느니라. 그것을 받을 수 있는 자는 받을지어다."[302]라고 했습니다. 받고 받지 않고를 사람의 선택에 남겨둔 이것은 무슨 말인가요? 결혼생활이 아니고 뭔가요. 그러면 우리의 구세주는 한 개인의 약점에는 그토록 온화하고 우호적이면서도, 잘못 결혼한 사람의 고민과 궁지에 대해서는 갑자기 돌변하여 그토록 엄격하고 무자비할까요? 그분이 더 좋은 것인 독신생활을 더 나쁜 것인 결혼생활로 바꾸도록 그렇게 자비롭게 허락하셨을까요? 그분이 우리에게, 취소도 못 하고 돌이킬 수도 없이, 그 결과로 일어날 수 있는 모든 해악과 슬픔 때문에 최악이자, 가장 지탱할 수 없는, 가장 비기독교적인 결혼의 불운을 변화시키도록 허용함도 없이, 우리에게 죽음의 문처럼 닫히도록 하고자 이런 위태롭고 우발적인 결혼의 문을 열었을까요? 결혼은 우리의 다른 고난과 역경을 더 잘 견디도록 하는 가운을 돋우고 활력을 주는 위안의 잔으로 특별히 주어진 법령인데 말입니다. 의심의 여지 없이, 이런 태도는 그들이 **모세**에게 허락을 강탈하게 된 근거라고 스스로 주장하는 유대인의

---

[302] 「마태복음」 19: 11~12.

무자비함보다 더 나쁘고, 억지로 쟁취한 이혼 금지의 무자비함이며, 우리 구세주의 모든 교리에서 철저히 어긋난 것입니다. 그러므로 이런 고려를 한 후, 원초적 완전의 시점에서 주어진 법을 낙원에서 끌어내어, **모세** 자신이 인간의 타락한 조건에 맞추어 해석하는 필요하고 안전한 관용을 허락하지도 않고, 그 법을 대부분 설정하는 옳고 충분한 추론과 이유도 없이, 가까스로 채택하는 것은, 하나님이 그분의 순수하고 순결한 율법 가운데서 우리에게 남겨준 그런 수단에 대한 경솔과 경멸만 우리 안에서 입증하게 되는 것입니다. 아니면, 만일 우리가 우리의 힘 이상으로 애쓴다면, 우리는 하나님이 율법을 명령한 것과 다르게 그것에 순종하려 애쓸 것입니다. 그러면 애통한 경험이 일상적으로 우리의 이런 거만한 태도의 쓰라린 헛된 결실을 가르칠 것이며, 우리가 그들의 힘이나 그들의 고통 중 아무 것도 판단할 수 없는 일에서, 사람들을 강제하게 될 것입니다. 그들에게 자연스레 덧붙은 이런저런 악이 아니라, 그저 결혼이 파멸을 제공하더라도, 하나님이 그것을 축복으로 주었으므로, 분명히 그것이 그 법령의 잘못은 아니며, 항상 인간의 잘못된 선택 때문에 일어나는 일도 아닙니다. 그렇게 실수한 가장 현명한 사람들의 여러 가지 예가 보여주듯이, 그것은 예방하는 지혜를 넘어선 하나의 실수입니다. 그러므로 사실상 결혼이 진정으로 결합되어 있지 않을 때, 본성과 이성에도 불구하고 그것을 계속하게 하려는 것은 왜곡된 판단의 잘못입니다. 「마태복음」 5장을 해설하는 모든 이들은 **모세**의 율법이 무엇을 덧붙이거나 더할 여지가 없는 주님의 율법이라고 인정하면서도,[303] 이혼의 논점에 이르면, 천국에

---

[303] Matthew Poole, *Synopsis Criticorum* (5 vols., Frankfurt, 1678), IV, cols. 116~121 참조. 퍼킨스(Perkins)는 "그리스도가 여기서 모세의 율법보다 훨씬 완벽한 새로운 법을 제안한다"는 "천주교 선생들"(Popish teachers)의 주장을 일축하며, "그들이 실수하며 속하는 것이다. 그리스도의 의도는 유대 선생들의 잘못된 주석에 의하여

서 가장 작은 자로 불리는 것이 두렵지 않다는 듯이,[304] 그리스도와 **모세** 사이에서, 그리스도와 그리스도 사이에서 그들이 만들어내는 그런 모순들을 조정하고자 어떤 사소한 돌파구를 찾는 것으로 만족하는 것입니다.[305]

훼손된, 모세와 선지자들의 진정한 의미를 밝히는 것이기 때문이다"(*Godly and Learned Exposition* [*Works*, 1609~1613], III, 1)라고 한다.

[304] 「마태복음」 5: 19 참조.
[305] 이혼 문제에 있어서 성경구절 사이의 모순을 찾아내서 인정하고 적당히 얼버무리고 넘어간다는 뜻임.

제10장

이혼법을 이어지는 법의 전제(前提) 일 뿐이라고 주장하는 자들의 헛된 변천

이혼법을 하나의 율법으로 받아들이지 않고, 이어지는 다른 법의 허용된 전제로 받아들이려는 자들이 있는데,[306] 이는 「마가복음」 10장 5절의 그리스도의 말씀과, 그 법을 하나의 율법 형태로 취급하는, 가장 엄격한 권위의 다른 모든 성서 번역문과 상반되고, 가장 오래되고 현대적인 설명으로서 「말라기」 2장 16절과는 일치합니다. 반면에, 이혼 증서와 그 안에 언급된 특별한 근거가 이혼법이 질서 있고 적법한 것임을 선포합니다. 만일 이러한 음란한 조건이 그 위에 율법을 세우기 위해 처벌도 없고 금지도 없이 언급된다면, 그 문제를 더 정의롭게 하는 데에 무슨 소용이 있습니까? 그들은 「신명기」 24장 4절의 "그 여자가 몸을 더럽힌 이후에"라는 이런 말씀에서 암시적으로 책망한 것으로 여기지만, 이 더럽힘을 혼합(intermixt)[307] 결혼 이후 그녀를 그녀의 전남편에게 돌려보낸다는 뜻일 뿐임을 누가 모르겠습니까? 그렇지 않다면, 왜 **더럽게 하는** 조건을 결혼하기 전에 처음부터 금지하지 않았을까요? 금지했다면, 이 나중에 나온 법으로 노력하지 않아도 되었을 것입니다. 이 모든 율법을 통하여 이러한 가증스런 과오를 (여전히 거짓 추정되는) 하나의 암시적이고 완곡한 수법만으로 씻어내야 한다는 것, 그리고 그분의 특별한 백성이 음란한 결혼생활을 금하는 직접적인 법이 없어서 거의 2천 년 동안 그 가운데

---

[306] 이것은 칼뱅의 견해로서, 「신명기」 24장의 첫 네절은 하나의 단위로 읽어야 하며, 그 중 처음 세절은 넷째 절의 조건이 된다는 것이다.
[307] 이혼 후 다른 남자와 결혼하는 것을 이렇게 표현했음.

뒹굴게 내버려 둬야 했다는 것을, 하나님의 정의와, 죄에 대한 그분의 알려진 증오 탓으로 돌리는 것은 수긍할 수 없고 경건하게 여겨지지도 않습니다. 그렇습니다. 이것이 자연법상 의심할 여지없는 권리와 이유로서, 명백히 필요한 것에 허용되었다고 여기는 것이 도리어 신빙성 있을 것입니다. 이혼법을 직접적으로 금지해야 한다는 기대를 하게 할 가장 큰 이유가 우리에게 생겼을 때조차도, 그것이 여전히 금지명령 없이 통한다는 점에서 그렇습니다.

제11장

이혼이 율법에 의하여 허락되었으나 인정된 것은 아니라고 말하는 다른 변화. 그 제도에 대한 더 많은 논의.

그러나 이혼을 인정한 것이 아니라, 더욱 심하게도, 불가능한 일이지만, 마치 죄가 하나님의 법을 압도하여, 그 법의 일정하고 엄격한 규칙을 죄의 부정(不正)에 순응하게 한 것처럼 이혼을 허용해버린 것입니다. 반면에, 인정되지 않은 것을 왜 긍정적으로 허용해야 했을까요? 이혼을 조그만 사기로만 사용할 수 있을 자에게는 자유를 제한하지 않았으며, 그것이 이런저런 경우에 인정되지 않는다면, 묵살하는 것이 더 좋았을 것입니다. 그러나 여전히 이혼은 인정되지 않았습니다. 비참하게 변명하는 자들 같으니! 선한 결과를 가져올 수도 있는 악을 행하는 자는 자신이 하는 행동을 인정하지 않으며, 여전히 대원칙이 그런 행동을 금하고, 그가 그것을 행하기만 해도, 그에게 저주(his damnation)라고 간주합니다.[308] 여마법사 메데이아(Medea)는 그녀 자신의 악한 행위를 인정하지 않았으나, 여전히 그 때문에 용서받는 것 같지는 않습니다.[309] 그리고 그것은 플라톤의 대화록 중에 『프로타고라스』(*Protagoras*)와 다른 작품에 나타난 그의 일관된 견해이며, "인간은 의도적으로는 악하지 않다"는 그리스인들 사이의 격언 같은 문장과 일치하는 것입니다.[310] 이를 소요학파(Peripateticks)[311]

---

[308] 「로마서」 3: 8 참고.
[309] *Cf.* Euripides, *Medea*, II. 1078~1080, tr. Gilbert Murray (New york, 1910), 61.
[310] 『프로타고라스』(*Protagoras*), 348~358, 『메논』(*Meno*), 77~78, 『티마에우스』(*Timaeus*), 86 참조.
[311] 아리스토텔레스학파는 아리스토텔레스가 학도들과 산책하면서(페리파테인) 강의하

역시 부정하기보다는 도리어 구별하고 있습니다.³¹² 그렇다면, 만일 현명하고 일관성 있다고 평가받는 누군가가, 특별히 죄의 문제에 있어서, 자신이 인정하지 않는 것을 하지도 않고, 자신의 감독 아래 있는 다른 사람들에게 그렇게 하도록 허용하지도 않는다면, 어찌 대단히 감사할 일이 되겠습니까? 그러나 국민의 목자인 재판관이나 관료가 법과 그 자신의 판단에 어긋나게 대중의 고집에 따라 인가를 내어준다면, 이보다 더 재판관답지 않고, 더 관료답지 않고, 그리고 전시에 더 사령관답지 않을 수 있겠습니까? 짧은 기간에 두 번, 로마 제국의 파멸 원인이 된 적이 있는바, 첫 번째는 폼페이우스(Pompey), 다음으론 마르쿠스 브루투스(Marcus Brutus)가 자신들이 승인한 것을, 소란스러운 호민관이나 군인들의 아우성에 따라, 그토록 어설프게 포기해버린 관용을 베풀었을 때였습니다.³¹³ 두 번이나 세계에서 가장 위대한 두 공화국을 구원한 적도 있는바, 살라미스(Salamis) 해전에서 테미스토클레스(Themistocles)가 아테네(Athens)를 구원하고, 포에니 전쟁(Punick War) 전쟁에서 파비우스 막시무스(Fabius Maximus)가 로마를 구원한 것이었습니다. 두 무적의 장군이 그들 자신의 지휘관들이나 동맹국들

고 논의한 페리파토스(산책길)에서 유래되어 페리파토스학파(소요학파, Peripatetic school)라고도 불린다.

³¹² *Cf. Nichmachean Ethics*, III, 5; VII, 1~2, 8~9. 플라톤과 아리스토텔레스의 관점의 차이는 밀턴이 암시하는 것보다 뚜렷하다. 밀턴 윤리학과 아리스토텔레스 윤리학의 기초적인 차이점에 대하여는, Ernest Sirluck, "Milton Revives *The Faerie Queene*," *MP*, XLVIII (1950), 90~96 참조.

³¹³ 파르살리아(Pharsalia)에서 카이사르에게 전투(기원전 48년)를 신청한 폼페이우스의 결정은 그 자신의 판단과 분명히 상반된 것이다. 플루타르코스는 폼페이우스가 "그의 추종자들의 병든 열정에 항복했다"고 지적한다. 마찬가지로 브루투스(Brutus)는 카시우스(Cassius) 등에게 카이사르의 암살에 앞장서도록 설득당했다. See Plutarch, *Pompey*, LXVII; *Brutus*, VII-X, in *Lives*, tr. Bernadotte Perrin (11 vols., New York and London: Loeb Classical Library, 1914~1943), V, 291~293; IV, 139~149.

의 경솔과 불평에 맞서서 편한 마음으로 불굴의 정신을 가지고, 그들의 중요한 명령에 대한 의무감 가운데, 자신들이 인정할 수 없는 것을 시행하거나 허용하지 않고 견뎌냈기 때문입니다.³¹⁴ 사회적인 신중에 대해서도 여태 이와 같았습니다. 그러나 우리가 죄에 대하여 말할 때, 옛 선지자 **엘리야**(Eli)를 다시 주목해봅시다. 그는 무거운 처벌에 있어서, 자신이 인정하지 않은 것을 하는 것과 그것을 허용하는 것을 달리 생각하지 않았습니다.³¹⁵ 만일 백성들의 마음의 완악함이 어떤 변명이 될 수 있다면, 그러면 왜 빌라도는 모든 기억을 통해 낙인이 찍히는가요? 그가 전 국민, 즉 반란이 두려울 지경으로 간청하고 소동을 피우는 군주들과 평민들 모두의 완악한 마음에 굴복하기 전에, 그는 자기가 하는 것을 인정하지 않았고, 공개적으로 항의했고, 그의 손을 씻었고, 적잖게 고민했던 것입니다.³¹⁶ 그러나 그의 목적을 수행하려는 어떤 의지라도 있었나요? 그러므로, 만일 빌라도가, 입증될 만큼 많이 망설였으면서도 비록 전 국민의 난폭한 요구에 따라, 법에 맞서 잔인한 행동 하나를 용인했을 뿐이니, 그가 모든 후손에게 그토록 검게 기록상으로 남아있어야 될까요? **모세**에게 통탄스러운 일입니다! 그를 위해 우리가 무슨 말을 하겠습니까? 우리가 믿도록 배운 것은, 그가 하나의 이혼 속에서 잔인과 부정 둘 다에 해당하는 하나의 행동을 용인했을 뿐만 아니라, 그것을 법에 반하는 하나의 명백하고 지속적인 법으로

---

³¹⁴ 테미스토클레스는 살라미스(Salamis)에서 그의 부관들이 철수하기로 결정한 후에 정정당당한 전투를 유발함으로써 크세르크세스(Xerxes)의 페르시아 함대를 격퇴했다. 제2차 카르타고 전쟁(the Second Punic War, 기원전 218~201)에서, 파비우스(Fabius)는 대중적인 반대에도 불구하고 한니발(Hannibal)에 대한 전투 개시를 연기하는 전술로 버티었다. See Plutarch, *Themistocles*, XI-XV, *Fabius Maximus*, V-XIII, in *Lives*, tr. Perrin, II, 33~45; III, 131~159.

³¹⁵ 「사무엘상」 3: 12~13 참조.

³¹⁶ 「마태복음」 27: 22~26 참조.

만들었는바, 이 때문에 법에 반하는 잔인하고도 불결하게 여겨지는 수많은 행동을 매일 범할 수 있고, 이것이 우리가 읽을 수 있는 백성들의 조그만 고소나 청원조차 없이 일어날 수 있다는 것입니다.

그리고 우리가 비열한 생각을 갖지 않고서야, 하나님의 위엄과 신성이 그토록 오랜 세월 부정하고 더러운 행악에 빠진 완악한 백성을 만족시키고자 그토록 오랜 세월을 참을 수 있었으리라는 상상을 할 수 있을까요? 그리고 그분이 그들의 법과 그들을 모든 가능한 완전에 맞추어 구성하고 있던 이런 특별한 시기에, 그분의 마음을 분명한 명령으로 표시하지 않으면서, 그들이 자제하리라는 기대를 할 수 있었을까요? 그러나 그들은 처음의 결혼제도를 되돌아봐야 했고, 아니 차라리, 왜 개인적인 제도가, 안식일 제도처럼, 낙원에서 유래되지 않았는지, 그리고 율법의 주문에서 반복되지 않았는지를 돌아봐야 했을 것입니다.[317] 그랬다면, 사람들이 그것을 하나의 명령으로 이해했을 것입니다. 전체 율법에서 이처럼 멀리 떨어진 다른 세계에서 제자리를 찾지 못하고, 거기서 한 번도 언급되지 않은, 하나의 교훈을 닮은 어떤 문장도 우리에게 의무적인 명령일 수밖에 없다는 것은 논쟁의 여지가 크며, 아마도 더 많은 논쟁 없이 명령이 되기는 어려울 것입니다. 그렇지만, 그 명령은, 해명된 바와 같이, 절대적으로 명령하는 것이 아니라, 하나님의 제도의 기반 자체인, 그분의 이전 약속과 연관해서만 그런 명령이 됩니다. 만일 그 명령이 어떤 견딜 만한 식으로 나타나지 않는다면, 어떻게 우리가 이러한 결혼을 하나님이 제도화한 것과 같은 것이라고 인정할 수 있을까요? 이런 경우엔, 그 잃어버린 낙원 (that lost Paradise)[318]이 언급하는 모든 것을 우리의 힘 안에서 어리석게

---

[317] 「창세기」 2: 2~3, 「출애굽기」 20: 8~11 참조.
[318] 이 구절과 밀턴의 서사시 제목 사이에 추적할 만한 연관성은 없어 보이지만, 여기서 그 용도가 의미 없지는 않다.

생각하기보다는, 도덕적인 **시내(Sinai)**[319]가 우리의 힘에 맞게 규정하는 것을 우리의 냉정함으로 차라리 따르는 것이 최선의 의무일 것입니다.

---

[319] 구약성서에서, 모세가 십계명을 받은 시내산((Mount ~)을 가리킴.

제12장

그것을 단순히 사법적인 법으로 평가하는 자들의 세 번째 변천. 다시금 도덕적 공평의 법(Law of moral equity) 이라고 입증됨.

다른 한편으로, 그것이 도덕적이지 않은 사법적인 법(judicial Law)이었고, 그래서 취소되었다고 하면, 이유로 그들에게 충분할 것입니다. 그러나 그렇지 않습니다. 사법적이기 때문에, 취소되지 않았습니다. 그런 법은 그리스도의 사역이 다루려고 온 것이 아닙니다. 그리고 그리스도가 전체적으로 일점일획이라도 취소하지 못한다고 말하는데, 특히 이혼법은 그가 분명히 폐지하지 않을 것이고, 악용하는 전통에서 옹호하기로 약속한 율법들 사이에 따라오기 때문에 폐지하지 못하는 것인데, 누가 그것을 면제할지 아닐지를 인간의 힘에 두었나요? 그것은 「누가복음」 16장에[320] 가장 분명하게 드러나며, 거기에 폐지하지 않는다는 경고가 즉각 삽입되어 있고, 그것도 순전히 의도적으로 삽입되었으며, 율법의 다른 문제점은 언급되지 않고, 이혼의 문제점만 다루어집니다. 그리고 「마태복음」 5장 31절을 주목하면, 거기에서는 **모세의 율법**을 인용하지 않고, 그 율법을 비방한 음란한 주석을 인용합니다. 그러므로, 그가 인용하고, 그것을 취소하고, 취소할 뿐 아니라 불허하고, 명백히 정죄했던 것이 결코 모세의 율법일 수는 없습니다. 그것이 그분의 위대한 종이 책망하심으로 나쁘게 여겨져 왔기 때문입니다. 하나님이 허용하셔서 만들어진 율법을 폐지하는 것은 우리에게 그저 이러한 법이 끝난다는 것일 뿐이겠지만, 그것을 문명화한 간음의 수치스런 특징으로 논박하는 것은 바리새인만 겨냥했을 책망

---

[320] 17~18절.

을 율법을 만든 자에게까지 돌리는 것이 됩니다. 그렇지만 만일 민간 법정에 속한 것이 사법이라면, 이 율법은 십계명 중 다른 아홉 계명보다 덜 사법적입니다. 고고학자들은 유대인들 사이에서는 이혼이 몇몇 랍비(Rabbies)의 증언 아래 수기와 날인만 그때 있을 뿐, 관료는 알지 못한 채 진행되었다고 단언합니다.[321] 퍼킨스(Perkins)는 『양심론』(*Treatise of Conscience*)에서, 사법에서 일반적인 공평에 속하는 것은 그리스도인에게도 해당된다고 인정합니다. 이것에 대해 어떻게 판단할 것인가는 두 가지 기준에 따라 달라집니다. 현명한 국가들이 동일한 법령을 시행하는가, 혹은 그 법령이 가족, 교회 혹은 국가의 선을 지키는가 하는 것입니다.[322] 그러므로 이것은 【그것은 실제로】 죄를 묵인한다는 비난을 너무 쉽게 받게 된 순수하고 도덕적이며 **경제적인**(economical)[323] 법이며, 도리어 본성과 이성에 있어서 너무 명료하므로, 하나님과 그 자신의 양심 사이에서 결정되도록 한 사람 자신의 판결에 맡겨진 것입니다. 유대인들뿐만 아니라 모든 현명한 국가에서도 그렇습니다. 그 법의 통제는, 너무 눈이 어둡지 않은 자라면, 그것이 가정, 교회와 국가에 얼마나 해롭고 혼란스러운 것인지 알 수 있을 것입니다. 그리고 그리스도가 가장에게서 결코 빼앗은 것이 아니라, 가정에서 올바르게 주의하여 사용하라고 고쳐주기만 한 권력, 그 권력을 분별력 없는 교회법 학자는 부당하게 빼앗아서 자신의 하급 지방 재판소로 끌어들였고, 수많은 시시하고 부적절한 내용을 휘갈겨 쓰지만,

---

[321] 미쉬나 기틴(Mishnah Gittin)에 제시된 요건은 남편의 지시로 이혼 증서를 쓰고, 두 증인의 증명이 있어야 하며, 그것을 아내에게 넘겨주는 것이었다. *Cf.* David W. Amram, *The Jewish Law of Diovorce According to Bible and Talmud* (Philadelphia, 1896), pp. 132~185.

[322] *Cf. A Discourse of Conscience* (*Works*, 1609~1613), I, 520~521.

[323] 법의 적용을 남용하지 않고 순수하게 도덕적이며 그 적용을 최대한 절약한다는 의미에서 경제적인 법임.

이것이 또한 심각한 고통과 폐해로 인간의 삶을 더럽혀왔던 것입니다. 그렇지만 그것이 옛날의 사법이라고 인정하더라도, 지금도 그렇듯이, 그 율법이 덕성이나 악덕에 관련된다는 이유로, 덜 도덕적일 필요는 없습니다.[324] 그리고 우리의 구세주는 여기서 사법권을 논쟁하는 것이 아닌바, 그것은 그의 소임이 아니며, 이혼이 간음이냐 아니냐 하는 그 도덕성을 논의하는 것입니다. 그러므로 그분이 모세의 율법을 다루게 되면, 그분은 그 율법의 도덕적 부분을 다루는 것이고, 은총의 언약이, 영원하고 불변한, 정확하고 완전한 행위의 법을 개혁하리라 상상하는 것은 불합리합니다. 혹은 만일 그분이 그 율법을 전혀 다루지 않는다면, 그때, 그 율법을 우리가 써도 좋다는 뜻일 것이며, 율법을 불허하시는 것은 아닐 것입니다.

---

[324] *Cf.* Perkins, *Discourse* (*Works,* 1609~1613, I, 520): "다시금, 사법(judicial lawes)은, 그 안에 자연법의 일반적이거나 평범한 공정성을 지니고 있음이 이제까지 드러났으므로, 도덕적이다."

제13장

이혼은 이집트의 관습에서 허용되었다는 우스꽝스런 견해. 모세는 이 율법을 마지못해 준 것이 아님. 퍼킨스는 이 율법이 폐지되지 않았음을 인정함.

다른 이들은 이런 이혼이 그들이 이집트에 아주 익숙해져 있었기 때문에 그들에게 주어진 것이라고 주장할 정도로 너무 어리석습니다.[325] 나쁜 관습이 모든 후손에게 존속된 것처럼 말입니다. 관면이 보편적이자 시간에 제한되지도 않으면, 그것은 사실상 전혀 관면이 아닙니다. 불법적인 것에 대한 기간 만료된 관면은 마음의 완악함을 늘리는 것밖에 아무런 기여도 하지 않으며, 사람들을 더욱 교정할 수 없게 만들 뿐이며, 그것은 하나님이 우리에게 주실 어떤 율법이나 관용에 대한 큰 비난이 될 것입니다. 이런 견해로는, 하나님의 무결한 율법이 비난하지 않고 허용하며, 그분의 백성이 그분을 진노하게 하리라는 의식 없이 사용해온 것을 죄라고 무모하게 책망함으로써, 우리가 우리 자신을 하나님보다 더 정의롭게 만들어서는 안 되므로, 잘 충고하는 것이 더 종교적일 것입니다. 그리고 만일 유대인의 완고함이 **모세**로 하여금 하나님의 규칙과 그 자신의 판단에 반하여 이러한 불순한 허용을 하도록 강요할 수 있었다는 식으로, 우리가 모세에 대하여 그렇게 생각할 수 있다면, 분명히 그가 어떤 궁지에 몰려서 그랬다는 이의를 공개적으로 주장하고, 그가 자신의 마음에 어긋나게 어떤 법을 내렸을 때 자신의 양심을 선포하는 것이 그의 역할이었을 겁니다. 율법은 죄와 양심의 시금석이고,[326] 부패한 면죄와 뒤섞여서는 안

---

[325] 「마태복음」 5: 32에 대한 논평에서 파레우스의 설명은 이러하다. *Cf. Operum Theologicorum* (Frankfurt, 1628), I, 644.

되기 때문입니다. 그렇게 섞이면, 모든 **유대인**이, 만일 묵인이라면 묵인인, **모세**의 묵인에 의하여 인도되었으므로, 율법이 지닌, 확실하고 오류가 없으며, 잘못되지 않는다고 여기는 가장 큰 칭송을 놓치게 됩니다. 그러나 여전히 그들은 태초의 제도로 되돌아가며, 우리에게 그곳을 지키는 칼에 저항하며 낙원에 다시 진입하도록 만들고자 할 것입니다.[327] 제가 그들에게 다시금 대답하는 바는,「창세기」의 그 구절은 적합하고 완전한 결혼의 묘사를 포함하되, 그것과 더불어 이러한 결합의 분리를 어쨌든 금지하고 있다는 것입니다. 그러나 본성이 사실상 결코 결합하지 못한 것이 발견되고, 열렬히 분리되려고 모색하는 경우엔, 거기서 하나님이 그 분리를 금지한다고는 이해할 수 없을 것입니다. 아니, 그분은 율법과 선지자 **말라기**(Malachy) 둘 다에서 분리를 명령하고 있으며, 분리가 우리의 규칙이 되는 것입니다. 그리고 퍼킨스(Perkins)는「마태복음」의 이 장에 대하여 우리의 구세주가 여기서 **모세**의 율법이 아닌, 그 율법을 타락시킨 잘못된 주석을 논박한다는 것을 명백히 전합니다.[328] 그것이 사실이라면, 퍼킨스는 그리스도가 잘못을 발견하지 못한 그 법에는 무언가 남은 것이 있다고 인정할 필요가 있습니다. 그리고 그것은 그 명백한 표현이 뜻하는 대로, 이러한 자유의 의식적인 사용이 아니고 무엇일까요? 그리하여 그 자신의 추정에 의하여, 그리스도는 모든 이혼을 간음이라는 유일한 이유로만 할 수 있도록 절대적으로 제한하려 했던 것은 아니었습니다. 그러므로, 이혼에 대한

---

[326] *Cf.* John Downame, *A Guide to Godlynesse* (1622; HEHL), p. 88: "법은, 우리의 행동이 전적으로 순응해야 하는 우리의 행동 규칙이므로, 그래서 우리의 양심이 올바른지 비뚤어졌는지, 선한지 악한지 구분하는 규칙이기도 하다."

[327] 「창세기」 3: 24;『실낙원』, XII, 641~644.

[328] *A Godly and Learned Exposition* (*Works*, 1609~1613, III, 69): "여기서 그리스도는 모세의 율법이 아니라, 그 율법을 훼손시킨 서기관과 바리새인들의 불순한 해석에 응답하고 있다."

율법을 바라보는 자는 가장 완전한 것을 얻으려고 노력하도록 처음의 제도를 역시 되돌아봐야 한다는 것이 우리 구세주가 뜻한 진정한 범위입니다. 그리고 그 제도를 바라보는 자는 하나님이 그분의 뒤따르는 법에서 그에게 주는 허락을 죄 많고 불법적이라고 논박해서는 안 됩니다. 그가 그 자신을 그를 창조하신 분보다 더 순수하다고 주장하고, 자신의 힘을 과신하여 돌이킬 수 없는 유혹에 빠져들지 않는다면 말입니다. 결혼에 관한 모든 명령에 있어서, 하나님은 그들에게 이혼을 단념시키려고 최초의 결혼제도를 결코 한 번도 언급하지 않아야 하는지, 더구나 그들의 심적 완악성과 상반된 더 작은 죄들은 금지하고, 이런 음란한 이혼 문제는 전혀 비난받지 않고 넘어가게 해야 하는지, 이것이 놀랍기 때문입니다. 또한 경이롭게도, 모세가 용인한 것이 무엇이든 그것을 그리스도는 정죄하지 않았고, 게다가, 그리스도인인 관료가 고리대금업과 공개적 매춘지대, 그리고 완악한 유대인을 사형으로 처벌했던 간음을,[329] 여기서 우리와 함께 그토록 경미하게 처벌받도록 허용하는 것을 보면, 왜 우리가 사랑과 그토록 공존하는 관계에 있는 이혼 문제에는 이렇게나 긴장하면서, 그만큼 사랑에 반대되는 것으로 여겨지는 고리대금업을 허용하는 데는 망설임조차 없단 말인가요.[330] 그러나 이것은 하나님의 의롭고 전적으로 지혜로운 판단과 법령들에 대적하도록 우리 자신을 끌어들이는 것인바, 그것들은 우리가 만들고자 하는 대로, 하나는 허용하고, 다른 하나는 금지하는 방식과

---

[329] 「레위기」 20: 10 참조.

[330] 퍼킨스는 같은 맥락에서 (*Works,* 1609~1613; III, 69) 지적한바, "이 나라의 실행 중인 법이 고리대금업을 관용하지만, 고리대금업자는 이에 따라 나라 법이 그것을 허용하므로, 모든 것이 자신에게 안전하고 바람직하며, 또한 백에서 열을 취하는 것이 죄가 아니라고 생각해서는 안 된다. 하나님의 법이 전적으로 그와 같은 것을 정죄하는 가운데, 우리의 법은 더 큰 고리대금업을 예방하기 위하여 그것을 관용하는 것이기 때문이다."

달리, 가변적이지도 상반되지도 않으며, 가장 일정하고 서로 가장 조화로운 것입니다. 하나님의 부패하지 않고 장엄한 법이, 그 수중에 삶과 죽음의 보상을 간직하는데,[331] 어찌하여 그 안에, 우리로부터 혹은 우리의 중재자(Mediator)로부터는 그 법의 모든 법령에 무조건적인 불편부당한 순종을 요구하며, 여전히 오랜 세월 동안 불결하고 엉성한 허락에 의하여 그 자체를 격하시켜 제한적인 간음(circumcis'd adulteries)과 더불어 비틀거리게 할 만큼, 그 자체 안에 이렇게도 혐오스런 요소를 지닐 수 있단 말입니까?

---

[331] 「로마서」 6: 23: "죄의 삯은 사망이요 하나님의 은사는 그리스도 예수 우리 주 안에 있는 영생이니라."

제14장

정치적인 법에 의해 죄를 규제하자는 베자(Beza)의 견해는 확고하지 않음.

그러나 베자의 견해는 정치적인 법이 죄를 규제할 수 있다는 것인바, 마키아벨리(Matchiavel)의 법 중 하나가 아니라면, 저는 그것이 무슨 정치적인 법인지 모르겠습니다만,[332] 사실상, 사도들이 【그들의 정전들이】 의례적인 문제에서 그랬던 것처럼,[333] 정치적 법이 잠시 불완전함을 지탱할 수 있으리라고는 인정합니다. 그러나 죄에 대하여 말하자면, 그 본질은 규칙으로 구성되지 않습니다. 그리고 만일 법이 죄를 완전히 없애지 않고 규제만 하는 정도로 쇠락한다면, 그 법은 필연적으로 죄를 인정하고 확증할 것입니다. 법에 따라 죄의 규칙성을 만들려면, 법이 죄를 죄가 아닌 것으로 고치든가, 죄가 법을 법이 아닌 것으로 왜곡해야 합니다. 「로마서」 13장에 분명히 기록된바,[334] 사법은 종교와 정직한 예절의 보호자 겸 투사가 되는 목적에 이바지할 뿐이며, 도덕법의 한쪽 팔일 뿐이며, 이 도덕법이 정의에서 분리될 수 없는 것은 정의가 덕성에서 분리될 수

---

[332] 「마태복음」 19: 8에 대한 베자의 논평(tr. from *Annotationes Majores in Novum Testamentum*, 1594, I, 111): "도덕법은, 그렇게 불리거니와, 양심에 주목하기 때문에, 조건 없이 선을 강요하고 악을 금한다. 국가법은, 만일 그것이 잘 구성되면, 하나님이 금지한 것을 명령하지 않고, 하나님이 명령한 것을 금지하지 않지만, 사람들의 악성 때문에 그들은 그들이 완전히 철폐할 수 없는 많은 것을 약화해야 하며, 이런 것들이 규제에 의하여 허용되어야 한다고 주장하는 것들이다." 고리대 금업을 한 예로 들고 있음.

[333] 「사도행전」 15: 22~29 참조.

[334] 「로마서」 13장 1절: "하나님으로부터 나지 않은 권력이 없으며 이미 있는 권력들도 [하나님]께서 임명하셨느니라."

없는 것과 같으며, 그들의 역할은 동일한 과정을 다른 방식으로 나아가는 것입니다. 도덕법은 교훈에 의하여 무엇이 선인지를 가르치고, 사법은 무엇이 나쁜 것인지 그것의 잘못됨을 처벌에 의하여 가르치는 것입니다. 그러나 만일 우리가 음란한 불결의 정치적 관면을 허용한다면, 이러한 완화의 첫 확실한 결과는 전염성 매춘을 묵인하는 일과 결합된, 가톨릭교회의 사창가(papal stews)를 정당화하는 일이 될 것입니다.[335] 정의는 그 권위의 목적을 저버리고, 그녀[336]에게 처벌하도록 한 것의 후원자가 되고 말 것입니다. 흔히 내세우는 고리대금업의 예는, 제가 전에 언급한 바와 같이, 고리대금업이 제기하는 주장과 반대로 작용합니다. 그런 고리대금업 외에도, 관료가 허용하고 일상적인 공평성으로 요구되는 정도라면, 하나님의 말씀이나 사랑의 규칙에 위배되지도 않는데, 이는 탁월한 학식과 판단력을 지닌 사람들이 종종 논의한 바와 같습니다.[337] 그러므로, 국가 정책이 하나님에게서 확증을 받으면서 법에 의하여 사악함을 수습하고, 불법적인 것을 합법적인 것으로 만드는 것을 우리에게 보여줄 다른 어떤 예를 찾아야 합니다. 비록 더 깊이 고려하면, 의심할 여지 없이, 의술에서 진리인 것은 정치에서도 진리임을 찾을 수 있을 것이며, 가장 질서 있게 뛰는 나쁜 맥박이 가장 불규칙하게 순환하는 나쁜 맥박보다 훨씬 더 나쁘듯이, 대중적인

---

[335] *Cf.* Perkins, *Works*, 1609~1613, III, 68. 교황제(Papacy)가 로마에 사창가를 허용했을 뿐만 아니라 거기에서 수입을 얻었다는 주장은 개신교 저자들에 의하여 반복적으로 제기되었다. 토마스 하딩은 이런 주장을 상세히 다루고 있는바, 로마에 사창가가 존재하며, 교황은 그의 사회적 권위 덕분에 거기에 세금을 부과하고 있다고 인정한다. *Cf.* Thomas Harding, *A Confutation of a Booke Intituled an Apology of the Church of England* (Antwerp, 1656; HEHL), pp. 155~164.

[336] 정의를 가리킴.

[337] 밀턴이 그의 *CPB*에서, 고리대금업에 대한 리베투스(Rivetus)의 믿음을 기록해두었는바, 리베투스는 칼뱅 등을 인용하며 자신의 입장을 옹호하기도 한다. See *CPB*, p. 160 (*CPW*, I, 418~419).

악습 가운데 적법하게 저지를 수 있는 악습이, 그 자체의 과정에 위태롭게 남겨진 악습보다 더 해로울 것입니다. 위태롭게 남겨진 악습은 내재적 모순을 보이는, 질서정연하게 죄를 범하는 제한된 특권 아래 있지 않지만, 적절하고 두려움 없는 처벌 아래 있기 때문입니다. 정치적 법은, 그것이 악덕을 통제하지 못하므로, 그 악덕을 근절할 모든 수단을 사용함으로써 그것을 제한할 수 있을 것입니다. 그러나 만일 정치적 법이 어떤 구실에서든 그 잡초가 즐겁고 만족한 높이로 자라는 것을 용납한다면, 마치 그것이 좋은 식물인 것처럼, 그것은 뿌리를 내리고, 악덕을 정돈하며 옷을 입힙니다. 그러면, 처벌이 엄격히 집행되는데도, 두려운 체하며 더 심한 잘못들을 감행할 때, 그 법이 공화국에 별로 해롭거나 불명예스럽지 않으며, 마음을 그토록 강퍅하게 하지도 않는다고 모두 확신하고 인정하게 됩니다. 더 큰 잘못이 두려워서 묵인된 더 작은 잘못들이 공적 권위의 보호 아래서 범행자의 마음뿐 아니라 얼굴을 두껍게 하는 경우처럼 말입니다. 이것이야말로, 마치 덕성의 여왕(Queene of vertues)인 정의 자신이[338] 정복 대신 그녀의 왕위에서 내려와서, 비천한 조건으로, 그녀의 영원한 적수이자 반역자인 죄와 결합하고 흥정하는 것처럼 되는 모욕인데, 이보다 덜한 모욕이 무엇이겠습니까? 마치, 사법이 복음서에 나오는 불충한 청지기처럼, 그의 도덕적인 주인의 빚을 회수하기는커녕, 자신이 거지 신세가 되지 않으려고 교활하고 비열한 탕감을 해주는 것과 같지 않습니까? 아니면, 자기 앞에 선 범법자들이 자신을 판사석에서 끌어내려 법정 난간 너머로 던져버리지 않도록, 범법자들의 비위를 맞추려고, 그들에게 자기 머리를 비열하게 부수게 하려는 어떤 사악한 순회재판관 같다고 할 것입니다. 우리가

---

[338] 이 구절은 키케로(Cicero)의 것으로서 "덕성의 여왕"(domina et regina virtutum)을 말함.

차라리 달리 생각한다면, 도덕적인 것과 사법적인 것이 둘 다 악의와 치명적인 목적으로 가득 차서, **아브라함의 씨앗인** 이스라엘의 빚진 자에게 파산된 성과에도 불구하고 그대로 계속하도록 음모를 꾸몄으며, 함정에 빠뜨리는 불충분한 면책으로 우쭐해져서, 사법적인 사면이 그를 보증해준 모든 관대한 지불유예에도 불구하고, 그로 하여금 더 잔인한 박탈을 하도록 강요했다고 할 수도 있을 것입니다. 아니, 이럴 수는 없습니다. 그 정직성과 신뢰성이 하나님에 버금가는 율법이 우리의 면책을 뻔뻔하게 파괴하거나, 우리의 파멸의 의도된 도구가 되어야 한다는 것은 있을 수 없습니다. 이스라엘의 공동 번영에 어울리는 거룩한 교정의 방식은 죄를 죄로 매수하고, 하나의 범죄를 다른 범죄로 항복시키고 매수하는 것이 아니라, **로마의 지방 총독 포필리우스(Popilius)가 안티오쿠스(Antiochus)에게 사용한 것보다** 더 고결하고 품위 있는 엄격성으로,[339] 어느 쪽에서도 가장 바르고 정확한 선을 그어서, 공평의 구실 아래 우측으로 휘거나 페이지 않는, 악덕에서 덕성으로 향하는 똑바른 길을 지정하고 평평하게 하는 것입니다. 사실상, 폭력과 반란은 율법이 율법 스스로 수정할 수 없는 것을 견디게는 할 수 있을지 모르지만, 죄를 허용하는 법령을 작성하는 순간 정의의 손길은 부패할 것입니다. 이것이 어쨌든 하나의 진리로 결정이 나서, 그것을 꺾어 누르려는 자들의 믿음보다 더 오래 존속해야 할 것입니다.

---

[339] 가이우스(Gaius) 포필리우스는 그의 이집트 침략(기원전 168)에서 안티쿠스 4세를 멈추게 하고 막대기로 그의 주변에 원을 그리고 로마의 원로원이 부과한 조건을 수락할 때까지 그 원 밖으로 나오지 못하게 명령했다. Polybius, *Histories*, XXIX, 27 참조.

제15장

베자와 파레우스가 기술하듯이, 이혼은 아내들을 위해서만 주어졌던 것이 아님. 결혼제도에 대한 더 많은 논의.

마지막으로, 베자(Beza)와 다른 이들이 말하듯이, 만일 이혼이 남자를 위해서가 아니라 괴롭힘당하는 아내를 위해 허락된다면,[340] 분명히 그것은 관면일 뿐 아니라 가장 자비로운 율법입니다. 그리고 그것이 아주 필요한 것인데도, 왜 여전히 유효하지 않아야 하는지, 무의미한 잔혹 외에 원인이 무엇인지 알지 못하겠습니다. 그러나 이혼이 남편의 위안보다 도리어 아내의 위안을 위해 허용되었다고 말하는 것은 빈약한 추리일 뿐이며, 난잡한 설명의 극단적인 변화임이 분명합니다. 마음의 완고함이 이혼의 자유 때문에 어떻게 줄어들지 알 수 없어서, 이혼은 아내를 도와주기 위해서만 허용되었다고 해설함으로써 그 결함을 숨기고자 하나의 공상을 고안한 것입니다. 과연 지나친 아내 사랑입니다! 남자가 여자를 위해서가 아니라, 여자가 남자를 위해 창조되었다는 것, 더구나 남편도 아내처럼 결혼생활에서 참을 수 없을 만큼 상처받을 수 있다는 것을 누가 모를 수 있단 말입니까? 결혼 후 사랑받지 못하는 것이 얼마나 큰 상처가 되는지. 무시당하는 것도 그렇고, 집안 통솔의 문제에서 누가 가장이 될 것인지를 놓고 다투는 것이, 지혜의 어떤 동등성 때문이라면 합리적이겠지만, 여성

---

[340] 베자는, 「마태복음」 19: 8에 대한 논평(*Annotationes*, 1594, I, 111)에서, 모세가 이혼을 허용한 것이 아니라, "남편의 학대"에 대하여 이혼당하는 아내를 보호하기 위하여 아내에게 이혼 증서(divortii libellum)를 내주라고 명령한 것이라고 주장한다. 파레우스도 비슷한 의견을 피력한다(*Operum Theologicorum* [Frankfurt, 1628], I, 784, and II, 488).

의 자존심에서 비롯된 것이므로, 이는 아주 큰 상처가 됩니다. "나는 여자가 남자에게 권위를 행사하는 것을 허락하지 아니하노니"[341]라고 사도 바울이 말했습니다. 만일 바울이 그것을 견딜 수 없었다면, 어떤 식으로 그의 기분이 상하겠습니까? 솔로몬은 말하기를, "나쁜 아내는 남편에게 그의 뼈가 썩음과 같고, 계속하여 떨어지는 물방울이며, 이런 자와 함께 살기보다 지붕 모퉁이나 광야에 사는 것이 나으니라."[342]고 했습니다. "그녀를 숨기는 자는 바람을 숨기며, 땅이 견딜 수 없는 네 가지 해악 가운데 하나를 숨기는 것이라"[343]고도 했습니다. 만일 하나님의 영이 이와 같은 짜증거리를 썼다면, 이런 비유들로 추측할 수 있듯이, 남자에게는 이러한 동반자와 함께 살기보다 차라리 이혼하라고 권면하지만, 반면에 나쁜 남편과 함께 고통받으며 사는 아내에 관해서는 아무것도 표현하지 않습니다. 하나님이 그분의 율법에서, 상대를 위해 창조된 여자에게보다 이렇게 혼인으로 묶인 남자에게 더 많은 연민을 가졌을 법하지 않은가요? 동일한 하나님의 영이 우리에게 메디아(Medes)와 페르시아인이 와스디(Vashiti)의 사건에서 취했던 방식을 말해주는바,[344] 남편의 부름에 오기를 거절했다는 것만으로 그녀에게서 왕비의 자격을 박탈했으며, "모든 남자가 그 자기 집을 다스리게 하라"[345]는 유익한 칙령을 세웠던 것입니다. 그리고 그 신성한 화자는 일어난 일을 상당히 싫어합니다. 만일 **모세**가 오래전에 남자에게 합당한 영예와 우월성을 마음에 품었을 정도라면, 어찌하여 그가 그래

---

[341] 「디모데전서」 2: 12.
[342] 「잠언」 12: 4, 19: 13, 21: 9, 21: 19 참조.
[343] 「잠언」 27: 16, 30: 21~23 참조. 밀턴은 첫 구절은 직접 인용하고, 둘째 구절은 요약하여 첫째 구절의 틀 안에 융합한다.
[344] 성서에 나오는 인명과 고유명사는 성서의 표기를 따른다.
[345] 「에스더」 1: 10~22 참조.

야 할까요? 그러므로, 이혼이 남자보다 여자를 위해 허락되었다고 말하는 것은 어리석게 꾸며낸 것일 뿐입니다. 그러므로 관면이라는 공인되지 않고 떳떳하지 못한 이름으로부터 **모세의 손상된 율법을 옹호했고, 다시금 가장 대등하고 필수적인 법이 되게 했다고 평가하는바, 우리에게는 율법의 일점일획도 바꾸러 온 것이 아니라는 그리스도 자신의 말씀이 있으며, 이는 율법을 바꾸라고 가르치는 자에게 적잖은 불쾌감을 표명하는 것입니다. 이에 근거하여, 저는 별로 주저하지 않고 인정할 것입니다. 마치 간음 외의 다른 이유로는 모든 이혼을 금지한 것처럼(모세가 달리 제정했음에도 불구하고) 암시하도록 되어 있는 그 말씀이**[346]—모세의 어떤 선행된 법이나 그리스도 자신의 주장에 대한 관심도 없이, 혹은 다른 모든 법령이 그 권위를 포기하게 되는, 그분의 근본적이고 월등한 자연과 사랑의 법들을 보존하려는 관심도 없이, 한정적으로 받아들여진 그 말씀이, 명백한 공정성에도 위배되고 종교의 자비에도 어긋나는 것입니다. 이는 마치, "받아서 먹으라, 이것은 내 몸이니라" 하신 말씀이, 원소의 차원으로 이해된다면, 자연과 지성에 어긋나는 것과 같습니다.[347]

그리고 왜 그리스도가 바리새인들에게 그 율법을 주장하지 못하게 했고, 그들에게 첫 번째 (결혼)제도를 참조하라고 했는지, 그 이유를 알아내도록 우리를 더 각성시킴으로써, 분명히 이 타락한 법의 회복이 우리의 애쓴 노력을 보답해준 것입니다. 도덕적인 이런 이혼의 훈계를 정죄하거나 변경하거나 철폐하는 것이 그리스도의 진리와 약속, 그리고 그분의 예언적 사명에 어긋난 것이기에, 그분은 그렇게 하지 않았습니다. 그러나

---

[346] 간음 이외의 이유로 이혼을 금지한 그리스도의 말씀을 가리킴.
[347] 성찬식에 대한 다양한 견해에도 불구하고 개신교 신학자들은 성찬식에 관한 말씀들이 (「마태복음」 26: 26, 「마가복음」 14: 22, 「고린도전서」 11: 24) 문자적으로 이해되어서는 안 된다고 만장일치로 주장한다.

그분은 바리새인들이 그들 자신의 완고한 이유를 정당화하고자 그 율법의 특별하고 본질적인 이유를 얼마나 불합리하게 인용하고 감추었는지를 알기 때문에, 그 궤변을 이해되지 않도록 내버려 둡니다. 그렇게 한 것이 그들을 달리 가르쳤을 것이지만, 이는 그분의 의도가 아니었던 입니다. 그리고 그들이 율법이 주지 않은 자유를 취했기에, 그분은 율법이 규정하지 않은 낙원의 완전성을 가지고 그들의 솔깃한 교만을 깨뜨리고 반박하는 것입니다. 그리하여 그분은 인간의 타락 상태에서 율법이 절대 강요하지 않은 것을 우리에게 이행하라는 의무를 결코 지우지 않습니다. 만일 첫 번째 결혼제도가 어떤 일이 있더라도 혼인을 분리될 수 없게 만들어야 한다면, 그 혼인은, 하나님이 그래야 한다고 약속한 만큼, 완전하고, 적절하게 도움이 되고, 편안한 것이 되어야 합니다. 그렇지 않고서는, 그것은 남자의 힘에 맞거나 합당하지 않으며, 만일 그 계약의 다른 모든 조건이 분명하게 변경되지 않는다면, 그는 그의 확실한 비참함에 속박되어 헤어날 수 없을 것입니다.

제16장

그들이 한 육체가 될지니라 한 것은 어떻게 이해할 것이며, 하나님께서 짝지어 주신 것을 사람이 나누지 못할지니라 하신 것은 어떻게 이해할 것인가.

다음으로, 그는, "그들은 한 육체가 될지니라"라고 하셨습니다. 모든 추정을 해보면, 이 말은 성행위를 적법하고 선한 것으로 만들려는 취지로만 드러날 것이며, 그렇지 않다면 그 속에 오염 같은 것이 있다고 여겨질 것입니다. 그리고 그들의 영혼의 적합한 일치가 그들을 결합하여 사랑과 친목으로 이끌 수 있어야 한다는 추론을 하게 합니다. 그러나 정신의 일치가 없이는 그것은 결코 불가능합니다. 아니, 하나의 육체가 되는 대신, 그들은 도리어 부자연스럽게 함께 묶인 두 시체나 다름없을 것입니다. 혹은, 있을 법한 일이지만, 살아있는 영혼이 죽은 송장에 묶인 격이 될 것입니다. 폭군 **메젠티우스**(Mezentius)가 가한 것 같은 형벌이며,[348] 하나님이 우리에게 뜻하신 외로움에 대한 처방으로서 받아들여질 가치가 거의 없는 것입니다. 다른 육체와 짝짓는 것이 아니라 다른 유순한 정신과 합하는 것이 외로움을 없애는 것임을 우리가 알기 때문입니다. 그리고 본성이 어느 정도 성향의 통일성을 확보하지 못한다면, 하나의 육체가 된다는 것은 축복이 아니라 고문이며, 아니, 천박하고 야수 같은 처지에 빠지는 것입니다. 그러므로, "이런 까닭에 남자가 아버지와 어머니를 떠나 자기 아내와 연합하여"[349]라는 말씀의 의미는 모든 부자연스럽지 않은 결

---

[348] 베르길리우스(Virgil)에 따르면(*Aeneid*, VIII, 485~488), 죽은 시체들을 살아있는 사람들과 묶어서 서서히 죽게 하기까지 했다는 어떤 신화적인 에트루리아인(Etruscan) 폭군을 말함.
[349] 「마태복음」 19: 5, 「창세기」 2: 24 참조.

혼에서 자연스럽게 생겨나는, 부모나 다른 어떤 친근성과의 작별까지 이르는 고귀한 사랑을 우리에게 먼저 보여주는 것이었습니다. 다음으로, 그 의미는 한 남자가 그렇게 함으로써 아버지나 어머니에게 불효하는 것은 없다는 점을 정당화하는 것입니다. 그러나 여기서 그가 하나의 실수, 즉 자신의 성향과 결코 결속되지 않을 것임을 알게 되는 하나의 성향, 그의 집안에서 슬픔과 불만의 일상사(quotidian)[350]와 굳게 결합하라는 엄격한 명령을 받아야 한다는 것에 대하여, 우리는 잠시 멈추고 다방면으로 생각을 해봐야겠습니다. 호의적이고, 분명히 냉혹하지 않고, 무자비하거나 냉혹하지 않은 결혼제도에 대해 이렇게 단호한 결례를 저지르기 전에 말입니다. 만일 이런 단어들의 의미가 모든 공평과 상당한 추론에서 차단되어 글자 그대로의 의미 안에 이렇게 갇혀야 한다면, 아내들을 위해서만 이혼이 허용되었다고 주장하는 자들의 목적에 실로 아주 잘 이바지할 것입니다. 이렇게 이해한다면, 이 본문은 여자들이 아니라 남자들만 속박하기 때문입니다. 그렇다면, 만일 헤롯(Herod)의 누이 살로메(Salomith)가 그녀의 남편 코스토바루스(Costobarus)에게 해방의 문서를 보냈다 해서 놀랄 일이 아닙니다. 요세푸스(Jesephus)가 증언하는 바로는, 이런 문서는 남자에게만 합법적으로 허용되었던 것입니다.[351] 포티우스(Photius)가 올림피오도루스(Olympiodorus)에서 기술하는 바와 같이 사소한 명분 때문에, 호노리우스(Honorius)의 누이 플라키디아(Placidia)가 콘스탄티우스 백작(Earle Constantius)에게 똑같은 협박을 했다 해도 놀랄 일이 아닙니다.[352]

---

[350] 〖의학〗 매일열(~fever)을 뜻하기도 함.
[351] 요세푸스에 따르면, 살로메(Salome)가 이혼 증서를 보낸 것은 "유대 법에 따를 것이 아니다. 우리에게는 남편이 그렇게 해야 합법적이기 때문이다. 그러나 아내가 남편에게서 떠난다면, 그녀의 남편이 그녀를 보낸 것이 아닌 한, 다른 남자와 결혼할 수 없다." Josephus, *Antiquities of the Jews*, XV, 7. Tr. William Whiston (2 vols., New York, 1821), I, 557.

철자들이 그 적절한 확장에 들어서지 못하게 모든 필요한 의미를 배제하고자 말뚝 울타리로 변해야 한다 해도 놀랄 일이 아닙니다.

마지막으로, 그리스도 자신이 우리에게 누가 분리되어서는 안 되는지를, 이를테면, 하나님이 결합한 자들을 말씀하십니다. 만일 사람들이 제대로 보려 한다면, 이는 이 위대한 논쟁의 명백한 해결책이 될 것입니다. 당사자들이나 친구들이 동의하는 때가, 하나님이 결합하셨다고 말할 수 있는 때인가요? 분명히 아닙니다. 그때는 가장 추잡한 목적에 호응한 때일 수도 있기 때문입니다. 혹은 교회 예식이 끝났을 때일까요? 어느 쪽도 아닙니다. 예식의 효능은 어느 한쪽이 미리 가정한 적합성에 달려있기 때문입니다. 아마도 세속적인 지식에 따른 것이죠. 모든 지식 가운데 가장 하찮은 지식이죠. 그것은 법이나 본성이 결합하려 하지 않는 사람들을 결합시킬 수도 있으니까요. 하나님이 "그에게 그를 위한 협조자를 만들어주겠노라"라는 결혼의 첫 기반 자체에서 뜻하고 약속하신 바에 따라, 서로의 위안과 사랑에 이르도록, 둘의 정신이 적합한 성향을 지니고, 유쾌한 대화를 유지할 수 있을 때, 그럴 때만 이 명령이 해당되는 것입니다. 그럴 경우만 하나님의 결합이라고 여겨질 수 있고, 그 반대는 그렇지 않습니다. 그래서 마찬가지로, 사도 바울은 「고린도전서」 7장 15절에서, 결혼 가운데 "하나님은 화평에 이르도록 우리를 부르셨느니라."라고 증언합니다. 틀림없이, 그분이 어떤 측면에서 우리를 결혼하도록 부르셨으

---

[352] Photius, *Bibliotheca*, LXXX (in Migne, *Graeca*, CIII, 255); tr. J. H. Freese, *The Library* (5 vols., London and New York, 1920), I, 145 참조. 포티우스는 407년에서 425년 사이의 올림피오도루스(Olympiodorus)의 역사를 요약하면서, 호노리우스(Honorius)와 콘스탄티우스(Constntius) 통치기에 라벤나(Ravenna)에 나타났던 어떤 마법사에 관해 얘기한다. 이 마법사의 존재가 플라키디아(Placidia)를 화나게 하여, 그녀는 "그 이교도 마법사를 내쫓지 않으면 콘스탄티누스에게 이혼을 신청하겠다고 협박을 했다." 따라서 그 마법사는 사형당했고, 황제는 이혼을 피할 수 있었다고 한다.

며, 역시 그런 측면에서 그분이 우리를 결합하신 것입니다. 영혼의 불균형이나 무기력, 혹은 서로의 타고난 성향에서 불쾌하고 혐오스러운 것이 있어 부부로서 적합하지 않은 나머지 사람들을, 실수가 합치게 한 것일 수 있습니다. 그러나 하나님은 그분 자신의 법령의 의미에 반대되는 결합을 결코 제공하지 않았습니다. 그리고 그분이 그들을 결합한 것이 아니라면, 그들이 분리되지 못하게 방해하는 것은 그들 자신의 동의 이상의 힘은 없습니다. 그들이 견딜 만한 방식으로 함께하는 가장 엄숙한 목적을 거둘 수 없을 때 말입니다. 이 경우엔 함께 합칠 수 없고 결혼할 수 없는 두 개인이므로, 이런 쌍은 분리되더라도 이혼했다고 마땅히 말할 수 없으며, 그저 서로 헤어졌다고만 할 수 있습니다. 그러나 만일 하나님이 적합한 협력자로 만든 자인데, 완고함과 개인적인 상처 때문에 부적절하게 되었다면, 그것은 하나님이 사람보다 더 잘 판단할 수 있는 결혼의 비밀이기 때문에, 사람이 그 문제를 결정하기에는 적절치 않고 그럴 수도 없습니다. 그것이 어떻든, 분명히 **모세**와 그리스도의 판단을 따르면, 평화로운 이혼은 증오스러운 완고한 마음을 지닌 파괴적인 결혼생활이 연속되는 것보다 덜 악하고 덜 수치스러운 것입니다. 덜 악한 것을 선택하는 자를 정당화하는 것이며, 만일 그것이 법적으로 정직한 공민적인 신중성이라면, 설령 우리가 일반적인 주석가들을 인정한다고 할지라도,[353] 이런 종류의 법적인 지혜를 복음서에서 금지할 수는 없습니다.

---

[353] 밀턴은 여기서 우선적으로 퍼킨스(Perkins), 베자(Beza), 파레우스 등의 칼뱅파(Calvinist) 주석가들을 염두에 둔 것 같다. 16~17세기의 성서주석의 범위와 영향에 대해서는, Arnold Williams, *The Common Expositor* (Chapel Hill: U of North Carolina P, 1948)을 참고할 것.

제17장

이혼에 대한 그리스도의 말씀을 어떻게 설명할 것인지. 호로티우스(Grotius)가 논평한 것. 다른 첨가 사항들.

그리스도가, 그분이 늘 그러하시듯, 그분을 조사해보러 온 바리새인들에게 그들에게 합당한 대답을 하며 제시했던 애매한 이유들을 이렇게 설명했으므로, 이제 이어지는 문장 자체, 즉 "누구든지 음행 외에 다른 이유로 자기 아내를 버리고 다른 여자와 결혼하는 자는 간음하며"[354]라는 구절을 설명하는 것이 어렵지 않을 것입니다. 그러므로, 먼저 교양이 풍부한 사람인 호로티우스가 이 점에 대하여 논평한 것을 제시하겠습니다. 다음으로, 그의 주석을 보기 전에 저 자신의 생각이 어떤 것이었는지를 알려드리겠습니다. 그의 주석에 따르면, 오리게네스(Origen)는 그리스도가 하나의 유일한 예외로서가 아니라 차라리 다른 유사한 경우들의 한 예로서 간음을 지명했다는 것입니다. 그리고 인간의 법뿐만 아니라 하나님의 법에서도, 같은 성격의 다른 원인들에 답이 같을 수 있는 일종의 사실을 표현하는 일이 흔하다는 것입니다. 「출애굽기」 21장 18, 19, 20, 26절과 「신명기」 19장 5절이 그렇습니다. 그리고 국가법의 원칙들로부터 오리게네스가 보여주기를, 가장 엄격한 형법에서조차 동일한 이유는 동일한 권리가 있다는 것입니다. 더 유순한 법에서는, 같은 이유들에서 같은 권리가 있도록 법이 올바르게 해석한다는 것입니다. 그러나 그는 말하기를, 간음만큼 결혼의 목적을 파괴하는 것은 없다는 이의를 여기에 제기할 수 있다고 합니다. 이 이의에 대해, 그는 결혼은 교접을 위해서만 제정된 것이

---

[354] 「마태복음」 19: 9.

아니며, 삶에서의 상호 협력과 위안을 위한 것이라고 답합니다. 그리고 만일 우리가 우리 구세주의 명령의 성격을 성실히 주목한다면, 우리는 그 시작과 끝이 사랑에 있음을 알게 될 것이며, 그의 의도는 우리가 우리 자신에게 잔인해서 안 되는 것처럼 다른 이들에게도 선해야 한다는 것입니다. 그런고로, **마가**(Mark)와 **누가**(Luke) 및 **고린도 사람**들에게 사도 **바울**이 그리스도의 이런 교훈을 언급하며 예외를 덧붙이지 않는 이유는, 자연적인 공평에서 일어나는 예외들은 일반적인 조건 아래 묵시적으로 포함되기 때문인 것 같습니다. 그러므로, 동일한 공평이 다른 덜 빈번한 경우에서도 일어날 수 없는지 살펴볼 것입니다. 여기까지가 그(흐로티우스))의 주장입니다. 이제부터 제가 덧붙이는 것입니다.

첫째, 한 남자가 간음 외에는 어떤 이유로도 이혼할 수 없다는 그리스도의 이 말씀은, 흔히 해설하듯이, 그것이 현재 우리의 모습대로 우리를 구속하지 않는 초자연적인 법이 아닌 한, 전혀 법일 수가 없습니다. 만일 그것이 자연법이라면, **유대인**이나 어떤 다른 지혜로운 문명국이 그것을 강요했을 것입니다. 아니면 그렇다고 칩시다. 그러나 밝혀진 정당하고 당연한 이유 때문에 한 남자가 사랑할 수 없을 때, 헤어지는 것을 허용하는 「신명기」 24장 1절의 법은 다른 법보다 더 오래되었고, 흠이 없는 본성에 더 깊이 새겨진 법입니다. 그러므로, 영감을 받은 입법자인 **모세**가 이 법이 세심하게 명시되고 허용되어야 한다고 주의했던 것입니다. 마치 그 이유가 낙원과 함께 사라진 것처럼, 그는 다른 법이 조용히 사라지게 했으며, 그의 율법서에서 한 번도 반복하지 않습니다. 둘째, 이것은 새로운 명령일 수가 없습니다. 복음서가 사랑의 무한한 확장 외에는 새로운 도덕성을 강요하지 않기 때문입니다. 이런 면에서 그것은 사도 요한(St. John)이 새로운 명령으로 부르는 것이며, 모든 명령의 성취인 것입니다.[355] 세 번째, 그것은 "완전하게 매는 띠"(the bond of perfection)인 사랑에 참여하는 것이며, 그 이상의 완성의 명령이 아닙니다.[356] 그러므로 우리에게 우리의 힘을 넘어서 자학하도록 강요하는 명령들은 완성을 향하여 전혀 도움이 되지 않을 것이며, 기독교의 공통된 모든 기초에 방해가 되거나 후퇴하게 되며, 이는 이미 입증된 바와 같습니다.

그리스도의 말씀은 저속하게 받아들여지는 것처럼 일종의 명령일 수가 없음이 이처럼 명백하기 때문에, 우리는 어떤 의미에서 그것이 명령일 수 있는지 이제 알게 될 것이며, 하나의 월등한 명령은 **모세**의 것과 동일하며 다른 것일 수 없음을 알게 될 것입니다. **모세**는 한 남자가 억지로 동거할 수 없는, (히브리어 단어가 명백히 가리키듯이) 신체적이든 정신적이든, 단지 타고난 불쾌감이나 결함 혹은 증오만으로, 그가 이혼 증서를 줄 수 있다고 했으며, 그렇게 조건을 붙임으로써 수정이나 조정이 가능한 다른 어떤 이유를 내세우지 못하게 금지했던 것입니다. 이 법을 바리새인들은 악화시켜서 어떤 사소한 분쟁적인 이유로까지 확장했습니다. 그러므로 그리스도는 그들이 어디서 미흡한지를 알았으므로, 그 법의 부정적인 부분을 강조한 것이며, 그것이 당연히 이해되는 것이며 (**모세**의 확고한 허락은 그들의 방종을 제한하는 것이므로), 그리고 그들의 거만한 표류를 제재하며, 간음 외에 어떤 우연적이거나 일시적이거나 화해할 수 있는 잘못이어도 이혼을 정당화할 수 없다고 선언합니다. 그는 여기서 신체든 정신이든, 없앨 수 없는, 교제의 자연적이고 연속적인 방해를 논하는 것이 아닙니다. 이런 것은 바꿀 수 없는 불쾌감을 야기하는 경향이 있으며, 수정을 할 수 없으므로 화해를 할 수도 없습니다. 그것은 결혼의 결속을 깨지는 않지만, 간음보다 더 결혼의 결속을 없애버립니다. 그 자행된 잘못은 그것이 목적

---

[355] 「요한복음」 13: 34 참조.
[356] 「골로새서」 3: 14: "이 모든 것 위에 사랑을 입으라. 사랑은 완전하게 매는 띠니라."

하고 저지른 자에 대한 본래의 증오나 부수적인 증오를 항상 입증하는 것은 아닙니다. 또한 그것을 용서할 수 있는 경우는 한 번 지나갔고 용서했으므로 모든 장래의 조력이나 충성심이나 사랑의 합치를 불가능하게 하는 것도 아닙니다. 그러나 본성적으로 불쾌하고 결혼생활의 **시선에서 호감을 찾지 못하는** 것은 결코 숨겨질 수 없고, 결코 진정될 수 없고, 결코 중단될 수도 없으며, 사랑과 만족을 영속적으로 무효화하고, 고독하게 하며, 모든 용납할 수 있는 교제를 무감각하게 정지하는 것임이 입증됩니다. 그러므로 **모세**는 이혼을 허용하지만, 단지 결합해줄 방안이 없고, 간음 이상으로 떼어놓을 필요가 있는 경우에 한정합니다. 그리스도는 이혼을 금지하지만, 조화시킬 수 있는 문제에서만 그러하고, 간음보다 덜한 문제에서 그러합니다. 이리하여 **모세**의 율법은 여기서 【확고하게】 확실히 확증됩니다. 그리고 그가 허용한 원인들은 조금도 부인되지 않습니다. 그리고 이것이 이 구절의 진정한 의미라는 것은 사도 **바울** 자신보다 못하지 않은 한 저자도 (「고린도전서」 7: 10~11) 입증합니다. 이 본문에 대하여 해설하는 이들은 사도 바울이 그리스도의 교훈을 반복하고 있을 뿐이라고 인정합니다. 여기서 그는 남편에 대한 아내의 화해를 【다만】 주로 다루고 있는 반면, 우리의 구세주가 분쟁과 화해의 문제만을 뜻한 것임을 논의에서 배제하고 있습니다. 그런 종류에 대해서는 어떤 차이도 간음 외에는 이혼의 사유가 되어야 한다고 여기지 않을 것입니다. 그리고 사법적이라기보다 유대 문화적이며, 철폐가 필요 없는, 스스로 끝나는 어떤 상황을 제외하면, 그리스도가 자신의 위대한 아버지의 법을 철폐하는 것에 대해 우리가 말할 때, 우리가 **모세**의 엄숙하고 신중한 법의 가치를 어떻게 평가할지, 그리고 얼마나 무분별하게 우리가 우리의 입술로 아는 척하는지 우리는 더 잘 깨달아야 합니다. 저는 다시금 주장하거니와, 이 복창된 **모세**의 법은 간음이라는 사유보다 비길 수 없을 만큼 더 큰 이혼 사유를 포함하고 있는 것입니다. 그리고 그것을 그렇게 인식할 수 없는 자라면 누구나 올바른 통찰력이 부족하여 실수를 범하고 깊은 지혜의 법을 해치게 됩니다. 이런 자가 주목할 것은, 간음으로 인한 정당한 이혼을 그것이 죄라서 주장하는 사람은 아무도 없고, 모두 오로지 결혼에 상처가 되기 때문에 주장한다는 것입니다. 그리고 비록 간음을 간청(importunity)을 통해서든 기회(opportunity)를 통해서든, 그것도 악의 없이 단 한 번 저질러졌다 해도, 복음은 그렇다 해서 그런 이유로 이혼하려는 자를 이혼하지 말라고 단념시키지 않습니다. 그러나 자연적인 증오는 그 증오가 일어날 때마다, 우발적인 간음보다 결혼생활의 더 큰 악이며, 더 큰 기만이며, 더 큰 부정입니다. 그렇지만 그것을 비난할 수는 없다는 점을, 이 모든 논의에도 불구하고, 이해하지 못하는 자는, 딱딱한 비장(脾臟) 같은 그의 의지가, 그의 이해가 혈액을 잘 생성하기보다 더 빠르게, 흡입한다는 의심이 갑니다.[357] 그 사람은 진심으로 사랑하는 것이 무엇인지를 알지도 느끼지도 못했으며, 그의 생각 속에서 결혼의 진정한 의도가 무엇인지도 도대체 이해하지 못한 것입니다. 그리고 이것은 역시 그가 이해할 수 있는 범위를 벗어났으나, 그의 시각이 부족하기에 그만큼 진리이며, 진실로 덕스러운 자만큼 악덕이 무엇인지 잘 이해하는 사람은 없으므로,[358] 천국에서 교제하는 자만큼 지옥을 아는 사람도 없습니다. 따라서 진정한 사랑이 무엇인지 생각할 수 있을 만큼 충분히 부드

---

[357] 르네상스 생리학에 따르면, "혈액을 생성하는 것"(sanguifie)은 간의 기능이었고, 혈액이 불순물은 비장이 거른다고 여겨졌다. 밀턴의 비유는, 의지가 이성에 의하여 제공되는 물질(내용)에 작용하는 식으로, 이해와 의지 사이의 유사한 관계를 암시한다. 이해력이 부족한 독자의 의지는 끌어들일 혈액이 없는 과잉 작동하는 비장과 같은 것이다.
[358] "진실로 덕스러운 자"는 악을 이해하는 사람이라는 것이다. 『아레오파기티카』에서 밀턴은 "악덕의 지식과 개괄은 인간의 덕성을 구성하는 데 이 세상에서 너무나 필요"(p. 476)하다는 것입니다.

럽고 광범한 영혼을 갖지 않는 한, 결혼생활에서 자연적인 증오의 악과 고통을 평가할 수 있는 사람은 없습니다.

그리고 사람들이 하나님의 이런 현명한 판단의 법을 그토록 무시하고, 증오 혹은, 그렇게 불리듯이, 호의를 찾지 못하는 것을 변덕스럽고, 부정직하고, 사소한 이혼 사유로 여기는 이유는 그들 자신이 진정한 일치가 무엇을 의미하는지를 그토록 잘못 이해하기 때문입니다. 그들이 제대로 이해한다면, 자연적인 증오와 우연한 간음 사이에서 균형을 잡음에 있어서 그들은 더 공평할 것입니다. 간음은 그 죄가 행해진 당사자에게 그렇듯이 일시적인 상처일 뿐이고 곧 바로잡히지만, 증오는 형언할 수 없고 끈질긴 슬픔과 모욕이기에, 신의 손길처럼 한순간에 모든 것을 치유하는[359] 이혼에 의하지 않고는, 바로잡을 수도, 치료할 수도, 중지할 수도 없습니다. 그리고 이혼은, 하나님의 말씀처럼, 한순간에 난폭한 폭풍을 갑작스런 정적과 평화로운 평온 속으로 잠재우는 것입니다.[360] 그러나 우리를 향한 하나님 자신의 그토록 위대한 선하신 확장이, 우리를 주저앉히는 자들의 완강한 빗발 때문에, 우리에게서 완전히 빗나가고 몰수된 것입니다. 인류에 악의를 품은 자들! 그러나 누가 당신들에게 가르쳤기에, 허물없는 자의 불행 속에 당신들의 자구적인 법령의 무거운 단검으로써 이렇게 난도질하게 하고, 더 많은 칼자국을 내는지요. 아무런 도움도 되지 않는 당신의 수술을 멈추지 않고는 그의 평안에 조그만 원소의 10분의 1도 보탤 수 없는데 말입니다. 사도 바울이 그들에게 확신시켜줄 수 있다면, 방황하는 육욕이 여기서 전보다 더 새롭게 더 정확하게 금지되었다고 생각하는 자들에 대하여 말하거니와, 우리는 복음의 어떤 새로운

---

[359] 그리스도의 치유에 대한 설명은, 「마태복음」 8: 3, 15 참조.
[360] 「마태복음」 8: 26, 「마가복음」 4: 39, 「누가복음」 8: 24 참조.

발견에 의해서가 아니라 율법을 통하여 탐욕을 알게 된다는 것을 압니다.[361] **모세**의 율법은 그것이 무엇을 허용하는지를 알았고, 복음서는 그것이 무엇을 금지하는지를 알았습니다. 육욕을 금하는 까다로운 자부심 아래, 생각하기에 끔찍하지만, **모세**를 초심자로, (존경을 위해 더 나쁜 말을 하지 않더라도) 그리고 하나님 자신을 이 같은 자로 만들고, 우리의 구세주를 노골적인 약속 파괴의 태만에 묶어두고, 불평하는 본성의 불화를 사슬로 함께 묶어두며, 그들을 하나의 교회법 재갈(canon bit)[362]로 구속하려는 자는, 그에게 내린 그토록 다양한 이전의 죄악 외에도 그 자신이 판결하는 모든 매춘과 간음을 범하는 자입니다. 그리고 만일 그 모든 무게와 중력을 가진 이런 고려들이 그에게서 그가 소중히 여기는 축자주의(逐字主義, literalism)를 박탈할 수 없다면, 누군가 그에게 「마태복음」 19장에 "하늘의 왕국을 위하여 스스로 고자가 된 자들도 있나니"[363]라는 말이 나오는 구절까지 계속 읽어달라고만 간청해주시길 바랍니다. 그리고 만일 그가 오리게네스의 칼을 사용하고 싶어 한다면, 그는 그 자신을 베는 칼잡이가 될 수 있을 것입니다.[364]

---

[361] 「로마서」 7: 7 참조.
[362] 승마에서 끌어온 용어, 재갈(bit)에 대한 말장난이다. 말에게 재갈을 물려 말을 제어하듯이, 교인에게 교회법을 물려 교인을 속박하려는 것이라는 비유이다.
[363] 「마태복음」 19: 12.
[364] 오리게네스(185~253년경)는 「마태복음」 19: 12을 너무나 축자적으로 해석하여 자신을 거세했다고 한다(Eusebius, *Ecclesiastical History*, VI, viii 참조).

제18장

우리 구세주의 말씀이 이혼의 사유가 되는 실제의 간음에 대해서만 합당하게 설명되어야 하는지. 흐로티우스의 견해와 다른 이유들

그러나 우리가 알거니와, 그리스도는 결코 사법을 제공한 것이 아니며, **간음**(fornification)이라는 단어는 성서에서 다양한 의미를 지니므로, 여기서, 증인이 입증한 실제의 **간음**만이 이혼을 보장할 수 있다는 취지인지 심사숙고하는 것이 우리 구세주의 말씀에 아주 합당할 것입니다. 우리의 교회법이 그렇게 판단하기 때문입니다. 그럼에도 불구하고, 제가 아는 대로, 흐로티우스가 이 구절에 대해 논평한 것에 따르면, 기독교 황제들인 **테오도시우스**(Theodosius) 2세와 **유스티니아누스**(Justinian)는 높은 지혜와 유명한 경건의 인물들인 바, 만일 아내가 그녀의 남편의 지식에 저항하거나 그의 의지에 완강하게 저항하여 간통의 여지가 있는 혐의를 주는 일들, 예를 들면, 연회를 의도적으로 자주 열고, 그녀의 가까운 친척이 아닌 남자들을 초대하고, 그럴만한 이유도 없이 그녀의 집에서 나가서 자고, 남편이 싫어해도 극장을 자주 가고, 임신을 방지하거나 유산하려는 노력 같은 시도를 했다면, 그것이 이혼에 해당하는 간음이라고 공포했습니다. 그리하여, 히에로니무스(Jerom)는 "간통이 의심되는 경우, 아내는 합법적으로 이혼당할 수 있다"고 했습니다. 질투심의 모든 감정을 중시해야 한다는 것이 아니라, 가시적인 법적 증거에 의하여 모든 것을 입증하라고 강요해서는 안 된다는 것이며, 그렇지 않으면, 마음을 속이도록 하는 것입니다. 법이란 공평의 원칙에 의하지 않고는 이런 문제들을 판단할 수 없으며, 지독하게 질투하지도, 어리석고 유순하게 인내하지도 않는, 현명한 사람이 세심한 신중의 중도를 걷도록 허용함으로써만 그 판단이 가능합니다. 흐로티우스는 그의 해설에서 이런 취지를 적고 있습니다. 그는 또한 성서에서 간음이 남편을 분명히 멸시하는 경향이 있는 이 같은 계속되는 완고한 행위로 여겨진다는 것을 보여주며, 「사사기」 19장 2절에서 그것을 입증하는데, 여기서 레위인의 아내가 그를 상대로 매춘행위를 했다고 하는데, 요세푸스와 70인역(譯) 성서(the Septuagint)는 칼데아 판(the Chaldean)과 더불어 그것을 그녀의 남편에 대한 고집과 반항으로만 해석합니다.[365] 그 본문을 해설하는 킴치(Kinchi)와 다른 두 랍비가 동일한 의견임을 여기에 저는 부연하는 바입니다. 벤 게르송(Ben Gersom)은, 만일 그것이 매춘행위였다면, 유대인과 레위인이 그녀를 다시 데려오기를 경멸했으리라고 주장합니다. 그리고 제가 보태고 싶은 말은, 만일 그것이 매춘행위였다면, 그녀는 도망갈 장소로서 그녀의 아버지의 집보다 다른 어떤 장소를 선택했으리라는 겁니다. 매춘을 하는 것은 히브리 여인에게 아주 수치스러운 일이었기 때문입니다. 그래서 「사사기」의 이 구절에서 간음은 남편에 대한 완고한 불순종으로 이해되며, 간음을 뜻하지 않습니다. 이미 저질러진 것이고 더는 행하지 않을 그 갑작스런 행위의 죄는 단지 불결하게 보이는 것이며, 우리 구세주의 언어로는 간음이라고 불리더라도,[366] 이

---

[365] 여기서 밀턴은 흐로티우스에게 그의 원문이 보장하는 것보다 다소 더 긍정적인 논조를 부여하고 있다. 흐로티우스에 따르면(*Annotations*, p. 97), 「사사기」 19: 2에 기초하여 간음에 확대된 의미를 부여하는 자들이 있다는 것이다. 그 자신의 동의 여부를 보여주지 않고, 그는 요세푸스(*Antiquities of the Jews*, V, ii)에게서 비슷한 설명을 인용하는데, 레위 사람의 첩이 단지 성격이 고약한 이방인이었다며, 구약성서의 표현과도 일치한다는 것이다. 「사사기」 19: 2의 영어판과 한글판 번역을 보면, 킹 제임스 흠정역은 "창녀 짓을 행하고"(played the harlot)라고 되어 있으나, 영어판 개역성경(NIV)에는 "unfaithful"이라고 표현되어 있고, NRSV에는 "angry with him"이라고 되어 있는데, 한글 공동번역엔, "화나는 일이 있어서"라고 되어 있다. 즉, 같은 구절에 대한 원문 표현이 이렇게 서로 다룰 수 있다는 것은 간음에 대한 해석이 이처럼 정신적인 의미로도 해석이 된다는 것이다.

[366] 「마태복음」 5: 28 참조.

혼할 만한 사유로 판단되지 않습니다. 그렇지만, 구체적이고 빈번한 징후가 있다면,「사사기」5장의 하나님의 법은 남자의 질투심에 양보합니다. 그녀의 머리를 노출한 채 지성소(至聖所) 앞에 놓인 여인은 그녀가 거짓인지 아닌지 맹세하도록 제사장의 엄한 명령을 받으며, 그녀가 순결하지 않은 한, 생겨날 썩음과 복부창만(腹部脹滿)의 분명한 저주를 받으며, 쓴 물을 마시도록 강요받았던 것입니다.[367] 그리고 질투하는 남자는, 만일 그가 그의 머릿속에 이 같은 의심을 품고서 이런 재판을 소홀히 한다면, 마지막 구절에서 보듯이, 하나님 앞에서 죄가 없지 않을 것입니다. 만일 우리의 고대 열탕죄인판별법(Ordalium)처럼,[368] 그것이 오늘날까지 유용하지 않거나 효과가 불확실하게 여겨지더라도, 음탕한 의혹이나 사례에 속하는 수많은 음란한 행실은 이혼을 초래하기에 충분하다고 여겨질 수 있다고, 모든 형평법(equity)[369]이 판단할 것입니다. 비록 그 행위 자체가 입증되지 않았을지라도 말입니다. 그리고 우리 국가의 관용을 보면 간음녀의 남편이라고 불리는 것보다 더 혐오스런 비난을 생각할 수 없을 정도이며, 우리의 법은 하나님의 법만큼 그 비천한 고통에서 한 남자를 변호하기에 충분하지 않을 것이며, 우리가 평가하는 그 상처만큼 법을 강화해야 함을 고려하지 않은, 야만적인 미비점입니다. 그리고 만일 그 행위가 가시적으로 입증될 때까지 고통받아야 한다면, 어떤 율법학자의 예리함을 능가하는 판단력을 지녔다고 인정되는 솔로몬 자신이,「잠언」30장 19, 20절에서, 간음행위를 발견하기란 "공중에 있는 독수리의 길이나 바다 한가운데 있

---

[367]「민수기」5: 11~31 (특히 27) 참조.

[368] 튜턴 민족이 썼던 죄인 판별법으로서, 열탕(熱湯)에 손을 넣게 하여 화상을 입지 않으면 무죄로 하는 따위의 수사법.

[369] 이 당시에 "equity"가 뜻하는 형평법이라는 용어는 없었지만, "equity"가 주어로 사용되어 판단을 하는 주체가 되므로, 문맥상, 이런 판단은 오늘날의 형평법적 판단이라고 봐도 무방할 것이다.

는 배의 길"처럼 어렵다고 털어놓고 있습니다. 그러므로 남자는 그것이 발견될 때까지 남자답지 않은 모욕을 당할 수도 있습니다. 그러므로 이것으로 우리가 충분히 알 수 있는바, 우리의 구세주에 따르면, 이혼에 합당한 간음은, 극단적인 행위에 의해, 그것도 목격자의 증언에 의해, 항상 입증되어야 한다고 한정되지 않으며, 명백하게 간음으로 이어지거나 지각 있는 사람들이 그 행위가 이미 이루어졌다고 의심할 수 있는 추정의 이유를 제공하는, 다양한 분명한 행위에까지 확장될 수 있다는 것입니다. 그리고 도리어 이렇게 생각할 수 있는 것은, 우리의 구세주가 **간음**이라는 단어를 사용했으며, 그 단어는 실제 간통 행위(adultery) 외에도 그 계명을 중대하게 파괴하는 결혼의 위반을 뜻하는 것으로 드러나기 때문입니다. 간음죄는 율법에 따라 이혼이 아니라 죽음으로써 제거할 필요가 있었고, 그 법은 간음하다가 잡힌 여자의 예에서 보듯이 그 당시까지 효력이 있었던 것입니다.[370] 아니면, 만일 그 법이 사문화되었다면, 우리의 구세주는 죽을죄를 조용히 이혼으로 면하게 하기보다, 그들에게 그들의 소홀함에 대해 말했을 가능성이 더 큽니다. 혹은 만일 그분의 소임이 국가 법정에서 범죄가 무엇인지를 그들에게 말해주는 것이 아니라 양심의 법정에서 무엇이 죄인지를 말하는 것이라 해도, 우리 구세주의 이러한 말씀 외에 다른 이유도 없이, **모세**와 우리의 구세주 둘 다 양심의 판결에 맡긴 것을 그들이 감히 법의 판결로 끌어들이겠습니까? 그러나 그들은 말하기를, 우리는 우리의 구세주로부터 그것[371]이 간음이었음을 받아들이며, 우리의 법이 자연히 그 형벌을 적용한다고 합니다. 그러나 그렇게 주장하는 그들이 인정하는바, 유대인과 이방인 모두에게 무엇이 간음인지 가장 잘 아는 모든 세상의

---

[370] 「요한복음」 8: 3~11 참조.
[371] 양심의 법정에서 죄가 되는 것을 가리킴.

위대한 입법자는 이런 적용을 정하지 않으며, 죽음에 이르는 인간이 그분의 정의를 능가하겠다고 헛되이 상상하는 걸 결코 좋아하지 않습니다.

제19장

그리스도의 가르침 방식. 사도 바울은 명령이 없는 이혼의 문제에 더하여, 그 문제는 공평의 문제이지 엄격의 문제가 아님을 보여줌. 그리스도인의 속박은 우상숭배 외의 다른 결혼생활에서도 그만큼 많고, 그의 평화는 그만큼 적을 수 있음. 그러므로, 만일 그런 논쟁들이 어느 경우에 유효하다면, 다른 경우에 왜 그렇지 않은지. 그러므로 사도 자신이 "그런 경우에"라고 첨가함.

이리하여 드디어 우리는 이 구절과 다른 구절들에 의하여, 복음서에는 올바르게 이해하려면, 제한과 구별 없이 읽지 않아도 될 만한 어느 한 말씀도 없음을 알게 됩니다. 그리스도는 완전한 논평이나 계속되는 설교를 하지 않고, 수사학자인 **데메트리우스**(Demetrius)가 표현한 대로, 【흩뜨려 놓고,】 주인처럼 단음절어로 종종 말하며,[372] 그의 교리의 천상의 알곡을 여기저기에 진주처럼 뿌리는데, 이는 유능하고 근면한 사람만이 모을 수 있는 것입니다. 이런 사람은 그가 발견하는 말씀을 다른 교훈들과 비교하고, 모든 법령의 목적과 비교하고, 복음주의 교리의 일반적인 **유추**와 비교해야 합니다. 그렇지 않으면, 수많은 특수한 구절이 이상하고 모순된 수수께끼일 뿐이며, 교회는 불감증 때문에 이혼을 허용하는 것에 불쾌감을 표시할 것인바, 불감증이 간음과 함께 여기서 예외로 취급되지 않기 때문이며, 교회에 의해 덧붙여졌기 때문입니다. 이것은, 사도 바울이

---

[372] Cf. Demetrius, *On Style*, par. 7. tr. W. Rhys Roberts (Aristotle, *The Poetics*. Longinus, *On the Sublime*. Demetrius, *On Style* [Cambridge and London: Loeb Classical Library, 1932], p. 301): "명령은 항상 간명하고 짧다. 모든 주인은 자기 노예에게 퉁명스럽지만 (글자 그대로 '단음절적임'), 간청과 탄식은 길다." 비록 데메트리우스 팔레리우스(Demetrius Phalereus)의 것으로 추정되지만, 이 작품의 저자와 저작연대는 확실치 않다.

주장하듯이, 주님에게서 받은 명령이 없이, **바울** 자신의 권위에 의하여, 복음서에서 이 구절들의 외관상 구조를 확대하게 하는 이유를 바울에게 제공한 것입니다. 이혼당한 것보다는 덜한, 어떤 버림받은 사람이 합법적으로 재혼할 수 있는 경우를 덧붙임으로써, 말입니다. 그리고 하나의 경우에 그분의 의견을 선포했으므로, 그분은 동일한 중요성이 있는 경우들에 기독교인의 신중성이 더 많은 결정의 자유를 갖도록 허용하며, 바꾸지 못할 정도로 명백한 말씀을 사용하여, "형제나 자매가 그런 경우에 속박을 받지 아니하느니라."고 하시고, 또한, 결혼에서 "하나님은 화평에 이르도록 우리를 부르셨느니라."라고 덧붙입니다.[373] 만일 그리스도인이 종교뿐 아니라 본성이 다른 사람과 잘못 묶인 때문에 결혼생활에서 가치 없는 속박에 처해지고, 그의 종교적인 **평화**가 종종 파괴될 뿐 아니라 영구히 그리고 결과적으로 방해를 받을 수 있음이 명백하다면, 사도 **바울**의 이유들이 간통의 경우에만 적용될 수는 없으며, 기독교적 자유와 평화가 잘못도 없이 동일하게 방해받는 경우라면, 이는 항상 이혼 사유로서 똑같이 중요합니다. 하나님이 우리의 위안을 위해 준 규례가 우리를 합당치 않은 구속에 처하도록 강요할 수는 없으며, 이를테면, 가짜 결혼에 갇히게 되고, 더 나쁜 것으로 이어지지 않더라도, 영구적인 약혼상태의 외로움과 불만에 처하게 될 수는 없다고 말입니다. 이런 자들 사이에는 동물적인 욕망의 자극에 대한 불쾌하고 강제적인 치료밖에 다른 아무것도 결혼에 남지 않으므로, 영혼의 통합과 지적 즐거움이 섞이지 않는 육체적 친밀감은 혼례의 성취라기보다 손상이므로, 관대한 영혼의 기개를 저속하게 만들기에 충분하며, 그의 모든 행위를 저급하고 속된 수준의 시도로 전락시키거나, 설상가상으로, 비참하고 굳은 생각의 절망적인 곤경에 빠지게 하는 것입

---

[373] 「고린도전서」 7: 15 참조

니다. 하나님과 인류를 섬기는 유익한 사람인 선한 사람이 이런 상황에 빠지기보다는 차라리 하나님을 예배하는 가장 신성한 예식을 없애라고, 그리스도 자신이 우리에게 가르쳤습니다. 육신의 치료를 위해서조차 그 거룩하고 명상적인 안식일의 휴식을 없애라고 했으니, 과중한 믿음과 인내를 유지하겠다고, 잘못된 결혼을 부당하게 엄수하지 말라는 것입니다.

제20장

사랑은 모든 것을 믿는다는 사도 바울의 의미. 이로 인해 자라나리라고 괜히 두려워하는 방종에 대해 논의할 점. 이런 경우에 결코 인내를 처방하지 않은 자들에게 논의할 것. 교황주의자는 이혼에 대해 가장 엄격하지만, 모든 방종에 대해 가장 관대함. 결혼의 모든 불행 가운데 하나님은 책임이 없고, 잘못은 인간의 부당한 법에 돌려야 함.

그리고 비록 나쁜 이유들이 이런 구실로 방종을 받아들이지만, 만일 방종을 치료할 수 없다면, 그렇게 방종할 사람의 양심에 맡겨야 할 것입니다. 방종은 마음의 강퍅함이며 좋은 법의 오용이었고, 선한 사람들이 그것을 결코 유용하게라도 사용하지 말아야 한다기보다 **모세가** 그것을 기꺼이 감수했던 것입니다. 그리고 잃어버린 양 한 마리를 찾으려고 그 자신의 양 떼 아흔아홉 마리를 광야에 내버려 둔 자가, 그들에게 허용이 되든 말든, 더 나쁜 자유를 매일 취하려는 990명의 고집스러움에 대해 난 감해하지는 않을 것입니다.[374] 결론적으로 말하면, 하나님이 사랑 없이는 사람들에게 계명을 주지 않았던 것처럼, 사랑 없이는 사람들이 주어진 어떤 계명도 올바르게 믿을 수 없습니다. 진정한 믿음의 모든 행동은, 우리가 그 믿음에 의하여 법을 믿는 것처럼, 우리가 그 믿음에 의하여 법을 성취하려고 노력하는바, 우리 안에서 사랑에 의해 만들어지기 때문입니다. 사도 바울의 신성한 찬양인, 「고린도전서」 13장에 따르면, "사랑은 모든 것을 믿으며"라는데, 사랑이, 이제까지 통용되는 해설이 그렇듯이, 그토록 경솔하게 믿어버려서가 아니며,[375] 그렇게 보는 것은 사소한 찬양에 불과할 것

---

[374] 「마태복음」 13: 12~13, 「누가복음」 15: 4~6 참조.

[375] *Cf.* Calvin, In *Epistolam Priorem ad Corinthios* (*Opera*, VIII, 411): "사랑은 모든 것을 믿는다. ... 결국 그리스도인은 불친절한 의심으로 그의 형제를 괴롭히는 것

인바, 사랑은 우리 믿음의 높은 지도자이며, 우리는 성경에 쓰인 어떤 교훈도, 사랑이 우리에게 명하는 것이 아니면, 무사히 동의할 수 없음을 가르치기 위함입니다. 이것은 바로 그 사도가 「에베소서」 4장 14~15절에 제시한 교훈과 일치하며, 여기서 그가 우리에게 말해주는 것은, 사물의 확실하고 의심할 여지 없는 지식을 얻는 방법은 사랑과 가장 일치하는 진리에 대한 지식을 갖는 것이라고 합니다. 그의 실수 없는 안내와 지도를 이 문제에서 모든 열심과 성실을 다하여 하나의 지침으로 따랐으므로, 저는 믿거니와, 저에게 은혜를 베풀어 길을 비추시는 성령의 도움으로 제가 일상의 모든 일을 하지 않을 수 있었고,[376] 수많은 시대를 지나서, 큰 관심을 끄는 다른 성경 구절들과 더불어 그리스도의 말씀들을, 다양한 모순과 얽혀있는 부담스럽고 냉혹한 애매성으로부터, 그 말씀들 본래의 광채와 상호 일치에 이르도록 옹호했던 것입니다. 그리하여, 이제까지 하나님의 교회를 괴롭혀온 지루한 **고르디아스**의 난제(Gordian difficulties)을 해결했는데, **알렉산더**(Alexander)의 칼로서가 아니라[377] 사랑의 흠 없는 손길로, 기독교 국가에 말할 수 없는 유익이 되게끔 해결한 것입니다. 그리고 극단적인 직역주의자(literalist)[378]는 이제 이것이 필연적으로 우리 구세주의 말씀의 타당한 결과가 아닌지 곰곰이 생각해보길 바랍니다. 만약 그가 다른 의견을 고집하려 한다면, 복음을 꼭 움켜쥐려 하다가 그 대신 교회법을 움켜쥔

보다 그 자신의 친절과 편안한 기질에 의하여 사랑이 부여되는 것을 더 좋게 여길 것이다."

[376] 성령의 인도에 따라 이런 문제를 다루느라 사소한 일상사에 신경을 쓰지 않을 수 있었다는 뜻임.

[377] 고르디아스 매듭(Gordian knot): 프리기아(Phrygia) 국왕 고르디아스(Gordius)의 매듭을 알렉산더 대왕(Alexander the Great)이 칼로 끊어버렸음. "Cut the Gordian knot"은 비상수단으로 어려운 일을 해결한다는 뜻임.

[378] *NED*에 인용된 최초의 용례임.

것으로 발견되지 않도록 잘 생각해야 할 것입니다. 교회법의 완강한 교의가 결혼의 축복된 규례를 가장 부자연스럽고 비기독교적인 성격의 굴레가 되도록 강제하여, 육체에 그 굴레를 증오하고 외면하고, 종종 뜻하지 않게, 모든 방탕한 외설로 돌아서는 이런 편의를 제공하여, 믿을 수 없을 빈도의 욕정 교환과 방치된 간음 때문에 처벌 자체가 지치고 극복되는 지경에까지 이르게 됩니다. 그렇지만 관습을 신조로 삼은 사람들은, 분명히 여전히 그들 자신의 소심한 능력의 게으름을, 이 모든 사정에도 불구하고, 인내와 침묵으로 하나님이 내려주신 이런 괴로움을 견디는 것이 더 좋다는 구실로, 숨기려고 노력할 것입니다. 그리고 만일 이런 인내가 권유되지만 강요되지 않는다면, 저는 그것이 옳다고 동의합니다. 그래도, 사람의 부정이 제공한 것을 하나님이 보내신 탓으로 돌려서는 안 된다는 것이 확실히 지혜로울 것입니다. 최소한 가장된 인내의 색깔을 띠고, 우리는 많은 끔찍한 유혹의 포구에 우리 자신을 구금하게 되며, 퍼킨스(Perkins)가 잘 논평하듯이,[379] 이런 유혹들은 특별한 은사가 없이는 견뎌낼 수 없으며, 이런 은사는 하나님이 가장 진지하게 간구해도 일반적으로 주시지 않는다는 것입니다. 그러므로 우리는 "우리를 시험에 들게 하지 마옵시고"라고 기도하는데, 만일 우리가 우리 자신을 그리로 끌고 가서 그 위험한 상황에 머무르길 좋아한다면, 그것은 헛된 기도일 것입니다. 하나님은 해악뿐만 아니라 치료를 보내시는데, 합법적으로 자신을 사면할 수 있는데도 그 해악 아래 누워서 신음하는 자는 그 자신의 파멸에 공범자가 됩니다. 비록 그가

---

[379] 퍼킨스는 하나님의 은사를 두 가지 은사로 나누어, 일반 은사와 특별 은사로 구별했는데, 전자는 하나님의 말씀대로 구하면 누구에게나 주어지는 은사이며, 후자는 정절과 같은 은사로 특정인에게만 주어지며, 절실히 간구해도 어떤 사람들에게는 결코 허용되지 않는다는 것이다. Cf. *Christian Oeconomie*, chap. 3. (*Works*, 1609~1613, III, 672).

고통당할지라도, 오래된 의견의 안전한 거짓을 드러낼까 두려워서, 게으른 두려움을 통하여, 합법적인 것을 철저히 조사한다면, 그는 용서받지 못할 것입니다. 불감증을 없애려는 자에게 "당신의 시험을 견뎌라, 하나님이 당신에게 이런 정절의 삶을 살도록 하신 것처럼 받아들이라"고 경건하게 말할 수 있음은 아무도 의심하지 않습니다. 만일 이런 권고를 받는다면, 비록 정당한 이유 없는 말이더라도, 저는 그를 천사의 말처럼 들을 것입니다. 그러나 만일 권고가 아니라 강요라면, 저는 그를 사탄으로 알 것입니다. 간음한 여자로부터 이혼하는 자에게, 경건은 "그녀를 용서하라, 당신은 많은 자비를 보여줄 수 있다, 당신이 한 영혼을 구원할 수 있다"라고 말할 수 있습니다. 그러나 하나님과 인간의 모든 법은 그것을 그에게 자유롭게 맡깁니다. 하나님은 우리의 노력의 핵심을 너무 힘들고 슬픈 임무로 캐내길 좋아하지 않으십니다. 모두 선택적이고 자발적인 행위로 이루어진 덕성을 하나의 고역으로 만들기를 하나님은 좋아하지 않으십니다. 강제된 덕성은 과녁을 넘겨 쏜 화살과도 같아서,[380] 그것은 앞으로나 뒤로 가지 않고, 정지한 것처럼 효력이 없습니다.

그러므로 성경이나 이성이 이혼에 이 부당한 엄격성을 두지 않았음을 보면, 우리는 결혼을 하나의 성례로 여기는 교회법 학자들의 축자적인 노예근성 외에는 그밖에 다른 어떤 것도 그런 엄격성을 부과하지 않았음을 이해할 수 있습니다. 그런 술책에서 그들은 혼례를 육체적으로 준수하는 것을 좋게 보이게 하고자, 평화와 사랑이 이 혼례의 다른 모든 문제와 더불어 절대 괜찮지 않음에도, 모든 사람에게 불필요한 부담을 안겨주려 한다고 할 수 있습니다. 사실상 이혼을 가장 엄격히 금지하는 교황주의자들은

---

[380] Banks는 이 구절을 석궁이나 투석기로부터 발사된 굵은 화살을 언급하는 것으로 해석하지만(*Milton's Imagery*, p. 83), 그 비유는 억지로 혹은 쑤셔 넣어 작동이 불가능해진 자물쇠의 빗장이나 걸쇠에 더 잘 적용되는 듯하다.

가장 저속한 부정을 용인하는 가장 너그러운 자유사상가입니다. 마치 그들은 결혼을 견딜 수 없는 멍에로 만듦으로써, 결혼을 가장 파괴할 수 없는 것으로 보존한다는 구실 아래 가장 파괴하며, 그렇게 함으로써 그들의 신비가 그렇듯이[381] 사람들을 그들 자신의 고난을 만들어내는 날품팔이꾼으로 만들기를 즐기는 복안을 지닌 듯합니다. 마치 외부에서 오는 이런 고통이 부족하여 우리의 최고의 가정적 축복을 녹여서 십자가로 주조해 그 십자가로 인내와 거래하기를 원하는 듯합니다. 그러므로 만일 이 글을 우연히 읽게 되는 누군가가 운이 나빠서 여기서 불평하는 이 계약된 악에 잘못 걸려들어서, 그에게 고도의 짜증이 빈번히 발작하고 작용하고, 비참한 상태에 빠진 사람들이 말로서 자신을 달래려고 생각하는, 그 모든 사나운 단어가 그렇게 찾아오더라도, 하늘의 섭리에 대하여 그의 입을 열거나, 하나님의 방도와 신성한 진리를 비난하면, 안 될 것입니다. 그것들은 공평하고, 편하며, 부담스럽지 않기 때문입니다. 또한 그것들은 사람들의 옳고 이성적인 욕망을 거스르는 적이 없고, 조만간 드러나는, 줄일 수 없는 본성의 반감(antipathies)에 대해 명령하는 식으로 우리의 육체적 삶의 몫을 슬픔과 불만의 필연 속으로 휩쓸리게 하지 않으며, 인간의 실수가 우리의 가장 좋은 의도에도 불구하고 우리를 빠지게 한 그런 악을 치료하고 떨쳐버리며, 최고 사랑의 진정한 원칙에 따라 우리의 우연한 극한 상황을 견디게 허용할 것입니다. 그 사랑의 숭고한 소임은 하나님의 모든 규례를 인간에게 행하고 배치하는 것입니다. 사랑과 진리가 영원히 서로를 향상시킬 수 있도록, 말입니다. 반면에, 우리는 습관적으로 마음이 연약하여 글자에 구애되어 미신적이고, 우리의 자유로운 생각으로 본성과 종교의 전체 범

---

[381] 여기서 "신비"(mystery)는 은밀한 목적이나 정책을 의미한다. 아마도 "불법의 신비"(mystery of iniquity)라는 성경 구절에 대한 암시인 듯하다. 「데살로니가」 2:7 참조.

위 속으로 침투해 들어가지 않고, 우리 자신을 포기하고 점령된 의견의 폭정 아래 시중을 들고, 우리의 위안과 소생을 위해 할당된 규례가 우리를 짓밟게 하고, 하나님이 우리에게 결코 뜻하지 않은 수많은 슬픔 속으로 우리를 끌어넣는 것을 허용하고 있습니다. 그분이 우리를 보호하도록 진정한 자유와 신중으로 아름다운 길을 허용했는데도, 우리가 상론과 궤변을 그만두지 않고, 그 자유로운 길을 면도날처럼 제한하고 좁혀서 어느 쪽으로도 불필요한 해악의 절벽 사이에서 걷게 된 것입니다.[382] 그리고 모든 거짓된 경보에 놀라, 우리 귀에 **당황스런(panick)**[383] 망설임과 놀라움의 혼란스런 울림 때문에, 어느 길로 남자다운 확신과 그리스도인의 결단력을 가지고 발걸음을 내놓아야 할지 우리는 알지 못하는 것입니다.

---

[382] Banks는 여기 사용된 밀턴의 비유가 아마도 "대륙 여행길에 알프스산맥을 넘어가면서" 그에게 불쾌했을 수도 있는 인상이 작용했을 것이라고 제안한다. *Milton's Imagery*, p. 76.

[383] *NED*의 설명에 따르면 "Panic"의 어원은 이렇다. 산과 골짜기에서 밤에 들리는 소리는 판신(神, Pan)의 소행으로 여겨졌고, 따라서 그는 갑작스럽고 이유 없는 두려움의 근거라는 평을 받았다고 한다.

제21장

이혼의 문제는 다른 많은 죄가 그렇듯이 법에 의해서가 아니라 양심에 의하여 판정되어야 함. 관료는 이혼의 조건이 타당하고 공평한지 살필 뿐임. 기우스(Fagius)의 견해와 이런 주장의 이유들

교황제의 또 다른 침범행위는 이혼의 권한과 중재를 가장에게서 빼앗는 것이었는바, 하나님과 모든 국가의 법이 가장의 손에 맡겼고, 그리스도 역시 그렇게 하여 양심을 상대로만 가르치며, 남녀 사이의 설명할 수 없고 은밀한 불만 사유들에 대해서는, 이 같은 어떤 종류의 재판도 가장 부적절하게 책임질 수 있는 것으로서, 이를 법정이 왈가왈부하거나 파헤치도록 권한을 부여하지 않았습니다. 그러나 로마의 교황들은 그 법정이 자신들에게 제공하는 막대한 수입과 군주까지 능가하는 높은 권위를 인식하고, 남자의 삶에서 이혼 같은 이런 중대한 일을 재판하고 결정하고자, 하나님이 태초부터 남편에게 맡긴 그 권리를 박탈하기 위해 당시의 미신에 영향력을 행사했습니다. 그런 수단에 의하여 그들은 그 오래된 본래 가정 안의 권리를 외적인 부적절한 사법부에 종속시킨 것입니다.[384] 비록 간음의 처벌 외에도 지참금, 과부급여(jointures)[385] 등에 대한 이혼 때의 의견 충돌은, 필요하다면, 관료를 언급하지 않고 지나칠 수 없지만, 이혼에 대한 절대적, 결정적 방해는 양측이나 남편 혼자의 의지와 동의에 어긋나게 어떤 국가나 이 세상 권리에 예속될 수 없다는 몇 가지 이유를 여기서 제기하여, 그런 문제의 취급을 거절할 필요가 없게 할 것입니다. 그러나

---

[384] Cf. CPB, p. 112 (*Complete Prose*, I, 406). 밀턴은 사르피(Sarpi)에 의한 유사한 생각에 대한 그의 소감을 적어 놓았다.
[385] 남편 사망 후 아내의 소유가 되도록 정해진 토지와 재산을 말함.

저는 이런 견해를 선호한 다른 사람들에 의하여 이미 제공된 바가 있는 점을 먼저 거론하고자 합니다. 흐로티우스와 다른 많은 이들이 동의한바, 그리스도가 그 점에서 양심을 상대로 무슨 말을 했더라도, 그로 인해 시민의 평화, 공평 및 편리성의 보존에 반하는 어떤 것도 관료에게 요구하지 않았다는 것입니다.[386] 이들 가운데 **파기우스**(Fagius)가 가장 탁월한데, 그는 모세의 관료가 가졌던 것과 똑같은 이혼 선포의 자유를 기독교 관료에게 부여합니다. 그는 말하기를, "그리스도가 거듭난 자들에게 어떤 말을 했더라도, 판사는 저속한 사람들을 상대해야 하며, 따라서, 만일 누군가가 마음이 완악하여 견딜 만한 아내나 남편이 되지 않을 경우, 개인적인 권위가 아니라 공적인 권위에 의하여 이혼증서를 내주는 것이 예전처럼 지금도 합법적일 것이다. 그러면 인간이 그들을 갈라놓는 것이 아니라, 하나님이, 모세가 내놓은, 그분의 이혼법에 따라 그렇게 하는 것이다. 모든 외적인 사안을 지배하는 관료가 이미 정신이 분리된 몸들을 영속적인 불안과 적잖은 위험에서 떼어놓고 제거하고자 그렇게 하는 것을 아무것도 방해할 수 없다. 공화국에서 평화롭고 편리한 삶을 조달하는 것이 그의 임무이기 때문이며, 그토록 필요하여 갈라선 자들이 모두 독신생활을 받아들일 수 없음도 그만큼 확실하기 때문이다."[387]라고 했습니다. 그리고 우리의 성직자들이, 두 번째 선택의 자유가 없이[388] 잠자리와 식사를 따로 하는 것을 일반적으로 비난한다는 것을 저는 압니다.[389] 만일 그래서 잠자리와 식사

---

[386] Cf. Grotius, *Annotationes in Libros Evangeliorum* (Amsterdam, 1641), p. 98.

[387] *Thargum* (Strassburg, 1546), sig. Q4.

[388] 재혼의 자유가 없다는 뜻.

[389] "숙식의 분리"(Separation *a mensa et thoro*)는 간음의 경우에 로마 교회법 아래서 가능했지만, 개신교 저술가들 사이에서는 별로 지지를 받지 못했다. 이 저자들의 일반적인 입장은 이러했다: "이혼을 하고 나면, 잘못이 없는 쪽은, 정절의 은사를 받지 않았다면, 교회와 그리스도인 관리의 허가를 받아서 재혼하는 것이 합법적이

를 같이 하는 것이 어떤 경우에 가장 순수하게 필요하다면, 아주 목석인 자가 그걸 부정하듯이, 그만큼 역시 필요한 것입니다.

이 정도까지, 이혼이 법의 문제가 아니라 사랑의 문제라는 것을 우리에게 알려줄 만큼 이런 논의가 다른 자들에 의하여 잘 정돈되었습니다. 그러나 그 질문을 끝내기는 아직 많이 모자란다면, 다음과 같은 이유들이 너무 무식하거나 빗나가지 않는 이해를 제공하며 그 해답을 얻기에 유용할 것입니다. 첫째, 이혼을 추구하는 이유가 그것을 간섭할 법의 영역 안에 있지 않고 본성의 근본적인 순수한 애정에 깊게 자리 잡고 있기 때문입니다. 다른 관계들은 정중하고 유덕한 사람이 충분히 적절하게 결합시킬 수 있습니다. 그러나 남편과 아내의 의무는 가장 오래되고 전적으로 자연스런 그 사랑 안에서 주로 소통되는 것이며, 그 사랑의 두 가지 주요 규칙은, 유익하고 용인되고 우호적인 것에 합쳐지는 반면, 마음에 들지 않고, 불쾌하고, 같지 않은 것으로부터는 돌아서서 작별하는 것입니다. 이 두 가지 규칙 중에 후자가 가장 강하고 가장 주목할 만합니다. 비록 한 사람이 그가 사랑하는 것을 추구함에 있어서 종종 옳지 못할 수도 있지만, 그가 그의 끝없는 고통과 혐오로부터 물러섬에 있어서 결코 옳지 못하거나 비난받을 이유가 없는 것은, 그의 머무름이 어느 쪽에도 진정한 만족을 초대할 수 없기 때문입니다. 증오는 분리하는 모든 것 가운데 가장 강력한 자, 아니, 분리 자체입니다. 그러므로, 증오와 짝짓는 것은, 비록 결혼이 그녀의 모든 황금 같은 연결을 시도하고, 그녀를 돕도록 법의 모든 철제 수갑과 족쇄를 차용한다 해도, 그것은 모래 밧줄을 꼬려는 것일 뿐이며, 악마도 궁지에 빠지게 하는 것이었다고 합니다.[390] 시가 말하는 지옥의 게으른 마귀, 오크

다." Perkins, *Christian Oeconomie* (*Works*, 1609~1613, III, 690).

[390] Cf. Ben Jonson, *The Devil Is an Ass*, I, I, 118~119: "돌이켜 보시죠 / 다시 모래 밧줄을 만들도록." "모래 밧줄 꼬기"는 불가능한 것의 시도를 표현하는 속담이었

누스(Ocnus)는 그의 무익한 새끼줄을 꼬았지만 묶는 데는 결코 쓸모가 없고, 그의 팔꿈치 아래 서 있는 당나귀를 먹이는 그런 좋은 효과를 가져왔습니다. 그리고 이혼을 제한하는 법이 해체된 결혼에서 그와 같이 어떤 것을 진정으로 묶거나 묶인 대로 유지하지 못하고, 어리석은 교회법의 무지와 결정적인 부적절성을 키워줄 뿐이라는 것은 부당한 비유가 아닐 것입니다.[391] 그러므로 그를 위해 창조된 어떤 사람 안에서 정당하게 찾는 도움이 잘못되었다면 거기서 물러서서, 뜻하지 않게 어울리지 않는 도움에서 자신을 회복하는, 그런 이성적인 영혼 안에 있는 본성의 깊고 심각한 역행을 방해하고, 그리고 이처럼 예상되지 않은 비참한 신세에 강제적으로 그를 구금하는 것은, 본성과 제도 둘 다에 정반대로 작용하는 것입니다. 인간의 내적인 구제 불능의 성향 위에 【그의】 사법적인 권리를 개입시키는 것, 사랑과 **동정심**(Sympathy)을 명령하는 것, 본성의 죄책감 없는 본능에 반대하여 미움을 금지하는 것은 어떤 법이 도달할 영역 안에 있지 않습니다. 그런 금지는 정당한 권력이 아닌, 사실상 불편한 무례일 것입니다. 법이 본성과 치고받기를 할 수 있고, 본성의 움직임을 부인할 수 있다는 것은, 수사학자인 **칼리클레스**(Callicles)에게 있어서 하나의 실수였으며, **플라톤**의 『**고르기아스**』(*Gorgias*)에서 **소크라테스**는 높은 원칙에서 그를 논박합니다.[392] 그러므로 만일 이혼이 그토록 자연스럽고, 법과 본성이 상반되게 가지 않는다면, 이혼을 강제적으로 금하는 것은 본성뿐만 아니라 법에도 반대되는 것입니다.

다. *Cf.* Tilley, *Dictionary*, p. 575.

[391] 오크노스(나태)는 지옥에서 새끼줄을 계속 꼬도록 정죄되었고, 당나귀가 그것을 계속 먹어치운다는 프로페르티우스(Propertius)의 이야기이다. Propertius, *Elegies*, IV, iii, 21~22 참조.

[392] 『고르기아스』, 482~510 참조. 소크라테스는 정의는 사물의 본성에 내재하며, 궤변가 칼리클레스의 주장과 달리, 순전한 관습은 아니라고 주장합니다.

다음으로, 모든 법은 더 나쁜 불편이 섞이지 않고 빈번히 얻을 수 있는 어떤 유익을 위해서 존재한다는 것을 기억해야 합니다. 그러므로, 배은망덕 같은 수많은 저속한 잘못은 영혼 안에 너무 깊숙이 있어서 법의 제재에 의하여 치료될 수 없으며, 양심과 설득에 의하여 영향을 받게 되어 있습니다. 그것이 아리스토텔레스로 하여금 그의 『니코마코스 윤리학』(*Ethicks to Nicomachus*) 제10권에서 일종의 법의 분리를 개인적이거나 설득적인 것 그리고 공적이거나 강제적인 것으로 나누었습니다.[393] 그런고로, 이혼을 금지하는 법은 이 같은 금지의 어떤 유익한 목적을 결코 성취하지 못하고 도리어 악을 늘립니다. 사랑이나 미움에서 본성의 거부할 수 없는 영향력이 일단 강제되면, 그 영향력은 저절로 소홀해지고, 친구들에게 사악하고 무용하고, 공화국에 도움이 되지 않고 생기가 없어집니다. 그것을 모세가 예견했고, 지금까지 인간을 이해했던 모든 현명한 입법자는 그가 어떤 종류의 사람이었든 그러했습니다. 잉글랜드의 의회와 **성직자도** 그들이 **해리 8세**(Harry VIII)[394]가 결혼한 후 반년 동안 좋아할 수 없었던 **왕비 클레브의 앤**(Q. Anne of Cleve)을 버릴 수 있게 허용했을 때, 이를 모르지 않았을 것입니다.[395] 속담과 반대로, 그들이 그들 안에서 행하면 덕성이 될 수 있었을 것을 필연으로 만든 것이 아니라면,[396]

---

[393] 아리스토텔레스는 공적인 규제의 필요성을 인정하지만 개인적으로 주어지는 설득이 때로는 더 효과적일 수 있다고 주장한다. See *Ethics*, X, ix.

[394] Henry VIII을 말함. Harry는 Henry의 애칭임

[395] 헨리 8세와 그의 4번째 아내, 클레브의 앤(Anne of Cleves)의 결혼은 결혼식 후 대략 6개월 후에 성직자 회의(Convocation)에 의하여 취소되었고, 이틀 후 의회에 의하여 비준되었다. 심의는 형식적인 것이었지만, 왕은 결혼 이전과 이후의 "반감"(misliking)을 선포했고, 그 반감이 커서 신방에 들 의지도 힘도 뺏어갈 정도였다고 했으며, 마음에 없는 것을 교회법상 결혼생활의 장애로 설정하기에 충분하게 여겨졌던 것이다. *Cf.* Gilbert Burnet, *History of the Reformation of the Church of England* (ed. Nares, 4 vols., London, 1830), IV, 109~113.

그렇습니다. 남자의 창조된 자유와 존엄성조차도 이 문제에서 남자를 그 자신의 법이 되게 하는 것은, 그가 그를 위해 만들어진 다른 성의 머리이기 때문입니다.[397] 그러므로 다른 성에게 상처를 주어서는 안 되지만, 그가 그 자신의 몰락을 가져오도록 강제로 교제를 지속하거나, 그 점에서 그 자신 위에 있는 어떤 재판관의 말을 들어서도 안 될 것입니다. 그녀의 불쾌감과 다른 숨겨진 사안들을 공개된 법정에서 고용된 변론가들과 왈가왈부하며 악화시키는 것은 그 성의 격리되고 가려진 겸양에 대한 어울리지 않는 무례이기도 합니다. 이렇게 아름답지 못한 절박한 사정으로 헨리 8세 같은 존엄이 몰락하는 일이 닥쳤는데, 그의 양심 속에서 그의 형의 아내를 버릴 정당한 이유를 찾았고, 그의 두 추기경 판사들(cardinal Judges)[398]에게 기만을 당하고, 소년처럼 취급되는 많은 수모를 겪은 후, 그녀가 아서 왕자(Prince Arthur)를 육체적으로 알고 지냈다는 다른 증거가 부족하자, 드디어 그 고결한 숙녀의 벌거숭이 모습을 벗기고, 그의 형의 시종이 제시한 추잡한 증거를 공개적으로 밝힐 수밖에 없었던 것입니다. 그렇지만 이혼 문제에 행사한 이런 폭정을 들추어냄으로써 **로마**의 모든 폭정을 헨리가 보게 했고, 그의 가내(familiary)[399] 권력에 정당한 이

---

[396] "부득이한 일을 불평 없이 행하다"(to make a virtue of necessity)란 속담 표현과 반대로, 그들이 "덕행을 필수적인 일로 만들었다"(made a necessity of … a virtue)는 것이다.

[397] 「고린도전서」 11: 3 참조: "여자의 머리는 남자요." 또한, 『실낙원』, IV, 440~443 참조.

[398] 클레멘스 7세 교황(Pope Clement VII)을 대신하여 헨리 8세의 이혼 청원을 들었던 캄페지오(Campeggio)와 울지(Wolsey) 두 추기경을 말함. 헨리는 아라곤의 캐서린(Catherine of Aragon)과의 결혼 취소를 청원하여, 교황사절의 법정이 1529년 여름에 열렸다.

[399] "한 가족의 통제에 속하는, 가사상의"라는 의미이다. *NED*에 의하면, 이것이 이 단어가 사용된 유일한 용례이다.

혼의 권리를 처음으로 주장함으로써 이 왕국 전체에 하나의 개혁을 이끈 선구자로 만든 것은, 하나님을 기쁘게 했습니다. 간음한 여자가 어떤 공적인 절차에 따라 아무리 수치를 당해도 충분하지 않음은 사실입니다. 그러나 그녀의 명예가 무시당하는 여자는, 국가 기밀과 판별이 어려운 사건에서, 가장 가까운 친구들에게 과도하게 질문을 받지 않으려고, 말 못 할 사안들의 떠들썩한 논쟁을 견디기보다는, 조용히 면직된다면 달리 상스럽게 다루어지진 않을 것이므로, 상처를 덜 받게 됩니다. 이런 점이 당대의 가장 위대하고 훌륭한 로마인이었던 파울루스 아에밀리우스(Paulus Æmilius)가 가시적인 이유도 없이 그의 아내를 내보내고 싶었던 이유에 대한 질문을 받자, 이런 대답을 하게 한 것입니다. 그가 그의 발 위에 신발을 내밀며, "이 신발은 말끔한 새 신발이지만, 어느 부분이 나를 아프게 하는지를 여러분 가운데 아무도 모릅니다."라고 말했다는 것입니다.[400] 하물며, 친근하지 않은 고용된 도박꾼(gamester)[401]의 익숙지 않은 인식에 의하여 이 같은 개인적인 차이점이 검토될 수는 없으며, 그렇게 되어서도 안 됩니다.

【마지막으로, 모든 법은 더 나쁜 불편을 개입시키지 않고 흔히 얻을 수 있는 어떤 유익을 위한 것입니다. 그러나 이혼을 금하는 율법은 이같은 금지의 어떤 좋은 목적도 결코 성취하지 못하며 도리어 악을 늘립

---

[400] Plutarch, *Aemilius Paulus*, V, 1~2 참조. 이 말은 아에밀리우스(Aemilius) 자신의 말이 아니라, 그의 상황에 적용되도록 인용된 것이다. 플루타르코스가 부언한바, "많은 아내를 남편에게서 분리하는 것은 엄청난 악명 높은 잘못이다. 그러나 불쾌감이나 성격의 부조화 때문에 야기되는 사소하고 잦은 마찰들은, 다른 모든 사람은 눈치챌 수 없더라도, 같이 얽혀 살아가는 자들에게 불치의 고립감을 야기할 수도 있다." Tr. Perrin, VI, 365.
[401] "노름꾼"이라는 단어를 쓴 것은 개인의 결혼생활 사정을 도박하듯이 추측으로 판단하는 제삼자의 판단에 맡길 수 없다는 뜻으로 사용한 거 같다.

니다. 만일 그것이 결혼의 안착을 겨냥한 것이라면, 우리는 그것이 증오와 강제된 멍에 아래 번성할 수 없고, 매일 파괴된다는 것을 압니다. 만일 그 율법이 이혼의 죄를 예방하고자 한다면, 그 죄가 예방하는 법 가운데 있지 않습니다. 그 법이 없다면 이혼하고 재혼하기를 바라는 자는, 하나님이 보시기에 이미 그렇게 한 것입니다. 그것이 유대인에게나 이방인에게나, 그리스도의 어떤 법적 의도에 의해서도, 시민적 혹은 정치적 죄는 결코 아니었지만, 그저 **모세**의 허용치를 어겼다는 것으로 죄가 될 수 있으며, 그것은 어떤 법이 아니라 양심만이 증명할 수 있는 것입니다.】 또한, 만일 율법이 결혼 상의 신뢰를 확고하게 설정하고 보전하는 것을 겨냥한다면, 그 율법은 폭력적인 수단 아래서 번성할 수 없으며 더욱 파괴될 것임을 우리는 압니다. 불행하게 만난 두 사람이 교회법에 의하여 죽음이 그들을 풀어놓을 때까지 무자비한 슬픔의 일과를 그 굴레 안에 끌어들여야만 할 때, 법은 결혼을 가장 파괴되지 않고 깨어지지 않게 지키는 것이 아닙니다. 그 속에서 의식적으로 요구되고 주장될 수 있는 교제가 종교적이든, 시민적이든, 육체적이든 간에, 결혼이 그 교제를 이행할 이유와 책임을 지도록 하고, 아니면, 만일 그것이 견딜 수 없다면, 해체되도록 법이 질서를 잡을 때, 그럴 수 있습니다. 이것이 결혼을 가장 해체되지 않도록 할 것인바, 그 계약을 제정한, 적절하게 조력하는 정당하고 공정한 거래자이자, 그 계약의 수행자로 만듦으로써 그러합니다. 그렇지 않으면, 가장 부당한 계약이 되고, 법의 보호 아래 유지될 수 없는바, 마치 수행될 수 있는 가장 사악한 사기나 속임수나 도둑질이 법의 보호를 받지 못하는 것과 같습니다. 그러나 이것이 법에 따라 분간될 수 없고 고소인 자신만이 분간할 수 있는 은밀한 종류의 사기나 도둑질이기 때문에, 이혼은 **유대인**에게나 **이방인**에게나 정치적이거나 공민적인 범죄로 결코 여겨지지 않았으며, 그리스도의 어떤 법적 의도에 의해서도 그렇지 않았으며, 모세의 허용치를 어긴 것으로 파악될 수 있는 것 이상은 아니었습니다. **모세의 허용치**는 필연적으로 너무 관대하여, 법에서 결정할 수 없고 거칠게 다룸으로써 제어할 수도 없는 그 문제를 돌려보내서, 탄원하고 비난함으로써 정신적인 임무를 다하는 자들이 그 문제에 부여하고, 그리하여 양심에 맡겨지는, 교훈과 충고를 갖게 하는 것이었습니다. 법은 단지 이혼의 정당하고 공평한 조건만 지정할 수 있으며, 그것이 이혼당한 자에게 어떻게 상처가 되는지를 보살피는 것인데, 사실상 그렇게 하는 것은 단순한 분리일 뿐이며 아무것도 아닙니다. 만일 그녀가 이혼에 동의하면, 어떤 점에서 법이 그녀를 보상할 것인지, 혹은, 이혼에 동의하지 않으면, 이혼이 정당하거나 그럴 만한 것인지, 혹은 만일 이혼이 부당하다면, 이혼한 자는 십중팔구 그러했던바, 불의한 남자와 헤어지는 것은 하나의 행복이 되며, 탄식할 상처가 아닙니다. 그러나 그것이 상처라고 가정한다면, 율법은 그 상처를 고칠 수 없습니다. 그녀가 추방되었거나 단지 떠나 달라고 부탁받았던 곳으로 되돌아가거나, 아니면 결혼생활은 없이 여전히 결혼한 상태로 떨어져서 생과부로 살자고 하는, 이런 하나의 비참한 수정을 능가하는 방안을 생각하지 않는 한, 말입니다. 마지막으로, 만일 이혼법이 이혼하는 자를 정화하는 것이라면, 도덕적이지 않은 자연적인 행위, 즉 상처가 된다고 확실히 밝혀질 수 없는 행위를 무슨 법이 처벌한다는 것인지요. 혹은 이혼을 금지한다 해서, 죄 없는 자가 그 수치와 고통 모두에 똑같이 동참하지 않는 한, 어떻게 그것이 처벌될 수 있다는 것입니까? 그리하여 【우리가 알기로는】 우리가 어떤 방식으로 보더라도, 율법은 이성적인(rational) 목적으로 이혼을 금지할 수 없으며, 다만 이혼의 조건이 상처를 주지 않도록 보살필 뿐입니다. 이리하여, 우리는 법의 재판이 이혼 문제에 얼마나 무관한지, 또한 얼마나 도움되지 않는지, 그 다음으로 얼마나 상처를 주는지를 알게 됩니다.

제22장

이혼이 법에 의하여 강제되어서는 안 되는 마지막 이유는 자연법과 국가법에 어긋나기 때문임. 그것에 대한 더 많은 증거는 셀던 선생(Mr.Selden)의 책, 『자연법과 만민법』(De Jure Naturali et Gentium)을 참고할 것. 파레우스(Parœus)의 반대에 대한 답변. 그것이 교회에게서 어떻게 명령받아야 하는지. 이것은 어떤 더 나쁜 불편도 야기하지 않을 것이며, 현재 고통받는 것만큼 나쁘지도 않음.

그러므로, 이혼이 법에 의해 강제되지 말아야 하는 마지막 이유는, 인간 지식의 가장 밝은 빛에 의하여 인도되는 가장 훌륭하고 현명한 공화국들에서만이 아니라 거룩한 백성에게 친히 주신 하나님 자신의 신성한 증언에서도 우리가 볼 수 있습니다. 이 모든 것이 사실임을 가장 적은 수고로 충분히 알고자 하되, 다른 사람들이 이미 분별력 있게 모은 것을 장황하게 열거하기를 바라지 않는 자라면, 우리의 박식한 **셀던**(Selden)이 쓴 훌륭한 책, 『자연법과 만민법』(*Of the law of nature & of Nations*)과 서둘러 친해지면 좋을 것입니다.[402] 이 책은 지혜와 공평과 정의의 위인이 되고자 공부하는 사람이면 누구라도 읽을 가치가 있는바, 불행한 어머니가 악명 높게 세 번이나 죄를 짓고, 그녀가 잘못 태어난 두 유아, 즉 영원한 유아인 **롬바르드**(Lombard)와 **그라티아누스**(Gratian),[403]

---

[402] 존 셀던(John Selden, 1584~1654)은 법률가, 법 유물 연구가 겸 동양학 학자였으며, 장기의회와 웨스트민스터 성직자 회의의 일원이었다. 그의 『자연법과 국민 교육』(*De Jure Naturali et Gentium, Juxta Disciplinam Ebraeorum*, 1640)은 이혼의 주제를 다루기도 한다(X, vii). 밀턴은 *CPB* (p. 110)에서 이 책을 언급하고 있고, 『아레오파기티카』에서 이 책을 인용하고 칭송하기도 한다.

[403] 전설에 의하면, 12세기의 이탈리아 성직자였던, 요한네스 그라티안(Johannes Gratian)과 페트루스 롬바르두스(Peter Lombard or Petrus Lombardus)는 페트루스 코메스토르(Peter Comestor or Petrus Comestor)의 형제였다고 한다. "중세 학자들은 이런 식으로, 가공적인 친족관계를 내세워 교회법, 신학, 성서학의 아버지들로 보였던 동시대의 세 위대한 학자들을 연결지었다.

후자는 교회법 부정(Canon iniquity)의 편찬자이고,[404] 전자는 학문적 궤변의 두발가인(Tubalcain)[405]인데, 이들을 세상에 출생하게 한 것을 참회하지 못하고 죽은 이래로, 주교의 서기들(Pontifical Clerks)이 맹목적으로 좋아했던 그 모든 교령과 개요 없는 개요(decretals, and sumles sums)[406]보다 탐독하기에 더 유용하고 더 그럴 가치가 있는 저서입니다. 그 둘의 만연한 야만성이 그들 자신의 서출(庶出)을 인간 학문의 가장 결실이 큰 부분에 주입하고, 우리의 내적 본성의 명료한 빛을 약하게 만들고 거부했을 뿐만 아니라, 신성한 교리의 원천을 오염시키고, 하나님의 순수하고 견고한 법을 그들의 중상모략적인 바보짓에 의하여 우리에게 무익하게 만들었습니다. 그렇지만, 그들의 무능함이 모든 불명예에 빠지기 쉽게 만든 이 율법, 이것의 순수성과 지혜가 우리의 논쟁의 방패가 될 것입니다. 이혼의 자유를 우리는 이 율법에서가 아니라면, 요구하지도 생각하지도 않습니다. 율법의 품위, 믿음, 권위가 이제 그리스도인들 사이에서 자라났으니, 오 놀랍습니다! 옹호하기가 상당히 어렵고 오명이 따르는 고역입니다. 율법이 머뭇거리는 관면(寬免), 죄의 아첨 어린 허가, 간음 법안, 하나의 덫으로 여겨져서는 안 된다는 것이 이 모든 변명의 대가(代價)입니다. 우리가 오직 간구하는 바는, 하나님이 그분의 신성한 법의 창공 가운데 빛나도록 세운 곳에서 그 율법이 머물러 있으며, 여태 그랬듯이, 인간의 약점과 실수가 그들의 정직한 목적의 충실성 안에서 멸망하는 가운데, 그 위에서 하나님

---

[404] 요하네스 그라시아누스(Johannes Gratianus, ?~1160년경)는 이탈리아의 가말돌리회 수도사로서, 1140년경에 『교령집』(Decretum)을 편찬했다. 이 책의 정식 명칭은 『모순교회법령 조화집』(Concordia discordantium canonum)이다.
[405] 「창세기」 4: 22에 따르면, 두발가인(Tubal-Cain)은 "구리와 쇠로 여러 가지 기구를 만드는 자"로서 동철 기구 장인(匠人)의 조상이다. 여기서, 밀턴은 롬바르드를 두발가인에 비유하고 있음.
[406] 수많은 총서와 개요서.

의 법이 빛나는 것을 우리가 견뎌내는 것입니다. 확실히, 하나님 자신이 주신 보장된 자유가 위험하게 되었고, 방종의 두루마리를 위해 버려진 지금, 우리 사이에 남겨진 매춘이나 간음의 기억은 없습니다.

오! 영국인들이여, 하나님과 **모세**의 계명이 논파되어, 수치스럽게 폐기되는 비난에서 탈출하여 깨끗하게 벗어나게 여러분의 참정권과 투표를 사용해야 합니다. 만일 저쪽에 태양이 확실히 솟아오르고 내일 우리와의 언약을 파기하지 않는다면, 그 계명은 역시 우리 구세주에 의하여 절대 폐기되지 않습니다. 만일 여러분이 원하신다면, 경박한 교회법이 **모세**와 우리 구세주의 절대 무류(無謬)의 판단을 뒤집을 수 있는지에 대한 판단을 내려주십시오. 아니면 만일 개혁교회 저자들의 주장이 차라리 이런 판단을 유도하는 것이라면, 제가 감히 단언하거니와, 만일 이런 이유만이 아니라면, 그들의 이유들은 완전히 묵살됩니다. **파레우스**는 고린도인들(Corinthians)을 대상으로, 마음의 완고함은 이제 더이상 이혼하는 이유로 허용되지 않지만, 그 대신 그 완고함을 벌금과 감금으로 벌해야 한다고 입증하려 할 것입니다.[407] 저는 훌륭한 사람들이 잊어버린 것을 파헤칠 생각은 없지만, 여기서는 그래야겠습니다. 복음 아래에 어떤 약점에 근거하여 사법(judicial Law)을 격분시키려고 파레우스가 전체 신약의 어느 조항이나 구절을 내세울 수 있을까요? (저는 약점이라 부릅니다. 만일 그 약점이 죄의 높은 작용이라면, 율법이 그 약점을 복음이 참는 것만큼

---

[407] 「고린도전서」 7: 10~11에 대한 파레우스의 논평은 이렇다(tr. from *Operum Theologicorum*, II, 488): "유대인의 완고함을 지니거나 모방하는 자들은 자신들이 그리스도의 정신에 이방인임을 드러낸다. … 교회는 이런 자가 신자들과 함께하지 못하게 배제함으로써, 그리스도인 관료는 그를 감금하거나 벌금을 물림으로써, 그를 바로잡아야 한다. 이는, "만일 그가 교회의 가르침을 듣기를 소홀히 하면, 이방인으로 받아들이라"는 주님(the Lord)의 가르침과, "이 악한 자를 너희 가운데서 쫓아내라"는 사도 바울의 가르침에 따른 것이다."

이나 참지 않았을 것입니다.) 사법은 유산의 분리로까지 확장되지 않을 것입니다.[408] 사법이 간음을 정죄하지 않은 것은,[409] 이것이 법에서 행해서는 안 되기 때문이 아니라, 복음서가 법정에 조금도 영향을 끼치지 않는다는 것을 보여주기 위함이고, 그것을 더 예리하고 더 무겁게 하고자 함은 더욱 아니며, 무엇보다도, 율법이 소환 없이 사면한 것을 세속적인 판사 앞에서 심문하게 하려는 것은 아닙니다. 그러나 그는 말하기를, "율법은 격렬한 애정 아래 있던 젊은 시절이었고, 우리 안의 복음은 성년기이며, 애정을 억제해야 한다."라고 했습니다.[410] 맞습니다. 만일 그 애정이 과도하고 그저 본성적일 뿐 결백하지 않은 것이 드러나면, 율법 역시 그러해야 합니다.

다음으로, 제가 구별하는 것은, 율법의 시대는 의례적 부분과 관련하여 청년 시절과 수습 기간에 비유되고, 그것은 유대인을 어린아이로서 육체적이고 화려한 기초를 통과하게 이끌었고, 시간이 차서 믿음과 구원의 더 높은 교훈을 그들에게 계시해야 하는 때가 된다는 것입니다. 이것은 도덕적인 부분에 대하여 말한 것이 아닙니다. 거기엔 그들이 아기가 아니라 진지하게 어른이 되라는 엄숙한 관심이 있습니다. 그 율법의 슬프고 두려운 위엄은 장난의 대상이 아닙니다. 수염이 난 미성년자를 음탕한 성향을 지닌 채로 왕좌 앞에 데려가는 것은, 그것이 지금 큰 실수이듯이, 추잡한 무례가 될 것입니다. 그러나 파레우스여, 멋대로 하게 하는 음탕한 방종에 의하여 청춘의 격렬한 애정을 조성하고, 유치한 훈육의 회초리

---

[408] 「누가복음」 12: 13~14. "무리 중에 한 사람이 이르되 선생님 내 형을 명하여 유산을 나와 나누게 하소서 하니. 이르시되 이 사람아 누가 나를 너희의 재판장이나 물건 나누는 자로 세웠느냐 하시고."

[409] 「요한복음」 8: 3~11 참조.

[410] *Operum Theologicorum*, II, 488.

로 성년기에 그들을 응징하는 것이 무슨 훈육이란 말입니까? 엄격한 스승으로서의 율법은 모든 죄를 젊음에 해로운 관용 없이 처벌해야 했지만, 복음은 율법의 유년기와 속박 속에 회초리로 처벌되던 것을 이제 자유롭고 성숙한 시기에는 훈계와 질책만으로 교정해야 한다는 것이, 성경과 얼마나 훨씬 더 일치되는가요?[411] 그러므로, 복음이 그들에게 그렇게 관대하게 허용한 것을 이제, 특히 형사 법정에서, 매로서 처벌할 일은 더욱 더 아닙니다. 그리고 만일 죄가 지금 양심을 괴롭혀야 한다면, 왜 그 화난 고소인 겸 선고자인 율법이 형의 집행을 연기했겠습니까? 그래서, **모세**나 그리스도에게서 관료가 율법에 어긋나게 처리할 어떤 권위도 부여받지 못한 것입니다. 그러나 뭡니까? 그러면, 그 권한의 처분이 한 가족의 가장에게 다시 돌아갈까요? 왜 그렇지 않겠습니까? 하나님이 가장에게 부여했고, 건방진 교회법이 가장에게서 빼앗았기 때문입니다.[412] 이것만은 제공되어야 합니다. 종교전통은 성직자와 다른 엄숙한 선출된 장로들의 면전에서 준수되어야 하고, 그들이 그를 훈계하고 우리 구세주의 말씀을 그에게 강조하고, 그가 영원한 복음의 믿음 안에서 그리고 그가 가진 행복한 부활의 희망 속에서, 그렇지 않고는 할 수 없는 항의를 하고, 그리고 그 문제는 악의의 문제가 아니라 본성의 문제이고, 그래서 화해할 수

---

[411] 「갈라디아서」 3: 24~25 참조.

[412] *Cf.* Perkins, *Christian Oeconomie* (*Works,* 1609~1613, III, 698): "가족에게 유익한 사람, 혹은 가장은 전 가족에 대한 사적인 고유 지배권이 있는 사람이며, 다른 국가들에서 일어나듯이, 선거로 그런 권한이 생기는 게 아니라, 하나님의 계명과 자연의 순리로 되는 것이다. 남편은 아내에 대하여 사실상 자연적으로 지배를 하며, 부모는 자녀를 지배하고, 주인은 하인을 지배한다. 그러나 하나님의 섭리에 의하여, 그의 가정에서 남편, 아버지, 주인의 지위를 얻은 사람은, 바로 그 사람은 역시 자연의 빛에 의하여 그 안에서 지배권과 존엄성을 지니며, 그는 가족의 아버지 (Paterfamilias), 즉 가족의 아버지요, 가장이다. 그러므로 그에게 모든 가정 내의 문제들에 대한 진정한 권리와 지배권이 있다."

있는 것이 아니므로, 그의 이런 경우는 그리스도가 선포한 이혼의 금지에 포함된 것이 아니라고 스스로 생각하고 나면, 그를 더이상 강제하는 것은 그를 그리스도인이 아니게 하는 것이며, 그를 인간답지 못하게 하는 것이고, 시내(Sinai)산을 더구나 전체 율법의 무게로 그에게 던지는 것이며, 복음의 자유와 본질에 반하여 김빠지게 하는 것이며, 더욱더 결혼의 신성에도, 남편이나 아내나 아이의 유익에도 아무런 도움이 되지 않고, 교회나 공화국에 아무런 유익도 없으며, 이 모든 점에서 상처가 되고 해로운 것입니다. 그러나, 이것이 혼란을 야기할 것입니다. 그럼에도, 신중하고 의심이 많은 이들은, 그들이 이렇게 반대하는 것이 이 책자를 상대로 한 것이 아니라, 내가 그들에게 맞서 끌어들인 책, 이어질 수 있는 최악의 혼란을 예측하고 여전히 이런 허용이 적합하다고 생각한 모든 지혜와 섭리를 담은, 하나님과 **모세**의 책을 상대로 하는 것임을 숙고할 수 있을 것입니다. 그러나 그들이 기운을 내기를 바랍니다. 그 책[413]은 **유대인들** 사이에서 무질서를 별로 조성하지 않아서, **모세**로부터 바빌론 포로 이후까지 선지자 중 어느 한 사람도 그것을 비난할 가치가 있다고 생각하지 않았던 것입니다. 「말라기」(*Malachy*)의 기록을 잘 들여다보면, 이혼에 반대하는 것이 아니라, 도리어 이방인 첩을 두며 그들의 **히브리** 아내들의 속을 썩인 것을 반대한 것으로 보일 것입니다.[414] 그러므로, 우리 그리스도인들이 유대인들만큼 선하고 유순하다고 여겨진다면, 그리고 분명히 이혼금지주의자들이 우리를 더 낫다고 간주한다면, 유대인들보다 우리 사이에서 두려워할 혼란이 더 적을 것입니다. 만일 우리가 그들보다 더 나쁘거나 그만큼 나쁘다면, 통탄스런 예들이 우리가 그러함을 확증하는

---

[413] 하나님과 모세의 책, 즉 구약성서를 가리킴.
[414] 「말라기」 2: 14~16.

바, 우리가 그들보다 더욱더, 혹은 적어도 그만큼, 이 허용된 법이 필요한 것이며, 하나님이 그리하여 (그들이 말하듯이) 더 엄정한 계명 아래 【분명하게】 그것을 제공했을 것입니다. 그러므로, 절대 위에서 주신 것이 아니고, 불가능하고 헛된 필요 이상의 행동을 의무로 강요하는, 엄격성의 거짓된 상상 아래 신음하게끔 불필요한 문제를, 인간의 연약함이 자신에게 이렇게 계속 만들어내면 안 됩니다. "지나치게 의로운 자가 되지도 말라", "어찌하여 네가 너 자신을 멸하려 하느냐"라는 「전도서」의 충고가 있습니다.[415] 우리가 먼지 알갱이(atoms)에 성가실 정도로[416] 이렇게 지나치게 주의하지 말고, 허용된 자유의 모든 구멍과 틈을 막으려고 하지 맙시다. 하나님이 연약한 우리에게 금하지 않은 그런 필요한 기공(氣孔)과 호흡하는 곳을 원하는 본성이 갑자기 공개적인 악덕과 광적인 이교신앙의 어떤 광범한 파열로 분출되거나, 아니면 공인되지 않은 법의 비이성적이고 쓸모없는 엄격한 집행 아래서 불만스러운 불경한 생각으로 내적인 괴로움에 빠지지 않도록 말입니다. 그 같은 악에 맞서 적시에 생각하고 대비하는 것보다 교회의 신앙과 국가의 지혜에 더 합당한 것은 없습니다. 그리고 그렇게 함에 있어서, 그들이 의심 없이 하나님과 그분의 위대한 입법자의 영예를 옹호하여, 잘못 알려진 것을 다시 합당하게 밝혀야 할 것입니다. 그분이 그분께 가장 잘 알려진 인간 본성의 조건에 따라, 수많은 시대를 통해 인정된 간음을 법적으로 없애버린다는 용납될 수 없는 오명을 쓰지 않고, 그분 자신의 법을 제공하도록 묵묵히 지켜봄으로

---

[415] 「전도서」 7: 16 참조.

[416] *NED*에 따르면, 대중적으로 "atoms"는 티끌이나 먼지 미립자를 의미했다. 이 표현을 연상케 하는 성경의 구절은, 「마태복음」 23: 24에 나오는데, 킹 제임스 흠정역 성경에는, "모기에는 긴장하고"(strain out a gnat)로 되어 있고, 킹 제임스 흠정역에는 "하루살이는 걸러내고"(strain at a gnat)로 되어 있다. 즉 사소한 것에 신경이 쓰인다는 의미이다.

서 말입니다. 그들은 그리스도의 잘못 다루어진 말씀을 다양한 모순에서 그 진정한 의미로 회복시키고, 그 말씀을 사랑의 열쇠로써 열 것입니다. 그들은, 많은 무력한 그리스도인들을, 하나님과 사람에게 봉사하기에 아주 부적절한, 그 깊은 슬픔과 절망에서 일으켜 세울 것입니다. 그들이 많은 이를 무명의 어지러운 교파들로부터 개심시킬 것이며, 많은 이를 방탕하고 야만적인 방종에서 되찾고, 많은 이를 절실한 어려움에서 구할 것입니다. 그런 구원이 정당하게 인정된다면 말입니다. 그들이 **사탄**(Satan)이 18년 동안 묶어놓았던[417] 여인 같은 처량한 곤경에 아주 빠져 있는 **이스라엘**의 많은 딸을 자유롭게 할 것입니다. 그들은 남자를, 육체적 격정의 문란한 배설보다 영혼의 자유로운 평화를 선호하게 하고, 그에게 정당한 위엄과 본성상의 특권을 되찾아줄 것입니다. 결혼을 위태로운 모험과 덫에서 행복한 교제를 하는 더 확실한 안식처와 은둔처로 바꿀 것입니다. 그때, 그들은 하나님과 **모세**에 의하여 판단할 것이며, 그러면 어떻게 그리스도에도 따르지 않겠습니까? 그때, 그들은 그 계약을 법의 강제로 그럴듯하게 유지하고 순진한 본성에 강제하여 실제로는 깨뜨리는 것보다, 겉보기에는 깨뜨리고 실제로는 유지하는 것이 더 많은 지혜와 선이라고 판단할 것입니다. 적어도 만일 그 계약이 실제로 체결되었다면 말입니다. 그들은 훈계의 활력이 그 시대의 외설적인 방종 때문이라고 더 성공적으로 주장할 수 있을 것이며, 사람들은 이전 시대들의 약점을 자기 안에서 발견하여, 그들 안에 있는 하나님의 은사 이상으로, 무익하고 불가능한 관례에 맞추려고 긴장하지 않을 것입니다. 이런 관례는 여태 그들보다 탁월한 도덕적 덕성을 지녔던 가장 문명화되고, 가장 현명하고, 가장 거룩한 국가들도 결코 요구하지 않았던 것이기 때문입니다.

---

[417] 「누가복음」 13: 16 참조.

마지막으로, 그 순전한 어감이 때로는 인간성과 양립할 수 없고, 더욱이나 사랑과 양립하지 못하는, 본문상의 제한들[418]을 마음속에 여전히 유지하려는 자들에게, 그들이 잊어버린 것 같은 모든 명령 위에 있는 하나의 명령을 기억하게 하고, 누가 그것을 말했는지를 기억하게 함으로써 저는 항상 대답하고자 합니다. 그 명령과 비교하면, 그들이 그렇게 칭송하는 이것은 사소하고 종속적인 훈계일 뿐입니다. 그러므로, 제가 그들과 짝하기를 싫어하는바, "그들을 가게 하라", 그러나 그들은 바리새인들과 똑같이 눈먼 지경에 빠질 것입니다. "그러므로 그들을 가게 하라", 그리고 "내가 긍휼을 원하고 희생물을 원치 아니하노라"[419] 하신 이 교훈이 무슨 의미인지를 생각해 보십시오. 그 말씀에 모든 율법과 선지자가 의존하며,[420] 자비와 평화가 그 목적이자 탁월성인 복음서는 더욱더 그러하기 때문입니다. 아니, 만일 그들이 그것을 배우지 못한다면, 그들이 이를 어떻게 들을까요. 여전히 이것이 그들에게 하나의 결론으로 남으리라는 걸 저는 의심치 않는바, 성자 하나님(God the Son)이 다른 모든 것을 그분의 발아래 두셨으나, 그분의 명령들은 전부 사랑의 발아래 두셨다는 것입니다.

끝

---

[418] 간음 외에는 이혼하지 말라는 본문에 대한 해석상의 제한을 가리킴.

[419] 「마태복음」 9: 13: "오직 너희는 가서, 내가 긍휼을 원하고 희생물을 원치 아니하노라, 하신 말씀이 무슨 뜻인지 배우라." 이 말씀은 「호세아」 6: 6 ("나는 긍휼을 원하고 희생물을 원치 아니하며 번제 헌물보다 하나님 아는 것을 더 원했으냐")을 언급하며, 그리스도가 바리새인들에게 한 말씀이다.

[420] 「마태복음」 22: 40: "이 두 계명이 온 율법과 선지자의 강령이니라." 여기서 두 계명이란, 이 구절 바로 전에 나오는 말씀이다: "예수께서 이르시되 네 마음을 다하고 목숨을 다하고 뜻을 다하여 주 너의 하나님을 사랑하라 하셨으니 이것이 크고 첫째 되는 계명이요 둘째도 그와 같으니 네 이웃을 너 자신 같이 사랑하라 하셨으니"(37~39).

역자 해제

존 밀턴(John Milton, 1608~1674)은 영문학사상 르네상스 휴머니즘(humanism)을 마지막으로 장식한 시인이자 산문작가이다.[1] 오늘날에는 중세 시대를 신본주의 시대, 르네상스 시대를 인본주의 시대라고 부르곤 하며, 현대의 인본주의 운동은 세속주의와 맥을 같이 하는 비종교적 운동으로 인식하기도 한다. 그러나 문예적인 휴머니즘을 추구한 셰익스피어와 달리, 밀턴은 크리스천 휴머니즘(Christian humanism)과 정치적 휴머니즘까지 추구하였다. 밀턴은 하나님(God)[2]의 섭리를 인정하는 기독교적 가치관을 따르면서도, 동시에 인간의 자유의지를 강조하는 크리스천 휴머니스트였다고 할 수 있다. 이 점이 밀턴으로 하여금 문예적인 휴머니즘에 머무르지 않고, 정치적 휴머니스트로서 영국혁명의 선봉에서 산문 논쟁에 뛰어들게 한 원동력이 되었던 것이다.

밀턴의 크리스천 휴머니즘은 종교개혁(Reformation)과 영국혁명(the

---

[1] 제임스 핸포드(James Holly Hanford)는 밀턴이 대표적인 르네상스 인물이자 기독교 인본주의 사상가였다고 주장하며, 그의 주요한 세 작품 가운데, "전체 르네상스 정신(the total Renaissance)의 총화가 보인다."라고 주장한바 있다. *Cf.* "Milton and the Return to Humanism," *Milton Criticism: Selections from Four Centuries*, ed. James Thorpe (London: Routledge & Kegan Paul, 1965), 168.

[2] 대문자로 시작하는 고유명사인 'God'을 우리말로 '신'이라고 번역하는 것은 잘못된 번역이다. 영어의 'God'은 어떤 불특정한 신을 부르는 호칭이 아니기 때문이다. 물론, 가톨릭에서 '천주님' 혹은 '하느님'이라고 부르거나 개신교에서 '하나님'이라고 부르는 것은 동일한 'God'을 가리키며, 우리말로 번역할 경우, '하느님'과 '하나님'은 다 맞는 번역이다. 그러나 밀턴의 산문에서 사용되는 'God'은, 그가 프로테스탄트 개신교였다는 점을 감안하여, 개신교의 표현을 따라 '하나님'이라고 번역하는 것이 맞다.

English Revolution)의 거대한 역사적 흐름을 타고 종교적, 정치적 자유를 추구하는 혁명적인 에너지로 분출되었다. 영국혁명은 종교개혁과 맞물려서 종교적 성격을 띠게 되었고, 그 때문에 청교도혁명(the Puritan Revolution)으로 불리기도 한다. 이러한 혁명의 중심에서 공화주의 사상의 비공식적 대변자 역할을 한 밀턴에게, 논쟁적 산문은 그의 크리스천 휴머니즘을 실천하는 현실적인 방안이었을 것이다. 밀턴의 산문 작품들은 영국혁명이라는 토양에서 나온 결실인 동시에, 반대로 영국혁명의 사상적 자양분이 되었다고 할 수 있다. 밀턴의 문학을 역사적 맥락에서 접근하여 밀턴 문학의 새로운 지평을 연, 저명한 역사학자인 크리스토퍼 힐(Christopher Hill)에 의하면, 영국 최고의 혁명가이자 시인이었던 밀턴의 시를 이해하려면 그의 사상적 배경을 이해해야 하는데, 이를 위해서는 역사적 배경에 대한 충분한 이해가 전제되어야 한다는 것이다.[3] 밀턴의 시를 영국혁명의 결실로 조명한 이 같은 관점은 밀턴의 문학과 정치의 상관성을 이해하는 데 당연한 전제라고 생각된다. 그런데 밀턴의 사상을 이해하려면 그의 시보다 산문을 이해하는 것이 더 중요하다. 밀턴의 논쟁적 산문 작품들은 그의 문학은 물론 영국혁명 자체를 이해하는 데도 소중하고 역사적인 자료이기 때문이다.

밀턴의 시문학, 특히 후기의 『실낙원』(*Paradise Lost*)과 『복낙원』(*Paradise Regained*)[4] 등의 서사시 작품은 종교적 주제가 전면에 부각되는 반면 정치적 메시지는 수면 아래에 가라앉아 있다. 피상적으로는 이

---

[3] Christopher Hill, *Milton and the English Revolution* (New York: Viking Press, 1977), 4.
[4] 『복낙원』은 '간결한 서사시'라고 불리기도 한다. *Cf.* Barbara Kiefer Lewalski, *Milton's Brief Epic: the Genre, Meaning, and Art of* Paradise Regained (Providence: Brown UP; London: Methuen, 1966).

시들이 현세의 인간 역사보다 초월적인 신의 섭리나 종교적 관점을 보여주는 것처럼 읽힐 수도 있다. 왕정복고가 된 이후에 쓰인 시문학 작품 중에서, 공화정을 노골적으로 지지하는 정치성을 드러낸 작품을 찾기는 쉽지 않기 때문이다. 그럼에도 불구하고, 밀턴의 서사시에서마저 그의 자유사상은 그 기저에 흐르는 주요한 주제가 된다.[5] 그러므로, 밀턴의 시문학에 나타난 그의 자유사상을 이해하려면 그의 산문 논쟁을 이해하는 것이 필수적이다.

더구나 밀턴의 산문 연구는 그의 시문학을 이해하려는 문학적 차원을 넘어선다. 그의 논쟁적 산문에는 시문학이 보여주지 못하는 논리적이고 구체적인 자유사상이 분명하게 나타나기 때문이다. 밀턴 산문의 문체가 난해하고 복잡하기는 하지만, 『아레오파기티카』(*Areopagitica*)나 『국가권력론』(*A Treatise of Civil Power*)의 경우에는 수사적 표현의 우수성이 전면에 부각되어 높은 문학성을 보여주기도 한다. 물론, 그의 산문은 문학적 가치보다 사상사적 가치로서 더 큰 의의를 지닌다. 영국혁명기의 상징적인 사상가로서의 그의 진면목이 산문 작품 가운데 유감없이 발휘되기 때문이다.

밀턴은 자신의 시적 소질을 "목숨을 걸고서도 숨길 수 없는 재능"(one Talent which is death to hide)이라고 생각하였으나,[6] 찰스 1세(Charles I)의 폭정과 영국 국교회의 횡포에 맞선 투쟁의 절박성을 느끼게 되자, 시창작(詩創作)을 뒤로 미루고 20여 년간 영국혁명을 위한 산문 논쟁에

---

[5] 역자는 밀턴의 후기 시문학 작품에 나타난 정치적 주제에 관하여 일관성 있게 연구한 바 있다: 「『실낙원』에 나타난 밀턴의 공화주의」, 『밀턴연구』 제12집 5호 (한국밀턴학회, 2001), 59-90; 「『투사삼손』에 나타난 묵시적 비전과 정치성」, 『밀턴연구』 제13집 2호 (한국밀턴학회, 2003), 395-426; 「『복낙원』의 정치성」, 『새한영어영문학』 제49권 2호 (새한영어영문학회, 2007), 25-45 참조.

[6] John Milton, Sonnet 19.

전념하였다. 영국혁명이라는 현실적인 대의(大義) 앞에서, 밀턴은 이상주의적 성향이 짙은 시창작보다 현실주의적인 산문 논쟁에 뛰어들었던 것이다. 그가 산문 논쟁에 뛰어든 시기는 영국이 역사상 유례 없는 정치적 소용돌이에 휘말려 있던 혁명의 시대였고, 당대의 정치와 종교는 서로 분리하여 생각할 수도 없을 정도로 복잡한 상호 연관성을 지니고 있었다. 영국혁명이 크롬웰 공화정을 초래하기는 하였으나 그 공화정은 오래가지 못하였고 결국 왕정복고로 끝났기 때문에, 이러한 갈등의 시대를 지칭하는 명칭도 역사학자들에 따라 다양하다. 혁명, 반역, 혹은 내란 등으로 표현되기도 하지만, 결국 나중에 명예혁명(the Glorious Revolution, 1688)을 거치면서 왕권이 실질적으로 폐지되고 의회민주정치가 정착되는 계기가 되었다는 점에서 혁명이라고 보아도 무방할 것이다.[7]

밀턴의 산문 작품이 이러한 역사적 배경 속에서 태동하였기 때문에, 그의 산문 작품을 이해하기 위해서는 먼저 산문 논쟁의 터전이 된 영국혁명의 역사적 배경을 간략하게나마 살펴보아야 할 것이다. 영국혁명은 무엇보다 영국의 종교개혁과 밀접한 연관성이 있다. 종교개혁의 시발점은 헨리 8세(Henry VIII, 1509~1547)인데, 그는 자신의 이혼 문제로 로마 가톨릭으로부터의 독립을 요구하였고, 1534년 영국 국왕을 국교 주권자로 세우며 로마 교황의 주권을 부인한 수장령(Act of Supremacy)을 선포하였다. 이렇게 그는 행정개혁과 종교개혁을 단행하여 절대왕권을 유지

---

[7] 17세기 중반기에 일어난 영국의 정치적 갈등을 두고 역사가들은 그 의미를 다양하게 해석해 왔지만, 사실 그들 자신의 편견과 관점을 드러내는 데 불과하였다. 법치주의를 향한 진보과정으로 보는 역사가들이 있는가 하면, 심각한 이념적 구분이 없었다고 하는, 소위 수정주의 역사가들이 있었다. *Cf.* Sharon Achinstein, "Introduction," *Milton and the Revolutionary Reader* (Princeton: Princeton UP, 1994). 아이러니컬하게도, 콘래드 러셀(Conrad Russell)은 이 시기에 관한 자신의 논문집을 『비혁명적 영국, 1603~1642』(*Unrevolutionary England, 1603-1642*, 1990) 이라고 명명하고 있다.

하였음에도 헌정질서를 존중하며 의회를 통해 중대사를 결정하였다. 에드워드 6세(Edward VI, 1547~1553)까지 개신교 성향이 이어지다가, 스페인 필립 2세(Philip II)의 부인이 된 메리 여왕(Queen Mary, 1553~1558)은 '유혈의 메리'(Bloody Mary)라 불릴 만큼 개신교도들을 탄압했다. 그녀의 뒤를 이은 엘리자베스 여왕(Queen Elizabeth, 1558~1603)은 메리 여왕으로 인해 굴욕감을 느꼈던 영국국민에게 새로운 희망이었으며 개신교적인 영국 국교회를 확고히 함으로써 신구교의 급진파를 제외한 모든 신자들에게 종교적 관용을 베풀어 국민통합을 이루었다. 엘리자베스 1세 치하의 의회는 여왕에게 순종적이었고 불화가 없었다. 정치적, 종교적 통합이 이루어진 번영의 시대에 군주제에 대한 불만이 생겨날 여지가 없었기 때문이다. 그러나 엘리자베스 1세를 끝으로 튜더왕조가 단절되고, 1603년 제임스 1세(King James I, 1603~1625)가 왕위에 오르자 다시 왕과 의회의 갈등이 시작되었다. 영국의 실정에 어두운 그는 왕권신수설을 더욱 옹호하였고 주교제도에 반대하는 청교도들을 탄압했다.

제임스 1세의 뒤를 이은 찰스 1세(1625~1649)는 부왕 이상으로 정세에 어두워 의회와의 충돌은 심화되었다. 왕은 측근에 캔터베리 대주교(Archbishop of Canterbury)였던 윌리엄 로드(William Laud)와 스트래퍼드 백작(Earl of Strafford)을 두고 성법원(Star Chamber)과 고등종무관 재판소(High Commission) 등을 이용하여 청교도를 탄압하였고, 의회 없이 수입을 얻으려고 국왕의 대권을 남용하였다. 그가 신임한 완고한 로드 대주교(Archbishop Load)는 영국 국교회의 신봉자로서 가톨릭과 유사하게 국교회를 이끌어 갔으며 청교도들에 대한 박해는 한층 심해졌다. 이 때문에 그들은 신대륙으로 도피하거나 왕권에 대항하는 세력을 구축하였다. 설상가상으로 프랑스, 스페인 등과 전쟁까지 시작하여 전비에 궁해진 찰스 1세는 더욱 전횡을 일삼았고, 과중한 과세와 강제 공채, 군대의 민가 강제 숙박, 일반인의 군법 적용 등을 통하여 지속적인 전제정치를 행하였다. 1628년 국외 전쟁 비용에 궁색해진 찰스 1세가 의회를 소집하자 의회는 강제 공채와 불법 투옥 문제를 둘러싸고 왕과 대립하게 되었고 권리청원(Petition of Right)이 발생하였다.[8] 그러나 1629년 국왕은 이 권리청원을 무시하고 의회를 해산함과 동시에 의회의 지도자들을 투옥한 뒤 11년간 의회를 소집하지 않고 전제정치를 하였다. 이것이 청교도 혁명의 직접적인 원인이 되었다.[9]

찰스 1세는 1639년까지 번영을 누리다가 결국 스코틀랜드와의 전쟁에 말려들게 되었다. 1637년 그는 잉글랜드의 공동기도서(the English Book of Common Prayer)에 기초한 예배의식을 스코틀랜드에 강요하여 많은 저항을 초래하였다. 이에 장로교를 옹호하기 위해 많은 스코틀랜드인들이 국민계약(National Covenant)에 서명하자 찰스는 무력으로 교회 정책을 강화하고자 맞섰다.[10] 영국 국교회의 예배의식을 강요하려는 찰스와 감독제의 폐지를 주장하는 스코틀랜드인들 사이에 벌어진 소위 주교전쟁(Bishops' Wars; 1639, 1640)의 첫 번째 진격은 전투의 개시도 못 한 채 평화조약을 체결하는 것으로 끝났다. 두 번째 시도 역시 단기의회(the

---

[8] 권리청원은 1628년 하원에서 기초하여 그 해 6월 7일 찰스 1세의 승인을 얻은 국민의 인권에 관한 선언으로서, 청교도혁명(the Puritan Revolution)과 관련된 인권선언이었다. 역사적으로 보면, 이 청원은 주권이 국왕으로부터 의회로 옮겨지는 시발점이 되었고 따라서 영국 헌법사상 중대한 의의를 갖는다.
[9] 1640년대의 영국혁명을 청교도 혁명이라고 부르기도 하는데, 그 이유는 왕의 적대자들이 영국 국교회 소속 주교들과 적대적 관계에 있는 청교도 교파들로 구성되었으며 왕의 패배는 바로 감독제의 폐지를 뜻했기 때문이었다(Schiffhorst, *John Milton* 23). 영국혁명의 제원인에 대한 국내의 연구는 홍한유, 『영국혁명의 제원인』(법문사, 1982)을 참고할 것.
[10] 스코틀랜드의 계약사상의 역사와 그 의의에 대하여는 홍치모 교수의 『스코틀랜드 종교개혁과 영국혁명』(총신대학출판부, 1991), pp. 241~282를 참고할 것.

Short Parliament)의 소집과 해산[11]에 이어 다시 소집한 장기의회(the Long Parliament)와도 갈등을 남긴 채 찰스의 실패로 끝났다.[12] 이로써 왕의 의회해산권이 박탈되었으며 선박세나 작위박탈권의 위법성이 선포되었고 고등종무관 재판소와 성법원이 폐지되었다. 왕을 믿을 수 없던 장기의회 지도자들은 1641년 대간의서(the Grand Remonstrance)를 의결하였으나 이로 인해 하원들 사이에 분파가 조장되어 왕권파(Cavaliers)와 의회파(Roudheads)로 분열되었다. 왕은 1642년 다섯 명의 의원을 체포하려다 실패하여 도리어 온건파 의원들의 지지까지도 잃고 말았다.

찰스 1세는 지난 11년 동안의 통치방식의 불법성을 시인하게 되었으며 그 와중에도 스코틀랜드를 방문하여 장로교를 보장하는 조건으로 그의 반의회주의 정책에 대한 지지를 요청했다. 왕권파와 의회파 양측이 서로 군사력을 증대시키는 동안, 런던에 남아 있던 대다수 의원들이 왕에게 "십구대 제안"(Nineteen Propositions, 1642)을 내놓았는데,[13] 찰스는 이를 최후통첩으로 여기고 거부하였다. 처음에는 찰스가 기선을 잡은 듯 했으나 크롬웰(Oliver Cromwell, 1599~1658)과 페어팩스(Sir Thomas Fairfax)가 창군한 신형군(New Model Army)에 의해 네이즈비 전투(the

---

[11] 단기의회는 1640년 찰스 1세가 소집해 3주 동안 존속한 의회로서, 그가 1629년 의회를 해산한 뒤 11년 동안 의회 없이 절대군주정치를 계속하였지만 스코틀랜드와의 전쟁 문제가 발생하자 의회를 소집하게 된 것이다. 이 의회는 그 해 가을에 다시 열린 장기의회와 대응하는 이름이 되었다.

[12] 장기의회는 1640년 소집되어 1653년에 해산된 영국 의회로서 청교도혁명의 중심 무대였다. 단기의회 해산 후, 스코틀랜드군(軍)이 영국에 침입하여 찰스 1세는 북부 2주(州)의 점령을 인정하고 화해하지 않을 수 없었다. 이에 대처하기 위해서 왕은 다시 웨스트민스터에 하원을 소집하였으니 이것이 장기의회로서 이 의회는 1649년 공화제를 선언했으나 1653년 크롬웰에 의해 해산됐다.

[13] 이 제안에는, 성직자는 의회의 승인 없이 임명될 수 없다는 것과 군대는 의회의 통제를 받아야한다는 것, 교회의 장래는 의회가 결정한다는 것 등이 포함되어 있었다.

Battle of Naseby)를 시발로 연이어 패전을 거듭하였고, 1648년 스코틀랜드의 지지자들까지 프레스톤 전투(the Battle of Preston)에서 패함으로써 내란은 종지부를 찍었다. 프라이드의 숙청(Pride's Purge)으로 독립파 의원들로만 구성된 잔부의회(the Lump Parliament)에 의하여, 찰스는 1949년 1월 20일 국가 혼란과 유혈의 장본인으로 지목되어 반역의 죄목을 쓰고 재판을 받았다. 1월 30일 국민의 이름으로 화이트홀 연회실 밖에 세워진 단두대에서 폭군, 반역자, 살인자의 죄목으로 처형됨으로써 크롬웰 공화정이 시작되었던 것이다.[14] 독재의 수단이었던 성법원과 고등종무관 재판소가 폐지되고, 의회가 조세제도를 통제하게 되었으며, 교회법정은 힘을 상실하여 주교들이 다시는 정부를 통제할 수 없게 되었다.[15]

크롬웰은 찰스 1세를 처형한 후 국가를 보호한다는 명분 아래 1653년 의회를 해산하고 자신이 영국혁명정부의 최고행정관인 호국경(Lord Protector)의 지위에 올라 통치장전(The Instrument of Government)을 제정하여 호국경 시대를 열었다. 군사위원회(The Army Council)는 지명의회(Nominated Parliament)[16] 의원들로 하여금 국가의 장기적 안정책을 마

---

[14] 프라이드의 숙청은 1648년 12월 6일 청교도혁명 중의 장로파 의원 추방사건으로, 장로파가 다수를 점하는 의회가 군부의 의사에 반하여 찰스 1세와의 타협을 도모하자 독립파 소속 프라이드 대령(Colonel Thomas Pride)이 병사를 인솔하여 의사당을 포위한 채 장로파 의원 45명을 포함하여 의원 70여 명을 체포하고 78명의 등원을 저지한 사건이다. 이로 인하여 독립파를 중심으로 한 60명 미만의 잔부의회가 구성되었으며 1948년부터 1653년까지 자체 국무회의를 구성하는 등 임시정부로서 활동하였다.

[15] Christopher Hill, *The Century of Revolution, 1603-1714* (New York: Norton, 1982), p. 161.

[16] 이 의회를 흔히 "베어본즈 의회"(Barebones Parliament) 혹은 "축소의회"(Little Parliament)라고도 하며 1653년 7월에서 12월까지 존속한 의회였다. 잔부의회를 해산한 크롬웰은 군사위원회더러 독립파(혹은 조합교회파) 교회에 서신을 띄워 새로운 의회를 위한 적임자를 추천하게 하였다. 제출된 명단에서 140명을 선별하여

련하기 위해 헌법제정의회를 구성하였으나 그 권한도 크롬웰에게 넘어갔다. 크롬웰은 국내 정치개혁을 위한 80개 법안을 개정할 정도로 의욕적으로 개혁을 이루고자 노력하였다. 그의 목적은 법을 개정하여 청교도 교회를 세우고, 신교의 자유를 허용하며, 교육을 쇄신하고, 행정부를 지방으로 분산하는 것 등이었다. 그는 사소한 범죄에 대한 중벌에 반대하여 살인과 반역을 제외하고는 사형에서 면제되어야 한다고 생각했으며, 성직자들과 학교장들의 높은 윤리기준을 설정하고, 자신이 옥스퍼드 대학교의 총장(Chancellor)이 되어,[17] 유례없이 문법학교를 번창시켰다. 네덜란드와의 전쟁을 종식시키고 프랑스와 동맹하여 스페인에 맞서는 등 대외정책에 있어서 종교적 고려보다 국가적 이익을 위해 추진하였고, 스페인령 자메이카(Jamaica)를 정복하기도 하였다. 그러나 1654년 왕당파의 음모가 폭로되자 이듬해 크롬웰은 의회를 해산하고 군사독재정치를 감행하였다. 무정부 상태의 혼란과 외세침략의 우려를 구실로 자신의 입지를 유지하였으며, 1658년 말라리아로 사망할 때까지 의회와의 갈등은 끊이지 않았다. 아들 리처드 크롬웰(Richard Cromwell)이 호국경의 자리를 이어받았지만 군대와의 갈등으로 물러나게 되었고, 결국 찰스 2세(Charles II)가 왕위에 오름으로써 왕정복고가 이루어졌다.

 밀턴은 이상과 같은 영국혁명 기간에 군주제에 반대하여 공화정을 지지하고 변호하는 수많은 산문 작품을 내놓았다. 공화정이 무너지고 왕정이 복구되기에 앞서, 크롬웰의 독주는 밀턴에게 차츰 실망을 안겨주었고, 이러한 불만은 왕정복고 후에 세상에 나온 『실낙원』에서 공화주의자를

  의회를 구성한 것이다.
[17] 현재 영국대학에서 사실상의 학교운영은 부총장(vice-chancellor)이 수행하고 총장은 명예직이나 다름없으며, 중요한 상이나 메달이 총장의 이름으로 수여되기도 한다.

자처하는 사탄의 모습에 간접적으로 반영되기도 하였다. 그러나 공화주의에 대한 그의 신념이 바뀐 것은 아니었다. 그는 끝까지 논쟁적 산문을 통해 공화국을 변명하고자 했다. 실망스럽게도 1660년 결국 찰스 2세가 왕위에 복귀하자, 밀턴은 낙원상실의 서사시『실낙원』을 통해 정치적 실망을 인류 구원의 소망으로 승화시켰다. 힐(Hill)의 지적대로, 의회의 명분이 바로 하나님의 명분이라는 크롬웰의 사상이 영국혁명을 주도한 원동력이 되었다면,[18] 밀턴의 정치사상도 그 점에서 크롬웰과 같은 입장이었다. 신교자유 사상이나 반감독제 주장, 주교 비판, 격식화된 예배의식의 철폐, 교인들의 성직자 투표권, 개별 교회 성직자의 설교, 즉석 기도 등 종교와 관련된 자유사상에 있어서 크롬웰과 밀턴은 많은 공통점을 지닌다. 밀턴의 산문 작품들이 영국혁명과 궤를 같이 한 것은 그가 영국혁명을 필봉으로 지원하고자 하였기 때문이다.

본 번역의 텍스트가 된 예일(Yale)판 밀턴의 산문전집[19]이 나오기 전까지만 해도, 정치 사상가로서의 밀턴에 대한 대체적인 견해는, 그가 혼합국가 형태를 지지하였으며 1640년대 초까지도 군주제를 가능한 정부 형태로 생각했다가 1649년 폭군살해를 옹호하게 된 후에 진정한 공화주의 이론에 도달했다는 것이다.[20] 그러나 밀턴의 독서 비망록에 언급된 스미스(Smith)의『영국 공화국』(*De republica anglorum*)에 대한 발췌문은 밀턴이 젊은 시절부터 혼합국가에 대해 회의를 품고 있었음을 여실히 보여주고 있다. 밀턴은 스미스가 절대군주제에 반론을 제기하고 있음을 발견

---

[18] Hill, *The Experience of Defeat*, pp. 184~185.
[19] Don M. Wolfe, gen. ed., *Complete Prose Works of John Milton* (New Haven: Yale UP, 1953~1958). 본 역서에서 이하 밀턴의 산문 인용은 이 판에 의하며, *CPW*로 약칭한다.
[20] Zera Fink, "The Theory of the Mixed State and the Development of Milton's Political Thought," *PMLA* 17 (1942), 705~736.

하고, "국민에 의하여 승인되거나 의회의 결의에 의하여 승인되지 못한" 왕의 행위는 무효이며 아무도 구속하지 못한다고 논평하고 있다(*CPW*, I, 422). 또한 "국민의 동의가 없이" 통치하고 "평민의 복지"에 관심이 없는 자는 폭군이라는 스미스의 정의에 대하여 기록하고 있다(I, 443). 비슷한 시기에 마키아벨리(Machiavelli)의 『전술』(*Art of War*)을 인용하면서 "공화국이 군주국보다 좋다"(a commonwealth is preferable to monarchy)라는 결론에 도달하며, 마키아벨리의 『담론』(*Discorsi*)을 읽고서는 "마키아벨리는 군주국보다 공화국 형태를 훨씬 선호했다"라는 논평을 하기도 했다(I, 477).

이처럼 밀턴은 젊은 시절부터 공화정에 대한 관심과 소망을 품고 있었고, 영국혁명의 질곡 속에서 정치적 상황에 맞추어 반응하며 산문 논쟁을 이어갔다. 그런데 밀턴의 산문 논쟁은 공화정을 위한 투쟁에 국한되지 않았다. 그의 산문작품에 나타난 자유사상은 삶의 모든 영역에 걸쳐서 전개되었다. 본 역서에 실린 7편의 산문은 정치적, 종교적 자유에서부터 사회적, 가정적, 개인적 자유가 망라되어 있다. 밀턴의 산문은 문체도 난해하거니와, 자신의 주장만을 단순히 전달하는 것이 아니라 수많은 사상가와 저술가 또는 정치가 등에 대한 언급과 논평이 들어있고 당대의 고급 독자들과의 논쟁을 이끌어가는 글이기 때문에, 가히 학문적인 토론의 장이라고 해도 과언이 아니다. 그러면 이제 작품 이해에 도움이 되도록 각 작품에 대한 개략적인 주제와 내용을 간단히 소개하겠다.

밀턴은 『종교개혁론』(*Of Reformation*, 1941)을 필두로 『진정한 종교에 대하여』(*Of True Religion*, 1673)[21]에 이르기까지 약 20여 년간에 걸쳐서

---

[21] 이 산문의 전체 제목은 『진정한 종교, 이단, 분파, 및 관용에 대하여』(*Of True Religion, Heresy, Schism, and Toleration*)이다.

총 30여 편이 넘는 산문 작품을 쓰며 정치 논쟁에 뛰어들었다. 그런데 왕정복고 이후에 발행된 작품은 『진정한 종교에 대하여』와 『브리튼의 역사』(*The History of Britain*, 1670) 단 두 편뿐이며, 대부분의 산문이 혁명기 투쟁 기간과 공화정 기간에 쓰였다. 『종교개혁론』과 『교회 정부의 이유』(*The Reason of Church Government*, 1642)는 종교적 자유를 주장한 것이고, 『이혼의 교리와 계율』(*The Doctrine and Discipline of Divorce*, 1643)과 『교육론』(*Of Education*, 1644)은 가정적 자유의 문제를 다루고 있으며, 『아레오파기티카』(1644)는 언론출판의 자유, 즉 사회적 자유를 주장한 것이고, 『왕과 관료의 재직 조건』(*The Tunure of Kings and Magistrates*, 1649)은 국민주권, 즉 정치적 자유를 주장한 것이며, 『교회 문제에 있어서의 국가권력론』(*A Treatise of Civil Power in Ecclesiastical Causes*, 1659)[22]은 정교(政敎)분리, 즉 국가권력으로부터의 종교의 자유를 주장하는 글이다. 이상의 일곱 편은 영미에서 출간된 밀턴의 작품선집들 대부분에 실려 있는 대표적인 작품들이기도 하다.

『종교개혁론』은 밀턴이 처음으로 쓴 팸플릿으로서 이후 약 20여 년간 산문 논쟁을 통해 영국혁명에 개입하게 된 시발점이었다. 이전에 이미 일단의 **스멕팀누스**(SMECTYMUUS)라고 하는 청교도 성직자들과 왕정주의자 조셉 홀(Joseph Hall) 주교 사이의 공방전이 있었다.[23] 당시 장기의회는 교회의 개혁을 문제 삼았으며, 대주교와 주교를 모두 철폐하려는

---

[22] 이하 『국가권력론』으로 약칭함.
[23] "SMECTYMNUUS"란 Stephen Marshall, Edmund Calamy, Thomas Young, Matthew Newcomen, William Spurstow 등 다섯 명의 청교도 성직자들의 이름에서 따온 두문자어(頭文字語)인데, 마지막 William의 W를 UU로 취급하여 이루어진 것이다. 홀은 원래는 청교도였으나 주교가 된 재능 있는 작가였으며 한 해 전 로드의 요청으로 『신성한 권리로 인정되는 감독제』(*Episcopacie by Divine Right Asserted*, 1640)를 출판하여 종교논쟁의 불을 댕겼던 것이다.

근지법안(Root and Branch Bill, 1941)이 상정되어 있었기 때문이다. 그러나 내부적으로 이들 사이에 은밀한 협상이 전개되고 있었으며, 밀턴의 개입은 이들의 협상에 대한 불안감에서 비롯되었을 것이다.[24] 『종교개혁론』이 출판되기 전 달에 로드 주교(Bishop Laud)가 체포되어 감금되었고 연말에는 다른 주교들도 대역죄로 몰리게 되었다.[25] 이미 1637년 윌리엄 프린(William Prynne)을 포함한 세 명의 청교도 지도자들이 감독제를 모독한 책자를 출판했다는 이유로 귀가 잘리고 종신형을 선고받은 사건이 있었다. 그리고 1640년 소집된 장기의회가 로드 주교와 웬트워스 백작(Earl of Wentworth)을 감금함으로써 찰스와 의회 간의 군사적 대결로 비화하였다. 밀턴은 이러한 종교적 갈등 속에서 찰스의 국교회 지배에 반대하여 독자들을 설득하고자 종교적 논쟁에 뛰어들었다. 『종교개혁론』에서 밀턴은 교회의 가르침이 역사적으로 부패하게 된 과정을 추적하면서 감독제의 권위에 도전한다. 개신교의 후원자로 알려진 헨리 8세(Henry VIII)의 진정한 관심은 종교개혁에 있었던 것이 아니라 교황의 권위에 대한 왕권의 우위를 주장하는 것이었고,[26] 에드워드 6세(Edward VI) 치하에서 이러한 온건한 종교개혁의 시도는 중단되었으며, 엘리자베스 여왕(Queen Elizabeth)도 "주교들을 억압하면 그녀의 대권이 침해당할 것이다"(*CPW*, I, 540)라고 염려하였으므로, 감독제가 역사적으로 왕권의

---

[24] Corns, 19.
[25] 당시 전쟁에 여념이 없던 의회는 5년 뒤인 1645년에야 로드 주교를 재판에 회부하여 처형하게 된다. 기소를 주도한 자는 윌리엄 프린(William Prynne)으로서 그 자신이 감독제에 반대한 이유로 귀가 잘리고 종신형을 선고받은 바 있었으며, 보복을 지지하는 청교도 측의 여론이 비등했다.
[26] 사실상, 밀턴은 케임브릿지 대학(Cambridge University)에서 B.A.와 M.A. 학위를 취득하는 졸업서약에서 영국 국교회의 교리를 신봉하고 국왕의 최고 권위를 인정하는 맹세를 하기도 했다(Levi 38).

방편이었음을 지적한다. 그래서 밀턴은 기독교인 개인이 성서에서 직접 진리를 찾을 것을 주장하며 획일적 신앙을 강요하는 감독제에 반론을 제기한다. 돈 울프(Don Wolfe)의 주장에 의하면, 이 소책자에서 밀턴이 보여준 독창적 사상이 있다면 그것은 개별 교회의 신도들이 그들의 목회자를 선출하는 것이었다.[27] 이는 개개인이 성서를 읽고 해석하여 진리에 이를 수 있다고 생각하는 밀턴의 사상에 근거하는 것으로 그의 종교적 성향과 더불어 자유사상의 단면을 보여주는 것이기도 하다. 남녀노소를 불문하고 누구나 성서를 읽고 이해할 수 있으며 일상생활에 적용할 수 있다는 그의 주장은 개신교 교리의 근간을 이루는 것이다. 밀턴에게 있어서 진정한 신앙의 자유는 교회 내의 위계질서에 의한 권위로부터 신자 개인이 자유로워지는 것이며, 이를 위해 권위적 감독제를 폐지하고 대신 신도들이 겸손한 성직자를 선출하는 것이었다. 그는 사제나 왕에게 종교적 책임 전가하기를 거부하고 개인 양심과 책임을 중시하는 청교도 원칙을 따랐다.[28] 서른두 살의 그가 품게 된 고위 성직자들에 대한 반감은 위계질서의 철폐는 물론 영국 국교회를 원천적으로 부정하게 만들었다.[29]

『교회 정부의 이유』는 개별 교회의 민주주의적 운영을 옹호할 뿐만 아니라 영국혁명에 대한 밀턴 자신의 예언자적 소명을 보여주기도 한다. 『교회 정부』에서 밀턴이 감독제에 반대되는 교회 정부의 필요성을 제기한 것은, 성직자가 아니었던 그에게 결코 개인적 이익이 걸려있는 사안이 아니었으므로 청교도혁명의 기반을 조성하는 한 과정으로 이해해야 할 것이다. 이 산문은 교회 정부의 필요성을 새삼스럽게 제안하려는 것이

---

[27] *CPW*, I, 115.
[28] Nathaniel H. Henry, *True Wayfaring Christian: Studies in Milton's Puritanism* (New York: Peter Lang, 1987)
[29] *CPW*, I, 115.

아니라, 교회 정부의 존재 이유를 재검토함으로써 어떤 형태의 교회 정부가 바람직한가를 도출하려는 것이다. 제1권에서 제시되는 이유는 교회 정부의 일반적 이론, 즉 교회 정부의 근거와 구성에 대한 것이고, 제2권에서의 이유는 그 구체적인 작용, 즉 교회 정부의 형식과 목적에 관한 것이다. 본질적으로, 바람직한 교회 정부의 모형을 찾으려는 밀턴의 노력은 성서에 의존하면서도 종교개혁의 현실적 장애물인 주교들과의 싸움을 의미한다. 교회운영에 관한 중요한 문제를 논의하고 결정하는 주체가 주교들이 아니라 평신도들이 되어야 한다는 주장은 민주적 혁명사상이 교회 정치에 적용된 것으로서, 평신도들이 성경해석과 신앙생활의 주체로 등장하게 된 것이다. 『교회 정부의 이유』가 출판되고 약 2개월 후 출판된 『한 팸플릿에 대한 변명』(An Apology Against a Pamphlet, 1642)은 홀 주교(Bishop Hall)와 스멕팀누스 사이에 개입하여 후자의 입장을 변명한 내용이지만, 저자의 자전적 요소가 주목된다. 여기서 밀턴은 자신의 성실한 생활 습관을 소개하는가 하면, 조국의 자유를 위해 일하려면 심신의 건강이 중요하기에 독서와 운동으로 단련하고 있음도 공개한다. 그리고 위대한 시인은 개인적으로 덕성을 갖추어야 하므로, 위대한 시를 쓰기 위해서 시인 스스로가 "진실한 시"(a true poem)[30]가 되어야 한다는 것이다.

연이어 반감독제 산문을 낸 후 약 16개월 동안 침묵하던 밀턴은 1643년 8월에, 이혼의 자유를 주장하는 첫 번째 이혼론 소책자인 『이혼의 교리와 계율』을 출판하게 된다. 그는 산문 논쟁을 일시 중지한 듯하였으나, 결혼과 더불어 다시금 논쟁거리를 찾게 된다. 그는 이미 『한 팸플릿에 대한 변명』에서 "가장 부유한 과부보다 정직하게 양육된 가난한 처녀"를 선택하겠다는 의사를 밝힌 바 있었는데, 실제로 이러한 주장을 한 후 얼

---

[30] *CPW*, I, 890.

마 안 되어 그의 나이 33세에 17세의 가난한 처녀 메리 파월(Mary Powell)과 결혼하였다. 파월가(家)는 왕정주의자였고 로마가톨릭 신도였으며 그녀의 아버지는 치안판사였다. 이 점으로 미루어 볼 때, 파월이 결혼 후 3주 만에 그를 떠나 3년간이나 친정에 머물렀던 것은, 당대의 최고 지성과 철없는 젊은 여자의 정신적 부조화에 기인했으리라는 추정도 가능하지만, 가족들의 개입이 있었으리라는 추측도 가능하다. 역사학자 로렌스 스톤(Laurence Stone)에 의하면, 17세기 말까지 새로운 가족 유형이 생겨났고 배우자의 선택은 부모의 결정보다 개인의 선택으로 바뀌었으며 금전이나 신분 상승보다 결혼 당사자들의 애정이 관건이 되었다고 한다.[31] 그러나 당시의 법은 이혼의 조건으로 간음, 성교 불능, 신체적 잔혹행위, 유기 등 신체적 부조화나 무능 등을 인정하였으나, 정신적 조화는 문제 삼지 않았다. 따라서 근본적으로 당시의 법은 결혼의 성적 측면만을 문제 삼았으므로, 오늘날 육체적 쾌락만을 추구하는 성문화 못지않게, 정신적 조화의 중요성을 소홀히 한 것이었다. 이에 밀턴은 남녀의 정신적 조화를 결혼의 필수적인 조건으로 내세우며 그것이 충족되지 못하면 이혼의 자유가 허용되어야 한다는 주장을 하였다.

밀턴의 이혼론은 성서적 가부장제의 틀을 벗어나지 못하는 듯하나, 『이혼의 교리와 계율』[32]의 원제가 암시하듯이, 구약성경의 율법으로부터 남녀의 성을 해방시켜 기독교적 자유를 찾아주려는 것이었다. 이혼 논쟁의 첫 책자[33]가 이혼의 "교리"를 서명으로 채택한 것은 왕이 국교의 수장

---

[31] Lawrence Stone, *The Family, Sex and Marriage in England 1500-1800* (London: Weidenfeld and Nicolson, 1977; Harmondsworth: Penguin, 1979), 411~412.
[32] 이하 『이혼의 교리』으로 약칭함.
[33] 이혼에 대하 밀턴의 산문 작품은. 『이혼의 교리』의 초판과 개정판을 하나의 작품으로 본다면, 『이혼에 관한 마르틴 부커의 판단』(*The Judgment of Martin Bucer concerning Divorce*, 1644)과 『테트라코든』(*Tetrachordon*, 1645) 및 『콜라스테리

인 군주제 사회에서 이혼 문제는 다분히 성서적인 교리나 훈계를 따라야 하기 때문이었다. 따라서 그의 이혼론은 근본적으로 성서해석의 문제로 귀착될 수밖에 없었고 가부장제적인 성서적 전통에 묶일 수밖에 없었다. 영국의 경우, 법이 정하는 이혼 사유가 없더라도 이혼할 수 있도록 법이 개정된 것은 20세기 후반인 1971년의 일이었고, 이처럼 그의 이혼론은 3세기 이상을 앞서간 자유사상이었다.[34] 어니스트 서럭(Ernest Sirluck)이 지적하듯이, 『이혼의 교리』 제2판에서 밀턴이 영국 의회를 이혼법 개정을 위한 설득의 주요 대상으로 삼은 것은 성직자회의를 통한 개혁의 가능성이 희박해졌다고 생각했기 때문이다.[35] 이 시기를 시발점으로 하여 그는 장로파에 등을 돌리고 독립파 진영에 가담하여 정치적, 종교적 투쟁을 계속하게 되었다. 그의 이혼 논쟁은 단순히 개인의 종교적 자유문제일 뿐 아니라 정치적 투쟁의 한 과정이기도 하다. 그는 한 개인과 잘못된 결혼과의 관계를 한 나라의 국민과 옳지 못한 정부의 관계에 비유함으로써 이혼론을 정치적 개혁의 차원으로 끌어올린다(CPW, II, 229). 폭군의 통치하에 신음하는 국민이 혁명을 통해 새로운 정부를 세우듯이 잘못된 결혼으로 고통받는 개인은 이혼을 통해 새로운 출발을 해야 한다는 것이다. 결혼 서약에서 표현되지 않았더라도 부부의 한 쪽이 간음하면 그 계약이 취소되고 이혼이 성립되듯이, 왕(혹은 국가)이 폭정을 자행한다면 국민은 그에게 충성할 의무가 없어지고 위탁한 권력을 회수할 수 있다는 것이다. 이러한 비유에서 보듯이, 밀턴에게 있어서 이혼의 자유는 정치적 개혁을 위한 기초적 준비 작업의 하나였다고 할 수도 있다. 아이러니하게

온』(*Colasterion*, 1645)을 포함하여, 총 네 편이다.
[34] Thomas N. Corns, *John Milton: The Prose Works* (New York: Twayne, 1998), 36.
[35] *CPW*, II, 139.

도, 개인적 필요에서 시작된 이혼론 산문 작품을 네 편이나 쓰고 나서 아내 메리 파월(Mary Powell)이 밀턴에게 돌아왔고 7년 동안 밀턴과 함께 살았다.

이혼 논쟁의 산문들을 연이어 내놓는 도중에, 밀턴은 『교육론』과 『아레오파기티카』를 내놓았다. 1643년에서 1645년 사이에 출판된 산문들이 이혼이나 언론의 자유 등 변혁적 사고를 촉구한 것들인 데 반하여, 이러한 와중에서 출판된 『교육론』은 자유사상의 맥락에서 이해하기 어려운 것이 사실이다.[36] 그러나 언론의 자유 없는 자유공화국을 생각할 수 없듯이 전인적 인문주의 교육을 통한 지도자상의 재정립은 진정한 자유공화국의 수립을 위한 초석으로 여겨졌다. 밀턴이 실제로 주창하는 온전한 교육은 "한 남자가 평시와 전시에 공사 간의 모든 임무를 정당하고 능숙하고 관대하게 이행하기에 적합하게 하는 것"(CPW, II, 377~379)으로서 대중교육은 아니지만 상당히 실용성을 강조한 것임엔 틀림없다. 엄격한 규율이 강조되는 것은, 밀턴이 제안하는 교육프로그램이 대중의 의무교육을 위한 것이 아니라 전시와 평시 언제든지 지도력을 발휘할 선별적 지원자를 위한 특수교육 프로그램이기 때문이다. 그가 지향하는 교육은 근본적으로 인간의 존엄과 기독교적 자유를 성취하는 것이었으며, 이는 당시의 정치적 위기에 대한 해결책이라고 생각하였다.[37] 실용지식의 교육 못지않게 고전학문을 통한 덕성의 배양과 자유의식의 고취가 새로운 국가건설을 위해 필수적이라고 생각되었기 때문이다.

『아레오파기티카』는 『교육론』이 출판되고 4개월 후에 출판되었으며,

---

[36] 『교육론』은 밀턴의 『이혼의 교리』 제2판(1644년 2월)과 『이혼에 관한 마르틴 부커의 판단』(1644년 7월)이 출판된 사이의 시점인 1644년 6월에 출판되었다.

[37] Dzelzainis, "Milton's Classical Republicanism," *Milton and Republicanism*, ed. David Armitage, et al. (Cambridge: Cambridge UP, 1995), 14.

일련의 이혼론 산문들 사이에 출판되었다. 이 산문은 개신교 교파들 사이의 교리해석이나 예배방식 등의 자유를 근본 목적으로 삼은 글이지만, 이러한 주장 자체가 널리 전달되기 위해서는 현대적 민주주의 가치인 출판의 자유를 전제하지 않을 수 없었다. 밀턴은 글을 통한 올바른 의사전달은 출판의 자유가 전제되어야 한다고 생각하였다. 또한 자유로운 이성적 판단의 중요성을 입증하기 위하여, 그는 역사적 맥락 외에도 상반된 예언자들이나 교부들의 글을 전략적으로 인용하여 궁극적 권위는 독자 자신들의 이성에 있음을 강조한다. 독자는 다양한 책을 선별해 읽을 자유가 있어야 하고, 자유로운 이성을 통해 올바른 판단을 해야 하기 때문이다. 밀턴은 좋은 책의 가치를 누구보다 높게 평가하였기 때문에, 그는 외적 권력이나 종교 세력에 의해 책의 가치가 규정되고 출판의 자유가 말살되는 것을 용납할 수 없었다. 위대한 고전과 성서조차도 불경스러운 내용을 담고 있지만, 이러한 이유 때문에 독자의 접근을 일률적으로 막을 수는 없다는 것이다. 외적 억압에 의해 믿는 것은 결코 진리가 될 수 없으며, 이성적 판단 없이 막연히 목회자나 성직자회의의 규정을 따라 믿는 것은 이단적 사상이라고까지 주장한다.[38] 그러나 이처럼 개인의 자유를 강조하면서도 하나의 예외적인 경우를 언급하고 있는데, 모든 종파와 시민의 권리를 말살하는 "가톨릭교와 공개적인 미신 행위"(Popery, and open superstition)가 그것이다. 여기서 간과하지 말아야 할 점은 당시 종교개혁 세력과 반(反)종교개혁 세력 사이의 갈등은 단순히 종교적 논쟁과 관용의 문제 수준이 아니라 종교에 근거한 내란 상태였다는 점이다. 가톨릭은 종교의 자유를 억압한다는 의미에서 절대군주체제나 마찬가지였으므로 신교의 자유를 위해서는 가톨릭의 자유를 억압해야 된다고 생

---

[38] *CPW*, I, 543.

각한 것이다. 밀턴이 주장한 출판의 자유는 비록 영국혁명기를 통해 결실을 거두지는 못했지만, 약 50년 후인 1695년에 사전검열제가 폐지됨으로써 결실을 거두었다.

1649년 1월 30일 찰스 1세가 처형되고 공화정이 수립되자, 밀턴은 자유공화정의 성공적인 정착을 위해 의회의 편에서 다시금 필봉을 들었다. 크롬웰의 새로운 정부가 들어서자, 밀턴은 크롬웰 공화정부의 국무위원회(Council of State)에 속한 외국어 담당 서기관(Secretary of Foreign Tongues) 임무를 수행하게 되었는데, 외교문서의 작성을 담당하는 직책으로서 그의 외국어 실력을 발휘하기에 적당한 자리였다. 그는 단순히 번역자의 역할에 안주하지 않고 적극적으로 새로운 공화국을 홍보하였고, 팰런(Fallon)의 연구가 보여주듯이, 정부의 정책에 상당히 깊이 관여하기도 했다.[39] 찰스 1세의 처형을 정당화한 『왕과 관료의 재직조건』(*Tenure of Kings and Magistrates*, 1649)과 찰스 1세의 처형 전날 쓴 것으로 여겨지는 『이미지 파괴자들』(*Eikonoklastes*, 1649)은 이 시기에 밀턴이 새로운 정치적 상황에 대응하여 공화국의 대의를 옹호한 작품들이다. 이제 드디어 공화정의 틀이 잡힌 마당에 다시 폭군의 처형을 놓고 왈가왈부하는 장로파 의원들을 비롯한 국내외의 비난에 대해 외국어 담당 서기관으로서 필봉으로 대응할 필요가 있었기 때문이다.

『왕과 관료의 재직조건』은 1649년을 분기점으로 하여 개인적 자유와 가정적 자유를 위한 투쟁에서 국민의 권리와 공민적 자유를 위한 투쟁으로 일보 진전했음 보여주는 첫 번째 산문이다. 찰스가 패배하여 재판에 회부되고 교수형을 선고받기 이전에 밀턴은 공민적 자유에 대해 특별한

---

[39] *Cf.* R. T. Fallon. *Milton in Government* (University Park: Pennsylvania State UP, 1993).

관심을 보이지 않았다. 그의 사상적 발전이 사건 전개에 의한 반응의 결과임을 인정한다고 해도, 그의 정치사상 기저에 깔려있는 자유로운 사회를 겨냥한 일관된 신념을 부인할 수는 없다.[40] 밀턴의 산문에서 일관성이 없는 듯이 보이는 경우, 대개는 수사적 방편으로 인한 것이다. 『왕과 관료의 재직조건』에서 논리의 일관성이 없어 보이는 주된 근거는 밀턴 자신이 논리를 상실했다기보다는 장로파 의원들이 왕과 대적하여 내란을 일으키고 지금 와서 왕의 처형을 비난하는 모순된 행태에 대한 반론에서 오는 것이다. 다시 말하면, 왕의 처형을 비난하는 것이 정당화되기 위해서는 그들이 여태까지 왕의 권위와 존엄성을 지켜왔어야 했음을 강조하는 것일 뿐이며, 밀턴 자신이 그들을 비난하기 위해 왕의 절대성을 옹호하는 것은 결코 아니었다. 밀턴이 케임브리지 대학 시절에도 주교나 대학 인사들에게 바친 문학적 찬사를 왕권에는 바친 적이 없었다는 점도 상기할 필요가 있다. 크리스토퍼 힐이 이 산문을 가리켜 반감독제나 이혼론을 다룬 산문들처럼 기회주의적 작품이 아니라고 한 것도 이 때문이다.[41] 이 산문은 찰스 1세의 처형에 반대한 장로파를 상대로 처형의 정당성을 주장한 것으로서 혁명을 역사발전의 한 에너지로 받아들이고 있다는 점이 독창적이다. 공개적으로 왕의 해명을 요구할 권리와 이에 불응할 경우 폐위시킬 수 있는 권한이 국민에게 있다는 주장은 절대왕권에 대한 도전이기는 하지만, 처음부터 왕정 자체를 반대했다기보다는 잘못된 왕정의 교정에 그 목적이 있었던 것이다. 그러나 왕을 의회가 폐위시킨다면 왕의 권한은 의회에 종속되는 것이고, 이는 전통적 절대왕정의 붕괴를 의미하기 때문에 찰스 1세의 폐위는 특정 왕에 대한 조치라기보다 왕정의 철폐

---

[40] A. C. Barker, *Milton and the Puritan Dilemma*, 123.
[41] Hill, *Milton and the English Revolution*, 166.

를 전제한 혁명이 될 수밖에 없다. 이 산문의 목적이 찰스 1세의 처형을 비난하는 장로파 의원들을 논박하는 것이었던 만큼, 후반부의 대부분은 왕의 처형에 대한 개신교 신학자들의 태도를 거론하는 데에 할애된다. 의회에 의한 왕의 폐위는 왕의 처형으로 이어지게 되며, 이를 위해서는 오랜 역사에 걸쳐 하나님이 내린 권한으로 인식되어 온 왕권에 대한 새로운 인식이 요구되었으므로, 밀턴은 이러한 인식의 변화를 촉구한다.

『왕과 관료의 재직조건』과 『이미지 파괴자들』을 출판한 후, 밀턴은 여러 해에 걸쳐 국왕 처형에 대하여 그 정당성을 설파한 라틴어 『변명』(Defensio)을 내놓으며[42] 영국국민의 선택을 대외적으로 변호하였다. 1659년 공화국의 운명이 풍전등화에 놓이자, 그는 다시금 공화정을 옹호하기 위한 필봉을 들었다. 그 첫 번째 작품이 『교회문제에 관한 국가권력론』(A Treatise of Civil Power in Ecclesiastical Causes)이었다.[43] 이 산문은

---

[42] 1949년 익명의 저자가 쓴 『찰스 1세를 위한 왕권의 변명』(Defensio regia pro Carolo I)에 대한 대응으로서, 국무회의의 요청에 따라, 밀턴은 『영국인을 위한 변명』(Defensio pro populo Anglicano, 1651)을 썼다. 그는 왼쪽 눈이 멀고 오른쪽 눈마저 약화되어 가는 중이었으나, 영국 공화정을 옹호하는 글을 쓰기 위해 기꺼이 남은 시력을 바쳤다. 이듬해 그의 재혼한 아내와 아들의 사망으로 시련에 빠졌으나, 삐에르 드 물랭(Pierre du Moulin)의 『왕의 피의 절규』(Regii Sanguinis Clamor, 1652)에 대해 『두 번째 변명』으로 응수했다. 『두 번째 변명』에서 밀턴은 물랭 대신 충분한 증거도 없이 알렉산더 모어(Alexander More)를 공격 대상으로 설정하였다. 밀턴으로부터 신랄한 공격을 받은 모어는 『공개적 믿음』(Fides Publica)에서 자신이 『절규』의 저자가 아니라고 항변했다. 그러나 밀턴은 모어가 『절규』의 출판을 감독하고 찰스 2세에게 바치는 서한문을 직접 써서 서두에 첨가했다는 사실을 근거로, 『자신에 대한 변명』(Defensio Pro Se, 1655)에서 모어에 대한 자신의 이전 공격을 정당화했다. 모어는 끝내 숨겨진 저자 물랭을 발설하지 않음으로써 자신이 골수 왕정주의자임을 입증한 셈이고, 이런 모어를 공격하는 것은 자유 공화국의 대변자인 밀턴에게 당연한 의무로 여겨졌을 것이다.

[43] 이 산문의 전체 제목은 『교회문제에 관한 국가권력론: 지상의 어떤 권력도 종교문제에 있어 강제하는 것은 적법하지 않음을 보여주는 글』(A Treatise of Civil Power in Ecclesiastical Causes: Shewing That it is not lawfull for any power on earth to

온건 장로파를 선호하며 급진적 종교 사상을 기피했던 리처드 크롬웰(Richard Cromwell)의 등극으로 변화가 예상되는 시점에서 나온 것이며, 사보이 선언(Savoy Declaration)으로 가장 영향력 있는 독립파 신교도들이 분리파 교회나 자유주의 원리로부터 점점 멀어지게 된 상황에서 나온 것이다. 그러나 이보다 더 직접적인 동기는 새로운 의회의 소집이었다. 이 산문의 핵심은 리처드의 의회가 기독교적 자유에 입각한 종교적 양심을 인정할 것을 권고하는 것이다. 극존칭의 사용이라든가 헌사의 격식을 갖춘 것은 호국경 통치가 범한 오류를 의회가 수정해 주기를 바라는 기대에서 비롯된 것이지도 모른다. 세속적 권위와 영적 권위를 분리시키려는 운동은 지명의회의 몰락과 더불어 시들해졌고, 10분지 1 교구세라든지 유급 성직자에 대한 퀘이커교도들의 광적인 행적이 밀턴의 주장을 더욱 외면당하게 했다. 이러한 상황에서 그는 무식한 급진주의자들로부터 자신을 분리시키고 무정부주의의 오명을 벗을 필요가 있었다. 자신의 국제적 명성과 공화국의 공민적 자유를 위해 일했던 과거 관직의 권위까지 동원함으로써 자신의 주장을 격상시키고자 하였다. 다시 말하면, 이 산문의 의의는 독창적 사상에 있다기보다 하나의 위대한 주장을 품격과 간결함으로 포장한 데 있다. 이 산문에서 밀턴은 자신의 모든 주장의 근거를 성경적 권위에 둔다. 성경적 권위의 강조는 외적 전통이나 교파 간의 야합에서 비롯되는 종교적 강제로부터 해방되기 위함이었다. 이 산문의 첫 머리에서 밀턴은 종교적 해악이 되는 두 가지 요인으로서 억압적인 권력과 성직자 고용제도를 들고 있다.[44] 『국가권력론』에서 문제 삼고

---

compell in matters of Religion)이다. 여기서 "Civil power"는 교회의 권위에 대조되는 개념으로써 시민의 권한이 아니라 국가의 공권력을 의미한다.

[44] 이 두 가지 요인 가운데 성직자 고용제에 대하여 밀턴은 『교회에서 국가 고용 성직자를 제거하기 위한 가장 알맞은 방법』(The Likeliest Means to Remove Hirelings out

있는 것은 국가 권력의 종교적 간섭이다. 일차적으로 국가 권력으로부터 해방시키고자 하는 종교 문제란 하나님에 대한 지식과 예배인데, 이는 신성한 양심의 활동에 의한 것이며 외적 권력의 영향을 받아서는 안 된다는 것이다. 교회를 다스림에 있어서 자체로서 충분한 그 나름의 정부가 있으므로(*CPW*, III, 255), 외적 권력을 지닌 국가의 정부가 교회 정부에 간섭할 필요가 없다는 것이다.

 이상에서 개략적으로 살펴본 바와 같이, 밀턴의 산문 논쟁은 다양한 차원의 자유, 즉 종교적, 가정적, 사회적 그리고 정치적 자유를 추구한 것이다. 그의 정치적 산문들은 공화정을 앞둔 시점과 공화정 기간에 대부분 쓰였으며, 자유 공화국의 이념과 명분을 옹호하는 것이지만, 때로는 크롬웰을 비롯한 공화정의 지도자들에게 경고하는 것이기도 하다. 크리스토퍼 힐에 의하면, 공화정 말기에 밀턴은 영국공화국의 최고 지성이었으며, 저명한 외국의 방문객들이 "위대한 존 밀턴"(the great John Milton)을 보기 위해 몰려들었다고 한다.[45] 그러나 밀턴이 염려한 대로 새로운 공화정은 점차 전제군주제를 닮아가면서 그 명분이 쇠퇴하였고 결국에는 왕정복고로 대단원의 막을 내리고 말았다. 단기적으로 보면, 밀턴의 산문 논쟁은 성공적이지 못했다고 할 수도 있다. 반감독제 산문 논쟁도, 이혼의 교리를 다룬 것들도, 단기적으로는 제도적 변화를 가져오지 못했으며, 출판의 자유 역시 그의 생전에 이루어지지 못했다.[46] 그는 끝까지 군주제에 반대하며 자유공화국을 위해 마지막까지 필봉을 휘두르며 저항하였지만[47] 다수 여론은 이미 공화정에 등을 돌렸으며 냉소적 반응 속

---

 of the Church, 1959)에서 본격적으로 논의한다.
[45] Hill, *Milton and the English Revolution*, 197.
[46] Thorpe, 71.
[47] 『자유공화국 건설을 위한 준비된 쉬운 방법』(*The Ready and Easy Way to Establish*

에서 결국 왕정이 복고되고 만다. 자유공화정을 향한 자신의 꿈이 수포로 돌아감으로써, 밀턴은 아담과 이브의 원죄로 인하여 인류가 자유를 상실하게 된 성서적 신화를 떠올렸을 것이며, 영국민이 과연 자유를 쟁취할 자격이 있는지에 대해 깊은 좌절과 회의에 빠졌을 것이다. 그는 곧 이러한 실망을 극복하고 또 다른 마음속의 희망을 키우며, 『실낙원』을 비롯한 마지막 세 시작품에서, 영국국민을 향한 "다른 유형의 정치적 행위"를 했던 셈이다.[48] 역사적으로 돌이켜 보면, 밀턴이 주창한 검열 없는 출판의 자유, 정신적 부조화에 따른 이혼의 자유, 교회 내의 신앙의 자유, 그리고 정치권력으로부터의 종교의 자유 등 오늘날 민주국가에서 누리는 인간의 기본적 자유는 그 당시 사람들에게 과격하고 혁명적인 사상이었다. 그렇기에, 전제군주제에 맞서 공화주의 편에서 혼신의 힘을 다해 필봉으로 싸웠던 밀턴의 자유사상은 수세기가 지난 오늘날까지 자유의 가치를 일깨워주는 각성제로 남아 있다. 윌리엄 케리건(William Kerrigan)이 밀턴을 데카르트(Descartes)나 칸트(Kant)보다 나은 스승이라고 결론짓고, 그들을 바위섬들에 비유하면서 밀턴을 살아있는 거대한 바다의 짐승 리바이어던(leviathan)에 비유한 것도 이 때문이다.[49] 아무쪼록, 본 역서가 밀턴 연구자는 물론, 영국혁명, 종교개혁, 의회정치, 언론자유 등의 주제에 관심 있는 독자들에게 다소간의 도움이 된다면, 역자로서 그 이상의 보람이 없겠다.

---

a Free Commonwealth)이 1659년 3월 3일에 발행되었고, 심지어 이듬해 재판까지 나왔으나, 1660년 5월 30일에 찰스 2세가 왕위에 오르게 된다.

[48] Hill, *Milton*, 348.

[49] William Kerrigan, "Milton's Place in Intellectual History." *The Cambridge Companion to Milton*. Ed. Dennis Richard Danielson. 2nd ed. (Cambridge: Cambridge UP, 1999), p. 266.

참고문헌

『공동번역성서』. 대한성서공회, 1977.
김인성. "밀턴의 이혼론에 나타나는 기독인의 자유와 여성의 예속."『밀턴연구』 6 (1996): 73~107.
밀턴과근세영문학회 편.『밀턴의 이해』. 시공아카데미, 2004.
박상익.『언론자유의 경전 아레오파기티카』. 소나무, 1999.
서홍원. "Milton's Distrust of the Presbyterians and the People in *The Tenure of Kings and Magistrates*."『밀턴연구』 9.2 (1999): 363~379.
『성경전서』. 개역개정판. 대한성서공회, 2001.
송홍한.「『국가권력론』: 밀턴의 정종분리 사상」.『새한영어영문학』 51.2 (2009): 61~79.
___.「『밀턴의 교육론』: 실용주의적 휴머니즘」.『동아교육논총』 27 (2001): 1~12.
___.「밀턴의 반감독제 산문에 나타난 영국 종교개혁의 정치성」.『밀턴과근세영문학』 21.2 (2011): 275~304.
___.「밀턴의『아레오파기티카』와 이혼론 산문들의 정치성」.『밀턴과근세영문학』 22.2 (2012): 391~416.
___.「『왕과 관료의 재직조건』에 나타난 밀턴의 국민주권론」.『밀턴과근세영문학』 17.2 (2007): 323~341.
___.「왜 밀턴인가?―자유사상과 심중낙원을 중심으로」.『밀턴과근세영문학』 19.1 (2009): 137~159.
워커, 윌리스톤 외(Walker, Williston, et al.).『기독교 교회사』(*A History of the Reformation*). 송인설 역. 크리스챤 다이제스트, 1993.
이종우.「종교개혁을 위한 담론의 형성과 이상적 주체의 형상―밀턴의「『아레오파기티카』」.『영어영문학』 50.2 (2004): 515~542.
이철호. "The Fallacy of Secularizing *Areopagitica*."『밀턴연구』 11.2. (2001): 1~19.
최재헌. "존 밀턴의『아레오파기티카』에 나타난 "현명한 독자"와 검열, 그리고 자유의지." 『밀턴연구』 21.1 (2011): 131~157.
토마스 린제이(Thomas M. Lindsday). 『종교개혁사』(*A History of the Reformation*). 이형기·차종순 역. 한국장로교출판사, 1991.
『한글 킹제임스성경』. KJV 한글대역. 말씀보존학회, 1995; 2016.
홍성구. 「『아레오파지티카』에 나타난 공화주의와 언론자유」. 『한국언론학보』 55.2 (2011): 178~201.
홍치모. 『스코틀랜드 종교개혁과 영국혁명』. 총신대학출판부, 1991.
홍한유. 『영국혁명의 제원인』. 법문사, 1982.

Achinstein, Sharon. *Milton and the Revolutionary Reader*. Princeton: Princeton UP, 1994.
Agar, Herbert. *Milton and Plato*. Princeton, 1928.
Altschull, J. Herbert. *From Milton to McLuhan: The Ideas Behind American Journalism*. New York: Addison-Wesley, 1990.
Amram, David W. *The Jewish Law of Divorce According to Bible and Talmud*. Philadelphia, 1896.
Ariosto, Ludovico. *Orlando Furioso*, tr. Harrington, 1591.
Aristotle. *Ethics*, tr. H. Rackham. London and New York: Loeb Classical Library, 1926.
___. *Generation of Animals*, tr. A. L. Peck. London and Cambridge: Loeb Classical Library, 1943.
___. *The Nicomachean Ethics*, tr. W. D. Ross. London: Oxford UP, 1954.
___. *Politics*, tr. Rackham. Loeb Classical Library, 1926.
___. *Works*, tr. and ed. Smith and Ross, 1910.
Armitage, David, et al., eds. *Milton and Republicanism*. Cambridge: Cambridge UP, 1996.
Augustine. *The City of God*, tr. Henry Bettenson. Harmondsworth: Penguin Books, 1984.
___. *Confessions*, tr. R. S. Pine-Coffin. Harmondsworth: Penguin Books, 1981.
___. *On Christian Doctrine*, tr. D. W. Robertson. Jr. New York: Macmillan, 1989.
Aylmer, G. E. *Rebellion or Revolution?: England from Civil War to Restoration*.

Oxford: Oxford UP, 1986.

Bacon, Francis. *Advancement of Learning. Works,* ed. James Spedding, Robert Leslie Ellis, and Douglas Deon Heath. 15 vols. Boston, 1861~1864.

___. "An Advertisement Touching the Controversies of the Church of England." James Spedding. *Letters and Life of Francis Bacon.* 3 vols. London, 1861.

___. Francis. *New Atlantis.* 1627.

___. Francis. *World Classics.* Oxford, 1929.

Bagwell, Richard. *Ireland under the Stuarts and during the Interregnum.* 3 vols. London, 1909~1916.

Barker, Arthur. "Christian Liberty in Milton's Divorce Pamphlets." *Modern Language Review* 34 (1940): 153~161.

___. *Milton and the Puritan Dilemma, 1641-1660.* Toronto: U of Toronto P, 1942.

Bede. *Church History.* I. iv. tr. Migne. *Latina,* XCV, 30.

Boehrer, Bruce. "Elementary Structures of Kingship: Milton, Regicide, and the Family." *Milton Studies* 23 (1987): 97~117.

Bongiornom, Andew. "Tendencies in Milton's 'Of Education,'" JGE, IV. 1950.

Boyce, Benjamin. *The Polemic Character 1640-1661.* Lincoln: U of Nebraska P, 1955.

Bridge, William. *A Sermon Preached Before the Honourable House of Commons.* Nov. 29, 1643, E79 (11).

Brooke, Lord. *A Discourse.* 2nd ed. 1642.

Brooks, Cleanth and John Edward Hardy, eds. with essays in analysis. *Poems of Mr. John Milton, the 1645 Edition.* New York: Harcourt Brace Jovanovich, 1951.

Bucer, Marin. *Sacra Quattuor Evangelica.* 6th ed. Strassburg, 1555.

Buchanan, George. *Rerum Scoticarum Historia,* Edinburgh, 1582; Library of British Museum.

___. *History of Scotland.* Edinburgh, 1582; BML.

Burnet, Gilbert. *History of the Reformation of the Church of England.* ed. Nares,

4 vols. London, 1830.

Burroughs et al. *An Apologeticall Narration*. 1644.

Burton, Henry. *Jesu-Worship Confuted*. London, 1640.

Bush, Douglas. *The Renaissance and English Humanism*. Toronto: U of Toronto P, 1972.

Cable, Lana. "Shuffling up Such a God: The Rhetorical Agon of Milton's Antiprelatical Tracts." *Milton Studies* 21 (1985): 3~33.

Calvin, John. *Commentaries on the Four Last Books of Mosesvin*, ed. Charles W. Bingham. 4 vols., Edinburgh, 1885.

___. *Institutes of the Christian Religion*. 2 vols. trans. Bord Lewis Battles and ed. John T. Mcneill. Philadelpia: Westminster Press, 1696.

___. *Praelectiones in Librum Prophetiarum Danielis*. Geneva, 1561.

Camden. *Britania*, tr. Philemon Holland. 1586.

Campbell, Gordon and Thomas N. Corns. *John Milton: Life, Work, and Thought*. Oxford: Oxford UP, 2008.

Carey, John, ed. *Milton: Complete Shorter Poems*. London: Longman, 1971.

Casaubon, Meric. *A Treatise of Use and Custome*. 1638; HEFL.

Cedrenus, Georgis. *Grosses Vollständiges Universal Lexicon*. Halle and Leipzig, 1737.

Chaucer, Geofrey. *The Complete Works of Chaucer*. ed. F. N. Robinson. New York: Houghton Mifflin, 1938.

Cicero. *On the Nature of the Gods*, I, 23. tr. C. D. Yonge. New York, 1888.

Clara, Santa. *Apologia Episcoporum seu Sacri Magistratus*. 1640.

Clark, E. M. "Milton's Earlier Samson," University of Texas Bulletin, No. 2734. 1927.

Conrad Russell. *Unrevolutionary England, 1603-1642*. Bloomsbury Academic, 2003.

Constitutions and Canons Ecclesiastical. 1604.

Corns, Thomas N. *John Milton: The Prose Works*. New York: Twayne, 1998.

___. "Publication and Politics, 1640~1661: An SPSS-based Account of the Thomason Collection of Civil War Tracts." *Literary and Linguistic Computing 1* (1986): 74~84.

___. *Uncloistered Virtue: English Political Literature, 1640-1660.* Oxford: Clarendon, 1992.

Cotterill, H. B., ed. with introduction. *Milton's Areopagitica: A Speech for the Liberty of Unlicensed Printing.* London: MacMillan, 1959.

Coyle, Martin, gen. ed. *Encyclopedia of Literature and Criticism.* London: Routledge & Kegan Paul, 1991.

Crotius. *Annotationes in Libros Evangeliorum.* Amsterdam, 1641; UTSL.

___. *De Jure Belli et Pacis.* 1625.

Cyprian. *Opera.* Paris, 1593.

___. *The Epistles of S. Cyprian,* tr. Henry Carey. Oxford, 1844.

Daniel, Clay. *Death in Milton's Poetry.* Lewisburg: Bucknell UP; London and Toronto: Associated UP, 1994.

Danielson, Dennis Richard. *Milton's Good God: A Study in Literary Theodicy.* Cambridge: Cambridge UP, 1982.

___, ed. *The Cambridge Companion to Milton.* Cambridge: Cambridge UP, 1999.

___. *Milton's Good God: A Study of Milton's Theodicy.* Cambridge: Cambridge UP, 1982.

Darbishire, Helen, ed. *The Early Lives of Milton.* London, 1932.

David Masson, *The Life of John Milton.* 7 vols. London: Macmillan & Co., 1859~1894.

Davies, Stevie. *The Idea of Woman in Renaissance Literature.* Brighton, Sussex: Harvest P, 1986.

De Thou, Jacques-Auguste. *History of His Own Times* (J.-A. Thuani, *Historiarum Sui Temporis Paris Prima*). Library of British Musium., 1604.

Demetrius, *On Style,* par. 7. tr. W. Rhys Roberts (Aristotle, *The Poetics;* Longinus, *On the Sublime;* Demetrius, *On Style*). Cambridge and London: Loeb Classical Library, 1932.

Diekhoff, John. "The Function of the Prologues in *Paradise Lost.*" PMLA 58 (1942): 694~704.

Diogenes Laertius. *Lives and Opinions of Eminent Philosophers.* 2 vols.

London: Loeb Classical Library, 1925.

Dionysius. *Life,* sec. ix. in the Teubner edition of Aristophanes, ed. Theodorus Bergk, Leipzig, 1852.

Dobranski, Stephen b. and John P. Rumrich, eds. *Milton and Heresy.* Cambridge: Cambridge UP, 1998.

Downame, John. *A Guide to Godlynesse.* 1622; HEHL.

___. *Annotations Upon All Books of the Old and New Testament.* 2 vols. London, 1651.

Duvall, Robert F. "Time, Place, Persons: The Background for Milton's *Of Reformation.*" *Studies in English Literature, 1500-1900.* 7 (1967): 107~118.

Dzelzainis, Martin. "Milton's Classical Republicanism." *Milton and Republicanism,* ed. David Armitage, et al. Cambridge: Cambridge UP, 1995.

___. "Milton's Politics." Danielson, Cambridge Companion, 70~83.

Egan, James. *The Inward Teacher: Milton's Rhetoric of Christian Liberty.* Seventeenth-Century News Editions and Studies, vol. 2. University Park: Pennsylvania State UP, 1980.

Etchells, Ruth, ed. with introduction. *A Selection of Poems: John Milton, 1608-1674 Exploring His Pilgrimage of Faith.* Tring, Eng.: Lion Publishing Plc, 1988.

Euripides, *Medea, II.* 1078~1080, tr. Gilbert Murray. New york, 1910.

Eusebius, Pamphilius. *Church History.* tr. Migne, *Graeca.* XX.

___. *Ecclesiastical History,* III. A Select Library of Nicene and Post-Nicene Fathers. 2nd Series, I.

Evans, John X. "Imagery as Argument in Milton's *Areopagitica.*" *Texas Studies in Literature and Language* 8 (1966): 189~205.

Fallon, Robert Thomas. *Captain or Colonel: The Soldier in Milton's Life and Art.* Columbia: U of Mississippi P, 1984.

___. *Divided Empire: Milton's Political Imagery.* University Park: Pennsylvania UP, 1995.

___. *Milton Among the Philosophers: Poetry and Materialism in Seventeenth*

Century England. Ithaca: Cornell UP, 1991.

___. *Milton in Government*. University Park: Pennsylvania UP, 1993.

Fenner, Dudley. *Sacra Theologia, sive Veritas Quae Est Secundum Pietatem*, Geneva, 1586.

Filmer, Sir Robert. *Patriarcha and Other Political Works of Sir Robert Filmer*. ed. Peter Laslett. Oxford: Basil Blackwell, 1949.

Fink, Z. S. "The Theory of the Mixed State and the Development of Milton's Political Thought." *PMLA* 57 (1942): 705~736.

Firth, C. H. "Milton as an Historian." *Proceedings of the British Academy* 3 (1907~1908): 227~257. rpt. ed. in *Essays Historical and Literary* (Oxford: Clarendon, 1938), 61~102.

Firth, C. H. and R. S. Raid, eds., *Acts and Ordinances of the Interregnum, 1642-1660*. 3 vols. London, 1911.

Fish, Stanley. *Surprised by Sin: the Reader in* Paradise Lost. 2nd ed. with a new preface. 1967; Cambridge: Harvard UP, 1998.

Fish, Stanley. "Driving from the Letter: Truth and Indeterminacy in Milton's *Areopagitica*." *Re-membering Milton: Essays on the Texts and Traditions*. eds. Mary Nyquist and Margaret W. Ferguson. New York: Methuen, 1988.

Fish, Stanley. *How Milton Works*. Cambridge, Mass.: Belknap Press of Harvard UP, 2001.

Fixler, Michael. *Milton and the Kingdoms of God*. Evanston: Northwestern UP, 1964.

Flannagan, Roy, ed. *The Riverside Milton*. Boston: Houghton Mifflin, 1998.

Fletcher, Harris Francis. *Contributions to a Milton Bibliography, 1800-1930: Being a List of Addenda to Stevens's Reference Guide to Milton*. New York: Russell & Russell, 1967. rpt. of the 1931 ed.

Fletcher, Harris. *Milton's Semitic Studies*. Chicago, 1926.

Fletcher___. *The Use of the Bible in Milton's Prose*. New York: Haskell House, 1970.

Fowler, Alastair, ed. *Milton: Paradise Lost*. London: Longman, 1971.

Foxe, John. *Acts and Monuments*. 3 vols., 1631~1632.

___. "The Benefit and Invention of Printing," *Acts and Monuments.* 3 vols. 1641.

French, J. Milton. *The Life Records of John Milton.* 5 vols. New York: Gordian, 1966.

___. "Milton as a Historian." *PMLA* 50 (1935): 469~479.

Gardner, S. R. *Constitutional Documents of the Puritan Revolution.* 3rd ed. Oxford, 1906.

___. *History of England from the Accession of James I to the Outbreak of the Civil War, 1603-1642.* 10 vols., London, 1883~1884.

Geisst, Charles R. *The Political Thought of John Milton.* London: Macmillan, 1984.

Geoffrey of Monmouth. *Historia Regum Britanniae.* IV. in *Commelin, Rerum Brittanicarum.* Heidelberg, 1587.

George Bancroft, *History of the United States.* 10 vols., New York, 1895.

Gilbert, Allan H. "Milton on the Position of Woman." *Modern Language Review* 15 (1920): 7~27, 240~264.

Gilman, Wilbur Elwyn. *Milton's Rhetoric: Studies in His Defense of Liberty.* University of Missouri Studies, vol. 14, no. 3. Columbia: U of Missouri P, 1939. Rept. New York: Phaeton Press, 1970.

Goldberg, Jonathan and Stephen Orgel, eds. *John Milton.* The Oxford Poetry Library. Oxford: Oxford UP, 1994.

Goodwin, John. *Theomachia.* E12(1). 1644.

Gratianus, Johannes. *Decretum Gratiani Canonum.* 1140.

Green, John R. *A Short History of the English People.* New york, 1916.

Grosses Vollständiges Universal Lexicon. Halle and Leipzig, 1737.

Grossman, Marshall. *"Authors to Themselves": Milton and the Revelation of History.* Cambridge: Cambridge UP, 1987.

Grotius, Hugo. *Annotationes in Libros Evangeliorum.* Amsterdam, 1641.

Guibbory, Achsah. *Ceremony and Community from Herbert to Milton: Literature, Religion, and cultural Conflict in Seventeenth-Century England.* Cambridge: Cambridge UP, 1998.

Haillan, Girard du. *Histoire de France.* Paris, 1576.

Halkett, John. *Milton and the Idea of Matrimony: A Study of the Divorce Tracts and "Paradise Lost."* Yale Studies in English, 173. New Haven, Conn., and London: Yale UP, 1970.

Halkett, John. *Milton and the Idea of Matrimony: A Study of the Divorce Tracts and Paradise Lost.* Yale Studies in English, 173. New Haven: Yale UP, 1970.

Hall, Joseph. *Episcopacie by Divine Right Asserted*, 1640.

___. *Humble Remonstrance to the High Court.* 1641.

Haller, William. "'For the Liberty of Unlicenc'd Printing.'" *American Scholar* 14 (1945): 326~333.

___, ed. *Tracts on Liberty in the Puritan Revolution.* 3 vols. New York: Columbia UP, 1934.

Hanford, J. Holly. *A Milton Handbook.* 4th ed. New York: Appleton-Century-Crofts, 1961.

___. *John Milton, Englishman.* New York: Crown Publishers, 1949.

___. *John Milton, Poet and Humanist: Essays by James Holly Hanford.* Cleveland: Case Western Reserve UP, 1966.

___. "Milton and the Return to Humanism." *Milton Criticism: Selections from Four Centuries,* ed. James Thorpe. London: Routledge & Kegan Paul, 1965.

Harris, Victor. *All Coherence Gone.* Chicago: U of Chicago P, 1949.

Haug, Ralph A. "Preface and Notes" [to *Reason of Church-Government*]. *Complete Prose Works of John Milton.* vol. 1. ed. Don M. Wolfe. 736~744.

Henry, H. Nathaniel. *The True Wayfaring Christian: Studies in Milton's Puritanism.* New York: Peter Lang, 1987.

Herman, Peter C. *Squitter-wits and Muse-haters: Sidney, Spenser, Milton and Renaissance Antipoetic Sentiment.* Detroit: Wayne State UP, 1996.

Hill, Christopher. *The Century of Revolution, 1603~1714.* New York: Norton, 1982.

___. *The Experience of Defeat: Milton and Some Contemporaries.* New York: Elizabeth Sifton, 1984.

___. *Milton and the English Revolution.* New York: Viking Press, 1978.

___. *Society and Puritanism in Pre-Revolutionary England.* London: Secker & Warburg, 1964.

___. *The World Turned Upside Down.* Harmondsworth: Penguin Books, 1975. Reissued in Peregrine Books, 1984.

Himmelfarb, Gertrude. *Introduction. On Liberty.* By J. S. Mill. 1859; Penguin Books, 1980.

Hippocrates. *Hippocrates,* tr. W. H. S. Jones. 4 vols., New York and London, 1931.

Hobbes, Thomas. *Elements of Law, Natural and Politic.* London: Adamant Media Corporation, 2005.

Hodgson, Elizabeth. "When God Proposes: Theology and Gender in Tetrachordon." *Milton Studies* 31 (1994): 133~153.

Holstun, James. *Pamphlet Wars: Prose in the English Revolution.* Buffalo: State U of New York, 1992.

Honeygosky, Stephen R. *Milton's House of God: the Invisible and Visible Church.* Columbia and London: U of Missouri P, 1993.

Hooker, Richard. *Of the Laws of Ecclesiastical Polity.* 1611.

Howard, Lazarus. *Military and Spiritual Motions of Foot Companies.* 1642.

Hughes, Merritt Y. "Milton's Treatment of Reformation History in *The Tenure of Kings and Magistrates.*" In *The Seventeenth Century: Studies in the History of English Thought and Literature from Bacon to Pope.* By Richard Foster Fones, et al. Stanford, Cal.: Stanford UP, 1951, 247~263. Reprinted in *Ten Perspectives on Milton* (New Haven, Conn., and London: Yale UP, 1965), 220~239.

Hughes, Merritt Y., ed. *John Milton: the Complete Poems and Major Prose.* 1957. Indianapolis: Odyssey, 1980.

Huguelet, T. L. "The Rule of Charity in Milton's Divorce Tracts." *Milton Studies* 6 (1974): 199~214.

Hunter Jr., W. B., gen. ed. *A Milton Encyclopedia.* 9 vols. Lewisburg: Bucknell UP, 1978.

Hunter, William B., Jr. "Milton's Arianism Reconsidered." *Harvard*

Theological Review 52 (1959): 9~35. Reprinted in *Bright Essence: Studies in Milton's Theology,* by W. B. Hunter, C. A. Patrides, and J. H. Adamson (Salt Lake City: U of Utah P, 1971), 29~51.

Hunte___. *Visitation Unimplor'd: Milton and the Authorship of* De Doctrina Christiana. Pittsburgh: Duquesne UP, 1998.

Huntley, John F. "The Images of Poet and Poetry in Milton's Reason of Church Government." *Achievements of the Left Hand.* eds. Michael Lief & John. T. Shawcross. 85~89.

Hunton, Philip. *A Treatise of Monarchie,* 1643.

Jacobus Thuanus [Jacques-Auguste de Thou]. *Historiarum Sui Temporis.* 1604.

Leunclavius, Johann. *Eelectus Legum Compendiarus,* in *Juris Graeco-Romani.* Frankfurt, 1596.

John Gauden. *The Religious and Loyal Protestation.* 1649.

Josephus, Flavius. *Antiquities of the Jews.* tr. William Whiston. 2 vols. New York, 1821.

___. *Against Apion,* tr. William Whiston, n.d.

Judson, Margaret A. *The Crisis of the Constitution.* New Brunswick: Rutgers UP, 1949.

Kelley, Maurice. *This Great Argument: A Study of Milton's "De Doctrina Christiana" as a Gloss upon "Paradise Lost."* Glouciester, Mass.: Peter Smith, 1962. rpt. of Princeton Studies in English. vol. 22. Princeton: Princeton UP, 1941.

Kendall, Willmoore. "How to Read Milton's *Areopagitica.*" *The Journal of Politics* 22 (1960).

Keplinger, Ann. "Milton: Polemics, Epic, and the Woman Problem, Again." *Cithara* 10 (1971): 40~52.

Kerrigan, William. "Milton's Place in Intellectual History." *The Cambridge Companion to Milton.* Ed. Dennis Richard Danielson. 2nd ed. Cambridge: Cambridge UP, 1999.

King, John N. *English Reformation Literature: The Tudor Origins of the Protestant Tradition.* Princeton: Princeton UP, 1982.

Knappen, M. M. *Tudor Puritanism.* Chicago, 1939.

Knoppers, Laura Lunger. *Historicizing Milton: Spectacle, Power, and Poetry in Restoration England.* Athens and London: U of Georgia P, 1994.

Knox, John. *The Appellation of John Knoxe from the Cruell and most Unjust Sentence.* Jenea. 1558.

___. *The History of the Reformation in the Church of Scotland.* Edingurgh, 1644.

___. *The Works of John Knox.* 6 vols. ed. David Laing. Edinburgh, 1846.

Knox, R. Buick. *James Ussher Archbishop of Armagh.* Cardiff: University of Wales Press, 1967.

Kranidas, Thomas. "Milton's *Of Reformation:* The Politics of Vision." *ELH* 49 (1982): 497~513.

Lactantius, Lucius. *Divine Institutiones,* in *Opera* (Lyons. 1548; NYPL).

Lampridiusm, Aelius, et. al. *Historia Augustae Scriptores Sex.* ed. Paris: Isaax Casaubon, 1603.

Levi, Peter. *Eden Renewed: The Public and Private Life of John Milton.* New York: St. Martins, 1997.

Lewalski, Barbara Kiefer. "Milton: Political Beliefs and Polemical Methods, 1659~1660." *PMLA* 74 (1959): 191~202.

___. *Milton's Brief Epic: the Genre, Meaning, and Art of Paradise Regained.* Providence: Brown UP; London: Methuen, 1966.

___. *The Life of John Milton: A Critical Biography.* Malden, MA: 2000.

Lief, Michael & John T. Shawcross, eds. *Achievements of the Left Hand: Essays on the Prose of John Milton.* Amherst: U of Massachusetts P, 1974.

Lilburne, John. *Tyrannie Discovered.* 1647.

Livetus. *Theologicae & Scholasticae Exercitationes.* Leyden, 1633.

Livy. *Historiarum... Libri.* Venice, 1590.

Locke, John. *Two Treatises of Government.* Cambridge: Kessinger Publishing, 2004.

Lowenstein, David. *Milton and the Drama of History.* Cambridge: Cambridge UP, 1990.

___. Lowenstein, David. "Milton's Prose and the Revolution." *The Cambridge Companion to Writing of the English Revolution.* ed. N. H. Keeble.

Cambridge: Cambridge UP, 2001. 87~105.
Loewenstein, David and James Grantham Turner, eds. *Politics, Poetics, and Hermeneutics in Milton's Prose.* Cambridge: Cambridge UP, 1990.
Low, Lisa and Anthony John Harding. *Milton, the Metaphysicals. and Romanticism.* Cambridge: Cambridge UP, 1994.
Mackintosh, John. *History of Civilization in Scotland.* 4 vols. Paisley, 1893.
Malvezzi., Virgilio Marquese. *Discourses upon Cornelius Tacitus.* tr. Sir Richard Baker. 1642.
Martyr, Justin. *Second Apology.* vol. 5. *Ante-Nicene Christian Library.* ed. Alexander Roberts and Aames Donaldson. 24 vols. Edinburgh, 1867~1872.
Masson, David. *The Life of John Milton: Narrated in Connexion with the Political, Ecclesiastical and Literary History of His Time.* 7 vols. London, 1881~1894; rpt. Gloucester, Mass: Peter Smith, 1965.
Matthews, A. G., ed. *The Savoy Declaration of Faith and Order*, 1658. London: Independent Press, 1959.
Mayer, John. *A Commentarie upon the New Testament.* 2 vols. 1631; UTSL.
Melczer, William. "Looking Back without Anger: Milton's *Of Education.*" In *Milton and the Middle Ages.* ed. John Mulryan. Lewisburg, PA.: Bucknell UP; London and Toronto: Associated UP, 1982. 91~102.
Milner, Andrew. *John Milton and the English Revolution: A Study in the Sociology of Literature.* London: Macmillan, 1981.
Milton, John. *Complete Prose Works of John Milton.* 8 vols. gen. ed. Don M. Wolfe New Haven & London: Yale UP, 1953~1958.
Montemayor. *Jorge de. Diana*, 1559.
Morton, A. L., ed. *Freedom in Arms: A Selection of Leveller Writings.* London: Lawrence and Wishart, 1975.
Moulin, Louis de. *Irenaei Philadelphi Epistola.* 1641.
Mueller, Janel. "Embodying Glory." Loewenstein & Turner, 9~40.
Mustazza, Leonard. *"Such Prompt Eloquence": Language as Agency and Character in Milton's Epics.* Lewisburg: Bucknell UP; London and Toronto: Associated UPs, 1988.

Myers, William. *Milton and Free Will: An Essay in Criticism and Philosophy.* London: Croom Helm, 1987.

Nathaniel H. Henry. *The True Wayfaring Christian: Studies in Milton's Puritanism.* New York: Peter Lang, 1987.

Neal, Daniel. *The History of the Puritans.* 2 vols. London, 1754.

Norbrook, David. *Poetry and Politics in the English Renaissance.* London: Routledge & Kegan Paul, 1984.

___. *Writing the English Republic: Poetry, Rhetoric and Politics 1627-1660.* Cambridge: Cambridge UP, 1999.

Nyquist, Mary. "The Genesis of Gendered Subjectivity in the Divorce Tracts and in Paradise Lost." *Remembering Milton: New Essays on the Texts and the Traditions,* ed. Mary Nyquist and Margaret W. Ferguson. London: Methuen, 1988.

Origen. *Dialogue I.* tr. Migne, *Latina; Opera, Leyden.* 1635.

Ovid. *Ovid's Metamorphoses.* tr. F. J. Miller. London & New York: Loeb Classical Library, 1939.

Palmer, Hermert. *The Necessity and Encouragement of Utmost Venturing.* 1643; E60[3].

Paraeus. *Operum Theologicorum.* Frankfurt, 1628.

Pareus, David. *Operum Theologicorum.* 2 vols. Frankfurt, 1647.

Parker, William Riley. *Milton: A Biography.* 2 vols. Oxford: Clarendon, 1968; rev. Gordon Campbell, 1996.

Patrick, J. Max, ed. *Prose of John Milton.* New York, 1967.

Peck, Harry T. *Harper's Dictionary of Classical Literature and Antiquities.* New York, 1923.

Pietro Sarpi. *History of Inquisition,* tr. Robert Gentilis, 1639.

Plato. *The Dialogues of Plato.* tr. Benjamin Jowett. 5 vols. Oxford: Oxford UP, 1931.

Pliny the Elder. *Natural History.* tr. H. Rackham. 10 vols. Loeb Classical Library, 1938 ff.

Plutarch, *Brutus,* VII-X, in *Lives.* tr. Bernadotte Perrin. 11 vols. New York and London: Loeb Classical Library, 1914~1943.

Plutarch, Pompey. *Moralia*. tr. F. C. Babbitt. 14 vols. Loeb Classical Library. London, 1927.

Polybius, *The Histories*, VI. tr. W. R. Paton. 6 vols. New York: Loeb Classical Library, 1922~1927.

Ponet, John. *A Shorte Treatise of Politike Power and of ... Obedience.* Thomason, I, 144; E154 (36). 1556.

Poole, Matthew. *Synopsis Criticorum.* 5 vols. Frankfurt, 1678.

Price, John. *Clerico-Classicum.* 1649.

Prynne, William. *A Briefe Memento.* January 4, 1649.

Radzinowicz, Mary Ann. *Milton's Epics and the Book of Psalms.* Princeton: Princeton UP, 1989.

Radzinowicz, Mary Ann. *Toward Samson Agonistes: The Growth of Milton's Mind.* Princeton: Princeton UP, 1978.

Rajan, Balachandra and Elizabeth Sauer. eds. *Milton and the Imperial Vision.* Pittsburgh: Duquesne UP, 1999.

Raleigh, Sir Walter. *The Historie of the World.* 1617.

Raymond B. Waddington. eds. *The Age of Milton.* Manchester, Eng.: Manchester UP; Totowa: Barnes & Noble Books, 1980.

Redingstone, John. *Plain English to the Parliament and Army, and to the Rest of the People.* 1649.

Reuben Sanchez, Jr. *Persona and Decorum in Milton's Prose.* Madison: Fairleigh Dickinson UP, 1997.

Revard, Stella P. "Milton and Millenarianism: from the Nativity Ode to *Paradise Regained*." Milton and the Ends of Time. ed. Juliet Commins. Cambridge: Cambridge UP, 2003. 42~81.

Richmond, Hugh M. *The Christian Revolutionary: John Milton.* Berkeley: U of California P, 1974.

Robinson, Henry. *John the Baptist.* September 23, 1644, E9(13).

___. *Liberty of Conscience.* 1644.

Rowen, Herbert H. "Kingship and Republicanism in the Seventeenth Century: Some Reconsideration." *The Renaissance to the Counter-Reformation.* ed. Charles H. Carter. New York: Random House, 1965.

Rushworth, John. *Historical Collections and Tryal.* 1721.

___. John. *Petition for the Prelates.* 1641.

Russell, Conrad. *Unrevolutionary England, 1603-1642.* Hambledon & London, 2003.

Salmasius (Claude de Saumaise). *De Episcopus et Presbyteris.* Leyden, 1641.

Saltmarsh, John. *Dawnings of Light.* E1168[3]. January 4, 1645.

Samuel, Irene. *Dante and Milton: the Commedia and Paradise Lost.* Ithaca: Cornell UP, 1966.

___. *Plato and Milton.* Ithaca: Cornell UP, 1947. Paperback, 1965.

Sanchez, Jr. Reuben. *Persona and Decorum in Milton's Prose.* Cranbury, NJ: Associated UP, 1997.

Sanderson, William. *A Compleat History of the Life and Raigne of King Chrles.* 1658.

Sandys, Sir Edwin. *Europae Speculum.* 1638.

Sarpi, Pietro. *Historia del Concilio Tridentino* (1619), tr. Nathanael Brent. 1620.

Schaff, Philip. *The Creeds of Christendom.* 3 vols. New York, 1991.

___, ed. *Fathers, N. and P. N. 1*, V, n.d.

___ and Henry Wace, ed. *Fathers, N. and P. N. 2*, tr. McGiffert, n.d.

Schiffhorst, Gerald J. *John Milton.* New York: Continuum, 1990.

Schultz, Howard. *Milton and Forbidden Knowledge.* New York: Oxford UP, 1955.

Secundus, Gaius Plionius. *Historias Naturalis Libri* XXXVII. 3 vols. Leyden, 1635; PUL.

Selden, John. *De Jure Naturali et Gentium.* Juxta Disciplinam Ebraeorum. 1640.

Sensabaugh, George F. *Milton in Early America.* Princeton: Princeton UP, 1964.

Severus, Sulpitius. *Life of St. Martin.* in *History.* Leyden, 1635.

Sewell, Arthur. *A Study in Milton's Christian Doctrine.* Archon Books, 1967. First Published by Oxford UP in 1939.

Shawcross, John T. *The Complete Poetry of John Milton.* Garden City:

Doubleday, 1971.
___. "The Higher Wisdom of *The Tenure of Kings & Magistrates.*" *Achievements of the Left Hand.* ed. Michael Lieb and John T. Shawcross. Amherst: U of Massachusetts P, 1974.
___. *John Milton: the Self and the World.* Lexington: UP of Kentucky, 1993.
___. *John Milton and Influence: Presence in Literature, History and Culture.* Pittsburgh: Duquesne UP, 1991.
Siebert, F. S. *Freedom of the Press in England 1476-1776.* Urbana: U of Illinois P, 1952.
Sigonius, *De republica Hebraeorum.* Frankfurt, 1585.
Sleidan, John. *Commentaries.* tr. John Daus. London, 1560.
Smith, Nigel. "*Areopagitica*: Voicing Contexts, 1643~1645." *Politics, Poetics, and Hermeneutics in Milton's Prose.* Cambridge: Cambridge UP, 1990. 103~122.
___. *Literature and Revolution in England 1640-1660.* New Haven: Yale UP, 1994.
Socrates Scholasticus. *Ecclesiastical History.* Bohn ed. London, 1867.
Sozomen. *Church History, in EHA.* Paris, 1544.
Sparros, Anthony, ed. *A Collection of Articles, Injunctions, Canons*, 1675.
Spedding, James, et al. *Works of Francis Bacon.* 14 vols. Boston: 1857~1874.
Spenser, Edmund. *Complete Works.* ed. Charles G. Osgood et al. 10 vols. London, 1860~1912.
Stavely, Keith W. *The Politics of Milton's Prose Style.* Yale Studies in English, 185. New Haven, Conn., and London: Yale UP, 1975.
Stone, Lawrence. *The Family, Sex and Marriage in England 1500-1800.* London: Weidenfeld and Nicolson, 1977; Harmondsworth: Penguin, 1979.
Svendsen, Kester. "Science and Structure in Milton's *Doctrine of Divorce.*" *PMLA* 67 (1970).
Tacitus. Annals. tr. Arthur Murphy. *The Historical Works.* 2 vols. London: Everyman, 1943.
The Holy Bible. King James Version. 1611 ed. Hendrickson Publishers, 2006.

Thorpe, James. *John Milton: The Inner Life.* San Marino: Huntington Library, 1983.

Tillyard, E. M. W. Milton. rev. ed. London: Chatto, 1969.

Todd, Margo. *Christian Humanism and the Puritan Social Order.* Cambridge: Cambridge UP, 1987.

Traill, H. D. and J. S. Man. *Social England.* 6 vols. London, 1894~1897.

Tulloch, John. *English Puritanism and Its Leaders: Cromwell, Milton, Baxter, Bunyan.* Kessinger Publishing's Rare Reprints. Edinburgh and London: William Blackwood and Sons, 1861.

Tydale, William. *Obedience of a Christian Man. Works of W. Tyndall.* John Frith and Dr. Barnes. 1573.

Ussher, James. "A Geographicall and Historicall Disquisition, Touching on the Lydian or Proconsular Asia, and the Seven Metropoliticall Churches Contained Therein," in *Certain Brief Treatises* (CBT). Oxford, 1641.

Via, John A. "Milton's Antiprelatical Tracts: The Poet Speaks in Prose." *Milton Studies* 5 (1973): 87~127.

Walker, George. *Angl-Tyrannus.* 1650.

Webber, Joan. "John Milton: The Prose Style of God's English Poet." *The Eloquent "I": Style and Self in Seventeenth-Century Prose.* Madison, Milwaukee, and London: U of Wisconsin P, 1968. 184~218.

Wilding, Michael. "Milton's *Areopagitica:* Liberty for the Sects." *Prose Studies* 9 (1986): 7~38. Reprinted in *The Literature of Controversy: Polemical Strategy form Milton to Junius.* ed. Thomas N. Corns. London: Frank Cass, 1987. 7~38.

___. *Dragon's Teeth: Literature in the English Revolution.* Oxford: Clarendon Press, 1987.

Wilkinson, L. P. *Ovid Recalled.* Cambridge: Cambridge UP, 1955.

Willey, Basil. *The Seventeenth-century Background: Studies in the Thought of the Age in Relation to Poetry and Religion.* 1934. London: Routledge & Kegan Paul, 1979.

Williams, Arnold. *The Common Expositor.* Chapel Hill: U of North Carolina P, 1948.

Willis, Gladys J. *The Penalty of Eve: John Milton and Divorce.* New York: Peter Lang, 1984.
Wingfield-Straford, Esmé. *King Charles the Martyr.* London: Hollis & Carter, 1950.
Wolfe, Don M. *Milton and His England.* Princeton: Princeton UP, 1971.
___, M., et. al. eds. *Complete Prose Works of John Milton.* 8 vols. New Haven: Yale UP, 1953~1982.
Woodhouse, A. S. P. *Puritanism and Liberty.* Everyman Paperbacks, 1992.
Woolrych, Austin. *Commonwealth to Protectorate.* Oxford: Clarendon, 1982.
Worden, Blair. *The Rump Parliament 1648-1653.* Cambridge: Cambridge UP, 1974.
Zagorin, Perez. *Milton: Aristocrat and Rebel: the Poet and His Politics.* New York & Suffolk: D. S. Brewer, 1992.

찾아보기

1권

ㄱ

가나안적인 교리 ·················· 234
가내 권력 ························· 443
가드너(Gardner) ···················· 179
가인(Cain) ···························· 89
가장 어려운 시도 ···················· 199
가정 국가(household state) ········ 270
가정 정치(household government)
······································ 129
가정적 불행 ························· 269
가족 사회(household society) ······ 287
가족파(Familists) ···················· 167
가톨릭 ············ 33, 43, 102, 165, 406
가톨릭교도의 미신 ·················· 268
간음 ················ 266, 273, 280, 324,
     340, 346, 403, 424
갈릴리학파(Galilean school) ······· 271
감독 법원(consistory) ················ 58
감독제(Episcopacy) ············ 4, 21,
     57, 65, 92, 122, 140, 157, 205, 255
감독제 반란 ························· 178
감독제 스파르타 ···················· 247
감독제의 사법권 ···················· 217
강제된 덕성 ························· 435
강제적인 존속 ························ 337
개인적 학문 ························· 195
개종 ······················· 181, 314, 322

개혁 ································ 180
개혁교회(Reformed church) ········ 98
검열(lisence, censorship) ············ 219
게하시(Gehezi) ···················· 106
결혼생활 ····················· 295, 332,
     345, 388, 416, 422, 446
결혼의 결속 ························· 419
결혼의 내적 매듭 ···················· 325
결혼의 매듭 ························· 284
결혼의 비밀 ························· 416
결혼의 성례전적(聖禮典的) 교리
······································ 280
결혼의 우상 ························· 336
결혼의 존엄 ························· 300
결혼의 평화 ························· 317
결혼 잠자리의 교제 ·················· 324
결혼제도 ··················· 396, 403, 414
경건한 교제 ························· 324
경제적인 법 ························· 399
계시 ····························· 3 190, 363
계율 ···················· 11, 14, 125, 132,
     139, 222, 229, 232, 239, 240, 250
고대 제사장(Flamins) ··················· 6
고등법원 ····························· 87
고등종교위원회(Court of High
     Commission) ······················ 235
고르디아스의 난제(Gordian

difficulties) ························· 433
고위 성직자(Prelates) ········ 11, 19, 33
고위 성직자 순교자들(Prelat-Martyrs)
  ·· 99
고위 성직자 제도 ························ 22
고위직 ·························· 23, 115, 175
공동기도서(The Book of Common
  Prayer) ······················ 15, 246, 463
공동선 ······································· 115
공민법 ··· 96
공의회(General Council) ········ 30, 56, 103
공화국(the commonwealth) ··········· 59, 271, 394, 407, 452, 467, 480, 481
과부급여(jointures) ···················· 438
관료 ············ 38, 87, 96, 151, 224, 438
관면(寬免, dispensation) ············ 348, 371, 375, 377, 406, 411, 448
관면장 ······································· 266
관습 ···························· 158, 159, 246, 259, 261, 284, 434
교령과 개요 없는 개요(decretals, and sumles sums) ······················ 448
교리 ············ 5, 11, 139, 167, 267, 312, 336, 429
교파 ············· 68, 167, 170, 179, 476
교파 창설자(Patriarchat) ·············· 88
교황 ······························ 85, 101, 165, 166, 245, 369, 470
교황 무오설(無誤說) ····················· 11
교황절대주의자들 ······················· 97
교황정치(Popedome) ··················· 14
교황제 ······················ 25, 72, 99, 406
교황주의(Papism) ········· 13, 215, 245
교황주의자 ····· 13, 185, 222, 274, 435
교회개혁 ····························· 17, 138

교회개혁법안 ······························ 21
교회 계율 ········· 21, 94, 132, 138, 222
교회법 ························ 21, 87, 158, 166, 262, 279, 280, 295, 325
교회법의 굴레 ··························· 276
교회법 재갈(canon bit) ··············· 423
교회 법정 ·························· 280, 465
교회사 ······························· 28, 100
교회 인두세(poll tax) ·················· 110
교회 의식 ···································· 12
교회의 견책 ······························· 219
교회의 도피 ······························· 213
교회의 분열 ······························· 170
교회의 선거권 ··························· 228
교회의 예배지침 ······················· 159
교회의 잔혹 ······························· 238
교회의 타락상 ······························· 9
교회의 평화 ······························· 193
교회 정부 ················ 38, 62, 107, 124, 125, 134, 208
교회 통치자 ······························· 136
교회 헌법과 교회법(Constitutions and Canons Ecclesiastical) ············ 234
교회회의(Consistory) ·················· 172
구원 ···················· 93, 106, 108, 214, 223, 308, 454, 467
국가 정부(civil government) ········· 94
국가 통제주의자(statist) ········· 17, 63
국교반대주의자 ························ 171
군주국 ················· 67, 71, 81, 85, 468
군주제 ················ 61, 76, 92, 173, 481
굴종적인 교리 ··························· 244
귀족원(Upper House) ············ 90, 96
귀족정치 ···························· 64, 94, 102
규범 ···································· 32, 325
그라티아누스(Gratian) ················ 158

그레고리 교령집(The Gregorian
　　Decretals) ·················· 294
그린달(Grindal) ····················· 25
금품 강요 ························· 240
기독교 공화국(Christian
　　Commonwealth) ············ 59
기독교 국가 ··········· 11, 45, 73, 142,
　　166, 221, 265, 433
기독교인 ············ 199, 234, 287, 430
기독교적인 국민 ·················· 114
기독교적인 위안 ·················· 238
기독교적인 자유 ·················· 320
기독교적인 평화 ·················· 110
기록판(Diptychs) ··················· 55
기억의 부인(Dame Memory) ······ 205

ㄴ

나체주의자(Adamites) ············· 172
낙원 ··················· 127, 300, 387
남편의 위안 ······················ 409
내란 ················· 90, 113, 185, 461
내면적인 신성 ···················· 214
내적 예배 ························ 145
노섬벌랜드(Northumberland) ······ 16
노예근성 ················ 48, 207, 435
논쟁의 거친 바다 ················· 206
「농부의 이야기」(The Plowman's
　　Tale) ························ 69
누마(Numa) ······················ 128
니케아 공의회(General Council of
　　Nicæa) ······················ 30
니케포루스 포카스(Nicephorus
　　Phocas) ······················ 30

ㄷ

단테(Dante) ······················· 43
『신곡』(La Divina Commedia)
　　······························· 231
대간의서(大諫議書, Grand
　　Remonstrance, 1640) ········ 243
대학평의원회(regent house) ······· 109
대헌장(Magna Charta) ······· 85, 245
데메트리우스(Demetrius) ·········· 429
도덕률 ·························· 317
도덕률 폐기론 ···················· 167
도덕법 ················· 323, 353, 405
도덕적 공평의 법 ················· 398
도덕적 종교 ······················ 323
도덕적인 시내(Sinai) ·············· 397
독신생활 ······ 292, 321, 334, 388, 439
독재권 ·························· 174
드루이드(Druides) 성직자 ········· 271
디오니시우스 알렉산드리누스
　　(Dionysius Alexandrinus) ······ 27

ㄹ

라티머 주교(Bishop Latimer) ······· 18
람프리디우스(Lampridius) ········· 29
런던 청원(London Petition) ········ 104
레오 10세(Leo X) ·················· 67
레위 지파 ············ 133, 143, 146, 153
로드 주교(William Laud) ··· 5, 32, 470
「교회법」(Canons) ················ 87
로마가톨릭교회 ············ 5, 114, 122
로마 제국의 파멸 원인 ············· 394
로마 집정관(Roman prætor) ······· 108
로마의 낙타(Camel) ··············· 169
로욜라(Loyola) ···················· 62
루키우스 락탄티우스(Lucius

Lactantius) ·················· 47, 63
『신학 체계』(Divinae Institutiones)
·· 47
리들리(Ridley) ························ 17
리베투스(Rivetus) ················ 292
리쿠르고스(Lycurgus) ·········· 128

ㅁ

마귀의 교리 ·························· 312
마르티노(St. Martin) ············· 23
마소레스(Masoreth) ············· 271
마우리티우스(Mauritius) ······· 88
마운틴(Mountain) 주교 ········· 33
마이모니데스(Maimonides) ········ 307
마카리우스(Macarius) ············ 51
『개관』(Synopsis) ················ 51
마키아벨리(Machiavelli) ········ 60
『군주론』(Prince) ················ 60
만인제사장설(Priestertum aller
  Glaubigen) ···························· 23
말베치(Malvezzi) ··················· 62
맹목적인 미신 ······················ 242
메네니우스 아그리파(Menenius
  Agrippa) ······························· 73
메리 여왕(Mary Tudor) ········ 17
면죄부 ····························· 266, 351
명령 ················ 137, 207, 320, 387,
  396, 419, 430, 455
명령의 목적 ·························· 351
모국어 ···································· 198
모세(Moses) ·························· 121
모세오경(Pentateuch) ··········· 282
무관심(indifferency) ······· 77, 184, 311
무신론 ···································· 325
무율법주의(Antinomianism) ······· 339
무질서 ····························· 126, 452

문명화한 간음 ······················ 398
미노스(Minos) ······················ 128
미사(Masse) ···················· 152, 170
미사 전례서(Masse-Booke) ·········· 91
미신적인 제의(祭衣) ············ 214
미운 여자 ······························ 379
민주주의(Democracy) ········ 85, 102,
  471, 476
밀턴(John Milton) ················ 480
『고위 성직자 감독제론』(Of
  Prelatical Episcopacy) ········· 206
『교회정부의 이유』(The Reason
  of Church Government) ······· 119
『기독교 교리』(Christian
  Doctrine) ······························ 233
『이혼의 교리와 계율』(The
  Doctrine and Discipline of
  Divorce) ································ 257
『종교개혁론』(Of Reformation) · 3
『투사 삼손』(Samson Agonistes)
  ··· 251

ㅂ

바리새인 ······· 344, 380, 383, 411, 455
바빌론(Babylon) ····· 84, 185, 243, 336
바실리우스(Basil the Great) ·········· 51
바울(St. Paul) ················ 9, 36, 103
바클레이(John Barclay) ········ 181
『사티리콘』(Satyricon) ·········· 181
반기독교적인 폭정 ················ 10
방종의 결함 ·························· 315
방종의 법 ······························ 350
배교(apostasy) ······················ 213
배설물의 진수 ······················ 294
백색제의(祭衣, rochets) ······· 159
버거운 분량의 전통(volumes of

tradition) ······················ 213
법궤(arke) ························ 129
법의(ephod) ······················ 153
베르길리우스(Virgil) ················ 199
베르됭(Verdune) ···················· 369
베이컨(Sir Francis Bacon) ··········· 357
『법의 격언』(Maxims of the Law)
·································· 357
벨사살(Belshazzar) ················· 83
보댕(Bodin) ······················· 222
보통법(Common Law) ··········· 87, 96,
   102, 103
보편적인 개혁교회 ················· 110
보편적인 수장 ···················· 166
보편적인 정의 ····················· 75
복음, 복음서(the Gospel)······49, 93,
   99, 106, 121, 157
복음 사역 ························· 86
복음서의 정부 ···················· 239
복음의 자유 ······················ 369
복음적 명령 ······················ 322
복음주의 ······················· 7, 429
본문상의 제한 ···················· 455
본성의 반감(antipathies) ············ 436
부당한 결혼 ······················ 327
부르고뉴 동맹(Burgundian league) 78
부부의 교제 ······················ 299
부부의 사랑 ··············· 298, 305, 306
부적당한 교제 ···················· 312
부적절한 짝 ······················ 331
부적합성 ················ 287, 334, 335
분봉왕(Tetrarch) ··················· 64
분파, 분파주의 ················· 12, 14,
   79, 161, 359, 464
불신자 아내 ······················ 321
불의한 법령 ······················ 348

불일치 ·················· 279, 325, 328, 379
불필요한 속박 ······················ 283
브라운주의자(Brownists) ··········· 167
브리튼 제국(Britannick Empire) ·· 113
비기독교적인 결혼 ················· 388
비기독교적인 불화 ················· 341
비밀 결혼 ························· 372
비슷한 조력자 ····················· 330
비텐베르크 법령(Ordinances of
   Wittenberg) ···················· 281
빅토르(Victor) 주교 ················ 34

ㅅ

사도서간(使徒書簡, Epistles) ······ 49,
   50, 135
사랑의 경륜 ······················ 130
사랑의 무한한 확장 ················ 418
사랑의 법 ························ 380
사랑의 신(Love) ···················· 305
사랑의 옹호자 ···················· 273
사르디스(Sardis)의 교회 ············ 172
사법적인 법(judicial law) ··········· 398
산타 클라라(Santa Clara) ··········· 13
삼류시인 ························· 203
삼손(Samson) ······················ 251
삼위일체 하나님(Tri-personall
   Godhead) ······················ 112
생득권(生得權, the right of birth) 144
생명의 보존 ······················ 332
샤를마뉴(Charle-main) ············ 200
서들리 경(Lord Sudley) ············ 18
설교단(Ambones) ·················· 55
성궤 ····························· 130
성도의 교제 ······················ 233
성령 ············· 47, 131, 226, 376, 433
성령의 은사 ······················ 131

성례교범(Meniaia's) ·················· 55
성자 하나님(God the Son) ·········· 455
성직록(聖職祿, benefice) ············· 33
성직매매 ································ 235
성직 제도 ······················ 123, 160
성직자 계급제도 ············ 72, 89, 169
성직자 고용제도 ···················· 480
성직자 정부(priestly government) 144
성직자 총회(General Assemblies) ·····
    102, 172
성직자 회의(Convocation) ············ 25
성직자의 계급 ························ 245
성직자의 권리 ························ 233
성찬대 ··································· 32
성체포(聖體布) ························ 232
성향의 통일성 ························ 413
세례식(baptism) ·················· 8, 248
세베루스(Severus) ····················· 43
『역사』(History) ······················ 43
세상의 법 ······························· 96
세속적인 교리 ························ 241
세속적인 권위 ························ 240
세속적인 재판 ························ 220
셀던(Selden) ·························· 447
    『자연법과 만민법』(Of the law
    of nature & of Nations) ······· 447
소요학파(Peripateticks) ·············· 393
소유권(Copy-hold) ···················· 96
소크라테스학파(Socratick school) 150
소포클레스(Sophocles) ·············· 190
    『폭군 오이디푸스』(Oedipus
    Tyrannus) ························ 191
솔로몬(Solomon) ·········· 75, 253, 307,
    317, 410
솔론(Solon) ··························· 161
수급성직(Prebends) ·················· 108

수석주교(Primat) ····················· 165
숙식의 분리(Separation a mensa
    et thoro) ··························· 439
술피티우스 세베루스(Sulpitius
    Severus) ···························· 23
숭배 ··················· 6, 8, 73, 98, 133
스테파누스(Stefan) ···················· 49
스토아학파(Stoics) ··················· 359
슬픔과 불만의 일상사 ·············· 414
시고니우스(Sigonius) ·················· 68
시몬 마구스(Simon Magus) ········ 106
시민적 교제 ··························· 324
신성모독(blasphemie) ········ 234, 320
신앙고백 ······················· 124, 293
신자의 선택 ··························· 318
심마쿠스(Symmachus) ················ 54
십계명(Decalogue) ··········· 312, 399
십보라(Zippora) ······················ 316
15년기(Indictions) ····················· 55
십일조, 십일조세 ············· 41, 111
십자군장(Red Crosse) ················ 91

O

아나니아스(Ananias) ················ 152
아론(Aron) ·············· 6, 141, 146, 153
아르미니우스(Arminius) ············ 359
아리미늄 회의(Councell of Ariminum)
    ·· 28
아리스토텔레스(Aristotle) ············ 61
    『윤리학』(Ethicks to
    Nicomachus) ····················· 357
    『정치학』(Politics) ················· 61
아리스티포스(Aristippus) ··········· 248
아리오스토(Ariosto of Ferrara) ····· 44
    『광란의 오를란도』(Orlando
    Furioso) ··························· 44

아리우스주의(Arianism) ·············· 30
아리우스파(Arians) ······················ 19
아마 대주교(Primat of Armagh) ·· 141
아브라함(Abraham) ···················· 121
아비멜렉(Abimelech) ···················· 90
아사 왕(King Asa) ······················ 185
아우구스티누스(St. Austin; Aurelius
  Augustinus) ··························· 48
『고백록』(Confessions) ················ 48
『신국론』(City of God) ··············· 48
아이스툴푸스(Aistulphus the
  Lombard) ····························· 68
아퀼라(Aquila) ····························· 53
아타나시우스(Athanasius) ············ 39
『말씀의 성육신』(Incarnation of
  the Word) ···························· 50
『이방인에 대하여』(Against the
  Gentiles) ······························ 50
안 사람(the inner man, the inward
  man) ································ 224
안셀무스(Anselme) ···················· 158
안테로스(Anteros) ····················· 305
알렉산더 세베루스(Alexander
  Severus) ····························· 29
암브로시우스(St. Ambrose) ········ 103
「애가」(The Song of Solomon) ···· 201
앤드루스 주교(B. Andrews) ········ 141
앨퀸(Alcuin) ······························ 272
「약간의 의례와 의식에 대한 선언」
  (A Declaration concerning some
  Rites and Ceremonies) ········· 234
양성의 유익 ······························ 276
억압적인 성직자 ······················· 232
억압 정부 ································· 255
억제의 반작용 ·························· 345
언론의 자유 ····················· 192, 475

에드워드 6세(Edward VI) ············ 15
에스더(Esther) ·························· 131
에우세비우스(Eusebius) ··············· 34
에피쿠로스(Epicurus) ················ 248
엘레우시스의 신비 ···················· 366
엘루테리우스(Eleutherius) ············ 63
엘리(Eli) ·································· 395
엘리자베스(Elizabeth) ·················· 19
여로보암(Jeroboam) ···················· 62
연방주(United Provinces) ············ 78
열탕죄인판별법(Ordalium) ········· 426
영감론 ···································· 202
영국 국교회 ············· 5, 460, 462, 471
영국 국교회의 39개 조항(Thirty-Nine
  Articles of Church of England)
  ··· 338
영국 의회(High Court of Parliament)
  ·························· 275, 464, 474
영원한 밝은 왕좌 ······················· 111
영원한 영(Spirit) ······················· 205
영적 공장 ································· 189
영적 교제 ························ 102, 237
영적 바벨(Babel) ······················· 82
영적 법령 ································· 240
영적 정부 ································· 233
영적 제물 ································· 227
영적 치유 ································· 235
영혼의 통합 ······························ 430
예레미야(Jeremiah) ··················· 191
예배 의례 ····················· 5, 85, 159
예수회(Jesuits) ················ 37, 72, 359
예식의 효능 ······························ 415
예정설 ····························· 359, 362
예표(type) ························ 149, 151
오리게네스(Origen) ··············· 36, 54
오비드(Ovid) ···························· 366

『변신 이야기』(*Metamorphoses*) ················ 366
오이디푸스(Oedipus) ················ 190
오크누스(Ocnus) ··················· 440
「옥스퍼드 대학교의 겸손한 청원」
 (The Humble Petition of the
 University of Oxford) ············ 109
올리버 크롬웰(Oliver Cromwell) ·· 15
완전하게 매는 띠(the bond of
 perfection) ······················· 418
왕국 ··············· 4, 13, 24, 70, 80, 113
왕권 ··················· 16, 88, 100, 244
왕의 권한 ······························ 150
왕의 성구(聖球) ······················· 79
왕좌 ························ 114, 273, 450
요세푸스(Flavius Josephus) ········ 121
『유대의 고대 유물』(*Jewish
 Antiquities*) ······················ 121
『유대전쟁사』(*History of the
 Jewish War*) ····················· 121
요시야(Josiah) ························ 262
요하네스 그라시아누스(Johannes
 Gratianus) ························ 448
『모순교회법령 조화집』(*Concordia
 discordantium canonum*) ······· 448
「요한계시록」(The Apocalypse) ·· 201
「욥기」(Job) ··························· 200
우림(Urim) ····························· 152
우발적인 간음 ·························· 421
우상숭배 ·············· 5, 67, 139, 312
우상숭배자 ······················ 185, 318
원문주의자(textuists) ··············· 274
원소의 결합(elementall Crasis) ···· 329
웨스트민스터 신앙고백(Westminster
 Confession of Faith) ············ 344
위계질서 ···················· 157, 318, 471

위클리프(Wycliffe) ···················· 10
위클리프주의자(Lollards) ·········· 171
윌리엄 캠던(William Camden) ····· 24
 『브리타니아』(*Britania*) ·········· 24
 『연대기』(*Annales*) ················ 24
유대교 집회(Synagogue) ············ 271
유대식의 부정(Judaicall uncleannes)
 ······································· 321
유스티누스(Justin Martyr) ·········· 35
육욕적인 권력 ························· 241
육적인 의례 ···························· 216
육체와의 만남 ························· 296
육체적인 즐거움 ······················ 292
율리아누스(Julian the Apostat) ···· 42
율법의 목적 ···························· 377
은총의 언약(covenant of grace)
 ································· 313, 347
은총의 조건 ···························· 377
음란한 결혼생활 ······················ 391
의례용 옷 ······························· 214
의례적인 교리 ························· 212
의례전문가(punctualist) ············ 210
의회(Parliament) ····· 96, 177, 252, 253
이교 신앙 ················· 34, 41, 169, 453
이냐시오 데 로욜라(Ignatius de
 Loyola) ····························· 27
이레나에우스(Irenaeus) ·············· 35
이방인(Gentiles) ······················ 156
이혼 금지 ······························· 389
이혼금지법 ····························· 311
이혼금지주의자 ······················· 452
이혼법 ·································· 278
이혼 사유 ···················· 287, 420, 430
이혼의 경건한 필요성 ··············· 315
이혼의 권리 ···························· 443
이혼의 원인 ···························· 289

이혼의 자유 ················· 334, 420, 430
인간다움 ································ 81
인간의 존엄성 ······················ 267
인간적인 교제 ······················ 335
일치의 옷 ····························· 177
잉글랜드 공화국(the Commonwealth
　of England) ····················· 93, 94
잉글랜드의 용 ······················ 250

ㅈ

자구적 해석(literality) ················· 340
잔인한 권위 ····························· 249
잘못 묶인 결혼 ······················· 328
장로교 ············· 57, 163, 222, 228, 463
장로제 ························· 122, 125, 140
장로회(Prebytery) ·········· 58, 107, 175
재세례론(Anabaptism) ················· 170
재세례파(Aanabaptists) ······ 149, 167
적그리스도(Antichrist) ············ 42,
　113, 165, 241
적그리스도의 교회 ··················· 341
전례서(Liturgy) ······················ 6, 295
절대적인 명령 ·························· 383
정당한 이혼 ···························· 421
정신의 부적합성 ······················· 335
정신적 발가벗음 ······················· 290
정욕의 치료 ···························· 298
정치 체제(Politie) ······················ 95
정치적 계략 ····························· 222
정치적 관면 ····························· 406
정치적인 검열 ·························· 219
정치적인 법 ····························· 405
정치학 ······································ 59
제네바 법령(Ordinance of Geneva)
　································· 281
제도의 양상 ····························· 383

제한적인 간음(circumcis'd
　adulteries) ························· 404
조국의 영예 ···························· 198
조시무스(Zosimus) ······················· 39
조지(St. George) ······················· 249
존 셀던(John Selden) ················ 447
『자연법과 국민 교육』(De Jure
　Naturali et Gentium, Juxta
　Disciplinam Ebraeorum) ······ 447
존 왕(King John) ······················· 71
존 폭스(John Foxe) ··················· 10
종교개혁 ······················· 10, 340
종교의 자비 ······················ 411
종교재판관 ······················ 44, 219
종교전통 ····· 26, 27, 46, 158, 160, 228
종교교의(Synod) ············· 172, 270
종파분리주의 ························· 168
주교(bishop) ·········· 102, 164, 170, 234
주교관(主教冠) ···················· 6, 93
주교전쟁(Bishops' Wars) ············ 463
주교직(Bishopricks) ·················· 101
주권 ········· 14, 85, 87, 103, 267, 461
지방 부감독직(Deaneries) ·········· 108
지정교회(Station) ······················· 55
진리의 태양 ···························· 112
진실한 예배 ···························· 188
진정한 사랑 ···························· 421
질서의 권위 ···························· 212

ㅊ

참사회원직(Chanonies) ··············· 108
참회왕 색슨(Saxon king the
　Confessor) ························· 269
천주교(Popery) ························· 98
첫 번째 종교개혁 ······················ 179
청교도(Puritan) ············· 12, 25, 167

청교도주의(Puritanism) ············· 98
초대교회 ·················· 102, 104
초대 기독교인 ····················· 172
초서(Chaucer) ····················· 45
총대주교(Patriarch) ················ 173
최초의 결혼제도 ··················· 403
축복의 공동체 ····················· 307
축자적인 예속(alphabetical servility)
································ 341
축자주의(逐字主義, literalism) ··· 423
70인역(譯) 성서(the Septuagint)
································ 425
칠페리쿠스(Chilpericus) ············ 68
칭송을 받게 될 주제 ················ 196

ㅋ ─

카를 5세(Charles V) ················ 17
카이사르(Octavius Cæsar) ·········· 63
칼뱅(John Calvin) ················· 292
캠던(Camden) ······················ 24
케드레누스(Cedrenus) ·············· 31
콘스탄티누스(Constantine) ········· 20
쿠르티우스(Curtius) ··············· 176
크랜머(Cranmer) ··················· 17
크세노폰(Xenophon) ··············· 126
『아나바시스』(Anabasis) ········ 126
클레멘스(Clement of Alexandria)
································ 36
클레멘스(St. Clement Romanus)
································ 162
클로디우스 살마시우스(Claudius Salmasius) ······················ 163
『헤르마스』(Hermas) ············· 163
키레네 쾌락주의자 ················· 248
키루스(Cyrus) ····················· 80
키케로(Cicero) ··················· 361

키프로스(Cyprian) ·················· 20

ㅌ ─

타락한 법 ························· 411
타락한 정신 ······················· 225
타소(Tasso) ······················ 199
태생적인 불일치 ··················· 341
테르툴리아누스(Tertullian) ·········· 36
테오도시우스(Theodosius) ········· 104
테오도티온(Theodotion) ············ 53
토마스 스미스 경(Sir Thomas Smith)
································· 25
『영국 공화국』(The Commonwealth of England) ······················ 25
통제적인 수렴성(收斂性) ·········· 236
트리엔트 공의회(Trentine Councel)
································ 369
티레시아(Tiresia) ·················· 190
티베리우스(Tiberius) ··············· 88

ㅍ ─

파기우스(Paul Fagius) ············· 288
파드레 파올로(Padre Paolo) ········· 72
파레우스(Pareus) ·················· 292
파멸의 노예(Vassals of Perdition) 115
파문(excommunication) ············· 24, 35, 69, 7184
파울루스 아에밀리우스(Paulus Æmilius) ······················· 444
파울루스 파기우스(Paulus Fagius) ························· 277
퍼킨스(William Perkins) ··········· 399
『그리스도의 산상설교에 관한 경건한 학문적 해설』(Godly and Learned Exposition of Christs

Sermon in the Mount) ········· 344
『양심론』(Treatise of Conscience)
··· 399
페팽(Pepin) ····························· 68
펠라기우스파(Pelagians) ··············· 19
평신도(Laick) ············· 122, 227, 232
평신도 장로(lay Elder) ················ 228
폭군 ···················· 80, 245, 246, 347
폭력적인 이혼 ························· 354
폭정 ············ 31, 35, 64, 92, 178, 207
폴리비우스(Polibius) ·················· 94
프로테스탄트(Protestants) ·········· 14, 72, 82, 222
프로테스탄트 교황(Protestant Pope)
··· 166
플라톤(Plato) ··························· 62
　『법률』(Laws) ······················ 229
　『파이돈』(Phaedo) ················ 188
　『프로타고라스』(Protagoras) · 393
　『향연』(Symposium) ············· 188
플라톤학파(Academics) ············· 359
필리피쿠스(Philippicus) ·············· 67
필립 시드니(Philip Sidney) ········· 201

ㅎ

하갈(Agar) ···························· 144
하나님의 결합 ························ 415
하나님의 교회 ························ 192
하나님의 말씀 ························ 110
하나님의 언약 ························ 337
하나님의 영감 ························ 202
학문적 수고 ··························· 206
할례 ····································· 372
합당한 조력자(meet help) ···· 284, 384
항의자(Remonstrant) ················ 158
해산의 율법(Law of dismission) ·· 302
해석상의 부주의 ······················ 274
행복한 대화 ··························· 292
행위의 언약 ··························· 347
헤게시푸스(Hegesipus) ··············· 34
헤이워드(Hayward) ··················· 21
헨리 2세(Henry II) ···················· 87
헨리 8세(Henry VIII) ·················· 14
형제 아내와의 결혼 ·················· 368
형평법 ·································· 426
호메로스(Homer) ···················· 199
　『오디세이』(Odyssei) ··········· 360
　『일리아드』(Iliad) ········ 229, 360
혼례의 결속 ··························· 325
혼합 결혼 ······························ 391
홀(Hall) 주교 ···························· 13
화촉 ····································· 296
후메내오(Hymenæus) ··············· 136
후스 신봉자들(Hussites) ············ 171
후커(Hooker) ························· 137
훈계 ·············· 57, 84, 105, 143, 232
휘호 흐로티우스(Hugo Grotius) ·· 277
휴머니즘 ································ 44
히기누스 교황(Pope Higinus) ····· 227
히에로니무스(St. Jerome) ·········· 158

2권

ㄱ

가부장적인 검열관 ····················· 85
가톨릭 이단 ··························· 238
갈릴레오(Galileo) ······················ 91
감독제의 폐단 ························· 93
개미들(Pismires)의 나라 ············ 183
개인 웅변가 ···························· 40
검열(lisence, censorship) ········ 41, 101
검열 계획 ··························· 44, 102
검열 위반 ······························ 89
검열관 대장장이 ······················ 88
검열법(licensing order) ·········· 57, 125
검열하는 교회의 나태 ················ 101
겸직(pluralities) ················· 137, 187
겸허한 청원과 권고(Humble
 Petition and Advice) ·········· 213
경고장(memento's) ················· 136
계승권 ································· 190
고품격 전인교육 ······················ 12
공개적인 미신 ························· 120
공공의 평화 ······················ 150, 172
공동교회(corporate church) ········ 223
공동기도서 ··························· 276
공동 연맹 ···························· 140
공민적인 권리 ························· 215
공민적인 자유 ··············· 36, 170, 215
공상적인 공화국 ······················ 74
공허한 미덕 ···························· 66
공화국 ··· 35, 115, 203, 280, 293, 294
과두제(oligarchy) ··················· 113
교구담당 성직자 ······················ 99
교리서(Syntagma) ··················· 105
교양 교육 ························· 9, 13

교육 개혁 ······························ 4
교육의 이데아 ·························· 5
교파 ································· 289
교파와 분열 ··························· 122
교황 ································· 283
교회법 ··························· 93, 196
교회 법정 ····························· 278
교회의 권력 ··························· 224
교회의 전통 ··························· 220
구원 ································· 280
구희극(舊喜劇, vetus comœdia) ··· 45
국가 정부(civil government) ········ 232
국가 통제주의자(statist) ················ 38
국민의 권리 ··························· 142
국민의 생득권 ·························· 94
군주국 ································· 281
군주제 ································· 294
권력의 유혹 ··························· 141
궤변 ···························· 12, 127
그리스도인 군주 ······················ 145
기계적인 검열관 ······················· 87
기독교적 지식 ·························· 30
기름 부어진 자(the Lords anointed)
 ·· 138
기질(tempers) ················· 17, 86, 136
길다스(Gildas) ························ 163

ㄴ

나소(Publius Ovidius Naso) ·········· 51
『성애 기술』(性愛技術, Ars
 Amatoria) ·························· 51
나에비우스(Naevius) ·················· 49
내란 ································· 274

내적인 노예 ················· 131
내적인 사람(the inward man) ······ 240
노르만인 윌리엄(William the
　Norman) ······················ 142
노예근성 ···················· 10, 131
논리학 ························ 10, 23
논쟁할 자유 ······················ 115
뉴포트(Newport) 조약 ············ 179
니칸데르(Nicander) ················ 19

ㄷ ─────

다반차티(Bernardo Davanzati Bostichi)
　································· 54
『잉글랜드의 이교』(Scisma
　d'Inghilterra) ···················· 54
다양한 독서 ······················ 67
다윗 왕(King David) ············· 145
당파 ························ 138, 184
더들리 펜너(Dudley Fenner) ······ 198
『성스러운 신학』(Sacra
　Theologia) ······················ 196
데모스테네스(Demosthenes) ········ 23
도구적인 과학 ···················· 17
도미티아누스의 박해 ············· 251
두아디라(Thyatira) 교회 ··········· 250
디오니시우스 알렉산드리누스
　(Dionysius Alexandrinus) ········ 61

ㄹ ─────

라다만투스(Rhadamanthus) ·········· 56
라이르티우스(Laertius) ············· 20
라케다이몬(Lacedaemon) ········· 46
러더퍼드(Rutherford) ············· 174
　『법과 왕』(Lex, Rex) ············ 174
레딩턴(William Maitland of
　Lethington) ···················· 165
레오 10세(Leo X) ·················· 53
로드 주교 ······················ 283
로마가톨릭의 검인 ················ 54
로버트 웰던(Robert Weldon) ······ 145
『성서의 교리』(Doctrine of the
　Scriptures) ····················· 145
로버트 필머 경(Sir Robert Filmer) 139
『가부장제』(Patriarcha) ········ 139
로보암(Roboam) ················· 148
로크리(Locrian) ··················· 20
롱기누스(Longinus) ················ 23
『숭고미에 대하여』(On the
　Sublime) ······················· 24
루도비쿠스 피우스(Ludovicus Pius)
　································ 160
루이기 풀치(Luigi Pulci) ··········· 61
『모르간테 소령』(Il Morgante
　Maggiore) ······················ 61
루크레티우스(Lucretius) ········ 19, 50
루킬리우스(Lucillius) ·············· 50
룰리우스(Lullius) ················· 58
릴리(Lilly) ························ 12

ㅁ ─────

마닐리우스(Manilius) ··············· 19
마라나다(Maran athà) ············· 265
마르티노 5세(Martin V) ············ 52
마초니(Mazzoni) ··················· 24
막시밀리언(Maximilian) ··········· 185
말하기 ······················ 13, 57, 59
맹목적인 신앙 ··················· 96
메로스(Meroz) ··················· 179
멜라(Mela) ······················· 16
몬테마요르(Monte Mayors) ········ 76
무관한 사물(things indifferent) ···· 118

찾아보기 | 513

무신론자 ·················· 45, 188
무자비한 법률 ················ 114
민주주의 ················ 284, 289
밀턴(John Milton) ·············· 294
　『교육론』(On Education) ········· 3
　『국가권력론』(A Treatise of
　　Civil Power) ················ 211
　『논리술』(Art of Logic) ········· 23
　『두 번째 변명』(Second Defence)
　　························· 29
　『마르틴 부커의 판단』(The
　　Judgment of Martin Bucer) ··· 35
　『변명』(A Defence) ············ 132
　『복낙원』(Paradise Regained)
　　························ 242
　『비망록』(Commonplace Book)
　　························· 29
　『실낙원』(Paradise Lost) ······· 183
　『아레오파기티카』(Areopagitica)
　　························· 33
　『왕과 관료의 재직조건』(The
　　Tunure of Kings and
　　Matgistrates) ················ 131
　『우상파괴자』(Eikonoclasts) ··· 131
　『준비되고 쉬운 길』(Ready and
　　Easy Way) ················· 183
　『진정한 종교론』(Of True
　　Religion) ···················· 226
　『해명』(An Apology) ············ 25

ㅂ
바실리우스(Basil the Great) ········ 60
　『그리스 문학의 올바른 용도에
　　관하여』(On the Right Use of
　　Greek Literature) ············· 61
반기독교주의(Antichristianism) ·· 222

반대논증(Elenchs) ············· 127
발도파(Waldenses) ············· 170
백성의 유익 ··················· 147
법의 거래 ······················ 10
법의 변경 ····················· 133
법적인 정의 ···················· 22
베드로의 규칙(St. Peters rule) ····· 203
베이컨(Sir Francis Bacon) ········ 86
벨기에 연방(Belgic Provinces) ···· 169
보름스 국회(Diet of Worms) ······ 220
복음, 복음서(the Gospel) ········ 20,
　156, 240
복음의 황금률(黃金律, the Golden
　Rule of the Gospel) ············ 201
복점관(卜占官, augurs) ··········· 48
복종적인 합의 ·················· 98
부커(Bucer) ··················· 193
분파 ························· 277
비국교도의 비밀집회 ············· 94
비잔틴 법(Byzantine Laws) ······· 160
비트루비우스(Vitruvius) ·········· 16

ㅅ
사무엘(Samuel) ················ 148
사보이 선언(The Savoy Declaration)
　··························· 230
사악한 통치 ··················· 131
산수의 규칙 ···················· 14
삼년회기 의회(trienniall Parlament) 38
상호 결속 ····················· 156
새뮤얼 하틀립(Samuel Hartlib) ······· 3
서사시(epic poem) ··············· 24
서정시(lyric) ···················· 24
석판(법전)의 파수꾼(custos utriusque
　tabula) ······················ 267
선악의 지식 ···················· 65

선의 지식 …………………………… 64
선택의 권리 ………………………… 147
선택할 자유 ………………………… 78
설교 의무 …………………………… 100
『성경과 이성』(Scripture and
　Reason) …………………………… 200
성경의 인도 ………………………… 229
성령의 조명 ………………………… 219
성령의 하나 되게 하신 것(the unity
　of Spirit) ………………………… 121
성실청(星室廳, Star Chamber) … 126
성직 겸직 ………… 82, 199, 208, 233
성직자 고용제도 …………… 216, 293
세네카(Seneca) ……………………… 16
『헤라클레스의 격분』(Hercules
　Furens) …………………………… 154
세상의 거울 ………………………… 103
세속적인 교황제 …………………… 222
소곡(ditties) ………………………… 28
소르본 신학자(Sorbonists) ………… 70
「소요리문답」(小要理問答, Shorter
　Catechism) ……………………… 258
소프론 미무스(Sophron Mimus) … 74
솔리누스(Solinus) …………………… 16
수평파(Levllers) …………………… 134
순종의 교리적 진리 ……………… 199
슈말칼덴 프로테스탄트 동맹(the
　Protestant League of Schmalkald)
　……………………………………… 189
스파이어 국회(Diet of Spires or
　Speyer) …………………………… 220
스페인 왕 펠리페(Philip) ………… 169
스페인 종교재판소(Spanish
　Inquisition) ……………………… 53
스페인식 서적검열 정책 ………… 126
스펜서(Edmund Spenser) …………… 66

『선녀 여왕』(Faerie Queene) … 66
슬라이던(Sleidan) ………………… 189
『신성모독과 이단에 대한 처벌법』
　(An Ordinance for the punishing
　of Blasphemies and Hersies) 226
신성한 음악 ………………………… 28
신학적 학문 ………………………… 106

ㅇ

아각(Agag) ………………………… 157
아라투스(Aratus) …………………… 18
아레오파고스(Areopagus) ………… 44
아르킬로코스(Archilochus) ………… 47
아리스토텔레스(Aristotle)
　『수사학』(Rhetoric) ……………… 23
　『시학』(Poetics) ………………… 24
　『정치학』(Politics) …………… 145
아리스토파네스(Aristophanes) …… 46
아우구스투스(Augustus) …………… 49
아테네 의회(the Parliament of Athens)
　……………………………………… 39
아테네의 비극(Attic tragedies) …… 22
아폴리나리우스(Apollinarius)
　부자(父子) ………………………… 59
아합(Ahab) ………………………… 158
악의적인 찬사 ……………………… 37
안젤로 성(the castle St. Angelo) … 90
알렉산드리아의 클레멘스(Clement
　of Alexandria) …………………… 68
알반스 자작(Viscount St. Albans) · 95
알케스티스(Alcestis) ……………… 21
야간좌담회(academick night-sitting)
　……………………………………… 73
야누스(Janus) ……………………… 116
양서(good Booke) ………………… 43
양심의 자유 ……… 165, 218, 234, 261

어리석은 잔치 ·················· 11
언론의 자유 ···················· 288
언어학습법 ······················ 9
엄숙동맹과 계약(The Solemn
　League and Covenant) ·········· 135
에글론(Eglon) ···················· 154
에우리피데스(Euripides) ············ 47
　『안드로마케』(*Andromache*) ····· 47
에우세비우스(Eusebius)
　『복음예비서』(*Book of Evangelic
　Preparation*) ···················· 68
에우스토키움(Eustochium) ·········· 61
에피파니우스(Epiphanius) ·········· 68
　『파나리온』(*Pararion*) ············ 68
에훗(Ehud) ······················ 154
여호와의 기름 부은 자(the Lords
　anointed) ······················ 158
연합교회의 규약(Covenant of Union)
　································ 223
열두 법조문(twelve Tables) ·········· 48
영국 국교회 ·············· 273, 275, 284
영국 의회(High Court of Parliament)
　························ 33, 277, 287
영어식 표현(Anglicisms) ·············· 8
영웅시 ·························· 22
영적 권세 ···················· 233, 243
예후(Jehu) ······················ 157
오르페우스(Orpheus) ················ 18
오피아누스(Oppian) ················ 19
완전한 전인교육 ···················· 12
왕과 관료의 권력 ···················· 143
왕에 대한 소송절차 ·················· 164
왕의 동료(Peers) ···················· 161
왕의 목적 ························ 161
왜곡된 계약 ······················ 135
외부적인 일치 ···················· 119

외적 소명 ························ 123
외적인 형식주의 ···················· 120
요람(Jehoram) ···················· 157
위계질서 ························ 284
유기적인 학문 ······················ 23
유스티니아누스(Justinianus) ········ 22
유스티니아누스 법전(Code of
　Justinian) ······················ 147
유토피아의(Eutopian) 정치 ·········· 77
윤회전생(輪廻轉生, metempsychosis)
　································ 106
율리우스 아그리콜라(Julius Agricola)
　································ 106
이교도 군주 ······················ 145
이단(異端, heresie) ············ 139, 226
이단 교리 ························ 52
이단자(heretic) ················ 51, 226
이단적 신앙 ······················ 96
이레나에우스(Irenaeus) ············ 68
　『이교에 대한 반론』(*Against
　Heresies*) ······················ 68
이성의 명령 ······················ 218
이소크라테스(Isocrates) ············ 26
　『아레오파고스 연설』
　(*Areopagiticus*) ················ 39
이중적 폭정 ······················ 131
이집트의 티폰(Ægytian Typhon) · 103
인간의 제도 ······················ 150
인간의 존엄성 ···················· 144
인조 아담(artificial Adam) ·········· 78
일곱 가지 교양 학문(seven liberall
　Sciences) ······················ 59
일반교양(Arts) ······················ 9
잉글랜드 공화국(The Commonwealth
　of England) ·············· 162, 213
잉글랜드의 자유 ···················· 91

ㅈ

자기방어와 보존 ·················· 140
자발적인 순종 ······················ 14
자연법 ····················· 63, 138, 203
자연적 질문 ························· 16
자연철학 ···························· 15, 17
자유로운 양심 ····················· 109
자유로운 저술 ····················· 114
자유로운 표현 ····················· 114
자유롭게 태어난 인간 ············ 147
잔부의회(the Restored Rump) ····· 216
잘레우쿠스(Zaleucus) ············· 21
장기의회(the Long Parliament) ··· 138
장로교 ······························ 276
장로법원(Consistory) ············· 188
장로제 주의(Presbyterianism) ····· 41
재직 조건 ··························· 163
저작검열 ···························· 56
적격(適格, decorum) ·············· 24
전술(Tactiks) ······················· 29
전체 율법 ··························· 241
절제의 원칙 ························ 63
정부의 변화 ······················· 133
정의의 심판대 ····················· 134
제관(flamen) ······················· 48
제네바의 규율(the discipline of
　Geneva) ························ 117
조셉 홀(Joseph Hall) ············· 37
『고등법원에 바치는 겸손한 항의』
　(Humble Remonstrance to the
　High Court) ···················· 37
존 고든(John Gauden) ············ 136
『종교적인 충성스런 항의』
　(The Religious and Loyal
　Protestation) ···················· 136
존 굿윈(John Goodwin) ············ 151
『힘과 권력의 상봉』(Might and
　Right Well Met) ················ 151
존 녹스(John Knox) ················ 165
『녹스의 호소』(Knox's Appeal)
　································· 195
『독자에게』(To the Reader) ·· 195
『두 번째 나팔 소리』(The Second
　Blast of the Trumpet) ········ 195
『스코틀랜드 교회의 종교개혁사』
　(The History of the Reformation
　of the Church of Scotland) ·· 167
존 크레이그(John Craig) ··········· 166
존 포넷(John Ponet) ················ 196
『정치 권력과 순종에 대한 소논문』
　(A Shorte Treatise of Politike
　Power and of ··· Obedience) 196
종교재판소(Inquisition) ············ 43
종교 창고 ···························· 97
종의 멍에 ···························· 255
종파분리론자 ······················· 110
주교단(Pontifick College) ·········· 48
주교전쟁(Bishops' Wars) ·········· 276
주권 ································ 274
중세의 삼학(三學) ·················· 9
지복직관(beatific vision) ·········· 103
지상권(至上權) 승인 선서(the Oath
　of Supremacy) ················· 171
지상의 퇴위 군주 ·················· 193
지식의 깊은 광산 ·················· 117
진리의 갑주(甲冑) ················· 124
진리의 논박 ························ 117
진리의 몸체 ························ 105
진리의 발견 ························ 122
진리의 전쟁 ························ 118
진리의 탄세와 파운드세 ·········· 98
진정한 전투적인 그리스도인 ····· 65

집필의 자유 ····· 94

ㅊ

천부적 왕권 ····· 150
철학적 자유(Philosophic freedom)
····· 91
철회 명령 ····· 125
출판승인(Imprimatur) ····· 55
출판의 자유 ····· 94, 127
출판허가법(Order of Licensing) ····· 72
출판허가제 ····· 91
출판허가증 ····· 83, 125
충성맹세(Oath of Allegeance) ····· 171
츠빙글리(Zuinglius) ····· 105

ㅋ

카론다스(Charondas) ····· 21
카르타고 공의회(Carthaginian Council)
····· 52
카스텔베트로(Castelvetro) ····· 24
카토(Cato) ····· 48
카툴루스(Catullus) ····· 50
카트라이트(Cartwright) ····· 195
『의회에 주는 권고』(Admonition to Parliament) ····· 195
칼뱅(John Calvin) ····· 105
『기독교 강요』(Christianae Religionis Institutio) ····· 166
『다니엘 예언서 강의』
(Praelectiones in Librum Prophetiarum Danielis) ····· 193
케베스(Cebes) ····· 14
케티브(Chetiv) ····· 67
켈수스(Celsus) ····· 16
코메니우스(John Atmos Comenius) ····· 6

『대교수법』(Didactica Magna) ····· 6
『언어입문』(Janua Linguarum Reserata) ····· 6
코클래우스(Cochlœus) ····· 190
『잡문』(Miscellanies) ····· 190
콘스탄티누스 레오(Constantinus Leo)
····· 160
퀸틸리아누스(Quintilian) ····· 14
크리소스토무스(Chrysostome) ····· 151
크리스토퍼 굿맨(Christopher Goodman) ····· 196
『최고 권력에 대한 백성의 순종 방법』(How Superior Powers Oght to Be Obeyd of their Subjects) ····· 197
크리스티에른 2세(Christiern II) ····· 185
클레멘스(Clement of Alexandria) · 68
『그리스인들에게 주는 권고』
(Hortatory Address to the Greeks) ····· 68
클로디우스 살마시우스(Claudius Salmasius) ····· 235
클로디우스 세젤(Claudius Sesell) ····· 142
키니코스학파 ····· 45
키레네학파 ····· 45
키케로(Cicero) ····· 20
「베레스 연설」(Verrine Orations)
····· 91
『웅변가』(Orator) ····· 23

ㅌ

타르퀴니우스(Tarquinius) ····· 149
타소(Tasso) ····· 24
『시 예술론』(Discorsi dell'Arte Poetica) ····· 24
『영웅시론』(Discorsi del Poema

Eroico) ······ 24
탈레스(Thales) ······ 47
테르툴리아누스(Tertullian) ······ 143
『왕위론』(*On the Crown*) ······ 143
테오크리투스(Theocritus) ······ 18
토마스 스미스 경(Sir Thomas Smith)
　······ 162
토마스 아퀴나스(St. Thomas Aquinas)
　······ 132
『정부 관리』(*De Regimine Principum*) ······ 132
토마스 에라스투스(Thomas Erastus)
　······ 236
트라야누스(Trajan) ······ 146
트라키니에(Trachiniœ) ······ 21
트리엔트 공의회(Trentine Councel) 52
특허권자들(patentees) ······ 127
티투스 리비우스(Titus Livius) ······ 50

ㅍ

파렐레우스(Phalereus) ······ 23
파리(Paris)의 대학살 ······ 185
파올로 세르비타(Paolo Servita) ······ 52
　『종교재판소의 역사』(*History of the Inquisition*) ······ 52
　『트리엔트 공의회사』(*Historie of the Council of Trent*) ······ 52
팔라스의 기름(Paladian oyl) ······ 84
페트로니우스(Petronius) ······ 69
평화와 전쟁 ······ 27
평화의 결속 ······ 121
폐위(deposing) ······ 172
포르피리우스(Porphyrius) ······ 52
폭군살해의 관습 ······ 154
폭압적 권력 ······ 151
프로아이레시스(Proairesis) ······ 19

프로클루스(Proclus) ······ 51
프로타고라스(Protagoras) ······ 44
프로테우스(Proteus) ······ 118
플라우투스(Plautus) ······ 49
플라쿠스(Flaccus) ······ 50
플라톤(Plato) ······ 20
　『대화록』(*Dialogues*) ······ 74
　『법률』(*Laws*) ······ 73
　『크리티아스』(*Critias*) ······ 77
플라톤주의(Platonism) ······ 5
플루타르코스(Plutarch) ······ 14
플리니우스(Pliny) ······ 16
피에트로 사르피(Pietro Sarpi) ······ 42
　『종교재판소의 역사』(*History of Inquisition, tr. Robert Gentilis*) ······ 42
피타고라스(Pythagoras) ······ 26
피타고라스(Pythagoras)학파 ······ 106
피터 마터(Peter Martyr) ······ 162
필립 시드니(Philip Sidney) ······ 76
　『펨브룩 백작부인의 아카디아』(*The Countesse of Pembrokes Arcadia*) ······ 76

ㅎ

하나님의 섭리 ······ 204
하나님의 영광 ······ 258
하위분파(subdichotomies) ······ 120
학동의 회초리(ferula) ······ 83
학문의 목적 ······ 6
학문의 자유 ······ 95
학원(Academy) ······ 12, 73
항의서(Protestations) ······ 93
해리 7세(Harry VII) ······ 123
행복한 양육 ······ 12
허가증(tickets) ······ 88
헤라클레스(Hercules) ······ 15

헤르모게네스(Hermogenes) ········· 23
헤시오도스(Hesiod) ················· 18
호국경 정부 ··························· 217
호라티우스(Horace) ················ 24
　『시의 기술』(Ars Poetica) ······· 24
호메로스(Homer) ···················· 47
『마르기테스』(Margites) ·········· 60
홀란트 연방(the United Provinces of Holland) ····························· 176
후스(Huss) ····························· 53
히에로니무스(St. Jerom) ·········· 60

지은이 존 밀턴 (John Milton)

1608 출생
1632 케임브리지, 크라이스트 대학(Christ College) BA, MA.
1637 「코머스」(*Comus*)
1638 「리시더스」(*Lycidas*)
1641~1673 『종교개혁론』, 『교회 정부의 이유』, 『이혼의 교리와 계율』, 『교육론』, 『아레오파기티카』,
  『왕과 관료의 재직조건』, 『국가권력론』 등 30여 편의 산문작품
1646 『존 밀턴의 시집』(*Poems of Mr. John Milton*)
1649~1658 크롬웰 공화정 외국어 담당관(Secretary of Foreign Tongues)
1652 실명(失明)
1667 『실낙원』(*Paradise Lost*)
1671 『복낙원』(*Paradise Regained*), 『투사 삼손』(*Samson Agonistes*)
1674 사망

옮긴이 송 홍한

1980 서울대학교 영문학석사
1985 미국 인디애나 대학교 영문학박사 과정 수료
1994 서강대학교 영문학박사
1994, 2000, 2005 미국 하버드, UC 버클리, 인디애나, 켄터키 대학교 등 객원교수
2003~4 한국밀턴학회(한국중세근세영문학회로 통합) 회장
1987~현재 동아대학교 영어영문학과 교수
『영문학과 종교적 상상력』(공저, 도서출판 동인, 1994)
『문학 비평』(공역, 형설출판사, 1998)
『문학연구와 정치적 변화』(역서, 도서출판 동인, 2001, 문화관광부 우수학술도서)
『문학의 생명력』(공저, 한울, 2002)
『리더십 3막11장』(역서, 씨앗을 뿌리는 사람, 2003)
『밀턴의 이해』(공저, 밀턴과근세영문학회 편, 2004)
『구어영어 발음과 청취』(공저, 개정 10판, 베이직북스, 2009)
Milton's Vision of History in Paradise Lost, Paradise Regained, and Samson Agonistes(박사학위 논문) 외
  논문 40여 편
『밀턴과 영국혁명』(집필 중)